CODE

FORESTIER.

PARIS, IMPRIMERIE DE GAULTIER-LAGUIONIE.

CODE

FORESTIER,

CONFÉRÉ

AVEC LA LÉGISLATION ET LA JURISPRUDENCE

RELATIVES AUX FORÊTS,

Accompagné de l'Exposé des motifs et des Rapports faits aux deux
Chambres, de l'Ordonnance rendue pour son exécution, d'un Précis
des lois relatives aux Arbres plantés sur les routes, de l'Ordonnance
de 1669, d'un Tableau chronologique et analytique des Lois forestières depuis 1789 jusqu'en 1827, ainsi que des Réglemens concernant
la Chasse, les Permis de port d'armes de chasse, la Louveterie et la
Pêche, et terminé par une Table générale des Matières ;

DÉDIÉ A M. LE VICOMTE DE MARTIGNAC, MINISTRE D'ÉTAT, DIRECTEUR
GÉNÉRAL DE L'ENREGISTREMENT ET DES DOMAINES ;

Par M. L. GAGNERAUX,

Vérificateur de l'Enregistrement et des Domaines, à Paris.

TOME PREMIER.

A PARIS,

Chez l'auteur, rue de Choiseul, n°. 2 ;
Chez Lagier, Libraire, rue Hautefeuille, n°. 3 ;
Et chez P. Dupont, Libraire, rue du Bouloy, n°. 24.

1827.

A Monsieur

Le Vicomte de Martignac,

Ministre d'État,

Directeur Général de l'Enregistrement et des Domaines.

Monsieur le Vicomte,

Vous venez d'attacher votre nom à l'un des monumens les plus remarquables de notre législation.

Depuis long-temps on réclamait la refonte des nombreux réglemens concernant les forêts. La Convention nationale elle-même, au milieu de l'effervescence des passions, avait ordonné, le 3 frimaire an 2, qu'une commission serait chargée de présenter un projet de Code Forestier : mais il était réservé au gouvernement modéré sous lequel nous vivons, après tant d'orages, d'accomplir cette grande entreprise. Les difficultés qui semblaient empêcher d'établir une législation conservatrice, sans porter atteinte au droit sacré de propriété, ont été heureusement surmontées ; et, soumis à la double épreuve législative, le Code Forestier a enfin rempli une immense lacune dans nos institutions.

J'ai eu la pensée de devenir éditeur de

ce Code. Deux fois l'administration des forêts ayant été réunie à celle de l'Enregistrement et des Domaines, j'avais fait une étude particulière des lois et de la jurisprudence relatives, non seulement aux forêts, mais encore à la chasse et à la pêche; de manière que beaucoup de documens sur ces divers objets étaient à ma disposition au moment où le Code a été présenté aux Chambres.

Ce sont ces documens que je désire publier aujourd'hui, après les avoir mis en concordance avec la nouvelle législation.

Vous, Monsieur le Vicomte, qui avez tracé avec autant de précision que de clarté, autant d'élégance que de profondeur, le tableau de notre situation forestière, daignez me permettre de placer mon travail

4

sous votre égide : en recourant à un pareil suffrage, c'est suffisamment prouver que j'ai eu l'intention de faire un ouvrage utile.

Je suis, avec les sentimens de la plus vive reconnaissance et du plus profond respect,

Monsieur le Vicomte,

Votre très-humble
et très-obéissant serviteur,

Gagneraux.

INTRODUCTION.

PLUSIEURS ouvrages sur le Code forestier viennent d'être simultanément publiés. Tous sans doute ont leur mérite particulier : cependant on s'aperçoit aisément qu'ils ont été faits avec bien de la précipitation ; car aucun ne contient l'état des localités qui, aux termes de l'art. 135 du Code, sont exemptes du droit de martelage pour la marine. Cet état, approuvé par le Roi, le 26 août 1827, a été inséré, quelques jours après l'approbation, au nᵒ 183 du Bulletin des lois. Aucun non plus n'a publié le cahier des charges pour les ventes des coupes de bois royaux de l'ordinaire de 1828, quoique ce document fût d'autant plus important à connaître, qu'il présente, de la part de l'administration forestière, la première application des principes du Code.

D'un autre côté, on sait que la juridiction spéciale, créée par l'ordonnance de 1669, embrassait à la fois les forêts, la chasse et la pêche, tandis que le Code forestier ne s'applique qu'aux forêts : aussi, jusqu'à ce jour, dans les différens recueils nés de sa publication, les auteurs de ces ouvrages ne se sont également occupés que des forêts.

Pour nous, au contraire, au lieu de borner notre travail à cet objet unique, nous avons cru faire une chose utile en l'étendant aux deux autres objets, c'est-à-dire, à la chasse et à la pêche, et même aux arbres plantés sur les routes. Soit par habitude ou autrement, nous avons trouvé une corrélation si grande entre les uns et les autres, que nous n'avons pas balancé à les réunir dans le même ouvrage.

Nous avons donc reproduit en entier la célèbre ordonnance de Louis XIV, qui contient diverses dispositions relatives à la chasse et à la pêche, et qui, d'ailleurs, en ce qui concerne les forêts, continuera d'être appliquée à tous les droits acquis. Comme monument, surtout, il nous a paru qu'elle devait naturellement être placée à côté même du Code forestier, pour mettre le lecteur à portée de juger de la différence des besoins de chacune des deux époques où ces deux lois ont été publiées.

Dans l'intention de classer avec ordre un aussi grand nombre de documens, nous les avons divisés en quatre parties principales ; ensuite chaque partie a été subdivisée en sections selon la nature des matières, dont l'ensemble contient sans omission tous les actes législatifs, décrets, ordonnances, réglemens, décisions judiciaires ou administratives qui s'y rapportent; de manière que chaque partie se trouve composée ainsi qu'il suit :

PREMIÈRE PARTIE.

CODE FORESTIER.

Ire SECTION.

MOTIFS ET RAPPORTS.

Exposé des motifs du projet de Code forestier, par M. le vicomte de Martignac, ministre d'État, commissaire du Roi, à la Chambre des Députés.

Rapport fait par M. Favard de Langlade, au nom de la commission de la Chambre des Députés.

Exposé des motifs du projet du Code forestier, par M. le vicomte de Martignac, à la Chambre des Pairs.

Rapport fait par M. le comte Roy, au nom de la commission de la Chambre des Pairs.

IIe SECTION.

CODE FORESTIER,

Annoté, sous chaque article, non-seulement de la discussion aux deux Chambres, mais encore de toutes les dispositions législatives, judiciaires et administratives, qui ont paru avoir de la corrélation avec les dispositions dont il est composé, ainsi que des opinions des auteurs d'après les lois et la jurisprudence antérieures au Code.

IIIe SECTION.

ORDONNANCE D'EXÉCUTION

Rendue le 1er août 1827, et annotée également, sous chaque article, de citations puisées dans les réglemens antérieurs, et de rapprochemens entre l'ancienne et la nouvelle législation.

IVe SECTION.

CAHIER DES CHARGES

Pour la vente des coupes de bois royaux de l'ordinaire de 1828, approuvé par le ministre des finances le 3 septembre 1827, et contenant des renvois aux articles du Code.

APPENDICE AU CODE FORESTIER.

PRÉCIS DES LOIS RELATIVES AUX ARBRES PLANTÉS SUR LES ROUTES.

SECTION UNIQUE.

§. 1er. — Lois antérieures à la révolution.

§. 2. — Lois rendues pendant la révolution.

§. 3. — Lois intervenues depuis, sur les plantations, avec des notes puisées dans la jurisprudence des tribunaux et des corps administratifs.

SECONDE PARTIE.

ANCIENNE LÉGISLATION CONCERNANT LES FORÊTS.

Ire SECTION.

ORDONNANCE DE LOUIS XIV,

Sur le fait des Eaux et forêts, donnée au mois d'août 1669.

IIe SECTION.

TABLEAU CHRONOLOGIQUE ET ANALYTIQUE

Des lois forestières depuis 1789 jusqu'en 1827, avec l'indication des sources où se trouve le texte de chaque loi citée.

TROISIÈME PARTIE.

DE LA CHASSE, DES PERMIS DE PORT D'ARMES ET DE LA LOUVETERIE.

Ire SECTION.

DE LA CHASSE, DES POUDRES DE CHASSE, ET DES GARDES CHAMPÊTRES.

§. 1er. — Lois relatives à la chasse, depuis le mois d'août 1789 jusqu'à ce jour, annotées, sous chaque article, comme on l'a fait pour le Code forestier, du sommaire de tous les arrêts et de toutes les décisions sur cette matière.

§. 2. — Réglemens concernant la vente des poudres de chasse, également annotés.

§. 3. — Réglemens concernant la nomination et la révocation des gardes champêtres, aussi accompagnés de notes.

IIe SECTION.

Du Port d'armes et des Permis de port d'armes de chasse.

§. 1er. — Déclaration du Roi, du 23 mars 1728, et réglemens postérieurs, sur la faculté de porter des armes en voyage. De nombreuses citations sont placées sous ces réglemens pour les mettre en concordance les uns avec les autres.

§. 2. — Réglemens concernant les permis de port d'armes de chasse, avec des notes recueillies dans les documens administratifs et dans les décisions des tribunaux.

IIIe SECTION.

De la Louveterie.

Réglemens relatifs aux chasses dans les forêts dépendant du domaine de l'État : ainsi qu'à l'organisation de la louveterie, et à la destruction des loups. Au moyen de diverses annotations, ces réglemens sont mis en concordance les uns avec les autres.

QUATRIÈME PARTIE.

DE LA PÊCHE FLUVIALE.

SECTION UNIQUE.

Lois concernant la faculté ou la prohibition de pêcher dans les fleuves et rivières navigables. Ces lois sont placées dans leur ordre chronologique, et apostillées, sous chaque article, des arrêts de la cour de cassation et des décisions qui les ont appliquées ou expliquées.

TABLE.

Une Table générale et alphabétique des matières termine l'ouvrage et le tome second.

Il est sans doute inutile d'entrer dans de plus grands développemens pour prouver que cet ouvrage n'est point la copie de ceux que la circonstance a fait naître : mais nous ne devons pas laisser ignorer qu'ayant déposé le nombre d'exemplaires exigés par la loi, nous emploierons tous les moyens nécessaires pour jouir entièrement de notre droit de propriété.

PREMIÈRE PARTIE.

CODE FORESTIER.

Iʳᵉ SECTION.

Motifs et Rapports.

§ 1ᵉʳ. — Exposé *des motifs du projet de Code Fores-*
tier, par M. le vicomte de MARTIGNAC, *ministre*
d'État, commissaire du Roi, à la Chambre des
Députés, le 29 décembre 1826.

MESSIEURS,

Le Roi nous a ordonné de vous apporter un projet de *Code*
Forestier.

La conservation des forêts est l'un des premiers intérêts des
sociétés, et, par conséquent, l'un des premiers devoirs des
gouvernemens. Tous les besoins de la vie se lient à cette conservation : l'agriculture, l'architecture, presque toutes les industries, y cherchent des alimens et des ressources que rien
ne pourrait remplacer.

Nécessaires aux individus, les forêts ne le sont pas moins
aux États : c'est dans leur sein que le commerce trouve ses
moyens de transport et d'échange ; c'est à elles que les gouvernemens demandent des élémens de protection, de sûreté et
de gloire.

Ce n'est pas seulement par les richesses qu'offre l'exploita-

tion des forêts sagement combinée qu'il faut juger de leur utilité; leur existence même est un bienfait inappréciable pour
les pays qui les possèdent; soit qu'elles protègent et alimentent
les sources et les rivières, soit qu'elles soutiennent et raffer-
missent le sol des montagnes, soit qu'elles exercent sur l'at-
mosphère une heureuse et salutaire influence.

La destruction des forêts est souvent devenue, pour les pays
qui en furent frappés, une véritable calamité, et une cause
prochaine de décadence et de ruine. Leur dégradation, leur
réduction au-dessous des besoins présens ou à venir, est une
de ces malheurs qu'il faut prévenir, une de ces fautes que rien
ne saurait excuser, et qui ne se réparent que par des siècles de
persévérance et de privation.

Pénétrés de cette vérité, les législateurs de tous les âges ont
fait de la conservation des forêts l'objet de leur sollicitude particulière.

Malheureusement les intérêts privés, c'est-à-dire ceux dont
l'action directe et immédiate se fait sentir avec le plus de puissance et d'empire, sont fréquemment en opposition avec ce
grand intérêt du pays, et les lois qui le protègent sont trop
souvent impuissantes.

Pendant plusieurs siècles, les efforts de nos rois luttèrent
contre les abus auxquels les forêts de l'État étaient exposées,
et contre les spéculations imprudentes de la propriété privée;
mais ces efforts ne furent pas constamment heureux.

Le désordre toujours croissant, et la nécessité d'y porter un
prompt remède, fixèrent l'attention de Louis XIV; et l'ordonnance de 1669, fruit d'un long travail et des méditations de
conseillers habiles, prit rang parmi les monumens d'un règne
illustré par tous les genres de gloire.

Les éloges qui ont été donnés à ce Code étaient justes et
mérités : ses dispositions furent sagement et judicieusement
combinées, pour satisfaire à la fois aux besoins des forêts et à
ceux de la société, telle qu'elle se présentait alors aux regards
du roi législateur. Les règles qu'il traçait étaient sévères; mais
cette sévérité était devenue une nécessité absolue, et l'expérience l'a long-temps justifiée. Quelques-unes des dispositions
adoptées étaient trop restrictives de l'exercice du droit de propriété; mais à l'époque où elles furent publiées, il était permis
au Gouvernement de croire qu'il servait l'intérêt des particuliers eux-mêmes, en les astreignant à profiter des lumières qu'il
avait acquises, et à marcher avec lui dans une voie de conservation et de prospérité.

Le temps et les événemens ont fait prendre à l'industrie,
à l'agriculture, à l'économie publique, un aspect tout diffé-

rent; ils ont, dans l'intervalle écoulé, rendu difficile et embarrassée l'application à notre pays d'une grande partie du système de gêne et de prohibition établi par l'ordonnance.

Cette difficulté s'est fait ressentir successivement dans un grand nombre de ses dispositions. Les peines qu'elle prononce ont cessé d'être en proportion avec les délits qu'elles étaient destinées à punir, et en harmonie avec nos mœurs : il a dû en résulter souvent une déplorable impunité.

Ces inconvéniens se faisaient déjà sentir avant la révolution ; et la législation forestière réclamait, dès cette époque, de nombreuses modifications : elle ne tarda pas à être frappée dans sa base.

La loi du 25 décembre 1790 supprima la juridiction des eaux et forêts, et renvoya devant les tribunaux ordinaires toutes les actions introduites dans cette matière.

Vous savez, Messieurs, que l'ordonnance de 1669 avait lié ensemble l'administration et la juridiction; que ses dispositions de police, de répression et de conservation, avaient pour base l'existence des maîtrises qu'elle employait à la fois et comme tribunaux judiciaires et comme instrumens administratifs. La suppression de la juridiction laissait l'organisation incomplète, et l'action sans force et sans lien. Le système tout entier se trouva ainsi détruit et anéanti.

On reconnut aisément ce résultat de la loi du 25 décembre 1790, et on essaya de donner à l'administration des forêts, avec une organisation nouvelle, une force et une activité dont de graves et fréquens désordres faisaient reconnaître la nécessité.

La loi du 29 septembre 1791 établit quelques règles générales sur le régime des bois de l'État, quelques dispositions timides et incomplètes sur ceux des communes et des établissemens publics ; elle créa une administration nouvelle, et détermina le mode des poursuites à exercer pour les délits forestiers.

Cette organisation, quoique faite avec soin, était néanmoins imparfaite ; elle ne pouvait être que le prélude d'une législation forestière. Ses auteurs le reconnurent, car ils annoncèrent dans le dernier article qu'il serait fait incessamment une loi sur les aménagemens, ainsi *que pour fixer les règles de l'administration*, et que jusque-là l'ordonnance de 1669 et les autres réglemens en vigueur continueraient d'être exécutés en tout ce à quoi il n'était pas dérogé.

Cette loi promise ne fut point donnée ; il n'est intervenu, depuis cette époque, que des réglemens partiels sur des objets spéciaux. Nous nous trouvons donc aujourd'hui entre les restes incohérens d'une ancienne législation dont la base a été renversée, et les commencemens d'une législation nouvelle qui en est restée à son ébauche et n'a jamais reçu son complément.

L'administration à qui est confiée notre richesse forestière a fait ses efforts pour la conserver et l'accroître, et pour y maintenir l'ordre et les règles. Elle espère que les détails qu'elle aura occasion de vous fournir, pendant la durée de la discussion qui se prépare, vous convaincront que ses efforts n'ont pas été infructueux, et que souvent, affaiblie et désarmée en présence d'une législation en débris, elle a fait tout ce qu'on était en droit d'attendre et d'exiger d'elle.

L'administration a été puissamment secondée par la sagesse éclairée des tribunaux et particulièrement de la Cour de cassation, qui n'a négligé, pour réprimer la licence, aucune des ressources que laissent au juge les dispositions éparses et incohérentes des anciennes ordonnances.

Ces ressources sont aujourd'hui tout-à-fait insuffisantes; d'ailleurs, et, sous d'autres rapports, un tel état de choses ne peut pas durer, parce qu'il n'est nullement conforme à l'esprit de nos institutions. Il faut pour nous des dispositions précises et formelles; il faut que la loi commande dans des termes positifs et qui soient entendus de tous; que chacun connaisse clairement ce qui lui est permis, ce qui lui est défendu, et quelles sont les peines que doit appeler sur lui l'infraction des règles qui lui sont prescrites.

Un Code forestier était donc devenu une nécessité qu'il fallait satisfaire, et on a dû s'occuper avec un soin particulier de la préparation d'un travail qui offrait des difficultés sérieuses, et qui demandait de longues méditations. Rien n'a été oublié de ce qui pouvait fournir au Gouvernement d'utiles lumières.

Dès 1823, des essais furent préparés dans le sein de l'administration forestière par des hommes en qui on était sûr de trouver la connaissance des besoins et des règles, et l'expérience des faits. Des membres du Conseil d'état et des agens de la marine furent appelés à concourir avec l'administration à ce travail préparatoire.

Plus tard, ce premier essai fut soumis à une commission composée de magistrats, de jurisconsultes et d'administrateurs. Cette commission se livra à l'accomplissement de sa mission avec zèle et avec persévérance. Elle comprit qu'elle devait concilier les besoins de tous avec les droits de chacun; qu'il lui fallait assurer par des mesures fortes et sages la conservation de notre richesse forestière, premier objet de sa sollicitude, et ne soumettre toutefois l'indépendance de la propriété privée qu'à des restrictions commandées par un intérêt général évident, et dont chacun pût être le juge.

Après un long examen, et une discussion renouvelée à plusieurs reprises, le projet de Code fut provisoirement arrêté. Mais cette première garantie ne suffit point et ne devait point suffire. On voulut appeler tous les avis, entendre tous les intérêts, provoquer toutes les critiques.

Le projet fut imprimé à la fin de la session de 1825 ; il fut remis à chacun de vous, Messieurs, ainsi qu'à Messieurs les membres de la Chambre héréditaire. Il fut adressé à la Cour de cassation, à toutes les cours du royaume, aux conseils généraux des départemens, aux préfets et aux conservateurs des forêts.

Des observations furent sollicitées et accueillies avec empressement. Les cours de justice furent invitées à se réunir pour délibérer sur la communication qui leur avait été donnée, et pour rédiger leur avis.

Les procès-verbaux de la Cour de cassation et des cours royales ont été transmis à la commission. Cette immense collection de matériaux a été classée, divisée, appliquée à chaque partie du Code projeté; une nouvelle discussion s'est établie sur chacune de ses dispositions, et d'importantes modifications ont été faites au premier projet.

La rédaction nouvelle, soumise ensuite à des conseils nombreux, a subi à son tour l'épreuve des plus graves débats, et a reçu encore des modifications essentielles.

C'est ainsi qu'a été exécuté le travail qui vous est aujourd'hui présenté. Rien ne devait être négligé, mais rien ne l'a été, en effet, pour faciliter vos délibérations et pour vous offrir un ouvrage complet et régulier sur cette matière importante et hérissée de difficultés.

Le projet qui vous est présenté ne contient, ainsi que vous le concevez aisément, aucune des dispositions réglementaires et de pure administration qui sont du domaine de l'ordonnance.

Un grand nombre de dispositions de cette nature se trouvent dans l'ordonnance de 1669, et même dans la loi du 29 septembre 1791, mais il est facile d'en reconnaître les causes.

En 1669, le pouvoir législatif et la haute administration de l'État étaient réunis dans la personne du Roi. Au mois de septembre 1791, l'Assemblée législative avait déjà usurpé une partie considérable du pouvoir exécutif au préjudice de l'autorité royale. Il était simple et naturel alors, que, dans ces deux actes, les dispositions législatives fussent confondues avec les mesures administratives et de pure exécution.

Aujourd'hui, il n'en peut être ainsi : la limite est clairement tracée entre les pouvoirs par nos institutions.

La loi devra intervenir partout où il s'agit de la propriété appartenant à l'État, et qui ne peut être aliénée sans elle. Elle sera nécessaire partout où il y aura des intérêts particuliers à régler, des prohibitions à établir, des peines à prononcer, une procédure à suivre, partout enfin où des tiers se trouveront en point de contact avec l'administration.

Tout le reste, tout ce qui touche au mode de régie des bois de l'État, à la justice intérieure de leur administration, à leur exploitation, à leur aménagement, forme la matière d'une ordonnance déjà préparée et qui doit compléter, avec la loi, le système forestier du royaume. Cette division, qui est commandée par nos lois fondamentales, a ici cet avantage particulier qu'en donnant à ce qui doit être stable et permanent le caractère stable et permanent de la loi, elle laisse au Gouvernement la faculté de modifier et d'améliorer l'administration intérieure des forêts et de profiter ainsi chaque jour des utiles leçons de l'expérience.

Vous remarquerez encore, Messieurs, que le projet de Code ne contient aucune disposition relative *au régime des eaux* et aucun titre qui concerne *la chasse*. Peu de mots suffiront pour expliquer la cause de ces deux omissions.

Les règles sur le régime des eaux ou *la pêche* ont pu et dû se trouver dans l'ordonnance de 1669. L'ordonnance avait créé ou conservé une juridiction spéciale qui s'étendait sur le sol entier de la France. Elle attribua à cette juridiction le régime des eaux, en même temps que celui des forêts ; et, dès-lors, les règles relatives à ces deux régimes divers purent et durent être confondues dans la même loi.

La même raison ne se retrouve plus aujourd'hui. D'une part, il n'existe plus de tribunal d'exception : les actions judiciaires relatives à la pêche, comme celles qui concernent les forêts, sont portées devant les tribunaux ordinaires. De l'autre, l'administration des forêts n'agit pour la police des eaux que dans les lieux où elle a des agens : il existe un grand nombre de départemens dépourvus de forêts et d'agens forestiers, et, dans ceux-là, la police des eaux est exercée par les autorités locales.

Il n'y a donc aujourd'hui entre les règles applicables aux deux régimes aucune connexité nécessaire ni naturelle, et il a paru convenable de les séparer. Les dispositions relatives à la *pêche fluviale* sont l'objet d'une loi particulière qui vous sera proposée plus tard.

Des raisons plus graves encore ont empêché de considérer les règles *sur la chasse* comme formant aujourd'hui une dépendance naturelle du Code forestier. Les points que doit résoudre une loi sur la chasse touchent aux plus grandes questions sociales, au droit de propriété et aux facultés qui en résultent, à l'intérêt de l'agriculture, à la sécurité publique elle-même. De pareilles questions, qui sont d'un ordre général, et qui ressortissent de la haute administration de l'État, ne pouvaient être traitées accessoirement à l'occasion d'un Code tout-à-fait spécial, préparé pour une administration financière.

Quelle que soit la loi particulière qui pourra régir la chasse et le port d'armes, les gardes forestiers devront veiller à son exécution dans les bois : c'est là tout ce qui peut leur être attribué ; et cette attribution est de plein droit, puisqu'ils y exercent les fonctions d'officiers de police judiciaire.

Le projet de Code se renferme donc dans les matières qu'indique son titre : il ne s'applique qu'aux forêts, à leur conservation, à leur police, aux mesures qui peuvent en éviter la destruction ou la dégradation, aux délits et aux contraventions commis à leur préjudice.

Nous ne fatiguerons pas inutilement votre attention, Messieurs, en faisant passer sous vos yeux les dispositions nombreuses dont a dû se composer un travail complet sur cette matière : ces détails ne pourraient être clairement reproduits dans une analyse rapide. Nous nous bornerons à vous en faire connaître l'esprit, et à vous en exposer le plan et la division. Nous vous indiquerons seulement ses dispositions principales, moins pour vous donner à leur égard des explications étendues qui seront plus utilement placées dans la discussion, que pour appeler votre attention particulière sur les points qui nous paraissent les plus dignes de la fixer.

Les forêts, soit à cause de leur importance, soit à cause de l'extrême facilité des délits dont elles ont à souffrir, ont besoin d'une protection particulière et de mesures répressives plus actives et plus efficaces que les autres natures de propriété. Aussi leur a-t-on appliqué en tout temps une législation exceptionnelle et spéciale. Un coup-d'œil sur notre situation forestière en fera reconnaître aujourd'hui l'absolue nécessité.

Malgré la sévérité des anciens réglemens, les forêts n'ont cessé en France de perdre de leur étendue, parce que l'augmentation de la population tend constamment à les resserrer dans des limites plus étroites. A cette cause, toujours agissante, se sont jointes, depuis quarante ans, d'autres causes dont la puissance était au moins égale.

Les ordonnances antérieures à la révolution avaient porté trop loin la gêne imposée à la propriété particulière. Les lois nouvelles tombèrent brusquement dans l'abus contraire, et rendirent aux propriétaires la libre et absolue disposition de leurs bois.

Une destruction considérable fut la suite de cette imprudente transition de l'excès de la gêne à l'excès de la liberté. Cet abus déplorable, dont on fut effrayé, ne fut tardivement arrêté ou suspendu que quelques années après.

Pendant que les bois des particuliers étaient ainsi sacrifiés, les communes profitèrent de leur côté des désordres de la révolution et de l'insuffisance d'une législation irrégulière, pour anticiper les coupes de leurs bois, pour les livrer aux désastreux abus du pâturage, et pour effectuer aussi de nombreux défrichemens.

Les bois de l'État eux-mêmes n'ont pas été préservés de toute atteinte. Des circonstances extraordinaires ont fait ordonner des coupes extraordinaires, et des besoins impérieux ont obligé à des aliénations.

Dans ce moment, Messieurs, le sol forestier du royaume se compose d'environ 6,500,000 hectares de bois. Cette étendue paraît considérable; mais elle doit éprouver une forte réduction si l'on en ôte les landes, les bruyères et les terrains dépouillés qui s'y trouvent renfermés; et, au surplus, pour être fixé sur les ressources réelles qu'on doit attendre de cette masse de propriétés forestières, il faut en connaître la distribution.

1,100,000 hectares seulement appartiennent à l'État ou à la Couronne. 1,900,000 hectares forment la propriété des communes et établissemens publics. Le reste, c'est-à-dire plus de la moitié, est possédé par des particuliers.

Cette dernière partie ne peut être considérée comme offrant pour le présent, et encore moins pour l'avenir, des ressources assurées à la consommation et surtout aux constructions navales.

Les bois des particuliers sont divisés en un grand nombre de parcelles. Leur aménagement n'est, ni ne peut être, sans porter une atteinte grave au droit de propriété, assujéti à aucune règle générale. Leurs coupes sont et doivent être libres : aussi sont-elles habituellement très-rapprochées. Ce système d'exploitation convient mieux à l'intérêt particulier et aux besoins renaissans des familles; mais il est en opposition manifeste avec l'intérêt général de la consommation, et cela se conçoit aisément, puisqu'il n'offre aucune ressource utile aux besoins maritimes, et qu'il ne donne que des produits bien inférieurs en quantité et en qualité à ceux qu'on obtiendrait d'un aménagement mieux entendu.

Il faut donc tenir pour certain que la division actuelle de la propriété forestière en France ne permet pas d'y trouver des ressources comparables à celles que pourrait offrir une masse égale, si elle était possédée soit par le Gouvernement, soit par de grands propriétaires, parce qu'ils sont les seuls qui peuvent différer les coupes jusqu'au moment où les arbres ont atteint le maximum de leur croissance.

C'est dans une pareille situation, Messieurs, que le projet de Code a dû être préparé, et il n'était pas inutile de vous la faire connaître pour vous mettre en mesure d'apprécier justement les dispositions proposées.

Le premier soin des rédacteurs a été de tracer une profonde ligne de démarcation entre les bois qui doivent être soumis d'une manière plus ou moins absolue au régime forestier, et ceux qui, appartenant à des particuliers, ne peuvent être assujétis qu'à des restrictions peu nombreuses et compatibles avec l'exercice du droit de propriété.

Les bois soumis au régime forestier, et dont la jouissance doit être réglée par l'administration, conformément aux dispositions de la loi, sont classés dans l'ordre suivant :

1° Les bois et forêts qui font partie du domaine *de l'État;*

2° Ceux qui dépendent du domaine *de la Couronne ;*

3° Ceux qui sont possédés à titre *d'apanage ;*

4° Les bois et forêts *des communes* et *des établissemens publics ;*

5° Enfin, ceux dans lesquels l'État, la Couronne, les communes ou les établissemens publics ont des droits de propriété *indivis* avec des particuliers.

Après cette indication nécessaire des bois soumis à l'action de l'administration forestière, le projet s'occupe de cette administration elle-même, mais seulement sous le rapport des garanties que ses agens doivent offrir, et des conditions de leur capacité. Ainsi, il détermine l'âge auquel un emploi forestier peut être exercé, l'incompatibilité de cet emploi avec toute autre fonction, les formalités qui doivent assurer la publicité du caractère des agens, la responsabilité qui pèse sur eux lorsqu'ils ne constatent pas les délits pour la poursuite desquels ils sont institués. Au surplus, le projet ne règle rien et ne doit rien régler pour l'organisation : elle appartient tout entière à l'autorité royale.

Le titre III s'applique aux bois et forêts qui font partie des domaines *de l'État*, et qui sont dès-lors soumis à la plénitude du régime forestier. Il est nécessaire de vous en exposer rapidement les parties principales.

La loi règle d'abord les opérations relatives à la *délimitation* et au *bornage*. Ces opérations sont importantes, parce qu'elles touchent par tous les points à la propriété de l'État par opposition avec celle des particuliers. Toutes les précautions sont prises pour assurer les droits et les intérêts de chacun ; mais si ces précautions paraissent insuffisantes aux particuliers, s'ils jugent leurs droits méconnus, tout rentre sous l'empire du droit commun, et c'est devant les tribunaux que leurs prétentions seront portées

Après la délimitation, on s'est occupé de *l'aménagement*, des *adjudications des coupes*, des *exploitations* des coupes adjugées et des *réarpentages et récolemens*.

Ces dispositions combinées forment un ensemble qui s'explique avec facilité.

La loi déclare que les bois et forêts de l'État sont assujétis à un aménagement ; elle ne règle pas cet aménagement, parce que ce réglement est un acte matériel d'administration qui n'est pas du domaine de la loi, mais elle prononce qu'il sera déterminé par une ordonnance royale.

Les coupes dont l'aménagement permet l'exploitation doivent être adjugées. Ces coupes sont une branche importante des revenus publics ; il était du plus grand intérêt de les placer à l'abri de la fraude, de la connivence et même de l'erreur. C'est ce qu'on a cherché à faire. Les mesures les plus sévères sont prises pour assurer la publicité des adjudications, la concurrence et la liberté des enchères.

Par ce moyen, on a la certitude d'obtenir, pour l'adjudication des coupes, des produits égaux à la valeur réelle des bois adjugés.

Il faut, outre ces premières précautions, s'assurer, dans l'intérêt de la conservation des bois, que les exploitations seront régulièrement faites, qu'elles ne deviendront pas un prétexte ou un moyen pour commettre avec facilité des abus et des délits ; il faut s'assurer encore que ces exploitations n'auront compris que les coupes adjugées et ne se seront pas étendues au-delà.

Le projet paraît pourvoir avec prudence à toutes ces nécessités. On a conservé dans l'ensemble des mesures adoptées ce que l'ordonnance de 1669 contenait de bon, d'utile et d'éprouvé, et on y a ajouté ce que l'expérience a fait juger propre à remédier aux inconvéniens reconnus.

Le même soin a été apporté pour ce qui concerne les adjudications *de glandée et de panage* qui présentent bien moins d'importance par elles-mêmes, mais qui peuvent devenir, si elles ne sont entourées de sages précautions, une source grave d'abus et de dommages.

Il reste pour compléter le titre relatif au régime forestier, appliqué aux bois de l'État, deux sections particulières, et celles-là méritent une attention spéciale et exigent quelques explications.

La première traite des *affectations*, et la deuxième *des droits d'usage.*

Vous savez, Messieurs, que, dans diverses provinces de France et dans les anciens états des ducs de Lorraine, il a été fait en faveur de certains établissemens industriels des concessions de bois. Ces concessions, connues sous le nom *d'affectations*, consistaient dans des livraisons annuelles d'une quantité déterminée de bois, moyennant une rétribution qui n'était en aucune proportion réelle avec la valeur des matières livrées.

Quelques-unes de ces concessions contenaient la stipulation d'un terme ; mais la durée des autres est indéterminée ou stipulée à perpétuité.

Il a paru indispensable de régler par la loi le sort des actes de cette nature qui touchent à la propriété de l'État, et à une de ses propriétés les plus précieuses. Pour arriver à ce réglement d'une manière juste et légale, il a suffi de leur appliquer les principes de notre législation forestière et domaniale.

L'ordonnance de 1669 contient une disposition dont voici les termes :

« Ne sera fait à l'avenir aucun don ni attribution de chauf« fage, *pour quelque cause que ce soit*, et si par importunité « ou autrement, aucunes lettres ou brevets en avaient été ac« cordés et expédiés, *défendons* à nos cours de parlement, « chambres des comptes, grands maîtres et officiers, d'y avoir « égard. »

Jamais le langage de la loi ne fut plus clair et plus énergique ; jamais disposition prohibitive ne fut conçue dans des termes plus absolus et plus sévères, et il paraît impossible de ne pas reconnaître la nullité d'une concession qui aurait été faite au mépris de cette prohibition.

Sous un autre rapport, la nullité des actes dont il s'agit paraît encore évidente.

Les affectations sans terme sont de véritables aliénations, car c'est bien incontestablement aliéner un immeuble que d'en céder les produits à perpétuité. Or, depuis le XIV⁰ siècle, le domaine royal était inaliénable en France, et l'ordonnance de 1566 contenait à ce sujet la disposition la plus expresse.

Le même principe était établi en Lorraine; il était consacré dans les termes les plus formels par l'édit du 21 décembre 1446, et par plusieurs édits postérieurs.

Les affectations actuellement existantes ne peuvent donc être valables si on les considère comme accordées à perpétuité. Dans ce cas, leur nullité serait évidente, car elles auraient été concédées en violation des dispositions prohibitives qui formaient le droit commun. Elles ne peuvent avoir de validité et d'effet que si l'on reconnaît que le souverain en les accordant, sans en déterminer la durée, se réservait le droit d'en fixer le terme et d'en modifier les conditions.

Après avoir consulté les principes, on a dû considérer les inconvéniens graves qui devaient résulter du maintien prolongé de cet état de choses. Ces inconvéniens sont de diverses natures. D'abord, le prix stipulé, qui ne représentait dans l'origine qu'une très-faible portion de la valeur réelle, est tombé aujourd'hui, par l'élévation progressive du prix des bois, dans une disproportion déraisonnable.

D'un autre côté, il résulte de ces livraisons forcées et sans prix réel, faites ainsi chaque année, d'une grande quantité de bois à certains établissemens industriels, un véritable privilége inconciliable avec cette libre concurrence qui enrichit le pays, et que toutes les industries pareilles ont en France le droit de réclamer et d'attendre.

Il était donc juste et nécessaire de mettre un terme à un état de choses évidemment abusif. Il fallait, toutefois, apporter dans les dispositions à intervenir des ménagemens conformes à l'équité. Il eût été d'une rigueur qui eût touché à l'injustice d'enlever tout-à-coup à des établissemens importans et dignes d'intérêt, un de leurs principaux élémens de prospérité. L'équité voulait qu'on leur accordât le temps nécessaire pour se préparer à ce grand changement.

C'est, Messieurs, ce qui est fait par le projet de loi. Il porte que les affectations concédées nonobstant les dispositions prohibitives des ordonnances et loi continueront d'être exécutées jusqu'au 1ᵉʳ septembre 1837, et cesseront d'avoir leur effet à l'expiration de ce terme. C'est une prorogation de dix ans que la loi accorde aux concessionnaires.

Telle est la règle que le projet contient; mais ses auteurs ont senti que vous ne pouviez voter que sur des dispositions législatives, et non statuer sur des titres particuliers; ils vous ont donc proposé d'ajouter que ceux des concessionnaires qui prétendront que les actes dont ils sont porteurs ne sont pas atteints par les prohibitions rappelées et leur confèrent des droits irrévocables, pourront se pourvoir dans les six mois pardevant les tribunaux pour en réclamer l'exécution, en renonçant toutefois au bénéfice du délai de dix ans que le projet accorde.

Ainsi, Messieurs, vous aurez accompli votre devoir de législateurs en posant des principes et des règles, et en laissant aux tribunaux le soin de les appliquer aux actes.

Après les affectations viennent *les droits d'usage* de toute espèce exercés dans les bois de l'État, soit par les communes, soit par les particuliers. Ces droits forment, pour la propriété publique comme pour la propriété privée, le plus redoutable des dangers et la source la plus féconde de dommages et d'abus. De nombreux et puissans efforts ont été faits pour les supprimer ou pour les réduire ; mais ces efforts n'ont produit que de bien faibles résultats.

L'ordonnance de 1669 avait abrogé la plus grande partie des droits d'usage, et avait ordonné le remboursement en argent de ceux qu'elle n'abrogeait pas ; elle avait ensuite interdit pour l'avenir, dans les termes généraux et prohibitifs que vous venez de voir, toute concession pareille *pour quelque cause que ce fût.*

Malgré l'étendue et la sévérité de ces mesures, les droits d'usage se sont maintenus; d'une part, la liquidation n'a pas été opérée ; de l'autre, l'État a acquis des bois grevés de ces dévorantes servitudes ; enfin, les abus attaqués par l'ordonnance se sont reproduits avec une force nouvelle à l'époque des désordres enfantés par la révolution. Des usurpations sans nombre vinrent se joindre alors à des titres irréguliers ou annulés, et les forêts de l'État furent menacées d'une dévastation complète.

Lorsque l'ordre commença à renaître, on sentit le besoin de mettre un terme à d'aussi funestes abus. Une loi du 19 mars 1803 (28 ventôse an 11), ordonna à tous les usagers de produire leurs titres devant l'administration dans un délai déterminé, qui fut prorogé par une seconde loi du 5 mars 1804 (14 ventôse an 12). Cette dernière loi déclarait déchus de tout droit d'usage ceux qui n'auraient pas produit leurs titres avant l'expiration du délai fixé.

L'exécution de cette mesure a été à-peu-près arbitraire. Un grand nombre d'usagers, et surtout de communes, ont négligé de se présenter pendant la durée du délai. Tantôt la déchéance a été rigoureusement appliquée, tantôt il a été accordé des relevés de déchéance et des autorisations de produire. Plusieurs instances administratives: et judiciaires existent encore aujourd'hui.

Il fallait prendre un parti et substituer un ordre régulier et positif à cet état d'incertitude et d'arbitraire. Celui qui a été adopté et qui vous est proposé consiste à respecter la chose jugée, à maintenir les droits actuellement reconnus et acquis, et à ordonner que les instances encore pendantes seront jugées conformément aux règles prescrites par l'ordonnance de 1669, et par les deux lois que nous avons rappelées. Cette proposition, qui paraît tout concilier, aura sans doute votre assentiment.

Obligée de respecter les droits existans, la loi a dû en régler l'exercice et concilier, autant que les choses le permettent, la conservation des forêts et les justes prétentions des usagers.

Ainsi, pour l'usage en bois, le projet autorise le Gouvernement à affranchir la forêt, moyennant un cantonnement; mais il décide que ce cantonnement sera réglé de gré à gré, et, en cas de contestation, par les tribunaux.

En matière de pâturage, il n'admet pas le cantonnement, parce que le cantonnement ne pourrait qu'être préjudiciable à l'usager; l'État peut seulement racheter la servitude moyennant une indemnité, et cette indemnité doit être également ou convenue ou fixée par les tribunaux.

Le projet détermine les époques où les droits pourront être exercés, et il les soumet à ce principe qui n'a jamais été contesté, que l'exercice en doit être réduit *suivant l'état et la possibilité des forêts.*

Il détermine, en outre, le mode d'exercice des diverses espèces d'usages dont les bois sont grevés, la répression des abus et des contraventions qui peuvent être commis par les usagers, et enfin les peines qui devront être appliquées à ces abus et à ces contraventions.

Tel est, Messieurs, l'aperçu sommaire des règles tracées par le Code pour la régie et l'exploitation des bois de l'État soumis pleinement au régime forestier et à l'action immédiate et complète de l'administration chargée de la mise à exécution de ce régime.

Les bois de *la Couronne* sont assujétis aux mêmes règles que les bois de l'État; mais leur administration appartient uniquement au ministre de la maison du Roi, et les agens et gardes institués par ce ministre y exercent les droits et les fonctions qui appartiennent aux agens de l'administration forestière dans les bois de l'État. Ce principe est déjà consacré par la loi du 8 novembre 1814.

Le régime forestier porte également sur les bois constitués *à titre d'apanage*, mais seulement, ainsi que vous le pressentez, en ce qui touche *la propriété*. La propriété des forêts apanagères devant passer entière au prince appelé à la recueillir, et étant d'ailleurs éventuellement reversible à l'État, la loi doit régler tout ce qui s'y rapporte : ainsi les dispositions relatives à la *délimitation*, *au bornage*, *à l'aménagement*, *à la prohibition* de grever le sol d'aucun droit d'usage, sont déclarées applicables et seules applicables aux bois possédés à titre d'apanage. C'est par ce moyen que, sans porter atteinte au droit du prince apanagé, la conservation de la propriété intacte demeure assurée.

Plusieurs dispositions du régime forestier s'appliquent aussi aux bois des *communes et des établissemens publics*. La surveillance et la régie de ces bois sont attribuées à l'administration forestière.

L'État ne peut espérer de ressources pour ses constructions de tout genre que dans ses propriétés, dont l'insuffisance est manifeste, et dans celles des communes. D'un autre côté, la bonne administration des bois des communes, et un aménagement régulier qui en assure la conservation et en élève les produits, sont du plus grand intérêt pour les communes elles-mêmes.

Le projet a donc dû maintenir sur ce point le principe actuellement existant, mais il fait à son application toutes les modifications que le bien des communes pouvait réclamer.

D'abord, on ne comprend dans l'application de la règle que les bois, taillis et futaies, susceptibles d'une exploitation régulière ; on en affranchit par conséquent les arbres épars, ceux des promenades et des places publiques.

On appelle les administrateurs des communes et des établissemens à toutes les opérations qui les intéressent : ils choisissent leurs gardes ; ils nomment leurs experts ; ils assistent aux adjudications ; ils délibèrent sur les travaux extraordinaires.

Le projet ne réserve au Gouvernement qu'une administration de précaution et de garantie, qui ne doit être exercée que pour le compte et au profit des communes. Il conserve pour l'indemnité des frais de cette administration la perception autorisée aujourd'hui sur le prix des coupes ; mais, au moyen de cette perception, l'État doit supporter toutes les dépenses, dont une partie assez considérable est actuellement à la charge des communes.

En examinant avec attention les divers articles dont cette section se compose, vous reconnaîtrez, nous l'espérons, que la loi proposée améliore sensiblement la situation des communes, et laisse néanmoins au Gouvernement les garanties que, dans l'état des choses, il ne pourrait abandonner sans se rendre coupable d'une inexcusable imprévoyance.

Des différentes classes de bois, indiqués par la première disposition du projet comme soumis au régime forestier, il ne nous reste plus que les bois *indivis* entre des particuliers, d'une part; l'État, la Couronne et les communes, de l'autre.

Il fallait nécessairement qu'un mode uniforme de régie fût établi pour les bois ainsi possédés par indivision. Il était impossible d'assujétir l'État, la Couronne et les communes à la volonté des particuliers copropriétaires, ni de laisser entr'eux une cause toujours renaissante de discussion. Il a paru plus naturel et plus sage d'adopter pour leur intérêt commun le mode déjà réglé pour les possesseurs de l'une des parties. Le copropriétaire ne peut s'en plaindre, puisqu'aux termes de l'article 815 du Code civil, il est toujours libre de faire cesser l'indivision en requérant le partage.

Nous arrivons ainsi, Messieurs, à des questions d'un autre ordre, et auxquelles se rattache un intérêt plus pressant. Nous voulons parler des bois *des particuliers*. Ici, la loi doit intervenir dans la propriété privée, et nous sentons, comme vous, qu'elle ne peut le faire qu'avec de grands ménagemens et uniquement dans cet intérêt de conservation qui est le lien commun de l'État et du propriétaire.

Le projet laisse d'abord aux particuliers la libre administration de leurs bois, à l'exception du défrichement dont nous allons vous entretenir. Il ne leur prescrit, ni ne leur interdit aucun mode d'exploitation; d'un autre côté, il leur assure la protection la plus complète.

Ainsi les particuliers ont le droit de choisir leurs gardes; ainsi la faculté d'affranchir leurs bois du droit d'usage par un cantonnement, l'interdiction aux usagers d'en user autrement que *selon la possibilité des forêts*, reconnue et constatée par l'administration; enfin, les peines prononcées contre les abus dans l'intérêt des bois de l'État; toutes ces dispositions favorables et conservatrices leur sont déclarées communes.

Par ce moyen, on les met à l'abri de l'abus funeste qui peut être fait du droit d'usage; mais pour placer à leur tour les usagers à l'abri de l'injustice et de l'arbitraire, on leur réserve le recours devant les tribunaux.

Ces dispositions diverses, dont se compose le titre VIII, offrent peu de difficultés; mais il en existe une plus sérieuse et que nous vous avons déjà fait pressentir.

Les anciennes ordonnances avaient imposé aux propriétaires de bois des conditions de jouissance multipliées et pénibles.

La défense de couper même les taillis avant l'âge fixé, l'obligation de se conformer pour l'exploitation aux règles tracées pour l'usance des bois royaux, la réserve des baliveaux, la prohibition de défricher, telle était une partie des mesures restrictives auxquelles l'exercice du droit de propriété a été long-temps soumis.

La loi de 1791 les supprima toutes à la fois, et ne ménagea cette révolution dans le régime forestier par aucune transition.

Les propriétaires abusèrent de cette liberté inaccoutumée : les défrichemens se multiplièrent à l'infini sans distinction des lieux où ils étaient opérés, en telle sorte que, dans plusieurs localités, l'éboulement des terres défrichées et le déboisement des montagnes firent disparaître la terre végétale et laissèrent les rochers à nu.

Il fallut porter à ce mal un remède nécessaire et urgent. On prit un terme moyen entre l'ancien et le nouvel état des choses, et la loi du 29 avril 1803 prohiba le défrichement sans autorisation préalable. Toutefois, cette mesure ne fut adoptée que comme temporaire. Sa durée est fixée à vingt-cinq ans, et ce terme est près d'expirer.

Y a-t-il lieu de maintenir cette prohibition, ou doit-on rendre à la propriété particulière la liberté absolue dont l'a privée la loi du 29 avril 1803 ?

Telle était la question qu'il fallait décider, et qui a fait l'objet d'un long examen et de fréquentes discussions.

Rien n'est plus respectable, Messieurs, que le droit de propriété ; et ce droit, de sa nature, n'admet guère de limites ; il comprend, nous le savons, la faculté d'*user* et d'*abuser*. Cette faculté, inhérente à la propriété et qui la constitue, est, dans notre corps social, un principe de vie qu'il faut se garder de méconnaître et de blesser.

Ce sont là vos principes, Messieurs, et ce sont aussi les nôtres : toutefois, cette grande règle doit fléchir elle-même, vous le savez, devant la considération, plus grande encore, du besoin social et de la conservation commune. C'est à ce prix que la société garantit à ses membres leur sûreté et leur propriété. C'est un sacrifice que l'intérêt de chacun doit faire à l'intérêt de tous, et qui profite ainsi à ceux mêmes à qui il est imposé.

Les lois de tous les pays, et nos propres lois, contiennent de nombreux exemples de ce sacrifice imposé ; et il suffit de citer ici celle qui permet même l'*expropriation* pour cause d'utilité *publique*.

La question d'intérêt général, la question d'*utilité publique*, est donc, dans la réalité, la seule qu'il faille considérer. Le principe ne saurait être contesté; mais l'application peut être combattue.

Sur ce point, Messieurs, la seule connaissance des faits semble devoir suffire.

Plus de la moitié du sol forestier, nous vous l'avons déjà dit, est possédée par les particuliers. La portion qui reste à l'État, à la Couronne et aux communes, est insuffisante, dans la situation actuelle, pour assurer les services publics et la consommation privée.

L'élévation du prix des bois; la ressource facile et assurée qu'offre au propriétaire l'exploitation d'un terrain complanté, mise en comparaison avec les avantages éloignés et éventuels que peut offrir sa conservation; l'espoir de compenser et au-delà ces avantages par une autre nature de culture; toutes ces causes, qui ne peuvent être méconnues, expliquent assez la disposition que doivent avoir un grand nombre de propriétaires à faire des défrichemens. Au surplus, nous n'en sommes pas sur ce point réduits à des conjectures, et cette disposition n'est que trop bien prouvée par l'empressement avec lequel on a profité de la liberté accordée par la loi de 1791, et par l'innombrable quantité de demandes en autorisation formées depuis la prohibition.

Rétablir aujourd'hui la liberté absolue, ce serait s'exposer à des dangers réels, contre lesquels vous seriez contraints bientôt de réclamer une barrière. Il a donc fallu adopter, quoique à regret, un système plus sévère.

Toutefois, Messieurs, nous nous sommes bien gardés d'introduire dans la loi la prohibition comme un principe, comme une règle permanente : nous l'avons, au contraire, considérée comme une exception, et comme une exception limitée et temporaire.

Le titre relatif aux bois des particuliers ne contient aucune disposition de ce genre; à la fin de la loi seulement, un titre transitoire proroge pendant vingt années la prohibition de défrichement sans autorisation. Cette prohibition, limitée quant à sa durée, l'est aussi quant à son étendue : elle ne comprend ni les jeunes bois âgés de moins de vingt ans, ni les parcs et jardins clos et attenans aux habitations, ni les bois non clos d'une étendue au-dessous de deux hectares. La disposition qui, dans tous ses moyens d'exécution, a été rendue plus facile et plus simple, ne regarde que les bois de quelque importance et dont l'intérêt général prescrit encore la conservation.

Tout permet d'espérer qu'à l'expiration du terme fixé par les articles transitoires, la liberté pourra être rendue tout entière à la propriété avec les seules précautions qu'exigera toujours la situation des montagnes et des terrains penchans et ardus. C'est vers ce but d'affranchissement que vont tendre d'un commun accord, et les efforts de l'administration, et les progrès sensibles de l'agriculture et de l'industrie.

Un meilleur mode d'exploitation, indiqué par l'expérience nationale et étrangère, l'établissement d'une école forestière où se formeront désormais des agens instruits et spéciaux; des repeuplemens ordonnés avec discernement et exécutés avec soin, donneront successivement aux forêts soumises au régime forestier un accroissement de valeur et d'étendue propre à rassurer les esprits attentifs sur nos besoins présens et à venir.

D'un autre côté, l'exploitation de nos mines de charbon et de houille se poursuivant avec une grande activité; l'industrie diminuant, par des procédés ingénieux, la consommation des combustibles; l'établissement de canaux et de grandes routes appelant chaque jour à une distribution plus égale les produits de nos forêts; l'exemple des pays étrangers éclairant nos propriétaires sur le parti qu'on peut tirer des bois attendus; toutes ces causes réunies nous assurent qu'au bout de vingt ans le titre temporaire pourra, sans danger, se détacher du corps de la loi.

Dans vingt ans, Messieurs, que ne doit-on pas espérer de bon, d'utile et d'heureux dans un pays favorisé par la Providence, dans un pays où tout s'agrandit et s'éclaire; où les sciences, les arts et l'agriculture doivent fleurir sous la protection de la monarchie légitime et sous les inspirations d'une sage et féconde liberté?

C'est ainsi, Messieurs, que le projet qui vous est soumis détermine les règles générales relatives à l'administration des bois divers qui forment en France le sol forestier.

On a dû s'occuper ensuite des services publics et des charges que ces services peuvent imposer à cette nature de propriété.

La plus importante, ou plutôt la seule réelle de ces charges, est celle qui est imposée au profit de la marine.

Les constructions navales exigent l'emploi d'une grande quantité d'arbres de choix et d'une dimension considérable. C'est là un de ces services qui touchent aux plus hauts intérêts du pays; et qu'il est du devoir de la législation d'assurer par tous les moyens qui sont à la disposition des lois.

Jusqu'à ce jour, la marine a exercé le droit de choix et de

2.

martelage sur tous les bois de l'État, des communes et des particuliers, que le propriétaire destine à être abattus.

Ce droit doit-il et peut-il être enlevé à la marine, ou faut-il seulement en régler l'exercice de manière à conserver, dans leur intégrité, les intérêts des propriétaires? Cette question était aussi tout-à-fait digne de l'attention du Gouvernement, et elle vous paraîtra mériter toute la vôtre.

Qu'il faille, par des moyens quelconques, assurer le service de la marine, c'est ce qui ne sera révoqué en doute par personne. L'honneur de notre pavillon, la sûreté de nos côtes, les intérêts de notre commerce n'admettent pas la possibilité d'une opinion contraire.

Que la marine puisse choisir parmi les bois de l'État ceux que son service réclame, cette faculté est encore hors de controverse. L'État applique ses ressources à ses besoins; rien n'est plus simple : il ne peut y avoir là à régler que le mode.

Mais le martelage dans les bois des particuliers est-il un moyen d'approvisionnement indispensable et qui ne puisse être remplacé par d'autres? C'est là que la difficulté commence.

Les partisans du système opposé font remarquer que les bois propres aux constructions navales peuvent être achetés à un prix fort inférieur à celui des bois de France, dans les pays dont la culture est moins avancée, ou à qui leur climat refuse d'autres produits. Ils ajoutent qu'il ne s'agit pas là d'une de ces deux branches d'agriculture qui ont besoin d'être protégées contre la concurrence étrangère, et qu'ainsi le droit accordé à notre marine a tout à la fois l'inconvénient de gêner la propriété, sans avantage pour elle, et d'imposer à l'État, pour ses achats, de plus grands sacrifices; ils invoquent l'exemple de l'Angleterre, où ce droit n'est pas connu; ils soutiennent enfin que si la marine doit être approvisionnée par les bois de France, il existe d'autres moyens de fournir à ses besoins.

Vous pressentez aisément, Messieurs, les diverses réponses qui peuvent être faites à ces objections.

D'abord, il faut écarter l'exemple de l'Angleterre. Les exemples ne peuvent avoir quelque autorité que lorsqu'ils sont choisis dans des situations semblables; et c'est ce qui n'est point ici.

L'Angleterre n'a pas, dans son territoire européen, les ressources que nous offre le nôtre; d'autre part, elle exploite avec un grand succès celles que lui présentent ses nombreuses et diverses colonies. La position des deux états est donc tout-à-fait différente.

L'Angleterre doit recourir à d'autres procédés que nous

et notre législation, sur ce point, ne saurait ressembler à la sienne.

Il est très-vrai que le Gouvernement peut acheter, en pays étranger, des bois de construction au-dessous du prix de France; aussi sommes-nous bien loin de vous proposer de renoncer à cette importante ressource utile à l'État sans être nuisible aux particuliers; il faut la conserver, au contraire; mais il ne faut pas compter sur elle seule et demeurer ainsi imprudemment sous la dépendance des approvisionnemens extérieurs.

Chaque jour les constructions militaires et commerciales prennent un développement plus considérable dans les différentes parties du monde civilisé, et préparent ainsi sur les marchés une concurrence plus redoutable. D'un autre côté, les lois qui statuent pour un avenir indéfini doivent être l'ouvrage de la prévoyance; préparées au sein d'une paix dont tout fait présager l'heureuse durée, elles doivent pourvoir aux difficultés que font naître ces temps de crise où les besoins s'accroissent en même temps qu'on perd les moyens de les satisfaire au-dehors.

Il est donc du devoir d'un Gouvernement prudent de ménager ses ressources intérieures sans renoncer aux avantages que peuvent lui offrir ses relations avec des pays amis.

On dit que notre sol forestier présente des moyens plus certains et moins incommodes d'assurer pour l'avenir le service des constructions navales; et des plans plus ou moins ingénieux, plus ou moins applicables, ont été proposés à cet effet. Parmi ces plans, se distingue celui qui tendrait à considérer le département de la marine comme usager dans les bois de l'État, et à lui appliquer le principe de *cantonnement*.

Il y aura lieu d'examiner avec soin ce système, qui a été développé avec un talent remarquable, notamment par un ingénieur de la marine (1), et qui a été vivement combattu par des hommes versés dans la connaissance des forêts. En ce qui touche la loi qui nous occupe, il suffit de reconnaître que l'adoption de ce système ne pourrait donner que dans un temps très-éloigné des résultats satisfaisans. Des essais sont ordonnés; d'autres le seront encore; mais dans l'état où nous sommes, il ne serait pas raisonnable de fonder des dispositions législatives sur la substitution à un mode sûr et éprouvé, d'une théorie dont l'application est au moins douteuse et dont les

_____

(1) M. Bonard.

chances éventuelles ne peuvent se réaliser que dans un avenir difficile à déterminer.

Il a donc fallu conserver à la marine le droit de martelage dans les bois des communes et des particuliers ; mais comme l'intérêt seul d'un service important peut déterminer à maintenir l'exercice de cette faculté, on a dû le réduire dans les limites les plus étroites et le restreindre aux cas où l'intérêt réel et pressant de la marine s'y trouve lié.

C'est ce qu'on a eu soin de faire dans le projet qui vous est proposé.

Les propriétaires qui voudront abattre des arbres seront tenus, sous peine d'une amende proportionnelle, d'en faire la déclaration six mois d'avance ; et le département de la marine aura, pendant les six mois qui suivront, le droit de faire marquer pour son service ceux qui lui paraîtront propres à ses constructions.

Voilà la règle maintenue ; voici ses modifications :

La règle ne devant exister que pour les bois que le voisinage des rivières, des canaux et des grandes routes, permettra d'extraire et de transporter dans les chantiers de la marine, le Gouvernement fera dresser et publier l'état des départemens qui n'y seront pas soumis ;

Elle ne s'appliquera point aux arbres qui existeront dans les lieux clos attenant aux habitations, s'ils ne sont point aménagés en coupe réglée ;

Elle ne portera que sur les chênes ayant *au moins* treize décimètres de tour ;

La loi prévoit le cas d'urgente nécessité où le propriétaire peut avoir besoin de ses arbres pour son propre service, et elle autorise l'abattage sans déclaration, après que l'urgence a été constatée ;

Enfin, pour les arbres qui demeurent assujétis à l'action de la marine, le projet veille aux intérêts des propriétaires et leur en assure un juste prix. Ce prix sera réglé de gré à gré, soit avec les particuliers, soit avec les maires pour les communes, et les administrateurs pour les établissemens publics. En cas de contestation, des experts seront appelés, et les frais d'expertise seront supportés par moitié.

En examinant avec votre attention ordinaire, Messieurs, ces diverses dispositions, vous reconnaîtrez, nous osons le croire, que tous les droits et tous les intérêts ont été aussi soigneusement ménagés qu'il était possible de l'espérer.

Vous remarquerez aussi une innovation importante en ce qui touche les bois de l'État soumis au martelage.

Lorsqu'une coupe doit avoir lieu dans les bois de l'État, le département de la marine en est averti, et il fait procéder par ses agens au choix et au martelage. Les arbres marqués sont compris dans l'adjudication, parce qu'il ne peut appartenir qu'à l'adjudicataire *responsable*, d'exploiter dans l'étendue de sa coupe.

Dans l'état actuel des choses, la marine paie à l'adjudicataire les bois dont elle prend livraison, sur le pied déterminé par un tarif arrêté en 1816. Ce prix n'est plus en rapport avec la valeur réelle des bois, et cette disproportion peut et doit être la source d'inconvéniens de toute espèce et d'abus faciles à concevoir.

On avait cherché un remède à ce mal, et dans le premier projet qui vous a été communiqué, on avait proposé la création d'une Commission qui devait se réunir chaque année dans chaque département pour fixer, d'après les prix courans du commerce, la valeur réelle des bois.

Des réflexions ultérieures ont fait abandonner cette combinaison : il a paru qu'elle serait d'une exécution difficile et que ses inconvéniens ne seraient pas compensés par les avantages qu'on pouvait s'en promettre. Après beaucoup d'essais divers, on s'est arrêté à cette idée simple et naturelle, que la marine et les adjudicataires devaient traiter ensemble comme acheteurs et comme vendeurs, et on vous propose de décider que le prix sera débattu ou réglé entre eux, comme il a été dit pour les particuliers.

Par ce moyen, on est sûr que la marine n'usera de son droit que pour des nécessités réelles, que le prix des coupes sera porté à sa juste valeur, et que les adjudicataires n'auront aucun préjudice à souffrir du privilége de la marine, et par conséquent aucun intérêt à s'y soustraire.

C'est ainsi, Messieurs, que nous vous proposons de régler cette partie difficile et importante du Code, qui rattache les services publics à la propriété forestière. C'est à votre prévoyance pour les besoins de l'État et à votre attachement pour les principes conservateurs, qu'il appartient de décider si cette proposition doit être accueillie et consacrée.

Nous ne vous arrêterons pas sur une section particulière du titre des services publics qui s'applique *aux travaux du Rhin*. Il n'y a pas là matière à une discussion de principes.

Le cours du Rhin est tellement inégal et irrégulier qu'il faut constamment lui opposer des efforts nouveaux. Pour se défendre contre lui, on est obligé, sur la rive française, de recourir chaque jour à des travaux d'*endigage* et de *fascinage*. Tout est imminent dans le mal et par conséquent tout est urgent dans le remède. Il s'agit de sûreté publique et privée ; il s'agit de charges nécessaires pour conserver, pour retenir le terrain même sur lequel ces charges doivent porter.

Le projet de loi oblige au besoin les propriétaires à fournir des bois et des oseraies ; mais, d'une part, cette fourniture ne leur est demandée qu'en cas d'insuffisance des bois de l'État et de ceux des communes ; d'un autre côté, le prix des bois requis est payé par l'administration des ponts et chaussées, et réglé d'accord ou par des experts.

Il n'y a donc là que des mesures commandées par la nécessité, et nul ne peut se plaindre d'un préjudice causé.

Parvenus à cette partie du Code, nous n'avons plus de questions graves à élever devant vous, et nous pouvons nous borner à jeter un coup d'œil rapide sur les titres qu'il nous reste à parcourir

Le titre X contient des *dispositions de police pour la conservation des bois et forêts :* mais ces dispositions sont et doivent être de deux natures différentes, celles qui sont applicables à tous les bois en général, et celles qui ne peuvent s'appliquer qu'aux bois soumis au régime forestier.

Les premières sont des mesures contre les éboulemens, contre les dégradations, contre les incendies, contre les élagages de lisières faites par les propriétaires voisins.

Les secondes tendent à prohiber les constructions de maisons, de fours ou d'usines dans l'intérieur, ou à une distance déterminée des forêts soumises au régime forestier.

Il ne suffisait pas de prescrire des mesures de police et de conservation, d'établir des peines destinées à assurer leur exécution, de tracer avec précision et fermeté les devoirs des agens de l'administration et les obligations des adjudicataires et des usagers ; il fallait encore que l'efficacité de ces dispositions fût garantie par un mode de poursuites qui en assurât l'effet. C'est l'objet du titre XI, qui traite des *Poursuites en réparation des délits et contraventions.*

Ce titre est important comme tout ce qui tient à la justice, comme tout ce qui touche à la fortune et à la liberté des hommes, mais il n'est pas de nature à être analysé. Les articles dont il se compose forment un ensemble qui se conçoit et s'explique par une lecture attentive. Nous nous bornerons aujourd'hui à vous faire observer que les précautions prises pour donner aux poursuites une activité nécessaire n'ont porté aucune atteinte aux grands principes d'ordre et de justice qu'il n'est pas permis d'affaiblir.

Ainsi, les procès-verbaux dressés par deux gardes forestiers doivent faire foi jusqu'à inscription de faux, car, sans cette disposition, il n'y a pas de répression possible ; mais toutes les mesures que pouvait prescrire la loi ont été prises pour rassurer la justice sur la foi qu'elle doit à ces actes.

Des perquisitions peuvent être autorisées, car, sans cette autorisation, la trace des délits serait trop souvent perdue ; mais ces perquisitions n'entraînent pas la violation du respect dû au domicile , et le concours des fonctionnaires désignés par la loi commune en est une condition indispensable.

Ainsi, enfin, des poursuites peuvent être dirigées contre des individus accusés de contravention , et qui prétendraient n'avoir fait qu'user d'un droit de propriété ou d'usage ; et , dans ce cas, les poursuites restent suspendues jusqu'à ce que les tribunaux compétens aient statué sur l'existence du droit allégué.

Vous pouvez par ces exemples, Messieurs, juger de l'ensemble des dispositions.

Le même esprit qui les a dictées se retrouve dans le titre suivant qui détermine *les peines et les condamnations.*

C'est ici qu'il a fallu s'écarter entièrement de l'ordonnance de 1669. Elle prononce, dans des cas nombreux, *des châtimens corporels* et des peines *arbitraires.* Nos lois, d'accord avec nos mœurs, ont rejeté les premiers, et le mot *arbitraire* a été pour jamais rayé par nos rois de la législation française.

Les amendes ont dû être conservées, mais dans une proportion plus modérée.

Le taux de celles que prononce l'ordonnance est encore infiniment élevé, malgré l'atténuation opérée dans la valeur des monnaies depuis 1669. Il résulte de cette disproportion entre le délit et les peines que les tribunaux se décident difficilement à prononcer des amendes qui peuvent ruiner des familles.

Le Gouvernement accorde très-fréquemment , il est vrai , des modérations ; mais ce remède lui-même est une sorte de mal. Entre la rigueur obligée de celui qui condamne et l'indulgence devenue nécessaire de celui qui doit recueillir le fruit de la condamnation , il ne reste plus rien de fixe ni de régulier.

Pour rendre à la loi la puissance qu'elle doit avoir , et sans laquelle elle ne saurait conserver d'utilité , nous avons cherché à éviter dans la fixation des amendes toute espèce d'exagération , et , pour y parvenir, nous avons eu soin de leur faire suivre la variété des cas auxquels la loi a dû pourvoir.

Quelquefois elles sont proportionnelles et doivent être réglées selon l'étendue du dommage causé ; elles sont fixes dans tous les cas où le délit est positif et absolu. Dans d'autres , nous les avons déterminées par *minimum* et *maximum* , conciliant ainsi ce que la loi doit avoir de formel dans le principe avec la confiance que commandent dans l'application la prudence et l'équité du juge.

La justice réclamait encore une importante modification.

Les anciennes ordonnances avaient porté à l'excès le système des confiscations ; ce système rigoureux allait jusqu'à priver souvent le propriétaire du bois volé, de la première de toutes les réparations qu'il avait droit d'attendre, la restitution de ce qui lui avait appartenu.

Le projet de loi établit sur ce point des principes différens. Il ne prononce la confiscation au profit de l'État qu'à l'égard des instrumens du délit, et il décide ensuite que les restitutions et les dommages-intérêts appartiennent toujours au propriétaire.

Cette règle aura votre approbation, parce qu'elle est évidemment fondée sur l'équité.

Après avoir tracé la règle des jugemens, la loi doit s'occuper de leur *exécution ;* c'est ce qu'elle a fait dans son titre XIII.

L'administration chargée de la conservation des forêts, de leur police, de la poursuite des délits et des contraventions, n'est point appelée par son organisation à percevoir des deniers publics. Le recouvrement des amendes et autres condamnations pécuniaires sera effectué par les agens de l'administration des domaines. Vous reconnaîtrez là l'application des règles sur lesquelles est fondé notre système de finances.

Une seule innovation ayant quelque gravité se fait remarquer dans ce titre, et vous n'en méconnaîtrez pas la nécessité.

Les jugemens qui ne prononcent que des peines pécuniaires sont le plus souvent sans effet contre les délinquans d'habitude qui n'offrent aucune propriété susceptible d'être saisie. A la vérité, ces condamnations peuvent être ramenées à exécution par la voie de la contrainte par corps ; mais, d'une part, cette exécution est aujourd'hui difficile ; et de l'autre, elle ne produit aucun résultat, parce que l'insolvabilité est aussitôt constatée, conformément à l'article 420 du Code d'instruction criminelle, et que cette formalité remplie entraîne la mise en liberté.

Il résulte de là une impunité de fait qui multiplie les délits en encourageant les coupables et en décourageant ceux qui sont préposés à leur poursuite.

Le Code proposé remédie à cet abus en décidant qu'en cas d'insolvabilité justifiée, l'amende se résoudra en un emprisonnement fixé dans de justes proportions.

La loi du 6 octobre 1791 prescrivait une mesure semblable pour les délits ruraux ; elle était bien plus nécessaire encore pour les délits forestiers.

Nous arrivons ainsi, Messieurs, à la dernière des dispositions définitives dont se compose le projet de Code. Elle est ainsi conçue :

« Sont et demeurent abrogés *pour l'avenir* toutes lois, or-
« donnances, édits et déclarations, arrêts du conseil, arrêtés
« et décrets, et tous réglemens intervenus à quelque époque
« que ce soit sur les matières réglées par le présent Code. »

Cet article est le complément nécessaire d'un projet qui doit prendre le titre de *Code forestier*. Sans lui, ce Code ne serait qu'une loi de plus ajoutée à celles qui existent déjà, et le but qu'on se propose serait entièrement manqué.

Sans doute, malgré le soin religieux avec lequel toute la législation actuelle a été revue et méditée, il serait possible que quelque omission eût été faite et que quelque disposition né-gligée fût par la suite reconnue nécessaire ; mais, d'une part, le projet renvoie aux codes ordinaires pour tous les cas non pré-vus par lui et que le droit commun peut atteindre ; de l'au-tre, il vaut mieux se réserver de provoquer plus tard quel-ques mesures supplémentaires dont l'expérience constaterait l'utilité, que de laisser subsister le chaos de notre législation actuelle.

Le Code proposé est donc destiné à régir seul l'avenir ; mais cette disposition ne porte aucune atteinte à celles par lesquelles il a été réglé que les lois existantes seront appliquées dans les instances relatives aux *affectations* et au *droit d'usage*. C'est une réserve expresse et spéciale, à laquelle la disposition gé-nérale ne déroge point.

Tel est, Messieurs, dans son ensemble et dans ses principa-les dispositions, le Code que nous venons soumettre à vos dé-libérations, et qui, réuni à l'ordonnance d'exécution, complé-tera le travail que réclament nos forêts. Nous avons tâché de ne pas perdre les fruits de la sagesse des générations qui nous ont précédés, en nous efforçant de ne blesser aucun des intérêts et de ne négliger aucun des besoins de l'époque à laquelle nous appartenons.

Vous remarquerez des différences notables entre le projet que nous vous apportons et celui qui vous fut communiqué à la fin de l'avant-dernière session des Chambres. Nous nous plaisons à le reconnaître et à le déclarer ; les améliorations opérées sont dues en très-grande partie aux judicieuses obser-vations de la magistrature française.

Lorsque Louis XIV voulut donner sur l'importante matière

qui nous occupe une législation régulière et complète, il appela à lui toutes les expériences et s'entoura de toutes les lumières qui pouvaient rendre son ouvrage digne de la France et de lui. Appelé, après un siècle et demi, à remplacer cette législation célèbre, le Roi a voulu aussi consulter le savoir, interroger les théoriciens, entendre l'expérience; afin que la loi nouvelle pût, à son tour, régir dignement les générations qui vont suivre.

Mais, Messieurs, cette loi qu'il a préparée aura, de plus que l'ordonnance de son auguste aïeul, une grande et noble garantie : c'est le précieux concours de ces deux grands corps politiques que nos heureuses institutions appellent aujourd'hui à la confection de nos lois.

---

§ 2. — RAPPORT *fait au nom de la Commission* [1] *chargée de l'examen du Projet de Code forestier, par M. le baron* FAVART DE LANGLADE, *à la Chambre des Députés, le 12 mars 1827.*

MESSIEURS,

La Commission que vous avez chargée d'examiner le projet d'un nouveau Code forestier, a rempli sa tâche avec le zèle et la sérieuse attention qu'exigent en général les communications du Gouvernement, mais que commandait plus impérieusement encore une loi qui se rattache aux plus graves intérêts de la société : je viens vous rendre compte du résultat de son travail, et vous offrir le tribut de ses observations.

L'ordonnance de 1669 était sans doute un monument remarquable du règne d'un grand prince; mais le long espace de temps qui s'est écoulé depuis sa publication, les grands changemens qui se sont opérés dans nos mœurs et dans notre législation, ont fait tomber en désuétude beaucoup de ses dispositions. La loi de 1791, quoique améliorée par des réglemens ultérieurs, n'aurait que faiblement remédié à cet inconvénient, si la sagesse et la fermeté des tribunaux n'étaient ve-

---

[1] Cette Commission était composée de MM. Carrelet de Loisy, Lebeau, Olivier, Revelière, le baron Saladin, Chifflet, Fouquier-Long, le marquis de Fourault et le baron Favart de Langlade.

nues suppléer à son insuffisance. Il était donc urgent de faire cesser cet état de choses par une loi nouvelle sur la conservation des forêts du royaume.

Pénétré de cette vérité, le Gouvernement s'est occupé d'un code complet sur cette matière. En conservant avec soin ce que l'ordonnance de Louis XIV avait encore de bon et d'utile, il s'est appliqué à mettre ce code en harmonie avec notre législation moderne, et à concilier tous les intérêts avec les besoins de la civilisation actuelle.

La Commission a d'abord applaudi au mode suivi pour préparer et perfectionner ce grand ouvrage, avant de le soumettre à la délibération des Chambres. Les bonnes lois, vous le savez, Messieurs, ne s'improvisent pas ; elles sont le fruit de la méditation, si nécessaire pour leur imprimer le caractère de sagesse et de perfection sans lequel elles ne sauraient être durables. Cette réflexion est surtout incontestable, lorsqu'il s'agit de combiner et de coordonner une série de dispositions nombreuses. Si, malgré quelques défauts, dont les conceptions de l'esprit humain sont trop rarement exemptes, notre Code civil a obtenu d'unanimes suffrages, sans doute ils sont dus aux élaborations successives auxquelles il fut soumis, et au concours de lumières qui jaillirent de toute part lors de sa confection.

La même marche a été heureusement suivie pour la préparation du projet de Code forestier ; il ne vous a été présenté qu'après avoir subi les mêmes épreuves et les mêmes perfectionnemens.

En effet, Messieurs, vous n'ignorez pas qu'un projet a d'abord été communiqué aux premières autorités de l'ordre judiciaire et administratif ; que toutes se sont empressées de soumettre au Gouvernement les améliorations qu'elles ont jugées utiles ; que ces diverses améliorations ont été appréciées par une commission spéciale, et fondues dans un second projet, qui lui-même a subi la révision d'un conseil privé de Sa Majesté.

A toutes ces garanties, si vous joignez les considérations puissantes que l'orateur du Gouvernement vous a exposées ; si vous y joignez aussi les discussions lumineuses qui ont eu lieu dans nos bureaux, l'empressement de la Commission dont j'ai l'honneur d'être l'organe à recueillir vos observations et à les convertir en amendemens, nous osons espérer que vous recevrez avec une égale bienveillance, et le projet de loi, et les améliorations que, de concert avec vous, Messieurs, nous avons cherché à y introduire.

Comme rapporteur de la Commission, je sens que j'ai besoin

de toute votre indulgence dans l'accomplissement d'un devoir difficile pour lequel j'ai moins consulté mes forces que mon dévouement.

Pressé par le temps, je n'entrerai pas dans de longs développemens de la matière. Je m'abstiendrai aussi de reproduire les grandes considérations qui dominent toute la théorie du projet de loi, persuadé que l'exposé des motifs ne laisse rien à désirer à cet égard. Je me bornerai donc, en suivant l'ordre des divisions de ce projet, à présenter quelques idées générales sur chaque titre, et à justifier le travail de votre Commission.

Titre Iᵉʳ. *Du régime forestier.*

Le premier article du projet désigne d'une manière expresse les bois et forêts qui sont soumis au régime forestier. Dans l'énumération qu'il contient, il indique, sous le nᵒ 2, ceux qui font partie du domaine de la Couronne; mais au mot *domaine* il convient de substituer celui de *dotation*, consacré par la loi du 8 novembre 1814, sur la formation de la liste civile.

Les bois et forêts possédés à titre d'apanage, se trouvant sous le nᵒ 3, la Commission a cru devoir y ajouter les mots, *ou de majorat réversible au domaine de l'État*, à cause de l'analogie de ces deux genres de possession. Qu'est-ce en effet qu'un majorat? C'est, comme l'apanage, une distraction du domaine public, destinée à y faire retour dans les cas prévus par les lois et réglemens. L'expectative de la réversion étant la même pour l'État, il est essentiel qu'elle soit assurée par les mêmes garanties et les mêmes précautions.

Titre II. *De l'Administration forestière.*

L'utilité d'une administration générale des forêts de l'État, des communes et des établissemens publics, est depuis long-tems sentie, et la création de celle qui existe aujourd'hui l'a justifiée par les bons résultats qu'elle a déjà obtenus.

La première disposition de ce titre fixe l'âge nécessaire pour l'admission aux emplois forestiers. Sous l'empire de l'ordonnance de 1669, il fallait avoir accompli sa vingt-cinquième année pour exercer l'emploi de maître particulier, de lieutenant, de garde-marteau, de greffier des maîtrises, et de précédens édits non abrogés exigeaient le même âge pour les gardes. La loi du 28 septembre 1791 n'a point changé cette fixation.

Le nouveau projet n'exige plus que vingt-un ans. Cette innovation a paru importante ; la Commission a dû la méditer.

En 1791, comme en 1669, la majorité étant réglée à vingt-cinq ans, c'était une conséquence juste et naturelle qu'on ne pût, avant cet âge, remplir des fonctions publiques. Il est vrai qu'en 1792 la majorité fut fixée à vingt-un ans, et que le Code Civil a adopté le même principe ; mais il ne s'en suit pas que l'individu, majeur quant à ses intérêts, à l'administration de ses biens, et en général aux actes ordinaires de la vie, soit apte à occuper tous les emplois. La plupart des fonctions publiques ne peuvent être exercées que par des citoyens ayant complété leur vingt-cinquième année. Il en est de même des notaires, greffiers, huissiers, et en général de tous les officiers ministériels. Pourquoi créer une exception pour les agens forestiers ? L'expérience leur est-elle moins nécessaire que dans une autre profession ? D'ailleurs, il ne faut pas perdre de vue que les gardes sont officiers de police judiciaire, et qu'en cette qualité ils doivent présenter les garanties que l'on exige de ces sortes d'agens.

Nous avons donc pensé que la condition de vingt-cinq ans d'âge devait être maintenue.

Mais, en adoptant ce principe, nous avons reconnu l'avantage d'en tempérer l'inflexible rigueur par une exception qui, sans doute, obtiendra votre assentiment. Le Roi a créé une école forestière, dans laquelle les jeunes gens pourront puiser de bonne heure l'instruction et les connaissances de l'état auquel ils se destinent. Les garanties qu'offrent, sous tous les rapports, ces études premières, nous ont paru pouvoir compenser avec avantage le défaut d'âge ; et nous vous proposons, en conséquence, d'autoriser le Gouvernement à accorder des dispenses aux élèves qui sortiront de l'école forestière, et qui auront mérité cette honorable exception. L'article 3 sera donc ainsi rédigé : « Nul ne peut exercer un emploi forestier, « s'il n'est âgé de vingt-cinq ans accomplis ; néanmoins, les « élèves sortant de l'école forestière pourront obtenir des dis- « penses d'âge. »

L'article 4 du projet déclare les emplois de l'administration forestière incompatibles avec toutes autres fonctions, soit administratives, soit judiciaires. C'est le renouvellement d'une ancienne disposition dont la nécessité n'a pas besoin d'être justifiée. Rien ne doit distraire les agens des forêts de la surveillance active et continue que leur impose le devoir de leur place.

La Commission n'a eu aucune objection à faire aux articles

5, 6 et 7, qui s'appliquent au serment des agens et préposés de l'administration forestière, à la responsabilité des gardes qui négligent de constater les délits commis dans leurs triages, au dépôt de l'empreinte des marteaux employés pour la marque des bois.

TITRE III. *Des bois et forêts qui font partie du domaine de l'État.*

Ce titre s'occupe d'abord de la délimitation des forêts de l'État. Les propriétaires riverains peuvent, comme l'administration elle-même, provoquer le bornage, qui se fait à frais communs ; les tribunaux sont chargés de juger les difficultés auxquelles il donne lieu : tout y est réciproque, tout rentre dans les principes du droit commun ; rien n'est plus conforme à l'esprit de nos lois.

Ainsi se trouve abrogée cette disposition sévère de l'ordonnance de 1669, portant (titre 27, article 4) : « Tous les rive- « rains possédant bois joignant nos forêts et buissons, seront « tenus de les séparer des nôtres par des fossés ayant quatre « pieds de largeur, et cinq de profondeur, qu'ils entretiendront « en cet état, *à peine de réunion.* »

En reconnaissant toutefois le droit égal des parties à provoquer la séparation des immeubles limitrophes, il a paru dans l'intérêt de la justice d'autoriser l'État à suspendre le cours des actions partielles en bornage, pourvu qu'il offre d'y faire droit dans un délai déterminé, au moyen d'une délimitation générale de la forêt. Il ne faut pas, en effet, que des instances particulières puissent entraver la marche d'une grande opération souvent propre à les prévenir : c'est l'intérêt privé qui cède à l'intérêt de tous.

Les articles 10, 11, 12 et 13 règlent les formalités à suivre pour la délimitation. Le premier de ces articles est le seul qui ait donné lieu à discussion. Il porte que l'opération sera annoncée par un arrêté du préfet, publié et affiché dans les communes limitrophes, un mois d'avance, pour tenir lieu de signification à domicile.

Une pareille disposition a paru contraire aux principes de la propriété, en ce que les formes qu'elle indique ne donnent pas aux riverains une garantie suffisante. Il faut qu'un citoyen ne puisse jamais être dépouillé d'une portion quelconque de sa propriété, par l'emploi de moyens administratifs, dont il pourrait très-facilement, surtout dans les campagnes, n'être pas instruit en temps utile.

La Commission a pensé que, pour prévenir de si graves inconvéniens, il était nécessaire de modifier la rédaction de l'article 10, en supprimant les mots *un mois d'avance*, etc., et en leur substituant ceux-ci : « lequel sera signifié deux mois d'a- « vance au domicile des propriétaires riverains, ou à celui de « leurs fermiers, gardes ou agens. »

Elle propose aussi de faire une légère modification à l'article 11, en supprimant le dernier paragraphe de cet article, pour y substituer celui-ci : « La déclaration du préfet sera « rendue publique de la même manière que le procès-verbal « de délimitation. »

La Commission approuve le premier et le second paragraphes de l'article 14, d'après lesquels la partie qui, au lieu de se contenter d'un simple bornage, veut un fossé de séparation, est tenue de creuser le fossé sur son propre terrain, et de supporter tous les frais d'une clôture extraordinaire que l'autre partie ne juge pas utile à la conservation de ses droits. Mais elle croit juste de supprimer le troisième paragraphe, qui donne à l'administration seule la faculté de s'opposer à la clôture, lorsque le fossé exécuté de la manière indiquée dégraderait les arbres de lisière. Ce privilége accordé à l'administration serait une atteinte portée aux droits des propriétaires riverains. La Commission a pensé que l'administration et les simples propriétaires devaient être soumis aux mêmes règles, et que les contestations qui pourraient s'élever sur l'exécution des fossés, devaient être jugées, de part et d'autre, d'après les principes du droit commun.

Après le bornage, vient *l'aménagement*. C'est là que commence, dans le projet, une importante distinction qui se reproduit dans plusieurs autres dispositions. Une loi délibérée en 1827 ne doit être entièrement semblable, ni à l'ordonnance émanée d'un monarque qui réunissait le pouvoir exécutif au pouvoir législatif, ni au décret d'une assemblée qui tendait à empiéter sur les prérogatives de l'autorité royale. Dans l'ordre actuel des choses, la loi ne doit renfermer que des principes, que des règles stables ; tout ce qui prend le caractère de dispositions réglementaires et d'exécution, tout ce qui est mobile et variable, rentre dans le domaine des ordonnances.

Nul doute que l'aménagement ne soit une mesure de cette dernière espèce. Il ne saurait en effet se plier à des règles absolues ; il demande des modifications qui tiennent à la nature des lieux, à l'âge et à l'essence des bois, et il est incontestablement un acte d'administration. Nous ne doutons donc pas, Messieurs, que vous ne donniez, comme nous l'avons fait, votre approbation à l'article 15 du projet, portant que l'aménagement des forêts de l'État sera réglé par des ordonnances royales.

L'article suivant est aussi à l'abri de la critique. Il interdit toute coupe extraordinaire qui ne serait point autorisée par une ordonnance du Roi.

Les articles 17 et suivans, jusques et compris l'article 28, règlent le mode d'adjudication des coupes, et classent avec beaucoup de précision les agens, fonctionnaires et autres personnes qui ne peuvent prendre part aux ventes d'une manière directe ou indirecte.

Nous espérons que la Chambre verra, comme nous, dans ces articles, toutes les garanties désirables dans l'intérêt public, sans aucune lésion des droits privés, et qu'elle adoptera des dispositions qui seront d'ailleurs complétées par des ordonnances réglementaires.

Les dispositions du même titre qui régisssent les *exploitations*, les *réarpentages* et *récolemens*, les *adjudications de glandées, pacages et paissons*, nous ont paru sagement conçues, et nous les avons adoptées sans aucun changement.

L'article 34 a subi un léger retranchement; à la fin du premier paragraphe, nous avons supprimé le mot *essence*, parce qu'à l'article 192, on n'admet qu'une classe d'arbres; ce paragraphe doit être ainsi terminé : « Toutes les fois que la circonférence des arbres pourra être constatée. »

Le mot *essence* doit aussi être supprimé dans le second paragraphe, et par le même motif.

Nous avons remarqué que l'article 37, qui prononce des amendes pour contraventions aux clauses et conditions du cahier des charges, ne parle pas des dommages-intérêts qui peuvent être dus dans certains cas. Cette mention, insérée dans l'article 198, a paru devoir l'être aussi dans l'article 37, qui sera terminé par ces mots : *sans préjudice des dommages-intérêts*.

Nous arrivons, Messieurs, à des questions qui touchent à de graves intérêts ; nous voulons parler des concessions connues sous le nom d'*affectations*.

Le projet de loi paraît supposer que ces concessions sont révocables comme ayant été faites contrairement à l'ordonnance de 1669 ; et il déclare, en conséquence, qu'elles cesseront d'avoir leur effet à compter du 1er septembre 1837 : mais il ne juge point les titres constitutifs des diverses affectations, et il laisse aux concessionnaires qui croiraient avoir des droits irrévocables, la faculté de se pourvoir devant les tribunaux.

Les affectations, vous le savez Messieurs, consistent en

général dans la faculté attribuée à des établissemens industriels, de prendre dans une forêt le bois nécessaire à leur alimentation : les unes sont à perpétuité, d'autres pour un temps limité ; toutes ont été accordées dans le double but de favoriser le développement de l'industrie, et de créer des moyens nouveaux de consommation pour des forêts qui en manquaient. C'est plus particulièrement dans les anciennes provinces de la Lorraine, de la Franche-Comté et de l'Alsace, que ces affectations ont eu lieu.

Ainsi caractérisées, elles diffèrent, sous plusieurs rapports, des simples droits d'usage en bois. D'abord, elles ont une origine moderne, par cela seul qu'elles se rattachent aux progrès de l'industrie, tandis que les usages remontent aux époques les plus reculées ; elles portent sur des coupes déterminées ou sur des quantités de cordes de bois fixées par les actes de concession, tandis que les usages s'exercent dans toute l'étendue de la propriété ; enfin, elles sont en si petit nombre, que l'administration forestière n'en compte pas plus de onze à *perpétuité* et de six à *terme* dans tout le royaume, au lieu qu'il y a une multitude d'usages.

Malgré ces différences, les affectations ne peuvent-elles pas être considérées comme une espèce de droit d'usage ? L'ordonnance des eaux et forêts semble permettre de le croire ainsi, puisqu'elle les comprend sous la dénomination générale d'*attribution de chauffage*.

Cependant l'exposé des motifs n'envisage pas sous le même point de vue les droits des concessionnaires à titre d'affectation, et ceux des usagers.

Nous avons dû examiner, avec une sérieuse attention, le principe de cette distinction, et les conséquences qui en dérivent pour les affectations.

L'invalidité dont on frappe ce genre de concessions est puisée dans la prohibition de l'ordonnance de 1669, et dans l'inaliénabilité de l'ancien domaine de la couronne. On la fortifie par le double inconvénient qui résulte du prix déraisonnable auquel les bois sont livrés aux affouagistes, et du privilège dont ceux-ci sont investis au préjudice de la concurrence que toutes les industries pareilles sont en droit de réclamer.

Nous avons d'abord écarté ces dernières considérations. Ce ne peut jamais être une raison de casser un contrat, que d'alléguer que l'exécution en est nuisible à l'une des parties, et qu'il attribue à l'autre des droits trop étendus et exclusifs.

Quant à la prohibition de l'ordonnance qui forme l'article 11 du titre 20, elle porte : « Ne sera fait à l'avenir aucun « don ni *attribution de chauffage*, pour quelque cause que ce

« soit; et si, par importunité ou autrement, aucunes lettres ou
« brevets en avaient été accordés et expédiés, défendons à
« nos cours de parlement, chambres des comptes, grands-maî-
« tres et officiers d'y avoir égard. »

Mais vous remarquerez, Messieurs, que rien n'indique
qu'une telle disposition soit exclusivement applicable aux affectations, dans le sens restreint que leur donne le projet de
Code; qu'au contraire elle embrasse, d'une manière absolue,
tous les genres de droits de chauffage, et que dès-lors tous
devraient être également maintenus ou frappés d'une même
suppression.

D'un autre côté, les concessionnaires disent : C'est le Gouvernement lui-même qui a enfreint ses propres défenses, et
qui les a enfreintes, tantôt pour protéger de grandes et utiles
entreprises, tantôt pour assurer la vente de produits forestiers
qui peut-être auraient péri dans ses mains. Le même pouvoir
qui avait interdit les affectations, en a établi de nouvelles; et
s'il a dérogé à une loi, il l'a fait dans une forme légale. Enfin
les concessions sont appuyées d'une possession plus ou moins
ancienne, mais réelle.

A l'égard de l'inaliénabilité du domaine public, elle était
constante; mais doit-on voir une aliénation contraire aux lois
domaniales dans une affectation qui, comme le droit d'usage,
n'est qu'une concession de fruits?

Cette question, il n'appartient pas à la Chambre de la résoudre. Le législateur n'est appelé qu'à poser des principes, et il
doit s'abstenir de descendre dans les détails de leur application. Il proclame des règles, des maximes générales; il ne
juge point les actes. Le pouvoir qui fait les lois se garde avec
soin de tout empiétement sur les attributions du pouvoir judiciaire, qui les interprète et les applique. Il évite surtout
d'enfreindre cette grande et salutaire vérité, que les lois n'ont
jamais d'effet rétroactif, et que les actes doivent toujours
être appréciés d'après celles sous l'empire desquelles ils ont été
faits.

Le projet de loi rend hommage à ces principes, puisqu'il autorise les concessionnaires qui croiraient avoir des droits irrévocables, à recourir à la justice des tribunaux.

Mais la rédaction de l'article 58 pourrait faire craindre que
ce recours ne fût illusoire. Car que décideraient les tribunaux,
en présence d'une loi nouvelle qui aurait elle-même déclaré
toutes les affectations contraires aux lois antérieures, et qui en
aurait prescrit la cessation à partir d'une époque déterminée,
sans aucune distinction?

La Commission, pénétrée de la pensée du projet, et désirant conserver aux concessionnaires l'efficacité du recours qui leur est réservé, a cru qu'il était nécessaire de retrancher du premier paragraphe de l'article tout ce qui pourrait établir un préjudice contre leurs droits.

En ce qui concerne le délai pendant lequel le pourvoi devant les tribunaux devra avoir lieu à peine de déchéance, nous avons jugé convenable de l'étendre à un an.

Enfin il nous a paru utile de donner à l'État tous les moyens justes et raisonnables d'affranchir ses forêts des affectations nuisibles à leur conservation, et nous avons été d'avis de l'investir du droit d'user de la voie du cantonnement. La cour de cassation avait indiqué l'avantage de cette mesure, comme propre à concilier les intérêts opposés et à faire cesser les difficultés. Rien en cela ne blesse les principes de la matière ; les affectations pouvant être considérées comme des droits d'usage en bois, il est naturel de les soumettre au cantonnement dont ces usages sont passibles.

D'après ces considérations, l'article 58 serait ainsi rédigé :

« Les affectations de coupes de bois ou délivrances, soit par « stères, soit par pieds d'arbres, qui ont été concédées à des « communes, à des établissemens industriels ou à des particu-« liers, continueront d'être effectuées jusqu'au 1er septembre « 1837, et cesseront d'avoir leur effet à l'expiration de ce « terme.

« Ceux des concessionnaires qui prétendraient que leur titre « n'est pas atteint par les prohibitions des lois et ordonnances « existantes, et qu'il leur confère des droits irrévocables, de-« vront, à peine de déchéance, se pourvoir dans l'année qui « suivra la promulgation de la présente loi, par-devant les tri-« bunaux, pour en réclamer l'exécution.

« Le Gouvernement pourra se libérer de ses obligations en-« vers les concessionnaires par un cantonnement réglé de gré à « gré, et, en cas de contestation, par les tribunaux. »

A l'égard de l'article 60, qui interdit pour l'avenir toute affectation ou délivrance de bois du genre de celle dont nous venons de parler, nous n'avons pu qu'applaudir au renouvellement d'une salutaire prohibition, qui, nous l'espérons, sera exécutée avec plus de rigueur que celle de l'ordonnance de 1669.

Droits d'usage.

Les dispositions relatives aux droits d'usage dans les forêts de l'État, ne sont pas moins dignes de votre attention que celles qui concernent les affectations.

Ces usages, ainsi que nous l'avons déjà dit, sont d'une très-ancienne origine, et c'est même une des causes qui les ont rendus si nombreux et si nuisibles. Lorsque la France possédait une quantité de bois bien supérieure aux besoins de sa consommation, les produits forestiers n'ayant qu'un prix médiocre, on multipliait avec facilité des concessions qui n'entraînaient que des dommages pour ainsi dire inaperçus.

En 1669, les abus, dont on sentit alors la gravité, étaient poussés si loin, que les sages sévérités de l'ordonnance n'apportèrent qu'un remède inefficace et tardif à des maux trop profondément invétérés. Ces servitudes dévorantes, comme on les appelle justement, ont continué d'exister, et jamais le danger n'en a été plus grand et plus généralement reconnu qu'à l'époque actuelle, où l'on s'effraie avec raison de la destruction toujours croissante des bois du royaume.

C'est au milieu de ces circonstances, qu'ont été reçus les articles du nouveau Code qui s'appliquent aux droits d'usage.

L'article 1ᵉʳ du titre XX de l'ordonnance révoquait et supprimait tous droits de chauffage, sauf à dédommager pécuniairement les usagers porteurs de titres réguliers ou appuyés d'une possession antérieure à 1560. L'article 61 du projet actuel, renouvelant cette disposition et la généralisant, n'admet à exercer un droit d'usage quelconque dans les bois de l'État, que ceux dont les droits auront été, au jour de la promulgation de la présente loi, reconnus fondés, soit par des actes du Gouvernement, soit par des jugemens ou arrêts définitifs, ou seront reconnus tels par suite d'instances administratives ou judiciaires actuellement engagées, *lesquelles seront jugées conformément aux dispositions de l'ordonnance de 1669, et des lois des 19 mars 1803 et 5 mars 1804.*

La Commission a pensé qu'il ne fallait pas enchaîner les tribunaux, en les obligeant à prononcer d'après telle ou telle loi, et qu'il fallait, au contraire, leur laisser la liberté de se déterminer d'après toutes les lois applicables à la matière, et par les considérations qu'ils croiraient devoir accueillir. Elle vous propose donc de supprimer la fin de l'article, à compter de ces mots, *lesquelles seront jugées*, etc.

Les lois dont nous vous proposons de supprimer l'indication ne conservent pas moins tout leur effet; mais la Commission a pensé qu'il serait trop sévère de laisser peser la déchéance qu'elles prononcent sur les usagers, que le Gouvernement n'a point troublés dans l'exercice de leurs droits, et qui en ont encore la jouissance paisible. Il est juste et convenable de les relever de cette déchéance, et de les autoriser par une prorogation de délai à intenter toute action utile à la conservation de leurs intérêts.

Par ces motifs, la Commission vous propose d'ajouter après les mots, *actuellement engagées*, ceux-ci, « ou qui le seraient « devant les tribunaux, dans le délai de deux ans, à dater du « jour de la promulgation de la présente loi, par des usagers « actuellement en jouissance. »

L'article 62 ne peut qu'obtenir votre assentiment, comme il a obtenu celui de la Commission : il prohibe expressément toute nouvelle concession d'usages dans les forêts de l'État.

Le Gouvernement est autorisé, par l'article 63, à affranchir les forêts de l'État des usages en bois, par la voie du cantonnement réglé de gré à gré ou fixé par les tribunaux.

Cette disposition n'est pas susceptible d'objection ; mais il n'en est pas ainsi de la seconde partie du même article, portant : « L'action en affranchissement d'usages par voie de can-« tonnement n'appartiendra qu'au Gouvernement, et non aux « usagers. »

La Commission a examiné avec une sérieuse attention cette proposition, qui déroge aux principes actuellement en vigueur, puisqu'elle fait cesser le droit de réciprocité en matière de cantonnement, et elle a cherché à se rendre compte de cette innovation.

On admettait très-anciennement un moyen de réduire l'étendue, non pas du droit d'usage en lui-même, mais du territoire sur lequel il s'exerçait, afin d'en débarrasser le surplus de la forêt, et on appelait cela *un réglement, un aménagement ;* mais ce mode n'attribuait aucun droit de propriété à l'usager sur le sol de la circonscription qui lui était assignée. Ce ne fut que long-temps après la promulgation de l'ordonnance de 1669, que la jurisprudence seule introduisit le cantonnement, qui rend l'usager propriétaire incommutable du canton qui lui est abandonné. De la jurisprudence, le cantonnement passa dans la législation. La loi du 19 septembre 1790, qui prononça l'abolition du droit seigneurial de triage, déclara qu'il n'était point *préjudicié aux actions en cantonnement* de la part *des propriétaires, contre des usagers de bois.*

Avant comme après la publication de cette loi, l'action en cantonnement ne compétait qu'au propriétaire, et jamais à l'usager ; mais le décret du 28 août 1792 établit la récipro-cité, et déclara que *le cantonnement pourrait être demandé, tant par les usagers que par les propriétaires.*

Telle est la législation qui nous régit encore aujourd'hui. La Chambre aura à décider entre le principe de la réciprocité et le droit exclusif demandé pour le Gouvernement.

Pour nous, Messieurs, nous avons cru devoir donner la

préférence au système du projet du Code, et voici les raisons par lesquelles la Commission s'est déterminée.

Le principe de la réciprocité a pu être pris, soit dans la maxime que nul n'est tenu de rester dans l'indivision, soit dans cette règle de droit, que l'une des parties ne peut, sans le concours de l'autre, changer la nature d'une convention.

Mais l'état d'indivision ne s'applique qu'à une chose dont la substance même appartient en commun à plusieurs individus; il faut que les droits de chaque intéressé affectent l'objet possédé; en un mot, il faut qu'il y ait pour tous copropriété : or, comment reconnaître ces caractères dans le conflit des droits d'un propriétaire et des intérêts d'un usager ? Loin que *l'usage*, qui n'est qu'un usufruit restreint, emporte l'idée de propriété, il l'exclut, au contraire; on ne saurait avoir un droit d'usage que sur le fonds d'autrui.

D'un autre côté, c'est une vérité incontestable que, lorsqu'une convention est formée, elle ne peut être résolue ou modifiée que du consentement des parties contractantes. Mais, toute générale qu'elle est, cette vérité n'en admet pas moins des exceptions. Par exemple, la faveur de la libération attribue souvent au débiteur des droits qui sont refusés au créancier. N'est-il pas certain que le débiteur d'une rente perpétuelle est autorisé à s'en affranchir, en remboursant le capital malgré le créancier, quoique ce dernier ne puisse jamais exiger ce remboursement ?

L'article 701 du Code civil ne confère-t-il pas au propriétaire du fonds grevé d'une servitude, la faculté d'en transporter l'exercice dans un autre endroit, si elle lui est devenue plus onéreuse, ou si elle l'empêche de faire des réparations avantageuses ? Ne lui donne-t-il pas la liberté d'user de ce droit, malgré le propriétaire du fonds auquel la servitude est due? On ne peut donc étayer la réciprocité du cantonnement, ni sur l'une ni sur l'autre des deux règles d'où nous la supposons tirée.

Mais on peut l'exclure par les principes mêmes que nous venons de rappeler touchant la libération et les servitudes.

Si, en effet, comme on n'en saurait douter, l'usage, ou, en d'autres termes, le droit de prendre une portion des fruits de la propriété d'autrui, n'est qu'une servitude, celui qui en subit la charge doit être seul admis à s'en plaindre, et à en rendre l'exercice moins nuisible à son héritage.

Le cantonnement d'ailleurs expose le propriétaire à diviser sa propriété, et à l'aliéner en partie; lui imposer le cantonnement, le forcer à le subir, ce serait le contraindre à morceler son immeuble et à en vendre une portion. Or, les principes gé-

néraux du droit ne s'opposent-ils pas à une telle doctrine?
N'est-il pas certain que nul ne peut être dépouillé malgré lui
de sa propriété, hors le cas d'utilité publique; et ce qui est vrai
en thèse générale, ne l'est-il pas davantage encore en ce qui
concerne le domaine de l'État? Voudriez-vous, Messieurs, que
les usagers vinssent, selon leurs caprices, démembrer les forêts
nationales? La Commission ne l'a pas supposé; elle a pensé
que l'action en cantonnement devait être réservée à l'État. Elle
n'a vu dans l'innovation de la loi de 1792 qu'une disposition
que les circonstances d'alors pouvaient avoir dictée, mais que
l'état actuel des choses ne saurait plus admettre.

Passons à l'article 64 : il renferme deux dispositions bien
distinctes; d'une part, il interdit la conversion du pâturage en
cantonnement, et, de l'autre, il autorise le rachat de ce droit
d'usage à prix d'argent.

Nous remarquerons d'abord qu'on a oublié d'y comprendre
les droits de *panage*, de *glandée* et autres droits d'usage qui
sont de la même nature que le pâturage, et nous proposons de
les ajouter pour compléter la disposition.

En considérant le véritable caractère de ces droits, on sent
qu'il serait difficile de leur attribuer les mêmes effets qu'à ceux
dont il est question dans l'article 63. Ceux-ci, affectant le bois
et consommant une partie des produits forestiers, ce n'est point,
à proprement parler, en changer la nature que d'en resserrer
l'exercice dans des limites plus étroites : le Gouvernement
aliène, il est vrai, une portion du fonds pour affranchir l'autre,
et les usagers la reçoivent en compensation de la réduction du
sol sur lequel ils en usaient; mais, à cela près, l'usage est toujours en bois.

Les droits de pâturage, au contraire, ne portent point sur les
arbres de la forêt; ils n'affectent que les fruits de ces arbres ou
les herbages qui croissent sous leur ombrage. Il n'y a donc
point les mêmes raisons pour leur appliquer le cantonnement
par lequel l'État se dépouillerait d'une propriété forestière
pour les racheter, et intervertirait tellement les droits des usagers, que ces derniers, ne pouvant plus trouver une pâture
suffisante dans un territoire circonscrit par le cantonnement,
auraient réellement du bois en échange du pâturage. Le projet
repousse donc avec raison l'application du cantonnement à ces
droits d'usage.

Mais ces droits constituent une servitude toujours onéreuse;
et si l'État n'a point la faculté de la faire cesser par le cantonnement, il faut qu'il puisse s'en rédimer d'une autre manière,
autrement on lui enlèverait un moyen de conservation dont il
serait dangereux de le priver. D'ailleurs la loi du 6 octobre 1791,

titre Iᵉʳ, section IV, article 8, déclare rachetable à dire d'experts, entre particuliers, le droit de vaine pâture, *même dans les bois*. La Commission a pensé qu'on ne pouvait pas refuser aux bois de l'État l'application d'un principe admis pour ceux des particuliers.

En adoptant la proposition du Gouvernement pour le rachat des droits de pâturage, la Commission ne s'est pas dissimulé que l'exercice rigoureux de cette faculté pourrait, dans certains cas, produire de fâcheuses conséquences. Il est, vous le savez, Messieurs, des localités où le pacage est tellement indispensable aux habitans, que ceux-ci n'ont d'autre revenu, d'autre ressource que le produit des bestiaux qu'ils élèvent; si vous leur enlevez cet unique moyen d'existence, vous les forcez à abandonner le sol qui les a vus naître, où ils mènent une vie laborieuse et paisible, où ils exercent un genre d'industrie utile, non-seulement à eux-mêmes, mais encore au commerce. Quelle compensation trouveraient-ils dans la somme d'argent que leur offrirait l'État? Quel emploi pourraient-ils en faire dans l'intérêt commun? Dans les lieux où le pacage n'est qu'un accessoire de la fortune communale, les usagers ont la facilité de le remplacer par des prairies artificielles; mais là où il est tout pour les habitans, il ne saurait y avoir de moyens de remplacement.

Sans doute le Gouvernement paternel de Sa Majesté n'userait point de la faculté de rachat contre des communes que cette mesure plongerait dans la misère; mais la loi qui pose des principes stables, doit en fixer les exceptions; et elle le doit surtout lorsqu'il s'agit de donner à des populations intéressantes une garantie qui tient à leur repos et à leur existence.

Nous avons donc pensé qu'il convenait d'ajouter à l'article 64 la disposition suivante : « Néanmoins le rachat ne pourra être « requis par l'administration forestière, dans les lieux où le « droit de pâturage est devenu d'une nécessité absolue pour les « habitans d'une ou de plusieurs communes. Si cette nécessité « n'est pas reconnue par l'administration forestière, la contesta- « tion sera portée devant le conseil de préfecture, qui, après « une enquête *de commodo et incommodo*, statuera, sauf le re- « cours au conseil d'état. »

Cette addition doit rassurer pleinement les communes usagères, puisque les conseils de préfecture, qui connaîtront bien les localités, seront juges de la question de savoir s'il y a lieu au rachat.

Nous proposons de donner la même garantie aux usagers dans le cas prévu par l'article 65, c'est-à-dire, lorsqu'il s'agit de réduire l'exercice des droits d'usage suivant l'état et la possibilité annuelle des forêts. L'administration pourra, d'après l'article, faire cette réduction ; mais la Commission propose d'y ajouter : « En cas de contestation sur la possibilité et « l'état des forêts, il y aura lieu à recours devant le conseil de « préfecture. »

Vous remarquerez, Messieurs, qu'il ne s'agit ici que d'une modification au mode de jouissance de la propriété, et que sous ce rapport le conseil de préfecture doit en connaître.

Les articles qui suivent, jusques et compris l'article 85, règlent l'exercice des droits d'usage ; ils énoncent une série de sages précautions pour imposer aux usagers toutes les limites qui peuvent se concilier avec leurs droits et le grand intérêt de la conservation des bois de l'État ; la Commission en propose l'adoption, avec quelques amendemens dont je vais rendre compte.

L'article 67 ne contient pas de sanction ; on propose d'y ajouter ces mots, « sous les peines portées par l'article 199. »

Le premier paragraphe de l'article 71 a été adopté. On fait observer, sur le second, que l'obligation imposée aux usagers de faire des fossés des deux côtés des routes par lesquelles passeraient leurs bestiaux, serait une telle charge pour eux, que cette rigueur pourrait les contraindre, à leur grand préjudice, d'abandonner leurs droits : cette crainte est d'autant mieux fondée, qu'en indiquant aux usagers des chemins fort longs, qu'on pourrait changer chaque année, ce serait autoriser à ordonner arbitrairement des dépenses considérables. Pour parer à cet inconvénient, la Commission propose de régler que les fossés seront faits à moitié frais par les deux parties : elle demande, en conséquence, qu'après les mots, *futaies non défensables*, on remplace ceux qui suivent par ceux-ci, « il pourra « être fait à frais communs, entre les usagers et l'administra-« tion, et d'après l'indication des agens forestiers, des fos-« sés ; etc., » la suite comme à l'article.

L'article 72 a également été adopté, sauf l'addition des mots, *et section de commune*, à la première ligne, après les mots, *de chaque commune*.

La même addition doit avoir lieu dans chacun des deux autres paragraphes, à la suite des mots, *chaque commune*.

Il y a souvent des sections de communes qui jouissent séparément d'un droit de pacage dans des forêts de l'État ; il est dès-lors nécessaire de les désigner dans l'article d'une manière spéciale, parce que leur droit est étranger au chef-lieu de la commune.

On a pensé, sur le troisième paragraphe, qu'il serait injuste que les communes fussent responsables des délits qui pourraient être commis ailleurs que dans les portions de forêt affectées aux parcours. La Commission propose, en conséquence, d'ajouter à la fin de l'article, après ces mots, *de leurs services*, ceux-ci, *et dans les limites du parcours.*

Elle propose aussi qu'après les mots, *pour chaque commune,* du second paragraphe de l'article 73, il soit ajouté ceux-ci, *ou section de commune.*

A l'article 76, il a été remarqué que le *minimum* de l'amende était trop au-dessus de l'importance des délits, et qu'il pourrait porter à ne pas poursuivre les délinquans pour quelques fautes légères. Au lieu du mot *cinq*, on propose de mettre celui de *trois à trente francs.*

La Commission a reconnu, à l'article 78, que la mesure d'empêcher les chèvres de pacager dans les bois est sage et indispensable pour la conservation des forêts; mais cependant elle a jugé que si cet usage était fondé sur des titres positifs, il était impossible d'admettre que le possesseur du droit ne fût pas indemnisé; elle a également remarqué que, dans quelques provinces, et particulièrement dans le midi de la France, il y avait à peine d'autres bestiaux que des moutons, et pas d'autres lieux de pacage que les forêts; qu'alors il était important d'accorder au Gouvernement, comme on l'a fait par l'article 110, le droit de modérer la rigueur de l'article 78, pour les lieux où il pourrait croire que ce serait sans danger.

Il convient, en conséquence, d'ajouter à la fin de l'article 78, qui conserve sa rédaction, les deux paragraphes suivans :

« Cependant ceux des usagers qui auront titre ou possession
« contraire, pourront réclamer une indemnité qui sera réglée
« de gré à gré, et, en cas de contestation, par les tribunaux.

« Le pacage des moutons pourra néanmoins être autorisé
« dans certaines localités par des ordonnances du Roi. »

On a remarqué, sur l'article 81, que s'il n'était pas réglé par qui serait nommé l'entrepreneur dont il est parlé, il pourrait l'être par l'administration forestière, et être tout-à-fait opposé à l'intérêt des communes; tandis qu'il serait payé par elles.

Pour prévenir toute crainte à cet égard, la Commission propose d'ajouter à la fin du premier paragraphe, après les mots, *entrepreneur spécial,* ceux-ci, *nommé par eux et agréé par l'administration forestière.*

En examinant l'article 83, la Commission a trouvé trop rigoureux de prononcer une amende contre les délinquans, et de les priver en outre de leurs droits d'affouage : comme souvent la pauvreté aura pu les porter à vendre leur bois de chauffage pour acheter des objets de première nécessité, il y aurait de la cruauté à les priver, l'année suivante, de leur affouage; ce serait accroître leur misère et les porter peut-être à commettre de nouveaux délits forestiers. L'amende a paru suffire et sera plus proportionnée au délit. D'après ces motifs, la Commission propose de supprimer, à la fin du deuxième paragraphe de l'article, ces mots, *et à la privation de l'affouage pendant une année.*

La Commission a pensé, sur l'article 84, qu'il pourrait arriver que les usagers, soit par force majeure, soit faute de moyens pécuniaires, ne pussent employer les bois qui leur auraient été délivrés, sans pour cela avoir la moindre culpabilité à se reprocher. Elle propose, au lieu de la peine portée au projet, de supprimer les mots, *à peine,* etc., et de mettre à la place : « lequel pourra néanmoins être prorogé par l'adminis-« tration forestière ; les délais expirés, elle pourra en dis-« poser. »

TITRE IV. *Des Bois et Forêts qui font partie du Domaine de la Couronne.*

La dotation immobilière de la Couronne est un démembrement du domaine de l'État, comme la Liste civile est une portion distraite du Trésor public. Mais ces deux institutions ont entre elles une grande différence. La Liste civile, qui ne se compose que d'une somme fixe payée annuellement par le Trésor royal, est essentiellement liée à la durée du règne, et, suivant la loi du 8 novembre 1814, elle doit être fixée de nouveau à chaque avénement au trône. La dotation, au contraire, est permanente et perpétuelle ; elle n'est pas attachée à la personne du Roi comme la Liste civile ; elle est inhérente, ainsi que sa dénomination l'indique, à la Couronne, qui ne périt point. Aussi la loi du 15 janvier 1825, qui règle la Liste civile de Sa Majesté Charles X, n'a-t-elle, par aucune disposition, reconstitué la dotation ; elle en a reconnu d'une manière positive la préexistence, puisqu'elle s'est bornée à y ajouter les immeubles acquis à titre singulier par le feu Roi Louis XVIII.

C'est par une conséquence de ce caractère de perpétuité et d'irrévocabilité que la loi du 8 novembre 1814 a conféré au ministre de la maison du Roi la régie et l'exploitation des biens qui composent la dotation. Les agens de l'État n'interviennent et ne doivent intervenir en aucune manière dans cette administration : mais, comme la dotation est une fraction du domaine public, il est essentiel que les mêmes règles de conservation et d'exploitation s'appliquent aux forêts de l'État et à celles de la dotation, ainsi que la loi du 8 novembre en a posé le principe, sauf toujours l'entière indépendance du ministre et des agens de la maison du Roi à l'égard de l'administration des forêts de l'État.

La Commission a reconnu que la rédaction du projet de Code est conforme à cette doctrine, et elle vous propose en conséquence l'adoption pure et simple des articles 86, 87 et 88. Elle propose toutefois de changer dans l'intitulé de ce titre le mot *domaine* et d'y substituer le mot *dotation*, qui, comme nous l'avons remarqué sur l'article 1ᵉʳ, est l'expression convenable. Les mêmes changemens devront avoir lieu dans les articles 86 et 88.

TITRE V. *Des Bois et Forêts qui sont possédés à titre d'apanage.*

Il n'en est pas des apanages comme de la dotation de la Couronne : les bois et forêts qui les composent sont destinés à rentrer dans les mains de l'État, en cas d'extinction de la postérité mâle du prince apanagé. L'État est donc essentiellement intéressé aux mesures qui se rattachent à la conservation de la propriété. Ainsi le projet de Code soumet avec raison ces bois et forêts au régime forestier, *quant à la propriété du sol et à l'aménagement des bois*. C'est avec raison encore qu'il charge les agens de l'administration forestière d'y faire toutes les opérations relatives *à la délimitation, au bornage et à l'aménagement*, et d'y exercer leur surveillance, pour s'assurer de la régularité de l'exploitation, ainsi que de la complète exécution des règles prescrites par le présent titre. Il a paru également juste de rappeler ici, comme le fait l'article 89, l'application des articles 60 et 62, qui interdisent toute nouvelle affectation ou concession d'usages.

Vous avez remarqué, Messieurs, que la Commission a proposé d'ajouter à l'article 1ᵉʳ du projet, *les forêts possédées à titre de majorat et reversibles au domaine de l'État*: c'est une conséquence nécessaire qu'il y ait dans l'article 89 une semblable addition, afin de les assujétir aux mêmes règles prescrites pour les forêts possédées à titre d'apanage.

Cette addition doit avoir également lieu dans l'intitulé du présent titre.

La Commission propose de déclarer la disposition de l'article 87 applicable en partie aux bois et forêts qui constituent soit un apanage, soit un majorat, ainsi que cela se pratique depuis 1814 pour ce qui concerne les apanages.

TITRE VI. *Des Bois des communes et des établissemens publics.*

Les biens que possèdent les communes et les établissemens publics, sont administrés par des mandataires légaux dont il serait imprudent que les pouvoirs ne fussent pas limités. La prospérité des agrégations diverses concourant au bien général de la grande communauté qui les réunit toutes, il importe au Gouvernement d'imprimer une bonne direction à la gestion de leur fortune, et de les préserver des conséquences dangereuses d'une administration trop indépendante. La protection dont elles ont besoin a toujours pris sa source dans une sage fiction qui, les regardant comme mineures, justifie la prévoyance du législateur, et l'intervention tutélaire de l'autorité dans le maniement de leurs propres affaires. Mais, il ne faut pas le perdre de vue, cette protection ne doit s'exercer, et ne s'exerce en effet, que pour vérifier les opérations que les fonctionnaires de l'ordre administratif sont appelés à approuver ou à improuver. La loi du 14 décembre 1789, qui définit les fonctions propres au pouvoir municipal, déclare qu'elles consistent à régir, sous la *surveillance* et *l'inspection* des assemblées administratives, les biens et revenus communs : ainsi elle est conforme à ces principes qui ont continué de faire la base de cette législation spéciale. Quant aux établissemens publics, ils sont soumis à peu près aux mêmes règles, et on les trouve toujours confondus avec les communes, lorsqu'il s'agit de déterminer le mode de leur administration.

Ces principes n'ont pas été oubliés dans le projet de loi qui vous est présenté. Nous avons reconnu, et vous reconnaîtrez sans doute avec nous, Messieurs, que ses rédacteurs leur ont rendu un juste hommage, en en faisant la base des dispositions concernant le régime des bois qui appartiennent aux communautés d'habitans et aux établissemens publics. Quoique convaincus de la nécessité de surveiller plus attentivement, dans l'intérêt même de l'État, la régie et l'exploitation de cette classe de propriétés, ils ont élargi, autant qu'ils ont cru pouvoir le faire, la part qu'il est convenable d'y laisser prendre aux représentans des établissemens et des communes.

Le projet ne réserve au Gouvernement, comme on vous l'a dit dans l'exposé des motifs, qu'une administration de précaution et de garantie, qui ne doit être exercée que pour le compte et au profit des communes.

Votre Commission s'est empressée d'applaudir à des mesures si sages. Elle a pensé que, dans le système du Gouvernement représentatif, il importait de proclamer en quelque sorte l'émancipation des communes, quant à la gestion de leurs biens, et de ne borner la liberté de leur administration intérieure que là où elles pourraient en abuser au détriment de la chose publique ou d'elles-mêmes.

Examinant donc cette partie du projet de Code avec le même esprit de justice qui a présidé à sa rédaction, nous nous sommes appliqués à vérifier si les règles qui y sont tracées sont dans une entière harmonie avec les idées premières qui leur servent de fondement; nous allons vous rendre compte des observations qui nous ont été suggérées à ce sujet.

L'article 90, qui est le premier du titre VI, soumet au régime forestier les bois taillis ou futaies appartenant aux communes et aux établissemens publics, et reconnus susceptibles d'aménagement ou d'exploitation régulière.

En se livrant à l'examen de cette disposition, la Commission, pénétrée de la nécessité de repeuplemens qui puissent dans l'avenir réparer le mal des défrichemens passés, a chargé son rapporteur d'émettre le vœu que le Gouvernement favorise par tous les moyens d'encouragement qui sont en son pouvoir, et surtout par des exemptions ou réductions d'impôt, les semis et la formation des futaies.

Elle a ensuite trouvé que le même article appliquait, d'une manière trop absolue, aux bois des communes le système établi pour la conservation des forêts de l'État. Elle sait que dans plusieurs localités il existe des terrains communaux sur lesquels se trouvent quelques arbres épars, mais qui ne sont proprement que des pâturages parsemés d'arbres; que ces terrains sont même connus sous la dénomination de *prés-bois*; qu'ils sont, pour diverses communes, l'occasion d'un genre d'industrie et même un moyen d'existence dont elles se trouveraient dépouillées par l'application des prohibitions forestières, et surtout de celles qui sont relatives aux droits d'usage; elle a d'ailleurs pris lecture de plusieurs pétitions du département du Doubs, et d'une autre que les habitans d'une commune de l'arrondissement de Nîmes ont adressée à la Chambre, pour réclamer contre les prétentions de l'administration forestière, de convertir en bois des terrains communaux où il ne pousse que des broussailles; elle a enfin pris en considération le vœu exprimé dans les bureaux par plusieurs membres de la Chambre pour que les communes soient maintenues dans le droit de jouir en pâturage des terrains qui depuis long-temps y ont été affectés.

Mais, en même temps, elle a pris des précautions contre l'abus facile qu'on pourrait faire de la dénomination de prés-bois ou de pâturage, et elle indique le moyen de résoudre les difficultés qui s'élèveraient à cet égard. Elle propose donc d'ajouter à l'art. 90 la disposition suivante : « Lorsqu'il s'agira de la « conversion en bois et de l'aménagement de terrains en pâtu-« rage, l'arrêté pris par l'administration forestière sera commu-« niqué au maire; le conseil municipal sera appelé à en délibé-« rer, et, en cas de contestation, il sera statué par le conseil « de préfecture. »

Les articles 91 et 92 n'ont donné lieu à aucune difficulté.

A l'égard de l'art. 93, la Commission a pensé que des réserves trop petites seraient trop facilement dévastées, et elle propose en conséquence d'ajouter au premier paragraphe ces mots : « Lorsque ces communes ou établissemens publics « posséderont au moins dix hectares de bois réunis ou di-« visés. »

L'art. 94 veut que les communes et établissemens publics entretiennent, pour la conservation de leurs bois, le nombre de gardes particuliers qui sera déterminé *par l'administration forestière.*

Votre Commission n'a point donné son assentiment à cette dernière disposition. Il lui a paru que les communes et les établissemens devaient déterminer eux-mêmes le nombre de gardes qu'ils auraient à payer, sauf le contrôle de leurs résolutions par l'autorité supérieure. Elle a donc rédigé la fin de l'article ainsi qu'il suit : « Sera déterminé par le maire et les « administrateurs, sauf l'approbation du préfet, sur l'avis de « l'administration forestière. » Elle vous propose aussi de modifier l'article 95, qui règle le mode de nomination des gardes, et d'ajouter à la fin du second paragraphe : *en cas de dissenti-ment, le préfet prononcera.*

Ces modifications ont été jugées essentielles, dans l'intérêt des communes et des établissemens publics, pour mettre ces dispositions du projet en harmonie avec les principes dont nous avons déjà parlé, et qui sont même présentés dans l'exposé des motifs. Les préfets étant les tuteurs que la loi donne aux communes et aux établissemens publics, il est juste et naturel de leur conférer le droit d'approuver la fixation et la nomination des gardes. L'administration forestière, qui n'a qu'une surveillance spéciale, ne doit intervenir que pour exprimer son avis et pour expédier les commissions.

Nous avons également cru devoir modifier l'art. 96, d'après lequel, à défaut par les communes et établissemens publics de faire choix d'un garde dans le mois de la vacance de l'emploi, l'administration forestière y pourvoira.

Nous avons pensé qu'il n'était pas possible de laisser à l'administration forestière le droit de pourvoir aux remplacemens après l'expiration du délai d'un mois; qu'en effet, ayant la faculté de retarder son avis, nécessaire pour les nominations, elle aurait toujours le moyen de s'assurer ces nominations; qu'il était plus convenable de confier au préfet le droit de remplir la vacance; que d'ailleurs c'est une conséquence des modifications qui précèdent.

Nous vous proposons donc de substituer à ces mots, « l'administration forestière y pourvoira, » ceux-ci : « Le préfet nom-« mera sur la demande de l'administration forestière. »

Par l'art. 97, l'administration forestière se trouverait seule investie du droit de décider s'il est convenable de confier à un même individu la garde d'un canton appartenant à l'État et d'un autre canton appartenant à des communes ou établissemens publics. Mais pourquoi cette attribution exclusive? N'est-il pas plus juste que chacune des parties intéressées participe à la délibération? Nous proposons donc de commencer l'article par ces mots : « Si l'administration forestière, les commu-« nes ou établissemens publics jugent convenable de con-» fier, etc. »

Nous proposons aussi de compléter la disposition en ajoutant : « Son salaire sera payé proportionnellement par chacune « des parties intéressées. »

Les mêmes principes nous ont conduits à reconnaître la nécessité d'une autre limitation aux droits attribués par le projet à l'administration forestière. Elle ne doit pas avoir la faculté de destituer des gardes qui ne sont pas les siens. Nous sommes donc d'avis de supprimer ce qui, dans le premier paragraphe de l'article 98, suit les mots établissemens publics, et d'y substituer ces expressions : « S'il y a lieu à destitution, le préfet « la prononcera, après avoir pris l'avis du conseil municipal, « des administrateurs des établissemens propriétaires, ainsi « que de l'administration forestière. »

La Commission a adopté sans observations l'art. 99, qui assimile les gardes des communes et des établissemens publics à ceux de l'État pour la prestation de leur serment et l'exercice de leurs fonctions.

Nous ne pouvons que vous proposer l'admission des articles 100, 101, 102, 103 et 104, qui s'appliquent à l'adjudication des coupes, et qui nous ont paru offrir aux communes et aux établissemens toutes les garanties désirables.

La rédaction de l'art. 105 n'ayant pas été jugée suffisamment claire, nous l'avons commencée par ces mots : « S'il n'y a titre « ou usage contraire; » et après les mots dans la commune,

nous avons ajouté ceux-ci : « et s'il n'y a également titre ou
« usage contraire, la valeur des arbres, etc. »

L'addition du mot *usage* a paru nécessaire. L'article fixe le
principe que le partage des bois d'affouage doit s'exécuter par
feu; mais si un mode différent est établi par un usage ou une
possession immémoriale équivalent à un titre, il faut les respecter.

L'article 106 porte que, pour indemniser le Gouvernement
des frais d'administration des bois des communes et des établissemens publics, il sera payé au profit du Trésor, par les
adjudicataires des coupes, tant ordinaires qu'extraordinaires,
un décime par franc en sus du prix principal de l'adjudication.

Il est dit aussi qu'il sera perçu par le Trésor un vingtième
de la valeur des bois délivrés.

Cette double rétribution ayant donné lieu à de vives réclamations, dans les bureaux de la Chambre, votre Commission
a dû en faire l'objet de son attention particulière. Elle a d'a-
bord remarqué que les plaintes élevées contre la perception du
décime venaient de ce qu'on ne connaissait ni son véritable
produit, ni le montant de la dépense à laquelle il était affecté ;
que cependant il était essentiel que l'un et l'autre fussent connus pour établir que le produit du droit perçu par le Trésor
n'excédait pas la portion pour laquelle les communes et les
établissemens publics devaient contribuer dans la partie des
dépenses de l'administration des forêts qui doit être supportée
proportionnellement par leurs bois et par ceux de l'État.

Il a été de plus remarqué que le prélèvement d'un vingtième de la valeur des bois délivrés serait trop onéreux, et que
d'ailleurs, pour l'opérer, il y aurait lieu à des estimations
coûteuses, qui feraient naître beaucoup de difficultés.

Je ne fatiguerai pas votre attention, Messieurs, par tous
les calculs dans lesquels nous sommes entrés pour fixer notre
opinion sur la nécessité de supprimer le décime perçu sur les
adjudications et le vingtième que l'on propose de percevoir
sur la valeur des bois délivrés; je vous dirai seulement qu'il
résulte des états que M. le directeur général des forêts s'est
empressé de nous communiquer., 1° que le produit annuel des
bois des communes et des établissemens publics est d'environ
30 millions, tant pour les coupes affouagères que pour les
coupes vendues; 2° que les bois de l'État produisent environ
25 millions.

D'après cet aperçu, si la dépense générale de l'administration monte à 3,699,000 francs, comme l'annonce le budget de
l'État, il faut en distraire les frais spéciaux pour les bois de

4.

l'État, c'est-à-dire, ceux qui sont exclusivement à sa charge; cette distraction opérée, il reste la somme applicable à la surveillance de tous les bois ; et dans cette somme les communes et les établissemens publics doivent supporter leur contingent, qu'il convient de fixer d'après des bases dont la justice soit bien connue.

C'est pour payer ce contingent que la Commission, de concert avec M. le directeur général des forêts, a cru convenable d'adopter un nouveau mode plus simple et plus juste que celui dont il est question dans le projet de Code. Ce nouveau mode consiste à frapper les bois des communes et des établissemens publics d'une contribution supplémentaire égale au montant des frais de gestion que ces bois doivent supporter. Cette contribution supplémentaire sera réglée chaque année par la loi des finances; elle sera déterminée d'une manière positive et pourra être débattue, en parfaite connaissance de cause lors de la discussion du budget. Par ce moyen, les communes auront l'assurance de ne payer que la portion pour laquelle elles devront contribuer dans les dépenses de l'administration des forêts, et la perception en sera aussi facile que celle des impôts en général.

La Commission a communiqué ce projet à M. le Ministre des finances, qui l'a adopté. Voici la rédaction de l'article proposé en remplacement de l'article 106 :

« Pour indemniser le Gouvernement des frais d'administra-« tion des bois des communes et des établissemens publics, il « sera ajouté annuellement à la contribution foncière établie « sur ces bois, une somme équivalente à ces frais. Cette somme « sera réglée chaque année par la loi des finances ; elle sera « répartie au marc le franc de ladite contribution et perçue de « la même manière. »

Nous avons adopté l'article 107 avec l'addition, après les mots *droit de vacation*, au troisième paragraphe, de ces expressions : « d'arpentage, de réarpentage, de décime, de pré-« lèvement quelconque pour les agens, etc. » Cette addition est une conséquence de la nouvelle rédaction de l'article 106.

Cette nouvelle rédaction exige encore, dans l'article 108, le retranchement des mots *et la rétribution des arpenteurs*, parce que cette rétribution doit, d'après le projet de la Commission, être payée par l'administration forestière. L'article sera donc ainsi conçu : « Le salaire des gardes particuliers restera à la « charge des communes et des établissemens publics. »

Il faut aussi, par la même raison, supprimer, dans le premier paragraphe de l'article 109, les mots *et d'arpentage*, et dans le second, ces expressions finales, *les ventes de cette nature*, etc.

Quant aux prohibitions portées par l'article 110, nous avons pensé qu'elles ne devaient recevoir leur exécution que dans deux ans à compter de la publication du Code, afin que ceux qu'elles concernent aient le temps de prendre les précautions convenables.

La Commission vous propose en conséquence de faire à la fin du premier paragraphe l'addition suivante : « Cette prohi« bition n'aura son exécution que dans deux ans, à dater de la « promulgation de la présente loi. »

Il a été observé que l'article 112 appliquait aux bois des communes tous les articles de la huitième section du titre III, excepté les dispositions de l'article 61 ; mais il a paru nécessaire d'en excepter aussi les articles 73, 74, 83 et 84. L'indication des deux premiers a pour objet d'exempter les communes et les établissemens publics de l'obligation de marquer d'une marque spéciale les bestiaux qui pacagent dans leurs propres forêts. L'énonciation des deux autres nous a paru nécessaire, car il serait injuste, si un des habitans propriétaires ne brûlait pas tout le bois qui lui serait délivré, de le priver de disposer de l'excédant. On doit faire une grande différence entre les droits d'usage qu'ont les habitans d'une commune dans les forêts de l'État, et celui qu'ils ont dans leurs bois communaux, l'un étant un droit sur une chose qui ne leur appartient pas, et l'autre, un droit qui n'est qu'un mode de jouissance de leur propre chose.

TITRE VII. *Des Bois et Forêts indivis qui sont soumis au régime forestier.*

La dernière classe de bois que le projet de Code soumet au régime forestier, se compose de ceux que l'État, la Couronne, les communes ou les établissemens publics possèdent indivisément avec des particuliers ; il leur applique toutes les dispositions relatives à la conservation des bois de l'État.

Ces bois seront ainsi protégés avec plus d'efficacité ; et comme les particuliers auront toujours la faculté de se soustraire au pouvoir de l'administration forestière en faisant cesser l'indivision, nous avons pensé que rien ne s'opposait à l'admission des articles 113, 114, 115 et 116.

Nous proposons cependant de faire à la fin de l'article 113 l'addition suivante : « Sauf les modifications portées par le ti« tre VI pour les bois des communes et des établissemens pu« blics. »

Vous remarquerez, Messieurs, que si un bois appartient indivisément à l'État et à un particulier, ou bien à la Couronne et à un particulier, il est tout simple d'appliquer les règles relatives aux bois de l'État; mais il faut que ces règles soient modifiées par celles relatives aux bois des communes et des établissemens publics, lorsqu'il s'agit d'un bois qui appartient par indivis à une commune ou établissement public et à un particulier. L'État y est alors étranger, et il ne peut avoir plus de droit sur un bois ainsi possédé par indivis entre une commune et un particulier que s'il appartenait à la commune seule.

Par suite des changemens qu'a subis l'article 106, il est devenu nécessaire de supprimer, dans l'article 116, les mots *décimes compris*.

TITRE VIII. *Des Bois des particuliers.*

Le respect de la propriété, les droits qui en dérivent, les principes généraux qui la consacrent, semblent, au premier abord, devoir attribuer aux possesseurs de bois la liberté d'en user et d'en disposer comme des autres immeubles qui constituent les fortunes particulières. Mais, quelle que soit l'étendue du droit de propriété, il est des circonstances où il reçoit des restrictions dans l'intérêt public, cette nécessité puissante qui fait souvent fléchir l'avantage de quelques-uns pour le tourner au profit de tous. Le Code civil reconnaît la possibilité de ces modifications dans le titre même où il définit la propriété, non-seulement en autorisant l'expropriation pour cause d'utilité publique, mais même en statuant que nul ne peut faire de sa propre chose *un usage prohibé par les lois ou par les réglemens*, ce qui suppose nécessairement que le législateur a le pouvoir de limiter l'exercice du droit de propriété. Or personne ne saurait douter que la possession des bois ne doive subir des limitations de ce genre, soit par les difficultés de leur conservation, soit par la diminution à laquelle de longs désordres ont amené la superficie du sol forestier en France.

Tel est, Messieurs, l'esprit qui règne dans les articles qui concernent les bois des particuliers. Le projet donne aux propriétaires toute la latitude possible; il ne circonscrit leurs droits que lorsqu'il en sent la nécessité, et le plus souvent il leur offre, par ses prohibitions mêmes, une protection réelle et utile, plutôt qu'une contrainte gênante et nuisible à leurs intérêts bien entendus : c'est une vérité dont vous avez dû vous convaincre par la lecture du projet et de ses motifs.

Quant aux dispositions elles-mêmes qui régissent les bois des particuliers, l'examen que nous avons fait de chacune d'elles nous a conduits à vous soumettre quelques observations.

D'après l'article 117, les particuliers ont le choix de leurs gardes; seulement ils doivent le faire agréer par l'agent forestier local. Si celui-ci refuse son agrément, le propriétaire se pourvoit devant le préfet, qui statue sur la difficulté..

La Chambre aura sans doute remarqué l'intervention assez fréquente du préfet et du conseil de préfecture, dans l'intérêt des communes et des particuliers; sans doute elle n'en aura pas conclu que le projet s'écarte beaucoup du système de l'ordonnance de 1669, et qu'il réduit trop les attributions des agens forestiers.

Autrefois, en effet, il existait au-dessus de ces agens des tribunaux particuliers et généraux, tels que les gruries, assises et tables de marbre, qui jugeaient toutes les contestations, et où les intérêts privés étaient convenablement défendus. Aujourd'hui, cette juridiction n'existant plus, il a paru indispensable de porter les différends relatifs à la propriété particulière ou communale devant l'autorité administrative ou devant les tribunaux, selon qu'il s'agit d'actes de pure administration ou de questions de propriété.

Aucune objection ne s'est élevée dans le sein de la Commission sur l'article 118, qui assimile les particuliers à l'État pour l'affranchissement des droits d'usage en bois par la voie du cantonnement; il est juste que tous ces droits soient jugés d'après des principes également applicables à l'État et aux particuliers, dont la qualité de propriétaire est la même aux yeux de la loi.

L'article 119 règle convenablement l'exercice des autres droits d'usage. Toutefois il nous a paru incomplet en ce qu'il n'énonce que le pâturage; nous vous proposons, Messieurs, d'en rédiger ainsi le commencement : *Les droits de glandée, panage, pâturage, parcours et autres de cette nature*, etc.

Par cette rédaction, toute espèce de droits d'usage encore existans se trouve comprise; d'où il résulte que tous les intérêts sont conservés, et que la sollicitude de plusieurs membres de la Chambre pour quelques droits spéciaux dont ils ont parlé dans les bureaux doit être pleinement rassurée.

Nous vous proposons de donner votre approbation à l'article 120.

L'article 121, qui rend les tribunaux ordinaires juges des contestations qui s'élèveront entre le propriétaire et l'usager, est conforme au droit commun et ne présente dès-lors aucune difficulté.

Venons à un des titres les plus importans du projet, surtout pour ce qui concerne les bois des particuliers.

TITRE IX. *Affectations spéciales des Bois à des services publics.*

Ce titre se divise en deux sections.

La première concerne les bois destinés au service de la marine.

L'approvisionnement de la marine en bois de constructions navales est d'un intérêt trop majeur pour n'avoir pas fixé toute l'attention de la Commission.

La marine française venait d'être créée par Louis XIV, lorsque l'ordonnance de 1669 conféra au Gouvernement le droit de choisir et de prendre dans les forêts des particuliers, comme dans celles de l'État, les bois propres à la construction des vaisseaux. Plusieurs arrêts du conseil, et enfin un réglement du 16 décembre 1786, intervinrent pour confirmer ce droit et en régulariser l'exercice.

La loi du 29 septembre 1791, qui mit les bois des particuliers en dehors du régime forestier, les affranchit de cette servitude; mais telle fut l'imprudence de cette dérogation aux dispositions antérieures, que le Gouvernement, réduit à approvisionner la marine par des réquisitions violentes, se trouva dans la nécessité de provoquer les lois des 9 et 28 floréal an 11, qui rétablirent les anciennes règles.

Ces principes ont continué d'être et sont encore en vigueur.

Les changerons-nous pour revenir au système de liberté indéfinie introduit par la loi de 1791 (1)?

Autrefois la marine trouvait des ressources abondantes, non-seulement dans les forêts royales, mais encore dans celles des communautés religieuses et des communautés d'habitans, que la loi obligeait à laisser et à conserver des réserves.

Les bois des particuliers offraient un autre moyen facile et sûr d'approvisionnement. L'industrie et les constructions étant loin d'avoir atteint le degré de développement qu'elles ont aujourd'hui, les arbres avaient peu de valeur, et l'intérêt, qui

_____

(1) Je dois à l'obligeance du président de la Commission, M. Carrelet de Loisy, le résumé que je vais donner de la discussion qui a eu lieu sur cette importante question, et sur les amendemens proposés.

Qu'il me soit permis d'ajouter qu'un procès-verbal de nos séances, rédigé avec beaucoup de soin par le secrétaire, M. le marquis de Foucault, m'a été très-utile pour profiter des observations faites sur chaque article du Code par les membres de la Commission.

dirige souvent les propriétaires, ne les poussait pas à détruire leurs futaies.

Mais cet état de choses n'existe plus. Ces belles et antiques réserves ont disparu, ces vieux arbres isolés sont abattus ; la masse des bois du royaume a été diminuée par de trop funestes défrichemens, et des spéculations de la propriété privée ont mis le comble à ces ravages. Aujourd'hui trois millions d'hectares de bois seulement, appartenant à l'État, aux communes et aux établissemens publics, sont soumis au régime forestier.

Si la masse de ces forêts était aménagée de manière à être convenablement assortie en futaies, elle serait sans doute suffisante pour les besoins annuels de la marine, qui n'excèdent pas trente-six mille stères de bois ou environ quarante-huit mille arbres.

Mais tel a été jusqu'ici le genre d'exploitation de ces forêts, qu'elles sont en ce moment hors d'état de satisfaire aux besoins de ce service public.

Il faut donc chercher à créer un système d'aménagement spécialement affecté à ce grand intérêt, auquel se rattachent la prospérité de notre commerce et l'honneur de notre pavillon. Que l'on conserve, dans tous les taillis soumis au régime forestier, les arbres essentiellement propres aux constructions navales, ou que, par des réserves exclusivement en futaies et traitées par la méthode des éclaircies, on assure l'avenir de la marine. Votre Commission est d'autant mieux fondée à en manifester le désir, que, si ces mesures eussent été prises dans les temps antérieurs, elle n'aurait pas à vous entretenir du martelage dans les bois des particuliers. Elle est également convaincue qu'il est de la plus grande urgence que, par un accord naturel entre M. le Ministre de la marine et l'administration forestière, il soit fait des dispositions pour que l'aménagement des forêts de l'État, et même de toutes celles soumises au régime forestier, soit dirigé spécialement dans le but de l'approvisionnement de la marine ; c'est un vœu qu'elle m'a spécialement chargé de vous exprimer.

Nous sommes loin de nier, Messieurs, que le martelage dans les bois des particuliers ne soit une servitude, peu en harmonie avec notre droit public actuel, qui veut que chacun ne contribue aux charges de l'État que dans la proportion de ce qu'il possède, et qui n'exige le sacrifice d'une propriété pour raison d'utilité publique que dans des cas exceptionnels et nullement dans le sens d'une main-mise sur toute une classe de propriété. Nous ne vous parlerons point des nombreux inconvéniens qu'entraîne l'exercice de cette servitude et des plaintes trop fondées qu'elle occasione de la part des propriétaires de forêts; nous vous ferons seulement remarquer qu'elle est nuisible à l'intérêt bien entendu de la marine, en ce qu'elle détourne des propriétaires d'élever des futaies, et qu'elle les conduit naturellement à des calculs qui ne sont point favorables à leur conservation.

C'est dans la conviction qu'un aménagement bien entendu des bois soumis au régime forestier peut seul affranchir ceux des particuliers d'une entrave si gênante et si onéreuse, que votre Commission vous propose de n'admettre cette servitude que comme *charge temporaire*, et non comme principe immuable, et qu'elle croit devoir la limiter à dix ans; elle a saisi cette idée avec d'autant plus de confiance, qu'elle est persuadée de l'empressement de M. le Ministre de la marine à prendre tous les moyens propres à la réaliser.

Votre Commission, en amendant d'après ce principe l'article 184 du projet, a cru devoir y ajouter d'autres modifications.

Convaincue que la fixation de treize décimètres mentionnée à l'article 125 est trop restrictive, et qu'il faut laisser au moins aux propriétaires la libre disposition de leurs arbres, elle a pensé qu'il était convenable d'élever la dimension des arbres soumis au martelage de treize à quinze décimètres, et d'appliquer la même disposition à tous les arbres d'essence de chêne destinés à être coupés, lesquels seront mesurés à un mètre du sol.

L'article 124 sera dès-lors ainsi rédigé : « Pendant dix ans, « à compter de la promulgation de la présente loi, le dépar-« tement de la marine exercera le droit de choix et de martelage « sur les bois des particuliers, futaies, arbres de réserve, ave-« nues, lisières et arbres épars; il ne pourra exercer ce droit « que sur les arbres d'essence de chêne ayant au moins quinze « décimètres de tour, mesurés à un mètre du sol, qui seront des-« tinés à être coupés.

« Ce droit ne pourra néanmoins être exercé sur les arbres « qui existeront dans les lieux clos attenant aux habitations, et « qui ne sont point aménagés en coupe réglée. »

L'article 125 a été également amendé; il renferme plusieurs questions importantes. Votre Commission, après une discussion approfondie, ne s'est arrêtée qu'aux précautions que réclamait impérativement le maintien du droit de propriété; c'est dans cet esprit qu'elle a substitué aux mots *urgente nécessité* ceux de *besoins personnels pour réparations et constructions*. Vous sentirez comme nous qu'il serait trop dur de n'admettre le propriétaire à jouir de la chose qui lui appartient que dans le cas le plus restrictif de *l'urgente nécessité.*

Si nous avons maintenu le délai de six mois pour la déclaration, c'est parce qu'en définitive ce n'est qu'une formalité dont nous ne contestons pas la gêne et les inconvéniens, mais que, dans la plupart des circonstances, il doit paraître indifférent de faire quelques mois à l'avance : mais, comme il est inutile d'aggraver les difficultés de cette déclaration, nous avons pensé qu'elle pouvait se faire à la sous-préfecture, parce que, les agens de la marine étant peu nombreux, les propriétaires qui ont des déclarations à faire ne savent souvent où les trouver et sont trop éloignés de leur résidence, tandis qu'il n'est personne qui, par la correspondance administrative des maires, n'ait des moyens habituels d'envoyer sa déclaration à la sous-préfecture, où il existe un secrétariat pour l'enregistrer et lui imprimer une date certaine.

Le second paragraphe de l'article 125, relatif à la dimension des arbres épars, doit être supprimé, puisque nous y avons pourvu par l'article 124.

Enfin nous nous sommes occupés de l'amende pour défaut de déclaration, et nous vous proposons de réduire le taux exorbitant de 45 fr. par mètre de tour, pour chaque arbre non déclaré, à 18 fr. par mètre, fixation qui nous a paru plus que suffisante pour arrêter les propriétaires contrevenans.

Nous avons donc arrêté pour l'article 125 la rédaction suivante :

« Tous les propriétaires sont tenus, sauf l'exception énoncée « en l'article précédent et hors le cas de besoins personnels « pour réparations et constructions, de faire, six mois d'a-« vance, à la sous-préfecture, la déclaration des arbres qu'ils « ont l'intention d'abattre, et des lieux où ils sont situés.

« Le défaut de déclaration sera puni d'une amende de 18 fr. « par mètre de tour, pour chaque arbre susceptible d'être dé-« claré. »

L'article 126 autorise les particuliers à disposer librement des arbres déclarés par eux, si la marine ne les a pas fait marquer pour son service dans les six mois à compter du jour de la déclaration : mais, si la marine a marqué des arbres, il est utile pour les propriétaires d'avoir officiellement connaissance de ce martelage dans le plus court délai possible, afin qu'ils puissent disposer de ce qu'on leur laisse, et en tirer parti en temps opportun pour la vente : il n'est pas moins important pour eux de faire constater la date certaine de ce martelage, pour jouir du bénéfice de la loi à l'expiration du délai qui suit le martelage.

C'est pour obtenir ce double avantage que votre Commission vous propose, Messieurs, de faire viser les procès-verbaux de martelage par le maire de la commune où sont situés les bois, et d'obliger les contre-maîtres à lui en laisser copie, le tout à peine de nullité du martelage. Par le décret du 15 avril 1811, confirmé par l'ordonnance du 27 septembre 1819, les contre-maîtres sont bien obligés de laisser un double du procès-verbal du martelage au propriétaire; mais le délai n'est pas fixé, et il peut arriver que cette notification n'ait pas lieu.

Nous vous proposons donc d'ajouter à la fin de l'article 126 le paragraphe suivant :

« Les agens de la marine seront tenus, à peine de nullité de « leurs opérations, de dresser des procès-verbaux du martelage « des arbres dans les bois de l'État, des communes, des éta-« blissemens publics et des particuliers, de faire viser ces pro-« cès-verbaux par le maire dans la huitaine, et d'en déposer « immédiatement une expédition à la mairie de la commune où « le martelage aura eu lieu; les adjudicataires, communes, éta-« blissemens ou propriétaires pourront, aussitôt après le dépôt « du procès-verbal à la mairie, disposer des bois qui n'auront « pas été marqués. »

L'article 127 maintient les particuliers dans le droit qu'ils ont aujourd'hui; ils continueront à traiter de gré à gré avec la marine : seulement, en cas de discordance et d'expertise, le président du tribunal nommera le tiers-expert. C'est une garantie de plus qui leur est donnée, et qui doit être appréciée par les propriétaires. Le même avantage est accordé aux communes et aux établissemens publics.

Cet article étend ce mode de traiter aux adjudicataires des bois de l'État et de tous ceux qui sont soumis au régime forestier. Nous ne nous sommes point dissimulé toute la gravité de cette disposition relativement aux bois de l'État; mais la Commission a pensé que cette question était essentiellement du domaine de l'administration, qu'elle seule pouvait apprécier la préférence qui devait être accordée à ce mode d'approvisionnement dans l'intérêt du Trésor, et que, puisque le Gouvernement jugeait que les facilités accordées aux adjudicataires des bois de l'État compenseraient les conséquences qui pourraient résulter du changement du mode actuel, il l'avait fait sans doute en connaissance de cause. D'après ce motif, la Commission n'a pas cru devoir proposer des modifications à cet article.

L'article 128 a dû fixer toute son attention. Dans les six mois d'intervalle entre la déclaration et l'abattage dans tous les bois quelconques, la marine a le droit de marteler ainsi que celui d'annuler.

Dans les six mois, suivant le projet, après que l'abattage lui a été notifié par le propriétaire ou l'adjudicataire, elle a le droit de prendre livraison ou d'abandonner les arbres par elle marqués. Le propriétaire ou l'adjudicataire restent, pendant ces deux intervalles, dans l'indécision la plus complète. La marine peut annuler tout ou partie de son martelage, pour les arbres qui sont debout; elle peut également annuler tout ou partie de son martelage pour les arbres qui sont abattus. Le propriétaire ou l'adjudicataire, pendant ce temps, ne peuvent disposer d'aucun des arbres marqués; toutes chances commerciales, toutes spéculations, sont évanouies pour eux; ils sont complétement à la merci des agens de la marine.

Le droit qu'elle exerce ne pouvant être, avec raison, considéré que comme un droit de préférence, il serait naturel de forcer ses fournisseurs à prendre tous les arbres qui ont été marqués par ses agens et abattus pour son service. On n'en use pas autrement avec tous les marchands de bois : on leur vend sur pied; ils font abattre eux-mêmes à leurs risques et périls, et doivent le prix de tout ce qu'ils ont fait abattre. C'est à eux à juger des arbres sur pied, et il est de fait qu'ils se trompent rarement.

Si, au lieu de ce mode naturel, et auquel tous les marchands et adjudicataires n'ont jamais eu la pensée de se soustraire, les fournisseurs de la marine conservaient le droit de choisir parmi les arbres abattus, et de mettre au rebut, sous de vains prétextes, une partie de ces arbres, ce serait ordonner par la loi la continuation des abus sans nombre qui ont donné lieu à de si nombreuses réclamations; ce serait maintenir la possibilité de toutes ces transactions clandestines au moyen desquelles les propriétaires cherchent à échapper à l'exercice d'un droit qui trop facilement peut dégénérer en vexations, quels que soient les soins et les précautions de l'administration supérieure pour y porter remède.

Votre Commission s'est convaincue qu'il ne peut être dans l'intention du législateur de porter atteinte aux principes de notre droit public actuel, en transformant un droit de préférence déjà très-ancien en un droit de préhension ou de réquisitions, payées à la vérité, mais trop dommageable envers le propriétaire. Elle pense que dès l'instant que les arbres ont été martelés par la marine, qui, pendant les longs délais de la déclaration, a eu tout le temps nécessaire pour faire ses choix et les rectifier, il serait trop dur de maintenir les fournisseurs dans le droit de faire un nouveau triage parmi les arbres abattus.

Il n'est personne qui ne sache que les arbres ainsi mis au rebut à tort ou à raison, comme nous l'avons dit, restent trop souvent en pure perte entre les mains du propriétaire ou de l'adjudicataire, et forment un véritable déficit dans le produit de l'adjudication, dont les marchands ne manquent jamais de faire la déduction au propriétaire dans la fixation du prix principal de la vente.

Votre Commission pense donc que l'on ne peut consacrer un pareil état de choses dans un code qui doit être empreint du caractère de la justice : elle croit que la marine doit prendre en livraison tous les arbres qu'elle a choisis, en grande connaissance de cause, et qu'elle a marqués et fait abattre ; et elle lui réserve l'immense avantage d'abandonner la totalité des arbres portés sur la même déclaration, dans le cas où, trois mois après l'abattage, elle jugerait convenable de le faire dans ses intérêts.

Ce serait en vain que les partisans du privilége sans limites de la marine prétendraient que ses intérêts seraient lésés par cette mesure protectrice pour les propriétaires : nous pouvons assurer qu'il n'est pas un marchand de bois qui ne payât trèscher le droit de choisir, de faire abattre, et de prendre à son choix ou d'abandonner la totalité des arbres abattus, après un long délai.

C'est par ces considérations majeures que la Commission vous propose, Messieurs, d'amender les deux articles 128 et 129, et de les rédiger ainsi :

Dans l'article 128, il faut supprimer les mots, *Si, dans les six mois*, et ce qui suit, pour les remplacer par ceux-ci : « *Si, dans* « *les trois mois*, la marine n'a pas pris livraison de la totalité « des arbres marqués appartenant au même propriétaire et n'en « a pas acquitté le prix, » &c.

Quant à l'article 129, il faut également supprimer la phrase qui se trouve après les mots *pour son service*, et la remplacer par celle-ci : « Mais, conformément à l'article précédent, elle ne « pourra refuser d'acquérir les bois marqués qui auront été « abattus dès qu'elle en prendra une partie. »

Les articles 131 et 132 n'ont été amendés par la Commission que pour remplacer le mot trop restrictif d'*urgence* par ceux de *besoins personnels pour réparations et constructions*. Elle vous propose de prescrire que les besoins seront constatés par le maire de la commune : c'est aujourd'hui ce qui se fait dans ce cas d'urgence ; il était important de conserver explicitement cette forme dans la loi, afin de ne pas exposer les propriétaires à des variations de formalités préjudiciables à leurs intérêts.

Nous vous proposons de réduire l'amende portée par l'article 133, à 45 francs, d'après les mêmes raisons qui nous ont engagés à réduire l'amende prononcée pour le défaut de déclaration. Il ne faut pas perdre de vue qu'il n'y a ici que des contraventions au droit de servitude imposé à des propriétaires, qu'il serait trop dur de punir avec la même sévérité que des délinquans qui dérobent le bien d'autrui.

Enfin, pour prévenir quelques abus dont on s'est plaint dans les bureaux de la Chambre, la Commission propose d'ajouter à la fin de l'article un second paragraphe ainsi conçu :

« Les arbres marqués pour le service de la marine ne pourront être écarris avant la livraison, ni être détériorés par des agens avec des haches, scies, soudes ou autres instrumens, à peine de la même amende. »

Telles sont les différentes modifications portées à cette partie importante du projet ; elles ont le double avantage de ne rendre que *temporaire* la servitude accordée à la marine, et d'empêcher que l'exercice en soit aussi nuisible qu'il l'a été jusqu'à présent.

Travaux du Rhin.

Nous avons maintenant à vous entretenir d'une autre affectation de bois à un service public, qui forme la deuxième section du titre IX.

Le cours du Rhin, inégal, irrégulier, impétueux, menace sans cesse les propriétés voisines, du danger de ses débordemens ; pour les préserver d'une destruction imminente, on est forcé de contenir le torrent par des obstacles qu'il renverse, qu'il brise, et que bientôt il faut renouveler. La possibilité et la crainte des accidens étant permanentes, il est indispensable que les moyens de salut le soient aussi, et le législateur ne peut se dispenser de mettre à la disposition de l'autorité un remède qui, pour être efficace, doit être aussi prompt que le mal. Tel est le but de l'article 136, portant que, dans tous les cas où les travaux d'endigage et de fascinage sur le Rhin exigeront une prompte fourniture de bois ou oseraies, le préfet, en constatant l'urgence, pourra en requérir la délivrance, d'abord dans les bois de l'État, ensuite dans ceux des communes et des établissemens publics, et enfin dans ceux des particuliers, le tout dans un rayon de 15 kilomètres du point où le danger se manifeste. C'est tout à la fois une mesure de sûreté publique et d'intérêt privé, que commande une nécessité réelle et pressante, et à laquelle la Chambre n'hésitera pas sans doute à donner son assentiment.

Comme il s'agit d'une dérogation au droit de propriété, il était essentiel de la limiter autant que le péril pourrait le permettre, de la combiner avec les divers genres d'intérêts qu'elle est destinée à protéger; d'en renfermer l'exécution dans le territoire menacé; et c'est ce que les rédacteurs du projet de Code nous paraissent avoir fait.

Mais pour apprécier cette disposition en plus grande connaissance de cause, nous avons cru devoir en conférer avec nos collègues du Haut et du Bas Rhin, qui ont des notions plus précises sur les localités. Il est résulté des explications qu'ils ont bien voulu nous donner, que l'énonciation d'un rayon de quinze kilomètres du point où le danger se montre emporterait la faculté de requérir des bois à cette distance dans les terres, tandis qu'il se trouve toujours assez de bois propres à ces sortes de travaux dans un espace de cinq kilomètres au plus; en conséquence, nous vous proposons, de concert avec nos collègues, de supprimer la fin de l'article 136, à compter de ces mots : *le tout dans le rayon*, etc., et de dire, *le tout à la distance de cinq kilomètres des bords du fleuve.* Par ce moyen, on aura la faculté de prendre du bois en amont et en aval du fleuve, dans l'étendue fixée par la loi.

A l'égard de l'article 137, qui exige, de la part des particuliers dont les propriétés sont comprises dans la circonscription déterminée, la déclaration des coupes qu'ils se proposent de faire, elle est nécessaire pour que l'administration ne soit pas privée inopinément des ressources dont elle peut avoir besoin.

L'amende de quatre francs par are de bois, portée dans l'article 138, a paru trop forte; on propose de la réduire à un franc par are de bois ainsi exploité.

L'adoption des articles 139 et 140 n'a souffert aucune difficulté.

Quant à l'article 141, qui règle le mode d'expertise et de paiement des bois requis, il nous a paru devoir être admis tel qu'il est rédigé.

Mais, comme il arrive que l'urgence des travaux exige des coupes à des époques où cela nuit essentiellement à la végétation, la Commission pense qu'il y a lieu d'ajouter à cet article un second paragraphe conçu en ces termes : « Les communes, « les établissemens publics et les particuliers seront en outre « indemnisés, de gré à gré ou à dire d'experts, du tort qui « pourrait être résulté pour eux de coupes exécutées hors des « saisons convenables. »

Enfin l'article 143, qui termine la section relative aux travaux du Rhin, n'a été l'objet d'aucune observation, et nous en proposons l'adoption pure et simple.

Titre X. *Police et Conservation des Bois et Forêts.*

Les dispositions comprises sous ce titre sont de deux espèces : les unes s'appliquent à tous les bois et forêts en général ; les autres, aux bois et forêts soumis au régime forestier seulement.

Nous allons d'abord vous entretenir des premières.

L'article 144 punit toute extraction non autorisée de pierres, sable, minerai, terre ou gazon, etc. Nous vous proposons de compléter cette énumération par l'addition du mot *tourbe* qui sera placé après celui *minerai*.

La prohibition portée par cette disposition étant générale et absolue, il était nécessaire de dire qu'elle ne dérogeait point aux droits conférés à l'administration des ponts et chaussées par les lois et réglemens, et c'est ce qui a été fait par l'article 145.

La Commission ne s'est pas dissimulé que ces lois et réglemens sont susceptibles d'améliorations fort désirables ; mais elle n'a pas cru qu'elle dût s'en occuper à l'occasion d'un Code sur les forêts, et elle a donné son adhésion à l'article proposé par le Gouvernement.

Nous proposons à la Chambre d'adopter sans aucun changement les articles 146, 147, 148 et 149, qui ne sont que le renouvellement de sages dispositions de l'ordonnance de 1669.

Une discussion s'est élevée dans le sein de la Commission sur l'article 150, qui repousse l'application de l'article 672 du Code civil aux bois et forêts, en ce qui concerne l'élagage des arbres de lisière.

Les uns étaient d'avis d'admettre la disposition du projet, alléguant l'importance de conserver les lisières des forêts, où se trouvent en général les plus beaux arbres, à la croissance desquels l'élagage serait toujours préjudiciable ; ils invoquaient aussi le droit de prescription, pour ainsi dire acquis aux propriétaires de ces forêts.

Les autres soutenaient, au contraire, que la règle posée par le Code civil était absolue, et ne devait souffrir aucune exception ; qu'elle était fondée sur l'intérêt respectif des propriétaires riverains ; qu'il serait injuste d'attribuer à l'un de ces propriétaires un droit qui serait refusé à l'autre, à raison de la seule différence existant dans la nature de leurs immeubles ;

qu'il est impossible d'admettre, par exemple, que le possesseur d'un verger puisse être contraint de couper les branches
de ses arbres fruitiers, tandis qu'il n'aurait pas le droit réciproque d'exiger de son voisin l'élagage des lisières de son bois;
que sans doute la conservation des beaux arbres de lisière est
importante, mais qu'elle ne saurait être assez puissante pour
déterminer une exception rigoureuse à un principe de justice
et d'équité.

Après cette divergence d'opinions, tous les membres de la
Commission se sont réunis pour un terme moyen, qui leur a
semblé devoir concilier les divers intérêts.

Ce terme moyen consiste à laisser subsister le paragraphe
premier de l'article 150, mais en y ajoutant ces mots : *si les
arbres de lisière ont plus de trente ans.*

Par là, le principe de droit commun est maintenu, avec
une modification qui favorisera la conservation des arbres forestiers, et que justifiera le silence du propriétaire limitrophe
pendant le cours de trente années.

Quant au deuxième paragraphe du même article, nous vous
en proposons le maintien, comme servant de sanction à la règle posée dans le premier.

Après ces dispositions conservatrices, viennent celles *qui
sont exclusivement relatives aux bois et forêts soumis au régime
forestier.*

Les prohibitions contenues dans les articles 151, 152 et 153
du projet existent dans l'ordonnance de 1669. On en sentit
alors la nécessité, et une longue expérience n'a servi qu'à les
justifier.

Cependant elles ont été combattues par plusieurs membres
de la Commission. On a prétendu qu'elles étaient une espèce
de violation du droit de propriété, qu'il fallait les faire disparaître du projet, et laisser à chaque propriétaire la liberté d'é-
lever des constructions de toute nature sur son terrain, quelle
qu'en fût d'ailleurs la situation.

Mais cette opinion n'a point prévalu, et ceux mêmes qui
l'avaient exprimée se sont enfin réunis à la majorité de la Commission pour adopter, avec quelques modifications, les dispositions des trois articles reconnus essentiels à la conservation
des forêts.

Ces modifications ne s'appliquent qu'à l'article 153. Elles
ont pour objet :

1° De réduire à cinq cents mètres le rayon d'un kilomètre
dont il est question au premier paragraphe, réduction dont la
justice a été reconnue par un avis du Conseil d'état du 13
novembre 1805 relatif aux constructions voisines des forêts :

2° D'intercaler un second paragraphe ainsi conçu : « Il sera
« statué dans le délai de six mois sur les demandes en autori-
« sation ; passé ce délai, la construction pourra être effec-
« tuée; »

3° Enfin, d'ajouter après le deuxième paragraphe de l'article du projet, lequel est devenu le troisième par l'intercalation
qui précède, une disposition finale portant :

« Ces maisons ou fermes pourront être réparées ou recons-
« truites sans autorisation. »

Les articles 154, 155 et 156 n'ont pas éprouvé de difficulté ;
mais il convient d'ajouter dans ce dernier, après les mots *villes, villages*, ceux-ci, *ou hameaux*.

L'article 157 n'a paru susceptible que d'un léger changement. Nous avons pensé que le respect du domicile demandait
que l'agent ou garde forestier qui se présente seul pour visiter
une usine ou tout autre établissement, fût accompagné de
deux témoins, au lieu d'*un*.

Enfin, quant à l'article 158, nous proposons deux additions :

Après ces mots *marqué de son marteau*, il sera ajouté : *ce
qui devra avoir lieu dans les cinq jours de la déclaration.*

Et après les mots *en cas de récidive*, il sera dit : « l'amende
« sera double, et la suppression de l'usine pourra être ordon-
« née par le tribunal. »

TITRE XI. *Des Poursuites en réparation des délits
et contraventions.*

Il ne suffit pas pour la conservation des forêts d'établir des
règles et des principes, et d'organiser une surveillance régulière
et active ; il faut encore assurer l'exécution des mesures prescrites par des dispositions pénales dont l'application appartienne aux tribunaux. La prompte et sévère répression des délits est en effet le moyen le plus efficace d'empêcher la dévastation des bois.

Le titre XI est destiné à atteindre ce but.

Il a pour objet les poursuites judiciaires concernant les bois
soumis au régime forestier, et celles qui sont relatives aux bois
des particuliers.

Les premières sont confiées à l'administration forestière, qui
les exerce par le ministère de ses agens ; il était essentiel de les
centraliser dans les mains du Gouvernement, intéressé à la
conservation de ses forêts, comme à celle de bois appartenant
aux communes et aux établissemens publics, dont il est le tuteur. Il fallait toutefois admettre une exception à l'égard des

bois et forêts compris dans la dotation de la Couronne, lesquels, comme nous l'avons dit, sont administrés exclusivement par le Ministre Secrétaire d'état de la maison du Roi ; et c'est ce que fait sagement l'article 159, en harmonie sous ce rapport avec les dispositions du titre IV du projet.

Ce même article conserve d'ailleurs au ministère public le droit qui lui appartient de poursuivre d'office tous les délits et toutes les contraventions qui viennent à sa connaissance. Ainsi aucune garantie n'est négligée pour la recherche et la punition de toute dégradation commise dans les forêts.

Les articles suivans, jusques et y compris l'article 187, déterminent les diverses formalités à suivre pour constater les délits et pour traduire les délinquans devant les tribunaux correctionnels, dont ils déclarent la compétence en cette matière. Le système de poursuites qu'ils organisent nous a paru aussi complet que bien conçu. Plusieurs lacunes ont été remarquées à ce sujet dans la législation existante. Elles sont remplies par le projet du Code, dans lequel se trouvent les améliorations introduites par la jurisprudence.

La Commission a donc l'honneur de vous proposer l'adoption de ce titre, avec une seule modification de l'article 176. Cet article attribue à certains procès-verbaux réguliers l'effet de faire foi jusqu'à inscription de faux, *des faits relatifs aux délits et contraventions qu'ils constatent.*

Cette disposition nous a semblé trop générale ; elle pourrait faire croire qu'aucune preuve n'est admise contre une déclaration quelconque consignée dans un procès-verbal, tandis qu'elle ne doit s'appliquer qu'à la *matérialité* du délit ou de la contravention. Vous sentez, Messieurs, combien il serait dangereux d'admettre que des énonciations relatives à des injures, à des violences ou à toute autre circonstance extérieure au délit, pussent interdire au prévenu la faculté d'administrer la preuve contraire.

Pour lever toute espèce de doute sur ce point, nous proposons de dire dans l'article, *faits matériels.* Cette addition est conforme à une jurisprudence consacrée par la Cour de cassation.

Nous passons *aux poursuites exercées au nom et dans l'intérêt des particuliers.*

Là doit cesser l'intervention de l'administration forestière. Il s'agit d'intérêts qui lui sont étrangers et dans lesquels il importe qu'elle ne puisse pas s'immiscer. C'est aux propriétaires eux-mêmes qu'il appartient de défendre leur propre chose, et de demander à la justice la réparation du tort qu'ils éprouvent par des délits et des contraventions. Cependant, même dans ce cas, rien ne doit paralyser l'action du ministère public, dont la vigilance s'étend aux atteintes coupables portées à la propriété privée, comme à celles qui blessent les intérêts de l'État, des communes et des établissemens.

En nous livrant à l'examen de cette partie du projet, nous nous sommes d'abord arrêtés à l'article 188, portant que les procès-verbaux dressés par les gardes des bois et forêts des particuliers feront foi jusqu'à preuve contraire.

Cette disposition renouvelle un principe reconnu par la législation existante.

La Commission a examiné s'il ne serait pas convenable d'introduire une innovation sur ce point, et d'assimiler les gardes des particuliers à ceux de l'État, des communes et des établissemens publics, quant à l'effet de leurs procès-verbaux.

Elle a considéré que le choix des gardes particuliers est fait par des propriétaires qui ont un grand intérêt à une bonne et exacte surveillance de leurs bois; qu'il est à croire qu'ils y apportent la même attention que l'administration forestière met dans ses propres choix; que d'ailleurs la nomination de ces gardes est soumise par l'article 117 du projet à l'agrément et à l'approbation de cette administration; qu'ils prêtent le même serment que ceux de l'État et des communes; qu'ainsi la même foi semblerait devoir être ajoutée à leurs actes.

Mais, d'un autre côté, elle a été forcée de reconnaître que les gardes particuliers sont, relativement aux propriétaires qui les désignent, dans une sorte de rapports qui n'existent point entre les autres gardes et l'administration forestière, les communes et les établissemens publics; que si l'administration forestière agrée leur nomination, elle n'a le droit ni de les révoquer, ni même de les suspendre; qu'ils sont dèslors affranchis de cette constante surveillance qui maintient dans la ligne du devoir les agens inférieurs de l'administration forestière; que d'ailleurs il n'y a que la puissance publique qui puisse conférer le droit d'être cru jusqu'à inscription de faux; que c'est sans doute par ces raisons que la loi du 29 septembre 1791 ne l'a accordé qu'aux gardes des forêts soumis au régime forestier, tandis que le Code rural du 6 octobre suivant dispose que les procès-verbaux dressés par les gardes champêtres, auxquels on a toujours assimilé en ce point les gardes forestiers des particuliers, peuvent être combattus par la preuve contraire; que cette même distinction est admise dans l'exercice des fonctions d'officiers de police judiciaire, dont tous les gardes forestiers et les gardes champêtres sont investis; qu'en effet l'art. 154 du Code d'instruction criminelle porte : « Nul ne sera admis, à peine de nullité, à faire preuve

« par témoins outre ou contre le contenu aux procès-verbaux
« ou rapports des officiers de police ayant reçu de la loi le
« pouvoir de constater les délits ou les contraventions, jusqu'à
« inscription de faux. Quant aux procès-verbaux et rapports
« faits par des agens, préposés ou officiers auxquels la loi n'a
« pas accordé le droit d'être crus jusqu'à inscription de faux,
« ils pourront être débattus par des preuves contraires. »

Au milieu de ces circonstances, la majorité de la Commission
a pensé qu'il ne fallait rien changer à l'ensemble de ces principes, dont l'application est constante; qu'il importait, au
contraire, dans l'intérêt de la société, de maintenir l'harmonie
des lois qui les consacrent; et, par ces motifs, elle a l'honneur de vous proposer l'adoption de l'article 188 du projet.

L'article 189 rappelle les dispositions du projet de Code qui
doivent être appliquées aux poursuites relatives aux bois des
particuliers.

Pour le rendre plus complet, la Commission propose d'y
ajouter l'indication de l'article 163, qui enjoint aux gardes
d'arrêter et de conduire devant le juge de paix ou devant le
maire tout individu surpris en flagrant délit, et de l'art. 165,
qui règle la forme des procès-verbaux constatant des délits ou
des contraventions.

Vous avez vu, Messieurs, que, d'après l'article 171 du projet, toutes les actions exercées au nom de l'administration forestière, soit pour des délits, soit pour de simples contraventions, doivent être indistinctement portées devant les tribunaux
correctionnels. L'article 190 modifie cette règle de compétence
à l'égard des poursuites qui intéressent les particuliers. Il se
réfère au Code d'instruction criminelle, qui attribue aux tribunaux de police correctionnelle la connaissance des délits,
mais qui, par son article 139, investit les juges de paix du
droit exclusif de prononcer *sur les contraventions forestières
poursuivies à la requête des particuliers.*

Cette distinction exige une addition à l'article 191, afin que
les procès-verbaux dressés par les gardes des particuliers
soient remis au procureur du Roi, ou *au juge de paix*, selon
qu'il s'agit de délit ou de contravention.

TITRE XII. *Des Peines et Condamnations pour tous les Bois
en général.*

Si l'ordonnance de 1669 a mérité les éloges dont elle a été
l'objet, ce n'est ni par la fixation ni par la nature des peines.
Sous ce rapport, elle se ressent du vice de notre ancienne législation criminelle. Elle prononce fréquemment des *punitions*

corporelles que nos lois et nos mœurs repoussent également, et des *peines arbitraires* dès long-temps proscrites. Elle est même tombée, à l'égard des amendes, dans une exagération telle, que, malgré la dépréciation qu'ont subie les monnaies depuis Louis XIV, le taux en est encore trop élevé ; ce qui entraîne quelquefois l'impunité des coupables, ou met le Gouvernement dans la nécessité d'accorder des réductions qui déposent sans cesse contre l'imperfection de la loi.

Le projet de Code a donc dû adopter une nouvelle classification de délits et des pénalités différentes ; c'est, Messieurs, ce qu'on a fait, ainsi que peut vous en convaincre la lecture des diverses dispositions du nouveau Code, et particulièrement des articles dont se compose le titre XII.

La nature de chaque délit et la peine qui doit lui être appliquée nous ont paru sagement combinées ; cependant nous ne vous en proposons l'adoption qu'avec quelques changemens.

Le premier article de ce titre a été l'objet d'une discussion assez longue à la suite de laquelle la Commission s'est déterminée à en changer la rédaction.

Nous avons pensé qu'en modérant les amendes, il convenait de n'admettre qu'une seule classe d'arbres, 1º parce que les bouleaux très-propres à faire des sabots et des cercles de cuves sont d'une grande valeur dans les pays où ils se plaisent ; 2º parce que les tilleuls servent aux tourneurs ou menuisiers pour les moulures, et aux mécaniciens pour les métiers à coton ; 3º enfin, parce que dans le département du Nord les trembles et peupliers ont une grande valeur à cause de l'absence des bois plus durs.

La Commission a ensuite pensé que ces arbres devaient être mesurés à un mètre de terre, parce qu'elle a considéré qu'en les mesurant à cinq décimètres, on s'exposait à ne point obtenir leur véritable dimension, attendu qu'à cette distance du sol les arbres se trouvent augmentés de grosseur par des espèces de côtes accidentelles qui disparaissent à une élévation supérieure.

Nous avons joint à l'article 192 un tarif des amendes à prononcer par chaque décimètre de tour et par arbre, afin d'en faciliter l'application. Cet article sera rédigé de la manière suivante :

« La coupe ou l'enlèvement d'arbres ayant deux décimètres « de tour et au-dessus, donnera lieu à des amendes qui seront « déterminées dans les proportions suivantes, d'après la circon- « férence de ces arbres.

« Si les arbres ont deux décimètres de tour, l'amende sera

« d'un franc pour chacun des deux décimètres, et elle s'accroî-
« tra ensuite progressivement de dix centimes pour chacun des
« autres décimètres, conformément au tableau ci-annexé.

« La circonférence sera mesurée à un mètre de terre. »

Nous proposons aussi d'intercaler dans l'article 205, après
ces mots, *seront déclarées nulles*, ceux-ci : *pour cause de fraude
ou collusion*. Il serait en effet trop rigoureux qu'un adjudicataire à qui l'on ne pourrait reprocher ni fraude ni mauvaise
foi, subît la même peine que celui qui aurait encouru ce reproche.

Nous avons jugé indispensable la suppression du mot *amendes* dans l'article 206. L'amende est une peine personnelle au
coupable, et les père, mère, tuteur et autres, qui ne sont que
civilement responsables, ne sauraient en être garans, sans porter atteinte aux principes consacrés par le Code civil.

TITRE XIII. *De l'Exécution des Jugemens.*

Vous avez remarqué, Messieurs, que le projet a établi une
distinction entre la poursuite des délits commis dans les forêts
soumises au régime forestier, et la poursuite des délits qui ont
lieu dans les bois des particuliers. La même distinction devait
être suivie dans l'exécution des jugemens; elle se trouve reproduite dans ce titre, dont les diverses dispositions ont obtenu
l'approbation unanime de la Commission. Nous avons même
remarqué avec satisfaction que l'article 213 créait un moyen
de punir les délinquans qui échappent au paiement des condamnations pécuniaires par la constatation de leur insolvabilité, en leur faisant subir une détention de quinze jours ou d'un
mois, suivant l'importance des condamnations, et même du
double en cas de récidive.

TITRE XIV. *Dispositions générales.*

L'abrogation des lois résulte nécessairement de la promulgation de dispositions nouvelles sur les mêmes matières : cependant, pour prévenir toute difficulté, il importe de déclarer
expressément cette abrogation; c'est ce qui a eu lieu pour nos
divers Codes, et c'est ce qui vous est proposé par l'art. 218 du
projet actuel.

Cet article abroge d'une manière générale toutes lois, ordonnances, édits et déclarations, arrêts du Conseil, arrêtés et
décrets, et tous réglemens intervenus, à quelque époque que
ce soit, sur les matières réglées par le présent Code, en tout ce
qui concerne les forêts; conforme au grand principe qui

proscrit la rétroactivité des lois, il n'efface les dispositions anciennes que *pour l'avenir*, leur laissant ainsi tout leur effet pour le passé.

La conséquence naturelle d'une semblable disposition est sans doute que, si les lois anciennes perdent leur autorité par la publication du nouveau Code, à l'égard de tout ce qui se fera à partir de cette époque, au moins, elles seront toujours la règle, et la règle unique, des transactions passées et des droits acquis sous leur empire. Elles seront le guide obligé des tribunaux, même pour les contestations dont ces transactions et ces droits pourraient être l'objet par la suite.

Toutefois, le langage du législateur ne pouvant jamais être trop précis ni trop explicite, nous proposons d'ajouter à l'article du projet un second paragraphe ainsi conçu: «Cependant, « en cas de contestation, tous les droits acquis en vertu des « lois, ordonnances ou arrêts ci-dessus mentionnés, existant « antérieurement à la présente loi, seront jugés d'après les dis- « positions de ces lois. »

TITRE XV. *Dispositions transitoires.*

En vous entretenant des bois des particuliers, nous avons applaudi à la liberté d'exploitation que le projet laisse aux propriétaires. Les restrictions anciennes par lesquelles les droits de ces derniers étaient enchaînés, prenaient leur source dans de puissantes considérations d'intérêt public : mais, on ne peut se le dissimuler, elles étaient portées trop loin, et le Gouvernement a dû, comme il l'a fait, écarter ces entraves, désormais inconciliables avec le respect et le droit de propriété.

Parmi ces prohibitions de l'ordonnance de 1669, celle du défrichement était la plus étendue et la plus importante. La législature de 1791 crut devoir la révoquer, et dès ce moment tout citoyen devint libre de détruire ses bois et de changer la nature de ses propriétés.

Quel est celui des deux systèmes qu'il convient d'adopter aujourd'hui? La sévérité de l'ordonnance est-elle préférable à la liberté absolue accordée par le décret de 1792? Ou bien vaut-il mieux affranchir les propriétaires d'une condition qui les gêne, que de les laisser soumis à une limitation rigoureuse dans l'exercice de leurs droits?

Lorsque des idées nouvelles s'introduisirent dans notre législation, elles y portèrent souvent la lumière; mais quelquefois aussi elles amenèrent des changemens qui ne furent pas heureux. Que chaque propriétaire, disait-on alors, soit juge du genre de culture qui convient à ses biens; qu'il transforme à son gré un terrain complanté en une terre labourable, son intérêt est un guide qui ne saurait l'égarer : il n'arrachera ses bois qu'avec l'espérance d'un meilleur produit.

Messieurs, l'expérience, cette pierre de touche de toutes les entreprises humaines, a prouvé qu'on se trompait. L'espoir d'un accroissement de revenus a précipité de nombreux propriétaires de bois·dans la manie des défrichemens. Ils ont défriché, sans consulter la nature et la position du sol ; les bois assis sur le penchant des montagnes n'ont.pas même échappé à ce genre de dévastation légale. La plupart ont été cruellement punis de leur imprévoyance : la couche légère de terre végétale qui couvrait un sol aride a disparu, emportée par les pluies et par les vents, et ils ont vu leurs propriétés, naguère productives, frappées tout-à-coup d'une éternelle stérilité.

Ce fut dans de telles circonstances, et sur des réclamations élevées de toutes parts par les administrations départementales, qu'intervint la loi du 9 floréal an 11, portant prohibition, pendant vingt-cinq ans, d'effectuer un défrichement quelconque sans l'autorisation du Gouvernement.

Rétablirons-nous aujourd'hui une cause de désordre et de ruine que la sagesse du législateur s'est vue forcée de détruire dans l'intérêt public, comme dans l'intérêt privé ?

L'avis de votre Commission a été que cette question n'était pas susceptible d'une solution affirmative : elle regarde la prohibition de défrichement comme d'autant plus inévitable, que les déboisemens successifs opérés de 1791 à 1803 ont amené une grande diminution dans les produits forestiers.

Elle considère en outre que l'État, la Couronne, les communes et les établissemens publics ne possèdent qu'à peu près la moitié des forêts du royaume ; que ces forêts n'offrent que d'insuffisantes ressources aux divers services publics et aux besoins de la consommation générale ; qu'ainsi il est de la prudence du législateur de maintenir l'intégrité des bois possédés par des particuliers, et de conserver des produits dont la France ne peut se passer. La faculté *d'user* et *d'abuser*, inhérente au droit de propriété, et qu'il faut en général se garder de méconnaître, fléchira ici devant des considérations d'intérêt social. « C'est à ce prix, comme l'a dit l'orateur du Gouvernement, « que la société garantit à ses membres leur sûreté et leur pro- « priété. C'est un sacrifice que l'intérêt de chacun doit faire à « l'intérêt de tous, et qui profite ainsi à ceux mêmes à qui il est « imposé. »

Toutefois, le projet de Code n'exige pas la prohibition en principe fixe et permanent. Il se borne à un remède semblable à celui qu'on employa en 1803, et il propose de pro-

roger pendant vingt ans la prohibition de défricher sans autorisation.

Vous savez, Messieurs, que cette autorisation est accordée
toutes les fois que la nature du sol paraît l'exiger; mais, pour
l'obtenir plus facilement, les propriétaires n'auront qu'à offrir
de convertir en bois une quantité de terrain à peu près semblable à celle qu'ils voudront défricher. Par cette compensation, la masse des bois ne sera pas diminuée; elle pourra même
être augmentée par une foule de moyens d'encouragement qui
sont dans les mains d'une bonne administration : il y a dès-lors
lieu de croire qu'après l'expiration de vingt ans, l'interdiction
proposée pourra être levée. Tout, au moins, fait entrevoir cet
heureux avenir; un meilleur mode d'exploitation, des agens
plus instruits, des repeuplemens exécutés avec soin et discernement, l'abondance de nos mines de charbon et de houille, la
consommation du combustible diminuée par des procédés nouveaux, l'établissement de canaux et de grandes routes, préparent une répartition plus égale de nos produits forestiers;
enfin, les progrès toujours croissans de l'agriculture, des sciences et des arts.

Pénétrée de la force de ces diverses considérations, la Commission a l'honneur de vous proposer d'accepter les dispositions
transitoires sur le défrichement, toutefois avec deux amendemens.

Le premier a pour objet d'attribuer au conseil de préfecture
le droit, que le projet de Code confère au préfet, de statuer sur
l'opposition de l'administration forestière au défrichement, et
de substituer, à la fin du paragraphe premier de l'article 219,
aux expressions *par le préfet, sauf le recours au Ministre des
finances*, ces mots : *par le conseil de préfecture*, sauf le recours
au Conseil d'état.

La disposition ainsi modifiée a le double avantage de présenter plus de garantie aux intérêts privés, et d'être en harmonie
avec les article 64 et 65, tels qu'ils ont été amendés par la
Commission. Il s'agit en effet, dans ces deux articles, comme
dans celui qui nous occupe, d'apprécier des circonstances
et de constater des faits qui ont entre eux une analogie évidente.

D'ailleurs, Messieurs, vous remarquerez que des tiers peuvent être intéressés à s'opposer au défrichement, et que, sous
tous les rapports, il est convenable que la question soit jugée
administrativement par la voie contentieuse. La décision étant
rendue par le conseil de préfecture sous la présidence du préfet, sauf le recours au Conseil d'État, tous les intérêts sont
pleinement conservés, et personne ne sera fondé à se plaindre.

Le second amendement s'applique au n° 3 de l'article 223 : il consiste à doubler l'étendue des bois non clos qui doivent être exceptés de la prohibition portée par l'article 219; ainsi, au lieu des mots *deux hectares*, répétés deux fois, il faut dire aux deux endroits, *quatre hectares.* Un bois d'une étendue de *quatre hectares* nous a paru être de trop peu d'importance pour en interdire le défrichement avec sévérité.

Parvenue au terme de ses travaux, plus convaincue que jamais de la sagesse des dispositions dont se compose le nouveau Code soumis à vos délibérations, la Commission cède au besoin d'exprimer le vœu que la discussion publique n'en change point les combinaisons. Un projet de loi de peu d'étendue s'améliore par des amendemens; mais il n'en est pas ainsi d'un système complet de législation spéciale formant un Code de 224 articles, et dont les diverses parties sont tellement liées entre elles, que des changemens, utiles en apparence, pourraient en rompre l'harmonie, et altérer l'unité de vues qui a présidé à sa confection.

S'il est vrai, Messieurs, comme on n'en saurait douter, que les bonnes lois font la gloire des Princes, en même temps que le bonheur des nations, il nous est permis d'espérer que cette grande et utile mesure signalera le règne de Sa Majesté Charles X, et lui donnera de nouveaux droits à l'amour de ses sujets.

On n'oubliera jamais qu'il en conçut la pensée au moment même de son avènement au trône, et que deux années entières ont été consacrées à l'exécution d'un monument qui doit l'associer à la gloire de ses augustes prédécesseurs.

— · ————⋙◦◦◦◦⋘——— ——

§ 3. — Exposé *des motifs du projet de Code Forestier, par M. le vicomte de* Martignac, *ministre d'État, commissaire du Roi, à la Chambre des Pairs, le* 11 *avril* 1827.

Messieurs,

Le Roi nous a ordonné de présenter à vos Seigneuries le projet de Code forestier déjà adopté par la Chambre des Députés des départemens.

La législation forestière, dont l'objet principal est la conservation d'une des plus précieuses richesses de l'État, se lie à tant d'autres intérêts, et touche par tant de points importans à la propriété privée, qu'elle doit être l'un des premiers objets de la sollicitude des Gouvernemens.

L'ordonnance de 1669, dont on a justement admiré l'ordre et la sagesse, a, pendant plus d'un siècle, satisfait pleinement en France aux besoins des forêts et à ceux de la société : toutes les parties étaient, vous le savez, liées et coordonnées entre elles dans ce grand ouvrage; il réunissait dans un même système et dans une organisation unique l'administration chargée de la conservation et de la police intérieure, et la juridiction spéciale appelée à prononcer sur les délits et les contraventions prévus par des dispositions pénales.

Destinée à réprimer de grands désordres et rédigée dans un esprit essentiellement conservateur, l'ordonnance dut contenir des règles rigoureuses, et imposer à l'exercice du droit de propriété des restrictions graves et multipliées.

La marche du temps, les progrès de l'industrie et de l'économie publique, les changemens survenus dans nos mœurs et dans nos habitudes, ont successivement rendu difficile et fâcheuse l'application à notre pays de ce système complet de prohibition et de gêne, et détruit, en outre, les justes proportions qui doivent exister entre les délits et les peines.

Les choses étaient dans cet état, lorsque la loi du 25 décembre 1790, en supprimant la juridiction des eaux et forêts, vint saper dans sa base principale tout le système de l'ordonnance de 1669.

Une organisation nouvelle fut créée par la loi du 29 septembre 1791; mais cette loi incomplète laissa subsister l'ordonnance et les autres réglemens en vigueur, dans toutes les parties auxquelles il n'était pas expressément dérogé; et il en est résulté que la législation forestière s'est trouvée composée de deux parties conçues dans un esprit entièrement différent, et qui ne pouvaient avoir entre elles rien de lié ni d'homogène.

Une loi destinée à fixer les règles de l'administration fut alors annoncée et promise; mais cette promesse ne s'est point réalisée : des réglemens partiels ont seulement été rendus sur des objets spéciaux, et sont ainsi venus embarrasser la législation générale, au lieu de la coordonner et de la simplifier.

Vos Seigneuries conçoivent, ou plutôt elles savent parfaitement, les obstacles qu'un tel état de choses a constamment opposés aux efforts qu'a pu faire l'administration pour conserver le dépôt précieux qui lui était confié, et les difficultés sans nombre qui, malgré la juste et sage sévérité des tribunaux, ont rendu l'action de la justice incertaine et inefficace.

Il était indispensable de porter un remède à ce mal, de pourvoir par une législation générale et complète, d'une part, à la conservation de nos richesses forestières évidemment menacées; de l'autre, aux besoins de la propriété, réclamant, dans la juste mesure des intérêts généraux et des intérêts privés, l'exercice des droits qui lui appartiennent.

Un pareil ouvrage, nobles Pairs, présentait des difficultés réelles, et demandait une longue préparation. Vous savez quelles mesures ont été prises, quelles précautions ont été employées, pour vous offrir un travail régulier et conçu dans un esprit de prudence et de justice.

Après divers essais auxquels prirent part des magistrats, des administrateurs, des jurisconsultes et des hommes spéciaux choisis dans le sein de l'administration forestière et de la marine, un premier projet fut arrêté; mais il ne fut lui-même considéré que comme un essai nouveau, destiné à subir une épreuve publique.

Ce projet, il vous en souvient, Messieurs, fut distribué à vos Seigneuries, à la fin de la session de 1825; il le fut aussi à MM. les membres de la Chambre élective; il fut en outre adressé à la Cour de cassation, aux cours royales, aux conseils généraux des départemens et aux préfets.

Partout on sollicita des observations et des avis; partout on alla au-devant des critiques, on provoqua les censures. La magistrature répondit dignement à la juste confiance qu'on avait eue dans ses lumières et dans sa sagesse. Des procès-verbaux furent dressés par la Cour de cassation et par les autres cours du royaume.

A l'aide de cette collection précieuse, divisée et classée avec soin, une nouvelle discussion fut entreprise sur chacune des dispositions dont se composait le projet; et d'importantes et nombreuses modifications y furent faites.

A ces épreuves diverses, il faut ajouter un examen approfondi des dispositions principales, fait pendant plusieurs séances, dans un conseil où furent appelés plusieurs membres de cette noble Chambre.

C'est ainsi qu'a été médité, mûri, exécuté, le travail que le Roi a fait présenter à la Chambre des Députés à l'ouverture de cette session.

Après une discussion approfondie dans les bureaux, la commission à laquelle le projet a été renvoyé s'est livrée avec l'attention à la fois la plus réfléchie et la plus éclairée à l'accomplissement de la mission qui lui avait été confiée.

Quelques changemens ont été apportés par elle et adoptés par la Chambre. Ces changemens, que nous aurons l'honneur de vous faire connaître, ont eu généralement pour objet d'étendre et d'assurer l'exercice du droit de propriété, et de rentrer, autant qu'il est possible sur cette matière, dans les règles du droit commun.

Nous venons aujourd'hui, Messieurs, vous présenter ce projet soumis déjà à tant d'épreuves diverses. Nous le faisons avec quelque confiance, d'abord parce que nous avons eu pour guide et pour base, en le préparant, le grand œuvre de Louis XIV ; ensuite, parce que les importantes modifications que le temps a rendues nécessaires, ne sont pas seulement notre ouvrage, mais celui de la magistrature française, des hommes habiles dont le Roi a réclamé les lumières et de ceux dont nos institutions nous ont assuré le concours.

Nous n'entreprendrons pas, Messieurs, d'appeler vos regards sur chacune des dispositions dont se compose le projet qui vous est soumis, et de développer successivement devant vous les motifs qui nous ont paru devoir en déterminer l'adoption. Il serait impossible de suivre ainsi l'analyse détaillée d'une aussi longue série d'articles, et ce serait fatiguer votre attention sans aucune utilité réelle.

Nous allons seulement essayer de vous faire connaître l'esprit dans lequel l'ouvrage est conçu, et d'en exposer à vos yeux le plan, la division et les parties principales.

Malgré la rigueur des ordonnances et les mesures souvent exorbitantes prises pour leur conservation, vous savez, nobles Pairs, que les forêts du royaume ont, depuis plus d'un siècle, constamment perdu de leur étendue en proportion de l'accroissement de la population qui les entourait.

Les désordres de la révolution, les usurpations qui en furent la suite, l'effrayant abus qui fut fait de la liberté de défricher accordée par les lois de 1791, la licence désastreuse avec laquelle le pâturage a été trop long-temps exercé, les coupes extraordinaires et enfin les aliénations commandées par des besoins impérieux, toutes ces nouvelles causes de dommage et de ruine ont dû produire de déplorables effets, et réduire nos forêts à un état alarmant, digne de fixer toute la sollicitude du Roi et des Chambres.

Le sol forestier du royaume se compose aujourd'hui d'environ 6,500,000 hectares : mais il faut déduire de cette superficie les bruyères et les terrains dépouillés qui s'y trouvent renfermés.

Sur cette masse, 1,100,000 hectares seulement appartiennent à l'État ou à la Couronne; 1,900,000 forment la propriété des communes et des établissemens publics; 3,500,000 environ sont possédés par des particuliers.

Cette dernière partie, qui représente plus de la moitié de la surface des forêts, se trouve divisée et morcelée entre d'innombrables possesseurs : l'exploitation en est entièrement libre, et les combinaisons de l'intérêt privé, comme les besoins renaissans des familles, y repoussent naturellement ces aménagemens réguliers et à longs termes qui peuvent seuls offrir pour l'avenir de rassurantes garanties.

Dans un pareil état de choses, des mesures propres à conserver et améliorer les ressources qui nous restent étaient commandées par la plus évidente nécessité.

Préserver les forêts de l'État des usurpations et des fraudes, les défendre, autant que la justice le permet, contre les abus de la dévorante servitude des *usages*; donner aux forêts des communes une administration régulière et surveillante, qui concilie les besoins publics avec les intérêts bien entendus des habitans; accorder aux propriétés privées liberté et protection, en exigeant d'elles les sacrifices indispensables que l'intérêt général a le droit d'en attendre; classer avec soin les délits et les peines pour parvenir à la répression des premiers; régler la procédure en la simplifiant, et assurer enfin par des moyens efficaces l'exécution des jugemens, tels étaient les besoins auxquels devaient pourvoir les rédacteurs du projet; tels devront être les résultats de la loi proposée, si leur tâche a été fidèlement remplie.

Nous allons vous faire connaître par quels moyens principaux ils ont cherché à atteindre le but qui leur était assigné.

D'abord, Messieurs, ils se sont bornés à traiter la matière spéciale à laquelle le Code était consacré; ainsi le projet ne contient aucune disposition relative soit à la *pêche*, soit à la *chasse*.

Depuis que la juridiction des eaux et forêts est détruite, il n'y a plus aucune connexité nécessaire ni naturelle entre la législation des eaux et celle des forêts. Chacune d'elles doit faire la matière d'une loi spéciale.

Quant à la *chasse*, il se rattache à ce sujet des questions d'un tout autre ordre, qui touchent au droit de propriété, à l'intérêt de l'agriculture et même à la sûreté publique. Ces questions ne doivent ni ne peuvent être traitées accessoirement à l'occasion d'un Code forestier.

Celui qui vous est soumis, nobles Pairs, se renferme dans son titre; il contient sur les forêts toutes les dispositions qui, dans l'ordre de nos institutions, appartiennent au domaine de la loi et doivent émaner d'elle.

Le projet commence par établir une distinction importante, sur laquelle repose tout son système. Il classe les différentes propriétés forestières, et fait connaître, d'une part, celles qui doivent être soumises d'une manière plus ou moins absolue au régime forestier, et de l'autre, celles qui, en étant affranchies, ne sont assujéties qu'à des restrictions peu nombreuses.

Dans la première classe se trouvent rangés :

1o Les bois et forêts qui font partie du domaine de l'*État ;*

2o Ceux qui dépendent du domaine de la *Couronne ;*

3o Ceux qui sont possédés à titre *d'apanage* et de *majorats* reversibles à l'État ;

4o Les bois et forêts des *communes* et des *établissemens publics ;*

5o Enfin ceux dans lesquels l'*État,* la *Couronne,* les *communes* ou les *établissemens publics* ont des droits de propriété *indivis* avec des particuliers.

La seconde classe se compose seulement des bois des *particuliers.*

Telle est la division établie par le titre Ier du projet, et qui annonce déjà la distribution naturelle de l'ouvrage.

Avant de régler successivement ce qui se rapporte aux diverses espèces de propriétés soumises au régime forestier, le projet pose d'abord les principes relatifs à l'administration forestière, sous le rapport seulement des garanties que ses agens doivent offrir et des conditions de leur capacité. Il ne statue rien, ainsi que vos Seigneuries le présument bien, sur ce qui concerne l'organisation de cette administration, parce que cette organisation est hors du domaine de la loi et rentre essentiellement dans les attributions de la Couronne.

Une seule de ces dispositions légales est de nature à appeler votre attention ; c'est celle qui détermine l'âge auquel un emploi forestier peut être conféré.

Les ordonnances antérieures le portaient à vingt-cinq ans ; et l'âge de vingt-cinq ans était alors l'époque de la majorité. Le Gouvernement proposait de le fixer à vingt-un ans, époque déterminée pour la majorité par nos lois actuelles. Il était porté à cette modification par le désir d'ouvrir aux jeunes gens la carrière forestière à l'âge où ils sentent le besoin de se créer un état.

La Chambre des Députés a été retenue par cette considération, que, les agens et gardes forestiers étant appelés à dresser des procès-verbaux destinés à faire foi en justice, il pourrait être imprudent de confier un tel pouvoir à des hommes de vingt-un ans : elle a maintenu l'âge de vingt-cinq ans ; mais elle

a permis d'accorder des dispenses aux élèves de l'école forestière, dont on aura pu reconnaître les principes, et qui auront
puisé dans cet utile établissement les connaissances nécessaires
à leur nouvel état.

Ce parti moyen a paru de nature à tout concilier.

Les règles sur l'administration chargée du régime forestier
ayant été établies, le projet traite successivement des diverses
classes de propriétés qu'il a déclarées soumises à ce régime.

La première se compose des bois et forêts qui appartiennent
à l'*État*. Ceux-là sont et doivent être soumis à la plénitude du
régime forestier.

La loi détermine d'abord ce qui touche à la *délimitation* et au
bornage. Tout est important dans ces opérations, parce qu'elles
offrent un point de contact continuel entre la propriété de l'État
et celle des particuliers. Le projet du Gouvernement présentait de grandes précautions, destinées à avertir les intéressés et
à assurer tous leurs droits. La Chambre des Députés en a ajouté
de nouvelles, en étendant les délais, et en exigeant des significations directes et personnelles, indépendamment de la publicité proposée. Ce mode offre quelques difficultés de plus dans
l'exécution; mais la matière est trop grave pour se refuser à
accorder, au prix de quelques difficultés, une garantie qui paraît nécessaire.

Après la *délimitation* vient l'*aménagement*. La loi déclare que
les bois et forêts de l'État sont assujétis à un *aménagement*.
Elle ne le règle point, parce que ce réglement est un acte d'administration qui n'appartient pas à la loi; mais elle prononce
qu'il sera déterminé par des ordonnances royales : elle ajoute
qu'il ne pourra être fait aucune coupe extraordinaire dans les
bois aménagés et dans les réserves, sans une ordonnance spéciale du Roi, à peine de nullité des ventes. La Chambre des
Députés a ajouté à ces dispositions du projet l'obligation expresse d'insérer au Bulletin des lois les ordonnances spéciales
qui autoriseraient des coupes de cette nature.

Vos Seigneuries savent que les coupes qui sont arrivées à
leur maturité, ainsi que les fruits des forêts connus sous le nom
de *glandée* et de *panage*, doivent être soumis à une adjudication; ces branches importantes du revenu public doivent être
soigneusement garanties de la fraude et de l'erreur. L'expérience a dévoilé à cet égard des dangers nombreux contre lesquels la loi doit armer l'administration. Des mesures combinées avec soin vous paraîtront propres à assurer, d'une part,
la publicité des adjudications, la concurrence et la liberté des
enchères; de l'autre, l'ordre, la régularité, la juste limite des

exploitations, et la répression des abus dont les adjudications peuvent être la source.

Ces mesures sont renfermées dans les quatre sections du titre III, qui portent les désignations suivantes : *des adjudications de coupes, des exploitations, des réarpentages et récolemens, des adjudications de glandée.*

Aucun changement n'a été fait à ces quatre sections par la Chambre des Députés.

Les deux dernières du titre relatif aux bois de l'État présentent des questions plus sérieuses. L'une traite des *affectations*, et l'autre, des *droits d'usage*.

Dans quelques provinces de France, et surtout dans les anciens états des ducs de Lorraine, il a été accordé à des établissemens industriels des concessions en bois connues sous le nom d'*affectations*, et consistant dans des livraisons annuelles de bois, faites moyennant une rétribution dont la modicité est tout-à-fait hors de proportion avec la valeur livrée. Quelques-uns de ces actes contenaient la stipulation d'un terme ; la durée des autres est indéterminée, ou même stipulée à perpétuité.

Les principes de notre droit civil et politique prohibaient d'une manière absolue toute aliénation des propriétés de l'État, et permettaient, ou plutôt commandaient, la révocation des concessions faites au mépris de cette prohibition ; d'un autre côté, l'ordonnance de 1669 avait interdit, dans les termes les plus rigoureux, toute attribution de bois pour quelque cause que ce fût, et défendu à toutes les cours de justice d'avoir égard aux concessions qui pourraient être accordées *par importunité.*

Les actes passés sous l'empire de ces lois ou de lois semblables, et en violation des prohibitions qui y étaient contenues, ne pouvaient avoir à nos yeux un caractère légalement irrévocable, et le Code, renouvelant les dispositions rigoureuses de l'ordonnance, devait prononcer la nullité de tout ce qui avait été fait au mépris des lois existantes ; seulement, la faveur due à des établissemens dignes d'intérêt semblait solliciter pour eux un délai pendant lequel ils pussent se préparer à un changement aussi grave.

Telle est, en effet, Messieurs, la disposition principale qui a dû être proposée. Toutefois le Gouvernement a reconnu que la loi ne devait contenir que des dispositions de principe et non des jugemens : il pourrait arriver que, par des circonstances particulières dont nous ne pouvons être juges, les titres de quelques-uns des concessionnaires ne fussent pas atteints par les prohibitions de nos lois ; dans ce cas, il est juste et néces-

6.

saire de leur accorder un recours, En conséquence, le projet déclare que les affectations concédées nonobstant les prohibitions des lois et ordonnances, et dont le terme s'étendrait au-delà du 1ᵉʳ septembre 1837, cesseront à cette époque d'avoir leur effet; il ajoute que les concessionnaires qui prétendraient que leur titre leur confère des droits légaux et irrévocables pourront se pourvoir devant les tribunaux pendant le délai d'une année, sous peine de déchéance.

Nous avions proposé de déclarer que le pourvoi devant les tribunaux entraînait la renonciation au délai de dix années accordé par la première disposition : la Chambre des Députés a trouvé la proposition trop rigoureuse; elle a décidé que ceux dont la prétention serait rejetée jouiraient néanmoins du délai; mais elle a, par un second amendement, réservé à l'État, dans le cas où le titre serait reconnu valable, la faculté d'affranchir ses forêts de l'affectation maintenue, moyennant un cantonnement.

Quoique le cantonnement n'ait jamais été appliqué qu'aux *droits d'usage*, et que nous soyons loin de reconnaître des *usages* dans les *affectations*, nous n'avons trouvé aucun motif de repousser une faculté qui peut avoir des avantages et qui n'offre aucun inconvénient.

Nous arrivons ainsi, Messieurs, à la section *des droits d'usage dans les bois de l'État.*

Tous ceux qui s'occupent de la culture des bois et qui prennent quelque intérêt à la conservation de ces riches et précieuses productions de la nature, savent quelle source de dommage, quelle cause sans cesse renaissante de dégradation et de destruction elles trouvent dans l'exercice des droits d'usage, et particulièrement du droit de pâturage.

C'est un fléau contre lequel tous les efforts de l'intérêt, toutes les combinaisons de la surveillance, ont été jusqu'à ce jour impuissans, parce que s'il est certain que l'abus aggrave beaucoup le mal, il est incontestable que le mal existe dans l'usage même et indépendamment de l'abus.

Cependant, nobles Pairs, quelque pénétré qu'on soit de cette vérité, quelque regret qu'on éprouve à la vue d'un dommage évident qui se renouvelle sans cesse, il faut reconnaître qu'il existe d'autres intérêts que ceux des forêts, et qu'on ne peut sacrifier au bienfait de leur conservation les habitudes, les droits des nombreuses populations qui y trouvent d'utiles ressources.

L'ordonnance de 1669 avait abrogé la plus grande partie des droits d'usage et en avait interdit toute concession à l'avenir. La sévérité de ces mesures n'avait pas atteint le but qu'on s'était proposé en les adoptant. Les dispositions de l'ordonnance ne furent pas exécutées ; d'un autre côté, l'État a acquis des bois grevés de ces funestes servitudes ; et enfin, les désordres de la révolution sont venus ajouter aux anciens abus des abus nouveaux, et des usurpations sans titre aux titres irréguliers on annulés.

Cet état de choses dura plusieurs années. On voulut enfin rétablir l'ordre ; deux lois, de 1803 et 1804, ordonnèrent aux usagers de produire leurs titres dans un délai déterminé, sous peine de déchéance.

Cette mesure, comme toutes celles qui embrassent un trop grand nombre d'intérêts, ne fut pas rigoureusement exécutée. Des relevés de déchéance furent souvent accordés ; des titres produits ont été reconnus valables ; d'autres ont été contestés, et des instances judiciaires sont devenues la suite de ces contestations ; enfin, des usagers qui n'ont ni réclamé ni produit leurs titres, sont demeurés en possession sans y être troublés.

C'est dans cet état qu'intervient le projet de loi. Nous avions proposé d'admettre seulement ceux dont les droits auraient été reconnus fondés, ou le seraient par suite d'instances actuellement engagées : la Chambre des Députés a pensé qu'il y aurait trop de rigueur, et qu'il y aurait même injustice à repousser ceux qui, ayant joui sans trouble jusqu'à ce jour, avaient dû se croire dispensés de faire valoir des droits qui n'étaient pas contestés, et elle les a admis à produire leurs titres pendant le délai de deux années, à dater de la promulgation de la loi.

Après avoir ainsi pourvu à la reconnaissance des droits, le Code en règle l'exercice, en cherchant à concilier, autant que les choses le permettent, la conservation des forêts et les justes prétentions des usagers.

Parmi les nombreuses dispositions conçues dans ce dessein, il en est deux seulement dont nous devons vous entretenir, à cause de leur gravité et des modifications qui, après une discussion approfondie, ont été adoptées par la Chambre des Députés.

Le projet conférait à l'État la faculté d'affranchir ses forêts de tout droit d'usage en bois, moyennant un cantonnement réglé de gré à gré, ou, en cas de contestation, par les tribunaux ; il déclarait en outre que l'action en affranchissement n'appartenait qu'à l'État et non aux usagers.

Cette disposition, tout-à-fait conforme aux véritables principes et à la nature du droit d'usage, n'a éprouvé aucune difficulté. Il n'en a pas été de même de la suivante.

Le projet ajoutait que les droits de *pâturage* et autres sem-blables ne pourraient être convertis en cantonnement, mais qu'ils pourraient être rachetés moyennant une indemnité qui serait réglée de gré à gré ou par les tribunaux.

La Chambre des Députés n'a pas repoussé le principe, mais elle a jugé nécessaire d'y faire une restriction. Elle a pensé, et vous croirez sans doute que cette supposition n'a rien que de vraisemblable, qu'il pourrait arriver que l'exercice du droit de pâturage fût pour une commune d'une absolue nécessité et ne pût être remplacé par une indemnité pécuniaire; en consé-quence, elle a décidé que, dans ce cas, le rachat ne pourrait être requis. Il fallait établir un juge pour prononcer sur la réalité de la nécessité alléguée, dans le cas où elle serait con-testée. Plusieurs voix s'élevèrent pour désigner les tribunaux; la Chambre s'est déterminée pour les conseils de préfecture, par des motifs faciles à indiquer.

La disposition prévoit deux difficultés de nature différente: l'une est relative à la fixation de l'indemnité, c'est-à-dire à l'appréciation du droit réel possédé par la commune usagère sur la propriété de l'État. Cette appréciation ne peut apparte-nir qu'aux tribunaux. L'autre est une simple question de con-venance locale; elle se rattache à un fait qui touche à l'état matériel de la commune; elle se résout par une enquête *de commodo et incommodo*, et les actes de ce genre appartiennent au contentieux administratif. C'est donc au conseil de préfec-ture qu'il convient de les attribuer.

C'est aussi aux conseils de préfecture qu'a été confié le droit de statuer sur les contestations qui pourraient s'élever entre l'administration et les usagers sur *l'état* et la *possibilité des fo-rêts*. Le projet conférait à l'administration forestière le droit de régler seule cet état, et de faire sur l'exercice des usages les réductions qui devaient en être la conséquence. On a pensé qu'il était juste de prévoir la possibilité d'un abus de ce pou-voir, et d'appeler l'autorité des conseils de préfecture à prononcer sur les réclamations que cet abus pourrait faire naître.

Telles sont les principales dispositions qui se rattachent à la plénitude du régime forestier auquel sont soumis les bois de l'État, et les seules sur lesquelles, dans cet aperçu sommaire d'un long ouvrage, il puisse être nécessaire d'appeler d'avance votre attention.

Après les bois de l'État, viennent, dans la catégorie de ceux qui sont soumis au *régime* forestier, les bois dépendans du *domaine de la Couronne*. Ils sont assujétis aux mêmes règles, mais leur administration appartient au Ministre de la maison du Roi, et les agens que ce Ministre institue y exercent les mêmes fonctions que les agens de l'administration forestière dans les bois de l'État. Au surplus, le projet de Code n'apporte aucun changement à la loi du 8 novembre 1814, qui règle la dotation de la Couronne; il porte au contraire, en termes exprès, que les bois et forêts qui en font partie seront régis et administrés conformément aux dispositions de cette loi.

Vos Seigneuries ont vu que les bois et forêts dépendans *des apanages* sont aussi compris dans la classe de ceux qui sont soumis au régime forestier. La masse de ces bois devant passer entière au Prince appelé à la recueillir, et étant d'ailleurs éventuellement reversible à l'État, la loi doit, en effet, régler tout ce qui s'y rattache, sans porter atteinte aux droits du Prince possesseur. En conséquence, elle ne leur déclare applicables que les dispositions relatives à la *délimitation*, à *l'aménagement*, à *la prohibition de grever le sol d'aucun droit d'usage*, c'est-à-dire, toutes les règles dont l'objet est de conserver la propriété intacte.

Le Gouvernement n'avait compris dans ce titre que les *apanages*; la Chambre des Députés y a ajouté *les majorats reversibles à l'État*; et il faut reconnaître qu'en effet les mêmes principes doivent régir les deux situations.

Les bois et forêts *des communes et des établissemens publics* sont aussi soumis au régime forestier, mais avec les modifications qui doivent résulter du droit de propriété absolue dont sont investis les détenteurs. C'est dans leur intérêt comme dans celui de l'État qu'ont dû être combinées les dispositions qui attribuent à l'administration forestière la surveillance et la haute régie de ces bois, sans ôter aux propriétaires la juste part qui doit leur appartenir dans toutes les opérations qui s'y rapportent.

Cette partie du Code a dû, plus qu'aucune autre, appeler la sollicitude de la Chambre des Députés des départemens. Les droits et les intérêts des communes y ont été pesés avec soin et discutés avec chaleur; toutefois, peu de changemens ont été faits au projet primitif.

Le projet avait laissé à l'administration forestière le droit d'agréer le choix des gardes, de les suspendre et de les destituer après avoir pris l'avis du conseil municipal ou des administrateurs. La Chambre a modifié ces dispositions : en cas de dissentiment entre la commune et l'administration forestière pour le choix d'un garde, elle a appelé le préfet à prononcer; elle a laissé à l'administration le droit de suspendre, mais elle a conféré au préfet seul celui de destituer. Toutes les autres parties du titre ont été à-peu-près conservées.

Il a été fait toutefois, d'accord entre le Gouvernement et la Commission, et adopté ensuite par la Chambre, une innovation importante entièrement à l'avantage des communes, et dont nous devons vous rendre compte.

Conformément à la législation actuelle, le projet proposait d'accorder au Gouvernement, pour indemnité des frais d'administration, un décime par franc sur le prix principal des coupes adjugées; il ajoutait un vingtième de la valeur des bois délivrés pour les coupes qui se délivrent en nature.

La Commission de la Chambre des Députés est entrée, à l'occasion de cette proposition, dans les calculs les plus étendus; elle a posé en principe que le décime et le vingtième ne pouvaient être proposés, comme des aggravations d'impôt, mais seulement comme la représentation exacte des frais faits par l'État pour l'administration des bois des communes; elle a établi en fait que le montant de ce prélèvement excédait la part proportionnelle que devaient supporter les communes dans les frais généraux de régie, et elle a demandé qu'une autre base fût adoptée.

Le Gouvernement a reconnu la justice de ces observations, et il y a été fait droit par une disposition qui porte qu'il sera ajouté annuellement, à la contribution foncière établie sur les bois des communes, une somme équivalente à la part que ces bois doivent supporter dans les frais d'administration, et que cette somme sera réglée chaque année par les lois de finances.

Au moyen de cette contribution, tous les frais, autres que le salaire des gardes des communes, doivent rester à la charge de l'État.

Cette disposition a eu l'assentiment unanime de la Chambre élective; nous espérons, parce qu'elle est juste, qu'elle aura aussi le vôtre.

Il ne reste plus de la catégorie des bois soumis au régime forestier, que ceux dans lesquels l'État, la Couronne ou les communes, ont une part *indivise*. Le projet les soumet à celles des règles du régime forestier qui s'appliquent à cette part. Il dépend des particuliers co-propriétaires de faire cesser cette gène en faisant cesser l'indivision. Aussi n'y a-t-il eu sur ce point aucune controverse.

Nous arrivons ainsi aux bois des *particuliers*, et à la partie du Code qui offre des questions d'un ordre différent.

Les anciennes ordonnances avaient imposé aux propriétaires de bois des conditions de jouissance nombreuses et pénibles.

Il leur était défendu de couper les taillis avant l'âge fixé ; ils étaient tenus de se conformer, pour l'exploitation de leur propriété, aux règles tracées pour l'usance des bois royaux ; il leur était prescrit de réserver des baliveaux dans leur coupe. Ces restrictions, apportées aux droits des propriétaires, avaient été commandées sans doute par des considérations d'intérêt public, mais elles ne pouvaient être reproduites dans une loi nouvelle ; aussi en ont-elles été écartées.

Le projet laisse aux particuliers la libre administration de leurs bois ; il ne leur prescrit ni ne leur interdit aucun mode d'exploitation ; d'un autre côté, il leur assure une protection complète.

La faculté de rachat du droit d'usage, en bois, par un cantonnement, et du droit de pâturage par une indemnité, sauf la restriction adoptée pour les bois de l'État, l'interdiction aux usagers d'exercer leurs droits autrement que *selon la possibilité des forêts* reconnue et constatée par l'administration forestière, en un mot toutes les dispositions favorables et conservatrices sous l'abri desquelles on a placé les bois de l'État, sont rendues communes aux bois des particuliers.

On les garantit ainsi de l'abus funeste du droit d'usage ; mais comme la loi doit pourvoir aux intérêts de tous, et placer aussi les usagers à l'abri de l'injustice et de l'arbitraire, on réserve expressément à ceux-ci le recours devant les tribunaux.

La portion du Code qui s'applique aux bois des particuliers ne présente qu'une seule difficulté et ne fait naître qu'une question sérieuse ; mais celle-là est digne de toute l'attention de vos Seigneuries. Il s'agit de la *prohibition de défricher.*

Les ordonnances dont nous avons rappelé les dispositions restrictives contenaient cette prohibition, la plus étendue et la plus importante de toutes.

La loi du 29 septembrre 1791 l'abolit expressément et sans réserve ; elle donna aux propriétaires une liberté entière et illimitée, et ne prit aucune précaution pour ménager cette brusque transition de l'excès de la gêne à l'excès de la liberté.

On ne tarda pas à recueillir les fruits de cette imprudence. Les propriétaires abusèrent d'une faculté inaccoutumée ; les défrichemens se multiplièrent à l'infini, sans distinction des lieux, sans prévoyance des suites, en telle sorte que, d'une part, on put craindre de nous voir privés pour l'avenir des bois nécessaires aux constructions navales et civiles ; que, de l'autre, on vit avec une juste inquiétude la source des fleuves, le sommet et le penchant des montagnes dépouillés de leurs appuis conservateurs.

Des réclamations nombreuses et réitérées avertirent le gouvernement du dangereux abus dont la loi de 1791 était la source, et une loi du 9 floréal an 11 (29 avril 1803), portant à ce mal un remède devenu nécessaire et urgent, prohiba, pendant vingt-cinq ans, les défrichemens de bois sans autorisation préalable. Le délai fixé pour la durée de cette mesure expire le 29 avril 1828.

Fallait-il maintenir ou du moins proroger la disposition de la loi de 1803, ou revenir à la liberté absolue accordée par celle de 1791 ? Cette question a été discutée avec tout le soin que comportait sa gravité.

Rien n'est plus respectable et plus sacré que le droit de propriété, et ce droit n'admet guère de limite. Sans doute les lois ont le pouvoir d'en modifier l'exercice; le Code civil, qui nous régit, consacre ce principe dans des termes formels que personne n'ignore : « Les particuliers ont la libre disposition des biens « qui leur appartiennent, *sous les modifications établies par les* « *lois.* » (Article 537.) Mais la loi ne doit user de ce pouvoir qu'avec une grande réserve et seulement dans l'intérêt général, dans celui de la conservation commune.

Tout le monde est d'accord sur ces principes : le doute ne peut s'élever que sur la question d'intérêt général et d'utilité publique; or, cette question nous a semblé résolue par la connaissance des faits.

Tout ce que les partisans de la liberté absolue du défrichement disent aujourd'hui en faveur de cette liberté fut dit en 1791. On entendit alors tous les argumens qu'ils emploient encore aujourd'hui pour établir que chacun doit être le juge de la culture qui convient le mieux à sa propriété, que le seul moyen d'encourager la culture des bois, c'est de la dégager de toute entrave.

Cette théorie détermina l'adoption du système d'affranchissement dont vos Seigneuries connaissent les suites.

Pour revenir maintenant à ce système si récemment éprouvé et si justement abandonné, il faudrait évidemment que le sol forestier se fût accru; que son état se fût amélioré; qu'il fût moins morcelé; que moins de demandes en défrichement fussent formées; en un mot, que l'état des choses fût entièrement changé, et qu'il n'y eût plus à craindre aucun des inconvéniens qui ont provoqué la loi de 1803.

On ne peut se dissimuler que ce changement favorable est loin de s'être opéré; ce serait donc commettre une imprudence, qu'une expérience récente rendrait moins facile à excuser, que d'autoriser de nouveau aujourd'hui des abus qu'il faudrait bientôt réprimer encore.

Nous vous proposons donc, non d'établir en principe la prohibition de défricher, mais de la proroger pendant vingt ans. C'est l'objet d'un titre transitoire que nous avons porté à la suite du Code, afin qu'il pût en être plus tard détaché avec facilité.

Cette espérance, nobles Pairs, n'est point une chimère; il est permis, il est juste de croire qu'à l'expiration du terme fixé, la liberté pourra être rendue à la propriété, avec les seules précautions qu'exigera la situation des montagnes et des terrains penchans et ardus. Ce qui n'a pas pu se faire dans les vingt-cinq années qui viennent de s'écouler s'effectuera sans doute dans celles vers lesquelles nous marchons.

Un meilleur mode d'exploitation, l'utile établissement d'une école forestière, des repeuplemens bien entendus et bien exécutés, doivent donner successivement, aux bois de l'État et des communes, un grand accroissement de valeur et d'étendue. D'autre part, l'exploitation, toujours plus active, des mines de charbon et de houille diminuera notablement la consommation du bois considéré comme combustible.

Dans un pays où les sciences et l'industrie font chaque jour de nouveaux progrès, où les arts se perfectionnent, où l'agriculture se dégage des entraves de l'habitude; dans un pays où les richesses locales tendent constamment à s'étendre et à se répartir sur tous les points du royaume, au moyen de communications nouvelles, on a le droit de penser et de dire que vingt ans suffisent pour opérer de grands et d'heureux changemens.

Nous avons indiqué, Messieurs, le sommaire des dispositions applicables, d'une part, aux différentes classes de forêts soumises au régime forestier, et de l'autre, à celles qui composent la propriété privée.

Nous devons vous parler maintenant des charges auxquelles les unes et les autres sont assujéties, et spécialement du *service de la marine*. C'est la dernière question de quelque importance sur laquelle il soit de notre devoir d'arrêter votre attention.

Les constructions navales exigent l'emploi d'une grande quantité d'arbres d'une dimension telle qu'on ne peut guère espérer de les trouver qu'au moyen des facilités que donne le droit de choisir.

Jusqu'à ce jour, la marine a exercé le droit de choix et de martélage sur les bois de l'État, des communes et des particuliers. Ce droit fut aussi aboli en 1791, sans qu'on eût pris le soin de le remplacer; peu de mois après, on fut obligé d'y suppléer par des réquisitions violentes, et on reconnut plus tard la nécessité de le rétablir.

Devait-on, dans la composition d'un nouveau Code, enlever ce droit à la marine, en ce qui concernait les bois des particuliers, ou devait-on seulement en régler l'exercice de manière à assurer les intérêts du propriétaire ? Tel a été encore le sujet d'une grave et longue controverse.

Tout le monde s'accorde à reconnaître qu'il faut, avant tout, pourvoir au service de la marine, que c'est là un de ces grands intérêts, une de ces nécessités de premier ordre pour lesquelles des sacrifices doivent être imposés, s'ils sont reconnus indispensables.

Mais l'assujétissement de la propriété privée au droit de martelage est-il un sacrifice indispensable? c'est là que les opinions se sont trouvées divisées.

Il est, disent les adversaires du martelage, d'autres moyens également sûrs de pourvoir aux besoins de la marine : un aménagement mieux entendu dans les bois de l'État pourrait suffire pour leur assurer à l'avenir une ressource; le commerce étranger et le commerce intérieur, rendu à la liberté et à la concurrence, lui en présentent une autre plus rapprochée et plus certaine. L'expérience l'a déjà démontré et le département de la marine n'en disconvient pas. Il est temps de dégager la propriété d'une servitude qui la fatigue, qui lui pèse et contre laquelle elle réclame depuis long-temps.

Que le droit de martelage, dit-on d'un autre côté, soit une gêne fâcheuse, une servitude pénible, c'est ce que nous ne prétendons pas contester; mais qu'il soit possible d'y renoncer sans de graves inconvéniens, c'est ce que nous ne pouvons encore avouer.

Dans l'état actuel des choses, les bois soumis au régime forestier ne peuvent suffire à l'approvisionnement de la marine. Il est constant que ceux des particuliers y entrent constamment pour les trois cinquièmes. Il lui faut donc chercher ailleurs ses ressources.

Le système d'un *cantonnement* pour la marine dans les bois de l'État trouve des défenseurs; mais il trouve aussi beaucoup d'adversaires : il mérite d'être examiné et essayé; mais il ne s'agit que d'un essai dont les résultats sont incertains, et, dans tous les cas, trop éloignés pour qu'on puisse y chercher aujourd'hui la garantie dont on a besoin.

Le commerce extérieur offre des avantages; mais la guerre, en accroissant les besoins, doit rendre difficile et souvent impraticable ce moyen d'y satisfaire ; il serait donc imprudent de s'en contenter.

Le commerce libre de l'intérieur est de tous les moyens indiqués celui qui présente le plus de sécurité : déjà le ministère de la marine est entré dans cette voie, et il a lieu d'en espérer d'heureux résultats. Mais dans une matière aussi grave et qui touche à de si grands intérêts, il y aurait témérité à abandonner un mode éprouvé pour se livrer à un système qui n'a subi encore ni l'épreuve du temps et de l'expérience, ni celle des événemens.

Frappé de ces considérations dont on ne peut se dissimuler la puissance, le Gouvernement a proposé de maintenir le droit de martelage, mais en en réglant l'exercice de manière à ce que les intérêts des propriétaires fussent, non-seulement garantis, mais favorisés.

Nous ne vous indiquerons pas ici la série des articles destinés à atteindre ce but et à diminuer, autant qu'il est possible, la gêne et l'importunité de la mesure. Il suffira de dire que tous ceux qui ont combattu le principe ont avoué la sensible amélioration qui se remarquait dans le projet.

La Chambre des Députés n'a pu méconnaître, Messieurs, les inconvéniens et les dangers qui pourraient suivre l'abolition du martelage, si une transition à un état nouveau n'était pas suffisamment ménagée ; elle l'a donc maintenu encore, mais seulement pour dix années.

Elle a de plus ajouté quelques dispositions nouvelles dans l'intérêt des propriétaires, et notamment l'obligation imposée à la marine de prendre la totalité des arbres coupés, après avoir été martelés, si elle en prend une partie.

Le département de la marine était déjà déterminé à user de tous les moyens qui sont en son pouvoir pour assurer son approvisionnement par d'autres voies que celle du martelage. Il espère y réussir avant l'expiration du terme fixé par le projet actuel, et ce sera, sans doute, une heureuse innovation apportée à notre législation forestière.

La seconde partie du titre relatif *aux services publics* se rapporte *aux travaux du Rhin* et aux fournitures de bois et d'oseraies exigées des riverains pour la construction des fascines et des digues. Il n'y a sur ce point aucune difficulté.

Le reste du Code est destiné à régler *la police des bois*, *le mode des poursuites à exercer* soit au nom de l'administration forestière, soit au nom des particuliers, *les peines et les condamnations et l'exécution des jugemens*. Nous avons peu d'observations à vous présenter sur ces titres divers qui s'expliquent aisément d'eux-mêmes.

A l'occasion de la police des bois en général, une disposition qui interdit aux propriétaires riverains des bois et forêts l'élagage des lisières, a donné lieu à une assez vive discussion; mais la Chambre des Députés a reconnu que l'article 672 du Code civil, par lequel le voisin est autorisé à élaguer les arbres qui s'étendent sur sa propriété, était renfermé dans le titre relatif *aux murs et fossés mitoyens*, et qu'il ne s'appliquait qu'aux arbres de clôture et nullement aux forêts pour lesquelles il existe et a toujours existé des règles spéciales auxquelles le Code n'a pas entendu déroger.

La section sur *la police des forêts soumises au régime forestier* interdisait toute construction, sans autorisation de maisons ou fermes à la distance d'un kilomètre des forêts, en conservant toutefois les bâtimens existans : la Chambre a réduit de moitié la distance prohibée, a permis la reconstruction et l'agrandissement des maisons existantes, et n'a compris pour la prohibition que les bois des communes d'une étendue de 250 hectares au moins. Cette dernière modification est conforme à l'état actuel de la législation.

Aucun amendement n'a été fait au titre des *poursuites :* vos Seigneuries remarqueront, nous l'espérons, que ce titre important a été rédigé avec quelque soin et quelque prudence, et que les précautions prises pour donner aux poursuites une activité nécessaire n'ont porté aucune atteinte aux grands principes d'ordre et de justice qu'il faut, avant tout, respecter.

Le même esprit a présidé à la rédaction du titre qui détermine *les peines*. L'ordonnance prononçait des *châtimens corporels* et des *amendes arbitraires*. Les premiers sont proscrits par nos lois comme par nos mœurs, et notre législation repousse tout ce qui est *arbitraire*.

L'ordonnance portait à l'excès le système des confiscations. Le projet ne la prononce comme peine qu'à l'égard des instrumens du délit.

Les *amendes* ont dû être conservées; mais elles ont été réduites à une proportion juste et modérée. Elles sont fixes lorsque le délit est absolu; quelquefois elles sont proportionnelles et doivent être réglées selon l'étendue du dommage causé. Dans un grand nombre de cas, elles sont déterminées par *minimum* et *maximum*, ce qui laisse une juste latitude à la prudence et à l'équité du magistrat.

Une seule modification a été faite à ce titre : elle se rattache à la responsabilité civile prononcée contre les maris, les pères, les maîtres et commettans. Le projet originaire étendait cette responsabilité aux *amendes*. La Chambre des Députés ne l'a étendue qu'aux restitutions, aux dommages-intérêts et aux frais. Elle a été déterminée par les règles du droit commun qui veulent que l'amende, étant considérée comme une peine, ne soit supportée que par ceux qui ont commis le délit.

On opposait à cette considération des dispositions qui étendaient la responsabilité aux *amendes* dans les cas spéciaux, et notamment en matière de douane, de contributions indirectes, de conscription et enfin de forêts. Toutefois la règle du droit commun a prévalu.

Aucun changement n'a été fait ni proposé sur le titre de *l'exécution des jugemens*, et les dispositions qu'il renferme ont réuni l'assentiment général.

Le dernier article définitif du projet, et celui qui en est le complément nécessaire, abrogeait pour l'avenir toutes les lois, ordonnances et réglemens intervenus sur la matière. La Chambre des Députés a cru devoir ajouter à cette disposition la réserve expresse que les droits acquis en vertu des lois et ordonnances abrogées seraient jugés, en cas de contestation, conformément à leurs dispositions. Cette addition pouvait paraître inutile, par la raison que les lois ne rétroagissent jamais et que l'abrogation n'était prononcée que *pour l'avenir*: toutefois, il suffisait qu'un doute s'élevât sur l'interprétation de cet article pour qu'il dût paraître convenable de le dissiper.

C'était là que s'arrêtait le Code proposé à la Chambre des Députés, mais elle a ajouté une disposition additionnelle qui exempte de tout impôt pendant vingt ans les semis et plantations de bois sur le sommet et le penchant des montagnes et sur les dunes.

Tel est, nobles Pairs, dans son ensemble et dans ses dispositions les plus importantes, le Code que nous venons soumettre à vos délibérations, et qui, réuni à une ordonnance d'exécution qui se prépare avec soin et maturité, complétera le travail que réclament nos forêts.

Le Roi a prescrit qu'il vous fût apporté sans délai. La nécessité où nous sommes de sortir le plus tôt possible de l'état de désordre dans lequel se trouve notre législation forestière, les inconvéniens où pourrait nous jeter encore l'expiration du délai fixé par la loi du 29 avril 1803, expliquent aisément le vœu que forme le Gouvernement de voir achever un ouvrage auquel il doit attacher du prix.

Nous espérons, Messieurs, que vous accueillerez avec quelque faveur un projet de loi conçu dans des vues évidentes d'utilité générale, préparé lentement et laborieusement, avec le concours de toutes les lumières et l'appui de tous les conseils, soumis à l'épreuve de la contradiction publique avant les débats prescrits par nos institutions, approuvé dans son ensemble par ceux mêmes qui en ont combattu quelques dispositions isolées, et enfin sanctionné par la presque unanimité de la Chambre élective.

Une grande épreuve lui reste encore à subir : c'est celle que votre haute sagesse lui prépare.

Avec une semblable garantie, nobles Pairs, on devra être sûr de donner à la France un ouvrage digne d'elle et de son Roi.

———————————————

§ 4. — RAPPORT *fait au nom de la Commission* [1] *chargée de l'examen du Projet de Code forestier, par M. le comte* ROY, *à la Chambre des Pairs, le 8 mai* 1827.

MESSIEURS,

Nous sommes loin des temps où l'abondance des bois était telle, que nos Rois étaient obligés d'en défendre de nouvelles plantations [2], et d'ordonner le défrichement de ceux qui étaient plantés [3].

Depuis bien des siècles on en a senti l'importance et la nécessité; et leur conservation n'a plus cessé de fixer l'attention particulière du Gouvernement: ce n'a plus été que dans des temps de désordres et de troubles qu'elle a été négligée.

C'est surtout depuis le treizième siècle que les ordonnances

———————————————

[1] Cette Commission était composée de MM. le comte Roy, le vicomte Lainé, e marquis de Boissy du Coudray, le marquis d'Orvilliers, le marquis de Talaru, le comte de Tournon et le vicomte de Bonald.

[2] Capitulaire de Charlemagne de l'an 802 : *Et ubi locus fuerit ad stirpandum, stirpare faciant judices.*

[3] Capitulaire de Louis-le-Débonnaire: *Ut comitibus denuncient ne ullam forestam noviter instituant, et ubi noviter instituitas sine nostrâ jussione invenerint, dimittere præcipiant.*

qui ont eu pour objet d'établir les principes et les règles d'une bonne administration se sont multipliées : mais leurs sages dispositions n'ont pas toujours été exécutées ; et les désordres ont continué par les diverses causes par lesquelles les abus s'introduisent et se maintiennent ordinairement.

Louis XIV voulut y mettre un terme : la sûreté de l'État exigeait une marine puissante, et sa prospérité demandait un grand commerce maritime. *Il fallait pouvoir remplir ces objets sans avoir recours à l'étranger, intéressé lui-même à n'en pas fournir les moyens.* (Pecquet, *Recueil des lois forestières.*)

Ces grandes vues amenèrent l'ordonnance de 1669, méditée et préparée pendant huit années par Colbert et par les hommes les plus habiles qu'on ait pu réunir dans toutes les parties du royaume. « Le Ciel, dit le Roi dans le préambule de cette loi « célèbre, a tellement favorisé l'application de huit années que « nous avons données au rétablissement de cette noble et pré- « cieuse partie du domaine, que nous la voyons aujourd'hui en « état de refleurir plus que jamais, et de produire avec abon- « dance au public tous les avantages qu'il en peut espérer, soit « pour les commodités de la vie privée, soit pour les nécessités « de la guerre, ou enfin pour l'ornement de la paix et l'accrois- « sement du commerce, pour les voyages de long cours dans « toutes les parties du monde. »

L'ordonnance de 1669 a régi les forêts pendant plus de cent cinquante ans : elle est même encore en grande partie la règle observée en cette matière.

Mais cette loi tout entière n'est plus en harmonie avec nos institutions.

Les juridictions spéciales qu'elle avait établies, et qui réunissaient l'administration et la juridiction contentieuse, n'existent plus : la juridiction contentieuse a été attribuée aux tribunaux ordinaires, et l'organisation de l'administration a été changée.

L'ordonnance de 1669 a souvent apporté trop de gêne à l'exercice des droits de la propriété privée, alors même que la restriction d'une partie de ces droits n'était pas commandée par les nécessités publiques. L'excès de sévérité des peines qu'elle prononce dans certaines circonstances a quelquefois amené l'impunité et les désordres qui en sont la suite inévitable. Un grand nombre de ses dispositions ne peuvent plus être exécutées, ou ne l'ont même pas été; d'autres ont été abrogées par d'autres lois qui se contredisent, et qui n'ont point été combinées dans un même système.

Les besoins qui se sont accrus avec l'accroissement de la population, du commerce, de l'industrie, des constructions et de l'aisance, alors cependant qu'une grande altération dans le sol forestier se manifeste chaque jour, appellent, pour l'avenir, une nécessaire prévoyance; et des changemens sont généralement attendus dans l'intérêt de la société et dans l'intérêt particulier.

Le projet de loi qui vous est présenté, Messieurs, sous le titre de *Code forestier*, a pour objet de fixer la législation sur cette matière importante; d'en réunir les dispositions éparses dans un grand nombre d'ordonnances, de lois, d'arrêts du Conseil, d'arrêtés et de décrets; de corriger ou de modifier ce que la législation précédente peut avoir de défectueux, ou ce qui ne serait plus d'accord avec nos institutions, avec les besoins actuels de la société; et d'obtenir une bonne conservation dirigée dans les vues de l'intérêt public.

Ses dispositions ne seront pas seulement applicables aux forêts qui dépendent du domaine de l'État, ou qui sont soumises au régime de l'administration publique: elles seront également la règle à laquelle seront assujétis les bois particuliers dans les cas qu'elles déterminent.

Telle est donc, d'abord, la grande division du projet de loi : les bois qui seront soumis au régime de l'administration publique, avec plus ou moins d'étendue, suivant la qualité des possesseurs, et les bois des particuliers.

Le projet règle ce qui est relatif à chacune de ces espèces de propriétés, suivant leur nature, et sous les divers rapports de l'exercice des droits qui en dépendent; de leurs affectations spéciales à des services publics; de leur police et conservation; des poursuites et réparations, des délits et contraventions dont elles peuvent être l'objet; des peines et des condamnations pour leur répression; et, enfin, de l'exécution des jugemens qui les prononcent.

Nous ne fatiguerons pas votre attention, Messieurs, par l'examen inutile et minutieux de chacun des 225 articles dont se compose le projet de loi, lorsque, sur la presque totalité de ses dispositions de détail, nous n'aurions d'ailleurs à vous proposer que de vouloir bien leur donner votre assentiment. Si quelques unes de ces dispositions sont susceptibles d'observation, elles pourront facilement en devenir l'objet au moment même où chaque article sera mis en discussion.

Nous nous bornerons donc, en suivant les divisions du projet de loi, à vous soumettre nos réflexions sur les questions principales qu'il présente.

Le projet ne détermine rien relativement à l'organisation même de l'administration forestière au régime de laquelle seront assujétis les bois de l'État et les autres bois qui leur sont assimilés : il ne s'en occupe que sous le rapport des garanties que ses agens doivent offrir, et des conditions de leur capacité. (Art. 3, etc.)

C'est ainsi que nul ne peut exercer un emploi forestier, s'il n'est âgé de vingt-cinq ans accomplis, sauf les dispenses d'âge qui pourront être accordées aux élèves sortant de l'école forestière; que les emplois de l'administration forestière sont déclarés incompatibles avec toutes autres fonctions, soit administratives, soit judiciaires; que ses agens et préposés ne pourront entrer en fonctions qu'après avoir prêté serment devant le tribunal de leur résidence; que les gardes seront responsables des délits et abus qu'ils n'auront pas constatés; enfin, que les empreintes des marteaux devront être déposées au greffe des tribunaux qui sont indiqués.

Une seule de ces dispositions peut donner lieu à quelques observations; c'est celle qui fixe l'âge à vingt-cinq ans accomplis.

L'ordonnance de 1669 (Art. 1er, titre II) voulait également que les maîtres particuliers, lieutenans, procureurs du Roi, garde-marteaux et greffiers des maîtrises, eussent au moins l'âge de vingt-cinq ans accomplis. Les gardes devaient avoir le même âge, d'après l'article 85 de l'ordonnance d'Orléans.

Mais la majorité était alors fixée à vingt-cinq ans : en 1792, elle l'a été à vingt-un ans; et elle a été maintenue à cet âge par le Code civil.

Toutefois, les procès-verbaux des gardes forestiers font foi en justice jusqu'à inscription de faux; ils remplissent les fonctions d'officiers de police judiciaire de la manière déterminée par le Code de procédure criminelle (Art. 8, 9 et 16); et, enfin, la plupart des fonctions publiques ne peuvent être exercées qu'à l'âge de vingt-cinq ans.

Mais on peut opposer que, sous l'empire de l'ordonnance de 1669, on obtenait facilement des dispenses d'âge, et qu'il sera bien difficile de devenir bon forestier en n'entrant dans cette carrière qu'après vingt-cinq ans.

Il eût au moins été utile, sous plusieurs rapports, d'étendre aux fils, petits-fils, neveux et gendres des agens forestiers, la faculté de dispense d'âge accordée pour les élèves de l'école forestière.

Nous pensons aussi qu'il eût été avantageux de déterminer par la loi même que les nominations aux emplois ne pourraient avoir lieu qu'en se conformant à la hiérarchie des grades.

Les bois qui seront soumis au régime forestier, et dont la jouissance sera réglée par l'administration, conformément aux dispositions de la loi, sont :

Les bois et forêts qui font partie du domaine de l'État;

Ceux qui font partie du domaine de la Couronne;

Ceux qui sont possédés à titre d'apanage et de majorats re-versibles à l'État;

Ceux des communes et sections de commune;

Ceux des établissemens publics;

Ceux dans lesquels l'État, la Couronne, les communes, ou les établissemens publics, ont des droits de propriété indivis avec des particuliers. (Art. 1ᵉʳ.)

Le titre III a pour objet les bois et forêts qui font partie du domaine de l'État, et qui, par conséquent, sont soumis à la plénitude du régime forestier.

Nous appellerons votre attention sur les parties de ce titre, qui sont relatives,

A l'aménagement;

Aux droits d'usage;

Aux affectations.

AMÉNAGEMENT. — (Art. 8 à 16 inclusiv.) L'aménagement des bois est la plus importante partie de leur administration. Dans l'acception actuelle de ce mot, c'est l'art de diviser une forêt en coupes successives, et de régler l'étendue ou l'âge des coupes annuelles dans le plus grand intérêt de la conservation de la forêt, de la consommation en général, dans celui enfin du propriétaire, et, s'il s'agit des forêts de l'État, dans le plus grand intérêt de la société.

Autrefois, lorsqu'il s'agissait d'aménager une forêt, un arrêt du Conseil ordonnait la reconnaissance et la fixation des limites, l'abornement, le creusement des fossés nécessaires et le repeuplement des clairières et des parties dégradées : toutes ces opérations faisaient partie de l'aménagement.

Mais le projet de loi prescrit d'abord les opérations de délimitation et de bornage, et en détermine le mode.

Sous l'empire de l'ordonnance de 1669, tous les riverains possesseurs de bois joignant les forêts de l'État étaient obligés de les en séparer par des fossés ayant quatre pieds de largeur et cinq pieds de profondeur, qu'ils devaient entretenir en état. (Art. 4, titre XXVII.)

Ces dispositions, maintenues par divers arrêts du Conseil, et depuis par des arrêtés du Gouvernement, et des décisions ministérielles (Arrêté du 19 pluviôse an 6; décision du 19 septembre 1811, etc.), donnaient désormais lieu à de nombreuses difficultés entre l'administration, qui se fondait sur un droit spécial, et les particuliers, qui invoquaient les règles du droit commun. (Code civil, art. 545, 646 et 647.)

Le projet de loi ne considère, à cet égard, l'État que comme un propriétaire particulier. Les opérations qu'il prescrit pour parvenir à la délimitation et au bornage des forêts domaniales sont conformes aux principes du droit commun.

Mais, si les opérations relatives à la délimitation et au bornage des forêts de l'État, partout en contact avec la propriété particulière, doivent être subordonnées aux principes du droit civil et de la propriété, leur aménagement est soumis à d'autres règles, à celles de la meilleure conservation et à celles d'une sage prévoyance des besoins de l'avenir.

Si la loi pouvait régler tous les détails de l'administration des forêts domaniales, elle en aurait le droit; l'État est propriétaire du domaine public : or il appartient au propriétaire de prescrire les règles d'administration de son domaine, et la loi est l'expression de la volonté de l'État. C'est par cette raison, sans doute, et parce que les produits des forêts sont des produits publics, que, dans tous les temps, la législation a agi sur le domaine de l'État et sur son administration.

Ce n'est donc pas parce qu'il serait hors des attributions de la puissance législative de fixer dans leurs détails les règles des aménagemens des forêts domaniales, que nous ne devons pas demander que le projet de loi s'étende à ces détails, mais c'est parce que de telles opérations ne peuvent être faites utilement et avec connaissance que par l'administration.

Comment, en effet, la loi pourrait-elle déterminer par des règles générales l'âge et la division des coupes, le mode d'exploitation, le nombre et le choix des réserves, lorsque toutes ces circonstances dépendent essentiellement de causes qui varient, pour chaque forêt, suivant la nature du sol, son exposition, la qualité et l'essence des arbres, les besoins particuliers ou publics, la proximité ou l'éloignement des lieux de consommation, la destination des produits, les moyens de transport?

Les ordonnances qui, par des dispositions générales, ont réglé l'âge des coupes ordinaires ou des coupes de futaie, et ont déterminé la qualité ou le nombre des réserves, et le temps pendant lequel elles seraient nécessairement conservées, n'ont pas été exécutées, et n'ont pu l'être.

Le projet de loi a fait, à cet égard, tout ce que la sagesse commande, en ordonnant que *tous les bois et forêts de l'État seront assujétis à un aménagement réglé par des ordonnances royales.*

On eût peut-être pu désirer qu'il eût été ajouté que *les coupes ordinaires ne seraient mises en exploitation que d'après le procès-verbal d'assiette, balivage et martelage, conformément aux divisions des coupes et aménagemens.*

Cette disposition ne paraît cependant pas nécessaire, lorsqu'évidemment l'aménagement n'est prescrit que pour que l'administration s'y conforme.

Mais des parties de bois réservées pour croître en futaie, et des quarts de réserve dépendant de bois réunis au domaine public, ne sont souvent assujétis à aucun aménagement, à aucune division de coupes.

D'un autre côté, des circonstances diverses, telles que des besoins urgens, des incendies ou des abroutissemens, rendent quelquefois nécessaires des coupes qui sortent de l'aménagement et en dérangent l'ordre.

Ces différens cas sont prévus par le projet de loi : *Aucune coupe extraordinaire quelconque, ni aucune coupe de quarts en réserve, ou de massifs réservés par l'aménagement, pour croître en futaie, ne pourront être faites dans les bois de l'État sans une ordonnance spéciale du Roi; les ventes qui auraient été faites et qui n'auraient point été ainsi autorisées seront nulles; les adjudicataires pourront même, suivant les circonstances, exercer leur recours contre les fonctionnaires ou agens qui les auraient ordonnées.*

Ces précautions sont conformes à ce qui s'est précédemment pratiqué.

Il était même interdit de couper les baliveaux anciens et modernes sans une autorisation du Conseil du Roi, et il ne pouvait être fait aucune vente de futaies non aménagées qu'en vertu de lettres patentes enregistrées aux parlemens et aux chambres des comptes. (Ordonn. de 1566, art. 11. Ordonn. de 1669, tit. III, art. 16; tit. XV, art. 1ᵉʳ et 12; tit. XXIV, art. 3 et 4; tit. XXV, art. 8.)

De semblables lettres étaient également exigées pour couper des quarts de réserve, des arbres de futaie et des baliveaux sur taillis, dans les bois des usufruitiers, des communautés et des établissemens publics ou ecclésiastiques.

Ces formalités ont dû être modifiées d'après les changemens survenus dans nos institutions politiques.

D'abord, c'est à l'autorité qui règle les aménagemens qu'il appartient de reconnaître et d'autoriser les exceptions qui, suivant les circonstances, peuvent être apportées à l'ordre qu'ils ont établi.

La formalité des lettres patentes et de leur enregistrement avait principalement pour objet d'empêcher les abus, de prévenir les surprises, et de provoquer les observations et les remontrances sur des objets d'administration qui se liaient à de grands intérêts publics.

Les mêmes motifs ont déterminé la disposition qui prescrit

l'insertion au Bulletin des lois, *des ordonnances spéciales qui autoriseront les coupes de futaie , ou les coupes extraordinaires.*

On ne peut cependant pas se dissimuler que toutes les forêts de l'État ne sont point encore aménagées ; que les aménagemens d'un grand nombre de celles qui l'étaient ont été dérangés par les restitutions aux anciens propriétaires, ou par les ventes pour le compte de la caisse d'amortissement, ou pourront l'être encore par des circonstances diverses. Les dispositions que nous vous proposons d'approuver, Messieurs, ne pourront donc, pendant long-temps encore, être exécutées qu'imparfaitement, relativement aux coupes qui ne seraient point encore comprises dans un aménagement régulier ; mais , dans tous les cas, elles devront l'être pour les coupes de futaie ou de quarts en réserve dépendant de bois réunis au domaine de l'État.

DROITS D'USAGE. (Art. 61 à 86 inclusiv.) Les dispositions du projet de loi relatives aux droits d'usage sont aussi d'une grande importance.

L'établissement de ces droits remonte aux temps de la monarchie les plus éloignés.

Ils sont de différentes espèces : ils se divisent principalement en droits d'usage en bois et en droits de pâturage, panage et glandée.

Sans nous perdre dans d'inutiles théories , et sans remonter au temps de la conquête pour rechercher à qui les bois appartenaient à cette époque , et quels pouvaient être alors les droits des communes dans ces bois, nous nous bornerons à dire que , depuis, ils se sont établis par concession, par tolérance, par don, et quelquefois à titre onéreux.

On conçoit qu'ils aient pu être accordés ou tolérés à des époques où le premier besoin était de détruire les forêts qui couvraient la plus grande partie du territoire ; aucun moyen ne pouvait avoir davantage cet effet : mais, lorsque les bois sont devenus plus précieux, lorsqu'on a senti leur nécessité pour tous les besoins de la vie, des constructions, du commerce et de la défense du pays, leur conservation est devenue l'objet des sollicitudes du Gouvernement, et la législation s'est continuellement occupée de régler l'exercice des droits d'usage, d'en restreindre ou d'en détruire l'abus.

On introduisit d'abord *les réserves*, *le réglement ou aménagement*, dont on trouve le principe dans une ancienne ordonnance de Philippe-le-Hardi, de 1280, et qui consistaient seulement à resserrer les bornes de l'usage.

Le *cantonnement* a succédé au réglement, au commencement du XVIIe siècle.

Le cantonnement intervertit le titre primitif : son effet est de changer l'usage universel en une portion déterminée de propriété.

Le réglement n'opérait rien de semblable : il modifiait l'usage, mais sans changer le titre des usagers ; et l'abandon que leur faisait le propriétaire d'une certaine partie de bois ne la faisait pas sortir de sa propriété, et ne l'a point privé de la faculté de demander ultérieurement le cantonnement.

Henri III, sur la demande des États-généraux de Blois *à ce qu'il fût pourvu à la diminution, dégradation et ruine des forêts*, avait, par l'ordonnance de 1579, révoqué tous les droits de chauffage concédés gratuitement depuis le règne de François Iᵉʳ.

D'autres anciennes ordonnances avaient fait de semblables révocations.

Mais ces mesures partielles étaient bien insuffisantes pour les résultats qu'on voulait obtenir.

Les dispositions de l'ordonnance de 1669 furent plus générales et plus efficaces.

Elle supprime tous les droits d'usage en bois, et elle ordonne le remboursement en argent de ceux qui auraient été concédés à titre onéreux, et avant 1560. (Tit. XX, art. 1ᵉʳ et 9.)

Et comme les droits d'usage dans les bois sont des servitudes réelles qui n'appartiennent aux personnes qu'à raison des fonds auxquels ils sont attachés, elle n'admet l'exercice des droits de panage et pâturage qu'en faveur des habitans des maisons usagères seulement, dénommés dans les états arrêtés au Conseil. (Tit. XIX, art. 5.)

Ces dispositions étaient des mesures d'ordre public commandées par des considérations d'intérêt général ; mais elles n'étaient relatives qu'aux bois et forêts qui appartenaient à l'État, à l'époque de l'ordonnance de 1669. D'autres bois avaient été réunis depuis au domaine public, surtout dans le cours de la révolution, qui avait d'ailleurs amené de grands désordres dans l'exercice des droits d'usage qui pouvaient encore subsister.

La loi du 28 ventôse an 11 (19 mars 1803) a ordonné que les communes et particuliers qui se prétendraient fondés à réclamer des droits d'usage dans les forêts dépendant du domaine public, seraient tenus de produire leurs titres, dans le délai de six mois, aux secrétaires des préfectures et sous-préfectures.

Le délai de production fixé par cette loi a été prorogé de six mois par celle du 7 ventôse de l'an 12 (27 février 1804), dont le dernier article porte *que les usagers qui n'auraient pas déposé leurs titres dans ce délai, seront déclarés irrévocablement déchus de tous droits.*

La déchéance prononcée par les lois que nous venons de rappeler n'a pas été appliquée avec rigueur par le Gouvernement. On a continué, pendant un grand nombre d'années, de recevoir les titres des usagers, et on les a facilement relevés de la déchéance.

D'un autre côté, les conseils de préfecture, qui n'étaient cependant, à cet égard, investis d'aucun droit de juridiction, ont souvent statué sur les prétentions des usagers, et leurs décisions ont été approuvées par le Ministre des finances.

Ces circonstances ont déterminé les dispositions de l'article 61 du projet de loi, qui a pour objet de reconnaître ceux qui seront admis à exercer un droit d'usage quelconque dans les bois de l'État.

Ils sont divisés en trois classes :

Ceux dont les droits auront été, au jour de la promulgation de la loi, reconnus fondés, soit par des actes du Gouvernement, soit par des jugemens ou arrêts définitifs ;

Ceux dont les droits seront reconnus tels par suite d'instances administratives ou judiciaires actuellement engagées ;

Ceux enfin dont les droits seraient reconnus fondés par suite d'instances qui seraient intentées devant les tribunaux, dans le délai de deux ans, par des usagers actuellement en jouissance.

Ces dispositions méritent toute votre attention.

Elles confirment tous les relevés de déchéance ;

Elles reconnaissent comme jugemens définitifs les décisions des conseils de préfecture approuvées par le Gouvernement ;

Elles relèvent de déchéance les usagers qui sont en instance administrative ou judiciaire, sans distinction de ceux qui ont produit leurs titres, et des époques où ils ont fait cette production ;

Enfin, elles accordent, pour se pourvoir, un nouveau délai de deux ans à ceux qui, sans être en instance, et sans avoir encore réclamé, sont actuellement en jouissance.

De telles dispositions pourraient donner lieu à beaucoup d'abus, si l'administration n'était pas très-attentive à les éviter.

Mais, d'une autre part, elles sont appuyées sur de puissantes considérations.

Il est vrai qu'on peut dire que des décisions qui ont reconnu des droits d'usage éteints par une déchéance absolue prononcée par la loi, ont véritablement recréé ces droits, et qu'elles en ont, de nouveau, fait la concession ; mais on peut répondre qu'il y a de l'équité à ne pas se prévaloir, pour l'État, d'une déchéance rigoureuse contre des communes qui, n'étant pas troublées dans l'exercice de leurs droits, ont pu demeurer dans l'erreur sur les formalités qu'elles avaient à remplir.

Le même principe d'équité a dû conduire à accorder un nouveau délai aux usagers qui sont en jouissance actuelle, lorsque d'ailleurs le projet de loi, et toutes les lois antérieures., déterminent bien positivement qu'il n'y a, pour l'usager, de jouissance légitime que celle qui est établie par la délivrance de l'objet de l'usage.

Il est également vrai que les conseils de préfecture étaient incompétens pour statuer sur les réclamations de droits d'usage.

Mais des jugemens rendus par des juges incompétens n'acquièrent pas moins la force de la chose jugée, lorsqu'il y a eu acquiescement, lorsqu'ils ont été exécutés, ou qu'ils ont été suivis d'une possession conforme.

Il ne peut non plus y avoir de doute que les réclamations de droits d'usage qui seraient *actuellement engagées* par-devant les autorités administratives, ne doivent être renvoyées, par elles, par-devant les tribunaux, seuls juges compétens pour statuer sur des droits de propriété. Mais il sera nécessaire d'apporter une grande attention aux preuves par lesquelles il devra être authentiquement constaté que les usagers qui ne sont pas en jouissance actuelle étaient antérieurement *en instance administrative :* car, autrement, ceux mêmes qui ne sont pas en jouissance auraient des moyens d'exercer leurs réclamations pendant un délai indéfini.

Enfin, l'article 218 du projet de loi, qui porte que les droits acquis seront jugés d'après les lois et les réglemens précédemment existans, donne une garantie qui était indispensable contre la reconnaissance de droits qui auraient été supprimés, ou contre la reconnaissance d'usagers qui ne devraient pas être admis.

Mais les principales garanties contre les abus des droits d'usage sont celles qui résultent de la faculté accordée au propriétaire d'affranchir la forêt des droits d'usage en bois par le cantonnement, et des droits de pâturage, panage et glandée, par le rachat, moyennant indemnité.

Nous n'avons pas, Messieurs, d'observations importantes à vous soumettre relativement à la faculté même de demander le cantonnement.

Car, si l'on peut opposer qu'en substituant, sur la demande de l'un des contractans et malgré la résistance de l'autre, une convention nouvelle au contrat primitif, le cantonnement offense la loi civile, on doit répondre qu'il a été admis dans des vues politiques et supérieures, qu'il s'exerce depuis cent cinquante ans, et qu'il a été spécialement autorisé par la loi du 19 septembre 1790.

Mais le projet de loi porte que *l'action en affranchissement d'usage par la voie du cantonnement n'appartiendra qu'au Gouvernement, et non aux usagers.*

Cette disposition est conforme à ce qui avait toujours été admis.

Elle est conforme à la nature du droit d'usage, qui n'est qu'un *droit de servitude*, et à celle du cantonnement, qui n'est qu'un acte de rachat destiné à opérer la libération du fonds : c'est pour cela que les tribunaux n'admettaient jamais l'action en cantonnement qu'autant qu'elle était intentée par le propriétaire pour l'affranchissement de son fonds ; les usagers n'étaient pas reçus à le proposer, parce qu'il n'y a que celui qui est copropriétaire d'un fonds qui puisse en exiger le partage pour en avoir à lui seul une portion.

Que deviendraient les forêts de l'État, si chaque usager pouvait avoir le droit d'en demander le partage, et d'y venir prendre une part ?

On ne peut expliquer la loi du 28 août 1792, qui a statué que le cantonnement pourrait être demandé tant par les usagers que par les propriétaires, que par les circonstances et le temps où elle a été rendue.

Toutes les considérations qui peuvent être présentées pour la restauration, pour la conservation, et même pour l'existence des forêts, ont commandé la disposition d'après laquelle les droits de pâturage, panage et glandée, pourront être rachetés moyennant indemnité. (Art. 64.)

Le pâturage est le plus grand fléau des bois : il en amène nécessairement la destruction dans un temps plus ou moins éloigné, puisqu'en n'épargnant que les vieilles souches qui périssent, chaque jour, les bestiaux détruisent par le pied, ou par la dent, le jeune plant qui vient de semences et qui est destiné à les remplacer.

Avec le pâturage, il est impossible d'espérer des futaies, qui sont le but principal de la conservation, puisque les seules bonnes futaies sont celles qui viennent des brins de semences, et qu'en foulant et durcissant le sol, les bestiaux empêchent les faibles racines des semences de le pénétrer, écrasent ensuite ou dévorent les jeunes plants qui auraient pu échapper et s'élever.

On peut même dire qu'il n'y a pas d'âge où les bois soient exempts de ces graves inconvéniens, qui sont moindres pourtant dans les grands taillis que dans ceux qui sont jeunes et faibles.

Ces vérités sont attestées par tous les forestiers, par tous les procès-verbaux de visite et de réformation des forêts, par tous les écrivains français et étrangers qui ont écrit sur cette importante matière. « Pour s'en convaincre, il suffit de comparer « l'état d'un bois où le pâturage est interdit avec celui d'un « bois où il est admis ; ou, si l'on veut avoir un exemple encore « plus frappant, de comparer l'état d'un bois avant son ouver- « ture au pâturage avec celui qu'il présente après quelque temps « de parcours : ces jeunes plants qui le garnissaient, et qui, « s'ils avaient été, comme le dit Buffon, éloignés de l'habita- « tion des hommes, seraient devenus de la première grandeur, « auront disparu, et avec eux, l'espoir des générations qui doi- « vent suivre. » (Duhamel.)

M. de Perthuis, la plus grande autorité qu'on puisse citer en matière forestière, estime, en appelant de tous ses vœux la suppression du pâturage, que les six millions d'hectares qu'il suppose exister en France sont les restes de plus de quarante millions d'hectares qu'elle possédait il y a deux mille ans, et il est persuadé que, de tous les bois détruits en France, la main de l'homme n'en a pas détruit la vingt-cinquième partie, et que le surplus l'a été par les animaux broutans.

Les moyens de parvenir à détruire les causes d'une si redou- table dévastation sont donc commandés, sous tous les rapports, par l'intérêt général de la société.

Néanmoins le projet de loi respecte, avec raison, le droit de propriété ; il ne propose pas la suppression des droits de pâtu- rage, mais leur rachat moyennant indemnité : le principe en existe déjà dans le Code rural (loi du 28 septembre 1791, art. 8, sect. IV, titre Ier), qui porte *qu'entre particuliers, tout droit de vaine pâture fondé sur un titre, même dans les bois, sera ra- chetable à dire d'experts.*

On peut juger, par l'exécution que cette loi a reçue, de celle que recevra la loi proposée : la faculté de racheter les droits de pâturage ne s'exercera que partiellement et lentement ; et pen- dant long-temps encore elle ne sera qu'un moyen pour obtenir des usagers une jouissance moins abusive.

On ne peut même craindre que l'agriculture en éprouve du dommage : l'herbe des forêts, privée d'air et de lumière, et composée de plantes pour la plupart sans saveur et de mauvaise qualité, est peu recherchée par les bestiaux, qui ne la man- gent que parce qu'ils n'en trouvent pas d'autre. Le pâturage dans les bois sera remplacé plus avantageusement par des prai- ries artificielles. Tout le monde a pu remarquer que les races de bestiaux qui vivent habituellement dans les bois n'offrent que des sujets dégénérés, qu'une jouissance trop facile et la perte des engrais apportent réellement des obstacles au perfectionnement de l'agriculture, tandis que les pays où le pâturage n'a pas lieu dans les bois présentent une population plus grande et plus aisée, des bestiaux plus nombreux, une agriculture mieux entendue et des récoltes plus abondantes.

Toutefois il est possible que, dans quelques localités, le pâturage dans les bois soit encore d'une *indispensable nécessité* : c'est pour ces cas, qui ne peuvent être que très-rares, qu'il a été fait au projet de loi un amendement d'après lequel l'administration ne pourra, dans ces cas, requérir le rachat; sauf aux parties à *se pourvoir devant les conseils de préfecture dans celui où la nécessité serait contestée par l'administration.*

Nous avons pensé que cet amendement n'était pas nécessaire; qu'on ne pouvait supposer que le Gouvernement, tuteur et administrateur suprême des communes, voulût jamais prescrire ou autoriser le rachat d'un droit dont l'exercice serait d'une indispensable nécessité pour une ou pour plusieurs communes; que, dans tous les cas, la reconnaissance d'un fait de cette nature, et les conséquences qu'elle devait entraîner, ne pouvaient donner lieu à une question contentieuse et de propriété dont la connaissance pût être attribuée aux conseils de préfecture; que, si elle était une question de propriété, elle serait de la compétence des tribunaux; que les conseils de préfecture ne pouvaient être constitués juges des cas où le rachat, admis par des considérations *d'intérêt général et d'un ordre supérieur*, devrait recevoir des exceptions par des considérations d'intérêts particuliers; que de telles questions étaient d'abord des questions de haute administration; que, sous ce rapport, elles ne pouvaient être renvoyées qu'au Gouvernement, qui avait d'ailleurs, par ses agens, tous les moyens de se procurer les renseignemens nécessaires pour pouvoir apprécier des demandes d'exception à un rachat qui n'était pas commandé par la loi et qui n'était que facultatif.

Par cela même que le cantonnement, pour les usages en bois, et le rachat, pour les droits de pâturage, ne se feront que lentement; que dans beaucoup de circonstances ces opérations pourront être retardées ou empêchées par diverses considérations, il a fallu en régler l'exercice : c'est ce que fait le projet de loi.

C'est ainsi que le pâturage ne peut avoir lieu que dans les cantons déclarés défensables (Art. 67), et conformément à la fixation du nombre des bestiaux qui, d'après les titres, doivent y être envoyés (Art. 68.);

Que les usagers ne peuvent jouir de leurs droits de pâturage et de panage que pour les bestiaux à leur propre usage, et non pour ceux dont ils font commerce (Art. 70);

Que le troupeau de chaque commune ou section de commune doit être conduit par un ou plusieurs pâtres communs (Art. 72.);

Qu'il est défendu aux usagers, nonobstant tous titres et possessions contraires, de conduire les chèvres, brebis et moutons dans les forêts ou sur les terrains qui en dépendent (Art. 78.);

Que l'exercice des droits d'usage en bois ou en pâturage doit toujours être subordonné à la possibilité des forêts (Art. 65.);

Que les usagers qui ont droit à des livraisons de bois, de quelque nature qu'ils soient, ne peuvent les prendre qu'après que la délivrance leur en a été faite (Art. 79.);

Enfin, qu'il leur est interdit de vendre ou d'échanger les bois qui leur sont délivrés, et de les employer à aucune autre destination que celle pour laquelle le droit d'usage a été accordé (Art. 83.).

Toutes ces dispositions sont sages, nécessaires, conformes à celles qui existent et qui ont toujours existé, et à la nature des droits d'usage. Nous croyons néanmoins, Messieurs, devoir vous soumettre quelques observations sur divers amendemens faits au projet primitif du Gouvernement.

C'est l'administration forestière qui est chargée de reconnaître la *possibilité* des forêts, et de déclarer *les cantons défensables*; mais dans le cas de contestation, ce sont les conseils de préfecture qui devront prononcer.

C'est aussi l'administration forestière qui fixera le nombre des bestiaux qui, *d'après les titres*, devront être envoyés au pâturage; et comme, à cet égard, l'art. 68 ne détermine pas la juridiction qui, en cas de difficulté, devra en connaître, il faut bien penser que cette juridiction, malgré l'analogie avec les deux autres cas, devra être celle des tribunaux ordinaires, seuls juges des droits de propriété, surtout lorsque l'article exprime formellement que la fixation sera faite d'après *les titres*.

Il est d'ailleurs évident que la connaissance des contestations qui pourront s'élever relativement à la *possibilité* ou à la *défensabilité* de la forêt, n'est attribuée aux conseils de préfecture que parce qu'on a considéré qu'il s'agissait de questions de *droits de propriété*; mais alors il est également évident qu'elles ne pouvaient être renvoyées que par devant les tribunaux ordinaires.

D'un autre côté, l'article 121, relatif aux bois des particuliers, renvoie indistinctement devant les tribunaux les difficultés qui pourront s'élever entre le propriétaire et l'usager.

Les dispositions du projet de loi, sous les rapports sous lesquels nous les discutons en ce moment, ne sont donc pas en harmonie entre elles.

Elles créent une juridiction *spéciale* pour les droits d'usage qui peuvent appartenir aux usagers dans les bois de l'État, et elles soumettent la décision des questions de propriété qui les intéressent à des autorités administratives, et en définitive au Gouvernement, qui est leur contradicteur.

Enfin qu'arrivera-t-il lorsque i'une ou l'autre des parties croira devoir exercer le recours qui lui est réservé ?

Les pourvois administratifs ne sont pas suspensifs : si des bois non défensables ont été déclarés défensables, ils seront ravagés quand la décision de l'administration supérieure interviendra ; dans le cas, au contraire, où la délivrance de cantons défensables aurait été refusée, la saison du pâturage sera passée quand la décision sera rendue.

Et encore, qui statuera sur les dommages-intérêts qui seront dus dans l'un et l'autre cas ? Les tribunaux, sans doute : de manière que, pour le même fait, il faudra plaider, dans tous les degrés, et par-devant les autorités administratives, et par-devant les tribunaux.

Suivant l'article 72, les communes et sections de commune sont responsables des condamnations pécuniaires qui pourront être prononcées contre les pâtres qui doivent conduire leurs troupeaux, et qui sont choisis par l'autorité municipale, pendant le temps de leur exercice, et *dans les limites de leur parcours.*

Il est sensible que les communes ne peuvent être responsables de leurs pâtres que pendant le temps de leur exercice, puisque, hors de ce temps, ils ne sont plus les agens ou préposés des communes : mais elles ne peuvent pas n'être pas responsables des condamnations pécuniaires pour les délits et contraventions qu'ils commettraient *hors des limites du parcours ;* car ce n'est qu'en qualité de préposés de la commune, et pour l'exercice de ses droits d'usage, qu'ils sont admis dans la forêt : d'ailleurs, s'il en était autrement, ils pourraient impunément conduire les troupeaux de la commune dans les jeunes taillis qui ne sont pas défensables, où l'herbe est plus abondante, et où ils causeraient des dommages irréparables.

Enfin le second paragraphe de l'article 78 paraît au moins inutile : il porte que les usagers qui prétendraient *avoir joui du*

*pacage pour les chèvres, brebis et moutons, en vertu de titres
valables ou d'une possession équivalente, pourront, s'il y a lieu,
réclamer une indemnité pour raison de l'interdiction prononcée
par le premier paragraphe du même article.*

Il faut ne pas perdre de vue qu'il s'agit des droits d'usage
dans les bois de l'État, et que l'ordonnance de 1669 en a expressément défendu le pâturage aux habitans des paroisses
usagères *pour les bêtes à laine, chèvres, brebis et moutons* (Art.
13, titre XIX). Aucun titre, aucune possession, ne peuvent
être valables contre l'État lorsque la loi était prohibitive.

AFFECTATIONS. (Art. 58.) Nous venons, Messieurs, de vous
entretenir des droits d'usage dans les bois de l'État : nous ne
devons pas confondre avec ces droits ces autres espèces de concessions désignées dans le projet de loi sous le nom d'*affectations à titre particulier.*

On appelle ainsi la faculté qui a été accordée de prendre
annuellement dans les forêts de l'État, pour un établissement
d'industrie, les bois nécessaires à l'alimentation de cet établissement, moyennant une rétribution qui était peu en proportion de la valeur des matières livrées. Elles sont au nombre de
quatre-vingt-sept ; quelques-unes de ces concessions contiennent la stipulation d'un terme ; d'autres ont été faites pour
une durée indéterminée ; quelques-unes même, dit-on, à perpétuité.

Le projet de loi maintient celles de ces affectations dont la
durée ne s'étend pas au-delà du 1ᵉʳ septembre 1837 ; toutes les
autres cesseront d'avoir leur effet à la même époque.

Les concessionnaires qui prétendraient que leurs titres leur
ont conféré des droits irrévocables, devront se pourvoir devant les tribunaux dans le délai d'une année.

Si leur prétention est rejetée, ils jouiront néanmoins jusqu'au 1ᵉʳ septembre 1837.

Dans le cas, au contraire, où leur titre serait reconnu valable par les tribunaux, le Gouvernement, quelles que soient
la nature et la durée de l'affectation, aura la faculté d'en affranchir les forêts de l'État, moyennant un cantonnement pour
tout le temps que doit durer la concession.

L'action en cantonnement ne pourra être exercée que par le
Gouvernement.

Telles sont les dispositions du projet de loi relativement aux
affectations.

Nous avons d'abord cherché à déterminer la nature de ces
concessions.

Ce ne sont pas des *engagemens* : car l'engagement autorisé
par l'ordonnance de Moulins de 1566 avait lieu *à deniers comp-*

tans, pour la nécessité de la guerre, après lettres patentes pour ce décernées et publiées dans les parlemens, avec faculté de rachat perpétuel. (Ord. de 1566, art. 1er.)

L'engagement n'était autre chose que la concession d'un domaine de l'État pour gage de la restitution de la somme qui lui avait été prêtée, avec délaissement et délégation des fruits, pour acquitter l'intérêt de l'argent prêté. La possession de l'objet engagé passait nécessairement dans les mains du concessionnaire, auquel les produits en appartenaient, pour en disposer à son gré, sans aucune affectation spéciale.

Rien de semblable n'a eu lieu dans les concessions à titre d'affectations.

Elles ne peuvent non plus être considérées comme des concessions de droits d'usage de la nature de celles auxquelles se réfèrent les lois et ordonnances : car celles-là, comme nous l'avons déjà dit, remontent aux temps les plus reculés ; et c'est par cette raison même qu'elles ont été respectées et maintenues.

Les affectations, au contraire, sont des concessions modernes : ce sont des concessions à longs termes de fruits et de produits qui n'ont jamais été exceptées des dispositions des lois qui ont prohibé les aliénations du domaine de l'État, ou de celles qui en ont prononcé la révocation.

L'ordonnance de 1566, dont les dispositions n'ont pas cessé d'être exécutées, et à laquelle se sont toujours référées toutes les lois intervenues depuis, prohibe expressément l'aliénation du domaine de la Couronne.

L'article 5 de cette loi célèbre est ainsi conçu : « Défendons « à nos Cours de parlement et Chambres des comptes d'avoir « aucun égard aux lettres patentes contenant aliénation de no- « tre domaine *et fruits d'icelui*, hors les deux cas d'apanage « et d'engagement, pour quelque cause et temps que ce soit, « encore que ce fût pour un an ; et leur est inhibé de procéder « à l'entérinement et vérification d'icelles. »

L'article 4 de la même ordonnance porte : « Ne pourra notre « domaine être baillé à ferme ou à louage, sinon au plus of- « frant ou dernier enchérisseur ; et ne pourront les fruits des « fermes ou louages dudit domaine être donnés à quelques « personnes, ni pour quelque cause que ce soit ou puisse « être. »

L'ordonnance de Blois de 1579 contient des dispositions aussi sévères. L'article 337 porte : « Ne voulons aussi, à l'ave- « nir, être fait aucun don dans les bois de nos forêts, ou de « niers provenant de la vente d'iceux, à quelque personne que « ce soit, ni semblablement être fait vente et coupe par pieds

« de nosdits bois; défendant à nos officiers, tant de nos Cours
« souveraines qu'autres, d'avoir égard aux lettres qui, au con-
« traire, en pourraient être ci-après expédiées. »

Enfin, l'ordonnance de 1669 a renouvelé de la manière la
plus expresse les prohibitions des précédentes ordonnances.
« Réitérons, porte l'article 1er du titre XXVII, la prohibition
« faite par l'ordonnance de Moulins, de faire aucune aliéna-
« tion, à l'avenir, de quelque partie que ce soit de nos forêts,
« bois et buissons, à peine, contre les officiers, de privation
« de leurs charges, et de 10,000 livres d'amende contre les ac-
« quéreurs, outre la réunion à notre domaine et confiscation,
« à notre profit, de tout ce qui pourrait avoir été semé, planté
« ou bâti sur les places de cette qualité. »

Les dispositions du projet de loi d'après lesquelles les affectations qui auraient été faites au préjudice des dispositions
prohibitives des lois et ordonnances, doivent cesser d'avoir aucun effet au 1er septembre 1837, sont donc conformes aux
principes de notre droit public : elles sont d'ailleurs très-favo-
rables aux concessionnaires, auxquels elles accordent encore
une prolongation de jouissance de dix années.

Néanmoins, les lois qui régissent le domaine de l'État ne
doivent être exécutées, à l'égard des provinces réunies à la
France postérieurement à l'ordonnance de 1566, qu'en ce qui
concerne les aliénations faites depuis la date des réunions;
celles qui auraient été faites antérieurement aux réunions doivent être réglées suivant les lois qui s'observaient dans ces
provinces.

Quoique, dans ces provinces, le domaine de l'État fût,
comme en France, inaliénable, le projet de loi a dû, comme
il le fait, laisser le droit de se pourvoir par-devant les tribunaux, aux concessionnaires qui prétendraient le contraire, ou
qui prétendraient, en général, que leurs titres leur ont conféré des droits irrévocables. La loi régit le domaine, soit que
l'État en ait la possession et la jouissance actuelle, soit qu'il
ait seulement le droit d'y rentrer de quelque manière que ce
soit : mais des droits qui auraient été légalement et irrévocablement détachés du domaine n'en feraient plus partie; et il
suffit que le détenteur élève la prétention d'une propriété
irrévocable, pour qu'elle doive être renvoyée devant les tribunaux.

Le projet de loi eût pu cependant, comme le Gouvernement
l'avait proposé, ne pas accorder la faveur de dix années de
jouissance à ceux qui auraient préféré au forfait qu'il offrait à
tous, l'exercice rigoureux de leurs droits, dans le cas où leurs

demandes seraient rejetées par les tribunaux. Cette faveur devient, pour tous, une prime pour plaider.

Un autre amendement qui a été fait au projet de loi exige aussi quelques explications : c'est celui par lequel il est dit que, dans le cas où le titre serait reconnu valable, le Gouvernement aurait la faculté d'affranchir de l'affectation les forêts de l'État, *par un cantonnement pour tout le temps que l'affectation devait durer.*

Il y a beaucoup d'inexactitude, et même du danger, à confondre ce qu'on appelle *affectation*, avec un droit de servitude, et à introduire dans la loi une espèce de cantonnement d'une nature toute différente de celle du cantonnement qui a eu lieu pour le rachat des droits d'usage : l'effet du cantonnement est toujours d'attribuer à l'usager la propriété entière et perpétuelle de la portion qui lui est abandonnée. C'est par l'abandon d'un droit de propriété qu'il n'avait pas, que se trouve compensée la privation de la plus ample portion de fruits à laquelle il avait droit. Mais on ne sait pas ce que serait un cantonnement qui ne devrait avoir qu'une durée limitée, et qui aurait probablement toujours pour résultat de faire rentrer dans le domaine de l'État, lors de la cessation de la jouissance, la forêt qui en aurait fait l'objet, dans un état de complète dégradation.

D'ailleurs, dans tous les cas, l'affectation doit cesser de plein droit et sans retour (Art. 59), si le roulement de l'usine pour laquelle elle aurait eu lieu est arrêté pendant deux années consécutives. Que deviendrait alors un cantonnement qui aurait été fait à perpétuité, ou pour un grand nombre d'années ?

Au surplus, Messieurs, nous devons vous faire observer que le droit accordé au Gouvernement de demander le cantonnement, n'est qu'une faculté dont il pourra user ou ne pas user, et que cette faculté n'est pas réciproque.

Nous ajouterons qu'il ne nous paraît pas que les concessionnaires soient fondés à se plaindre de ce que le projet de loi les assujétit à exercer eux-mêmes une action contre l'État, lorsqu'ils sont en possession, et lorsque c'est l'administration qui leur fait des demandes.

Il est, au contraire, bien évident que c'est l'État qui est en possession des forêts, et que c'est à ceux qui viennent demander des délivrances dans les bois d'autrui à établir leurs droits à ces délivrances.

BOIS DU DOMAINE DE LA COURONNE. (Art. 86, 87 et 88.) Nous avons maintenant à vous parler, Messieurs, des bois et forêts qui font partie de la dotation de la Couronne, qui sont aussi soumis au régime forestier.

Ces bois seront exclusivement régis et administrés par le Ministre de la maison du Roi, conformément aux dispositions de la loi du 8 novembre 1814. Les agens et gardes de ces forêts seront en tout assimilés aux agens et gardes de l'administration forestière, tant pour l'exercice de leurs fonctions que pour la poursuite des délits et contraventions; et toutes les dispositions relatives aux bois de l'État leur seront applicables, sauf les exceptions qui résultent de ce que l'administration exclusive de ces bois est attribuée au Ministre de la maison du Roi. (Art. 87 et 159.)

Les bois de la dotation de la Couronne ne cessent pas de faire partie du domaine de l'État par l'affectation qui en est faite à la Couronne. Il n'y a donc pas de raison pour que les règles prescrites pour les bois de l'État ne soient pas les mêmes pour ceux qui dépendent de la dotation de la Couronne.

Nous devons néanmoins vous soumettre quelques observations qu'a fait naître l'examen attentif du projet.

Une portion des bois de l'État a été attachée à la dotation de la Couronne par la loi du 8 novembre 1814 et par celle du 15 janvier 1825; mais cette affectation n'a lieu que pour la jouissance : la Couronne n'est qu'usufruitière et ne jouit que comme usufruitière. C'est par cette raison qu'aux termes mêmes de la loi du 8 novembre, l'échange des immeubles dépendant de la dotation de la Couronne ne peut avoir lieu qu'en vertu d'une loi; (Art. 11 de la loi du 8 novembre.) que les baux de ces biens qui excéderaient neuf années doivent être autorisés par une loi; (Art. 15.) que les bois et forêts de la dotation sont exploités conformément aux lois et règlemens concernant l'administration forestière; (Art. 16.) et enfin qu'il doit être fait une nomenclature exacte et dressé des plans des châteaux, bois et forêts et autres immeubles affectés à la dotation de la Couronne, et que ces états et plans doivent être déposés à la Chambre des Pairs et à celle des Députés.

Il existe donc, relativement à ces biens, deux intérêts ; celui de l'État propriétaire, et celui de la Couronne usufruitière.

La conservation de ces deux intérêts doit avoir également ses garanties.

La loi pourvoit suffisamment à la conservation des intérêts de l'usufruit, puisqu'elle attribue exclusivement à la Couronne la régie et l'administration des bois qui en dépendent.

Les mêmes garanties n'existeraient pas pour la propriété de

l'État, si, *pour ce qui intéresse cette propriété*, on pouvait entendre que la régie et l'administration attribuées au Ministre de la maison du Roi excluent celles de l'administration publique, ainsi que sembleraient le faire supposer le mot *exclusivement* ajouté, par le projet, aux dispositions de la loi du 8 novembre 1814, et l'article 150 du projet de loi.

Cependant, telle n'a pas été l'intention de ce projet, puisque la régie et l'administration exclusives des bois de la dotation de la Couronne ne sont attribuées au Ministre de la maison du Roi que conformément à la loi du 8 novembre, et que les mots *régie et administration* ne peuvent s'entendre des actes qui auraient pour objet la disposition du fonds même de la propriété.

L'administration publique n'est donc pas dispensée d'en exercer la surveillance sous ce rapport, et de faire tous les actes que cette surveillance exigerait.

D'une autre part, le projet exprime bien que toutes les dispositions qui sont applicables aux forêts et bois du domaine de l'État, le sont également aux bois et forêts qui font partie du domaine de la Couronne; mais l'une de ces principales dispositions est qu'il ne pourra être fait, dans les bois de l'État, de coupes extraordinaires, ni aucune coupe de massifs réservés pour croître en futaie, *sans une ordonnance spéciale du Roi*, à peine de nullité des ventes. On sent bien que l'application de cette disposition aux bois de la Couronne amène la nécessité de substituer pour ces bois une loi à *une ordonnance*, pour le cas qu'elle prévoit : c'est la conséquence de sa qualité d'usufruitière, et de la disposition de la loi du 8 novembre, d'après laquelle ce qui excède les bornes d'une jouissance ordinaire doit être autorisé par une loi.

Ce sera d'ailleurs le moyen de prémunir la Couronne contre les surprises qui pourraient lui être faites, de même que Louis XIV défendait aux parlemens et aux chambres des comptes d'avoir égard aux lettres patentes qui compromettraient le domaine de l'État, et qu'il pourrait accorder par importunité ou autrement.

Il sera sans doute utile de proposer ultérieurement quelques dispositions législatives qui rendront encore plus claires et plus positives celles qui existent déjà dans le projet de loi.

Il est même probable qu'un jour viendra où la Couronne pensera que tous les bois qui dépendent du domaine de l'État doivent être régis, sans exception, par l'administration publique et générale; et qu'elle trouvera dans cette administration, qui prend sa force et ses pouvoirs à la même source qu'une administration spéciale, et plus d'économie, et plus de garantie d'une bonne conservation.

Bois d'apanages et de majorats reversibles a l'État. Les bois et forêts qui sont possédés à titre d'apanages et de majorats reversibles à l'État, sont aussi soumis au régime forestier, mais seulement quant à la propriété du sol et à l'aménagement des bois. (Art. 89.)

L'administration forestière y fera faire les visites et les opérations qu'elle jugera nécessaires pour s'assurer que l'exploitation est conforme à l'aménagement, et que les dispositions relatives à la délimitation, au bornage et à l'aménagement, sont exécutées.

Toutes les concessions d'apanages ont été révoquées par la loi du 21 septembre 1790.

Mais un nouvel apanage a été constitué par la loi du 15 janvier 1825, relative à la fixation de la liste civile : il se compose des biens provenant d'un précédent apanage, et le nouvel apanage est constitué *aux mêmes titre et conditions*.

C'est donc dans ce qui se pratiquait avant la suppression des apanages, c'est dans les édits de leur constitution, et particulièrement dans celui relatif à l'apanage rétabli, qu'il faut rechercher les motifs pour lesquels les bois et forêts qui en dépendent doivent être soumis au régime forestier.

L'ordonnance de Moulins de 1566, qui prohibe l'aliénation du domaine de l'État, l'autorise néanmoins *pour apanage des puînés mâles de la maison de France; auquel cas*, dit-elle, *il y a retour à la Couronne, en pareils état et conditions qu'était le domaine lors de la concession de l'apanage, nonobstant toute disposition, possession, acte exprès ou taisible fait ou intervenu pendant l'apanage*. (Art. 1ᵉʳ.)

Mais elle excepte les bois de haute futaie, qui ne pourront être coupés par les apanagistes (Art. 3, et Ordonn. de Blois de 1579.) ; et elle déclare que les terres *aliénées et transférées à la charge de retour à la Couronne, à défaut d'hoirs mâles ou autres conditions semblables*, ne cessent pas de faire partie du domaine de la Couronne. (Ord. de 1666, art. 8.)

La loi du 1ᵉʳ décembre 1790, (Art. 1ᵉʳ.) dit également que le domaine public s'entend de toutes les propriétés foncières et de tous les droits réels ou mixtes qui appartiennent à l'État, soit qu'il en ait la possession et la jouissance actuelles, *soit qu'il ait seulement le droit d'y rentrer par la voie du rachat, de réversion ou autrement*.

Lors de la suppression des apanages, trois apanages seulement existaient : celui de la maison d'Orléans, constitué par l'édit du mois de mars 1661 ; celui de M. le comte de Provence, constitué par édit du mois d'avril 1771, et celui de M. le comte d'Artois, constitué par édit du mois d'octobre 1773.

Tous sont *donnés, octroyés et délaissés* par le Roi, *à la charge du retour à la Couronne, pour entretenement du Prince apanagiste, selon la nature des apanages de la maison de France, et la loi du royaume toujours gardée à cet égard ; et ce, jusqu'à concurrence de 200,000 livres de revenu, par chacun an, les charges préalablement acquittées; à la condition, néanmoins, à l'égard des bois de futaie, d'en user en bons pères de famille, et de n'en couper que pour l'entretenement et réparations des édifices châteaux de l'apanage.*

L'édit de 1661 ne contenait pas cette dernière condition en termes exprès ; mais elle y fut ajoutée par l'arrêt d'enregistrement du 7 mai.

Si des coupes extraordinaires ou des coupes de futaie devenaient nécessaires dans les bois d'apanage, elles ne pouvaient avoir lieu qu'après qu'elles avaient été autorisées par des lettres patentes enregistrées dans les Cours, lesquelles déterminaient l'emploi du prix qui en proviendrait, après qu'il aurait été versé dans les caisses publiques. (Lettres patentes du 4 mars 1751, enregistrées le 8 juillet.)

Toutes les opérations et même les ventes et adjudications étaient faites par les officiers des maîtrises royales.

Toutefois, dans les derniers temps, c'est-à-dire en 1751, 1772 et 1774, les princes apanagistes avaient obtenu des lettres patentes qui les autorisaient à faire leurs exploitations par économie, ou à faire les ventes, en leur conseil, de la manière qui leur paraîtrait le plus convenable, mais toujours après que la délivrance des coupes leur aurait été faite par les officiers des maîtrises, et en observant les formalités et les dispositions des ordonnances et des réglemens. (Lettres patentes du 15 août 1751, enregistrées le 26 ; — autres du 5 mai 1772, enregistrées le 4 juin ; — autres du 6 mars 1774, enregistrées en la Chambre des comptes le 29 avril.)

Les détails dans lesquels nous venons d'entrer, Messieurs, justifient que c'est avec raison que les bois et forêts possédés à titre d'apanage sont assujétis par le projet de loi, au régime forestier, pour toutes les opérations relatives à la délimitation, au bornage, à l'aménagement, à la prohibition de grever le sol d'aucun droit d'usage, puisque ces bois et forêts, en entrant dans une constitution d'apanage, ne cessent pas de faire partie du domaine de l'État.

Elles prouvent aussi qu'il était indispensable d'attribuer un droit de surveillance dans ces bois à l'administration forestière.

Mais comment s'exercera cette surveillance ? comment pourra-t-elle être efficace, lorsque cette administration n'est chargée de faire ni les assiettes, ni les délivrances, ni les récolemens, et lorsque la loi n'assujétit même les agens à aucune responsabilité, et n'annule pas les ventes qui seraient une atteinte à la propriété ?

Comment encore sera fait le procès-verbal prescrit par l'ordonnance de 1566 et par celle de 1669, qui, avant l'entrée en jouissance de l'apanagiste, doit établir et constater, pour le cas de retour, l'âge, la nature et la qualité des bois, l'essence et le nombre des baliveaux ?

Il semble donc que quelques nouvelles dispositions deviendront nécessaires.

Ce que nous venons de dire s'applique naturellement aux bois des majorats reversibles à l'État.

Bois des communes et des établissemens publics. (Art. 90 et suiv.) Les bois des communes et ceux des établissemens publics sont aussi du nombre de ceux qui sont, avec raison, soumis au régime forestier.

Les bois qui appartiennent aux communes occupent environ un trentième du territoire entier de la France, et forment, à-peu-près, le tiers des bois qui en couvrent le sol ; ils sont généralement aménagés à vingt-cinq ans, indépendamment du quart tenu en réserve : bien administrés, ils doivent être la plus précieuse ressource pour tous les besoins publics et particuliers.

Les communes et les établissemens publics ont la propriété absolue de leurs bois ; mais à-peu-près comme un grevé de substitution est plein-propriétaire des biens substitués.

Les communes et les établissemens publics sont d'ailleurs réputés toujours mineurs ; et, sous ce rapport, les uns et les autres doivent être assujétis, dans leur régie, à la surveillance et à l'inspection de l'administration supérieure : cependant l'action du Gouvernement sur leurs bois ne doit être qu'une action de précaution et de garantie, pour leur compte, dans leur intérêt, et dans l'intérêt des générations qui doivent suivre.

Il ne faut pas confondre les bois des communes appelés *bois communaux*, qui leur appartiennent en propriété, avec les bois sur lesquels les communes n'exercent que des droits d'usage plus ou moins étendus, dont nous avons précédemment parlé : il s'agit, en ce moment, des bois *communaux*.

Ces bois appartiennent bien, comme nous venons de le dire, quant à la propriété, au corps de la commune; mais, quant à l'usage dans les limites de la jouissance ordinaire, ils appartiennent aux habitans particulièrement.

C'est aussi sous ce double rapport que les bois communaux sont considérés par le projet de loi.

Sous le rapport de la propriété, ils ne peuvent donner lieu à un partage entre les habitans; mais lorsque deux ou plusieurs communes possèdent un bois par indivis, chacune conserve le droit d'en demander le partage. (Art. 92.)

Ces dispositions sont conformes au droit commun, en ce qu'elles autorisent le partage des bois communaux qui seraient la propriété indivise de plusieurs communes, puisque, d'après les règles du droit commun, les propriétaires ne peuvent être forcés de demeurer dans l'indivision.

Elles sont conformes à la nature des choses, en ce qu'elles déclarent que le partage de la propriété ne peut être fait entre les habitans: car chaque habitant n'a qu'un droit de jouissance dans les bois communaux; la propriété n'appartient qu'au corps de la commune. Le partage de ces bois entre les habitans serait donc subversif du droit de propriété, puisqu'il ferait entrer, par parcelles, dans le domaine privé des particuliers, un fonds dont ils ne sont pas co-propriétaires.

Le partage serait d'ailleurs contraire à la destination de cette espèce de propriété, qui n'a été laissée en commun dès le principe, ou établie telle par la suite des temps, que pour servir aux aisances et à la conservation perpétuelle du corps dont elle constitue le patrimoine. Il ne pourrait avoir lieu que par des considérations politiques d'un ordre supérieur à celles qui en interdisent la faculté.

C'est par des raisons tirées des mêmes principes qu'il ne peut appartenir qu'à l'autorité publique de déterminer ou de changer l'aménagement des bois communaux. (Art. 90.)

L'établissement d'un aménagement, ou le changement de celui qui était établi, détermine ou change le mode et l'étendue de la jouissance : c'est une véritable disposition de propriété, relativement à une nature de biens dont les fruits ne tombent en jouissance qu'à de longs intervalles, et font la principale valeur du sol.

De telles opérations, qui d'ailleurs intéressent l'ordre public et l'économie politique, ne peuvent être abandonnées aux communes, toujours disposées à abuser, qui ne voient rien au-delà de la jouissance du moment, et incapables de porter jamais un regard de prévoyance sur l'avenir.

Un quart des bois des communes et des établissemens-publics sera toujours mis en réserve; (Art. 93.) et, comme les bois de l'État, ils pourront être affranchis, par le cantonnement, de la servitude de droits d'usages en bois. (Art. 111.)

Les coupes des bois communaux destinées à être partagées en nature seront faites par un entrepreneur spécial agréé par l'administration forestière, et assujéties à des précautions qui en assurent la bonne exploitation. (Art. 103.)

Le partage des bois d'affouage sera fait par feu, c'est-à-dire, par chef de famille ou de maison, ayant domicile réel et fixe dans la commune, s'il n'y a titre ou usage contraire. (Art. 105.)

Le choix des gardes sera fait, pour les communes, par le maire, sauf l'approbation du conseil municipal; et pour les établissemens publics, par les administrateurs de ces établissemens : ils seront agréés par l'administration forestière, qui délivrera les commissions; en cas de dissentiment, le préfet prononcera. (Art. 95.)

Ils pourront être suspendus par l'administration forestière, mais la destitution, s'il y a lieu, sera prononcée par le préfet. (Art. 98.)

L'expérience fera reconnaître si ces dispositions sont suffisantes, et si elles donnent assez de pouvoir à l'administration forestière sur les gardes. On eût peut-être dû accorder également à cette administration le droit de destitution. Il ne sera exercé, par le préfet, que sur la délégation qui lui en est faite par la loi; et la loi pourrait également faire cette délégation à l'administration forestière. Ses dispositions, dans ce cas, ne doivent être déterminées que par la considération de ce qui est le plus utile pour la conservation. Or, il ne paraît pas douteux qu'il serait bien plus avantageux, pour cette conservation, que l'administration pût destituer un garde qui ne remplirait pas ses devoirs, qu'il ne l'est d'attribuer le pouvoir de la destitution au préfet, qui n'est pas toujours exempt des influences locales. Une fois nommé, le garde forestier entre dans l'administration, et il est soumis aux règles et aux devoirs qu'elle impose. Quelle autorité pourra-t-elle avoir sur un garde qui n'aura rien à espérer et rien à craindre d'elle, et qui aura souvent, par son maire, dont il sera le serviteur et le complaisant, un protecteur puissant près du préfet ? Que sera-ce encore si, malgré la suspension prononcée par l'administration, et au mépris de ses plaintes, le garde est rétabli et maintenu dans ses fonctions par l'autorité du préfet ? Il est souvent arrivé autrefois que les intendans ont voulu s'immiscer dans l'administration des bois communaux; mais leur intervention dans cette administration a toujours été repoussée (1).

Le projet de loi présente une innovation importante et très-avantageuse aux communes et établissemens publics, relativement à ce qui a été précédemment pratiqué pour la fixation de la participation de leurs bois aux frais d'administration. Le montant de la partie de ces frais qui sera mise à leur charge, sera désormais déterminé dans la proportion des frais généraux de régie. La somme que les communes et les établissemens publics devront acquitter, sera réglée, chaque année, par la loi de finances, et ajoutée à la contribution foncière des bois qui en seront l'objet. Au moyen de cette contribution, tous les frais autres que le salaire des gardes resteront à la charge de l'État.

On ne peut méconnaître, Messieurs, que les dispositions du projet de loi relatives aux bois des communes et des établissemens publics n'apportent à leur situation de sensibles améliorations. Quelques-unes peuvent encore être désirées; mais il serait difficile de les établir tant que le pouvoir municipal ne sera pas organisé, et que les fonctions qui lui sont propres ne seront pas définitivement réglées.

BOIS ET FORÊTS INDIVIS. (Art. 113, etc.) Nous vous soumettrons, Messieurs, peu d'observations relativement aux bois et forêts dans lesquels l'État, la Couronne, les communes ou les établissemens publics, ont des droits de propriété indivis avec des particuliers, lesquels forment la dernière classe des bois soumis au régime forestier.

L'assujétissement de ces bois au régime forestier vous paraîtra sans doute indispensable; car l'État a un droit de propriété dans chaque partie d'un bois indivis avec lui, et il a intérêt à la conservation de la totalité et de chaque partie de ce bois tant qu'il demeure indivis. Or, la conservation des droits qui lui appartiennent ne peut pas être confiée à une administration de particuliers, et l'administration publique ne peut pas non plus être subordonnée à une administration privée. D'ailleurs l'état d'indivision est volontaire.

Nous devons faire observer que le projet de loi assujétit au régime forestier, *sans aucune restriction*, les bois indivis avec le domaine de la Couronne, lorsque pourtant les bois de la Couronne sont généralement exceptés de ce régime pour leurs régie et administration.

---

(1) *Voyez* les nombreux arrêts du conseil, rappelés dans le dictionnaire forestier de Chailland, aux mots *Bois communaux* et *Intendans*.

Il pourrait donc exister des embarras si quelques bois de particuliers se trouvaient indivis avec les bois de la Couronne; mais l'embarras pourrait être surmonté, puisque, pour le faire cesser, il suffirait, de part ou d'autre, de demander le partage.

Bois des particuliers. (Art. 117, etc.) Nous arrivons, Messieurs, aux dispositions du projet de loi relatives aux bois des particuliers.

L'ordonnance de 1669 les avait soumis à une partie du régime établi pour les bois de l'État.

Il était enjoint aux propriétaires de régler la coupe de leurs bois taillis au moins à dix années; d'y réserver seize baliveaux par chaque arpent, et dix dans les bois de futaie, pour n'en disposer qu'à l'âge de quarante ans, pour les taillis, et de cent ans pour les futaies; les coupes devaient y être faites à la cognée et à fleur de terre, comme dans les bois de l'État. (Tit. XXVI, art. 1er.)

Il était ordonné aux propriétaires de bois joignant les forêts du domaine de déclarer aux greffes des maîtrises royales le nombre et la quantité qu'ils en voulaient vendre chaque année (Même tit., art. 4.); et à ceux qui possédaient des bois de haute futaie à la distance de dix lieues de la mer et deux lieues des rivières navigables, de les vendre et faire exploiter sans en avoir donné avis au contrôleur général des finances. (Même tit., art. 3.)

Enfin, les officiers des maîtrises étaient autorisés à faire des visites et inspections dans les bois des particuliers pour y faire observer l'ordonnance et réprimer les contraventions.

La loi du 27 septembre 1791 les affranchit entièrement de toutes les entraves de l'ordonnance de 1669, et des lois et réglemens qui l'avaient suivie.

Les dispositions du projet de loi laissent également aux particuliers la libre administration et l'entière disposition de leurs bois, sauf deux exceptions importantes, mais dont la durée est limitée, et dont nous vous entretiendrons dans un moment.

Ils pourront, comme l'État, et par les mêmes motifs d'intérêt public, faire cesser les droits d'usage en bois par le cantonnement, et ceux de pâturage par le rachat moyennant indemnité.

La loi leur accorde aussi les mêmes moyens de garantie contre les abus de l'exercice de ces droits, tant que leurs bois n'en seront affranchis, ni par le cantonnement, ni par le rachat.

Les usagers ne pourront y prendre les bois auxquels

ils auraient droit qu'après que la délivrance leur en aura été faite.

Les droits de pâturage, parcours, panage, glandée, et autres de cette nature, ne pourront être exercés que suivant l'état et la possibilité de la forêt, et dans les parties de bois reconnues défensables.

Les usagers ne pourront jouir des droits de pâturage que pour les bestiaux à leur propre usage, et ne pourront vendre ou échanger les bois qui leur seront délivrés, ni les employer à une autre destination que celle pour laquelle le droit d'usage a été accordé.

Les précautions prescrites pour la marque, la conduite et la garde des bestiaux dans les bois de l'État soumis à des droits d'usage, seront également observées dans les bois des particuliers.

Et dans tous les cas de contestation entre le propriétaire et l'usager, il y sera statué par les tribunaux.

Les particuliers nommeront leurs gardes, qui devront être agréés par le sous-préfet ou le préfet, et prêter serment devant le tribunal de première instance.

Mais, à cet égard, Messieurs, nous devons, pour ne pas y revenir, vous faire part d'une difficulté fort sérieuse.

Les procès-verbaux des gardes dans les bois de l'État, des communes et des établissemens publics, lorsqu'ils sont signés par deux agens ou gardes forestiers, feront preuve, jusqu'à inscription de faux, des faits matériels relatifs aux délits et contraventions qu'ils constatent, (Art. 176.) tandis que les procès-verbaux dressés par les gardes des bois et forêts des particuliers ne feront foi que *jusqu'à preuve contraire.* (Article 188.)

S'il est vrai, comme l'a dit M. le commissaire du Roi, que, *sans cette disposition,* pour les gardes de l'administration publique, *il n'y a pas de répression possible,* les bois des particuliers, pour lesquels elle n'existe pas, demeureront sans garantie contre les délits et contraventions qui pourront y être commis.

On sait d'ailleurs avec quelle facilité les délinquans trouvent, dans les campagnes, des témoignages contre les procès-verbaux des gardes.

La nécessité d'avoir pour chaque délit un procès dont les frais retombent presque toujours sur le propriétaire, l'empêche de poursuivre, amène l'impunité et beaucoup de désordres dans les bois particuliers.

Cependant nous avons considéré que le projet de loi ne faisait que maintenir l'état de choses qui existe ; qu'il y aurait bien aussi du péril dans la disposition par laquelle les procès-verbaux des gardes des particuliers feraient foi jusqu'à inscription de faux ; que souvent ils pourraient être les instrumens des passions de propriétaires qui ne donnent pas toujours à la société de suffisantes garanties ; enfin, que, si l'administration, en nommant et commissionnant ses gardes, pouvait leur attribuer une portion d'autorité publique, il n'en était pas de même des particuliers, qui ne pouvaient communiquer à leurs gardes, par eux-mêmes ou par délégation, une autorité qu'ils n'avaient pas.

Nous avons dit, Messieurs, que les dispositions du projet de loi qui laissaient aux particuliers la libre administration de leurs bois, ne contenaient que deux exceptions ; car il est inutile de vous entretenir des délivrances de bois qui, en cas d'urgence, peuvent être exigées, pour les travaux du Rhin, dans quelques bois de particuliers, lorsque cette servitude, dont la nécessité n'est contestée par personne, ne s'étend qu'à une distance de cinq kilomètres, qu'elle ne s'exerce, dans les bois des particuliers qu'en cas d'insuffisance des bois de l'État, des communes et des établissemens publics, et qu'elle est établie dans l'intérêt même des localités qui y sont assujéties ; plus encore que dans l'intérêt général. (Art. 136.)

DROIT DE MARTELAGE. La première des deux exceptions dont nous venons de parler, est celle du *droit de martelage*. (Article 122, etc.)

Pour pouvoir vous présenter dans leur ensemble les réflexions dont l'exercice de ce droit nous paraît susceptible, nous ne séparerons pas ce qu'il a de relatif aux bois de toutes les catégories.

Il est maintenu *indéfiniment* dans les bois soumis au régime forestier, et *pour dix années* seulement dans les bois des particuliers.

Dans les bois particuliers, le droit de martelage ne pourra être exercé que sur les arbres en essence de chêne qui seront destinés à être coupés, d'une circonférence de quinze décimètres au moins.

Les arbres, dans les lieux clos attenant aux habitations et non aménagés en coupes réglées n'y seront point assujétis.

La déclaration des propriétaires sera faite six mois d'avance, sous peine d'une amende de 18 fr. par mètre de tour pour chaque arbre susceptible d'être déclaré.

Ils pourront disposer librement des arbres déclarés, si la marine ne les a pas fait marquer pour son service dans les six mois de la déclaration.

Dans les cas de besoins personnels, les besoins devront être constatés par le maire de la commune.

Le prix, dans les bois soumis au régime forestier et dans les bois particuliers, sera réglé de gré à gré, ou par experts; et dans le cas de partage, le tiers expert sera nommé par le président du tribunal de première instance.

Dans tous, la marine pourra, jusqu'à l'abattage des arbres, annuler les martelages; mais elle devra, dans les trois mois de la notification de l'abattage, prendre tous les arbres marqués et en payer le prix, ou les abandonner en totalité.

Telles sont, Messieurs, en substance, les dispositions du projet de loi relatives au droit de martelage, lesquelles ne seront applicables qu'aux localités où il sera jugé indispensable pour le service de la marine et pourra être exercé utilement par elle.

Ce droit fut établi par l'ordonnance de 1669 dans les forêts situées à dix lieues de la mer et à deux lieues des rivières navigables.

Le réglement général du 21 septembre 1700 a étendu la distance à quinze lieues de la mer et à six lieues des rivières navigables.

Mais dans les bois particuliers, dans ceux de l'État, des communes et des établissemens publics, les bois étaient livrés à la marine d'après l'estimation par experts.

Ce mode de paiement a toujours été maintenu pour les bois des particuliers : il y a été dérogé pour les bois de l'État depuis 1801 et 1802, et particulièrement par une ordonnance du 28 août 1816, rendue sur le seul rapport du Ministre de la marine et dont il est inutile de rappeler les dispositions extraordinaires. Il doit, en ce moment, suffire de dire que cette ordonnance a rangé les bois des communes et des établissemens publics dans la même classe que les bois de l'État, qu'elle les a soumis aux mêmes charges, et que, pour tous, elle a fixé pour toute la France un prix uniforme, inférieur de plus de moitié au prix du commerce, et auquel les bois de marine seraient livrés au fournisseur.

C'est dans de telles circonstances qu'il s'agit d'examiner si le droit de martelage doit être maintenu, et dans les bois soumis au régime forestier, et dans ceux des particuliers.

Il ne peut d'abord y avoir de difficulté à y assujétir les bois de l'État, naturellement affectés aux besoins de l'État. La question, à leur égard, n'est plus alors que dans le choix du mode de l'exercer, avec le plus d'utilité ou le moins d'abus. Or, on ne peut même méconnaître que celui qui est proposé est celui qui fait craindre le moins d'inconvéniens. Il a pour lui l'ex-

périence de plus d'un siècle, et il est conforme à tous les
principes. L'État, qui est propriétaire et qui vend, ne blesse
aucun droit en imposant à ses adjudicataires la condition de
lui livrer les bois propres à son service, d'après un prix fixé
de gré à gré ou par des experts.

Il est probable qu'il en résultera une augmentation de dépense pour le service de la marine ; mais elle n'aura lieu que
dans la proportion de la quantité de bois que la marine recevra des adjudications, tandis que l'augmentation des produits
pour le trésor se fera ressentir sur la totalité des ventes.

Ce qu'il faut à la marine, c'est d'avoir les bois propres à son
service qui se trouvent dans les bois de l'État ; et la fixation
d'un prix uniforme, et de beaucoup inférieur au prix du commerce, en amène trop souvent la soustraction, par les moyens
par lesquels, après que les agens subalternes ont fait des martelages excessifs, et altéré par-là la valeur des coupes ; les
marchands ou les fournisseurs peuvent obtenir d'eux, après
les adjudications, d'en rebuter et de leur en abandonner la
plus grande partie ; de telle manière que la marine elle-même
ne profite presque pas du préjudice que l'État éprouve dans
les ventes.

On pourrait seulement demander s'il ne serait pas plus avantageux que l'administration fît livrer directement à la marine
les arbres propres à son service, plutôt que de les vendre à un
adjudicataire qui les livre à un fournisseur qui les revend à la
marine.

Mais la marine ne prend que le corps de l'arbre, ou même
une partie du corps de l'arbre : que deviendraient toute la dé-
coupe et la dépouille ? L'exploitation des arbres de marine ne
pourrait, non plus, se faire que dans l'année suivante, pour
ne pas détruire la responsabilité de l'adjudicataire par le concours d'une double exploitation dans la même vente : les abus
et le préjudice deviendraient incalculables.

C'est avec bien de la sagesse que, même pour les constructions et les réparations des maisons royales, Louis XIV a interdit les coupes par arpent ou par pieds d'arbre, et qu'il a
prescrit que les adjudicataires seraient tenus de fournir les bois
nécessaires pour ces ouvrages, en leur en payant le prix suivant
l'estimation.

Les exploitations et les régies conviennent moins encore aux
gouvernemens qu'aux grands propriétaires ; et il y a long-temps
qu'on a dit que les grands propriétaires devaient toujours tout
vendre et tout acheter.

D'après les dispositions du projet de loi, il n'y aura plus
d'injustice à ranger les bois des communes et des établissemens

publics dans la même classe que les bois de l'État, puisque la fixation du prix des arbres qui en proviendront et qui devront être livrés à la marine, sera faite sur la base équitable de leur véritable valeur.

D'ailleurs les communes et les établissemens publics, qui tiennent leur existence et leurs droits des lois politiques, sont plus spécialement appelés à subvenir aux besoins de la société, pour l'utilité de laquelle ils ont été créés.

Mais la difficulté est plus grande pour les bois des particuliers.

Le droit qui est réclamé, pour le service de la marine, de choisir et de prendre dans ces bois les arbres propres à ce service; l'interdiction aux propriétaires de disposer à leur gré de ce qui leur appartient; la nécessité qui leur est imposée de faire des déclarations d'abattre dans des délais dont l'inobservation donne lieu contre eux à des amendes, lorsque très-souvent ils ne savent même pas, six mois d'avance, quelles parties de bois ils devront couper, ou lorsque leurs besoins ou d'autres circonstances imprévues les forcent de changer une première détermination; tout cela, on ne peut se le dissimuler, n'est pas seulement une gêne, une servitude pénible, mais une atteinte véritable au droit de propriété.

Néanmoins le service de la marine se rattache aux plus grands intérêts du pays, à sa sûreté, à son indépendance, à la protection et à la prospérité du commerce; et personne ne peut contester que les principes ordinaires ne doivent céder aux nécessités d'un tel service, et que la société n'ait le droit d'en exiger le sacrifice : c'est le cas où la loi politique commande à la loi civile.

La question est donc de savoir si l'exercice du droit de martelage dans les bois des particuliers est indispensable pour les approvisionnemens de la marine.

Nous regrettons, Messieurs, de ne pouvoir vous fournir à cet égard tous les renseignemens que vous pourrez peut-être désirer : ceux que nous avons sont variables, incertains, peu nombreux. Nous les avons puisés tous dans un discours de M. le ministre de la marine à la Chambre des députés, et dans la connaissance qui nous a été donnée de la consistance des bois publics et particuliers qui existent en France.

En prenant ces renseignemens comme certains, nous savons :

Que le sol forestier se compose de 6,416,481 hectares, que sur cette masse 1,160,466 hectares appartiennent à l'État, que 3,178,984 hectares sont soumis au régime forestier, et enfin que 3,237,517 hectares appartiennent à la propriété particulière ;

Que la marine compte habituellement sur un approvisionnement de 25 à 30,000 stères provenant des bois de l'intérieur, indépendamment des achats à l'étranger;

Enfin, que, dans ces dernières années, sans rien provoquer, sans étendre sa faculté de martelage, elle a reçu, par an, dans ses ports, le double de ce qu'elle demande ordinairement, c'est-à-dire, 60,000 stères, dont les deux cinquièmes proviennent des bois soumis au régime forestier, et les trois autres cinquièmes des bois particuliers.

Ces résultats ne seraient pas alarmans : car les deux cinquièmes de 60,000 stères, c'est-à-dire, 24,000 stères, qui pourraient être fournis par les bois soumis au régime forestier, sur un approvisionnement de 25 à 30,000 stères, rempliraient presque les besoins; et, dans tous les cas, il serait bien facile au département de la marine de se procurer, par la voie du commerce, dans l'intérieur, la faible partie qui lui serait encore nécesaire : on pourrait même avoir d'autant plus de sécurité à cet égard, qu'un semblable produit, dans les bois soumis au régime forestier, est indépendant de toutes coupes extraordinaires. Il est encore permis de supposer que la marine aurait pu puiser dans les bois publics des ressources plus considérables, si, au milieu de l'abondance des bois dont les offres lui étaient faites de toutes parts sans qu'elle en provoquât aucune, elle avait eu intérêt de prendre dans les bois soumis au régime forestier tous les bois propres à son service, ou d'y étendre son martelage à des distances plus éloignées, sans égard pour un peu plus ou un peu moins de frais de transport.

Mais il faut reconnaître que les renseignemens sur lesquels ces raisonnemens sont établis, sont insuffisans pour pouvoir asseoir sur de telles suppositions les ressources de la marine avec une sage prévoyance et dans un long avenir.

Les produits des forêts soumises au régime forestier n'ont pas été calculés sur un nombre d'années assez considérable : nous ne connaissons pas assez non plus leur répartition, la quantité, l'aménagement, la nature et l'essence de celles qui sont situées à une convenable distance de la mer et des rivières flottables ou navigables, les seules où la marine puisse chercher ses moyens d'approvisionnement, pour avoir la pensée de vous proposer de supprimer immédiatement le droit de martelage qu'elle exerce depuis cent cinquante ans.

Nous craindrions même davantage que la restriction à dix années de la durée de ce droit, avec la condition *de prendre tous les arbres marqués qui auront été abattus ou de les aban-*

donner en totalité, n'en fût réellement la suppression dès ce moment, si nous n'avions la conviction que le Gouvernement ne tardera pas à être assuré que l'exercice de ce droit dans les bois des particuliers ne lui est pas nécessaire, et qu'il se procurera facilement, et peut-être encore à de meilleures conditions, les approvisionnemens de la marine par la voie et la concurrence du commerce, que par des moyens coercitifs. L'intérêt particulier saura bien découvrir les bois les plus utiles et les plus propres à ce service; et les propriétaires viendront eux-mêmes les offrir, comme ils le font dès à présent, lorsque, pour des pièces de qualité et de dimensions supérieures, ils devront espérer de recevoir aussi un prix supérieur à celui qu'ils obtiendraient en les livrant pour les besoins ordinaires de la consommation.

Car enfin l'exercice du martelage ne crée pas la matière. Nous ne sommes plus sous le régime de l'ordonnance de 1669. Tout se liait dans le système de cette loi : si, d'une part, elle établissait le droit de martelage en faveur de la marine, elle forçait, d'un autre côté, les particuliers à des aménagemens, à des réserves qui en rendaient l'exercice utile : les baliveaux de l'âge du taillis ne pouvaient être coupés avant quarante ans et s'accumulaient à chaque révolution, et ceux dans les futaies ne pouvaient être abattus qu'après cent ans, tandis que, dans l'état actuel de la législation et de la société, l'exercice du droit de martelage aura au contraire l'effet de détourner d'élever des futaies, ou de conserver des arbres qui exposeraient à des recherches, qui assujétiraient à des gênes, et dont on ne pourrait disposer librement.

Ce qu'il faut obtenir, c'est l'existence et la conservation de la matière : l'expérience et les règles d'une bonne administration feront bientôt connaître les meilleurs moyens de la faire arriver dans les ports.

La société a d'ailleurs d'autres besoins que ceux de la marine; et elle ne peut pas se confier, sans prévoyance, à une abondance actuelle, qui n'est que la destruction des ressources de l'avenir.

Les futaies ont été partout abattues par un grand nombre de causes trop connues pour qu'il soit utile de les rappeler. Les forêts publiques n'ont elles-mêmes pas été exemptes de la dévastation. Les taillis se reproduisent : mais il faut des siècles pour obtenir des futaies; et quand des siècles se sont écoulés, les effets d'une administration vicieuse dans le principe, se font encore ressentir dans la qualité de réserves qui auraient été mal faites ou mal choisies.

Les considérations de l'ordre le plus élevé appellent donc

l'attention du Gouvernement sur cette importante partie de l'économie politique.

Il serait dangereux de se reposer sur les ressources qu'on trouverait à l'étranger : c'est dans le temps où elles seraient le plus nécessaires qu'elles pourraient manquer; et il ne serait pas raisonnable de se mettre dans la dépendance d'autres pays, pour des objets de première nécessité, qu'on peut avoir en abondance chez soi.

Les bois des particuliers pourront sans doute fournir encore de grandes ressources pour les besoins de la consommation générale : ceux des grands propriétaires continueront même d'en offrir d'importantes à la marine; mais il faut craindre de voir ces ressources diminuer chaque année, si le Gouvernement ne prend pas des mesures pour encourager les futaies dans les propriétés privées, ou pour diminuer le désavantage d'en élever ou d'en conserver.

C'est surtout dans les bois de l'État, et dans ceux qui sont soumis au régime forestier, qu'il faut préparer les moyens de subvenir aux besoins de l'avenir, et particulièrement à ceux de la marine, par des réserves et par des aménagemens dirigés dans les grandes vues des intérêts publics.

Il ne nous appartient point d'examiner avec détail s'il ne conviendrait pas de faire à la marine une affectation spéciale de soixante ou de quatre-vingt mille hectares de futaies qui s'exploiteraient par expurgade ou éclaircie.

On ne remettrait pas apparemment la direction des bois de cette affectation aux agens de la marine; on ne confierait pas la conservation au service qui consomme; et on n'admettrait pas dans les forêts une double administration. A quoi pourrait donc servir cette affectation spéciale, lorsque la *totalité* des bois de l'État est et doit être d'abord affectée aux besoins de la marine?

On ne trouverait pas non plus dans les bois de l'État 80 mille hectares de bois de futaie en essence de chêne, et à la proximité des moyens de transport : l'État ne possède guère que 60 mille hectares aménagés en futaie, dont un quart seulement où le chêne domine ; dans le surplus, c'est le hêtre, et souvent le bouleau et les bois blancs, qui ont pris le dessus, par suite d'exploitations vicieuses.

Et cette quantité même de 80 mille hectares serait d'ailleurs bien loin d'être suffisante pour l'objet auquel elle serait destinée.

Le système des exploitations par éclaircie a de grands avantages pour former et obtenir des futaies : le Gouvernement en multiplie les essais, et on doit espérer qu'ils seront favorables;

mais il ne faut pas s'y livrer avec une précipitation et un excès qui seraient funestes : les exploitations par éclaircie sont nuisibles, si elles ne sont pas conduites avec beaucoup d'intelligence ; et le premier soin devrait être d'avoir aussi une école de gardes, et de se procurer un grand nombre de forestiers capables de diriger ces sortes d'exploitations.

Enfin il faut ne pas perdre de vue qu'il faudra bien du temps pour amener les forêts à un nouvel ordre d'exploitation établi sur un aménagement de cent quatre-vingts ans, et pour obtenir, par ce nouvel ordre d'exploitation, les arbres propres aux constructions navales.

Mais nous répétons que c'est au Gouvernement qu'il appartient d'examiner ces grandes questions, d'en peser l'importance et les conséquences, et de faire exécuter les mesures qu'il croira devoir arrêter dans l'intérêt public.

DÉFRICHEMENS. La deuxième exception importante à la libre administration de leurs bois laissée aux particuliers est celle qui est établie par la disposition qui leur interdit, pendant vingt années, la faculté de les faire arracher ni défricher sans en avoir obtenu l'autorisation dans le cas d'opposition par l'administration forestière. (Art. 219, etc.)

Le défrichement dans les bois de l'État, dans ceux dans lesquels il avait intérêt, et dans ceux des communes et des établissemens publics, était défendu depuis long-temps.

L'ordonnance de 1669 n'en avait pas formellement interdit la faculté aux particuliers ; mais c'était une conséquence des dispositions qui les astreignaient à l'observation d'un aménagement, et à la conservation des réserves ; d'ailleurs il y avait été pourvu depuis.

La liberté illimitée de disposer de ce genre de propriété, accordée aux particuliers par la loi du 29 septembre 1791, a donné lieu à des défrichemens considérables : les bois qui couvraient les montagnes et les côteaux ne furent même pas plus épargnés que ceux qui existaient dans les plaines

Ces désordres excitèrent des réclamations générales : la loi du 9 floréal an 11 (29 avril 1803) y mit un terme, en défendant pendant vingt-cinq ans les défrichemens, sans autorisations préalables. Le délai fixé pour la durée de cette mesure expire le 29 avril prochain.

Le projet de loi en propose une semblable pour vingt années.

Il faut convenir que cette disposition n'est pas conforme au principe d'après lequel chacun peut user et abuser de sa propriété, et qu'elle ne peut être admise que par la considération que les bois sont des objets de première nécessité, et par des motifs d'ordre public.

C'est parce que le Gouvernement reconnaît lui - même ces principes qu'il ne propose qu'une disposition temporaire et exceptionnelle : tout consiste donc encore à savoir si elle est commandée par les circonstances.

On ne peut en douter, lorsque les motifs qui ont déterminé la loi du 9 floréal sont devenus plus puissans qu'ils ne l'étaient à cette époque, et que la dévastation des forêts n'a fait que s'accroître; lorsque des coupes extraordinaires ont été faites de toutes parts, sans règles et sans mesure, dans les bois des particuliers, dans les bois des communes; et lorsque les malheurs des temps ont même rendu nécessaire l'aliénation d'une partie importante des bois de l'État, qui généralement n'ont été acquis que dans des vues de destruction.

Plusieurs des mesures proposées par le projet de loi ont leur motif dans la nécessité d'arrêter la dégradation et la destruction des forêts : il n'en est pas qui, pour atteindre ce but, soient plus indispensables que celle qui a pour objet de prévenir les désordres qui naîtraient de la liberté indéfinie de les défricher ; on peut s'en faire une idée par l'immense quantité de demandes d'autorisations qui continuent d'avoir lieu : en 1825, elles ont été de 2,968 ; en 1826, de 2,440.

Beaucoup, sans doute, devront être accordées, mais avec discernement et sans faveur : avec le temps, les bois aliénés, trop épars encore, se réuniront dans des mains conservatrices, et le passage d'un état de prohibition à un état d'entière liberté deviendra moins sensible, et n'amènera aucune commotion dans la société.

Le déboisement des montagnes excite surtout des plaintes universelles : leur stérilité par l'entraînement de la terre végétale qui était retenue par les bois, la diminution des eaux de source, l'augmentation des eaux superficielles, la formation de torrens qui bouleversent les propriétés placées au-dessous de ces sols élevés, sont la suite des défrichemens qui s'y sont faits: ce sera contre ces défrichemens que l'administration s'armera de sévérité.

La disposition du projet qui promet une exemption d'impôt, pendant vingt ans, en faveur des semis et plantations sur les montagnes et sur les dunes (Art. 225), est sans doute dans l'intérêt public.

Néanmoins elle ne pourra pas être exécutée sans une loi qui en détermine les conditions : autrement elle pourrait donner lieu à beaucoup d'abus. Elle amènerait d'autant plus de désordre dans le système des contributions, qu'on ne pourrait changer continuellement les contingens de tous les départemens, et qu'il serait pourtant injuste de répartir sur les autres contribuables de la commune ou du département l'exemption d'impôts qui serait accordée à ceux qui auraient fait les plantations nouvelles qui y donneraient droit.

La loi pourra autoriser, s'il y a lieu, la concession d'une prime équivalente à l'exemption d'impôt qui serait supportée par les fonds généraux.

Les autres dispositions du projet de loi, Messieurs, ont pour objet de régler la police des bois, le mode des poursuites à exercer, soit au nom de l'administration forestière, soit au nom des particuliers, les peines et les condamnations, et l'exécution des jugemens.

Vous pourrez facilement les apprécier lorsque chacune d'elles sera soumise à votre délibération.

Telles sont, Messieurs, les observations que nous avons cru devoir vous présenter sur le projet de Code forestier que vous avez renvoyé à notre examen.

Nous avons encore remarqué que le mot *Gouvernement* y est employé dans des sens différens; que quelquefois même il paraîtrait ne désigner qu'un *Ministre*, qui fait bien partie du Gouvernement, mais qui n'est pas le Gouvernement;

Que le recours réservé, dans diverses circonstances, au Roi ou au Gouvernement, y est aussi indiqué par ces mots, *sauf le recours au Conseil d'état*, quoique le Conseil d'État ne soit pas établi comme juridiction.

On peut, sans doute, répondre que les erreurs dans les énonciations ne changent point la nature des institutions, et qu'elles demeurent ce que les lois qui leur sont propres les ont faites.

Néanmoins, en se multipliant, et surtout dans les lois, elles pourraient avoir des inconvéniens, et amener de la confusion dans les choses: il est plus convenable de les éviter, et il est toujours utile de ne pas paraître les approuver.

Après vous avoir exposé avec sincérité nos observations sur quelques imperfections que nous avons cru apercevoir dans le projet de loi, il semble, Messieurs, que nous devrions aussi vous proposer les changemens qui pourraient les corriger.

Cependant nous ne vous proposons aucun amendement, et nous devons vous faire connaître les motifs qui nous y ont déterminés.

Si le projet de loi n'est pas parfait, on ne peut pas méconnaître qu'une loi ne soit nécessaire, et que celle qui est présentée n'apporte de grandes améliorations dans la législation des forêts.

Il serait bien difficile qu'un code composé de 225 articles ne fût susceptible d'aucun changement; et cependant, à l'époque où nous sommes arrivés, quelques changemens compromettraient, au moins pour cette année, le sort de la loi. Serait-il sage, pour obtenir quelques dispositions meilleures, de s'exposer à n'avoir pas ce qui est bon, ce qui est nécessaire?

Nous avons d'ailleurs pensé que les dispositions législatives qui paraîtraient utiles pourront être présentées aux Chambres l'année prochaine. L'ordonnance de 1669 elle-même a été suivie d'un grand nombre de lois qui en ont expliqué et modifié les dispositions.

Enfin, nous n'avons pas dû perdre de vue que le délai de la loi qui a interdit, pendant vingt-cinq ans, les défrichemens sans autorisation préalable, expire au mois d'avril prochain, et que, si la délibération de l'autre Chambre devenait inutile dans cette session, la loi pourrait bien ne pas être rendue, avant que de grands désordres eussent été consommés.

Nous ne nous sommes pas non plus dissimulé, Messieurs, qu'une bonne loi sur les forêts n'était rien, si son exécution n'était pas confiée à une administration éclairée, conservatrice, surveillante et forte.

Nous aurons, dans celle qui existe, les garanties de lumières, de surveillance et de volonté d'une bonne conservation.

Mais combien elle est loin d'avoir les moyens de force de celle qui réunissait la haute administration, la juridiction, la conservation!

Forcée d'être continuellement en opposition avec tous les intérêts désordonnés de la population, des communes, et souvent de leurs administrateurs, le bien qu'elle fait n'excite que des haines. C'est donc en diminuant les obstacles qui entravent son action et détruisent ou atténuent ses moyens de surveillance; c'est en lui accordant une juste confiance et en ne lui témoignant pas d'injustes défiances, qu'on parviendra à lui donner du moins cette force de considération sans laquelle elle serait impuissante pour faire le bien.

IIE SECTION.

CODE FORESTIER (1).

Paris, le 21 mai 1827.

CHARLES, par la grâce de Dieu, ROI DE FRANCE ET DE NA-
VARRE, à tous présens et à venir, salut.

Nous avons proposé, les Chambres ont adopté, NOUS AVONS
ORDONNÉ ET ORDONNONS ce qui suit :

TITRE PREMIER.

Du Régime forestier.

ART. 1er.

Sont soumis au régime forestier, et seront administrés conformément aux dispositions de la présente loi,

1o Les bois et forêts qui font partie du domaine de l'État ;

2o Ceux qui font partie du domaine de la Couronne ;

3o Ceux qui sont possédés à titre d'apanage et de majorats
reversibles à l'État ;

4o Les bois et forêts des communes et des sections de communes ;

5o Ceux des établisssemens publics ;

6o Les bois et forêts dans lesquels l'État, la Couronne, les
communes ou les établissemens publics ont des droits de propriété indivis avec des particuliers.

ANNOTATIONS.

Voir les art. 86, 87, 88, 89, 90 et 113 ci-après, et les art. 1, 2, 3, 4,
5, 6, 7, 8, 9, 24 et 149 de l'ordonnance d'éxécution, ainsi que l'ordonnance de 1669, tit. 1er, art. 1 et 2, et la loi du 29 septembre
1791, tit. 1, art. 1 à 6.

---

(1) M. SEMSALLE, vérificateur auxiliaire de l'enregistrement et des
domaines, a coopéré à la rédaction et à l'application des *Annotations* du Code.

§. 1.—La commission de la Chambre des députés avait proposé
de substituer, dans le n° 2 de l'article 1er du projet, au mot *domaine*, celui de *dotation* qui est consacré par la loi du 8 novembre
1814 : mais cet amendement a été écarté sur la demande de M. *Descordes*. « On entend, a dit l'honorable député, par *domaine* de la
Couronne, la portion du domaine public qui fait partie de la liste
civile, et dont les revenus se versent au trésor de la Couronne elle-
même, et par *domaine public* les biens qui appartiennent à l'État et
dont les revenus se versent au trésor public. »

§. 2. — Dans le projet, le n° 3 du même article ne parlait que
des bois et forêts possédés à titre d'*apanage*. La commission ayant
proposé d'y ajouter les mots, *et de majorats reversibles à l'État*, cette
addition a été adoptée sans discussion.

§. 3.—Les bois que quelques particuliers possèdent en communauté
ne sont pas, comme les bois des communes et autres établissemens
publics, soumis au régime forestier. Ces bois peuvent être partagés,
1° parce que, d'après l'art. 815 du Code civil, nul ne peut être
contraint à demeurer dans l'indivision et que le partage peut toujours être provoqué, nonobstant prohibitions et conventions contraires ; 2° qu'il ne peut exister pour le Gouvernement aucun intérêt à ce que l'administration des forêts conserve des droits et exerce
une surveillance sur une nature de propriété dont les produits appartiennent à des particuliers. (*Avis du comité des finances du 23 juillet 1819, approuvé par le ministre le 21 août suivant.*)

§. 4. — Nul n'étant tenu de rester dans l'indivision, les particuliers soumis au régime forestier, à raison des bois indivis qu'ils
possèdent avec l'État, la Couronne, les communes et les établissemens
publics, ont la faculté de faire cesser cette gêne en provoquant un
partage en vertu des articles 815 et 1872 du Code civil.

La demande en partage formée contre l'État doit d'abord être
adressée au préfet. On ne pourrait la porter en justice qu'autant
qu'il se refuserait à un partage volontaire, un mois après lui avoir
présenté un mémoire à cet effet, ainsi qu'on le verra dans les *Annotations* sur l'art. 61 ci-après.

La demande contre une commune doit être formée en la personne du maire, et celle contre les établissemens publics, en la personne des administrateurs. (*Voy. les mêmes Annotations.*)

§. 5. — Un décret du 20 juillet 1808, concernant les procès-
verbaux d'expertise en matière de partage de bois indivis entre le
Gouvernement et des particuliers, et sur demande en échange ou
aliénation, est ainsi conçu :

• Lorsque des demandes en partage de bois indivis entre le

Gouvernement et des particuliers, et des demandes en échange ou aliénation, donneront lieu à des expertises, elles ne seront admissibles qu'autant que les experts se seront conformés aux dispositions suivantes : les procès-verbaux des experts feront mention 1° de la contenance du bois; 2° de l'évaluation du fonds ; 3° de l'évaluation de la superficie, en distinguant le taillis d'avec la vieille écorce, et mentionnant les claires-voies, s'il y en a ; 4° de l'indication des rivières flottables ou navigables qui servent aux débouchés, et des villes et usines à la consommation desquelles les bois sont employés. (*Bulletin des Lois, 4e série, n° 3588.*)

§. 6. — La faculté de provoquer le partage n'appartient qu'à ceux qui ont des droits de co-propriété *ut singuli*. Les habitans d'une commune ou d'une section de commune ne peuvent en conséquence provoquer ni demander le partage entr'eux des bois communaux où ils ont des droits *ut universi*. (*Voy. l'art.* 92 *et les Annotations dont il est émargé*.)

Art. 2.

Les particuliers exercent sur leurs bois tous les droits résultant de la propriété, sauf les restrictions qui seront spécifiées dans la présente loi.

ANNOTATIONS.

Voir les titres 8, 9, 10 et 15 ci-après; l'ordonnance de 1669, tit. 26, art. 1 à 5, et la loi du 29 septembre 1791, tit. 1er, art. 6.

Le titre 26 de l'ordonnance de 1669 soumettait les particuliers à des obligations et des restrictions nombreuses et gênantes. L'art. 6 du titre 1er de la loi du 29 septembre 1791 substitua à ce régime prohibitif une liberté indéfinie. Le système adopté par le Code semble faire cesser les inconvéniens d'une liberté trop grande, et ne pas gêner, comme celui de l'ordonnance, l'exercice du droit de propriété.

TITRE II.

De l'administration forestière.

Art. 3.

Nul ne peut exercer un emploi forestier s'il n'est âgé de 25 ans accomplis; néanmoins les élèves sortant de l'école forestière pourront obtenir des dispenses d'âge.

ANNOTATIONS.

Voir l'ordonnance d'Orléans, art. 85; l'ordonnance de 1669,

tit. 2, art. 1er; l'édit de mars 1702; la loi du 29 septembre 1791, tit. 3, art. 1er, ainsi que les art. 94 à 100 et 159 à 187 ci-après.

§. 1. — Le projet fixait l'âge à vingt-un ans; mais, sur la proposition de la commission de la Chambre des députés, l'article a été rédigé tel qu'il est ci-dessus.

§. 2. — Sur la demande de M. *Bonnet de Lescure*, député, il a été répondu par l'un de MM. les commissaires du Roi que, pour sortir de l'école forestière, les élèves doivent avoir au moins vingt-un ans.

§. 3. — L'ordonnance du Roi du 1er décembre 1824, sur l'organisation de l'école forestière établie à Nancy, porte: « Art. 4. Chaque aspirant doit justifier, par la production de son acte de naissance, qu'il a dix-neuf ans accomplis et qu'il n'a pas plus de vingt-deux ans. » Art. 12. « Après deux années d'étude dans l'école, les élèves subiront un nouvel examen. Ceux qui justifieront des connaissances nécessaires pour entrer dans le service actif seront, s'ils ont l'âge requis par les lois, nommés aux premières places de garde général vacantes, etc. » Ainsi, les dispenses d'âge ne seront jamais délivrées qu'aux élèves ayant au moins vingt-un ans d'âge.

Ces dispositions sont reproduites dans les art. 44 et 49 de l'ordonnance du 1er août 1827.

§. 4. — D'après l'art. 1er du titre 3 de la loi du 15 — 29 septembre 1791, les gardes devaient tous sans exception être âgés de vingt-cinq ans. Des procès-verbaux dressés par des gardes forestiers majeurs de vingt-un ans, ayant été annulés par trois arrêts de la cour de justice criminelle du département de l'Eure, l'administration forestière se pourvut à la cour de cassation; mais ses pourvois furent rejetés par trois arrêts du 19 juillet 1807.

ART. 4.

Les emplois de l'administration forestière sont incompatibles avec toutes autres fonctions, soit administratives, soit judiciaires.

ANNOTATIONS.

Voir l'art. 97 ci-après, ainsi que l'ordonnance de 1669, tit. 2, art. 5 à 8, et tit. 10, art. 12; et la loi du 29 septembre 1791, tit. 3, art. 13, 14 et 15.

§. 1. — Un député, M. *Bourdeau*, voulait qu'il y eût incompatibilité de l'emploi de garde forestier avec tout autre service salarié (ce qui n'a pas lieu, à la connaissance de l'honorable député, dans certaines localités), et qu'il fût défendu aux gardes forestiers de faire aucun commerce de bois, parce qu'il peut y avoir de graves incon-

véniens à ce qu'ils se livrent à ce commerce. « L'article 21, a dit
l'honorable membre, leur défend de prendre part aux adjudications
des bois dont ils sont les gardiens ; mais il ne leur défend pas de
faire le commerce de bois ou de s'associer à un commerce de cette
espèce. ».

M. *de Martignac, commissaire du Roi*, a répondu : « L'article 4
du projet est entièrement conforme aux dispositions de l'ordonnance
de 1669 et de la loi de 1791. Cet article est conçu dans des termes
généraux, et de manière à comprendre tout ce qu'il est nécessaire de
prévoir. Je ne crois pas qu'il soit possible de trouver des expressions
plus générales et plus précises. On se plaint maintenant d'un fait
particulier à l'existence duquel je dois croire, puisque l'orateur le
cite, mais qui ne peut avoir aucune sorte d'influence sur la rédaction de l'article. Ce ne serait qu'un fait qui devrait être signalé, et
qui serait puni dès qu'on le connaîtrait. Mais la loi ne peut entrer
dans des détails de cette nature ; elle doit se renfermer dans des
termes généraux : les dispositions préexistantes ont suffi jusqu'à ce
jour. Je ne vois pas de motif pour ne pas continuer à s'en contenter. »

La proposition de M. Bourdeau n'a pas eu de suite.

§. 2. — M. *Méchin* a proposé un amendement pour qu'on excep-
tât de la prohibition contenue dans l'art. 4 les fonctions de membres des conseils d'arrondissement et des conseils généraux de département, parce que, a-t-il dit, on peut tirer un grand profit, dans
les départemens riches en forêts, des lumières des officiers supérieurs des forêts ; mais cet amendement a été rejeté.

ART. 5.

Les agens et préposés de l'administration forestière ne pourront entrer en fonctions qu'après avoir prêté serment devant
le tribunal de première instance de leur résidence et avoir fait
enregistrer leur commission et l'acte de prestation de leur
serment au greffe des tribunaux dans le ressort desquels ils devront exercer leurs fonctions.

Dans le cas d'un changement de résidence qui les placerait
dans un autre ressort en la même qualité, il n'y aura pas lieu à
une nouvelle prestation de serment.

ANNOTATIONS.

Voir les lois des 29 septembre 1791, tit. 3, art. 12, 16 thermidor an 4, art. 1 et 2, et 16 nivôse an 7, art. 7, ainsi que l'art. 117
ci-après.

§. 1. — Suivant l'art. 196 du Code pénal, tout agent ou préposé qui entrerait en fonctions sans avoir prêté serment, pourrait être poursuivi, et serait puni d'une amende de 16 à 150 fr.

§. 2. — L'art. 7 de la loi du 16 nivôse an 9 portait aussi que les gardes forestiers devaient être assermentés, et que leur commission serait enregistrée au tribunal de première instance du lieu de leur résidence. La même disposition avait été reproduite dans la loi du 9 floréal an 11.

§. 3. — C'est le serment qui attribue au fonctionnaire public le caractère de sa place et qui lui défère la puissance publique. Tout acte d'autorité antérieur au serment est nul, et donne lieu à l'amende prononcée par l'art. 196 du Code pénal.

§. 4. — L'art. 68, §. 3, n° 3, de la loi du 22 frimaire an 7, assujétit l'acte de prestation de serment de tous les gardes, soit particuliers, à cheval, brigadiers ou gardes généraux indistinctement, au droit fixe d'enregistrement de 3 fr.; et le §. 6, n° 4, du même article, soumet au droit de 15 fr. l'acte de prestation de serment des agens d'un grade supérieur, lorsqu'ils touchent un traitement annuel de plus de 500 fr.

§. 5. — Une circulaire de l'administration des forêts, du 15 octobre 1816, n° 584, porte que les sermens des gardes-généraux sont passibles d'un droit d'enregistrement de 15 fr.; mais c'est une erreur: la loi ne distingue pas les gardes généraux des gardes particuliers.

§. 6. — En cas de changement de résidence dans le même grade, le préposé fait constater par le greffier sur la feuille d'audience, à la date courante, son nom, la nature de ses fonctions, la date de sa prestation de serment, avec le nom du tribunal qui l'a reçue, et cette nouvelle formalité est annotée sans frais par le greffier sur la nouvelle commission. (*Inst. de l'ad. de l'enreg.*, n° 438.)

§. 7. — Un nouveau serment n'est nécessaire, d'après la loi du 22 août 1791, et l'art. 5 ci-dessus, que lorsque le préposé passe à un grade supérieur ; mais si, malgré cette faculté, le préposé qui ne ferait que changer de résidence dans le même grade, prêtait un nouveau serment, l'acte qui en serait dressé serait passible du droit fixe d'enregistrement de 1 fr. aux termes de l'art. 68, §. 1ᵉʳ, de la loi du 22 frimaire an 7, pour le salaire de la formalité.

§. 8. — L'autorité administrative ne peut recevoir les prestations de serment des gardes champêtres ni des gardes forestiers de l'État, des communes et des particuliers. Lettre du ministre de l'intérieur, du 25 juillet 1818. (*Traité général des eaux et forêts*, par BAUDRILLART, *tom.* 2, *pag.* 769.)

§. 9. — C'est au ministère public, et non aux avoués, qu'appartient le droit de faire admettre les gardes au serment devant le tribunal. Cassation, arrêt du 20 septembre 1823. (*Journ. du Palais*, 1824, tom. 1er, *pag.* 380.)

ART. 6.

Les gardes sont responsables des délits, dégâts, abus et abroutissemens qui ont lieu dans leurs triages, et passibles des amendes et indemnités encourues par les délinquans lorsqu'ils n'ont pas dûment constaté les délits.

ANNOTATIONS.

Voir les art. 14, 17 et 24 de l'ordonnance d'exécution ; l'ordonn. de 1669, tit. 10, art. 9 à 11, et tit. 27, art. 5 ; et la loi du 29 septembre 1791, tit. 9, art. 7, et tit. 14, art. 1 à 9.

§. 1. — M. *De Cuny* avait proposé à la Chambre des députés d'adopter un amendement pour autoriser à poursuivre, sans autorisation préalable, et comme tous les autres particuliers, les gardes forestiers et les gardes à cheval prévenus de crimes et délits dans l'exercice de leurs fonctions; mais cet amendement a été rejeté.

Ainsi, l'on ne peut poursuivre les agens et les gardes forestiers pour faits relatifs à leurs fonctions, qu'en vertu d'une autorisation donnée conformément à l'art. 75 de l'acte constitutionnel du 22 frimaire an 8. (*Voy. l'art.* 39 *de l'ordonnance d'exécution.*)

C'est d'ailleurs ce qui a été établi par plusieurs ordonnances du Roi et par plusieurs arrêts de la Cour de cassation.

§. 2. — D'après une ordonnance en date du 16 janvier 1822, le Roi a reconnu que les agens et gardes forestiers ne peuvent être mis en jugement sans autorisation, puisqu'il a autorisé le ministère public à continuer les poursuites commencées contre un ex-garde de bois communaux, prévenu de concussion dans l'exercice de ses fonctions. (*Trait. gén.*, tom. 3, *pag.* 6.)

§. 3. — Le défaut d'autorisation nécessaire pour poursuivre un fonctionnaire public ne suffit pas pour élever le conflit. Ce défaut ne constitue qu'une exception qui doit être proposée devant les tribunaux. Un conflit ne peut être approuvé qu'autant que la contestation est, en soi, de la compétence de l'autorité administrative. Ordonnance du Roi du 24 mars 1824. (*Idem, tom.* 3, *pag.* 218.)

§. 4. — Un agent de l'administration des forêts ne peut être mis en jugement sans autorisation de l'administration, même pour fait d'homicide dans l'exercice de ses fonctions. En fait de poursuite criminelle, un tiers ne 'peut se porter fort du prévenu, ni prendre son fait et cause. Cassation, arrêt du 3 novembre 1808. (*Trait. gén.*, tom. 2, *pag.* 237.)

§. 5. — Lorsqu'un garde est à la fois garde champêtre et garde forestier, il ne jouit de la garantie accordée aux fonctionnaires, qu'en ce qui concerne les fonctions de garde forestier, et il peut être poursuivi pour un délit commis dans ses fonctions de garde champêtre, sans autorisation préalable. Ordonnance du 11 juin 1823. (*Idem*, tom. 3, *pag.* 187.) Voir les *Annotations* sur l'art. 207.

§. 6. — De la combinaison des art. 5 et 160 du présent Code avec les art. 9, 16 et 17 du Code d'instruction criminelle, il résulte que les gardes forestiers chargés de surveiller les triages confiés à leurs soins sous les ordres de l'administration dont ils sont les préposés, joignent à ce titre celui d'officiers de police judiciaire, et ces deux fonctions, dont l'une dérive de l'autre, peuvent être cumulativement ou séparément exercées. Ainsi, lorsque les gardes forestiers, agissant en *leur seule qualité d'officiers de police judiciaire*, à l'occasion d'un délit commun commis dans les cantons confiés à leur surveillance, donnent lieu contre eux-mêmes à des poursuites, ils n'ont de garanties spéciales à réclamer que celles qui sont établies par les art. 479 et 483 du Code d'instruction criminelle; mais dans toutes les circonstances où ils ont agi dans la double qualité qu'ils tiennent de la loi et de l'administration, ils doivent jouir de la double garantie qui leur appartient comme agens du Gouvernement, sous le rapport de l'autorisation préalable, conformément à l'art. 75 de la loi du 22 frimaire an 8 et du décret du 28 pluviôse an 11, et comme officiers de police judiciaire, sous le rapport des dispositions relatives aux poursuites dont ces fonctionnaires publics peuvent être l'objet. Cette disposition est applicable à un garde prévenu d'avoir, dans une forêt où il exerçait sa surveillance, fait des blessures à un délinquant, au lieu de dresser procès-verbal contre lui, au moment où il le surprenait en flagrant délit. Cassation, arrêt du 24 décembre 1824. (*Idem*, tom. 3, *pag.* 304.)

§. 7. — Lettre de sa Grandeur le garde des sceaux, du 17 septembre 1822, aux procureurs-généraux, touchant le mode à suivre pour la mise en jugement des agens et gardes prévenus de crimes et délits dans l'exercice de leurs fonctions :

« 1° Le procureur du Roi requerra qu'il soit procédé à une information préparatoire, en se conformant aux dispositions du décret du 9 août 1806, et aux règles tracées par le chapitre 3, titre 4, livre 2, du Code d'instruction criminelle. 2° Quand cette information sera achevée, il fera un extrait des charges, sans indiquer nominativement les témoins entendus, et en se bornant à

« énoncer que tel ou tel fait résulte de l'instruction. 3° Cet extrait,
« avec une copie entière de la plainte, devra être adressé par le
« procureur du Roi à l'inspecteur ou sous-inspecteur forestier le plus
« voisin du lieu où réside le garde inculpé. Dans le même temps, le
« procureur du Roi transmettra toutes les pièces de l'information au
« procureur-général, auquel seront également transmis, par l'inter-
« médiaire du conservateur ou de l'inspecteur principal des forêts,
« les réponses et moyens de défense du prévenu, ainsi que tous au-
« tres renseignemens que les agens supérieurs de l'administration
« pourront ou croiront devoir fournir. 4° Enfin, le procureur-
« général, après avoir examiné toutes ces pièces, me les transmet-
« tra, avec son avis, pour que je provoque, s'il y a lieu, l'autori-
« sation de continuer les poursuites.

« De cette manière, MM. les administrateurs des forêts, à qui je
« communiquerai, par l'intermédiaire du ministre des finances, les
« pièces de la procédure et l'enquête extra-judiciaire faite par leurs
« propres agens, pourront statuer promptement sur la mise en ju-
« gement du prévenu, et ces sortes d'affaires n'éprouveront plus
« des retards qui étaient préjudiciables à la bonne administration
« de la justice. Lorsque l'inculpation sera dirigée contre un
« inspecteur, un sous-inspecteur ou un garde général, l'extrait des
« charges résultant de l'information devra être transmis par le pro-
« cureur du Roi au conservateur ou à l'inspecteur principal de l'ar-
« rondissement forestier, et le procureur du Roi se conformera pour
« le surplus à ce qui est énoncé au n° 3 ci-dessus. »

Nota. Ce n'est qu'au conservateur ou à l'inspecteur principal des
forêts, et non au procureur du Roi, que les agens du lieu du domicile
du prévenu doivent envoyer les réponses et moyens de défenses de
celui-ci, puisque c'est le conservateur ou l'agent principal qui doit
remettre ces renseignemens au procureur-général. Circulaire de
l'administ. des forêts du 23 février 1825, n° 118. (*Trait. gén.,*
tom. 3, *pag.* 92 *et* 339.)

§. 8. — Les préposés destitués ou démissionnaires ne peuvent
réclamer le privilége de la garantie accordée aux agens publics pour
leur mise en jugement. Cassation, arrêt du 5 juin 1823. (*Idem,*
tom. 3, *pag.* 146.)

§. 9. — Des faits étrangers aux fonctions remplies par un individu ne peuvent donner lieu à une demande en autorisation de le
poursuivre. Il y a lieu de refuser l'autorisation de poursuivre un
fonctionnaire public, lorsque les faits qui lui sont imputés ne sont
pas suffisamment justifiés par l'information judiciaire. Ordonn. du
Roi du 13 mars 1822. (*Trait. gén., tom.* 3, *pag.* 26.)

§. 10. — Les poursuites exercées contre des gardes forestiers, même pour délit de chasse sans permis de port d'armes, commis dans l'exercice de leurs fonctions, sont nulles si elles n'ont été précédées d'une autorisation de l'administration. Cassation, arrêt du 4 octobre 1823. (*Trait. gén.*, tom. 3, *pag.* 168.)

§. 11. — Une ordonnance du 19 février 1823, a établi, au contraire, que le délit de chasse imputé à un garde dans une coupe de bois dont il avait la surveillance, ne constituait pas un délit commis dans l'exercice de ses fonctions, et que dès-lors il n'était pas besoin d'une autorisation préalable. (*Idem*, tom. 3, *pag.* 183.)

Nota. La jurisprudence de la cour de cassation paraît devoir être suivie lorsqu'il s'agit d'un fait de chasse dans une forêt, parce qu'aux termes des réglemens, les agens forestiers sont chargés de ce qui concerne la chasse dans les forêts, et qu'ils reçoivent à cet égard les ordres du grand-veneur ; d'où il suit qu'en contrevenant à ces réglemens, ils commettent un délit dans l'exercice de leurs fonctions; mais quand il s'agit d'un délit de chasse commis en plaine, l'autorisation n'est pas nécessaire.

§. 12. — Par un arrêt du 16 avril 1825, la cour de cassation a en effet reconnu que l'autorisation du Conseil d'État ou de l'administration n'est pas nécessaire pour mettre en jugement un garde forestier prévenu d'un délit de chasse et de port d'armes sans permis, sur un terrain ensemencé, *situé hors du canton de bois confié à sa garde*, ce délit étant étranger à ses fonctions. (*Idem*, tom. 3, *pag.* 351.)

§. 13. — La formalité de l'autorisation préalable n'est point requise pour la poursuite des injures, violences et voies de fait exercées par des gardes hors de leurs fonctions. Cassation, arrêt du 14 décembre 1810. (*Idem, tom.* 2, *pag.* 379.)

§. 14. — Un garde forestier qui commet un vol de bois dans une coupe affouagère placée sous sa surveillance, se rend coupable d'un délit étranger à l'exercice de ses fonctions de garde ; dès-lors il peut être poursuivi à raison de ce vol, sans qu'il soit nécessaire de requérir l'autorisation préalable. Cassation, arrêt du 5 décembre 1817. (*Précis chronologique*, (*art.* 385), *publié par l'administration des domaines.*)

§. 15. — Il n'y a pas lieu, par le Roi, en son Conseil d'État, d'autoriser la mise en jugement d'un garde forestier, lorsque déjà l'administration des forêts l'a autorisée, conformément au décret du 28 pluviôse an 11. Ordonnance du Roi, du 23 juillet 1823. (*Trait. gén.*, tom. 3, *pag.* 190.)

§. 16. — Si l'administration forestière n'intervient pas formellement dans un procès intenté à un garde pour un fait relatif à ses fonctions, elle ne peut demander l'annulation du procès pour contravention à l'art. 75 de l'acte constitutionnel de l'an 8 et à l'arrêté du gouvernement du 28 pluviôse an 11. Ce droit appartient au garde. Cassation, arrêt du 22 mars 1810. (*Trait. gén., tom.* 2, *pag.* 334.)

§. 17. — Un préposé forestier mis en jugement, en vertu de l'autorisation accordée par une ordonnance du Roi, ne doit pas perdre son traitement pendant la durée de son arrestation, mais seulement en cas de condamnation. Délib. du conseil d'adm. des domaines, du 28 août 1819. (*Art.* 6511 *du journal de l'enreg.*)

§. 18. — Les employés supérieurs des forêts ne peuvent, d'office, imposer aux gardes forestiers une retenue sur leur traitement, à titre de réparation des dommages causés par la négligence de ces gardes. Deux voies sont ouvertes aux employés supérieurs pour faire punir les gardes : ils peuvent, selon le degré de culpabilité des gardes, se borner à rendre compte des faits, ou proposer de mettre les gardes en jugement, à la requête de M. le directeur général. Dans le premier cas, il est pourvu, s'il y a lieu, au remplacement des gardes, sans autre mesure de rigueur. Dans le second cas, M. le directeur général, usant de la faculté que lui accorde l'arrêté du 28 pluviôse au XI, autorise, s'il lui paraît convenable, la mise en jugement des gardes inculpés, pour que ceux-ci soient condamnés au paiement des dommages encourus, et c'est en vertu de la condamnation qui intervient que peut s'exercer la retenue sur le traitement des gardes jusqu'à concurrence des sommes fixées par le jugement. Décision du ministre des finances, du 4 novembre 1818.(*Art.* 6226 *du journ. de l'enreg.*)

Voy. les art. 186 et 207 ci-après.

ART. 7.

L'empreinte de tous les marteaux dont les agens et gardes forestiers font usage tant pour la marque des bois de délit et des chablis que pour les opérations de balivage et de martelage, est déposée aux greffes des tribunaux, savoir :

Celle des marteaux particuliers dont les agens et gardes sont pourvus, aux greffes des tribunaux de première instance dans le ressort desquels ils exercent leurs fonctions.

Celle du marteau royal uniforme, aux greffes des tribunaux de première instance et des cours royales.

ANNOTATIONS.

Voir les art. 32 et 74 ci-après, et les art. 36 et 37 de l'ordonnance d'exécution; l'ordonnance de 1669, tit. 2, 3, 6, 7, 15 et 16; la loi du 29 septembre 1791, tit. 5 et 6, et le décret du 15 novembre 1792.

§. 1. — A chaque changement de gouvernement on a changé d'*empreinte*, de *formules*, etc.

§. 2. — L'art. 140 du Code pénal porte : « Ceux qui auront contrefait ou falsifié les marteaux de l'État servant aux marques forestières..... ou qui auront fait usage des marteaux falsifiés ou contrefaits, seront punis des travaux forcés à temps, dont le maximum sera toujours appliqué dans ce cas. »

L'art. 141 est ainsi conçu : « Sera puni de la réclusion, quiconque s'étant procuré les vrais marteaux, en aura fait une application ou usage préjudiciable aux droits ou intérêts de l'État. »

Voy. encore les art. 16, 19, 21, 22, 64, 66, 67, 70, 71, 163, 164 et 165 du même Code.

§. 3. — Dans le cas où une fausse marque forestière a été apposée à l'aide de quelque instrument que ce soit, avec l'intention de la faire passer pour la marque de l'État, ce seul fait, quel que soit d'ailleurs le plus ou moins d'exactitude dans l'imitation de la véritable marque, constitue le crime de falsification, et dès-lors rentre dans l'application de l'art. 140 du Code pénal. Cassation, arrêt du 21 octobre 1813. (*Trait. gén., tom.* 2, *pag.* 600.)

§. 4. — La complicité de contrefaçon des marteaux de l'État entraîne une condamnation à vingt années de travaux forcés. Cassation, arrêt du 18 janvier 1822. (*Idem, tom* 3, *pag.* 8.)

§. 5. — L'enlèvement de l'empreinte du marteau royal appliquée sur des arbres, et le transport de cette marque sur d'autres arbres, dans des intentions frauduleuses, constituent le crime prévu par l'art. 439 du Code pénal. Cassation, arrêt du 4 mai 1822. (*Idem, tom.* 3, *pag.* 33.)

TITRE III.

Des Bois et Forêts qui font partie du Domaine de l'État.

SECTION 1ʳᵉ.

De la Délimitation et du Bornage.

ART. 8.

La séparation entre les bois et forêts de l'État, et les propriétés riveraines, pourra être requise, soit par l'administration forestière, soit par les propriétaires riverains.

ANNOTATIONS.

Voir les art. 113 et 115 ci-après, et l'art. 57 de l'ordonnance d'exécution; l'ordonnance de 1669, tit. 1, art. 2, tit. 10, art. 10, tit. 11, art. 5, 7 et 8, et tit. 27, art. 4 et 5; la loi du 29 septembre 1791, tit. 2, art. 9, tit. 6; art. 5, et tit. 7, art. 10; la loi du 6 octobre 1791; l'arrêté du 19 pluviôse an 6, et celui du 27 messidor an 10.

D'après cet article, se trouve abrogée cette disposition sévère de l'ordonnance de 1669, tit. 27, art. 4, portant : « Tous les riverains possédant bois joignant nos forêts et buissons, seront tenus de les séparer des nôtres par des fossés ayant quatre pieds de largeur et cinq de profondeur, qu'ils entretiendront en cet état, à peine de réunion. »

ART. 9.

L'action en séparation sera intentée, soit par l'État, soit par les propriétaires riverains, dans les formes ordinaires.

Toutefois, il sera sursis à statuer sur les actions partielles, si l'administration forestière offre d'y faire droit dans le délai de six mois, en procédant à la délimitation générale de la forêt.

ANNOTATIONS.

Voir l'art. 646 du Code civil et les art. 10 et 14 ci-après, ainsi que les art. 57 et 58 de l'ordonnance d'exécution; l'ordonnance de 1669, tit. 1er, art. 2; la loi du 29 septembre 1791, tit. 2, art. 8, et celle du 6 octobre suivant, tit. 1er, sect. 1re, art. 3.

Cet article a, comme celui qui précède, été adopté sans discussion.

ART. 10.

Lorsqu'il y aura lieu d'opérer la délimitation générale et le bornage d'une forêt de l'État, cette opération sera annoncée deux mois à l'avance par un arrêté du préfet qui sera publié et affiché dans les communes limitrophes, et signifié au domicile des propriétaires riverains ou à celui de leurs fermiers, gardes ou agens.

Après ce délai, les agens de l'administration forestière procéderont à la délimitation en présence ou en l'absence des propriétaires riverains.

ANNOTATIONS.

Voir l'art. 173 ci-après, et les art. 59 et 60 de l'ordonnance d'exécution.

§. 1. — Dans la première rédaction, ces mots, *et signifié au domicile des propriétaires riverains ou à celui de leurs fermiers, gardes ou agens*, n'existaient pas; au contraire, le projet portait que *la publi-*

cation et l'affiche, dans les communes limitrophes, un mois d'avance, tiendraient lieu de signification à domicile.

M. *Descordes*, député, tout en avouant que le motif de la commission pouvait être louable, a signalé de grands inconvéniens dans ces significations. « Il peut se trouver, a dit en substance cet honorable député, sur la lisière d'une forêt, deux à trois mille propriétaires; deux à trois mille significations seront ruineuses pour l'administration, et si elles se font par le ministère d'huissier, on les attaquera de nullité, ce qui donnera occasion à une foule de procès puisés dans les vices de forme. »

M. *le Rapporteur* a répondu en ces termes : « On peut voir par l'article 173 de la loi que nous discutons, que les frais de signification se réduiront à peu de chose, puisque, d'après cet article, les gardes forestiers ont autorité pour faire tous ces significations. Vous sentez d'ailleurs combien il importait de protéger les propriétés particulières contre toute espèce d'empiétement.

« Il faut que tous les propriétaires puissent être avertis. Celui qui est à deux cents lieues de sa propriété, peut-il être averti par une simple affiche qu'il doit se présenter pour veiller à ses droits, par rapport à la délimitation? Si l'opération se faisait hors sa présence, qu'en résulterait-il? C'est que, venant après revendiquer ses droits, il pourrait s'élever une foule de contestations qui seraient bien plus onéreuses à l'administration qu'une simple signification. Au contraire, dans le système de la commission, les propriétaires auront été avertis, et ils auront pu assister en grand nombre à l'opération de la délimitation, qui, par conséquent, ne donnera plus lieu aux contestations que leur absence pourrait faire craindre. Messieurs, c'est un des amendemens que la commission vous présente avec le plus de confiance, comme exprimant le vœu de tous les bureaux. »

M. *Delhorme* ayant adopté l'opinion de M. Descordes, a pensé que l'on devait donner au Gouvernement tous les moyens d'exécution, parce que, a-t-il dit, l'affiche deux mois à l'avance suffit pour donner l'éveil à tous les intéressées, et qu'il y a des forêts qui ont quarante lieues de tour et qui touchent peut-être aux propriétés de deux millions de Français; c'est une loi d'exception...

L'amendement de la commision a été adopté.

§. 2.—Selon Pothier et M. Toullier, l'expression *propriétaire* s'applique à ceux qui exercent un droit de propriété, tels que le possesseur *pro suo*, l'usufruitier qui a un droit réel, et l'emphytéote. M. Pardessus (*Traité des servitudes*, nº 166) pense au contraire que l'usufruitier ne peut intenter l'action en bornage.

ART. 11.

Le procès-verbal de la délimitation sera immédiatement déposé au secrétariat de la préfecture, et par extrait au secrétariat de la sous-préfecture, en ce qui concerne chaque arrondissement. Il en sera donné avis par un arrêté du préfet, publié et affiché dans les communes limitrophes. Les intéressés pourront en prendre connaissance, et former leur opposition dans le délai d'une année, à dater du jour où l'arrêté aura été publié.

Dans le même délai, le Gouvernement déclarera s'il approuve ou s'il refuse d'homologuer ce procès-verbal en tout ou en partie.

Sa déclaration sera rendue publique de la même manière que le procès-verbal de délimitation.

ANNOTATIONS.

Voir l'art. 14 ci-après, et les art. 61, 62 et 63 de l'ordonnance d'exécution.

Dans le projet, le dernier paragraphe était ainsi rédigé : « *Sa déclaration sera rendue publique de la manière prescrite par l'art. 10, pour l'arrêté du préfet.* » Le changement qu'a subi ce paragraphe a été adopté sur la proposition de la Chambre des députés.

ART. 12.

Si, à l'expiration de ce délai, il n'a été élevé aucune réclamation par les propriétaires riverains, contre le procès-verbal de délimitation, et si le Gouvernement n'a pas déclaré son refus d'homologuer, l'opération sera définitive.

Les agens de l'administration forestière procéderont, dans le mois suivant, au bornage, en présence des parties intéressées, ou elles dûment appelées par un arrêté du préfet, ainsi qu'il est prescrit par l'art. 10.

ANNOTATIONS.

Voir les art. 14 et 90 ci-après, et les art. 64 et 65 de l'ordonnance d'exécution.

ART. 14.

En cas de contestations élevées, soit pendant les opérations, soit par suite d'oppositions formées par les riverains en vertu de l'art. 11, elles seront portées par les parties intéressées devant les tribunaux compétens, et il sera sursis à l'abornement jusqu'après leur décision.

Il y aura également lieu au recours devant les tribunaux, de la part des propriétaires riverains, si, dans le cas prévu par l'article 12, les agens forestiers se refusaient à procéder au bornage.

Voir les art. 26, 50, 58, 63, 64, 65, 90, 121, 127, 168, 171, 182, 190 et 218 ci-après.

M. le comte de Malleville, sur l'art. 646 du Code civil, dit que l'action en bornage est mise dans l'attribution des juges de paix, par la loi du 24 août 1790; mais cette loi (titre 3, art. 10) ne leur attribue que la connaissance des actions possessoires, au nombre desquelles elle met « les déplacemens de bornes, et les usurpa- « tions de terre, arbres, haies, fossés et autres clôtures commises « dans l'année. » (Voy. l'art. 3 du Code de procédure civile.) Si la loi n'a point attribué aux juges de paix la connaissance de l'action en bornage, c'est sans doute parce que cette action fait souvent naî- tre des questions de propriété fort épineuses, qui sont de la compé- tence des tribunaux de première instance.

ART. 14.

Lorsque la séparation ou délimitation sera effectuée par un simple bornage, elle sera faite à frais communs.

Lorsqu'elle sera effectuée par des fossés de clôture, ils se- ront exécutés aux frais de la partie requérante, et pris en en- tier sur son terrain.

Voir l'ordonnance de 1669, tit. 27, art. 4; trois arrêts du con- seil des 11 septembre 1675, 28 juillet 1719 et 27 avril 1760; l'arrêté du 27 messidor an 10, et l'art. 66 de l'ordonnance d'exé- cution.

§. 1. — Dans la première rédaction, on lisait un autre paragraphe ainsi conçu : « Dans le cas où le fossé exécuté de cette manière dégra- derait les arbres de lisière des forêts, l'administration pourra s'opposer à ce mode de clôture. »

M. De Chantereyne, député, s'est opposé à cette suppression; il a dit qu'il ne pensait pas que le droit de former à un genre de clô- ture, dangereux pour les forêts, une opposition dont la justice aurait à apprécier le mérite, fût un privilège attentatoire aux droits des propriétaires riverains, ou que des contestations de cette nature dussent être jugées suivant les règles du droit commun.

M. le Rapporteur a répondu : « Mon honorable collègue a bien mal saisi les motifs qui ont déterminé la commission à vous propo- ser la suppression du troisième paragraphe. La commission n'entend pas interdire à l'État la faculté de former telle action qu'il jugera à propos, contre un particulier qui pourrait nuire par son fait aux lisières des forêts; elle a pensé que l'État était propriétaire comme le simple particulier, et que chacun devait rentrer dans le droit commun; c'est-à-dire que si l'État faisait faire des fossés nuisibles à la propriété des particuliers, ceux-ci pourraient le poursuivre devant les tribunaux, et, d'un autre côté, si quelque particulier faisait chez lui quelque chose qui nuisît à l'État, l'État pourrait aussi le poursuivre devant les tribunaux, et que de cette manière chacun obtiendrait justice. La commission n'a pas pensé que l'État, comme propriétaire, dût être privilégié. Elle a voulu que tout fût égal de part et d'autre. C'est par ces motifs qu'elle vous a proposé la suppression du troisième paragraphe; j'espère que vous partagerez son opinion. » Le retranchement a été adopté.

§. 2. — Tout propriétaire peut obliger son voisin au bornage de leurs propriétés contiguës. Le bornage se fait à frais communs. (*Art. 646 du Cod. civ.*)

§. 3. — Tout propriétaire peut clore son héritage lorsqu'il n'en enclave pas un autre, parce qu'autrement il peut être contraint à fournir passage pour celui-ci. (*Art. 647 et 682.*)

§. 4. — Le propriétaire qui veut se clore perd son droit au parcours et vaine pâture, en proportion du terrain qu'il y soustrait. (*Art. 648.*)

(*Nota.* Le droit de parcours et de vaine pâture est réglé par la loi du 6 novembre 1791.)

§. 5. — Il a été décidé que les arbres percrus sur le côté des fossés adossés aux forêts nationales font partie de ces mêmes forêts et ne peuvent être coupés par les propriétaires riverains; de même que ces derniers ont droit aux arbres plantés sur le côté du fossé qui touche leurs héritages. (*Circul. de la régie de l'enreg. et des domaines et forêts, du 22 thermidor an 8, n° 1863.*)

§. 6. — Un arrêté du Directoire exécutif en date du 19 pluviôse an 6, portait : « 1° l'exécution des art. IV et V du tit. XXVII de l'ordonnance de 1669, est recommandée aux agens forestiers et aux administrations centrales; 2° les agens forestiers veilleront à ce que les propriétaires de bois joignant les forêts nationales, réparent les fossés séparatifs dans les dimensions prescrites par le susdit art. IV, et qu'il en soit creusé dans les endroits où il n'en existe pas, d'après les alignemens qu'ils feront dresser conformément aux anciens plans et bornages; 3° les difficultés qui pourront s'élever à cet égard, seront portées par-devant les administrations centrales, qui les termineront sur les mémoires des parties, communiqués préalablement aux agens forestiers et aux commissaires du Directoire exécutif. »

SECTION II.

De l'Aménagement.

Art. 15.

Tous les bois et forêts du domaine de l'État sont assujétis à un aménagement réglé par des ordonnances royales.

ANNOTATIONS.

Voir les art. 86, 88, 90 et 100 ci-après, et les art. 67, 68, 69, 70, 71, 72, 73 et 74 de l'ordonnance d'exécution; l'ordonnance de 1669, tit. 3, art. 17, et tit. 17, art. 4; l'édit de mai 1716, art. 57 et 58; les lois des 26 mai — 1ᵉʳ juin 1791, art. 5, 20 juillet suivant, art. 3, et 29 septembre de la même année, tit. 6, art. 8, et tit. 7, art. 7, 8 et 9, ainsi que l'arrêté du 27 messidor an 10, art. 13.

§. 1. — On sait que l'*aménagement* est l'art de diviser une forêt en coupes successives, ou de régler l'étendue ou l'âge des coupes annuelles, de manière à assurer une succession constante de produits pour le plus grand intérêt de la conservation de la forêt, de la consommation en général et du propriétaire.

§. 2. — Dans les anciennes ordonnances, l'*aménagement* s'appelait le *réglement*, la *mise en ordre des forêts*. On procédait quelquefois à ce *réglement* par réformation; mais l'aménagement n'était qu'une partie de la réformation qui avait deux objets, savoir : la réparation des dommages causés par les abus et malversations des officiers, marchands, riverains et usagers, et le rétablissement de l'ordre pour la conservation.

Art. 16.

Il ne pourra être fait dans les bois de l'État aucune coupe extraordinaire quelconque, ni aucune coupe de quarts en réserve ou de massifs réservés par l'aménagement pour croître en futaie, sans une ordonnance spéciale du Roi, à peine de nullité des ventes, sauf le recours des adjudicataires, s'il y a lieu, contre les fonctionnaires ou agens qui auraient ordonné ou autorisé ces coupes.

Cette ordonnance spéciale sera insérée au Bulletin des lois.

ANNOTATIONS.

Voir l'ordonnance de 1669, tit. 15, art. 1, 5 et 12, tit. 24, art. 2 et 3, tit. 25, art. 9 et 12, et tit. 26, art. 1ᵉʳ; la loi du 29 septembre 1791, tit. 7, art. 7 à 9, et l'arrêté du 8 thermidor an 4.

§. 1. — La seconde disposition de cet article n'existait pas dans le projet. M. *Casimir Périer*, député, avait demandé l'addition suivante : « Lorsque, dans l'intervalle d'une session, il aura été fait dans les bois de l'État des coupes extraordinaires quelconques ou des coupes de quarts en réserve ou de massifs réservés par l'aménagement pour croître en futaie, l'ordonnance spéciale du Roi, en vertu de laquelle ces coupes auront été faites, devra être présentée aux Chambres dans la plus prochaine session pour être convertie en loi. » Cette proposition a été combattue par M. le *Ministre des finances*, et M. *de Martignac.* Mais M. *de Kergariou* ayant pensé que le but serait suffisamment rempli en ajoutant à l'art. 16 que *chaque ordonnance spéciale sera insérée au Bulletin des Lois*, cette disposition additionnelle a été adoptée.

§. 2. — Les dispositions du présent article sont applicables aux bois de la Couronne, ainsi qu'il résulte de l'explication donnée sur l'art. 86 par le ministre des finances et par M. de Martignac, commissaire du Roi.

Voy. les art. 90 et 100 ci-après, et l'art 72 de l'ordonnance d'exécution.

§. 3. — Déjà un arrêté du Directoire exécutif, du 8 thermidor an 4, avait disposé que les coupes extraordinaires de bois ne pouvaient être faites sans une autorisation spéciale. (*Trait. gén.*, tom. 1, *pag.* 524.)

§. 4.—Les conservateurs ne doivent proposer l'exploitation des portions de réserve dans les bois domaniaux, que lorsque les arbres sont arrivés à leur maturité. (*Instruction de l'ad. des forêts du* 16 *mars* 1825, *n°* 120.)

SECTION III.

Des Adjudications des Coupes.

ART. 17.

Aucune vente ordinaire ou extraordinaire ne pourra avoir lieu dans les bois de l'État que par voie d'adjudication publique, laquelle devra être annoncée au moins quinze jours à l'avance, par des affiches apposées dans le chef-lieu du département, dans le lieu de la vente, dans la commune de la situation des bois, et dans les communes environnantes.

ANNOTATIONS.

Voir les art. 19, 53, 54 et suivans, 90, 100 et 205 ci-après, ainsi

que les art. 79, 82, 83, 84, 85, 86, 87, 88, 89, 90, 91 de l'ordonnance d'exécution; les art 179 et 412 du Code pénal; l'ordonnance de 1669, tit. 3, art. 11 et 13, tit. 15, art. 1er et suivans,
tit. 23, art. 10; la loi du 29 septembre 1791, tit. 6, art. 13, 14, 15,
16, 17 et 26, tit. 8, art. 4 à 6, et tit. 12, art. 7 à 15 et art. 29; et
les arrêtés des 28 frimaire, 8 thermidor an 4, 5 thermidor an 6, 1er
fructidor an 7 et 27 frimaire an 11.

§. 1. — M. *Devaux*, député, avait proposé de remplacer les
mots, *dans les communes environnantes*, par ceux-ci, *aux deux marchés les plus voisins;* mais cet amendement a été rejeté sans discussion.

§. 2. — On ne peut procéder aux ventes de coupes de bois de
l'État par deux adjudications, l'une provisoire et l'autre définitive.
Il ne doit y avoir qu'une seule et même adjudication sur chaque lot
séparé, sauf à constater à la suite les surenchères et déclarations de
command qui pourraient intervenir d'après les art. 23 et 25. (*Décision du ministre des finances du 6 décembre 1822; instruction de l'ad.
des forêts du 1er février 1825, n° 115.*)

§. 3. — Le procès-verbal d'adjudication fait foi jusqu'à inscription de faux, sans qu'on puisse invoquer une preuve contre et outre son contenu Ainsi, lorsque, dans une vente, le procès-verbal
constate que deux personnes ont porté simultanément la mise sur
laquelle l'adjudication a été prononcée, l'une d'elles ne peut être
admise à prouver par témoins qu'il n'y a pas eu simultanéité. (*Ordonnance du roi du 17 juillet 1822, pour le dép. de la Marne.*) *Voy.*
les *Annotations* sur l'art. 28 ci-après.

§. 4. — Pour qu'il y ait simultanéité, il faut que la mise ait été
prononcée en même temps par les deux enchérisseurs, et que les
deux voix se soient tellement confondues, qu'il fût impossible à l'autorité qui préside l'adjudication, de distinguer celui des concurrens
qui aurait parlé le premier. (*Décision du ministre des finances du 19
novembre 1819.*)

ART. 18.

Toute vente faite autrement que par adjudication publique
sera considérée comme vente clandestine et déclarée nulle. Les
fonctionnaires et agens qui auraient ordonné ou effectué la
vente, seront condamnés solidairement en une amende de trois
mille francs au moins, et de six mille francs au plus, et l'acquéreur sera puni d'une amende égale à la valeur des bois vendus.

ANNOTATIONS.

Voir les art. 53, 54 et suivans, 90, 100 et 205 ci-après, ainsi

que les art. 179 et 412 du Code pénal; l'ordonnance de 1669, tit.
15, art. 1er, et l'arrêté du 8 thermidor an 4.

§. 1. — M. *Devaux*, député, a proposé la disposition suivante,
à la place des derniers mots de l'article : « L'acquéreur sera
puni d'une amende égale à celle qui aura été prononcée contre lesdits fonctionnaires et agens. » Se fondait sur ce qu'il ne voyait pas
pourquoi une peine plus sévère serait appliquée à l'adjudicataire
qu'à l'agent forestier prévaricateur.

M. *le général Sébastiani* a appuyé cette proposition, sur le motif
que l'agent forestier était plus coupable, puisqu'il trahit ses devoirs
et commet un vol, et que d'ailleurs le Code pénal punit de la même
peine le voleur et le receleur. Ce serait aller, a ajouté l'honorable
député, contre les principes d'équité en matière de pénalité, que
d'insérer dans une loi permanente une disposition dont l'injustice
est palpable.

M. *de Farcy* a adopté le raisonnement de M. Sébastiani, et cependant il a pensé qu'on devrait ajouter à l'article que l'acquéreur
serait contraint de restituer le prix des bois qui lui auraient été
vendus clandestinement.

A ces raisonnemens, *MM. le Directeur général des forêts et de
Martignac* ont répondu, le premier, que c'était l'adjudicataire qui
profitait des bénéfices de l'adjudication clandestine, et qu'il était
naturel de le punir davantage, parce qu'il recueillait les plus forts
bénéfices; le second, que 1° la disposition additionnelle demandée
par M. de Farcy était consignée dans l'art. 205 du projet; 2° qu'il
ne pouvait s'agir, dans le cas de vente frauduleuse, que de ventes
minimes, et que si l'on assimilait l'acquéreur au fonctionnaire, il
n'y aurait plus de proportion entre l'objet vendu et la peine qui lui
serait appliquée; ce qui démontrait que la disposition était moins
contraire à l'acquéreur que celle qu'on voudrait lui substituer.

L'amendement a été rejeté.

§. 2. — Le fermier d'un bois domanial, qui vend une coupe dans ce
bois sans la permission préalable de l'administration, est responsable
de cette contravention et du fait des acheteurs. Cassation, arrêt du
8 novembre 1811. (*Trait. gén.*, tom. 2, *pag.* 453.)

ART. 19.

Sera de même annulée, quoique faite par adjudication publique, toute vente qui n'aura point été précédée des publi-
cations et affiches prescrites par l'art. 17, ou qui aura été effectuée dans d'autres lieux ou à un autre jour que ceux qui
auront été indiqués par les affiches ou les procès-verbaux de
remise de vente.

Les fonctionnaires ou agens qui auraient contrevenu à ces

dispositions, seront condamnés solidairement à une amende de mille à trois mille francs, et une amende pareille sera prononcée contre les adjudicataires, en cas de complicité.

ANNOTATIONS.

Voir les art. 53, 90, 100, 205 et 207, ci-après, ainsi que les art. 83 et suivans de l'ordonnance d'exécution; l'arrêté du 28 frimaire an 4, et celui du 8 thermidor suivant.

Un *Pair* ayant fait observer que la loi eût dû prononcer la nullité de la vente faite à une autre heure que celle qui aurait été indiquée par les affiches, M. *le ministre d'État, commissaire du Roi*, a répondu que l'ordonnance de 1669 n'avait aucune disposition pour ce cas, mais que l'observation étant juste, elle serait prise en considération dans la rédaction de l'ordonnance.

ART. 20.

Toutes les contestations qui pourront s'élever pendant les opérations d'adjudication, sur la validité des enchères ou sur la solvabilité des enchérisseurs et des cautions, seront décidées immédiatement par le fonctionnaire qui présidera la séance d'adjudication.

ANNOTATIONS.

Voir les art. 26, 27, 40, 90, 100 et 182 ci-après, et les art. 86 et suivans de l'ordonnance d'exécution; l'ordonnance de 1669, tit. 3, art. 1er, et tit. 15, art. 2, ainsi que les décrets des 12 avril 1811 et 17 avril 1813.

Le présent article est purement de discipline. La rapidité avec laquelle les enchères sont faites et les adjudications prononcées, exigeait que toute contestation à cet égard pût être décidée *incontinent* pour ne pas arrêter la marche de l'opération, et cette décision immédiate ne pouvait être attribuée qu'au fonctionnaire qui préside la vente.

Mais hors de là, et excepté les questions sur la validité des surenchères dont la connaissance appartient aux conseils de préfecture d'après l'art. 26, tout rentre dans le droit commun. Ainsi, les contestations relatives soit aux adjudications des coupes de bois, tant de l'État que des communes et des établissemens publics, soit au paiement du prix de ces adjudications, à leur étendue et à leurs effets, soit enfin à l'exécution de tous les actes concernant l'adjudication et la vente, de même que toutes les contestations sur les surmesures et les moins de mesure, sont de la compétence des tribunaux.

Si, dans ce cas, les adjudicataires s'adressent au ministre des finan-

ces, la décision qu'il rend, en rejetant leurs réclamations, n'a l'effet que d'une simple instruction aux préposés de l'administration, pour les diriger dans la discussion des droits de l'État. Elle n'est point susceptible d'être déférée au Conseil d'État, et ne fait pas obstacle à l'introduction de l'instance judiciaire. Ordonnances du roi des 11 décembre 1814, 6 mars et 21 août 1816, 18 novembre et 24 décembre 1818 et 7 avril 1819, intervenues sur des contestations élevées dans plusieurs départemens. (*Art.* 368, 444, 598, 606 *et* 638 *du Précis des ordonnances; Trait. gén., tom.* 2, *pag.* 641 *et* 669.)

ART. 21.

Ne pourront prendre part aux ventes, ni par eux-mêmes, ni par personnes interposées, directement ou indirectement, soit comme parties principales, soit comme associés ou cautions :

1° Les agens et gardes forestiers, et les agens forestiers de la marine, dans toute l'étendue du royaume; les fonctionnaires chargés de présider ou de concourir aux ventes, et les receveurs du produit des coupes, dans toute l'étendue du territoire où ils exercent leurs fonctions ;

En cas de contravention, ils seront punis d'une amende qui ne pourra excéder le quart, ni être moindre du douzième du montant de l'adjudication, et ils seront en outre passibles de l'emprisonnement et de l'interdiction qui sont prononcés par l'art. 175 du Code pénal :

2° Les parens et alliés en ligne directe, les frères et beaux-frères, oncles et neveux des agens et gardes forestiers de la marine, dans toute l'étendue du territoire pour lequel ces agens ou gardes sont commissionnés ;

En cas de contravention, ils seront punis d'une amende égale à celle qui est prononcée par le paragraphe précédent :

3° Les conseillers de préfecture, les juges, officiers du ministère public, et les greffiers des tribunaux de première instance dans tout l'arrondissement de leur ressort ;

En cas de contravention, ils seront passibles de tous dommages-intérêts, s'il y a lieu.

Toute adjudication qui serait faite en contravention aux dispositions du présent article, sera déclarée nulle.

ANNOTATIONS.

Voir les art. 20, 100, 101 et 205 du Code, les art. 31 et 32 de l'ordonnance d'exécution, et les art. 20, 21, 22, 23 et 24 du titre 15 de l'ordonnance de 1669; le réglement du 28 août 1816, art. 16, et l'ordonnance du 10 décembre 1817, art. 5.

§. 1. A la Chambre des députés, M. *Reboul* a demandé que les mots *oncles et neveux* fussent retranchés du n° 2 de l'article. Cet amendement a été combattu par M. de *Martignac, commissaire du Roi*, qui a fait remarquer que l'ordonnance de 1669 était plus sévère, puisqu'elle étendait la prohibition aux cousins-germains. L'amendement a été rejeté.

§. 2. — L'art. 175 du Code pénal rappelé au n° 1 de l'art. 21 ci-dessus, prononce un emprisonnement de 6 mois au moins et de 2 ans au plus, et dispose en outre que l'agent sera déclaré à jamais incapable d'exercer aucune fonction publique.

ART. 22.

Toute association secrète ou manœuvre entre les marchands de bois ou autres, tendant à nuire aux enchères, à les troubler ou à obtenir les bois à plus bas prix, donnera lieu à l'application des peines portées par l'art. 412 du Code pénal, indépendamment de tous les dommages-intérêts; et si l'adjudication a été faite au profit de l'association secrète, ou des auteurs desdites manœuvres, elle sera déclarée nulle.

ANNOTATIONS.

Voir les art. 28, 32, 90 et 100 ci-après; les art. 23 et 24, tit. 15, de l'ordonnance de 1669; l'ordonnance du 7 octobre 1814, art. 10, et celle du 10 décembre 1817, art. 7.

§. 1. — La disposition du présent article qui parle de l'association secrète, ne s'applique pas aux sociétés en commandite relatives à un seul objet, qui sont autorisées par les art. 19, 23, 24, 25, 26, 27, 28, 38 et 39 du Code de commerce, et qui sont réglées par les articles suivans du même Code, ni à aucune autre association autorisée par la loi. L'art. 22 ne concerne que l'association secrète ou manœuvre frauduleuse, tendant à nuire aux enchères. (*Explication donnée par M. de Martignac, à la Chambre des députés, sur la demande de M. Devaux.*)

§. 2. — L'article 412 du Code pénal cité dans l'art. 22 ci-dessus, prononce une amende de 100 fr. à 5,000 fr., et un emprisonnement de 15 jours à 3 mois.

ART. 23.

Aucune déclaration de command ne sera admise si elle n'est faite immédiatement après l'adjudication et séance tenante.

ANNOTATIONS.

Voir le décret du 16 frimaire an 14, et l'avis du conseil d'État du 24 décembre 1808, approuvé le 30 janvier 1809.

§. 1.—Une déclaration de command n'oblige celui en faveur de qui elle est faite, qu'autant qu'il l'a acceptée. Cassation, arrêt du 26 octobre 1810. (*Trait. gén., tom.* 2, *pag.* 366.)

§. 2. — L'art. 44, n° 3, de la loi du 28 avril 1816, assujétit au droit fixe d'enregistrement de 3 francs: « Les déclarations ou élections « de command et d'ami, lorsque la faculté d'élire un command a été « réservée dans l'acte d'adjudication, et que la déclaration est faite « par acte public et notifiée au receveur de l'enregistrement dans « les vingt-quatre heures de l'adjudication. »

Lorsque la faculté d'élire un command n'a pas été réservée, ou si, lorsqu'étant réservée, elle a été faite par acte sous signature privée, ou, enfin, lorsque faite par acte public, elle n'est pas notifiée dans le délai de vingt-quatre heures, elle opère le même droit que l'adjudication, c'est-à-dire 2 p. o/o. (*Art.* 69, § 5, n° 4, *de la loi du* 22 *frimaire an* 7, *et* § 1er *de l'instruction du Directeur général de l'enreg., n°* 1219.)

Le Code ayant réduit à la durée de la séance seulement, le délai de vingt-quatre heures qui, auparavant, était accordé aux adjudicataires pour faire la déclaration de command, il en résulte que trois conditions sont nécessaires pour jouir de la modération du droit; la première, que la déclaration soit faite pendant la durée de la séance; la deuxième, qu'elle le soit par acte public, et la troisième, qu'elle soit notifiée au receveur ou enregistrée dans le délai de vingt-quatre heures.

§. 3. — Un procès-verbal d'adjudication en plusieurs lots est réputé former autant d'actes qu'il y a d'adjudications distinctes, puisqu'aux termes de l'art. 91 de l'ordonnance d'exécution, l'adjudication doit être signée par *l'adjudicataire* ou son fondé de pouvoir ou contenir la mention qu'il n'a pas signé : dès-lors, si la déclaration de command était faite à la suite de l'acte d'adjudication, auquel elle se rapporte, elle donnerait ouverture à l'un des droits ci-dessus, selon le cas, quand même elle aurait été faite séance tenante, avant la clôture du procès-verbal des autres adjudications, et sur la même feuille de papier timbré, attendu que cette déclaration serait un acte distinct de l'acte d'adjudication.

§. 4.—Mais si la déclaration était insérée dans l'acte même d'adjudication et avant la signature de l'adjudicataire, elle n'aurait pas besoin d'être notifiée dans les vingt-quatre heures, et ne donnerait lieu à la perception d'aucun droit particulier d'enregistrement. Délibé-

1re PART.   11

ration du conseil de l'administration de l'enregistrement, du 26 juin 1816. (*Art.* 5475 *du Journal de l'enreg.*)

ART. 24.

Faute par l'adjudicataire de fournir les cautions exigées par le cahier des charges dans le délai prescrit, il sera déclaré déchu de l'adjudication par un arrêté du préfet, et il sera procédé, dans les formes ci-dessus prescrites, à une nouvelle adjudication de la coupe à sa folle-enchère.

L'adjudicataire déchu sera tenu, par corps, de la différence entre son prix et celui de la revente, sans pouvoir réclamer l'excédant, s'il y en a.

ANNOTATIONS.

Voir les art. 29 et 30, tit. 15, de l'ordonnance de 1669.

ART. 25.

Toute personne capable et reconnue solvable sera admise, jusqu'à l'heure de midi du lendemain de l'adjudication, à faire une offre de surenchère qui ne pourra être moindre du cinquième du montant de l'adjudication.

Dès qu'une pareille offre aura été faite, l'adjudicataire et les surenchérisseurs pourront faire de semblables déclarations de simple surenchère, jusqu'à l'heure de midi du surlendemain de l'adjudication, heure à laquelle le plus offrant restera définitivement adjudicataire.

Toutes déclarations de surenchères devront être faites au secrétariat qui sera indiqué par le cahier des charges et dans les délais ci-dessus fixés; le tout sous peine de nullité.

Le secrétaire commis à l'effet de recevoir ces déclarations, sera tenu de les consigner immédiatement sur un registre à ce destiné, d'y faire mention expresse du jour et de l'heure précise où il les aura reçues, et d'en donner communication à l'adjudicataire et aux surenchérisseurs, dès qu'il en sera requis; le tout sous peine de trois cents francs d'amende, sans préjudice de plus fortes peines en cas de collusion.

En conséquence, il n'y aura lieu à aucune significations de déclarations de surenchère, soit par l'administration, soit par les adjudicataires et surenchérisseurs.

ANNOTATIONS.

§. 1. — Un député, *M. Devaux,* a proposé de substituer aux mots, *jusqu'à l'heure de midi du lendemain de l'adjudication,* ceux-ci, *jusqu'à l'heure du soleil couché du lendemain de l'adjudication;* mais cet amendement n'a pas même été appuyé.

§. 2.—Les art. 25, 26 et 27 du titre 15 de l'ordonnance de 1669, accordaient aux adjudicataires la faculté, jusqu'à l'heure de midi du lendemain de l'adjudication, de renoncer à leur enchère, en sorte que l'adjudication retournait au précédent enchérisseur, lequel avait la même faculté, ainsi que les précédens enchérisseurs; mais cette faculté n'ayant pas été accordée par le Code, il en résulte qu'elle se trouve comprise dans l'abolition prononcée par l'art. 218 ci-après.

§. 3. — L'art. 25 ci-dessus remplace en outre les art. 31, 32, 33 et 35, même titre, de l'ordonnance précitée, qui autorisaient les tiercemens, demi-tiercemens et doublemens des ventes. Ce mode de surenchère est désormais aboli, et remplacé par celui que le présent article autorise.

ART. 26.

Toutes contestations au sujet de la validité des surenchères seront portées devant les conseils de préfecture.

ANNOTATIONS.

Voir les explications données sur l'article 20 ci-devant, ainsi que les *Annotations* sur l'art. 64 ci-après, relativement au mode de procéder devant les conseils de préfecture, en matière contentieuse.

Un pair, *M. le comte d'Argout*, a pensé qu'il serait utile d'ajouter que le conseil de préfecture jugera en appel les contestations élevées sur les enchères; et il s'est fondé sur ce qu'autrement le fonctionnaire qui préside à l'adjudication, constitué juge souverain de la validité des enchères, se trouvera de fait le maître de l'adjudication, parce qu'il pourra en écarter tous les concurrens en annulant leurs enchères. Il n'est pas inutile, a ajouté le noble pair, de prévoir le cas où l'administration aura été trompée, soit par fraude, soit par erreur du fonctionnaire délégué. L'enchère devient définitive quand n'y a pas de surenchère : s'il y a un appel pour la surenchère, il doit y en avoir un pour l'enchère, quand celle-ci est définitive.

M. le Ministre d'État, commissaire du Roi, a répondu, en substance, qu'en matière d'adjudication et d'enchères, tout doit être prompt et définitif, et qu'il faut bien s'en remettre à la prudence et à l'intégrité du fonctionnaire qui a été choisi pour une mission aussi délicate. *Ainsi la loi veut qu'aucun enchérisseur ne soit admis s'il ne justifie de sa solvabilité. C'est celui qui préside à l'enchère, qui peut seul être juge de la solvabilité, et l'appel contre la décision est inadmissible, parce que rien de ce qui touche à une adjudication ne peut être laissé en suspens, et qu'une fois consommée, l'adjudication doit être irrévocable.*

Quant aux surenchères, a ajouté M. le commissaire du Roi, on

11.

conçoit qu'il doit en être autrement : 1° le fonctionnaire est absent, et ne peut juger les difficultés élevées hors sa présence ; 2° si la surenchère est déclarée nulle en appel, l'adjudication première subsiste, ce qui fait disparaître tout motif d'urgence ; 3° les surenchères ayant pour résultat de dépouiller l'adjudicataire d'un droit acquis, les questions qui s'élèvent à leur sujet ont toujours un caractère contentieux qui les attribue tout naturellement au juge ordinaire des questions de contentieux administratif, c'est-à-dire au conseil de préfecture.

Un pair, *M. le duc de Praslin*, a fait remarquer que la mesure proposée empêcherait les marchands de mettre une surenchère qui ne pourrait avoir aucun résultat, et à faire ainsi connaître sa pensée à ses concurrens, sans être sûr que l'adjudication serait irrévocable. Le noble pair s'est fondé aussi sur ce que les difficultés les plus ordinaires en pareille matière sont celles qui s'agitent entre deux enchérisseurs qui, faisant la même offre au moment de l'extinction des feux, prétendent tous deux à l'adjudicaton ; et qu'alors le véritable juge du litige est bien celui qui préside, et qui a pu voir lequel des deux enchérisseurs a parlé le premier.

L'article a été adopté après cette discussion.

ART. 27.

Les adjudicataires et surenchérisseurs sont tenus, au moment de l'adjudication ou de leurs déclarations de surenchère, d'élire domicile dans le lieu où l'adjudication aura été faite ; faute par eux de le faire, tous actes postérieurs leur seront valablement signifiés au secrétariat de la sous-préfecture.

ANNOTATIONS.

Voir les art. 111 du Code civil et 422 du Code de procédure, et l'ordonnance de 1669, tit. 15, art. 26.

§. 1. — Selon FERRIÈRE (*Dictionnaire de pratique*, au mot *Domicile*), on ne peut assigner un héritier au domicile que le défunt avait *élu* par un contrat ; mais il est en opposition avec BACQUET, dans son *Traité des droits de justice, chap.* 8, *n°* 16, qui maintient que le domicile élu n'est point révoqué par la mort de celui qui l'avait élu, parce qu'il est transmis à ses héritiers tout ainsi que les actions descendantes du contrat. Cette opinion doit être préférée. (*Voy.* ROUSSEAU DE LA COMBE, *verb. Domicile*, n° 14 ; DELVINCOURT, *Cours de droit civil, notes*, 1er vol., pag. 337.)

§. 2. — Le domicile élu dans le procès-verbal d'adjudication n'est relatif qu'à l'exécution des clauses *civiles* de cet acte ; mais lorsqu'il s'agit d'exercer des poursuites à raison d'un délit forestier qui est du ressort de la *police correctionnelle*, il faut que ces poursuites soient signifiées *au domicile réel*. Décision du ministre des finances du 26 avril 1820. (*Trait. gén.*, *tom.* 2, *pag.* 846.)

ART. 28.

Tout procès-verbal d'adjudication emporte exécution parée et contrainte par corps contre les adjudicataires, leurs associés et cautions, tant pour le paiement du prix principal de l'adjudication que pour accessoires et frais.

Les cautions sont en outre contraignables, solidairement et par les mêmes voies, au paiement des dommages, restitutions et amendes qu'aurait encourus l'adjudicataire.

ANNOTATIONS.

Voir l'ordonnance de 1669, tit. 15, art. 27, et les *Annotations* sur l'art. 91 de l'ordonnance d'exécution.

§. 1. — Ces procès-verbaux emportent aussi hypothèque générale, d'après les lois des 23 octobre et 5 novembre 1790, ainsi que l'ont décidé la Cour royale de Paris, le 8 messidor an 10, et la Cour royale de Rouen, le 22 mai 1818, (*Journal du Palais*, au XI et année 1818), comme les contraintes qui seraient décernées par le receveur pour le paiement du montant des traites souscrites pour le prix de l'adjudication, suivant avis du Conseil d'État des 16 thermidor an 12, 29 octobre et 12 novembre 1811, insérés au Bulletin des lois, n° 429.

§. 2. — Un procès-verbal d'adjudication fait foi jusqu'à inscription de faux, et aucune preuve n'est admise contre et outre son contenu. Ordonnance du roi du 22 janvier 1824. (*Trait. gén.*, *tom.* 3, *pag.* 199.) *Voy.* les *Annotations* sur l'art. 17.

§. 3. — Le demandeur qui a conclu en première instance au paiement d'intérêts de prix d'une adjudication, en vertu de l'acte même d'adjudication, peut demander en appel le paiement des mêmes intérêts, comme provenant de traites consenties par l'adjudicataire pour prix de l'adjudication. Ce n'est pas là former une demande nouvelle dans le sens de l'art. 464 du Code de procédure ; c'est seulement présenter un moyen nouveau.

Les adjudicataires de bois de l'État, condamnés à supporter, en cas de retard de leurs paiemens, une amende du vingtième des sommes dues, peuvent être condamnés en outre au paiement des intérêts. L'amende du vingtième ne doit pas être considérée comme tenant lieu des intérêts moratoires. Arrêté du 27 frimaire an 11 ; — Cassation, arrêt du 26 juillet 1825. (SIREY, *tom.* 26, *premières part.*, *pag.* 149.)

§. 4. — Au surplus, les obligations des secrétaires relativement à l'enregistrement des procès-verbaux d'adjudication, et les principes sur la quotité des droits exigibles pour les adjudications sont rappelés sous l'article 91 de l'ordonnance d'exécution.

SECTION IV.

Des Exploitations.

ART. 29.

Après l'adjudication, il ne pourra être fait aucun changement à l'assiette des coupes, et il n'y sera ajouté aucun arbre ou portion de bois, sous quelque prétexte que ce soit, à peine, contre l'adjudicataire, d'une amende égale au triple de la valeur des bois non compris dans l'adjudication, et sans préjudice de la restitution de ces mêmes bois ou de leur valeur.

Si les bois sont de meilleure nature ou qualité, ou plus âgés que ceux de la vente, il paiera l'amende comme pour bois coupé en délit, et une somme double à titre de dommages-intérêts.

Les agens forestiers qui auraient permis ou toléré ces additions ou changemens, seront punis de pareille amende, sauf l'application, s'il y a lieu, de l'art. 207 de la présente loi.

ANNOTATIONS.

Voir l'ordonnance de 1669, tit. 15, art. 13 et 14, et tit. 16, art. 9, et la loi du 29 septembre 1791, tit. 5, art. 8 et 18, et tit. 6, art. 8.

§. 1. — L'adjudicataire qui arrache des chênes verts dans une coupe, encourt les amendes prononcées par les art. 192, 193, 194 et 195, selon la grosseur et l'âge des arbres. Argument tiré d'un arrêt de cassation, du 25 juin 1825, cité au *Traité gén.*, tom. 3, *pag.* 365.

§. 2. — Par application des art. 1er et 8 du titre 32 de l'ordonnance de 1669, il avait été décidé que la coupe en jardinant d'une quantité d'arbres excédant celle qui avait été adjugée, ne pouvait être considérée comme une simple outre-passe, et qu'elle constituait un délit qui entraînait l'amende et la restitution au pied le tour. Cassation, arrêt du 1er février 1822. (*Trait. gén.*, tom. 3, *pag.* 8.) Cette décision doit encore servir de règle aujourd'hui. En effet, dans ce cas, l'adjudicataire profite de son adjudication pour soustraire d'autres arbres que ceux qui lui ont été adjugés; il commet alors un délit, et ce délit donne lieu aux condamnations prescrites par les art. 192, 193 et 202 du Code. (*Voy.* les *Annotations* sur les art. 37 et 67.)

§. 3. — Un adjudicataire n'a pas la faculté de .prendre, de son chef, des arbres en remplacement de ceux qui lui manquent, ni le contre-maître de la marine le droit de lui en marquer d'autres hors des limites de sa coupe. Cassation, arrêt du 21 juillet 1809. (*Trait. gén.*, *tom.* 1, *pag.* 292.)

§. 4. — Le fait d'une outre-passe de la part d'un adjudicataire, ne peut être de la compétence des tribunaux civils ; ce fait constitue un délit de la compétence des tribunaux correctionnels. Cassation, arrêt du 19 janvier 1810. (*Idem*, *tom.* 2, *pag.* 329.)

§. 5. — Les agens forestiers sont tenus de requérir les formalités du timbre et de l'enregistrement pour les procès-verbaux de délivrance des harts, rouettes et perches ; mais ces formalités ont lieu en débet, sauf au receveur des domaines à exprimer que le recouvrement des droits sera effectué en même temps que celui du prix des bois délivrés. Décision du ministre des finances du 4 juillet 1825. (*Circ de l'ad. des forêts du* 19 *du même mois*, *n*° 130. *Voy. les Annotations* sur l'art. 174 de l'ordonnance d'exécution.)

ART. 30.

Les adjudicataires ne pourront commencer l'exploitation de leurs coupes avant d'avoir obtenu, par écrit, de l'agent forestier local, le permis d'exploiter, à peine d'être poursuivis comme délinquans pour les bois qu'ils auraient coupés.

ANNOTATIONS.

Voir l'ordonnance de 1669, tit. 15, art. 36, et les art. 1382 et 1383 du Code civil.

§. 1. — On entend par agent forestier local, un inspecteur, un sous-inspecteur, un garde général. Les procès-verbaux des agens forestiers ne sont pas affirmés, d'après l'art. 15, titre 9, de la loi du 29 septembre 1791, reproduit dans l'art. 166 du Code, tandis que ceux des gardes doivent l'être. Si l'on s'était servi, comme l'a proposé M. *Devaux*, de l'expression *garde général*, les inspecteurs et les sous-inspecteurs ne s'y trouveraient pas compris. (*Explication donnée à la Chambre des députés, par M. le Directeur général des forêts.*)

§. 2. — A la Chambre des Pairs, M. *le comte d'Argout* a fait observer que le cahier des charges doit indiquer l'époque à laquelle l'exploitation doit commencer. « Pourquoi donc, a ajouté le noble pair, astreindre l'adjudicataire à demander un permis d'exploiter, lorsque son droit résulte de l'adjudication même qui lui a été faite? Ne peut-il pas résulter pour lui un grand préjudice du refus qui lui serait fait d'accorder le permis? »

M. le *Ministre d'Etat, commissaire du Roi*, a rappelé qu'aux termes de l'article .24, l'adjudicataire est assujéti à fournir, dans un délai déterminé, la caution exigée par le cahier des charges. Il faut donc, avant tout, qu'il justifie de l'accomplissement de cette condition, et des autres obligations que le cahier des charges aurait imposées comme préalables à la mise en exploitation. Ce n'est qu'après cette justification faite, qu'il doit lui être permis d'exploiter; et c'est pour cela qu'est établie la formalité prescrite par l'article 30.

Un pair, *M. le duc de Praslin*, a demandé comment l'adjudicataire devra agir et quels dédommagemens il pourra réclamer si le permis lui est refusé malgré l'accomplissement de toutes les conditions imposées.

M. le Directeur général des Forêts, commissaire du Roi, a répondu que dans ce cas, comme dans tous les cas semblables, l'adjudicataire aura le droit de se pourvoir devant l'autorité supérieure, sans préjudice de l'action en dommages-intérêts, s'il y a lieu d'en demander par les voies judiciaires.

L'observation n'a pas eu d'autre suite.

§. 3. — Comme acte de police intérieure, le permis est exempt du timbre et de l'enregistrement. Décision du ministre des finances du 3 décembre 1825. (*Inst. du Direc. gén. de l'enreg.*, n° 1187, § 11.)

ART. 31.

Chaque adjudicataire sera tenu d'avoir un facteur ou garde-vente, qui sera agréé par l'agent forestier local et assermenté devant le juge de paix.

Ce garde-vente sera autorisé à dresser des procès-verbaux, tant dans la vente qu'à l'ouïe de la cognée. Ses procès-verbaux seront soumis aux mêmes formalités que ceux des gardes forestiers, et feront foi jusqu'à preuve contraire.

L'espace appelé *l'ouïe de la cognée* est fixé à la distance de 250 mètres, à partir des limites de la coupe.

ANNOTATIONS.

Voir l'art. 94 de l'ordonnance d'exécution, et l'ordonnance de 1669, tit. 15, art. 39 et 51.

§. 1. — *M. Devaux*, député, a proposé de substituer à ces mots, *chaque adjudicataire sera tenu d'avoir*, ceux-ci, *chaque adjudicataire pourra être obligé d'avoir*. Il se fondait sur ce que les dispositions de l'article étant impératives, le garde-vente pourrait être exigé pour une coupe de peu d'importance, ce qui, par une augmentation de frais, tournerait au détriment de l'État. Mais cet amendement n'a pas été appuyé.

§. 2.— L'acte de prestation de serment n'est passible que du droit fixe d'enregistrement de 1 fr. (*Circul. du Directeur général de l'enregistrement du 12 septembre 1808.*) *Voy.* les *Annotations* sur l'art. 147.

§. 3. — La disposition du deuxième alinéa de l'art. 31, est conforme à la loi du 28 septembre 1790, sur la police rurale, tit. 1er, sect. 7, art. 6, portant que les procès-verbaux des gardes champêtres dressés et affirmés dans la forme prescrite, lorsqu'ils ne donnent lieu qu'à des réclamations judiciaires, font pleine foi en justice, sauf néanmoins la preuve contraire : et que, pour administrer cette preuve, il n'est pas besoin de prendre la voie de l'inscription de faux. Il n'en est pas ainsi des procès-verbaux rédigés par les gardes-forestiers. (*Voy.* les art. 45, 100, 176 et 177 ci-après.)

§. 4. — Le garde-vente d'une coupe de bois, qui est en même temps caution de l'adjudicataire, n'a point qualité pour constater par procès-verbal un délit commis dans la réponse de cette coupe. Suivant l'art. 13, titre 9, de la loi du 29 septembre 1791, il y a cause valable de récusation contre un semblable procès-verbal. La preuve du délit ne peut être établie ultérieurement que par témoins conformément à l'art. 175 du Code. Argument tiré d'un arrêt de la cour de cassation du 7 novembre 1817. (*Art.* 383 *du Préc. chron.*)

§.5.— Un édit du mois d'avril 1704 a créé des gardes-ports en titre d'office pour les ports étant le long des rivières de Seine, Oise, Yonne, Marne et autres affluentes à Paris ; un autre édit du 17 juin suivant a également créé, à titre d'office, des gardes pour les ports de Saint-Leu, Sainte-Mayence et Manican. Ces gardes-ports sont chargés de recevoir les marchandises déposées dans les ports et de les placer. Ils sont commissionnés et considérés comme agens du Gouvernement. Ils ne peuvent être mis en jugement sans autorisation. Ils constatent les délits relatifs à leur garde, et peuvent faire la perquisition des *bois volés.* Les anciens réglemens qui les concernent sont toujours en vigueur. Le placement des *bois* en dépôt dans un terrain avoisinant un port, est de la part d'un garde-port un fait administratif auquel le propriétaire du terrain ne peut s'opposer ; mais il doit en être prévenu, et il a droit à une indemnité contre le marchand de bois, conformément à l'art. xvii du chap. xvii de l'ordonnance de décembre 1672, registrée au parlement le 20 février 1673. Cassation, arrêt du 1er juillet 1808. (*Trait. gén., tom.* 2, *pag.* 213.)

§. 6. — Les gardes-ports sont nommés par le ministre de l'intérieur, sur la présentation des marchands de bois; ils sont sous la surveillance des jurés compteurs et inspecteurs-généraux de la navigation,

ART. 32.

Toút adjudicataire sera tenu, sous peine de cent francs d'a-
mende, de déposer chez l'agent forestier local et au greffe du
tribunal de l'arrondissement, l'empreinte du marteau destiné
à marquer les arbres et bois de sa vente.

L'adjudicataire et ses associés ne pourront avoir plus d'un
marteau pour la même vente, ni en marquer d'autres bois que
ceux qui proviendront de cette vente, à peine de cinq cents
francs d'amende.

ANNOTATIONS.

§. 1. — Ces dispositions sont tirées de l'ordonnance de 1669,
tit. 15, art. 37 et 38, et tit. 16, art. 11. *Voy.* au surplus, l'art. 95
de l'ordonnance d'exécution, et les art. 7, 74 et 78 du Code.)

§. 2. — L'acte de dépôt au greffe opère le droit fixe d'enregistrement de 3 fr., et un droit de greffe de 1 fr. 25 cent., outre le décime.
(*Art.* 44, n° 10, *de la loi du* 28 *avril* 1816, *et art* 1er, n° 1er, *du décret du* 12 *juillet* 1808.)

ART. 33.

L'adjudicataire sera tenu de respecter tous les arbres marqués ou désignés pour demeurer en réserve, quelle que soit
leur qualification, lors même que le nombre en excéderait celui
qui est porté au procès-verbal de martelage, et sans que l'on
puisse admettre en compensation d'arbres coupés en contravention, d'autres arbres réservés que l'adjudicataire aurait
laissés sur pied.

ANNOTATIONS.

Voir les art. 90, 122, 124 et 133 du Code, et les art. 69, 70,
78, 79, 80, 81 et 137 de l'ordonnance d'exécution, ainsi que le
tit. 15, art. 43, et le tit. 16, art. 9 et 10, de l'ordonnance de
1669.

§. 1. — La disposition prohibitive de couper aucuns arbres marqués, s'étend à ceux qui sont marqués pour indiquer la limite des
deux lots d'une coupe; ils ne peuvent être abattus sans délit. Cassation, arrêt du 20 janvier 1815 (*Trait. gén.*, tom. 2, *pag.* 653.)

§. 2. — Les baliveaux de l'âge doivent être marqués à la patte le
plus près de terre que faire se pourra; 2° Les modernes seront,
autant que possible, à la racine, marqués de deux marques sur deux
blanchis rapprochés l'un de l'autre; 3° Les anciens seront marqués
d'une seule marque à la racine; 4° Pour l'exactitude et la régularité des

martelages et la facilité des récolemens, les marques seront, dans chaque coupe, appliquées d'un seul et même côté et au nord. Décision du ministre des finances du 10 août 1822. (*Circulaire de l'ad. forestière du 26 novembre* 1823, *n*° 91.)

§. 3. — L'enlèvement de l'empreinte du marteau qui s'applique aux arbres de réserve, constitue véritablement le crime de faux, lorsqu'il y a été procédé méchamment et dans le dessein de se les approprier. Cassation, arrêt du 14 août 1812. (*Trait. gén., tom.* 2, *pag.* 499.)

§. 4. — Le déplacement de piquets servant de limites à une vente ne peut être assimilé à un enlèvement de pieds-corniers ou d'arbres de lisières. En cas de contestation sur l'estimation d'une outre-passe, il y peut être procédé par des expertises contradictoires. — L'adjudicataire dont le garde-vente ne constate pas les délits commis dans sa coupe, est lui-même passible des condamnations prononcées sur ces délits. — Les délits commis par les adjudicataires ou leurs ouvriers sont de la compétence des tribunaux correctionels. (*Voy.* l'art. 171). Cassation, arrêt du 21 février 1806. (*Idem, tom.* 2, *pag.* 64.)

§. 5. — L'adjudicataire qui a omis de faire dresser procès-verbal de souchetage avant de commencer l'exploitation de sa vente, ne peut être admis à prouver que les arbres en réserve qui y ont été coupés et aux environs, l'ont été antérieurement à son exploitation. Cassation, arrêt du 26 juillet 1810. (*Idem, tom.* 2, *pag.* 357.)

§. 6. — La coupe en délit, par un adjudicataire, d'arbres de réserve et marqués pour la marine en vertu de l'art. 122 du Code, donne lieu aux peines prononcées pour les arbres empreints du marteau de la marine par l'art. 133, et non à celles prononcées seulement pour arbres de réserve par l'art. 33. Cassation, arrêt du 31 décembre 1824. (*Idem, tom.* 3, *pag.* 306.)

§. 7. — Le dommage causé à des arbres réservés dans une coupe ou à des arbres d'un bois voisin de la coupe, par la chute de ceux que fait abattre un adjudicataire, ne constitue pas un délit, et ne peut donner lieu qu'à une action civile. Cassation, arrêt du 12 avril 1822. (*Idem, tom.* 3, *pag.* 29.)

ART. 34.

Les amendes encourues par les adjudicataires, en vertu de l'article précédent, pour abattage ou déficit d'arbres réservés, seront du tiers en sus de celles qui sont déterminées par l'art. 192, toutes les fois que l'essence et la circonférence des arbres pourront être constatées.

Si, à raison de l'enlèvement des arbres et de leurs souches, ou de toute autre circonstance, il y a impossibilité de constater l'essence et la dimension des arbres, l'amende ne pourra être moindre de cinquante francs, ni excéder deux cents francs.

Dans tous les cas, il y aura lieu à la restitution des arbres, ou s'ils ne peuvent être représentés, de leur valeur, qui sera estimée à une somme égale à l'amende encourue.

Sans préjudice des dommages-intérêts.

ANNOTATIONS.

Voir les art. 90 et 192 ci-après, et les art. 105, 106, 107 et 108 de l'ordonnance d'exécution, ainsi que le tit. 32, art. 1 et 4 de l'ordonnance de 1669, et un arrêt du conseil du 7 février 1705.

§. 1. — La commission de la Chambre des députés avait proposé de retrancher de l'article le mot, *essence;* mais la discussion de cet amendement ayant été renvoyée après celle qui devait avoir lieu sur l'art. 192, ce mot a été maintenu dans ce dernier article, et l'amendement de la commission a été rejeté. (*Moniteur,* *pag.* 450.)

§. 2. — M. *Gillet,* député, a proposé d'ajouter après ces mots, *il y a impossibilité de constater la dimension des arbres,* ceux-ci, *on aura recours, pour l'application de l'amende, au pied de tour, au procès-verbal de martelage, qui devra énoncer le nombre et la circonférence des arbres réservés.* L'honorable député s'est fondé sur ce que les lois doivent être tellement claires, tellement positives, que l'application de leurs dispositions soit toujours facile, juste, assurée. (*Moniteur,* n° 99, *pag.* 564.) Cet amendement n'a pas été appuyé.

§. 3. — M. *de Cuny* avait proposé d'ajouter à la fin du second paragraphe ces mots, *par chaque pied d'arbre;* mais il l'a retiré, en disant : « J'avais proposé cette addition, parce que je pensais que, dans une disposition pénale, on ne pouvait pas être trop clair; mais du moment où l'amende est applicable à chaque pied d'arbre, je n'ai plus rien à ajouter, et je n'insisterai pas sur mon amendement. »

ART. 35.

Les adjudicataires ne pourront effectuer aucune coupe ni enlèvement de bois avant le lever ni après le coucher du soleil, à peine de cent francs d'amende.

ANNOTATIONS.

Voir le tit. 15, art. 49, et le tit. 32, art. 5 et 6, de l'ordonnance de 1669.

§. 1. — Cet article ne contient pas explicitement la prohibition d'exploiter les jours fériés ; mais, d'après l'art. 1er de la loi du 18 novembre 1814, *les travaux ordinaires doivent être interrompus les dimanches et les jours de fêtes reconnus par la loi.*

§. 2. — L'enlèvement frauduleux de bois dans une vente, constitue le crime prévu par l'art. 388 du Code pénal. Cassation, arrêt du 3 juin 1813. (*Trait. gén., tom. 2, pag.* 567.)

Art. 36.

Il leur est interdit, à moins que le procès-verbal d'adjudication n'en contienne l'autorisation expresse, de peler ou d'écorcer sur pied aucun des bois de leurs ventes, sous peine de cinquante à cinq cents francs d'amende ; et il y aura lieu à la saisie des écorces et bois écorcés, comme garantie des dommages-intérêts, dont le montant ne pourra être inférieur à la valeur des arbres indûment pelés ou écorcés.

ANNOTATIONS.

Voir l'ordonnance de 1669, tit. 27, art. 22, 28, 29 et 30, et tit. 32, art. 5 et 6.

Art. 37.

Toute contravention aux clauses et conditions du cahier des charges, relativement au mode d'abattage des arbres et au nettoiement des coupes, sera punie d'une amende qui ne pourra être moindre de cinquante francs, ni excéder cinq cents francs, sans préjudice des dommages-intérêts.

ANNOTATIONS.

Voir les art. 16, 18, 22, 52, 56, 57 et 58 du Code, l'ordonnance de 1669, tit. 15, art. 40 à 47, et le règlement du 28 août 1816.

§. 1. — Les mots, *sans préjudice des dommages-intérêts*, qui terminent cet article, ne se trouvaient pas dans le projet ; ils ont été adoptés par la Chambre des députés, sur la proposition de la commission.

§. 2. — L'exploitation, en jardinant, de *tous arbres quelconques* dans les bois et forêts, ne peut avoir lieu qu'à l'égard des sapins seulement, ou dans les forêts mêlées de hêtres et de sapins. Décret du 30 thermidor an 13. (DUPIN, *Lois forestières, pag.* 305). Cette disposition ne s'applique pas aux arbres épars. (*Circul. de l'adm. forest. du 20 août* 1806, *n*° 334.) *Voy.* les *Ann.* sur l'art. 67.

§. 3. — L'arrachis des arbres avec leurs racines, lorsqu'il n'est pas autorisé par le cahier des charges, est un délit de la compétence des tribunaux correctionnels. Cassation, arrêt du 30 octobre 1807. (*Trait. gén.*, tom. 2 , *pag.* 174.)

Art. 38.

Les agens forestiers indiqueront, par écrit, aux adjudicataires, les lieux où il pourra être établi des fosses ou fourneaux pour charbon, des loges ou des ateliers; il n'en pourra être placé ailleurs, sous peine, contre l'adjudicataire, d'une amende de cinquante francs pour chaque fosse ou fourneau, loge ou atelier établi en contravention à cette disposition.

ANNOTATIONS.

Voir le tit. 27, art. 21 , 22 et 23 de l'ordonnance de 1669.

Un député, *M. Devaux*, avait proposé d'ajouter, *sauf le recours de l'adjudicataire au conseil de préfecture;* il se fondait sur ce que l'agent forestier et l'adjudicataire avaient chacun un intérêt opposé. Cet amendement a été rejeté.

Art. 39.

La traite des bois se fera par les chemins désignés au cahier des charges, sous peine, contre ceux qui en pratiqueraient de nouveaux, d'une amende dont le minimum sera de cinquante francs et le maximum de deux cents francs, outre les dommages-intérêts.

ANNOTATIONS.

Un député, *M. de Cuny*, avait demandé de substituer à la pénalité de l'article celle d'*une amende de 20 à 40 francs, outre les dommages-intérêts;* il s'était fondé sur ce que la proportion n'était pas observée dans la fixation des amendes, entre les adjudicataires et les particuliers. « Tantôt, a-t-il dit, l'adjudicataire est condamné à une amende du tiers en sus, tantôt à une amende double, tantôt enfin à une amende décuple. » Cet amendement n'a pas été appuyé.

Art. 40.

La coupe des bois et la vidange des ventes seront faites dans les délais fixés par le cahier des charges, à moins que les adjudicataires n'aient obtenu de l'administration forestière une prorogation de délai, à peine d'une amende de cinquante à cinq cents francs, et, en outre, des dommages-intérêts, dont le montant ne pourra être inférieur à la valeur estimative des bois restés sur pied ou gisans sur les coupes.

Il y aura lieu à la saisie de ces bois, à titre de garantie pour les dommages-intérêts.

ANNOTATIONS.

Voir l'art. 96 de l'ordonnance d'exécution, et le tit. 15, art. 40, 41 et 47 de l'ordonnance de 1669.

§. 1. — *M. Devaux*, député, propose cette disposition : *et en outre la confiscation des bois restés sur pied ou gisans sur coupe*, qu'il a puisée, dit-il, dans le texte de l'ordonnance de 1669 : mais sa proposition est rejetée.

§. 2. — *L'autorité judiciaire* ne peut accorder des délais pour la vidange des coupes de bois, sans usurper le pouvoir administratif, franchir les bornes de sa compétence, et violer la loi sur la matière. Un jugement ou arrêt qui accorderait une prorogation de délai donnerait ouverture à la cassation. Arrêts de la cour de cassation des 9 février 1811 et 18 octobre 1817. (*Trait. gén., tom.* 2, *pag.* 404, *et art.* 5924 *du Journal de l'enreg.*)

§. 3. — Lorsque l'adjudicataire d'une coupe a laissé passer le délai fixé pour l'exploitation, sans l'avoir entièrement vidée, il ne commet point un *délit*, une *contravention;* il n'y a lieu à lui reprocher qu'une négligence ; dès-lors la peine qui y est attachée n'est autre chose que la réparation du tort causé par son retard, et c'est au tribunal civil qu'il appartient de la prononcer, et non au tribunal de police correctionnelle, puisque le tribunal de police correctionnelle n'est appelé à juger en matière forestière, que les délits et contraventions, aux termes de l'art. 171 du Code. Décision du ministre des finances du 5 avril 1820. (*Trait. gén., tom.* 2, *pag.* 84.)

§. 4. — Mais la mauvaise exploitation imputée à un adjudicataire dans la coupe des bois à lui adjugés, consistant, par exemple, en ce que les souches et *étois* n'avaient pas été ravalés, ni les bois coupés assez près de terre, constitue un délit prévu par la loi qui est de la compétence des tribunaux de police correctionnelle. Cassation, arrêt du 25 janvier 1810. (*Art.* 6001 *du Journal de l'enreg.*)

§. 5. — La demande en prorogation de délai d'exploitation ou de vidange et le retard de l'administration à répondre, ne dispensent pas l'adjudicataire de se conformer au cahier des charges pour exécuter l'exploitation ou la vidange. Cassation, arrêt du 18 juin 1813. (*Trait. gén., tom.* 2, *pag.* 567.)

§. 6. — Il ne peut être sursis au jugement de condamnation des peines résultant du défaut de vidange dans le délai, sous le prétexte d'une prorogation de délai accordée par l'agent forestier qui n'en a pas le droit. Cassation, arrêt du 24 mai 1811. (*Trait. gén.*, tom. 2, *pag.* 427.)

§. 7. — Un ancien adjudicataire, poursuivi à raison de délits commis dans sa coupe et avoués par lui, ne peut être renvoyé des poursuites, sous prétexte de l'insuffisance des preuves, lorsque le procès-verbal des gardes n'est pas attaqué par les voies légales; il ne peut être renvoyé non plus sous prétexte que les arbres coupés en délit lui appartenaient comme adjudicataire, lorsque les délais accordés pour l'exploitation et la vidange de la coupe sont expirés, et qu'il n'a pas obtenu sa décharge définitive. Cassation, arrêt du 1er juillet 1825. (*Idem, tom.* 3, *pag.* 367.)

ART. 41.

A défaut, par les adjudicataires, d'exécuter, dans les délais fixés par le cahier des charges, les travaux que ce cahier leur impose, tant pour relever et faire façonner les ramiers, et pour nétoyer les coupes des épines, ronces et arbustes nuisibles, selon le mode prescrit à cet effet, que pour les réparations des chemins de vidange, fossés, repiquement de places à charbon et autres ouvrages à leur charge, ces travaux seront exécutés à leurs frais, à la diligence des agens forestiers, et sur l'autorisation du préfet, qui arrêtera ensuite le mémoire des frais et le rendra exécutoire contre les adjudicataires pour le paiement.

ANNOTATIONS.

Voir l'ordonnance de 1669, tit. 15, art. 45.

La Chambre des députés a rejeté un amendement de *M. Devaux*, qui proposait d'ajouter après ces mots, *le mémoire des frais*, ceux-ci, *après communication à l'adjudicataire.*

ART. 42.

Il est défendu à tous adjudicataires, leurs facteurs et ouvriers, d'allumer du feu ailleurs que dans leurs loges ou ateliers, à peine d'une amende de dix à cent francs, sans préjudice de la réparation du dommage qui pourrait résulter de cette contravention.

ANNOTATIONS.

Voir l'ordonnance de 1669, tit. 27, art. 19 à 21, et art. 32, ainsi que l'arrêté du 25 pluviôse an 6, art. 3 et 4.

Un pair, *M. le duc d'Escars*, a fait observer que, dans certaines localités, on appelle atelier l'espace livré à chaque bûcheron pour sa tâche, de sorte que la réunion des divers ateliers forme la coupe tout entière. Il pourrait résulter de cette circonstance quelques doutes sur le véritable sens de l'article 42, le but de cet article étant précisément d'empêcher qu'on n'allume du feu dans les ventes ; il eût été préférable de ne faire exception que pour les loges, et au moins faudrait-il que l'ordonnance d'exécution s'en expliquât, afin de lever toute incertitude.

M. le Commissaire du Roi, Directeur-général des forêts, a répondu qu'il estimait que l'article ne pouvait donner lieu à aucune incertitude, et que, d'après le sens donné au mot *atelier*, dans les articles précédens, il ne saurait avoir dans celui-ci les significations que l'on redoutait, la disposition du projet de loi étant d'ailleurs textuellement copiée sur celle de l'ordonnance de 1669, dont l'interprétation n'a jamais été controversée.

ART. 43.

Les adjudicataires ne pourront déposer dans leurs ventes d'autres bois que ceux qui en proviendront, sous peine d'une amende de cent à mille francs.

ANNOTATIONS.

Voir l'art. 48, tit. 15, de l'ordonnance de 1669.

La vente d'une certaine quantité de bois exploités, bien que ces bois ne soient pas mesurés, n'en transfère pas moins la propriété à l'acheteur; il peut en demander la délivrance; il le peut même quand ces bois se seraient mêlés avec d'autres, en en demandant la séparation et le partage; enfin, il peut revendiquer sa chose, lors même que le vendeur serait tombé en faillite. Cassation, arrêt du 11 novembre 1812. (*Trait. gén., tom.* 2, *pag.* 523.)

ART. 44.

Si, dans le cours de l'exploitation ou de la vidange, il était dressé des procès-verbaux de délits ou vices d'exploitation, il pourra y être donné suite sans attendre l'époque du récolement.

Néanmoins, en cas d'insuffisance d'un premier procès-verbal sur lequel il ne sera pas intervenu de jugement, les agens forestiers pourront, lors du récolement, constater par un nouveau procès-verbal les délits et contraventions.

ANNOTATIONS.

Voir les art. 45, 46, 47 et 51 ci-après.

§. 1. — Un procès-verbal constatant des malversations sur une

coupe de bois, et rédigé avant le récolement, suffit, d'après l'art.
44, pour motiver une action correctionnelle et entraîner les condamnations portées par la loi. Cassation, arrêt du 3 avril 1806.
(*Trait. gén., tom.* 2, *pag.* 72.) Le tribunal ne pourrait surseoir
au jugement, jusqu'à la confection du procès-verbal de récolement,
que dans le seul cas où elle pourrait offrir un complément de
preuve qui serait indispensable.

§. 2. — Les agens forestiers peuvent et doivent constater, par
de *simples procès-verbaux*, les délits commis dans les ventes et pendant l'exploitation; ils ne sont pas obligés d'appeler les adjudicataires à la reconnaissance de ces délits. Cassation, arrêt du 13 janvier 1814. (*Idem, tom.* 2, *pag.* 610.)

§. 3. — Un tribunal correctionnel ne peut, sur un procès-verbal
en règle, constatant qu'un adjudicataire n'a pas réservé le nombre
de baliveaux prescrit par le cahier des charges, ordonner une visite
d'experts pour reconnaître si les arbres réservés sont en suffisante
quantité. Cassation, arrêt du 6 nivôse an 13. (*Idem, tom.* 1er, *pag.*
722.)

§. 4. — Les marchands de bois assignés devant un tribunal de
police correctionnelle pour des malversations commises dans leurs
coupes avec l'autorisation des agens forestiers locaux, ne peuvent
requérir la mise en cause de ceux-ci et exercer contre eux une action en garantie ou en indemnité. Ils ne le peuvent, surtout si déjà
les agens forestiers ont subi, à raison de leur autorisation, un
procès au grand criminel, par le résultat duquel ils ont été acquittés.

Un agent, quoique n'ayant pas d'arrondissement déterminé,
peut constater légalement les délits qu'il est chargé par une commission spéciale de l'administration de reconnaître et de poursuivre.

L'administration a le droit de faire des vérifications dans les
coupes, sans y appeler les adjudicataires, si ce n'est lors des récolemens; et les procès-verbaux dressés dans ce cas font preuve suffisante, s'ils sont réguliers. Cassation, arrêt du 26 février 1807.
(*Idem, tom.* 2, *pag.* 120.)

§. 5. — Un adjudicataire n'a pas le droit de prendre, de son
chef, des arbres en remplacement de ceux qui lui manquent, ni un
contre-maître de la marine le droit de lui en marquer d'autres hors
des limites de sa coupe. (*Idem, tom.* 2, *pag.* 292.) *Voy.* les *Annotations*, § 3, sur l'art. 29 ci-devant.

ART. 45.

Les adjudicataires, à dater du permis d'exploiter, et jusqu'à ce qu'ils aient obtenu leur décharge, sont responsables de tout délit forestier commis dans leurs ventes et à l'ouïe de la cognée, si leurs facteurs ou gardes-ventes n'en font leurs rapports, lesquels doivent être remis à l'agent forestier dans le délai de cinq jours.

ANNOTATIONS.

Voir les art. 31, 47, 185 et 206 du Code, et les art. 93, 98, et 99 de l'ordonnance d'exécution, ainsi que l'art. 51 du tit. 15 de l'ordonnance de 1669.

§. 1. — Un député, *M. Devaux*, a proposé d'ajouter après ces mots, *l'agent forestier*, ceux-ci, *sous son récépissé*. Mais *M. de Martignac* a répondu que cette addition était inutile, parce que le récépissé était de plein droit, et que le rapport ne serait remis qu'autant que l'agent forestier en donnerait récépissé. L'amendement a été rejeté.

§. 2. —La responsabilité des adjudicataires de coupes de bois, en cas de délits découverts et constatés dans leurs ventes, par les préposés, doit cesser lorsque des circonstances extraordinaires et de force majeure, tels que les événemens de la guerre, ont donné lieu à ces délits. Les préposés doivent se borner alors à établir les faits sans poursuivre. Cassation, arrêt du 17 mai 1817.(*Trait. gén.*, *tom.* 2, *pag.* 713.)

§. 3. — L'immixtion de nouveaux adjudicataires de vieilles écorces dans une coupe non vidée, ni récolée, ne met pas les adjudicataires à l'abri des poursuites pour raison des baliveaux manquans. Cassation, arrêt du 2 novembre 1810. (*Trait. gén.*, *tom.* 2, *pag.* 367.)

§. 4. —Les adjudicataires de coupes dans les bois des particuliers, ne peuvent être déchargés de la responsabilité que la loi leur impose, par le seul fait que le propriétaire se serait immiscé dans ces coupes après leur exploitation, si les faits d'immixtion ne sont pas tels qu'ils aient dénaturé les lieux et rendu le récolement impossible. La décharge doit être positive ou résulter d'une mise en demeure pour le récolement. Cassation, arrêt du 3 septembre 1825. (*Idem*, *tom.* 3, *pag.* 381.)

§. 5. — L'administration forestière ne peut être légalement présumée avoir affranchi les marchands adjudicataires de coupes

12.

de bois, de la responsabilité des délits commis dans leur vente, par le seul fait qu'elle aurait délivré un permis d'exploitation, avant qu'ils eussent établi un garde-vente. Cassation, arrêt du 24 décembre 1813. (*Trait. gén.*, tom. 2, *pag.* 607.)

§. 6. — Quel que soit le délai qui sépare la vidange du récolement, l'adjudicataire est responsable des délits commis dans sa coupe, tant qu'il n'a pas provoqué le récolement en vertu de l'art. 47, et qu'il n'a pas mis l'administration forestière en demeure. Cassation, arrêt du 9 octobre 1807. (*Idem, tom.* 2, *pag.* 170.)

§. 7. — Le dommage occasioné dans une vente par le fait des usagers, en écuissant et éclatant les souches, est un véritable délit forestier dont l'adjudicataire est responsable, tant qu'il n'a point fait son rapport et livré aux poursuites de l'administration les auteurs de ce délit, sans qu'il puisse s'affranchir de cette responsabilité. Cassation, arrêt du 23 mars 1811. (*Idem, tom.* 2, *pag.* 417.)

§. 8. — La responsabilité d'un adjudicataire dans la coupe duquel il a été abattu des arbres en délit, ne peut être déchargée par des procès-verbaux de son garde-vente, qu'autant que ces actes sont affirmés dans le délai de la loi, et qu'ils sont réguliers dans la forme et probans au fond. Cassation, arrêt du 22 juin 1815. (*Idem, tom* 2, *pag.* 657.)

§. 9. — Les adjudicataires sont tenus sous leur responsabilité de remettre dans le délai prescrit les procès-verbaux des délits commis à l'ouïe de la cognée. Cassation, arrêt du 23 janvier 1807. (*Idem, tom.* 2, *pag.* 113.)

§. 10. — La mauvaise exploitation imputée à un adjudicataire dans une coupe de bois est toujours de la compétence de la police correctionnelle. Cassation, arrêt du 15 janvier 1810. (*Idem, tom.* 2, *pag.* 329.)

ART. 46.

Les adjudicataires et leurs cautions seront responsables et contraignables par corps au paiement des amendes et restitutions encourues pour délits et contraventions commis, soit dans la vente, soit à l'ouïe de la cognée, par les facteurs, gardes-ventes, ouvriers, bûcherons, voituriers et tous autres employés par les adjudicataires.

ANNOTATIONS.

Voir l'ordonnance de 1669, tit. 15, art. 29 et 51, et tit. 32, art. 1 à 18.

§. 1. — Dans la discussion relative aux art. 192 et 206, la Chambre des députés a refusé d'étendre aux maris, pères, tuteurs, maîtres et commettans, la responsabilité qui frappe sur les adjudicataires et leurs cautions, en ce qui concerne les *amendes*.

§. 2. — Un arrêt de la cour de cassation, du 5 avril 1811, a jugé que la disposition qui veut que l'action correctionnelle *soit éteinte par le décès du délinquant*, ne peut s'appliquer aux cautions d'un adjudicataire prévenu d'abus et de malversation dans sa coupe. (*Trait. gén., tom.* 2, *pag.* 422.)

§. 3. — Sous l'ancienne législation, cette doctrine a pu être étendue même aux amendes, parce que, d'après l'ordonnance de 1669, les cautions étaient solidairement tenues, avec les adjudicataires, à l'exécution de l'adjudication; mais aujourd'hui que les vrais principes sont reconnus en matière de responsabilité (*Voy. l'art.* 206), la caution, qui n'est que responsable, ne pourrait être contrainte au paiement d'une amende éteinte par le décès du contrevenant, lequel est, aux yeux de la loi, le *seul coupable*, le seul débiteur; car cette circonstance que ce dernier a une caution ne peut s'opposer à l'extinction résultant du décès, et la caution ne peut être sujette au paiement d'une dette dont les héritiers du débiteur sont libérés.

§. 4. — Mais il n'en est pas de même des dommages et intérêts, *parce qu'ils ne sont pas, comme l'amende, une peine personnelle*, mais la réparation de la perte causée à autrui. Les cautions sont donc assujéties au paiement des dommages-intérêts, restitutions et frais, lors même que l'adjudicataire est décédé.

SECTION V.

Des Réarpentages et Récolemens.

ART. 47.

Il sera procédé au réarpentage et au récolement de chaque vente, dans les trois mois qui suivront le jour de l'expiration des délais accordés pour la vidange des coupes.

Ces trois mois écoulés, les adjudicataires pourront mettre en demeure l'administration par acte extrajudiciaire signifié à l'agent forestier local; et si, dans le mois après la signification de cet acte, l'administration n'a pas procédé au réarpentage et au récolement, l'adjudicataire demeurera libéré.

Voir les art. 29, 40 et 185 du Code, et les art. 97 et 98 de l'ordonnance d'exécution, ainsi que l'ordonnance de 1669, tit. 16, art. 1 à 12, et la loi du 29 septembre 1791, tit. 2, 5, 6 et 12.

§. 1. — A la Chambre des députés, *M. le général Sébastiani* a dit que l'article supposait un arpentage dont il n'était parlé nulle part, et il a demandé le renvoi de cet article à la commission, afin qu'elle pût fixer une époque pour introduire une disposition relative à l'arpentage et à l'assiette. « Il faut prévenir, a dit l'honorable député, l'abus qui existe de faire, dans les coupes, des assiettes sans arpentage. On pourrait fixer au 15 mai l'époque la plus éloignée du *débardement*. »

M. de Martignac, commissaire du Roi, a répondu qu'on ne pouvait déterminer dans la loi les époques de vidange, comme cela avait été déterminé dans l'ordonnance de 1669, parce que c'est une affaire d'administration qui se trouvera dans l'ordonnance d'exécution, et que d'ailleurs l'art. 40 prescrit d'insérer, dans le cahier des charges, les délais dans lesquels la coupe des bois et la vidange devront être faites.

M. Sébastiani n'a pas persisté dans sa demande en renvoi à la commission.

M. Méchin a demandé qu'on insérât ces mots dans l'article: *Il sera procédé au réarpentage et ensuite au récolement.*

M. de Martignac a répondu : « L'article dit qu'il sera procédé au réarpentage et au récolement ; il en résulte nécessairement que le réarpentage doit précéder le récolement. »

L'amendement de M. Méchin a été rejeté.

§. 2. — L'adjudicataire ne peut refuser le paiement des peines pécuniaires qu'il a encourues pour une exploitation irrégulière, sous prétexte que le récolement n'a pas été fait dans le délai indiqué par le cahier des charges ne présentant aucune disposition qui le dispense de toute sommation, et ne déclarant pas que la cause relative au délai du récolement serait irritante et absolue et constituerait l'administration en demeure, puisqu'il ne peut exister de demeure légale pour exécuter une obligation de la part de celui qui doit la remplir, que lorsqu'il y a, ainsi que le décide l'art. 1139 du Code civil, sommation de la partie, ou autre acte équivalent, ou lorsque la convention porte que, sans qu'il soit besoin d'interpellation et par la seule échéance du terme, le débiteur sera en demeure; que c'est dans ce dernier cas seulement que l'on peut appliquer la règle *Dies interpellat pro homine.* Cassation, arrêt du 7 septembre 1810. (*Art.* 5840 *du journ. de l'enreg.*)

§. 3.— On peut, en conséquence, procéder à un nouveau réarpentage, dans le cas de l'art. 50, quoique les délais fixés par la loi et le cahier des charges soient expirés, et même après un intervalle de plusieurs années, lorsque les adjudicataires se prévalent d'irrégularités commises par les agens forestiers dans l'opération antérieure. Jugement du tribunal de Metz, du 24 février 1818. (*Art.* 6531 *du Journ. de l'enreg.*)

§. 4. — Quoiqu'une coupe de bois, au lieu d'être mise en vente par hectares, ait été adjugée en bloc, avec énonciation succincte de la contenance du bois à couper, l'adjudicataire n'en est pas moins tenu de payer le prix de la surmesure, lorsque cette surmesure a été constatée par des procès-verbaux de réarpentage. — La déchéance prononcée par l'art. 1622 du Code civil, faute d'avoir formé la demande en supplément dans l'année à compter du jour du contrat, ne peut s'appliquer à l'espèce, pour laquelle la loi forestière doit seule servir de règle. Cassation, arrêt du 3 novembre 1812. (*Trait. gén., tom.* 2, *pag.* 522.)

§. 5. — Lorsqu'une vente d'arbres, dont le nombre serait même déterminé, a été faite par contenance, et que les enchères ont été également faites par contenance, il y a lieu d'exiger le paiement de la différence de mesure qui se trouve au réarpentage, à raison du prix de l'adjudication. Décision du Ministre des finances, du 7 mars 1825. (*Idem, tom.* 3, *pag.* 346.)

§. 6. — Non seulement le récolement est régulier, quoique fait à l'insu de l'adjudicataire, lorsque son cessionnaire y a été appelé, mais encore l'action dirigée contre ce dernier interrompt la prescription à l'égard de l'adjudicataire. Cassation, arrêt du 28 juillet 1809. (*Idem, tom.* 2, *pag.* 294.)

§. 7. — Il n'appartient qu'aux agens forestiers de procéder aux récolemens. Un procès-verbal de récolement, du moment qu'il est contradictoire avec l'adjudicataire, fait foi en justice jusqu'à inscription de faux, et ne peut être attaqué que par cette voie. Cassation, arrêt du 14 décembre 1810. (*Idem, tom.* 2, *pag.* 380.)

Voy. l'art. 176, suivant lequel le procès-verbal, pour faire foi jusqu'à inscription de faux, doit être signé par deux agens.

§. 8. — Pour qu'un récolement soit réputé contradictoire, et fasse foi absolue contre l'adjudicataire, il suffit que celui-ci y ait été appelé par une sommation donnée à l'avance, ou qu'il se soit trouvé présent au commencement de l'opération, quand même il aurait refusé d'y rester ou d'en signer le procès-verbal. Cassation, arrêt du 14 mars 1811. (*Idem, tom.* 2, *pag.* 413.)

§. 9. — Les procès-verbaux de récolement pour constater les

dégradations commises dans les coupes communales, pouvaient ci-
devant être faits par un garde général, en vertu de la délégation du
sous-inspecteur. Cassation, arrêt du 9 juillet 1813. (*Trait. gén.*,
tom. 2, pag. 574.) Mais aujourd'hui, d'après les art. 98 et 134
de l'ordonnance d'exécution, les récolemens dans les bois communaux doivent être faits par deux agens au moins.

§. 10. — La reconnaissance qui a été faite d'une coupe et dont
on ne représente pas le procès-verbal, ne peut motiver la prescription de l'action correctionnelle, ni faire rejeter un procès-verbal
de récolement en règle, qui aurait été dressé après cette reconnaissance.

L'adjudicataire est responsable des délits commis dans sa coupe,
tant qu'il n'a pas obtenu sa décharge; il ne peut exciper du défaut
de citation à récolement, s'il a assisté à l'opération. Le défaut de sa
signature au procès-verbal de récolement ne lui donne que le droit
de demander un nouveau récolement.

Les procès-verbaux de réarpentage et de récolement sont des
actes d'administration publique, qui jouissent de la faveur de n'être
soumis à la formalité que lorsqu'une des parties veut s'en servir.
Cassation, arrêt du 8 avril 1808. (*Idem*, tom. 2, pag. 197.) Voy.
le §. 15 ci-après.

§. 11. — Un adjudicataire qui a acheté une coupe devant l'autorité municipale, pendant l'occupation du pays par une commission
étrangère, ne peut se soustraire à ses obligations sous prétexte que
la vente n'aurait point été faite dans les formes et devant les autorités ordinaires. L'adjudicataire qui n'a point élu domicile au lieu où
la vente s'est faite, est valablement appelé au récolement par une
citation déposée au secrétariat de la sous-préfecture. Cassation, arrêt
du 7 juin 1821. (*Idem*, tom. 2, pag. 918.) Voy. les *Annotations*
sur l'art. 40.

§. 12. — La responsabilité de l'adjudicataire ne cesse point par
l'effet de l'introduction dans une coupe, avant le récolement, d'ouvriers au compte de l'administration, si l'adjudicataire ne s'y est
pas opposé, et si l'administration n'a pas été constituée en demeure
de procéder au récolement. Cassation, arrêt du 20 août 1819.
(*Idem*, tom. 2, pag. 809.)

§. 13. — Ainsi que cela résulte de l'art. 45, l'expiration du délai fixé pour le récolement ne fait cesser la responsabilité de l'adjudicataire qu'autant qu'il a mis l'administration en demeure par un
acte régulier et authentique. Cassation, arrêt du 28 juillet 1809.
(*Idem*, tom. 2, pag. 295.)

§. 14. — Pour mettre l'administration en retard, il faut un acte
qui fasse foi en justice et soit légalement signifié à l'officier ayant

caractère et autorité suffisante pour satisfaire à cette provocation. Casration , arrêt du 6 juillet 1809. (*Trait. gén.*, tom. 2 , pag. 287.)

§. 15. — Un procès-verbal de récolement, comme acte d'administration publique, n'est point sujet à l'enregistrement dans le délai de quatre jours : il suffit qu'il soit enregistré avant le commencement de la procédure. Cassation , arrêt du 1er septembre 1809. (*Idem, tom.* 2*, pag.* 198.) Voy. le §. 10 ci-devant, et les *Annotations* sur l'art. 170.

ART. 48.

L'adjudicataire ou son cessionnaire sera tenu d'assister au récolement; et il lui sera, à cet effet, signifié, au moins dix jours d'avance, un acte contenant l'indication des jours où se feront le réarpentage et le récolement : faute par lui de se trouver sur les lieux ou de s'y faire représenter, les procès-verbaux de réarpentage et de récolement seront réputés contradictoires.

ANNOTATIONS.

Voir le tit. 16 de l'ordonnance de 1669, art. 1er et suivans, et l'art. 98 de l'ordonnance d'exécution.

§. 1.—Un procès-verbal de récolement n'est pas valable lorsque l'adjudicataire n'a pas assisté au récolement, ou lorsqu'il n'y a pas été régulièrement appelé. Cassation, arrêt du 16 octobre 1807. (*Trait gén.*, tom. 2, *pag.* 171.) Cependant si ce procès-verbal est rédigé dans les formes voulues par la loi, le défaut de concours des adjudicataires, usagers et autres parties intéressées, ne rend point cet acte nul; la partie qui n'a point concouru à ce procès-verbal peut seulement le contredire et le soumettre à l'épreuve d'une nouvelle vérification. Cassation, arrêt du 25 août 1808. (*Idem, tom.* 2 , *pag.* 227.) Aussi un adjudicataire, quoiqu'ayant été présent au récolement, mais qui n'y avait pas été appelé officiellement, qui n'en avait pas signé le procès-verbal, et qui n'avait pas été interpellé de le signer, bien qu'il eût laissé juger l'affaire en première instance, en cause d'appel et même en cassation, sans parler de l'irrégularité du procès-verbal , pouvait, devant la cour où l'affaire avait été renvoyée, avant la publication du Code, demander et obtenir qu'il fût procédé à un nouveau récolement. Cassation, arrêt du 18 avril 1811. (*Idem, tom.* 2 , *pag.* 423.)

§. 2. — Le défaut de signature de l'adjudicataire au procès-verbal, ou de la mention de son refus de signer, ne peut donner lieu à la nullité du procès-verbal, lorsqu'il y a été présent ou appelé. Cassation, arrêts des 7 janvier et 5 août 1808. (*Idem , tom.* 2 , *pag.* 183 *et* 220.)

ART. 49.

Les adjudicataires auront le droit d'appeler un arpenteur de leur choix, pour assister aux opérations du réarpentage : à défaut par eux d'user de ce droit, les procès-verbaux de réarpentage n'en seront pas moins réputés contradictoires.

ANNOTATIONS.

Cet article est tiré de l'art. 3, tit. 16, de l'ordonnance de 1669. *Voy.* en outre l'art. 97 de l'ordonnance d'exécution.

ART. 50.

Dans le délai d'un mois, après la clôture des opérations, l'administration et l'adjudicataire pourront requérir l'annulation du procès-verbal pour défaut de forme, ou pour fausse énonciation.

Ils se pourvoiront, à cet effet, devant le conseil de préfecture, qui statuera.

En cas d'annulation du procès-verbal, l'administration pourra, dans le mois qui suivra, y faire suppléer par un nouveau procès-verbal.

ANNOTATIONS.

§. 1. — Dans le cas de cet article, ce n'est pas un simple avis que le conseil de préfecture est appelé à donner, c'est un jugement qu'il doit rendre. La matière est contentieuse; si donc l'une des parties croyait avoir à se plaindre de la décision, elle pourrait se pourvoir au comité du contentieux du Conseil d'État.

§. 2. — Le mode de procéder devant les conseils de préfecture, et au Conseil d'État, est tracé dans les *Annotations* sur l'art. 64 ci-après.

§. 3. — Avant le Code, lorsqu'un procès-verbal de récolement avait été annulé pour défaut de forme, et que le conservateur le remplaçait par un nouveau procès-verbal en règle, les tribunaux devaient statuer sur le fond, d'après ce dernier acte, sans pouvoir opposer l'autorité de la chose jugée. Cassation, arrêt du 4 avril 1806. (*Trait. gén.*, tom. 2, *pag.* 73.)

§. 4. — De même, si un procès-verbal de récolement constatait un certain déficit dans une coupe, et que, sur la demande de l'adjudicataire, le tribunal eût ordonné un nouveau récolement, qui avait déterminé contradictoirement et définitivement le vrai *déficit*, le tribunal devait prendre pour base de sa décision ce dernier acte :

il ne pouvait s'appuyer à la fois en partie sur le premier et en partie sur le second, pour choisir dans chacun les énonciations les plus favorables au prévenu. Cassation, arrêt du 31 décembre 1824. (*Trait. gén., tom.* 3 , *pag* 308.)

ART. 51.

A l'expiration des délais fixés par l'art. 50, et si l'administration n'a élevé aucune contestation, le préfet délivrera à l'adjudicataire la décharge d'exploitation.

ANNOTATIONS.

Voir les art. 185 du Code et 99 de l'ordonnance d'exécution, ainsi que l'art. 12, tit. 16, de l'ordonnance de 1669.

§. 1. — Cette décharge s'appelait dans l'ancien droit *Congé de cour.*

§. 2. — L'adjudicataire qui n'a pas encore obtenu son congé de cour, peut invoquer la prescription prononcée par l'art. 185 pour les délits et malversations constatés contre lui, soit pendant l'exploitation, soit par les procès-verbaux de récolement; mais d'après l'art. 44 du Code, la prescription dans l'un ou l'autre cas ne commence à courir que du jour des procès-verbaux de récolement, et l'administration peut attendre ces procès-verbaux pour commencer ses poursuites; alors elles doivent avoir lieu dans le délai de trois mois à peine de déchéance, attendu que l'adjudicataire qui en est présumé l'auteur est toujours connu. Ainsi, quand même le procès-verbal de récolement serait irrégulier, il ferait courir le délai de la prescription. L'administration forestière devrait donc y donner suite, sauf au prévenu à exciper de l'irrégularité et à demander une nouvelle vérification, sans que le temps qu'elle exigerait pût compromettre les droits de l'administration. Cassation, arrêts des 26 décembre 1806, 17 avril 1807, 24 mars, 15 avril 1809, 23, 26 novembre, 26 décembre 1810, et 23 mars 1811. (*Trait. gén., tom.* 2, *pag.* 107, 145, 267, 270, 372 *et* 419.)

§. 3. — Ainsi, encore, lorsqu'il y a preuve d'un premier procès-verbal de récolement, la prescription court du jour de cet acte pour les délits qu'il constate, et elle ne peut être interrompue par un second récolement. Cassation, arrêt du 26 juillet 1810. (*Idem*, *tom.* 2, *pag.* 358.)

ART. 52.

Les arpenteurs seront passibles de tous dommages-intérêts par suite des erreurs qu'ils auront commises, lorsqu'il en résultera une différence d'un vingtième de l'étendue de la coupe.

Sans préjudice de l'application, s'il y a lieu, des dispositions de l'art. 207.

ANNOTATIONS.

Voir les art. 19, 20, 21, 22, 23, 75, 76, 77 et 83 de l'ordonnance d'exécution, ainsi que la loi du 29 septembre 1791, tit. 14, art. 8.

SECTION VI.

Des Adjudications de glandée, panage et paisson.

ART. 53.

Les formalités prescrites par la section III du présent titre, pour les adjudications des coupes de bois, seront observées pour les adjudications de glandée, panage et paisson.

Toutefois, dans le cas prévu par les art. 18 et 19, l'amende infligée aux fonctionnaires et agens sera de cent francs au moins et de mille francs au plus, et celle qui aura été encourue par l'acquéreur sera égale au montant du prix de la vente.

ANNOTATIONS.

Voir l'art. 100 de l'ordonnance d'exécution, et le tit. 18 de l'ordonnance de 1669, ainsi que la loi du 28 fructidor an 2, citée au Tableau chronologique.

La *glandée* est la faculté d'introduire des porcs dans une forêt pour y manger le gland. Le *panage* consiste dans le droit de faire manger par les porcs les glands, la faîne et les autres fruits. Quant au mot *paisson*, il a à peu près le même sens que les deux autres mots réunis. Voy. les *Annotations*, §. 3 et 4, sur l'art. 64.

ART. 54.

Les adjudicataires ne pourront introduire dans les forêts un plus grand nombre de porcs que celui qui sera déterminé par l'acte d'adjudication, sous peine d'une amende double de celle qui est prononcée par l'art. 199.

ANNOTATIONS.

Voir l'ordonnance de 1669, tit. 18, art. 3.

ART. 55.

Les adjudicataires seront tenus de faire marquer les porcs

d'un fer chaud, sous peine d'une amende de trois francs par chaque porc qui ne serait point marqué.

Ils devront déposer l'empreinte de cette marque au greffe du tribunal, et le fer servant à la marque, au bureau de l'agent forestier local, sous peine de cinquante francs d'amende.

ANNOTATIONS.

Voir l'art. 3, tit. 18, de l'ordonnance de 1669.

ART. 56.

Si les porcs sont trouvés hors des cantons désignés par l'acte d'adjudication, ou des chemins indiqués pour s'y rendre, il y aura lieu, contre l'adjudicataire, aux peines prononcées par l'art. 199. En cas de récidive, outre l'amende encourue par l'adjudicataire, le pâtre sera condamné à un emprisonnement de cinq à quinze jours.

ANNOTATIONS.

Voir l'ordonnance de 1669, tit. 18, art. 4.

ART. 57.

Il est défendu aux adjudicataires d'abattre, de ramasser ou d'emporter des glands, faînes ou autres fruits, semences ou productions des forêts, sous peine d'une amende double de celle qui est prononcée par l'art. 144.

ANNOTATIONS.

Voir les art. 63, 85, 90, 144 et 195 du Code, et l'art. 27, tit. 27, de l'ordonnance de 1669, ainsi que la loi du 13 fructidor an 2, qui est rappelée au Tableau chronologique.

SECTION VII.

Des Affectations à titre particulier dans les bois de l'État.

ART. 58.

Les affectations de coupes de bois ou délivrances, soit par stères, soit par pieds d'arbre, qui ont été concédées à des communes, à des établissemens industriels ou à des particuliers, nonobstant les prohibitions établies par les lois et les ordonnances alors existantes, continueront d'être exécutées jusqu'à l'expiration du terme fixé par les actes de concession, s'il ne s'étend pas au-delà du 1er septembre 1837.

Les affections faites au préjudice des mêmes prohibitions, soit à perpétuité, soit sans indication de termes, ou à des termes plus éloignés que le 1ᵉʳ septembre 1837, cesseront à cette époque d'avoir aucun effet.

Les concessionnaires de ces diverses affectations qui prétendraient que leur titre n'est pas atteint par les prohibitions ci-dessus rappelées, et qu'il leur confère des droits irrévocables, devront, pour y faire statuer, se pourvoir devant les tribunaux dans l'année qui suivra la promulgation de la présente loi, sous peine de déchéance.

Si leur prétention est rejetée, ils jouiront néanmoins des effets de la concession jusqu'au terme fixé par le second paragraphe du présent article.

Dans le cas où leur titre serait reconnu valable par les tribunaux, le Gouvernement, quelles que soient la nature et la durée de l'affectation, aura la faculté d'en affranchir les forêts de l'État, moyennant un cantonnement qui sera réglé de gré à gré, ou, en cas de contestation, par les tribunaux, pour tout le temps que devait durer la concession. L'action en cantonnement ne pourra être exercée par les concessionnaires.

ANNOTATIONS.

Voir l'ordonnance de Moulins de 1566; l'ordonnance de Blois de 1570; l'ordonnance de 1669, tit. 20 et 22; les lettres-patentes du 26 mars 1790, art. 1, 3 et 7; la loi du 29 septembre 1791, tit. 1, art. 2, et tit. 10; le décret du 19 juin 1792; la loi du 28 ventôse an IV, art. 7; celle du 11 pluviôse an XII; l'avis du Conseil d'État du 12 floréal an XIII; le décret du 20 juillet 1808; la loi du 25 mars 1817; celle du 25 mai 1818, et celle du 12 mars 1820, tit. 2, ainsi que les art. 60, 62, 85, 144 et 195 du Code, et les art. 109, 110 et 111 de l'ordonnance d'exécution.

§. 1. — Dans le projet, l'article était ainsi conçu :

« Les affectations de coupes de bois ou délivrances, soit par stères, soit par pieds d'arbre, qui ont été concédées à des communes, à des établissemens industriels ou à des particuliers, *nonobstant les dispositions prohibitives des ordonnances et lois existantes*, continueront d'être effectuées jusqu'au 1ᵉʳ septembre 1837, et cesseront d'avoir leur effet à l'expiration de ce terme.

« Ceux des concessionnaires qui prétendraient que leur titre n'est pas atteint par les prohibitions ci-dessus rappelées, et qu'il leur confère des droits irrévocables, pourront se pourvoir dans les six mois qui suivront la promulgation de la présente loi par-devant les tribunaux, pour en réclamer l'exécution.

« En cas de pourvoi, les jugemens et arrêts à intervenir seront exécutés selon leur forme et teneur, sans que le concessionnaire qui l'aura exercé puisse se prévaloir de la prorogation de dix années accordée par le paragraphe 1er du présent article. Le défaut de pourvoi dans le délai de six mois équivaudra à une déclaration d'option en faveur de cette prorogation. »

On peut voir dans l'Exposé des motifs, par *M. de Martignac*, *commissaire du Roi*, pag. 11, comment il justifiait ces dispositions ensuite changées sur la proposition de la commission de la Chambre des députés, qui d'abord elle-même (Rapp. de *M. Favart de Langlade*, pag. 34), avait proposé la rédaction suivante :

« Les affectations de coupes de bois ou délivrances, soit par stères, soit par pieds d'arbre, qui ont été concédées à des communes, à des établissemens industriels ou à des particuliers, continueront d'être effectuées jusqu'au 1er septembre 1837, et cesseront d'avoir leur effet à l'expiration de ce terme.

« Ceux des concessionnaires qui prétendraient que leur titre n'est pas atteint par les prohibitions *résultant des lois et ordonnances existantes, et qu'il leur confère des droits irrévocables, pourront, à peine de déchéance, se pourvoir, dans l'année qui suivra* la promulgation de la présente loi, par-devant les tribunaux, pour en réclamer l'exécution.

« *Le Gouvernement pourra affranchir les forêts de l'État des affectations de toute nature, moyennant un cantonnement qui sera réglé de gré à gré, et en cas de contestation, par les tribunaux. L'action en cantonnement n'appartiendra qu'au Gouvernement et non aux concessionnaires d'affectations.* »

A la Chambre des députés, *M. Hyde de Neuville* a dit : « Je comptais combattre l'article du Gouvernement et l'amendement de la commission, parce que, dans mon opinion, la proposition du Gouvernement était une injustice que l'amendement ne fait qu'affaiblir; mais la nouvelle rédaction laissera du moins aux propriétaires un moyen de se pourvoir devant les tribunaux, d'y faire valoir leurs titres, que je crois sacrés, et que les tribunaux valideront comme tels, puisque ces affectations ont été faites pour un but d'utilité publique, pour des industries qui ont concouru à vivifier le pays. Je ne viens donc faire qu'une observation sur la rédaction du second paragraphe. Les mots *titre irrévocable* s'entendent, dans notre langue, d'un titre perpétuel. On dit dans cet article : « Les concessionnaires qui prétendraient que leur titre leur confère des droits irrévocables. » Bien certainement on n'a pas entendu par là dire des droits perpétuels. Je demande donc que les mots : *et qui leur confère des droits irrévocables*, soient supprimés. Puisque, par l'article précédent, nous donnons à tous ceux qui ont des titres, la faculté de les faire valoir, je ne vois pas pourquoi on exigerait ici que les titres fussent perpétuels. »

M. *Pardessus* a répondu : « L'orateur a fait une confusion de principes : un titre qui n'est pas perpétuel, qui est pour un temps, est irrévocable s'il n'est pas frappé d'un vice qui puisse le faire révoquer avant le temps auquel il devrait naturellement cesser. Il est facile de comprendre pourquoi la commission a mis le mot *irrévocable.* L'État a des bois qui lui viennent de diverses origines, et auxquels s'appliquaient des législations différentes. Par exemple, dans la Lorraine, la législation sur les domaines n'était pas la même qu'en France. La fameuse ordonnance de 1669 que votre Code va finir par adopter en partie n'était pas loi pour la Lorraine, parce que cette province ne faisait pas partie de la France, lorsque l'ordonnance fut rendue. Dès lors si un concessionnaire avait des droits antérieurs à la réunion de la Lorraine à la France, il pourrait aujourd'hui avoir un titre irrévocable, quoiqu'il fût dans la même position qu'un homme appartenant à l'ancienne France et dont le titre n'aurait pas la même valeur. Ainsi un titre irrévocable est un titre qui n'est entaché d'aucun vice qui puisse le rendre nul, et donner à l'État le droit de reprendre sa chose. Ce titre sera irrévocable, s'il est jugé qu'il a été fait conformément aux lois. Il sera au contraire déclaré révocable s'il est reconnu qu'il n'est pas fait dans les formes légales. Ainsi la rédaction du Gouvernement et de la commission se justifie très-bien, et je crois que la Chambre doit l'adopter. »

M. *Avoyne de Chantereine* rappelle les principes d'inaliénabilité de l'ancien domaine de la Couronne. Il se demande ensuite si les affectations doivent être considérées comme des aliénations prohibées ou comme de simples usages. Il fait observer que les tribunaux jugeront cette question ; qu'ils examineront si telle ou telle affectation est dans le cas de la disposition générale, qui veut que les concessions cessent d'avoir leur effet à une époque déterminée, ou si elle est placée dans une exception favorable ; que rien n'est jugé à cet égard dans le système du projet, et que les droits des concessionnaires restent entiers.

M. *Saladin, membre de la commission,* parle en faveur des affectations qu'il cherche à disculper du vice d'illégitimité et d'injustice qu'on leur suppose. « Et d'abord, dit-il, l'art. 11 du titre xx de l'ordonnance de 1669 que M. le commissaire du Roi a cité pour établir que les *affectations* sont interdites, y est absolument inapplicable : 1° parce que cette ordonnance de France n'a pu régir la province de Lorraine et les actes qui y ont été faits antérieurement à sa réunion à ce royaume; 2° parce que l'article cité ne s'applique qu'au *don et attribution de chauffage qu'il interdit à l'avenir et pour quelque cause que ce soit*; et qu'on ne pourrait en induire ici l'inter-diction ni la révocation des *affectations*, qui n'ont rien de commun avec les chauffages dont traite le titre xx de l'ordonnance de 1669. »

Député d'un département où il existe des concessions de ce genre, l'honorable membre en explique le but et l'origine. Il dit que le duc Léopold, restaurateur de la Lorraine, voulut y rappeler les habitans, les arts, l'industrie et le commerce que trente années de guerre en avaient bannis; que des terres en friches, des bois sans valeur et périssant sur souche furent affectés à des établissemens d'usines, de verreries et de forges, à la confection de routes, de ponts et de canaux, à la fondation de villages et de hameaux; que ce n'est pas contre de telles concessions qu'ont été faits les édits de révocation; qu'elles n'ont été accordées ni à la *faveur* ni à l'*importunité;* qu'elles sont moins des aliénations du domaine de l'État, que des actes d'une administration à la fois politique et paternelle, que les bons princes ont toujours la volonté et le pouvoir de faire; qu'elles n'ont point les caractères d'une aliénation proprement dite, puisque la propriété des bois affectés demeure à l'État, qui continue à les administrer, en livrant les quantités de bois qu'il est obligé de fournir; qu'aussi, malgré toutes les lois de révocation intervenues depuis l'ordonnance de 1669 en France, et depuis celle de 1707 en Lorraine, jusqu'à la loi du 14 ventôse an 7, aucune n'a atteint les affectations.

Après avoir exposé ces considérations, l'orateur est rassuré par les amendemens de la commission, dont l'objet est de laisser aux parties tous les droits qu'elles peuvent avoir et aux tribunaux toute leur indépendance.

Il vote en conséquence pour l'article tel qu'il est amendé par la dernière rédaction.

M. de Martignac, commissaire du Roi, revient sur les principes qui prohibaient l'aliénation du domaine public, et il ajoute, à l'égard du cantonnement dont la commission a fait la matière d'un paragraphe : « La commission, dans son rapport, a énoncé que les affectations avaient une analogie approximative avec les droits d'usage en bois. Cette doctrine, soutenue par le rapporteur, se trouvant en harmonie avec le dernier paragraphe de l'art. 58, serait de nature à induire en erreur les tribunaux qui auraient trouvé dans le rapport la preuve que le législateur avait considéré les droits d'affectation comme devant être réglés par les principes établis pour les droits d'usage. Nous avions pensé qu'une disposition établie d'une manière si générale n'était pas sans quelque danger lorsqu'elle était rapprochée des principes énoncés dans le rapport; mais la modification qui est apportée dans sa rédaction ne tend plus qu'à créer pour le Gouvernement une faculté, dans le cas où les tribunaux auront prononcé en faveur des concessionnaires, Cette rédaction permet de penser que les tribunaux ne se trouveront pas liés par l'analogie établie entre les droits d'usage et les droits d'affectation. Voilà ce que j'ai cru devoir expliquer, en ne m'opposant nullement à la nouvelle rédaction. »

Le résultat de la discussion a été l'adoption de la dernière rédaction proposée par la commission.

A la Chambre des pairs, *M. le comte d'Argout* a parlé en faveur des affectations. Il a pensé que l'industrie qui crée a plus de droits à la protection que l'usager qui dévore et détruit. Il a remarqué cependant que le projet de loi traite plus sévèrement les concessionnaires que les usagers. Le noble pair ne voit pas d'aliénation proprement dite dans une affectation; c'est, selon lui, un contrat synallagmatique qui mérite l'intérêt du gouvernement.

M. le vicomte de Martignac, commissaire du Roi, a répondu que les affectations sont toutes postérieures aux lois prohibitives; que c'est là une différence essentielle entre ces concessions et les droits d'usage, dont la création, au contraire, précède les ordonnances de prohibition; qu'il y a donc toute raison d'être plus sévère envers les affectations qu'envers les usages. « Mais, a-t-il ajouté, le projet est-il donc rigoureux à leur égard? La loi générale les prohibait; on pouvait donc, à la rigueur, les considérer comme nulles, et cependant on accorde une durée de dix années à celles-là même dont la nullité devra être reconnue, et l'on réserve à tous ceux qui en sont en possession la faculté de prouver que leurs titres leur donnent des droits irrévocables. Est-ce là rompre des contrats sacrés, est-ce être injuste; et cette disposition n'est-elle pas au contraire toute favorable? Toute latitude est laissée aux tribunaux, en cette matière comme en matière de droits d'usage; la seule règle que la loi leur prescrive, et que la conscience des juges leur aurait dictée, alors même qu'elle n'eût pas été écrite, est de se conformer aux lois. »

M. le comte Roy, rapporteur, a dit, dans le résumé de la discussion générale, qu'au lieu de trouver trop rigoureuses les dispositions relatives aux affectations, on devrait peut-être les trouver, au contraire, trop favorables aux concessionnaires. « Comment les concessionnaires, dans les cas de concessions prohibées et nulles, pourraient-ils se plaindre de dispositions qui leur laissent tous les avantages d'une longue jouissance dans le passé, et leur accordent encore les avantages d'une longue jouissance pour l'avenir? Le projet de loi ne porte aucune atteinte aux concessions qui auraient transféré des droits irrévocables et qui seraient dans des cas d'exception, soit parce qu'elles auraient été faites sous l'empire d'une législation qui les aurait autorisées, soient parce qu'elles seraient maintenues par des traités politiques. »

M. le comte d'Argout, prenant de nouveau la défense des concessionnaires, est entré dans une discussion de principes, qui confirme la doctrine professée par la commission de la Chambre des députés. Il a observé « qu'en supposant évidente la doctrine établie tant par le rapporteur que par le commissaire du Roi, il était parfaitement inutile de le préjuger par le Code ; car on ne doit ni on ne peut supposer que les tribunaux ignorent les lois, et qu'ils ne sachent pas en faire une application judicieuse. De deux choses l'une, ou l'interprétation donnée aux lois anciennes de la matière est exacte et certaine, alors les tribunaux jugeront dans le sens du projet, et sa disposition est superflue ; ou l'interprétation est douteuse, et alors c'est aux tribunaux que la question doit nécessairement être renvoyée, et la loi ne devait nullement la trancher. En réalité, il faut bien le reconnaître, la question est douteuse ; car l'opinion de M. le commissaire du Roi et de M. le rapporteur, quelque imposante qu'elle soit, est contre-balancée en ce point par celle qu'a émise la Cour de cassation lorsque le projet de Code fut soumis à son examen ; cette Cour, en effet, loin de regarder les affectations comme proscrites par les lois fondamentales de la monarchie, loin de les regarder comme de véritables aliénations, les a considérées au contraire comme des contrats qui devaient être respectés, alors même que leur durée était illimitée. »

Le noble pair a rappelé ce que la législation a fait, à diverses époques, à l'égard des aliénations domaniales ; mais il a demandé « pourquoi les affectations qui ne touchent point au fonds, et qui ne sont que des concessions de fruits, seraient traitées plus défavorablement que les aliénations du fonds lui-même ; pourquoi tous les détenteurs de domaines aliénés ou engagés ont fini par être reconnus propriétaires incommutables, tandis que les possesseurs d'affectations seraient seuls dépossédés. Mais, dit-on, l'ordonnance de 1566 défendait expressément d'aliéner les fruits, fût-ce même pour un an. Le noble pair ne saurait croire que l'on voulût appliquer cette disposition dans un sens qui, si on l'admettait, pourrait aller jusqu'à proscrire les adjudications annuelles des coupes, et qui, dans tous les cas, serait contraire aux dispositions de l'ordonnance de 1669, qui règlent les délivrances de bois d'affouage. En supposant d'ailleurs que la prohibition fût absolue pour la France, comment appliquer les mêmes principes à une province qui se trouvait régie à l'époque des concessions par des lois toutes différentes ; à la Lorraine, où se trouvent établies un grand nombre d'affectations ? »

M. le comte Roy, *rapporteur*, a reproduit en partie, pour répondre au préopinant, les argumens qu'il avait déjà présentés.

M. le baron Pasquier ne croit pas que les affectations puissent être considérées comme des aliénations. « Les aliénations, a dit le noble pair, emportent toujours l'idée du détournement du domaine public, et c'est pour cette raison que notre ancienne législation les avait proscrites. Les affectations, au contraire, ont toujours un but réel d'utilité publique, l'établissement d'une industrie profitable au canton, à la province, et quelquefois à l'État tout entier. Cependant on a été amené à confirmer même les aliénations, tant on a senti qu'il était difficile de toucher à des droits acquis. Le but du législateur doit être de défendre le présent et l'avenir ; mais, en général, il doit être fort circonspect à l'égard de ce qui se rattache au passé. Or, que fait ici le projet ? tout en admettant pour les concessionnaires le recours aux tribunaux, il pose contre eux le principe de l'assimilation entre les affectations et les aliénations, ce qui change considérablement la position des choses au préjudice des concessionnaires. »

Selon lui, c'est un grave inconvénient d'appliquer à une province (*la Lorraine*) des prohibitions qui n'y ont jamais été établies, des lois antérieures à sa réunion à la France, et de remettre ainsi en question des droits deux fois confirmés par des traités solennels.

M. le vicomte de Martignac, commissaire du Roi, a insisté sur les principes qu'il avait déjà présentés.

Après cette discussion, qui n'a donné lieu à la proposition d'aucun amendement, l'article 58 a été adopté.

§. 2. — La coutume de Lorraine admettait, comme le Code civil, la prescription de trente ans avec titre ou *sans titre*, entre absens ou présens, contre le *prince* ou le vassal, et tout autre, quel qu'il fût, pour la propriété d'un héritage et plein droit en la chose mobilière ou immobilière. Il semble donc que les concessions faites en Lorraine, avant la réunion de cette province à la France, doivent être maintenues.

§. 3. — Cependant une ordonnance du Roi, du 17 octobre 1821, a établi que le principe d'inaliénabilité qui régissait le domaine royal en France, et même celui des anciens ducs de Lorraine, rendait susceptible de révocation les affectations faites dans les forêts de la ci-devant Lorraine, comme dans les autres forêts. (*Trait. gén., tom.* 2, *pag.* 958.)

§. 4. — Il résulte des principes d'inaliénabilité qui régissaient le domaine du Roi de France et qui gouvernaient aussi le domaine des souverains de la Lorraine, que toute affectation faite en France et en Lorraine, même à titre perpétuel, est révocable de sa nature. — Le droit de révocation emporte le droit et le devoir pour l'administration de proposer au contrat primitif les changemens commandés par l'intérêt public. — Le concessionnaire qui réclame contre une partie d'une décision ministérielle, renonce au bénéfice des autres parties de la même décision. — Une concession ou subrogation faite en faveur d'un particulier par des religieux, et approuvée par arrêt du Conseil du Roi de France, d'une affectation qui leur avait été accordée par le souverain de la Lorraine, est considérée comme constituant un titre nouveau, et doit être régie par la législation domaniale de France, qui consacre l'inaliénabilité du domaine royal. — Les discussions qui peuvent s'élever sur l'interprétation d'un contrat passé entre un particulier et un établissement de main-morte, sous l'autorisation du Gouvernement, sont du ressort des tribunaux. — Avis du comité des finances du 5 mai 1820, approuvé le 17 juillet suivant par le ministre. (*Trait. gén.*, tom. 2. *pag.* 850.)

§. 5.—Nous n'avons rapporté l'avis qui précéde que pour le faire connaître, attendu qu'il paraît en opposition avec un arrêt de la Cour de cassation, du 30 janvier 1821, qui a prononcé, en effet, que les ducs de Lorraine, *simples vassaux* du Roi, à raison de leur *duché de Bar*, tenaient ce duché, comme tous les autres grands feudataires du royaume, sous la mouvance, le ressort *et la souveraineté de la Couronne de France*; qu'ainsi, tout ce qu'ils possédaient dans la circonscription de cette seigneurie n'était et ne pouvait être dans leurs mains, que des propriétés privées *et aliénables à perpétuité*, comme toutes les autres propriétés patrimoniales; d'où il suit que les affectations et droits d'usage accordés par les ducs de Lorraine dans le *duché de Bar* dont ils n'étaient point souverains, n'ont jamais été dans le cas d'être révoqués. (*Idem*, tom. 2, *pag.* 888.)

§. 6. — Lorsqu'un arrêté du conseil royal des finances et commerce du ci-devant duché de Lorraine, portant concession d'une affectation prétendue à perpétuité, a été modifié par un arrêt du Conseil du royaume de France, et que ce dernier arrêt n'a pas été attaqué, on ne peut aujourd'hui invoquer le bénéfice du premier.

Des délivrances de bois qui auraient été faites dans les forêts de l'État à des forges pendant le séquestre de ces propriétés, n'ont pu conférer un nouveau droit aux anciens propriétaires rétablis dans la propriété de ces forges, ni à leurs acquéreurs, puisque le Gouvernement, qui gérait à la fois les forêts et les forges, avait confondu les deux intérêts. Un vendeur ne peut conférer à son acquéreur plus de droits qu'il n'en possède lui-même. Ordonnance du Roi, du 4 août 1824. (*Idem, tom.* 3, *pag.* 272.)

§. 7. — Les concessions ou affectations dont il s'agit avaient été consenties par les ducs de Lorraine pour alimenter principalement des verreries dont ils avaient autorisé l'établissement dans leurs do-

maines. La valeur des bois se payait à mesure de la délivrance ;
quelquefois le prix était converti en une rente ou redevance annuelle. Pour la plupart, le taillis seulement et les bois blancs étaient
affectés ; les arbres de l'essence de chêne et autres de cette nature
étaient réservés.

Les verreries de *Thollot* et de la *Bataille*, dans le département des
Vosges, sont du nombre de ces usines dont les princes de Lorraine
ont favorisé l'établissement. Une instance s'est engagée entre l'administration des forêts et les propriétaires de ces usines. L'administration soutenait que le taillis seul était affecté à la verrerie : les
verreries prétendaient que la futaie devait aussi leur être délivrée.
Un certain nombre d'années s'était écoulé depuis celle où l'administration justifiait n'avoir délivré que le taillis, et elle s'en faisait un
moyen pour refuser d'augmenter la délivrance.

Les propriétaires de la verrerie ont gagné leur cause en première
instance, en appel et en cassation. L'arrêt de la cour suprême, intervenu dans cette affaire, entre M. le préfet des Vosges, demandeur, et la dame Defimame, veuve d'Hennecret, et autres défen-
deurs, est du 26 janvier 1826.

§. 8. — La Cour de cassation avait déjà rendu un arrêt dans le
même sens, le 3 mars 1825, au profit des propriétaires des verreries de Francogney. (*Art.* 8184 *du Journ. de l'enreg.*)

§. 9. — Il faut remarquer que les concessions d'une partie du
domaine de l'État ne sont point irrévocables, par cela seul qu'il
y a un contrat à titre onéreux ; car presque toutes les aliénations
ont été faites à titre onéreux, et cependant elles sont révoquées
ou révocables, ou soumises aux dispositions des lois sur les domaines engagés ; mais une affectation n'emporte pas aliénation du
fonds. D'un autre côté, les verreries sont des usines dont l'exploitation est sous la surveillance du Gouvernement, qui peut
la faire cesser si l'intérêt de l'État l'exige, comme, par exemple,
si les verreries faisaient une telle consommation de bois que les forêts ne pussent plus les alimenter, sans que le public fût privé des
bois nécessaires pour le chauffage et la construction des habitations.
C'est d'ailleurs ce qui résulte d'un avis du comité des finances du 5
mai 1820, approuvé par le ministre le 17 juillet suivant, et d'une
ordonnance du Roi du 17 octobre 1821, qui a révoqué un affouage
dans les forêts du département de la Moselle, dont jouissait madame
de Dietrick. (*Art.* 8184 *et* 8537 *du Journ. de l'enreg.*)

§. 10. — Un jugement du tribunal civil d'Epinal, du 4 juillet
1822, confirmé par arrêt de la cour royale de Nancy, du 30 juin
1823, et par un arrêt de la Cour de cassation du 16 juin 1825, a
statué que les communes de Saint-Laurent-Les-Forges, Sanchy et

Uriménil étaient fondées, en vertu d'arrêts du conseil de 1752 et 1755, à exercer des droits d'usage dans la forêt royale du Ban d'Uxegney, non-seulement pour le taillis, mais *encore pour la futaie*, et qu'attendu qu'elles avaient été privées de cette futaie pour les quatre exercices de 1820 à 1823, le prix pour lequel elle a été vendue, devra leur être restitué avec intérêts et dépens.

Le montant de cette restitution a été liquidé à 14,410 fr.; mais par son avis du 29 juin 1827, le conseil d'administration de l'enregistrement et des domaines a établi que cette restitution ne pouvait être effectuée que sous la déduction des frais de garde et d'une indemnité représentative des impositions qui sont des charges essentiellement inhérentes au revenu, ainsi qu'il a été reconnu par deux arrêts de la cour royale de Nancy des 13 juillet 1824 et 17 janvier 1825. Mais, le 4 septembre 1827, le ministre des finances a décidé que les usagers dans les forêts de l'État ne sont pas tenus au paiement de la contribution foncière, ni des frais de garde. (Voy. à cet égard les *Annotations* sur l'art. 83 ci-après.)

§. 11. — Ajoutons que les intérêts adjugés ne peuvent excéder 3 p. o/o à compter du trentième jour qui a suivi chaque paiement effectué à la caisse du Receveur particulier des finances. (Voy. les ordonnances du Roi rapportées sur l'art. 100.)

Art. 59.

Les affectations faites pour le service d'une usine, cesseront en entier, de plein droit et sans retour, si le roulement de l'usine est arrêté pendant deux années consécutives, sauf le cas de force majeure dûment constaté.

Art. 60.

A l'avenir, il ne sera consenti dans les bois de l'État aucune affectation ou concession de la nature de celles dont il est question dans les deux articles précédens.

ANNOTATIONS.

Voir l'ordonnance de 1669, tit. 20, art. 11, et tit. 27, art. 1er; les lois des 28 août — 14 septembre 1792, et l'art. 62 ci-après.

SECTION VIII.

Des Droits d'usage dans les bois de l'État.

Art. 61.

Ne seront admis à exercer un droit d'usage quelconque, dans les bois de l'État, que ceux dont les droits auront été, au jour de la promulgation de la présente loi, reconnus fondés, soit par des actes du Gouvernement, soit par des jugemens ou arrêts définitifs, ou seront reconnus tels par suite d'instances administratives ou judiciaires actuellement engagées, ou qui seraient intentées devant les tribunaux, dans le délai de deux ans, à dater du jour de la promulgation de la présente loi, par des usagers actuellement en jouissance.

ANNOTATIONS.

Voir les art. 63, 64, 88, 112 et 118 ci-après; l'ordon. de 1669, tit. 19, art. 1er, tit. 20, art. 1 à 11, et tit., 27 art. 13 et 27; les lois des 16-27 mars 1791, 28 ventôse et 19 germinal an 11, 14 ventôse an 12 et 9 pluviôse an 13, ainsi que l'arrêté du 5 vendémiaire an 6, art. 1 à 3.

Pour mettre de l'ordre dans les nombreuses *Annotations* dont cet article a paru susceptible, elles seront divisées en six sections, savoir: 1re section, *Principes généraux sur les droits acquis;* — 2.e section, *Délais pour faire reconnaître les droits d'usage;* — 3e section, *Compétence des autorités administratives et des tribunaux;* — 4e section, *Procédure sur les instances administratives et judiciaires, relatives aux questions qui intéressent l'État;* — 5e section, *Principes particuliers sur es droits d'usage des communes;* — 6e et dernière section, *Actions poursuivies ou défendues par les communes.*

Ire SECTION. *Principes généraux sur les droits acquis.*

§. 1. — Après les mots, *actuellement engagées,* l'article du projet se terminait ainsi : « lesquelles seront jugées conformément aux dispositions de l'ord. de 1669 et des lois des 19 mars 1803 (28 ventôse an 11) et 5 mars 1804 (14 ventôse an 12.) » La commission de la Chambre des députés a modifié cette rédaction.

§. 2 — A la même Chambre, M. *Martin de Villers* a pris la parole en faveur des usagers dont les droits ont été restreints, selon l'ancienne jurisprudence, parce qu'on appelait règlement ou aménagement, c'est-à-dire par un acte qui assignait à l'exercice du droit d'usage une circonscription déterminée pour en libérer le reste de la forêt, sans que le canton désigné cessât d'appartenir au propriétaire. Il a terminé son discours en disant : « Je suis loin de me plaindre de ce que le projet de loi ne porte aucune disposition relative à ces usagers : cela prouve que le ministère a pensé que leur position était déterminée d'une manière immuable par le règlement ou l'aménagement auquel ils ont été soumis; que le contrat qui fixe la nature et l'étendue de leurs droits est inviolable : toutefois, j'ai pensé que, pour prévenir des contestations entre l'administration forestière et les usagers, il n'était pas inutile de prier M. le commissaire du Roi ou M. le rapporteur de donner à la Chambre quelques explications sur ce point. »

M. *de Martignac* a répondu : « Nous pouvons rassurer entière-

ment l'orateur sous un point de vue général. Les usagers dont il
parle ont pour eux des décisions souveraines. Nul doute que les
arrêts rendus en leur faveur devront être exécutés, et que leurs droits
sont à l'abri de toute contestation. Cela résulte de l'article en délibération; cela résultera plus positivement encore d'un des derniers articles du projet, portant que toutes les contestations sur les anciens
titres devront être jugées d'après les contrats dont les usagers seront
porteurs. »

Sur cette réponse, M. *Martin de Villers* a dit : « Les explications de
M. le commissaire du Roi mettant tout-à-fait à couvert les intérêts
dont j'ai parlé, je n'ai rien à ajouter. »

§. 3. — D'après la loi du 27 mars 1791, aucun droit de chauffage, pâturage ou autre droit d'usage, de quelque nature qu'il fût,
dans les bois et autres domaines nationaux, non plus qu'aucune
rente ou redevance affectée sur les mêmes biens, n'ont dû être
compris dans les ventes des biens nationaux, et toutes ventes de
semblables droits ou redevances qui ont pu avoir été passées, ont
été déclarées nulles et révoquées. » (*Trait. gén., tom.* 1er, *pag.* 499.)

§. 4. — Les droits de *grurie, tiers et danger,* ne peuvent être réclamés par l'administration forestière, qu'autant qu'elle serait en état
de prouver par titres spéciaux, que ces droits avaient purement et
simplement pour cause la concession des fonds, sans mélange de
cens ou autres droits féodaux. Avis du Conseil d'état du 16 ventôse
an 13. (*Idem, tom.* 2, *pag.* 10.)

Un arrêté du Gouvernement du 30 messidor an 11 a également
statué que « les lois portant suppression générale de toutes prestations seigneuriales et droits féodaux, comprennent le droit de
grurie du ci-devant Orléanais. » (*Idem, tom.* 1er, *pag.* 646.)

§. 5. — Un droit d'usage accordé par d'anciens titres comme accroissement d'un fief, *n'a pu survivre à l'abolition des fiefs;* il s'est
éteint par confusion pendant que les biens du fief étaient sous le séquestre et lorsque la forêt grevée de ce droit appartenait à l'état. —
Dans le cas de contestation en cette matière, l'interprétation des titres
appartient aux tribunaux. Décision du ministre des finances, du
18 octobre 1822. (*Idem, tom.* 3, *pag.* 96.)

§. 6. — De ce qu'un bois était désigné, dans la ci-devant Lorraine,
par ces mots : *bois en tiers denier,* bois dans lequel le Roi prenait le
tiers denier, on ne peut pas en conclure que ce bois fût réellement
de la classe de ceux qui étaient soumis au droit féodal du tiers denier, supprimé par la loi du 17 juillet 1793 : un tel bois peut au
contraire être un bois indivis entre le gouvernement pour un tiers,
et l'autre propriétaire pour deux tiers. Cassation, arrêt du 26 octobre 1809. (*Idem, tom.* 2, *pag.* 309.)

§. 7. — Le décret du 19 septembre 1790 n'avait excepté la Lorraine et le Barrois du droit de cantonnement, que parce que, dans ces contrées, il était remplacé par celui de *tiers denier* : or, le droit de tiers denier ayant été aboli par l'art. 2 de la loi du 28 août 1792, la Lorraine et le Barrois sont rentrés sous l'empire du droit commun, et le cantonnement peut y avoir lieu comme partout ailleurs. La concession faite à une commune de l'usage d'un bois n'emporte pas, à raison du tiers denier auquel cet usage était assujéti envers le concédant, la translation de la propriété du bois même. Cassation, arrêt du 27 nivôse an 12. (*Trait. gén., tom.* 1ᵉʳ, *pag.* 666.)

§. 8. — Suivant les lois romaines, la possession immémoriale d'une servitude consistant dans le droit de glaudage et dans celui de prendre du bois dans une forêt, vaut titre. Cassation, arrêt du 5 floréal an 12. (*Idem, tom.* 1ᵉʳ, *pag.* 675.)

§. 9. — Les droits d'usage consistant dans l'exercice du pâturage et du parcours sur des forêts provenant d'établissemens supprimés doivent être maintenus, encore bien qu'à défaut de titres patens, la commune usagère ne justifie sa possession immémoriale, et non à titre précaire, que par une transaction de 1538 où elle n'a pas été partie et dans laquelle les administrateurs de l'établissement ont fait mention de ces droits, et par la preuve testimoniale, puisque cette transaction est, suivant l'art. 1347 du Code civil, un commencement de preuve par écrit, ce qui exclut l'application de l'art. 1165 du même code. Cassation, arrêt du 19 janvier 1826. (*Art.* 8345 *du Journ. de l'enreg.*)

§. 10. — Le propriétaire d'une forêt assujétie à des droits d'usage a pu s'en affranchir par une possession contraire, attendu que ces droits sont une servitude. La longueur de la possession doit être de 30 ans, d'après l'art. 706 du Code civil.

Le propriétaire a pu également s'affranchir du droit d'usage par cette voie, avant l'abolition du régime féodal, quoique ces droits fussent tenus de lui à fief, parce que la règle : *le seigneur et le vassal ne prescrivent pas*, ne s'applique qu'au fief du vassal qui ne peut être prescrit par le seigneur qui en jouit à titre de saisie, c'est-à-dire à titre précaire, et à la foi que le vassal doit à son seigneur, dont le vassal ne peut prescrire la libération par quelque espèce de temps qu'il ait cessé de la lui rendre.

En cas de contestation sur le fait de la possession contraire aux droits d'usages pendant le temps nécessaire pour en prescrire la libération, c'est au propriétaire à en faire la preuve directe lorsque l'usager est en possession. (Art. 2234 du Code civil.) Mais lorsque l'usager n'est pas en possession, c'est à lui à prouver qu'il a joui au moins pendant une partie du temps invoqué pour la prescription. — Lorsque les usagers sont chargés de cette preuve, ils ne peuvent la faire par témoins, mais par titres, ainsi que l'établit M. Merlin, *Quéstions de droit*, *verb*. *Usage*. — Cassation, arrêt du 26 janvier 1826. (*Trait. gén.*, tom. 2, *pag.* 742.)

§. 11. — D'après ce principe que la prescription ne court ni contre celui qui possède, ni au profit de celui qui ne possède pas, la prescription établie par l'art. 6 de la loi du 28 août 1792, ne peut s'appliquer qu'aux communes qui n'étaient pas en possession des biens. L'art. 8 de cette loi n'obligeait pas les communes à revendiquer, dans le délai de cinq ans, à peine de déchéance, les biens ou droits d'usage dont elles auraient prétendu avoir été dépouillées par leurs ci-devant seigneurs. Cassation, arrêt du 16 juillet 1822. (*Idem*, *tom.* 3, *pag.* 56.)

§. 12. — On ne peut prescrire contre son titre, mais on peut prescrire au-delà de son titre, *ultra titulum*, même nonobstant la stipulation de ne pouvoir prétendre aucun droit autre que celui établi dans le titre. Singulièrement, les habitans d'une commune qui avaient un droit d'usage dans une forêt, ont pu acquérir, par prescription, le droit de *glandée*, nonobstant la clause, portée dans le titre qui leur accordait le droit d'usage, *de ne pouvoir prétendre aucun autre droit*. Cassation, arrêt du 9 novembre 1826. (sirey, 27 — 1 — 29.)

§. 13. — Un arrêté du 15 brumaire an 12 et une ordonnance du 9 février 1825 ont réglé le mode de pacage des chevaux employés au service des forges de Port-Brillet, département de la Mayenne, Martigne, Moisdon et la Hunaudière, départemens de la Loire-Inférieure et d'Ille et Vilaine, dans les cantons de la forêt du *Pertre*, qui, chaque année, seront déclarés défensables par l'agent forestier de la situation. M. Dupin fait observer qu'il faut voir, dans cette décision particulière, l'application d'une règle que le Gouvernement a entendu rendre générale, ainsi qu'il résulte d'une lettre ministérielle du 11 floréal an 12. Cette lettre porte aussi qu'il suffit que le Gouvernement ait statué en principe que les chevaux des maîtres de forges pourraient paître dans les forêts domaniales déclarées défensables, pour que cette faculté puisse être accordée à l'avenir par une simple décision ministérielle. (*Lois forestières*, *pag.* 282.)

§. 14. — Les lois des 28 ventôse et 19 germinal an 11, qui avaient soumis à la révision les jugemens qui adjugeaient *à des communes* des droits d'usage dans les forêts domaniales, n'étaient pas applicables à des jugemens rendus au profit *des particuliers*. Cassation, arrêt du 11 février 1808. (*Trait. gén.*, tom. 2, *pag.* 187.)

2ᵉ section. *Délais pour faire reconnaître les droits d'usage.*

§. 15. — La loi du 28 ventôse an 11 portait : art. 1ᵉʳ « Les communes et les particuliers qui se prétendraient fondés, par titres óu possession, en droits de pâturage, pacage, chauffage et autres usages de bois, tant pour bâtimens que pour réparations, dans les forêts nationales, seront tenus, dans *les six mois* qui suivront la publication de la présente loi, de produire, sous récépissé, aux secrétariats des préfectures ou sous-préfectures dans l'arrondissement desquelles les forêts prétendues grevées desdits droits se trouvent situées, les titres ou actes possessoires dont ils infèrent l'existence; *sinon, et ce délai passé, défenses leur sont faites d'en continuer l'exercice, à peine d'être poursuivis et punis comme délinquans.* »

Art. 2. « Les communes et particuliers dont les droits d'usage ont été reconnus et fixés par les états arrêtés au ci-devant Conseil, sont dispensés de la formalité prescrite par l'article précédent. » (*Bulletin*, 3ᵉ *série, n*° 2535.)

§. 16. — Une loi du 14 ventôse an 12 avait également soumis les usagers à produire leurs titres devant l'autorité administrative dans un nouveau délai de six mois, à peine de déchéance. (*Idem, n*° 3661.)

§. 17. — D'après un avis du comité des finances du 13 août 1819, approuvé par le ministre le 6 septembre suivant, il avait aussi été décidé qu'il ne paraissait pas possible qu'à l'avenir, S. E. relevât de la déchéance prononcée par les lois des 28 ventôse an 11 et 14 ventôse an 12, les particuliers ni même les communes qui, se prétendant fondés à exercer des droits d'usage dans les forêts nationales, n'auraient pas produit leurs titres aux secrétariats des préfectures et sous-préfectures dans les délais fixés par ces lois. (*Trait. gén., tom.* 2, *pag.* 806.)

§. 18. — L'art. 61 a relevé de cette déchéance ceux des usagers, qui, l'ayant encourue, se trouvaient en jouissance au moment de la promulgation du Code. (*Exposé des motifs, par M. le comte Roy.*)

3ᵉ SECTION. *Compétence des autorités administratives et des tribunaux.*

§. 19. — De ce que les lois des 28 ventôse an 11 et 14 ventôse an 12, avaient obligé ceux qui prétendaient à des droits d'usage dans les bois de l'État, à produire leurs titres devant l'autorité administrative, dans un délai déterminé, sous peine de déchéance irrévocable, il ne s'en suit pas que les conseils de préfecture aient été fondés à se saisir du jugement des questions contentieuses nées de l'examen de ces titres : ces lois n'avaient eu pour effet que l'examen préalable prescrit par la loi du 5 novembre 1790, pour toutes les questions de propriété qui intéressent le domaine de l'État, et n'avaient pas conféré à l'autorité administrative une juridiction qui n'appartient qu'aux tribunaux. (*Ordonnances du Roi, des 4 septembre 1822, 12 février, 23 juillet et 5 novembre 1823.*)

§. 20. — En matière de droits d'usage, les conseils de préfecture n'ont jamais été compétens pour rendre une décision ayant l'effet d'un jugement : ils étaient seulement appelés, d'après un avis du Conseil d'État du 11 juillet 1810, à émettre un avis subordonné à l'approbation du ministre. Ainsi un pareil avis, quoique conçu en termes définitifs, lorsqu'il n'a pas été suivi d'approbation et d'acquiescement par le ministre des finances, n'empêche pas que la voie des tribunaux ne soit ouverte à l'État, et elle le serait également aux particuliers, alors même que l'avis contraire à leurs prétentions serait approuvé par le ministre. La décision du ministre qui refuse d'accueillir les demandes en maintien d'usage, ne peut avoir l'effet d'une décision formant jugement contre laquelle on puisse se pourvoir au Conseil d'État : les demandeurs doivent faire apprécier leurs droits en justice. (*Ordonnances des 10 mars 1820, 5 novembre 1822, 26 mars, 7 mai 1823, 22 janvier, 11 février, 24 mars, 8 septembre 1824, 24 février, 4 mai, 7 décembre 1825, et 29 mars 1827.*)

§. 21. — Toutefois, le conseil de préfecture était compétent pour déclarer si ceux qui se prétendaient usagers avaient effectué le dépôt de leurs titres, dans le délai fixé par les lois des 28 ventôse an 11 et 14 ventôse an 12. (*Ordonnances des 5 décembre 1823 et 11 février 1824.*)

§. 22. — Aux termes de l'avis du Conseil d'État du 11 juillet 1810, les arrêtés des conseils de préfecture qui prononcent le maintien des communes ou des particuliers dans des droits d'usage sur les forêts de l'État, sont considérés comme des avis, et doivent être soumis à l'approbation du ministre des finances. — En pareille matière, lorsqu'il s'agit au fond d'une question de propriété, il y a lieu de renvoyer les parties devant les tribunaux. Ordonnances des 11 février, 24 mars, 4 novembre 1824 et 7 décembre 1825 (*Trait. gén., tom.* 3, *pag.* 210, 217, 293 *et* 393.)

§. 23. — La loi du 28 ventôse an 11 soumettait les communes (sous la seule exception de celles dont les droits d'usage avaient été reconnus et fixés par les états arrêtés à l'ancien Conseil du Roi) à l'obligation de produire, sous récépissé, aux secrétariats des préfectures et sous-préfectures les titres et actes possessoires sur lesquels elles fondaient leurs prétentions. Des arrêtés d'administration centrale qui ont envoyé des communes en possession ne peuvent valoir que comme actes constatant la production des titres. Aux termes de l'avis du Conseil d'État du 11 juillet 1810, les arrêtés du conseil de préfecture qui prononcent le maintien des communes dans les droits d'usage sur les forêts de l'État sont soumis à l'approbation du ministre des finances. Ces arrêtés ont alors le caractère de simples avis, et non celui de décisions. Toute question de propriété en cette matière est du ressort des tribunaux. Ordonnance du roi, du 24 février 1825. (*Trait. gén., tom.* 3 *, pag.* 339.)

§. 24. — Un arrêté du conseil de préfecture rendu en forme d'avis sous la condition formelle de l'approbation d'un ministre, n'est pas susceptible de recours devant le Conseil d'Etat lorsque l'approbation n'a pas été donnée. — En d'autres termes, il n'y a décision susceptible d'appel qu'après l'approbation du ministre. Ordonnance du 21 décembre 1825. (*Idem, tom.* 2, *pag.* 396.)

§. 25. — Les conseils de préfecture sont compétens pour régler, dans l'intérêt des communes, le mode de jouissance de l'affouage des bois sur lesquels elles ont des droits reconnus. Mais lorsque cette jouissance est subordonnée à une question de propriété, ils doivent s'abstenir, et renvoyer les parties devant les tribunaux. Ordonnances des 15 juin et 10 août 1825. (*Idem, tom.* 3, *pag.* 363 *et* 376.)

§. 26. — En matière de droits d'usage dans les forêts de l'État, les arrêtés rendus par les conseils de préfecture sont considérés comme des avis qui doivent être soumis à l'approbation du ministre des finances. Ce ministre est compétent pour prendre un arrêté réglementaire, ayant pour objet de réprimer les abus qui se sont introduits dans le mode de jouissance des forêts de l'État, et pour en régler l'exercice dans l'intérêt de leur conservation. Mais il doit, en cette matière, respecter les droits des usagers, lorsqu'ils reposent sur des titres anciens dont la connaissance est dévolue aux tribunaux. Ordonnance du 8 septembre 1824. (*Idem, tom.* 3, *pag.* 279.)

§. 27. — Lorsqu'une partie excipe de titres anciens pour réclamer des droits d'usage, c'est aux tribunaux qu'il appartient de prononcer. Les décisions des conseils de préfecture et du ministre des finances en cette matière ne font pas obstacle à ce que la contestation soit portée devant les tribunaux. Ordonnance du 30 novembre 1825. (*Idem, tom.* 3, *pag.* 393.)

§. 28. — Une décision ministérielle qui refuse d'accueillir une demande en maintenue de divers droits d'usage sur une forêt de l'État, ne fait pas obstacle à ce que les tribunaux statuent sur la question de propriété. Ordonnance du 11 mai 1825. (*Idem , tom.* 3, *pag.* 357.)

§. 29. — Si les conseils de préfecture sont compétens pour constater le dépôt des titres établissant les droits d'usage des communes, conformément aux dispositions des lois précitées, ils ne le sont pas pour régler ces usages. — Le délai du pourvoi contre les arrêtés qu'ils rendent en cette matière, est illimité et indéfini, parce que la matière n'est pas contentieuse.

Les conseils de préfecture ne sont point non plus compétens pour interpréter, appliquer ou modifier des arrêts judiciaires passés en force de chose jugée. Ordonnance du Roi, du 17 décembre 1826. (*Trait. gén.*, *tom.* 3., *pag.* 190.)

§. 30. — D'après l'article 13 du titre 2 de la loi des 16-24 août 1790, et d'après la loi du 16 fructidor an 3, l'autorité judiciaire ne peut suspendre les actes de l'autorité administrative et lés soumettre à son examen. Cassation, arrêt du 27 février 1818. (*Idem*, *tom.* 2, *pag.* 746.) Voy. les §§. 33 et 34.

§. 31. — Aussi lorsqu'il y a contestation sur la manière d'entendre des titres en vertu desquels un droit d'usage est réclamé, il n'appartient point aux conseils de préfecture d'interpréter ces titres : la question doit être renvoyée devant les tribunaux. Ordonnance du Roi, du 18 novembre 1814. (*Idem*, *tom.* 2, *pag.* 639.)

§. 32. — C'est à l'autorité administrative à donner, d'après la loi du 16 fructidor an 3, l'interprétation de l'acte qu'elle a passé pour l'aliénation d'une forêt, dans lequel on a compris la vente d'un droit de pâturage. Cassation, arrêt du 16 juin 1809. (*Idem*, *tom.* 2, *pag.* 285.)

§. 33. — Toutes les fois qu'il s'agit d'interpréter des actes administratifs ou d'en déterminer les effets, les tribunaux sont incompétens. Cette interprétation doit être demandée à l'administration avant de recourir aux tribunaux. (*Ordonnances du Roi, des* 10 *janvier* 1821 *et* 20 *mars* 1822.) Voy. le §. 30.

§ 34.—C'est aux tribunaux qu'appartiennent les moyens d'exécution, par suite des actes et arrêtés de l'autorité administrative. Un conseil de préfecture ne peut renvoyer pour cet objet au préfet, et le préfet excéderait ses pouvoirs s'il ordonnait les mesures à prendre pour l'exécution d'un arrêté. (*Ordonnance du 8 juillet* 1818.)

§. 35. — Un conseil de préfecture ne peut, pour expliquer un contrat, ordonner une enquête; il doit s'en tenir aux termes du contrat. Il ne peut non plus connaître des contestations qui s'élèvent relativement à l'exercice des servitudes et droits d'usage attachés au domaine vendu : elles sont du ressort des tribunaux. Ordonnance du 4 mars 1819. (*Trait. gén.*, *tom.* 2, *pag.* 791.)

§. 36. — Un conseil de préfecture n'excède pas sa compétence en déclarant, conformément au procès-verbal d'adjudication, qu'un terrain litigieux n'a pas été compris dans la vente dont il s'agit.

A supposer que la difficulté soit relative à des terrains boisés que l'acquéreur soutient avoir été compris dans la vente de pâturages à lui faite, c'est aux tribunaux qu'il appartient de décider les questions de savoir : 1° quels sont les terrains boisés qui faisaient partie d'une forêt voisine lors de la vente; 2° quelles étaient, à cette époque, les limites de la forêt et du pâturage; 3° si les bois taillis ou futaies qui se trouvaient sur le terrain reclamé existaient au moment de la vente. Ordonnance du Roi, du 13 novembre 1822. (*Trait. gén.*, *tom.* 3, *pag.* 101.)

§. 37.—Toutes les actions domaniales, autres que celles relatives à la vente des biens nationaux et qui intéressent l'État, sont de la compétence exclusive des tribunaux, et les conseils de préfecture excèdent leur pouvoir en statuant au fond sur les droits d'usage réclamés dans les forêts. Ordonnance du 5 novembre 1823. (*Trait. gén.*, *tom.* 3, *pag.* 172.)

§. 38.— Aux termes d'une autre ordonnance rendue le 23 février 1820, les conseils de préfecture n'ont à donner qu'un simple avis sur la question de savoir s'il est, ou non, dans l'intérêt du domaine, d'engager ou de soutenir une action judiciaire en matière de propriété.

Cette règle régit les droits d'usage prétendus sur des bois de l'État, et si un conseil de préfecture a subordonné à l'approbation du ministre des finances l'opinion qu'il a émise, que les droits des usagers devaient être reconnus, un arrêté pris dans cette forme n'est pas susceptible de pourvoi, et ne met point obstacle à ce que le ministre fasse porter devant les tribunaux la question relative aux droits d'usage. (*Ordonnance du 2 février* 1821.)

§. 39.— Une délibération du conseil de préfecture, qui n'est qu'un simple avis, ne forme point obstacle à ce que les parties se pourvoient devant l'autorité judiciaire. Ordonnance du 23 juillet 1823. (*Trait gén.*, *tom.* 3, *pag.* 157.)

§. 40.— Le pourvoi ne peut être admis contre des arrêtés et décisions qui, en maintenant un droit de dépaissance dans les bois de l'État, ont renvoyé les parties devant les tribunaux, dans le cas où elles persisteraient à revendiquer la propriété de ces bois; il ne peut résulter de là aucun grief susceptible d'être réformé. Ordonnance du 17 novembre 1819. (*Idem, tom.* 2, *pag.* 814.)

§. 41.— Les conseils de préfecture ne sont point compétens pour statuer sur les questions de droits d'usages prétendus dans les forêts : ces questions sont du ressort des tribunaux. Les agens forestiers n'ont point qualité pour recevoir les significations des arrétés des conseils de préfecture, et aucune exception ne peut, à raison de ces significations, être opposée au recours du ministre des finances contre lesdits arrêtés. Ordonnance du Roi, du 12 février 1823. (*Trait. gén.*, tom. 3, *pag.* 119.)

§. 42.— Ce serait par excès de pouvoir qu'un conseil de préfecture statuerait, au fond et définitivement, sur des droits d'usage prétendus par une commune dans les bois de l'État, et dont l'exercice est contesté.

Lorsqu'il est reconnu que la commune a satisfait en temps utile à la loi du 28 ventôse an 11, par la production de ses titres devant l'autorité administrative, aucune déchéance ne peut lui être opposée, et il ne s'agit plus que d'une question de propriété à juger par les tribunaux. Néanmoins, avant d'engager une instance judiciaire, la commune doit se pourvoir de l'autorisation préalable que la loi du 29 vendémiaire an 5 exige. Ordonnance du 5 novembre 1823. (*Idem, tom.* 3, *pag.* 181.)

§. 43. — Le domaine est sans qualité pour introduire ou défendre devant l'autorité administrative des actions relatives à des droits d'usage prétendus par un particulier sur des forêts que des jugemens passés en force de chose jugée avaient attribuées à une commune. Ordonnance du 20 novembre 1822. (*Idem, tom* 3, *pag.* 104.)

§. 44.—Lorsque deux sections de commune sont en contestation au sujet d'un terrain destiné au pâturage, le préfet peut régler provisoirement la portion dont chaque section doit jouir pour la dépaissance. — La décision du préfet sur ce point peut être déférée au ministre de l'intérieur, si les parties ou l'une des parties se croient lésées. — Le pourvoi devant le ministre ne fait point obstacle à ce que la question de propriété soit portée devant les tribunaux. Ordonnance du 14 janvier 1824. (MACAREL, *tom.* 6, *pag.* 4.)

§. 45. — Un préfet excède les bornes de sa compétence, en prononçant la maintenue des habitans d'une commune dans leurs droits d'usage sur une forêt de l'État.

Lorsqu'il s'agit de juger si les habitans d'une commune ont fait le dépôt de leurs titres dans les délais, les conseils de préfecture sont seuls compétens pour prononcer sur la question de déchéance.

Lorsque des habitans se présentent, non pas en corps de commune, mais *ut singuli*, chacun dans son intérêt privé, l'autorisation du conseil de préfecture ne leur est pas nécessaire pour ester en justice.

Aux termes de la loi du 28 pluviôse an 8, qui prononce que le préfet est chargé seul de l'administration, le préfet n'a pas besoin d'être autorisé par le conseil de préfecture pour intervenir, en sa qualité d'administrateur, dans une instance, soit en demandant soit en défendant. Ordonnance du Roi, du 11 février 1824. (*Trait. gén., tom.* 3, *pag.* 208.)

§. 46. — Les arrêtés des conseils de préfecture par lesquels ils estiment qu'il y a lieu, par le préfet, de défendre, devant les tribunaux, aux prétentions des particuliers contre le domaine de l'État, doivent être considérés comme de simples avis non susceptibles de recours devant le Conseil d'État. Ordonnance du 4 mai 1824. (*Idem*, *tom.* 3, *pag.* 355.)

§. 47. — Les arrêtés de confirmation, formant évidemment titre aux particuliers et aux communes, étaient assujétis au droit de timbre et au droit d'enregistrement de 1 franc, aux termes d'une décision du ministre des finances du 28 juillet 1807. (*Inst. du Direct. gén. de l'enregist.*, *n°* 336.) Mais, d'après l'art. 80 de la loi du 15 mai 1818, la minute de ces arrêtés est exempte du timbre et de l'enregistrement; les expéditions seulement ne peuvent être délivrées que sur papier timbré.

4e SECTION. *Procédure sur les instances administratives et judiciaires, relatives aux questions qui intéressent l'État.*

§. 48. — Décision du ministre des finances, du 16 mai 1821, relative au concours de la direction générale des domaines et de celle des forêts, pour la défense des droits de l'État, dans les instances engagées sur des questions de propriété :

ART. 1er. « Aussitôt qu'une instance sur une question de propriété concernant les bois et forêts de l'État se trouvera engagée, le préfet du département de la situation des bois communiquera les pièces qui seront à sa disposition au conservateur des forêts ou à l'inspecteur principal de l'arrondissement forestier, pour lui demander la remise, sur inventaire, des titres, plans et documens qu'il pourrait avoir sur l'objet du procès, ensemble ses observations et son avis. Le conservateur ou l'inspecteur sera tenu d'envoyer immédiatement à l'administration forestière copie des observations et de l'avis qu'il aura remis au préfet. » — Art. 2. « A la réception de ces pièces, le préfet les transmettra au directeur des domaines pour en faire l'examen et lui soumettre ensuite les moyens de défense à employer, en lui adressant les pièces et renseignemens qu'il aurait été en son pouvoir de réunir. » — Art. 3. « Avant l'introduction de l'instance et pendant sa durée, le préfet se concertera avec le directeur des domaines, le conservateur ou l'inspecteur des forêts, si cela est nécessaire, pour reconnaître, s'il y a lieu, tant à cause des points de droit que pour d'autres circonstances, d'avoir la consultation de deux jurisconsultes : dans ce cas, la consultation sera prise, et il en sera fait l'usage convenable. » — Art. 4. « L'affaire sera suivie par les soins du préfet, et par la correspondance de ce magistrat avec le ministère public chargé de défendre, et en demandant tant au conservateur et à l'inspecteur forestier, qu'au directeur des domaines, tous les renseignemens et toutes les observations qui pourraient être utiles pendant le cours de l'instance. » — Art. 5. « Lorsque le jugement sera rendu, il en sera donné connaissance, savoir : par le préfet au ministre des finances, par le directeur des domaines à son administration, et par le conservateur ou l'inspecteur à l'administration forestière. » — Art. 6. « S'il est interjeté appel, soit d'après les ordres qui seront transmis, soit par les parties, le préfet du département de la situation des bois renverra l'affaire au préfet placé près le siége de la cour royale, pour faire les diligences nécessaires, afin qu'il soit statué, en observant toutefois la marche ci-dessus indiquée pour ce qui regarde la procédure en première instance, et il sera rendu compte de la même manière de l'arrêt qui interviendra. » Art. 7. « Le directeur des domaines sera tenu de porter sur son sommier des instances, tant l'affaire engagée devant le tribunal que devant la Cour royale, et de la comprendre sur les états périodiques adressés à l'administration des domaines. » (*Inst. de cette administration*, n° 982.)

§. 49. — Ainsi que l'a décidé l'arrêt rapporté sur l'art. 64, les procureurs du Roi doivent défendre dans les affaires qui intéressent le domaine de l'État d'après les mémoires qui leur sont fournis par les préfets, comme étant véritablement les défenseurs naturels de l'État (cette obligation subsiste aussi pour les procureurs généraux et leurs substituts). Mais ils peuvent requérir ensuite, comme officiers du ministère public, ce qui leur paraît être dans le vœu de la loi. Les préfets ne sont donc pas tenus de constituer avoué; ils peuvent néanmoins en établir un pour préparer la défense et veiller aux formalités et aux significations dans les délais. (Lettre du garde des sceaux à S. E. le ministre des finances, du 25 février 1822, motivée sur les lois des 5 novembre 1790 et 19 nivôse an 4, sur l'arrêté du 10 thermidor an 4, les art. 3 et 4 de la loi du 17 frimaire an 6, l'art. 27 de la loi du 14 ventôse an 7, l'art. 89 de celle du 27 ventôse an 8, l'art. 14 de l'arrêté du 7 messidor an 9, et sur l'avis du Conseil d'État des 12 mai — 1er juin 1807, auxquels l'art. 83 du Code de procédure n'a pas dérogé; lettre du ministre des finances du 8 mars 1822. (*Inst. du Dir. gen. de l'enreg.*, n° 1029.)

§. 50. — Avis du Conseil d'État, du 28 août 1823, sur le mode de procéder dans les instances relatives aux questions de propriété qui intéressent l'État :

« LE CONSEIL D'ÉTAT, sur le renvoi fait par Mgr le garde des sceaux,

14.

des questions suivantes, résultant d'une lettre adressée à sa grandeur par le ministre des finances le 2 mai 1823 :

« 1° Si, avant d'intenter ou de soutenir des actions dans l'intérêt de l'État, les préfets doivent y être autorisés par les conseils de préfecture, ou s'ils ne doivent pas du moins prendre leur avis;

« 2° Si les particuliers qni se proposent de plaider contre l'État, sont obligés de remettre préalablement à l'autorité administrative un mémoire expositif de leur demande, et si ce mémoire doit être remis au préfet ou au conseil de préfecture;

« Sur la première question,

« Considérant qu'aux termes de l'art. 14 de la loi du 5 novembre 1790 et de l'art. 13 de celle du 25 mars 1791, les procureurs-généraux syndics de département, et les commissaires du Gouvernement qui les ont remplacés, ne pouvaient suivre les procès qui concernent l'État sans l'autorisation des directoires de département ou des administrations centrales qui leur ont été substituées;

« Que cette disposition était une conséquence du système d'alors, qui plaçait dans les autorités collectives l'administration tout entière, et réduisait les procureurs-généraux syndics et les commissaires du Gouvernement à de simples agens d'exécution qui ne pouvaient agir qu'en vertu d'une délibération ou autorisation; mais que cet état de choses a été changé par la loi du 28 pluviôse an 8, qui dispose, art. 3, que le préfet est chargé seul de l'administration, et statue, par cela même, qu'il peut seul, sans le concours d'une autorité secondaire, exercer les actions judiciaires qui le concernent en sa qualité d'administrateur;

« Que d'ailleurs l'art. 4 de la même loi, qui détermine les fonctions des conseils de préfecture, leur attribue la connaissance des demandes formées par les communes pour être autorisées à plaider; mais que cet article, ni aucun autre, ne soumet à leur autorisation, ni à leur examen ou avis, les procès que les préfets doivent intenter et soutenir;

« Sur la deuxième question,

« Considérant qu'aux termes de l'art. 15 de la loi du 5 novembre 1790, les particuliers qui se proposaient de former une demande contre l'État, devaient en faire connaître la nature par un mémoire qu'ils étaient tenus de remettre au directoire du département avant de se pourvoir en justice; que cette disposition, utile à toutes les parties en cause, puisqu'elle a pour objet de prévenir le procès ou de le concilier, s'il est possible, n'a été abrogée explicitement ni implicitement par la loi du 28 pluviôse an 8; mais que le mémoire dont parle cet article doit être remis au préfet, qui est chargé seul d'administrer et de plaider, et non au conseil de préfecture, qui n'a reçu de la loi aucune attribution à cet égard,

« Est d'avis, 1° Que, dans l'exercice des actions judiciaires que la loi leur confie, les préfets doivent se conformer aux instructions qu'ils recevront du Gouvernement, et que les conseils de préfecture ne peuvent, sous aucun rapport, connaître de ces actions; — 2° Que, conformément à l'art 15 de la loi du 5 novembre 1790, nul ne peut intenter une action contre l'État, sans avoir préalablement remis à l'autorité administrative le mémoire mentionné en cet art. 15; et que ce mémoire doit être adressé, non au conseil de préfecture, mais au préfet qui statuera dans le délai fixé par la loi. » (*Inst. du Dir. gén. de l'enreg.*, n° 1101.)

§. 51. — Les principes posés par le nombre 1er de l'avis précité ont été consacrés, dans une instance administrative, par une ordonnance du Roi, du 11 février 1824, portant que l'art. 3 de la loi du 28 pluviôse an 8, qui charge le préfet seul de l'administration, statue, par cela même, qu'il peut, sans le concours du conseil de préfecture, exercer les actions qui le concernent, en sa qualité d'administrateur, et que l'art. 4 de la même loi ne soumet pas à l'examen, à l'avis, ni à l'autorisation des conseils de préfecture les procès que le préfet doit intenter ou soutenir dans l'intérêt du domaine. (*Trait. gén.*, tom. 3, *pag.* 209.)

§. 52. — Une autre ordonnance, du 17 mars 1825, a également décidé qu'aux termes de l'art. 15 de la loi du 5 novembre 1790, les particuliers qui se proposent de former une demande contre l'État doivent en faire connaître la nature, par un mémoire qu'ils sont tenus de remettre à la préfecture du département, avant de se pourvoir en justice; que cette disposition n'a pas été abrogée explicitement ni implicitement par la loi du 17 février 1800 (28 pluviôse an 8), et que le mémoire doit être remis au préfet, et non au conseil de préfecture. (*Idem*, tom. 3, *pag.* 347.)

§. 53. — L'obligation imposée aux particuliers d'adresser préalablement à toute instance un mémoire aux corps administratifs a été maintenue par la loi du 14 ventôse an 7 relative aux domaines engagés, et, d'après l'art. 15, tit. 3, de la loi du 5 novembre 1790, les particuliers ne peuvent se dispenser de s'y conformer à peine de nullité. Pour pouvoir en justifier, ils obtiennent un récépissé du secrétaire général de la préfecture, qui en fait mention sur un registre tenu à cet effet; la remise et l'enregistrement du mémoire interrompent la prescription; et, dans le cas où le préfet n'aurait pas statué dans le délai d'un mois, il est permis aux particuliers de se pourvoir devant les tribunaux.

§. 54. — La nullité résultant du défaut d'exécution de l'art. 15, tit. 3, de la loi du 5 novembre 1790, qui veut que toute action ayant pour objet la revendication d'une propriété contre l'État, soit précédée d'un mémoire à l'administration, est absolue et d'ordre public : elle ne peut être couverte par le silence du préfet. Arrêt de la Cour royale de Bordeaux, du 17 mars 1826. (SIREY, 26—2— 263.) Voy. M. CARRÉ, *Lois de la procédure, Quest.* 622, et M. MERLIN, *Questions de droit, au mot Nation,* §. 2.

§. 55. — Un arrêté du Gouvernement, en date du 5 vendémiaire an 6, a statué que les usagers dans les forêts de l'État justifieront de leurs droits devant les administrations centrales des départemens, contradictoirement avec les agens forestiers et les préposés de la régie de l'enregistrement ; cette marche n'ayant pas été abrogée par les lois des 28 ventôse an 11 et 14 ventôse an 12, les directeurs des domaines et les agens forestiers doivent être entendus sur les demandes en jouissance de droits d'usage, et ils doivent être informés des significations des jugemens qui intéressent l'État. Lettre du ministre des finances à MM. les préfets, du 22 octobre 1823. (*Trait. gén.,* tom. 3, *pag.* 171.)

§. 56. — Dans les affaires intéressant l'État, et poursuivies à la requête des préfets, les actes de procédure sont valablement signifiés aux parquets soit des procureurs du Roi soit des procureurs généraux ; il existe de la part des préfets, une élection légale de domicile au parquet de ces magistrats, alors surtout que le préfet n'a pas usé de la faculté qui lui est accordée de constituer avoué. Arrêt de la Cour royale de Nancy, du 12 février 1827. (SIREY, 27— 2—98.)

§. 57. — Un arrêt de la Cour royale de Toulouse, du 24 janvier 1827, a décidé, par application des art. 61, 456 et 470 du Code de procédure civile, qu'un exploit fait à la requête d'un préfet, agissant dans l'intérêt de l'État en matière de propriété, est nul, faute de constitution d'avoué, lorsqu'il s'agit de domaines et de droits domaniaux, espèce de litige où l'État doit être l'égal des particuliers. (SIREY, 27 — 2 — 123.) Cette jurisprudence est contraire à deux arrêts de la Cour de cassation rendus les 16 messidor et 29 thermidor an 10. (*Idem,* 2 — 1 — 383, et 20 — 1 — 502.)

§. 58. — Les agens forestiers n'ont pas qualité pour recevoir la signification des arrêtés des conseils de préfecture, et la signification qui leur en aurait été faite ne forme point obstacle au pourvoi contre ces arrêtés. Ordonnance du 4 juin 1823. (*Trait. gén.,* tom. 3, *pag.* 146.)

§. 59. — Un inspecteur des forêts n'est point partie capable pour représenter l'État dans une contestation relative à une question de propriété, et l'acquiescement par lui donné à l'exécution d'un arrêté de conseil de préfecture ne peut lier l'administration. Ordonnance du 15 juin 1825. (*Idem,* tom. 3, *pag.* 362.)

§. 60. — La signification d'un jugement qui avait adjugé des droits d'usage à une commune n'était pas suffisante si elle n'avait été faite qu'au procureur syndic d'un district, au lieu d'être faite au procureur général syndic du département. Cassation, arrêt du 17 juillet 1810. (*Trait. gén.*, *tom.* 2, *pag.* 353.)

§. 61. — Les actions intentées contre l'État, sous l'empire de la loi du 5 novembre 1790, n'ont pu l'être valablement qu'en là personne des procureurs généraux syndics de départemeut. Sont nuls en conséquence les jugemens obtenus en l'an 2 et en l'an 3, contre l'État, en la personne d'un *agent national de district*, qui ne représentait alors que le procureur syndic du district, le procureur de la commune ou leurs substituts, tous également sans pouvoir pour défendre en leur nom les intérêts de l'État. Cassation, arrêt du 9 mars 1825. (Sirey, 26 — 1 — 22.)

5ᵉ section. *Principes particuliers sur les droits d'usage des communes.*

§. 62. — Les lois des 28 août 1792 et 10 juin 1793 ne peuvent autoriser des communes à réclamer des droits d'usage dans une forêt domaniale, lorsqu'elles ne sont point portées dans les états arrêtés au Conseil. Cassation, arrêt du 1ᵉʳ prairial an 12. (*Trait. gén.*, *tom.* 1, *pag.* 681.) Voy. l'art. 2 de la loi du 28 ventôse an 11, ci-devant, pag. 204.

§. 63. — Une transaction par laquelle une commune et son seigneur se sont partagé un bois sur lequel la commune avait eu des droits d'usage, ne suffit pas, après qu'une longue possession l'a confirmée, pour faire réintégrer la commune, en vertu de l'art. 8 de la loi du 28 août 1792, dans la totalité du bois. De simples présomptions ne peuvent autoriser l'application de cet article à la réclamation de la commune. Cassation, arrêt du 8 messidor an 12. (*Idem*, *tom.* 1, *pag.* 684.)

§. 64. — Une commune ne peut se faire adjuger la propriété de bois ou la possession d'usages dont elle prétend avoir été dépouillée par la puissance féodale, qu'autant qu'elle justifie, par des titres clairs et positifs, qu'elle a anciennement possédé ces bois ou ces usages. Une commune qui a reçu par forme de cantonnement la moitié des propriétés sur lesquelles elle avait des droits d'usage, ne peut faire reviser ce cantonnement sous prétexte de dol, puisque, d'après l'ancienne jurisprudence, il n'était ordinairement abandonné que le tiers aux usagers. Arrêt de la Cour royale de Lyon du 13 janvier 1813. Voy. les *Annotations*, § 3 et suivants, sur l'art. 63. (*Idem*, *tom.* 2, *pag.* 537.)

§. 65. — Une ancienne transaction par laquelle une commune qui se prétendait usagère de trois terrains, a renoncé à ses prétentions sur deux, moyennant sa maintenue dans le droit d'usage sur

le troisième, ne forme pas aujourd'hui obstacle à ce que le propriétaire exerce contre elle l'action en cantonnement. Cassation, arrêt
du 27 décembre 1814. (*Trait. gén.*, tom. 2, *pag.* 643.)

§. 66. — Les communes n'ont pu s'autoriser de la loi du 28
août 1792 pour demander l'annulation des cantonnemens exécutés
en faveur d'usagers qui n'étaient pas leurs seigneurs. Cassation,
arrêt du 17 vendémiaire an 13. (*Idem, tom.* 1, *pag.* 700.)

§. 67. — La loi du 28 août 1792, qui avait autorisé les communes à revendiquer la propriété des biens dont elles avaient été
dépouillées par l'abus de la puissance féodale, n'était point applicable aux bois dans lesquels, n'étant qu'usagères, elles avaient consenti à des cantonnemens en faveur de leurs ci-devant seigneurs.
Cassation, arrêt du 26 nivôse an 13. (*Idem, tom.* 2, *pag.* 6.)

§. 68. — La loi du 28 août 1792, applicable aux abus de la
puissance féodale, ne l'était pas aux actes du pouvoir législatif, ni
par conséquent aux usagers dans les forêts de l'État. Cassation,
arrêt du 17 juillet 1810. (*Idem, tom.* 2, *pag.* 353.)

§. 69. — Une commune usagère dans les bois de l'État peut
être admise à renoncer à l'exercice de son droit, pour se dispenser
d'acquitter la redevance établie à raison de ce droit. Ordonnance
du Roi, du 2 avril 1823. (*Idem, tom.* 3, *pag.* 129.)

§. 70. — Une commune ne peut se maintenir en possession d'un
bien national de première origine, sous prétexte qu'elle en jouit depuis plus de quarante ans, lorsque sa jouissance consiste en un droit
d'usage, ou que ce bien a fait partie de ceux qui ont été déclarés
communaux en 1793. Cassation, arrêt du 1ᵉʳ juin 1824. (*Idem,
tom.* 3, *pag.* 234.)

§. 71. — La prescription de cinq ans, établie par les art. 1ᵉʳ et
6 de la loi du 28 août 1792, pour certaines actions à intenter par
les communes contre leurs ci-devant seigneurs, ne s'étend pas à
l'action en réintégration que leur accorde l'art. 8, à l'égard des
biens fonds ou des droits d'usage dont elles auraient été dépouillées. Dans l'appréciation des titres établissant le droit d'usage réclamé par une commune, les juges sont autorisés à donner toute
préférence aux titres qui sont les plus favorables aux communes,
aux termes de l'art. 12 de la loi du 28 août 1792. (Cassation, arrêt
du 18 mai 1825. (SIREY, 26—1—420.)

§. 72. — L'art. 6 de la loi du 28 août 1792, en fixant aux
communes un délai de cinq ans pour faire opérer les cantonnemens,
ne s'applique pas au cas où les communes ont été laissées en possession de leurs usages sans exécution du cantonnement. — La

déchéance pour défaut d'action dans les cinq ans de la publication de cette loi, ne peut leur être opposée. Cassation, arrêt du 30 juin 1825. (*Trait. gén.*, *tom.* 3, *pag.* 366.) Voy. les *Annotations*, §. 8, sur l'art. 63.

§. 73. — Les sentences arbitrales rendues en faveur des communes pour la réintégration des droits d'usage, et intervenues en exécution de la loi du 28 août 1792, ayant été soumises à l'appel dans les formes ordinaires par les lois des 28 brumaire an 7 et 11 frimaire an 9, ne sont pas susceptibles d'un pourvoi en cassation, lorsque l'administration a laissé écouler le délai d'un an à dater du dépôt fait par la commune à la préfecture dans les six mois qui ont suivi cette dernière loi, ou dans le délai fixé par les lois précédentes, délai pendant lequel l'administration pouvait se pourvoir par appel, attendu que les jugemens en dernier ressort sont seuls susceptibles d'être attaqués par la voie de la cassation. Cassation, arrêt du 17 janvier 1826. (*Art.* 8664 *du Journ. de l'enreg.*)

6ᵉ ET DERNIÈRE SECTION. *Actions poursuivies ou défendues par les communes.*

§. 74. — Une commune ne peut engager une instance judiciaire qu'en rapportant, conformément à l'art. 3 de la loi du 29 vendémiaire an 5, l'autorisation du conseil de préfecture qui lui est nécessaire pour ester en justice. (*Ordonnances du Roi, des 23 juillet et 5 novembre* 1823.) Voy. les *Annotations* sur l'art. 64 du Code et l'art. 132 de l'ordonnance d'exécution. '

§. 75. Les communes ont aussi besoin d'être autorisées pour se pourvoir au conseil d'État contre un arrêté de préfet ou de conseil de préfecture. Décret du 30 novembre 1811. (*Trait. gén.*, *tom.* 2, *pag.* 456.)

§. 76. — Un maire est sans qualité pour exercer un pourvoi au nom de la commune, soit lorsqu'il n'y a pas été autorisé par une délibération du conseil municipal, soit parce que l'arrêté a été rendu contre les prétentions élevées par des habitans qui agissaient individuellement et dans leur intérêt privé, et que la commune n'y était point partie. — Il y a également fin de non-recevoir, si le pourvoi est formé au nom des habitans, sans que ceux-ci soient dénommés et sans que le maire représente leurs pouvoirs. (*Ordonnance du Roi, du* 5 *novembre* 1823.)

§. 77. — Les habitans d'une commune qui a des prétentions à un droit d'usage dans une forêt, ne peuvent, en leur privé nom et sans le concours du maire, former en justice aucune demande en maintenue de ce droit. Cassation, arrêt du 2 janvier 1811. (*Trait. gén.*, *tom.* 2, *pag.* 390.)

§. 78. — Les actions en revendication d'un bien communal ne peuvent être intentées que par les administrateurs de la commune. Avis du Conseil d'État, du 27 novembre 1814. (*Trait. gén.*, *tom.* 1, *pag.* 639.)

§. 79. — Dans les contestations qui s'élèvent sur les propriétés et autres droits communaux, lorsque le fonds du droit est contesté en lui-même, les habitans ne peuvent agir individuellement, en leur privé nom et de leur propre chef, pour le faire valoir. Cassation, arrêt du 16 juillet 1822. (*Idem, tom.* 3, *pag.* 56.)

§. 80. — Lorsque les habitans se présentent, non pas en corps de commune, mais *ut singuli*, dans leur intérêt privé, l'autorisation du conseil de préfecture ne leur est pas nécessaire pour ester en justice. (*Ordonnance du Roi, du* 11 *février* 1824. (*Idem, tom.* 3, *pag.* 208.)

§. 81. — Des particuliers agissant *ut singuli* ne sont pas recevables à demander l'autorisation de poursuivre à fins civiles un maire qu'ils accusent d'avoir détourné une partie des revenus communaux. Ordonnance du 15 juin 1825. (*Idem, tom.* 3, *pag.* 363.)

§. 82. — Lorsqu'un conseil de préfecture a refusé à une commune l'autorisation d'exercer une demande en revendication qui avait été déclarée fondée par une consultation de trois avocats, il y a lieu, par le Conseil d'État, d'annuler l'arrêté du conseil de préfecture. Ordonnance du 20 novembre 1822. (*Idem, tom.* 3, *pag.* 102.)

§. 83. — Un conseil de préfecture ne peut, sans juger le fonds de la question, refuser à une commune l'autorisation de plaider, quand les avocats qu'il a choisis ont déclaré que la commune était fondée dans sa demande. Ordonnance du 14 janvier 1824. (MACAREL, *tom.* 6, *pag.* 4.)

§. 84. — Une commune qui a été autorisée à plaider jusqu'à jugement et arrêt définitifs, n'a pas besoin d'une nouvelle autorisation pour interjeter appel. Il y a lieu d'annuler un arrêté de conseil de préfecture, qui aurait refusé l'autorisation d'interjeter appel, après avoir autorisé formellement jusqu'à jugement et arrêt définitifs. Ordonnance du 23 juillet 1823. (*Trait. gén.*, *tom.* 3, *pag.* 188.)

§. 85. — La commune n'a pas besoin non plus d'une nouvelle autorisation pour se pourvoir en cassation. Ordonnance du Roi du 28 janvier 1824. (*Idem, tom.* 3, *pag.* 201.)

§. 86. — Cependant la Cour royale de Paris a jugé le 9 décembre 1825, que, d'après la loi du 27 vendémiaire an 5 (art. 3), une commune autorisée à plaider *jusqu'à jugement définitif* n'est pas recevable à interjeter appel, si elle n'a pas obtenu une nouvelle autorisation; et que, lorsque sur une instance d'appel, une commune est déclarée non-recevable pour défaut d'autorisation, le maire de cette commune, qui a négligé de se faire autoriser, peut être condamné personnellement à l'amende et aux dépens. (SIREY, 27—2—16.)

§. 87. — L'autorisation nécessaire à un maire pour *faire valoir* en justice les droits de la commune, n'est pas nécessaire pour la validité d'un acte d'appel, considéré comme simple acte conservatoire. Cassation, arrêt du 20 mars 1827. (*Idem*, 27—1—341.)

§. 88. — Un jugement rendu contre une commune, peut acquérir l'autorité de la *chose jugée*, quand même la commune n'aurait pas été autorisée à plaider (art. 1032 du Code de procéd. civ). L'autorisation pour plaider sur le fonds d'un procès, emporte autorisation pour plaider sur tous les incidens d'exécution du jugement à intervenir. Cassation, arrêt du 17 novembre 1824. (*Idem*, 25—1—238.)

ART. 62.

Il ne sera plus fait, à l'avenir, dans les forêts de l'État, aucune concession de droit d'usage, de quelque nature et sous quelque prétexte que ce puisse être.

ANNOTATIONS.

Une disposition analogue se trouvait dans l'art. 11, tit. 20, de l'ordonnance de 1669.

ART. 63.

Le Gouvernement pourra affranchir les forêts de l'État de tout droit d'usage en bois, moyennant un cantonnement qui sera réglé de gré à gré, ou, en cas de contestation, par les tribunaux.

L'action en affranchissement d'usage, par voie de cantonnement, n'appartiendra qu'au Gouvernement, et non aux usagers.

CONFÉRENCE.

Voir le décret du 25 — 28 mars, et la loi du 13 — 25 mai 1790; la loi du 28 août — 14 septembre 1792; le décret du 21 janvier 1813; les art. 627, 836 et 702 du Code civil, les art. 64, 65, 90, 95, 96, 111, 118, 121, 127, 182 et 218 ci-après, ainsi que les art. 112 à 115 de l'ordonnance d'exécution.

§. 1. — Dans les observations de la Cour de cassation sur le
projet de Code forestier, on voit qu'un membre avait demandé
qu'on déclarât, dans le deuxième paragraphe du présent article,
qu'il y aurait réciprocité entre le Gouvernement et les usagers,
pour l'action en affranchissement du droit d'usage par voie de
cantonnement. Mais on a répondu, d'une part, que si la réciprocité est établie dans la nouvelle législation, elle n'existait pas dans
l'ancienne; et, d'autre part, que la position du propriétaire est
différente de celle de l'usager, en ce que l'usager n'a qu'un droit
de servitude, et qu'il n'en a aucun à la propriété. L'article ayant
été conservé, il s'en suit qu'il change entièrement la législation
antérieure, puisqu'il enlève à l'usager le droit qu'il avait, de même
que le propriétaire, de demander le cantonnement, en vertu de la
loi du 28 août 1792, droit consacré par un arrêt de la Cour de
cassation du 24 novembre 1818.

§. 2. — Le cantonnement est une institution moderne, qui ne
remonte pas au-delà du commencement du dix-huitième siècle.
Cette opération consiste à convertir l'usage en un droit de propriété
sur une partie des bois proportionnée aux besoins des usagers :
ainsi, le cantonnement est une interversion du titre primitif; c'est
véritablement un nouveau contrat. (M. HENRION DE PENSEY,
Dissertations féodales, art. *Communaux*, §. 16.)

§. 3. — La portion qui doit être attribuée à une commune usagère, dans les bois où elle obtient le cantonnement, n'est pas du
tiers au plus; elle peut être portée *à la moitié*, d'après la force et l'é-
tendue des usages, le nombre, les besoins des usagers et la possibilité des forêts. Arrêt de la cour royale de Colmar, du 13 juillet 1825.
(SIREY, 25—2—14.) Voy. les *Annotations*, §. 64, sur l'art. 61.

§. 4. — Dans différentes circonstances, les usagers ont obtenu
jusqu'aux trois quarts des bois sujets au droit d'usage, ainsi que
l'a prononcé un arrêt du 11 avril 1780, tandis que, dans d'autres cas, il ne leur a été attribué que le tiers, comme l'a jugé un
autre arrêt du 13 juillet 1756. (*Trait. gén., tom.* 1er, *pag.* 398
et 456.)

§. 5. — A cet égard, M. Proudhon fait observer avec raison
que la diversité des arrêts touchant la proportion suivant laquelle
le partage pour exécution du cantonnement doit être fait entre le
propriétaire et les usagers, prouve qu'ils sont sans autorité dans
cette matière, comme n'ayant statué que sur des points de fait
dont les circonstances varient à l'infini. (*Traité des droits d'usufruit,
d'usage*, etc., *tom.* 7, *n°* 3369.)

§. 6. — Si, par une transaction légalement arrêtée et homologuée entre le propriétaire d'une forêt et plusieurs communes sur leurs droits d'usage, il leur a abandonné le domaine utile et la jouissance pleine, entière et perpétuelle d'une portion de la même forêt, sans se réserver autre chose sur cette portion, que la siurie, les amendes, forfaitures, confiscations et autres droits sieuraux, la conséquence naturelle de cette unique réserve, purement féodale, est que tous les droits réels et la propriété utile dans toute sa plénitude, ont été transférés aux communes, sans que le seigneur pût jamais les diminuer. Cassation, arrêt du 26 novembre 1823. (*Art.* 630 *du Précis publié par l'administration des domaines.*)

§. 7. — Les titres anciens établissant des usages, sont par cela même exclusifs de la *propriété*, surtout quand ils sont indicatifs de la propriété sur une autre tête que celle des usagers. Arrêt de la Cour royale de Colmar, du 13 juillet 1824. (Sirey, 25—2—14.)

§. 8. — L'article 5 de la loi du 28 août 1792, en fixant aux communes un délai de cinq ans pour faire opérer les cantonnemens, ne s'appliquait pas au cas où *les communes avaient été laissées en possession de leurs usages* sous exécution du cantonnement. La déchéance pour défaut d'action dans les cinq ans de la publication de cette loi, ne pouvait leur être opposée, puisqu'elles n'ont pu encourir cette déchéance pendant leur détention sans trouble. Cassation, arrêt du 30 juin 1825. (*Art.* 8329 *du Journ. de l'enreg.*) Voy. les *Annotations*, §. 72, sur l'art. 61.

§. 9. — D'après l'art. 8 de la loi des 19—27 septembre 1790, les tribunaux étaient compétens pour statuer entre l'État et les communes sur une demande en cantonnement de forêt. Cassation, arrêt du 26 novembre 1823. (*Art.* 630 *du Précis publié par l'administration des domaines.*)

§. 10. — Ainsi, lorsque les parties intéressées n'étaient pas d'accord *sur la fixation du lieu* du cantonnement, en remplacement de droits d'usage, elles devaient être renvoyées devant les tribunaux, pour y être statué. Décret du 21 janvier 1813. (*Trait. gén*, tom. 2, pag. 539.)

§. 11. — La même règle étant consacrée par l'art. 63 du Code, il faut se reporter aux *Annotations* sur l'art. 61 ci-devant, relativement à la forme procéder en justice.

§. 12. — Du reste, l'ancien Conseil du Roi ayant été en possession de connaître de la matière des cantonnemens, il n'y a pas lieu de revenir sur les arrêts qu'il a prononcés. Cassation, arrêt du 17 nivôse an 13. (*Trait. gén.*, tom. 2, pag. 1re.)

§. 13. — Enfin, les frais de cantonnement doivent être répartis à raison de la portion que les communes et l'État prennent ou conservent dans les forêts qui étaient soumises au droit d'usage. Décision du ministre des finances du 30 novembre 1825. (*Art.* 8464 *du Journ. de l'enreg.*)

ART. 64.

Quant aux autres droits d'usages quelconques, et aux pâturages panage et glandée dans les mêmes forêts, ils ne pourront être convertis en cantonnement ; mais ils pourront être rachetés moyennant des indemnités qui seront réglées de gré à gré, ou, en cas de contestation, par les tribunaux.

Néanmoins le rachat ne pourra être requis dans les lieux où l'exercice du droit de pâturage est devenu d'une absolue nécessité pour les habitans d'une ou de plusieurs communes. Si cette nécessité est contestée par l'administration forestière, les parties se pourvoiront devant le conseil de préfecture, qui, après une enquête *de commodo et incommodo*, statuera, sauf le recours au Conseil d'État.

ANNOTATIONS.

Voir la loi du 21 septembre 1791, art. 8, et celle des 28 août —14 septembre 1792, ainsi que les art. 61, 62, 63, 112 et 120 du Code, et les art. 116 et 117 de l'ordonnance d'exécution.

Les *Annotations* sur cet article vont être présentées ainsi qu'il suit : 1ʳᵉ section, *Discussion à la Chambre des députés ;* — 2ᵉ section, *Principes sur les droits de pâturage, panage et glandée ;* — 3ᵉ section, *Des instances devant les conseils de préfecture ;* — 4ᵉ section, *Des instances au Conseil d'État ;* — 5ᵉ section, *Des conflits ;* — 6ᵉ et dernière section, *Règles concernant les transactions avec les communes et autres établissemens publics.*

1ʳᵉ SECTION. *Discussion à la Chambre des Députés.*

§. 1. — L'article du projet ne contenait que cette disposition : « Quant au pâturage dans les mêmes forêts, il ne pourra être converti en cantonnement ; mais il pourra être racheté moyennant une indemnité qui sera réglée de gré à gré, ou, en cas de contestation, par les tribunaux. »

§. 2. — C'est sur la proposition de la commission de la Chambre des députés, que la rédaction définitive du premier paragraphe de l'article a été adoptée. (*Rapport de M. Favard de Langlade.*) Le second paragraphe a également été ajouté sur la proposition de la commission, après une assez grande opposition.

2ᵉ section. *Principes sur les droits de pâturage, panage et glandée.*

§. 3. — Un droit de pacage attaché aux habitations, moyennant une redevance, peut être rangé dans la classe des servitudes réelles, définies par l'art. 637 du Code civil. Cassation, arrêt du 6 mars 1817. (*Trait. gén., tom. 2, pag. 706.*)

§. 4. — Les actes de pure faculté et ceux de simple tolérance ne peuvent fonder ni possession, ni prescription.

Le pâturage et le panage sont des droits distincts et de nature différente. Le pâturage ou la vaine pâture exercé, même pendant un temps immémorial, dans une forêt, sans titre et sans payer de redevance, ne peut équipoller à un titre. Cassation, arrêt du 2 janvier 1811. (*Idem, tom. 2, pag. 390.*) Voy. l'art. 53.

3ᵉ section. *Des Instances devant les Conseils de préfecture.*

§. 5. — La loi du 28 pluviôse an 8 a établi un conseil de préfecture dans chaque département. Ces conseils connaissent des affaires contentieuses administratives. Ils jugent en premier ressort, sauf le recours au Conseil d'État.

Le préfet en est le président, et sa voix est prépondérante en cas de partage. (*Art. 5, tit. 2, de la loi précitée.*)

§. 6. — Aucun officier n'est établi près les conseils de préfecture pour représenter les parties. Elles signent leurs requêtes et mémoires, et suivent leurs affaires elles-mêmes.

§. 7. — L'arrêté du Gouvernement, du 19 fructidor an 9, porte, art. 1ᵉʳ, que les membres des conseils de préfecture ne peuvent prendre aucune délibération, s'ils ne sont au moins au nombre de trois. Une décision à laquelle ne participent pas trois membres est radicalement nulle.

S'ils sont plus de trois, qu'il y ait partage, et que le préfet soit présent, il a voix prépondérante. (§. 5 *ci-dessus.*)

§. 8. — Les membres du conseil, empêchés, ne peuvent être remplacés que par des membres du conseil général qui ne seraient pas membres des tribunaux, et qui doivent être désignés par le ministre de l'intérieur, sur la présentation du préfet.

§. 9. — Les décisions des conseils de préfecture doivent être motivées comme les jugemens, sauf les matières de grande voirie. (*Voy. l'art. 3 de la loi du 29 floréal an 10, rapporté sur l'art. 113 du décret du 16 décembre 1811, à la section des Arbres plantés le long des routes.*) Le préfet les rend exécutoires par une ordonnance qu'il y fait apposer, dans la forme des mandemens d'exécution qui terminent les actes de l'autorité judiciaire. Ce droit n'est pas un *veto* qui puisse empêcher l'effet des décisions; mais si elles blessaient les principes généraux de l'administration publique ou les intérêts du Gouvernement, le préfet devrait sur-le-champ en référer au ministre, et surseoir à revêtir l'arrêté de la formule d'exécution.

§. 10. — Si, dans le cours de l'instance, il s'élève une question incidente, telle qu'une question de propriété ou de compensation entre particuliers, une inscription de faux, etc., dont la connaissance appartienne aux tribunaux, le conseil de préfecture doit se déclarer incompétent.

§. 11. — Les arrêtés des conseils de préfecture sont des jugemens. Les condamnations qu'ils prononcent dans les matières de leur compétence emportent hypothèque, de la même manière et aux mêmes conditions que celles de l'autorité judiciaire. (*Avis du Conseil d'État, approuvé le 16 thermidor an 12; — Décret du 17 avril 1812.*)

§. 12. — L'hypothèque résultant d'un arrêté, fût-il par défaut, semble pouvoir être inscrite avant la signification et avant l'expiration du délai pour se pourvoir par opposition ou appel, comme celle qui résulte d'un jugement par défaut, ainsi que l'ont décidé, dans ce cas, la Cour de cassation, par arrêts des 21 mai 1811, 19 décembre 1820 et 29 novembre 1824, et la Cour royale de Rouen, par arrêt du 7 décembre 1812. (*Art.* 4067, 4583, 7085 et 7964 *du Journ. de l'enregist.*)

§. 13. — Mais les arrêtés des conseils de préfecture ne peuvent être mis à exécution contre une partie qu'après lui avoir été signifiés par le ministère d'un huissier. C'est aussi à compter de la signification ainsi faite que court le délai de l'appel. (*Décret du 17 avril 1812; Ordonnance du 29 novembre 1814.*)

§. 14. — Le Code (art. 159) charge bien l'administration forestière des poursuites pour la répression des délits et contraventions; mais il ne lui attribue aucun pouvoir pour défendre aux actions civiles. Toutes les significations en matière civile doivent être faites au préfet, ainsi qu'il est établi dans les *Annotations* sur l'art. 61. Ordonnances des 12 février et 4 juin 1823. (*Trait. gén., tom.* 3, *pag.* 119 et 146.)

§. 15. — Les conseils de préfecture n'ont pas plus le droit de réformer, changer ou modifier leurs arrêtés contradictoires, que les tribunaux n'ont celui de réformer leurs propres jugemens. Ce droit n'appartient qu'à l'autorité supérieure. (*Décrets des* 1ᵉʳ *septembre* 1811, 10 *avril* 1812, 23 *novembre* 1813; *Ordonnances des* 24 *décembre* 1818, 14 *août* 1822 *et* 4 *juin* 1823.)

§. 16. — Ainsi, l'on ne peut revenir par opposition contre un arrêté contradictoire : il ne peut être attaqué que devant le Conseil d'État. (*Ordonnance du Roi, du* 12 *août* 1818.)

§. 17. — Et il n'y a pas lieu de se pourvoir contre une décision sur laquelle un conseil de préfecture déclare qu'il n'est pas en son pouvoir de rapporter un arrêté qu'il aurait rendu. (*Ordonnance du* 4 *juin* 1823.)

§. 18. — On sent qu'il ne s'agit pas ici des arrêtés interlocutoires qui ne lient jamais les juges, mais seulement des décisions qui ont un caractère définitif. On ne peut donc admettre un pourvoi au Conseil d'État contre un arrêté qui n'est pas définitif. (*Ordonnance du* 8 *janvier* 1817.)

§. 19. — Les arrêtés des conseils de préfecture peuvent être attaqués par les voies de l'opposition et de l'appel.

§. 20. — L'opposition contre les arrêtés rendus par défaut est recevable jusqu'à l'exécution (*Ordonnances des* 23 *décembre* 1815 *et* 16 *juillet* 1817); et lorsque la voie de l'opposition est ouverte, ce n'est qu'après l'avoir épuisée qu'on peut se pourvoir au Conseil d'État. (*Décret du* 22 *mars* 1813; — *Ordonnances des* 22 *décembre* 1815 *et* 15 *juin* 1825.)

§. 21. — L'appel au Conseil d'État est ouvert contre tout arrêté contradictoire, dans les trois mois de la signification faite *par huissier* à personne ou domicile. Une notification purement administrative ne suffirait pas pour faire courir le délai. (*Art.* 11 *du décret du* 22 *juillet* 1806; — *Ordonnances des* 27 *novembre* 1814, 6 *mars* 1816, 24 *mars* 1819, 30 *mars et* 20 *juin* 1821, 20 *février*, 29 *mai et* 14 *août* 1822.)

§. 22. — Du principe que les conseils de préfecture ne ressortissent qu'au Conseil d'État, il résulte que, lorsqu'ils empiètent sur les attributions des tribunaux, leurs décisions ne peuvent être annulées par ceux-ci; le Roi seul peut les casser sur l'avis de son Conseil d'État. Cette règle est rappelée par un décret du 21 juin 1813.

§. 23. — Les arrêtés des conseils de préfecture ne peuvent plus être attaqués par aucune voie, lorsque les parties, ayant la disposition de leurs droits, les ont exécutés volontairement ou y ont librement acquiescé. (*Avis du Conseil d'État du* 18 *ventôse an* 13, *approuvé le* 25.)

§. 24. — Le pourvoi est également non-recevable contre un arrêté qui a acquis l'autorité de la chose jugée par son énonciation dans un arrêt auquel il a servi de base et qui est devenu lui-même inattaquable. (*Ordonnance du Roi du* 31 *juillet* 1822.)

4e SECTION. *Des Instances au Conseil d'État.*

§. 25. — Avant 1789, nos Rois se sont toujours aidés des lumières et des services d'un Conseil d'État, pour l'administration de la justice et la direction des affaires du royaume.

§. 26. — Le Conseil d'État a été rétabli par l'acte du 22 frimaire an 8. Son organisation, ses attributions et la manière de procéder devant lui, ont été successivement fixées par les arrêtés du Gouvernement des 5 nivôse et 7 fructidor de la même année, les sénatus-consultes des 16 thermidor an 10 et 28 floréal an 12, et les décrets des 11 juin et 22 juillet 1806.

§. 27. — Ce sont ces derniers décrets qui règlent aujourd'hui la manière de procéder au Conseil d'État.

Ils portent en substance,

Qu'on ne peut se pourvoir que par requête signée d'un avocat au Conseil d'État;

Qu'en cas d'inscription de faux, on doit surseoir jusqu'à la décision du tribunal compétent;

Qu'il peut y avoir demande en désaveu;

Que les décisions du Conseil d'État, rendues *par défaut*, sont susceptibles d'opposition dans les trois mois de la notification, à peine de déchéance;

Qu'on peut prendre la voie de la requête civile;

Qu'un tiers lésé peut former une tierce-opposition contre une décision.

§. 28. — Le recours au Conseil d'État n'est *point suspensif*, sauf en des cas très-rares, et lorsqu'il est ainsi exprimé par l'ordonnance de *soit communiqué*. (*Ordonnance du* 10 *décembre* 1817.)

§. 29. — Des chefs de demande non présentés au préfet, ni au ministre des finances, ni à aucune autre autorité de première instance, ne sont pas admissibles devant le Conseil d'État. (*Même ordonnance.*)

§. 30. — L'acte extrajudiciaire par lequel il est déclaré que l'on entend se pourvoir contre une décision administrative, ne peut suspendre le cours du délai du pourvoi, ni empêcher la déchéance; le dépôt de la requête signée d'un avocat, est le seul mode régulier de pourvoi. (*Ordonnance du* 25 *juin* 1817.)

§. 31. — On peut bien revenir par opposition contre un décret ou ordonnance qui n'est pas contradictoire (*Ordonnance du Roi*, *du 29 mars 1827*), et contre un avis du Conseil d'État intervenu par défaut; mais cette voie ne peut être employée lorsque l'ordonnance a été rendue sur débats contradictoires et productions respectives. (*Ordonnance du 26 juillet 1817.*)

§. 32. — L'opposition à une décision par défaut doit être formée dans le délai de trois mois de la notification à peine de déchéance. (*Décret du 22 juillet 1806*, *art.* 29; *Ordonnance du 14 août 1822.*)

§. 33. — Les décisions sont rédigées en forme d'ordonnance royale, et présentées à la signature de Sa Majesté par le ministre garde-des-Sceaux. (*Ordonnance du 23 août 1815*, *art.* 14, 15 *et* 18.)

§. 34. — Lorsque des étrangers plaident devant le Conseil d'État, ils doivent fournir la caution, *Judicatum solvi*. Ordonnance du 26 août 1824. (*Trait. gén.*, *tom.* 3, *pag.* 278.)

5ᵉ SECTION. *Des Conflits.*

§. 35. — Si une question attribuée par la loi à l'autorité administrative est portée devant un tribunal, l'officier du ministère public doit en requérir, d'office, le renvoi à l'autorité compétente, et le tribunal doit ordonner ce renvoi : s'il s'y refuse le ministère public en donne avis au préfet, lequel élève le conflit en revendiquant l'affaire par un arrêté qu'il transmet au tribunal, lequel, dans ce cas, doit surseoir à tout jugement, jusqu'à ce qu'il ait été prononcé par le Conseil d'État. (*Arrêté du 13 brumaire an 10*, *art.* 1, 2 *et* 3.)

§. 36. — Toutes les fois que les préfets sont informés d'une autre manière, qu'un tribunal est saisi d'une affaire qui, par sa nature, est de la compétence de l'administration, le préfet doit également la revendiquer, d'office, par un arrêté notifié comme ci-dessus. (*Idem, art.* 4.)

§. 37. — Dans ce cas, il n'importe que les parties aient volontairement consenti à procéder devant les tribunaux et que même des jugemens y soient déjà rendus ; car les incompétences matérielles, et puisées dans l'ordre public, ne sont pas susceptibles d'être couvertes. (*Arrêté du 6 fructidor an 9.*)

§. 38. — Lorsqu'il n'existe pas de conflit élevé par le préfet, et qu'il ne s'agit que d'une exception d'incompétence proposée devant un tribunal déjà saisi, les tribunaux doivent connaître du mérite de cette exception, et le jugement ou l'arrêt qui intervient ne peu-

15.

vent être attaqués que devant l'autorité judiciaire supérieure chargée par la loi de la réformer ou annuler. (*Décret du 6 novembre 1813.*)

§. 39. — Le conflit peut être élevé tant qu'il reste un moyen de faire réformer les jugements et arrêts. — C'est à l'autorité administrative seule à déterminer l'application spéciale d'un nom inscrit sur la liste des émigrés. (*Ordonnance du Roi du 4 septembre 1822.*)

§. 40. — Lorsque des jugemens, quoiqu'incompétemment rendus, sont passés *en force de chose jugée*, il n'est plus permis aux préfets de revendiquer l'affaire par un arrêté de conflit. (*Décret du 6 janvier 1814, portant annulation de deux arrêtés de conflit pris par le préfet de l'Aveyron.*)

§. 41. — Si c'est au Gouvernement qu'il appartient de prononcer sur la compétence entre les tribunaux et les corps administratifs, cette règle n'est toutefois applicable qu'aux seuls cas où il existe un conflit *positif*, résultant de la revendication faite par l'autorité administrative, ou un conflit *négatif*, résultant de la déclaration faite par les autorités judiciaire et administrative, que l'affaire n'est pas dans leurs attributions respectives. Hors de ces cas, l'autorité supérieure dans la hiérarchie, soit judiciaire, soit administrative, doit prononcer sur les questions d'incompétence qui lui sont présentées. Ainsi, la Cour de cassation a le droit d'annuler les arrêts et jugemens qui auraient violé les règles sur la compétence, comme les autres lois dont la garde et la conservation sont confiées à cette cour. (*Avis du Conseil d'État du 12 décembre 1812.*)

§. 42. — Pour qu'il y ait conflit positif, il faut qu'il ait été constaté par un arrêté du préfet.
En d'autres termes, le Conseil d'État ne peut être saisi que sur la revendication du préfet et non sur le pourvoi des parties. Il en est autrement des conflits négatifs. (*Ordonnance du 13 juillet 1825.*)

§. 43. — Suivant l'art. 128 du Code pénal, les juges qui, sur la revendication formellement faite par l'autorité administrative d'une affaire portée devant eux, auraient néanmoins procédé au jugement avant la décision de l'autorité supérieure, sont passibles d'une amende de 16 à 150 francs.

§. 44. — L'autorité administrative, quoique chargée de veiller à la conservation des biens de l'État, et singulièrement des forêts, n'a pas le droit de juger les délits, et d'appliquer la peine; ce pouvoir est exclusivement réservé aux tribunaux. (*Décret d'annulation d'un arrêté du préfet du Léman, du 23 prairial an 12.*)

6ᵉ SECTION. *Règles concernant les transactions avec les communes et autres établissemens publics.*

§. 45.—L'arrêté du Gouvernement, du 21 frimaire an 12, porte: art. 1ᵉʳ. « Dans tous les procès nés et à naître qui auraient lieu entre des communes et des particuliers, sur des droits de propriété, les communes ne pourront transiger qu'après une délibération du conseil municipal, prise sur la consultation de trois jurisconsultes, désignés par le préfet du département, et sur autorisation de ce même préfet, donnée d'après l'avis du conseil de préfecture. »

Art. 2. « Cette transaction, pour être définitivement valable, devra être homologuée par un arrêté du Gouvernement, rendu dans la forme prescrite pour les réglemens d'administration publique. »

§. 46. — L'art. 2045 du Code civil porte également : « Les communes et établissemens publics ne peuvent transiger qu'avec l'autorisation expresse du Roi. »

§. 47. — Tout ce qui précède, sur les actions à intenter par ou contre les communes, s'applique aux administrations des hospices. (*Art. 1ᵉʳ de la loi du 16 vendémiaire an 5 ; — Décret du 9 ventôse an 10.*)

ART. 65.

Dans toutes les forêts de l'État qui ne seront point affranchies au moyen du cantonnement ou de l'indemnité, conformément aux articles 63 et 64 ci-dessus, l'exercice des droits d'usage pourra toujours être réduit par l'administration, suivant l'état et la possibilité des forêts, et n'aura lieu que conformément aux dispositions contenues aux articles suivans.

En cas de contestation sur la possibilité et l'état des forêts, il y aura lieu à recours au conseil de préfecture.

ANNOTATIONS.

Voir l'ordonnance de 1669, tit. 19, art. 5 ; les art. 88, 112 et 113 du Code, et l'art. 117 de l'ordonnance d'exécution.

§. 1. — Le premier paragraphe de l'article se terminait par ces mots, *conformément aux dispositions suivantes.* Sur la proposition de la commission de la Chambre des députés, il y a été substitué ceux-ci, *conformément aux dispositions contenues aux articles suivans.*

§. 2. — Le dernier paragraphe n'existait pas dans le projet. Il a été ajouté par la commission et adopté par la Chambre, afin de donner aux usagers la même garantie que dans l'art. 64.

ART. 66.

La durée de la glandée et du panage ne pourra excéder trois mois.

L'époque de l'ouverture en sera fixée chaque année par l'administration forestière.

ANNOTATIONS.

Voir l'ordonnance de 1669, tit. 18, art. 3, et les art. 118 et 119 de l'ordonnance d'exécution, ainsi que l'art. 120 ci-après.

Un arrêt de la Cour de cassation du 2 mars 1825 (SIREY, 25—1—237), avait décidé que les lois des 12 et 28 fructidor an II qui, par dérogation à l'ordonnance de 1669, avaient accordé aux particuliers la faculté de jouir des glands dans les forêts nationales, et avaient fait défense aux autorités d'en passer aucune adjudication, n'ayant point été limitées dans leur durée, étaient encore en vigueur lors de la publication du Code civil. Mais elles sont aujourd'hui abrogées, d'après l'art. 218 ci-après.

ART. 67.

Quels que soient l'âge ou l'essence des bois, les usagers ne pourront exercer leurs droits de pâturage et de panage que dans les cantons qui auront été déclarés défensables par l'administration forestière, sauf le recours au conseil de préfecture, et ce, nonobstant toutes possessions contraires.

ANNOTATIONS.

Voir l'ordonnance de 1669, tit. 19; la loi du 29 septembre 1791, tit. 6, art. 9, et tit. 12, art. 16; l'arrêté du 5 vendémiaire an 6; le décret du 17 nivôse an 13; l'avis du Conseil d'État du 18 brumaire an 14, et les art. 118 et 119 de l'ordonnance d'exécution.

§. 1. — La commission de la Chambre des députés avait proposé d'ajouter à l'article cette disposition : *sous les peines prononcées par l'article* 199. Mais, sur l'observation des commissaires du Gouvernement, qui ont indiqué l'art. 76 comme contenant la sanction pénale applicable, soit à un pâtre de l'usager, soit à l'usager lui-même, s'il conduit son troupeau, parce que le mot pâtre doit s'appliquer à tout individu qui se trouve préposé à la garde du troupeau, cet amendement a été rejeté.

§. 2. — *MM. de Fussy et Devaux* ont proposé un amendement qui consistait à ajouter à la fin de l'article la disposition suivante :

sauf toutefois, de la part des usagers, en cas de contestations, le recours au conseil de préfecture.

Après une longue discussion, *M. le ministre des finances* a dit à la Chambre qu'il pensait que, par suite du système dans lequel la commission avait rédigé l'art. 65, il était nécessaire d'ajouter à l'art. 67 l'addition proposée; seulement, a-t-il dit, il faut la placer immédiatement avant ces mots : *et ce, nonobstant toutes possessions contraires.*

Plusieurs membres de la Chambre ayant de nouveau manifesté l'opinion que l'addition était utile, surtout parce qu'on en avait fait l'objet d'une discussion, sur laquelle étaient intervenues des épreuves douteuses, ce qui pourrait laisser du louche sur le parti qu'auraient à prendre les tribunaux, la Chambre a adopté l'amendement rédigé par M. le ministre des finances.

§. 3. — A la Chambre des pairs, *M. le duc de Praslin* a observé « que, dans certaines provinces, dans le Morvan, par exemple, l'exploitation des bois n'a pas lieu par grandes masses, mais de manière à couper çà et là les arbres qui sont arrivés à l'âge convenable, en laissant le reste du bois sur pied, et en recommençant cette opération à des époques peu éloignées; ce qui s'appelle exploiter par furetage ou en jardinant. Le résultat de ce mode d'exploitation est que, dans toutes les parties du bois, il se trouve à la fois des arbres de tous les âges, ce qui empêche que les bestiaux puissent y être introduits à aucune époque sans un grand préjudice pour les productions. Le noble pair voudrait que, dans l'ordonnance d'exécution, il fût réglé que les bois exploités de cette manière ne pourraient jamais être déclarés défensables. »

M. le rapporteur de la commission a déclaré « qu'en effet les bois exploités en jardinant et à des époques rapprochées, ne sont, par le fait, jamais défensables; mais il est impossible que la loi ni même l'ordonnance s'explique à cet égard d'une manière générale. Il peut arriver, en effet, et il en est ainsi dans plusieurs provinces, que le jardinage n'ait lieu qu'à des époques assez éloignées pour que dans l'intervalle les parties de bois coupées redeviennent défensables au moins pendant quelques années; il serait donc injuste de priver les usagers de leurs droits d'une manière absolue, lorsqu'il peut se présenter des cas où ils les exerceraient sans préjudice pour la propriété. » (*Voy. les Annotations sur l'art.* 37.)

L'article a été mis aux voix et adopté sans modification.

§. 4. — Un arrêt de la Cour de cassation, du 7 mai 1819, a décidé que la déclaration de défensabilité s'étendait à une forêt plantée en sapins, et qui s'exploite en jardinant. (*Art.* 6442 *du Journ. de l'enreg.*) La même règle doit encore s'observer aujourd'hui. (*Voy. les Annotations sur l'art.* 37.)

§. 5. — Une forêt en futaie est tenue en défends tant qu'elle n'a pas été déclarée défensable par l'autorité compétente. Cassation, arrêt du 15 mars 1810. (*Trait. gén.*, tom. 2, *pag.* 409.)

§. 6. — L'action de faire pâturer des bestiaux dans des bois non déclarés défensables, est un délit sans distinction des parties boisées et non boisées de ces bois. Cassation, arrêt du 13 décembre 1811. (*Idem*, tom. 2, *pag.* 457.)

§. 7. — Il y a délit lorsqu'un cheval a été trouvé pâturant dans un bois communal, qui n'a pas été déclaré défensable, alors même qu'il n'en serait résulté aucun dommage. Cassation, arrêt du 20 mai 1818. (*Art.* 6091 *du Journal de l'enreg.*)

§. 8. — Les tribunaux qui ont à statuer sur un délit de l'espèce ne peuvent induire d'aucune circonstance, notamment de l'âge du bois, ou du silence du procès-verbal à cet égard, que le bois est défensable. A défaut par les prévenus de justifier que le bois a été *déclaré défensable*, les peines encourues doivent être prononcées. Cassation, arrêts des 30 mai 1818, 15 mars 1811 et 10 avril 1812. (*Trait. gén.*, tom. 2, *pag.* 408 et 480.)

§. 9. — Lorsqu'un procès-verbal régulier et non argué de faux, constate que des bestiaux confiés à la garde d'un individu ont été trouvés dans une forêt, l'amende résultant du délit de pâturage doit être prononcée. Un jugement qui dans l'espèce renverrait le prévenu de la demande, par le motif que, suivant un certificat de l'autorité locale, les bestiaux n'ont fait que traverser la forêt, serait contraire aux dispositions des art. 176 et 177 du Code, d'après lesquels foi est due aux procès-verbaux jusqu'à inscription de faux, ou jusqu'à ce qu'il ait été proposé des causes valables de récusation. Cassation, arrêt du 3 décembre 1819. (*Idem*, tom. 2, *pag.* 814.)

§. 10. — D'après l'art. 78, les chèvres et brebis ne peuvent, dans aucun cas, être introduites dans les bois communaux. Cassation, arrêt du 4 mai 1820. (*Idem*, tom. 2, *pag.* 848.)

§. 11. — La déclaration que l'administration fait publier, chaque année, des bois reconnus défensables, est une indication suffisante des cantons où le parcours est permis et de ceux où il est interdit. Cassation, arrêt du 7 mai 1819. (*Idem*, tom. 2, *pag.* 799.)

§. 12. La circonstance que les bestiaux étaient attelés à une charrette ne peut faire disparaître le délit résultant de leur seule introduction dans le bois.

L'erreur commise par l'inspecteur forestier devant le tribunal de première instance, en citant une loi non applicable an délit de dépaissance, n'autorise pas le tribunal d'appel à décider qu'il n'y a pas eu de conclusions prises en première intance à l'égard du délit qui lui est soumis en appel. Cassation, arrêt du 19 février 1825. (*Trait. gén., tom.* 3, *pag.* 337.)

§. 13. — Toute introduction de bêtes à laines dans des bois défensables ou non défensables est un délit. Il ne peut y avoir lieu, dans l'un ni l'autre cas, à admettre comme question préjudicielle l'exception fondée sur le droit à l'usage. Cassation, arrêt du 12 avril 1822. (*Idem, tom.* 3, *pag.* 28.) Voy. l'art. 78 ci-après.

§. 14. — La tolérance du pâturage dans un canton de forêt, pendant une année, n'est point un motif d'excuser le pâturage, l'année suivante, si le bois n'est pas déclaré défensable. Cassation, arrêt du 11 octobre 1822. (*Idem, tom.* 3, *pag.* 92.)

§. 15. — Les habitans d'une commune ne peuvent individuellement faire valoir un droit dont l'exercice appartient à la collection des habitans.

Un tribunal ne peut, sur les seules conclusions des prévenus, recevoir le maire partie intervenante, si ce magistrat n'a lui-même formé aucune demande à cet égard.

On ne peut considérer comme un terrain ordinaire un terrain planté d'arbres et arbustes faisant partie d'une forêt. Cassation, arrêt du 22 avril 1824. (*Idem, tom.* 3, *pag.* 222.)

§. 16. — L'individu qui a obtenu la concession d'un terrain dans une forêt, à charge de le repeupler, ne peut y faire dépaître ses bestiaux et encore moins des moutons sous le prétexte que la jouissance de ce terrain lui a été concédée pour y faire telle culture qu'il jugerait convenable. Cassation, arrêt du 21 septembre 1820. (*Idem, tom.* 2, *pag.* 872.)

§. 17. — L'autorité municipale n'a pas le droit de permettre de faire paître des bestiaux dans un bois communal non déclaré défensable par l'administration forestière. Un particulier qui ferait usage d'une pareille permission serait en délit. Cassation, arrêt du 28 janvier 1820. (*Idem, tom.* 2, *pag.* 824.)

§. 18. — Les délits de pâturage commis dans les quarts de réserve des bois communaux sont punis d'après le Code, et non d'après la loi du 6 octobre 1791 sur la police rurale. Cassation, arrêt du 21 juin 1822. (*Idem, tom.* 3, *pag.* 49.)

§. 19. — Les dispositions du décret du 8 octobre 1813, sur l'exercice de l'essartage dans les bois communaux de la ci-devant principauté de Château-Regnault, sont maintenues. — Décision du ministre des finances, du 2 avril 1823. (*Idem, tom.* 3, *pag.* 130.)

§. 20. — Par une ordonnance du Roi, en date du 30 octobre 1817, il a été établi, « qu'après que sa propriété est confirmée par le paiement, l'acquéreur a la faculté d'user et d'abuser, aux termes de l'avis du Conseil d'État du 16 frimaire an 14, et par conséquent d'introduire ses bestiaux dans le bois, sans qu'il ait été déclaré défensable, *formalité qui n'est nécessaire que pour les usagers.* » (Voy. l'art. 120 et les *Annotations.*)

§. 21. — De même, lorsqu'un domaine a été vendu par l'État avec droit de parcours dans une forêt, et que l'acquéreur prouve que les anciens propriétaires ou les fermiers de ce domaine pouvaient, en toute saison, faire paître leurs bestiaux, dans toute l'étendue de la forêt, ce droit est susceptible d'être exercé, *même dans les cantons qui n'auraient pas encore été déclarés défensables*, pourvu que le Gouvernement ait reconnu que l'acquéreur doit en jouir *comme par le passé*. Cassation, arrêt du 9 juillet 1818. (*Voy. les Annotations sur les art. 120 et 182 ci-après.*)

Art. 68.

L'administration forestière fixera, d'après les droits des usagers, le nombre des porcs qui pourront être mis en panage et des bestiaux qui pourront être admis au pâturage.

ANNOTATIONS.

Voir les art. 77 et 112 du Code, et les art. 118 et 119 de l'ordonnance d'exécution, ainsi que le tit. 19, art. 2, 3 et 5, de l'ordonnance de 1669.

Art. 69.

Chaque année, avant le 1ᵉʳ mars pour le pâturage, et un mois avant l'époque fixée par l'administration forestière pour l'ouverture de la glandée et du panage, les agens forestiers feront connaître aux communes et aux particuliers jouissant des droits d'usage, les cantons déclarés défensables, et le nombre des bestiaux qui seront admis au pâturage et au panage.

Les maires seront tenus d'en faire la publication dans les communes usagères.

ANNOTATIONS.

Voir les art. 88, 112 et 113 du Code, et les art. 118 et 119 de l'ordonnance d'exécution, ainsi que le tit. 19, art. 1 à 5, de l'ordonnance de 1669.

Art. 70.

Les usagers ne pourront jouir de leurs droits de pâturage et de panage que pour les bestiaux à leur propre usage, et non pour ceux dont ils font commerce, à peine d'une amende double de celle qui est prononcée par l'art. 199.

Voir les art. 88, 112, 113, 120 et 199 du Code, et les art. 118 et 119 de l'ordonnance d'exécution, ainsi que le tit. 19, art. 10 et 14, de l'ordonnance de 1669.

§. 1. — M. de *Montbel*, député, a demandé la suppression des mots : à *leur propre usage, et non pour ceux dont ils font commerce*, et la substitution de ceux-ci : *qui seront reconnus leur appartenir*, de manière que l'article soit ainsi rédigé : « Les usagers ne pourront jouir de leurs droits de pâturage et de panage que pour les bestiaux qui seront reconnus leur appartenir, à peine, etc. »

Il a dit, à l'appui de son amendement, que, dans les pays de petite culture, il n'existe, pour ainsi dire, aucune différence entre les bestiaux que l'article désigne comme étant *au propre usage des colons*, et ceux que le même article indique comme étant plus spécialement un objet de *commerce*; que, dans ces pays, tous les bestiaux, tant ceux que l'on emploie aux travaux aratoires, que ceux qu'on y destine ultérieurement ou qu'on entretient dans le domaine comme propres à y accroître les moyens d'engrais, peuvent, d'un moment à l'autre, être vendus, et devenir un objet de commerce; qu'ainsi la distinction du projet est inexacte; et qu'il importe dès lors de la remplacer par une énonciation plus claire et plus précise.

M. *de Bouthillier*, *Directeur général des forêts*, a considéré cette proposition comme tout-à-fait contraire à l'intérêt des usagers, et il en a demandé le rejet. « Les bestiaux achetés dans le commerce appartiennent à ceux qui les ont achetés, tout aussi bien que ceux qui sont à leur usage. Si l'on ne faisait pas cependant une distinction entre les bestiaux provenant du commerce et les bestiaux à l'usage de l'agriculture, il en résulterait que les bestiaux achetés dans le commerce feraient grand tort aux bestiaux des usagers. »

M. *Mestadier* a combattu cette assertion. Selon lui, les particuliers peuvent envoyer dans les forêts tous les bestiaux qui leur appartiennent : il n'y a de limites ni pour la nature, ni pour le nombre, ni pour l'espèce. Les chèvres seules ne peuvent y être introduites. « Dans une grande partie de la France, a-t-il ajouté, il n'y a pas un seul propriétaire faisant valoir par lui-même, qui ne fasse plus ou moins le commerce des bestiaux. Ainsi, on achète à une foire des vaches ou des veaux; on les garde un mois, deux mois; mais c'est avec l'intention de les vendre et d'y gagner. Si vous laissiez l'article tel qu'il est, il en résulterait qu'on aurait le droit d'élever mille chicanes sur les bestiaux que les cultivateurs auraient depuis plus ou moins de temps. Je pense que l'article ne peut être voté tel qu'il est. Si vous n'adoptez pas l'amendement de M. de Montbel, au moins faudrait-il supprimer dans l'article les mots : *et non pour ceux dont ils font commerce.* Mais j'appuie l'amendement de M. de Montbel, parce qu'il est plus franc. S'il est rejeté, je proposerai la suppression que je viens d'indiquer. »

M. *Dudon* a rappelé que la disposition proposée par le Gouvernement était prise dans l'art. 14 du titre XIX de l'ordonnance de 1669, portant: « Les habitans des maisons usagères jouiront du droit de pâturage et de panage pour leurs bestiaux, de leur nourriture seulement, et non pour ceux dont ils font trafic et commerce, à peine d'amende et de confiscation. » Il pense qu'étendre la faveur aux bestiaux achetés pour en faire le commerce, ce serait accorder aux uns un avantage qui tournerait au détriment des autres, ce qui serait injuste ; que de plus l'exécution en serait difficile, puisqu'on est obligé de faire connaître le nombre d'animaux qu'on veut envoyer à l'usage, et que les bestiaux destinés au commerce variant sans cesse, l'habitant usager ignore le nombre de ceux qu'il a chez lui.

M. *de Montbel* a répliqué : « M. Dudon n'a parlé que des bestiaux qu'on aurait achetés avec l'intention d'en faire commerce, et j'ai voulu désigner à la Chambre des bestiaux dont en effet on fait commerce, mais qui sont nés dans le domaine. »

M. *Dudon* a répondu : « On ne considère jamais comme bétail destiné au commerce celui qui est né dans la ferme. On n'appelle de ce nom que celui qu'on achète à la foire pour le revendre. Il ne peut y avoir de doute à cet égard; si une ferme possède douze vaches, et que ces vaches viennent à produire des veaux, il est bien certain que ces veaux peuvent aller paître avec leurs mères. »

M. *Mestadier* ayant retiré son amendement, celui de M. de Montbel a été mis aux voix et rejeté.

§. 2. — L'exercice du droit de dépaissance dans une forêt, lorsque ce droit a été compris dans une aliénation par l'État comme nécessaire à l'exploitation du domaine vendu, ne peut avoir lieu de la part des étrangers ou propriétaires riverains qui paieraient une rétribution à l'acquéreur, mais seulement de la part de celui-ci ou de son fermier et pour le nombre de bestiaux que l'exploitation exige.

La question de savoir si les bestiaux non prohibés peuvent être introduits dans les cantons de bois déclarés non défensables, est du ressort des tribunaux. Ordonnance du Roi, du 6 décembre 1820. (*Art.* 755 *du Précis chronologique.*) Voy. les *Annotations* sur l'art. 65 ci-devant.

ART. 71.

Les chemins par lesquels les bestiaux devront passer pour aller au pâturage ou au panage, et en revenir, seront désignés par les agens forestiers.

Si ces chemins traversent des taillis ou des recrus de futaies non défensables, il pourra être fait, à frais communs entre les usagers et l'administration, et d'après l'indication des agens forestiers, des fossés suffisamment larges et profonds, ou toute autre clôture, pour empêcher les bestiaux de s'introduire dans les bois.

ANNOTATIONS.

Voir les art. 76, 88, 112 et 199 du Code; le tit. 19, art. 6, de l'ordonnance de 1669, et les art. 682, 683, 684, 701 et 702 du Code civil.

§. 1. — Dans le projet, le second paragraphe de l'article portait : « Si ces chemins traversent des taillis ou des recrus de futaies non défensables, *il y sera fait préalablement, aux frais* des usagers et d'après l'indication des agens forestiers, des fossés, etc. » La commission de la Chambre des députés a proposé le changement. (*Rapport de M. Favard de Langlade.*)

§. 2. — Lors de la discussion à la Chambre des députés, M. *de Fussy* a proposé de rédiger le premier paragraphe de l'art. 71 de la manière suivante : « Les chemins par lesquels les bestiaux devront passer pour aller au pâturage ou au panage, et en revenir, seront désignés par les agens forestiers. Si le passage a lieu à travers des taillis défensables, le plus court des chemins déjà ouverts sera, de droit, celui que les bestiaux pourront prendre, sauf recours à cet égard au conseil de préfecture, soit de la part de l'administration forestière, soit de celle des usagers. »

M. *de Martignac, commissaire du Roi*, a combattu l'amendement en ces termes : « Je conçois très-bien que pour les dispositions importantes qui sont contenues dans les articles 65 et 67, on ait cru utile d'établir un juge entre les prétentions de l'administration forestière et celles des usagers. Mais il me semble que, parvenue à l'article 71, la Chambre ne peut reconnaître un recours sur des questions qui appartiennent tout-à-fait à l'intérieur de l'administration forestière. D'après l'ordonnance de 1669, le troupeau doit être conduit par un seul chemin désigné par les officiers forestiers, sans qu'il soit possible d'en prendre un autre. Nous avons conservé cette législation en adoucissant beaucoup les peines destinées à réprimer les contraventions. Il serait impossible de concevoir l'exercice de l'administration forestière, si l'on arrivait à ce résultat que toutes les fois qu'une discussion serait élevée par un usager sur la route à traverser, il y aurait lieu à recourir devant le conseil de préfecture, lequel entraîne nécessairement le recours devant le Conseil d'État. La mauvaise volonté des usagers pourrait appeler incessamment le Conseil d'État à décider des questions de ce genre. Je ne crois pas que la loi puisse consacrer une pareille disposition. »

L'amendement de M. de Fussy a été rejeté.

§. 3. — La Chambre a rejeté pareillement un amendement de M. Devaux dont l'objet était d'ajouter, à la fin du premier paragraphe de l'article en discussion, les mots: *sauf le recours au conseil de préfecture*, et de supprimer le second paragraphe de l'article ainsi que l'amendement de la commission.

M. *Reboul* a approuvé l'amendement de la commission, en ce qu'il met à la charge de l'administration forestière la moitié des frais de clôture; mais il a demandé qu'au lieu des expressions *il pourra être fait*, on dît *il sera fait*. Il a pensé que si l'on n'adoptait pas sa proposition, l'administration forestière pourrait refuser de contribuer aux clôtures et aux fossés, bien sûre qu'elle sera, dit-il, de faire condamner les contrevenans.

M. *Favard de Langlade*, *rapporteur*, a répondu : « La commission a voulu que les usagers ne supportassent pas la totalité des frais nécessités par les fossés ou la clôture; mais elle n'a pensé devoir faire de ces fossés une obligation à personne. Elle n'a pas voulu qu'on pût être forcé à en faire là où ce ne serait pas nécessaire; c'est pourquoi elle a mis *il pourra*, et non *il sera*. »

La proposition de M. Reboul a été rejetée.

§. 4. — Dans la discussion à la Chambre des pairs, M. *le comte de Saint-Roman* a remarqué que le recours au conseil de préfecture n'est pas réservé par l'art. 71, comme il l'est dans le cas prévu par les art. 65 et 67. Il a cité un fait particulier. « Plusieurs propriétaires riverains d'une des principales forêts de l'Allier jouissaient depuis un temps immémorial d'un droit de glandée dans cette forêt. Sommés en vertu des lois de la révolution de produire leurs titres, ils avaient été maintenus dans leur possession, et depuis ils n'avaient essuyé aucun trouble, lorsqu'il y a environ un ou deux ans une mesure prise par les agens de l'administration forestière vint changer entièrement le mode d'exercice de leur droit. Jusqu'alors leurs bestiaux s'étaient rendus par un chemin direct dans la partie de la forêt soumise à la glandée, et qui n'est éloignée des métairies que de quelques cents mètres. Mais la fermeture de cette route les oblige maintenant à entreprendre, pour aller à la glandée, un véritable voyage qui commence au point du jour et finit à son déclin. Par

suite de cette mesure arbitraire, les usagers se trouvent véritable‐
ment frustrés de leur droit : ils demandent devant quelle autorité
ils devront porter légalement leur plainte. »

Le Conseiller d'État, Directeur général des forêts, a déclaré « qu'il n'a
point connaissance du cas particulier qui a motivé la réclamation
du noble pair; si les usagers s'étaient adressés à l'administration,
elle se serait empressée de faire cesser les motifs de plainte qu'ont
pu occasioner ses agens inférieurs. Quant à la question générale,
le commissaire du Roi a observé que l'art. 71 ne fait que reproduire
une disposition consacrée par l'ordonnance de 1669, qui disait, à
l'article 6 du tit. xix, que le chemin à suivre par les bestiaux pour
se rendre au pâturage, serait *désigné par les officiers de la maîtrise*,
sauf le recours au grand maître. Bien que le directeur général des
forêts ne soit pas investi de toutes les attributions confiées au grand‐
maître, on a pensé que, dans le cas de l'art. 71, le recours à
l'administration supérieure était une garantie suffisante pour les
usagers, et qu'il n'était point nécessaire d'ouvrir sur un objet aussi
simple un pourvoi au conseil de préfecture, et de là au Conseil d'État. »

L'article a été adopté sans modification.

§. 5. — Aux termes des art. 71, 76 et 147, les bestiaux ne peu‐
vent être conduits par d'autres chemins que ceux qui sont indiqués
par l'administration forestière. Cassation, arrêt du 7 janvier 1820.
(*Trait. gén., tom.* 2, *pag.* 821.)

§. 6. — Celui qui prétend avoir un droit de passage dans une
forêt, doit, si ce passage se trouve intercepté par des fossés que
l'administration y a fait construire, s'adresser à l'autorité compé‐
tente pour en réclamer la conservation; il ne peut se permettre de
le rétablir lui-même en détruisant les fossés.

L'allégation par lui faite d'un prétendu usage de passage ainsi
clos, ne peut constituer en sa faveur une question préjudicielle.
Cassation, arrêt du 27 novembre 1823. (*Idem, tom.* 3, *pag.* 175.)
Voy. l'art. 182 et les *Annotations* sur l'art. 147.

ART. 72.

Le troupeau de chaque commune ou section de commune
devra être conduit par un ou plusieurs pâtres communs, choi‐
sis par l'autorité municipale : en conséquence, les habitans des
communes usagères ne pourront ni conduire eux-mêmes ni
faire conduire leurs bestiaux à garde séparée, sous peine de
deux francs d'amende par tête de bétail.

Les porcs ou bestiaux de chaque commune ou section de
commune usagère formeront un troupeau particulier et sans
mélange de bestiaux d'une autre commune ou section, sous

peine d'une amende de cinq à dix francs contre le pâtre, et d'un emprisonnement de cinq à dix jours en cas de récidive.

Les communes et sections de communes seront responsables des condamnations pécuniaires qui pourront être prononcées contre lesdits pâtres ou gardiens, tant pour les délits et contraventions prévus par le présent titre, que pour tous autres délits forestiers commis par eux pendant le temps de leur service et dans les limites du parcours.

ANNOTATIONS.

Voir les art. 88, 112, 120 et 206 ci-après, et l'art. 120 de l'ordonnance d'exécution, ainsi que l'ordonnance de 1669, tit. 19, art. 3, 8, 9 et 11, et tit. 32, art. 7.

§. 1. — Discussion à la Chambre des députés.

Les mots, *et sections de communes*, qui se trouvent dans les trois paragraphes de l'article, n'étaient pas dans le projet. Ils ont été ajoutés sur la demande de la commission.

Il en est de même des mots, *et dans les limites du parcours*, qui terminent l'article.

M. *Favard de Langlade* en justifie l'addition en disant qu'il serait injuste que les communes fussent responsables des délits qui pourraient être commis ailleurs que dans les portions de forêts affectées au parcours.

La commission propose en outre de supprimer, dans le troisième paragraphe, le mot *amendes*, qui se trouvait dans le projet.

M. *le rapporteur* dit : « La commission a pensé que la responsabilité dont il s'agit en ce moment, devait se renfermer dans les dispositions du Code civil ; c'est une question très-importante à examiner. Nous vous proposons en conséquence de renvoyer votre délibération à cet égard à l'époque où vous discuterez l'art. 206, parce qu'alors vous serez plus à même de prononcer en connaissance de cause. »

Cet ajournement est adopté.

Après avoir adopté, dans la séance du lundi 9 avril 1827, à la suite d'une discussion approfondie entre M. le commissaire du Roi et M. le rapporteur de la commission, le retranchement du mot *amendes* dans la rédaction de l'art. 206, la Chambre revient à l'art. 72, qu'elle adopte aussi, avec le même retranchement et avec les autres amendemens de la commission. (*Voy. les Annotations sur l'art.* 206.)

§. 2. — Discussion à la Chambre des pairs.

M. *le comte Lecouteulx* observe « qu'il peut arriver qu'il existe dans une commune un ou plusieurs usagers à titre particulier : il demande si de pareils usagers seront assujétis aux règles établies par l'art. 72 pour les communes ou sections de communes usagères, s'ils devront, par exemple, avoir un pâtre commun, et s'il leur sera interdit de conduire leurs bestiaux eux-mêmes. »

M. *le Ministre d'Etat, commissaire du Roi*, « estime que l'art. 72 ne saurait être applicable qu'au cas où le droit d'usage appartient à la commune ou à une section de la commune. S'il appartient au contraire à tel ou tel individu, en vertu d'un titre particulier, et non en sa qualité d'habitant de la commune, le mode de jouissance sera réglé par le titre et par les dispositions générales qui s'appliquent à tous les droits d'usage. »

§. 3.—Les usagers ne peuvent, sans délit, envoyer leurs bestiaux dans les bois des particuliers, à garde séparée, et sous la conduite de leurs femmes, enfans ou domestiques. Cassation, arrêt du 18 février 1820. (*Trait. gén.*, tom. 2, *pag.* 827.)

Art. 73.

Les porcs et bestiaux seront marqués d'une marque spéciale.

Cette marque devra être différente pour chaque commune ou section de commune usagère.

Il y aura lieu, par chaque tête de porc ou de bétail non marqué, à une amende de trois francs.

ANNOTATIONS.

Voir l'ordonnance de 1669, tit. 19, art. 6, et l'ordonnance d'exécution, art. 121.

La Chambre des députés a adopté cet article avec l'addition des mots, *et section de commune*, proposée par la commission.

Elle a rejeté un amendement de M. *Duhamel*, qui substituait à la rédaction du projet la rédaction suivante : « Les porcs et bestiaux seront marqués d'une marque spéciale. Pour les premiers, la marque sera faite avec un fer chaud, ainsi qu'il est prescrit par l'art. 55 de la présente loi. Pour les bestiaux, la marque sera faite avec une matière colorée et durable, dont l'empreinte sera connue de l'agent forestier local et aura été agréée par lui. Ces marques et empreintes devront être différentes pour chaque commune ou chaque section de commune usagère. »

M. *Chifflet* a fait observer à cet égard que la manière de faire la marque prescrite était une chose purement administrative, que l'ordonnance pouvait régler, mais qui n'entrait nullement dans le domaine de la loi.

Art. 74.

L'usager sera tenu de déposer l'empreinte de la marque au

greffe du tribunal de première instance, et le fer servant à la marque, au bureau de l'agent forestier local ; le tout sous peine de cinquante francs d'amende.

Voir les art. 7 et 32 du Code ; l'art. 121 de l'ordonnance d'exécution, et l'art. 6 du tit. 19 de l'ordonnance de 1669, ainsi que les *Annotations*, § 2, sur l'art. 32 ci-devant.

ART. 75.

Les usagers mettront des clochettes au cou de tous les animaux admis au pâturage, sous peine de deux francs d'amende par chaque bête qui serait trouvée sans clochette dans les forêts.

Voir les art. 88, 112 et 120 du Code, et le tit. 19, art. 7, de l'ordonnance de 1669.

Le défaut de clochette au cou des bestiaux qui paissent dans les bois, quoique contraire aux dispositions de la loi, ne suffit pas pour autoriser la *saisie* de ces bestiaux : il faut, en pareil cas, pour que la saisie soit valable, que les bestiaux aient été trouvés en délit, ce qui n'existe pas lorsque les bestiaux paissent dans des bois déclarés défensables et qu'ils sont tenus à garde séparée. Cassation, arrêt du 8 janvier 1819. (*Art. 439 du Précis chronologique.*)

ART. 76.

Lorsque les porcs et bestiaux des usagers seront trouvés hors des cantons déclarés défensables ou désignés pour le panage, ou hors des chemins indiqués pour s'y rendre, il y aura lieu contre le pâtre à une amende de trois à trente francs.

En cas de récidive, le pâtre pourra être condamné à un emprisonnement de cinq à quinze jours.

Voir les art. 56, 67, 112, 119, 120 et 177 du Code, ainsi que l'ordonnance de 1669, tit. 19, art. 3 à 6.

§. 1. — Dans la première rédaction, le *minimum* de l'amende était de cinq francs ; mais il a été diminué sur la proposition de la commission de la Chambre des députés ; et le mot *sera* existait au lieu du mot *pourra*. Ce changement a été fait sur la demande de M. *Hyde de Neuville*, « pour qu'un pâtre, a dit l'honorable député, ne puisse pas à chaque instant, être mis en prison pour un fait fort innocent. »

M. *Devaux* a proposé, par forme d'amendement, d'ajouter à ces

mots, *seront trouvés*, ceux-ci, *à l'abandon ou à garde faite*. L'honorable
député a ainsi développé son amendement. « Cet article renferme
une disposition pénale d'emprisonnement contre le pâtre dont *les
porcs et les bestiaux seraient trouvés* dans les cantons non déclarés *défensables :* c'est une raison pour lui donner plus de précision dans
les termes. Du texte, tel qu'il existe, résulterait que le fait seul d'a-
voir *trouvé* les bestiaux hors des limites constituerait le délit, sans
exception. Cependant le pâtre n'est pas répréhensible quand les bestiaux sont *trouvés* en divagation, et que le gardien est en même
temps occupé à les faire rentrer dans le canton déclaré défensable.
Le pâtre n'est répréhensible que dans deux cas : celui où il aban-
donne ses bestiaux par négligence, et celui où il les tient hors des
limites à *garde faite*, circonstance très-prononcée de culpabilité.
Aussi, quand les procès-verbaux des gardes n'expriment pas l'un
ou l'autre de ces deux cas, le pâtre s'excuse sur la divagation des
bestiaux qu'il n'a pu réprimer, et cette excuse peut être vérifiée,
parce qu'elle n'est pas contraire au rapport du garde, quand il est
silencieux sur ce point. La rédaction que je propose, en caractérisant
le délit par les deux circonstances d'*abandon* et de *garde faite*, termes
usités dans les coutumes, forcera le garde à les exprimer dans son
rapport, si elles sont vraies, et préviendra des difficultés et des
erreurs. »

. *M. Reboul :* « Les observations que vient de présenter notre honorable collègue sont extrêmement justes. Il faut proportionner la peine
au délit; si vous adoptiez la rédaction du projet de loi, qui a poussé
trop loin la sévérité, il n'y a pas de pâtre qui ne fût dans le cas de
passer une partie de l'année en prison. J'appuie, en conséquence,
l'amendement de M. Devaux. »

M. de Martignac : « L'art. 76 est une conséquence nécessaire des
articles que vous avez précédemment votés : c'est la sanction des
dispositions prohibitives contenues dans ces articles. J'ai quelque
peine à comprendre dans quel intérêt l'amendement est proposé; il
tend à généraliser la disposition de l'article, à faire prononcer d'une
manière plus explicite la peine contre le pâtre. Je ne conçois pas
comment on peut appuyer un tel amendement dans l'intérêt des
pâtres, puisque, dans la réalité, il rend la mesure plus rigoureuse,
et doit nécessairement faire condamner plus souvent les pâtres, qui,
dans tous les cas, n'auront aucun prétexte à alléguer. »

M. Reboul : « J'étais à l'extrémité de la salle lorsqu'il a été fait
lecture de l'amendement; il n'est pas étonnant que je l'aie mal compris. Mon intention était d'empêcher que l'on ne condamnât les
bergers qui ne seraient pas coupables. Je proposerai une rédaction
de l'article en ces termes :

« Lorsque les porcs et bestiaux des usagers auront été introduits dans des cantons défensables ou désignés pour le panage, ou conduits par d'autres chemins que ceux indiqués, etc. »

L'amendement de M. Reboul n'ayant pas été appuyé, n'a pas été mis aux voix; il en a été de même de celui de M. Devaux.

§. 2. — Le seul fait que des bestiaux sont trouvés dans un lieu où l'on n'a pas dû les mettre en pâturage, contitue un délit, quoi qu'à ce fait ne soit pas jointe la preuve qu'ils y ont effectivement pâturé ou commis du dommage. Cassation, arrêt du 15 février 1811. (*Trait. gén.*, tom. 2, pag. 407.) Voy. les *Annotations* sur l'art. 199.

ART. 77.

Si les usagers introduisent au pâturage un plus grand nombre de bestiaux, ou au panage un plus grand nombre de porcs que celui qui aura été fixé par l'administration conformément à l'art. 68, il y aura lieu, pour l'excédant, à l'application des peines prononcées par l'article 199.

ANNOTATIONS.

Voir les art. 68, 88, 112 et 199 du Code, ainsi que les art. 2 et 15, tit. 19, de l'ordonnance de 1669.

ART. 78.

Il est défendu à tous usagers, nonobstant tous titres et possessions contraires, de conduire ou faire conduire des chèvres, brebis ou moutons dans les forêts ou sur les terrains qui en dépendent, à peine, contre les propriétaires, d'une amende qui sera double de celle qui est prononcée par l'art. 199, et contre les pâtres ou bergers, de quinze francs d'amende. En cas de récidive, le pâtre sera condamné, outre l'amende, à un emprisonnement de cinq à quinze jours.

Ceux qui prétendraient avoir joui du pacage ci-dessus, en vertu de titres valables ou d'une possession équivalente à titre, pourront, s'il y a lieu, réclamer une indemnité, qui sera réglée de gré à gré, ou, en cas de contestation, par les tribunaux.

Le pacage des moutons pourra néanmoins être autorisé dans certaines localités par des ordonnances du Roi.

ANNOTATIONS.

Voir les art. 88, 110, 112 et 120 ci-après; l'ordonnance de 1541, de François Ier, et l'ordonnance de 1669, tit. 19, art. 13.

§. 1. — L'article du projet ne contenait que le premier paragraphe : les deux autres ont été ajoutés sur la proposition de la commission de la Chambre élective.

M. *de Ricard*, député, a proposé de supprimer les mots, *nonobstant tous titres et possessions contraires*, du premier paragraphe, parce qu'il a trouvé qu'ils offraient une contradiction avec le second paragraphe, proposé par la commission, et qu'ils étaient d'ailleurs inutiles, puisque la prohibition est comprise dans ces mots, *il est défendu à tous usagers*. L'honorable député a aussi pensé qu'on devait restreindre la prohibition seulement aux bois de l'État.

M. *Dudon*, au contraire, s'est élevé contre l'opinion de M. de Ricard, et a demandé le retranchement des mots du second paragraphe, *et possessions contraires*, parce que la tolérance constatée de la part des agens forestiers n'a pu produire un titre en faveur de l'usager.

« S'il y a des pays, a dit l'honorable député, où l'ancienneté de la possession équivalait au titre, ce sera une question sur laquelle les tribunaux seront appelés à prononcer ; mais si vous conserviez cette disposition, il en résulterait que la simple possession annale suffirait pour faire réclamer l'indemnité. » Et il a terminé en demandant la suppression du second paragraphe, proposé par la commission, et le maintien des mots que M. de Ricard avait proposé de supprimer.

M. *Devaux* a fait observer qu'en vertu des coutumes, il y avait possession.

M. *Hyde de Neuville* a pensé, comme M. Devaux, que la possession existant dans certains départemens par la coutume, les tribunaux se trouveraient fort embarrassés si l'on retranchait l'amendement de la commission.

M. *de Martignac* ayant fait sentir l'importance de maintenir d'une manière absolue la prohibition, parce que, par suite d'abus, des titres ont été donnés et des possessions ont été acquises, la proposition de M. de Ricard a été rejetée.

On s'est ensuite occupé du paragraphe relatif à l'indemnité que pourraient réclamer les usagers.

M. *Dudon* a dit que la commission était entrée dans un système qui n'est pas d'accord avec le principe qu'elle semble reconnaître ; que, s'il est vrai qu'on n'a jamais pu être autorisé à introduire des chèvres et des moutons dans les bois de l'État, ou dans ceux des communautés, il n'est pas possible de faire revivre aujourd'hui des droits semblables ; que la possession dont il s'agit ne saurait jamais être invoquée, puisqu'elle ne peut être fondée que sur un délit ou sur une tolérance coupable de la part des agens forestiers ; que c'est une possession contre la loi, une possession qui ne peut équivaloir à un titre.

M. *de Martignac*, se fondant sur les mêmes raisons, a ajouté : « Il est de principe qu'on ne peut acquérir un titre au moyen d'une contravention, et encore moins d'un délit. L'ordonnance de 1669 défendait, sous les peines les plus sévères, d'introduire des bêtes à laine dans les forêts. Cette législation n'a pas changé; un grand nombre d'arrêts de la Cour de cassation l'a formellement maintenue. »

M. *Favard de Langlade*, rapporteur, a défendu le travail de la commission ainsi qu'il suit : « En répondant à M. de Ricard, M. le commissaire du Gouvernement a soutenu avec raison qu'il était essentiel de conserver dans l'article ces mots : *nonobstant tous titres et possessions contraires*; mais ensuite il a pensé que la commission avait eu tort d'ajouter un second paragraphe; qu'elle s'était mise par là en contradiction avec la disposition précédente qu'elle adoptait. Messieurs, la commission a fait, dans cette circonstance, ce qu'elle a fait dans une plus grande encore : elle a respecté tous les titres, laissant aux tribunaux seuls la faculté de les juger; car nous n'exerçons pas ici le pouvoir judiciaire. Notre devoir est de renvoyer devant les tribunaux toutes les questions, bonnes ou mauvaises, qui peuvent se présenter sur l'exercice des droits d'usage. C'est en partant de ce principe que la commission a renvoyé devant les tribunaux pour accorder une indemnité, s'ils le jugent à propos. Si vous adoptez l'amendement de la commission, vous ferez ce que vous avez fait dans une circonstance plus sérieuse. Vous vous rappelez la discussion lumineuse qui a eu lieu sur les affectations. On vous avait dit : Les affectations sont nulles; l'ordonnance de 1669 les prohibe : on a fait ce qu'on ne pouvait pas faire; il faut donc annuler un titre qui est contraire à la législation : mais en même temps on accordait dix ans au titulaire. Quant à ceux qui prétendaient que leur titre leur conférait des droits irrévocables, on les a renvoyés devant les tribunaux. De même, dans l'espèce qui nous occupe, la commission reconnaît qu'il peut se faire qu'il y ait des titres et une possession, et sans s'expliquer sur la nature de ces titres et de cette possession, elle se borne à respecter les droits de chacun. C'est guidée par ce principe, que la commission a cru devoir faire une proposition qui ne peut nuire à personne. »

M. *de Martignac* a répliqué : « C'est par la comparaison de ce que la Chambre a fait par rapport aux affectations, et de ce qu'elle a à faire maintenant, en ce qui touche la prohibition dont il s'agit, que l'honorable rapporteur de la commission prétend soutenir le système adopté par elle. Je soutiens, moi, qu'il n'existe aucune sorte d'analogie entre les espèces, et que les termes mêmes dans lesquels l'amendement est conçu ne laissent pas aux tribunaux la faculté d'admettre ou de rejeter la réclamation d'indemnité. »

M. *Hyde de Neuville* a pensé qu'il fallait faire pour les usages ce qu'on a fait pour les affectations, et a voté pour l'amendement de la commission.

M. *Sébastiani*, et M. *Chifflet*, *membre de la commission*, ont parlé dans le même sens.

M. *Mestadier* a paru ne pas douter que, malgré l'ordonnance de 1669, des communes ou des particuliers ne pussent avoir acquis, par un titre légitime, un droit de pacage des moutons dans certains pays; il a pensé qu'il était juste de leur réserver le droit de réclamer une indemnité, et a proposé la rédaction suivante, qu'il a annoncé avoir improvisée : « Ceux qui prétendraient que leur titre n'est pas atteint par les dispositions prohibitives des lois existantes, ou avoir légalement acquis le droit par prescription, pourront se pourvoir devant les tribunaux pour faire juger la validité de leur titre, et dans ce cas ils auront droit à une indemnité. »

M. *le ministre des finances* a vu une inconséquence dans la disposition additionnelle; il a proposé le renvoi de l'article à la commission, renvoi qui a été adopté par la Chambre.

A la suite de ce renvoi, et le lendemain 27 mars 1827, M. *Favard de Langlade* a dit au nom de la commission : « Vous avez renvoyé à l'examen de votre commission un sous-amendement proposé par M. Mestadier à l'amendement qu'elle a présenté sur l'art. 78 du projet. Nous avons reconnu que ce sous-amendement ne changeait en rien la proposition faite par la commission, et qu'il n'en différait que par la rédaction. Ainsi je ne fatiguerai pas, Messieurs, votre attention en rappelant les puissantes considérations qui nous ont déterminés à vous proposer de donner aux usagers la faculté de réclamer une indemnité, si le droit de conduire des chèvres, brebis ou moutons dans les forêts de l'État leur avait été concédé par un titre valable. Si l'intérêt général exige la suppression de ce droit, l'État ne doit pas moins une indemnité à celui qui est obligé par la loi d'en faire le sacrifice. Votre commission a toujours été dirigée dans son travail par le principe sacré que *les droits légalement acquis* doivent être respectés; que les lois ne peuvent jamais y porter atteinte par un effet rétroactif, et que c'est aux tribunaux qu'il appartient d'apprécier les titres qui les constituent, d'après les lois sous l'empire desquelles ils ont été contractés. Ces principes, qui dominent heureusement dans toutes les dispositions du projet, ont été consacrés d'une manière formelle par son dernier article, placé de manière à former la clef de la voûte de ce grand édifice. La commission a l'honneur de vous soumettre une nouvelle rédaction de son amendement, qui rentre dans celle de M. Mestadier; elle est ainsi conçue :

« Ceux qui prétendraient avoir joui du pacage ci-dessus, en « vertu de titres valables ou d'une possession équivalente à titre,

« pourront, s'il y a lieu, réclamer une indemnité qui sera réglée de
« gré à gré, et, en cas de contestation, par les tribunaux. »
Cet amendement a été adopté.

Enfin, la délibération s'est établie sur le dernier paragraphe
ajouté par la commission.

M. *Devaux* aurait voulu que le pacage des *chèvres* pût, comme
celui des moutons, être autorisé par des ordonnances royales.

M. *Boulard* a proposé une autre rédaction dont M. Favard de
Langlade a donné lecture.

En faisant connaître cette proposition, M Favard l'a combattue
ainsi que celle de M. Devaux. Il a dit : « L'amendement de M. Boulard est ainsi conçu : « Les droits existans pour le pacage des moutons pourront néanmoins être maintenus dans certaines localités
par ordonnances du Roi. » La commission a pensé que cet amendement ne pouvait être adopté; qu'il serait en contradiction avec le
premier paragraphe de l'article en discussion, par lequel il est défendu à tous usagers de faire paître des chèvres, brebis ou moutons dans les forêts de l'État ou dans les terrains qui en dépendent.
Adopter l'article, serait vouloir maintenir un droit qui a été aboli.
La commission, en proposant de donner au Gouvernement la faculté d'accorder dans certaines localités la permission de laisser pacager les moutons, n'a pas eu la pensée de rendre fréquentes les autorisations de cette nature; mais elle a considéré que dans certains
départemens où il y a beaucoup de moutons, il serait peut-être fâ-
cheux de supprimer le pacage le lendemain de la promulgation de
la loi; elle a considéré aussi que dans les années où la sécheresse
aurait été extrême, la sollicitude paternelle du Gouvernement serait
excitée, et qu'il fallait réserver au Gouvernement, pour des circonstances pareilles, la faculté d'autoriser le pacage dans les forêts de
l'État. La commission en cela n'a fait que suivre ce qui se pratique
pour les bois des communes, et ce qui se trouve consigné à l'art. 110
du projet, où il est dit que le pacage des moutons pourra être autorisé dans certaines localités par des ordonnances spéciales de S. M.
Quant à l'amendement de M. Devaux, qui tend à étendre aux chèvres la faculté accordée pour les moutons, vous savez, Messieurs,
ce qui vous a été dit sur les dommages que causent les chèvres
quand elles s'introduisent dans les bois ; il n'est pas besoin d'é-
numérer ces dommages que vous connaissez parfaitement; nous
nous bornons en conséquence à vous proposer le rejet de l'amendement. »

Les amendemens de MM. Boulard et Devaux ont été rejetés, et
celui de la commission a été adopté.

§. 2. — La défense de faire paître des chèvres s'étend également
aux boucs, attendu que le mot *chèvres* s'entend évidemment de

tous les individus, soit mâles, soit femelles, de cette classe d'animaux. Cassation, arrêt du 1ᵉʳ août 1811. (*Trait. gén.*, tom. 2, *pag.* 438.)

§. 3*. — Le pâturage des chèvres et des moutons étant prohibé dans les forêts et les places vaines et vagues qui en dépendent, les entrepreneurs de plantations ne peuvent, sous aucun prétexte, faire conduire des bestiaux de cette espèce dans les terrains qu'ils ont à replanter. Cassation, arrêt du 15 mars 1822. (*Idem*, tom. 3, *pag.* 27.)

§. 4. —.Les prohibitions portées contre les habitans des paroisses usagères et contre les personnes ayant droit de panage dans les bois, relativement à la dépaissance des bêtes à laine dans toute l'étendue, et même aux rives des bois, sont générales et absolues. Cassation, arrêt du 25 juin 1824. (*Idem*, *tom.* 3, *pag.* 240.)

§. 5. — Aucune autorité locale ou administrative n'a le pouvoir de déroger à la prohibition d'introduire des bêtes à laine dans les bois et forêts. Un particulier qui agirait d'après une pareille dérogation serait en délit, la dérogation dont il s'agit ne pouvant résulter que d'une ordonnance du Roi. Cassation, arrêt du 7 janvier 1820. (*Idem*, tom. 2, *pag.* 819.)

§. 6. — L'introduction des bêtes à laine est défendue en tous temps dans les bois ; le délit résulte du seul fait de cette introduction pour aller d'un héritage à un autre, alors même qu'il serait articulé qu'il n'a été commis aucun dégât. Cassation, arrêt du 7 janvier 1820. (*Idem*, tom. 2, *pag.* 821.)

§. 7. — L'introduction des bêtes à laine dans les bois étant interdite par le Code, on ne peut affermer le parcours de ces animaux dans les forêts royales, et il n'y a que des circonstances particulières qui puissent déterminer l'autorité à maintenir le bail qui en aurait été consenti. Lettre du ministre des finances du 20 juin 1823. (*Idem*, tom. 3, *pag.* 153.)

Art. 79.

Les usagers qui ont droit à des livraisons de bois, de quelque nature que ce soit, ne pourront prendre ces bois qu'après que la délivrance leur en aura été faite par les agens forestiers, sous les peines portées par le tit. XII pour les bois coupés en délit.

ANNOTATIONS.

Voir les art. 63 et 112 du Code, l'art. 111 de l'ordonnance

d'exécution, ainsi que l'ordonnance de 1669, tit. 20, art. 1ᵉʳ à 11, tit. 23, art. 16, et tit. 27, art. 13, 14, 15 et 33.

§. 1. — Lorsque, par suite d'émigration et antérieurement à la Charte, il y a eu confusion d'un droit d'affouage au profit de l'État, l'ancien propriétaire de ce droit ne peut plus l'exercer, par la raison que c'est une servitude réelle, susceptible de s'éteindre comme toute autre servitude. Ordonnance du Roi, du 18 janvier 1826. (*Art.* 8296 *du journal de l'enreg.*)

§. 2. — Les habitans d'une commune ne peuvent, sans commettre un délit, enlever aucun bois, même chablis, dans les forêts communales, sans l'autorisation de l'administration : le délit existe, encore que ces forêts soient demeurées sans aménagement et que les habitans excipent de la possession plus ou moins longue où ils auraient été de jouir sans règles des produits des forêts, ou même d'un acte de partage, si cet acte a été fait et exécuté, à l'insu de l'administration, contre les dispositions des lois. Cassation, arrêt du 9 octobre 1824. (*Trait. gén.*, *tom.* 3, *pag.* 282.)

§. 3. — Déjà un arrêt de la même cour, rendu le 27 vendémiaire an 13, avait reconnu que les usagers dans les bois de l'État ne peuvent y couper aucun arbre sans permission et délivrance préalables. (*Idem*, *tom.* 1ᵉʳ, *pag.* 701.)

§. 4. — Les usagers doivent, avant de couper des bois dans les forêts royales, en demander la permission à l'administration forestière. En cas de refus, les usagers ne peuvent passer outre et couper les bois. Ils doivent recourir à l'autorité supérieure pour obtenir la permission que l'administration aurait refusée. Cassation, arrêt du 3 septembre 1808. (Denevers, *tom.* 7, *pag.* 3.)

§. 5. — Les usagers ne peuvent, même quand les agens forestiers auraient refusé de faire droit à leur demande en délivrance préalable, prendre des bois dans les forêts où ils exercent leurs usages, attendu que les voies de recours à l'autorité supérieure leur sont ouvertes. Cassation, arrêt du 3 septembre 1808. (*Trait. gén.*, *tom.* 2, *pag.* 231.) Voy. le § 4 ci-dessus.

§. 6. — Le particulier qui a coupé du bois en délit dans une forêt sur laquelle la commune dont il est habitant prétend avoir des droits d'usage qui sont l'objet d'un litige devant les tribunaux civils, n'en doit pas moins être condamné sur-le-champ aux peines de son délit, surtout s'il existe un jugement qui ait défendu aux habitans de cette commune de faire aucune coupe dans la forêt en question pendant la litispendance sur le droit. Cassation, arrêt du 28 août 1823. (*Idem*, *tom.* 3, *pag.* 163.)

§. 7. — L'usager, dont la maison est assurée, conserve ses droits à la délivrance des bois de maruage nécessaires à la reconstruction de cette maison en cas d'incendie. Décision du ministre des finances du 10 octobre 1823. (*Trait. gén.*, *tom.* 3 , *pag.* 169.)

§. 8. — C'est à l'usager à payer tous les frais des devis et expertises pour les bois qui lui sont délivrés, ainsi qu'il résulte d'une autre décision du 3 octobre 1821. (*Idem*, *tom.* 2 , *pag.* 955.)

ART. 80.

Ceux qui n'ont d'autre droit que celui de prendre le bois mort, sec et gisant, ne pourront, pour l'exercice de ce droit, se servir de crochets ou ferremens d'aucune espèce, sous peine de trois francs d'amende.

ANNOTATIONS.

Voir l'ordonnance de 1669, tit. 27, art. 33, et tit. 32, art. 3, et les art. 88, 112 et 120 ci-après.

Le droit d'amasser du bois sec dans les forêts, ne donne pas celui de le couper. Cassation , arrêts des 15 fructidor an 10 et 24 octobre 1806. (*Trait. gén.* , *tom.* 1ᵉʳ, *pag.* 595 ; *et tom.* 2 , *pag.* 96.)

ART. 81.

Si les bois de chauffage se délivrent par coupe, l'exploitation en sera faite, aux frais des usagers, par un entrepreneur spécial nommé par eux et agréé par l'administration forestière.

Aucun bois ne sera partagé sur pied ni abattu par les usagers individuellement, et les lots ne pourront être faits qu'après l'entière exploitation de la coupe, à peine de confiscation de la portion de bois abattu afférente à chacun des contrevenans.

Les fonctionnaires ou agens qui auraient permis ou toléré la contravention, seront passibles d'une amende de cinquante francs, et demeureront en outre personnellement responsables, et sans aucun recours, de la mauvaise exploitation et de tous les délits qui pourraient avoir été commis.

ANNOTATIONS.

Voir l'art. 103 du Code, et les art. 110, 111 et 122 de l'ordonnance d'exécution.

Ces derniers mots du premier paragraphe de l'article, *nommé par eux et agréé par l'administration forestière*, ont été ajoutés sur la proposition de la commission de la Chambre des députés. (*Rapport de M. Favard de Langlade* , *pag.* 44.)

Art. 82.

Les entrepreneurs de l'exploitation des coupes délivrées aux usagers, se conformeront à tout ce qui est prescrit aux adjudicataires pour l'usance et la vidange des ventes; ils seront soumis à la même responsabilité et passibles des mêmes peines en cas de délits ou contraventions.

Les usagers ou communes usagères seront garans solidaires des condamnations prononcées contre lesdits entrepreneurs.

Voir les art. 29, 31 à 52, 88, 112 et 185 du Code, et les art. 110, 111 et 122 de l'ordonnance d'exécution.

§. 1. — Les communes à qui il est délivré des coupes affouagères à exploiter en jardinant, sont responsables des délits commis à l'ouie de la cognée, d'après les art. 82 et 45, et la circonstance que les arbres ont dû être délivrés çà et là dans la forêt, ne peut les affranchir de cette responsabilité. Cassation, arrêt du 10 août 1821. (*Trait. gén.*, tom. 2, pag. 946.)

§. 2. — L'entrepreneur des habitans d'une commune ne peut couper les bois qui leur sont délivrés dans les bois de cette commune, après l'expiration du délai fixé pour la coupe. Les juges ne peuvent, sous prétexte que la coupe a été retardée par des causes particulières, se dispenser d'appliquer les amendes prononcées par la loi. Cassation, arrêt du 4 mai 1820. (*Idem*, tom. 2, pag. 849.)

§. 3. — D'après les art. 182 et 190 du Code d'instruction criminelle, les entrepreneurs et les communes doivent être appelés dans les instances pour les délits dont ils sont responsables.

Art. 83.

Il est interdit aux usagers de vendre ou d'échanger les bois qui leur sont délivrés, et de les employer à aucune autre destination que celle pour laquelle le droit d'usage a été accordé.

S'il s'agit de bois de chauffage, la contravention donnera lieu à une amende de dix à cent francs.

S'il s'agit de bois à bâtir ou de tout autre bois non destiné au chauffage, il y aura lieu à une amende double de la valeur des bois, sans que cette amende puisse être au-dessous de cinquante francs.

ANNOTATIONS.

Voir les art. 85, 102 et 120 ci-après, et les art. 110, 111, 122 et 123 de l'ordonnance d'exécution.

§. 1. — Sur la proposition de la commission de la Chambre des députés, on a retranché du second paragraphe de l'article ces mots : *et à la privation de l'affouage pendant une année*. (Rapport de M. Favard de Langlade, pag. 44.)

§. 2. — La défense établie par cet article avait déjà été faite par les ordonnances de 1376, art. 30 ; mars 1388, art. 29 ; septembre 1402, art. 29 ; mars 1515, art 46 ; janvier 1583, art. 10, et par un grand nombre d'arrêts du conseil. L'un de ces arrêts, en date du 7 janvier 1713, faisait défense d'exposer en vente, dans une ville ou sur un marché, du bois sec ou vert, transporté par fardeaux, hottées ou sur des bourriques, sans un certificat d'origine.

§ 3. — Il avait en conséquence été décidé que l'affouager ne pouvait faire aucun trafic des bois qu'il avait droit de prendre, ni les employer autrement que pour l'objet à raison duquel ils lui avaient été délivrés. Cassation, arrêt du 13 octobre 1809. (*Trait. gén., tom. 2, pag.* 304.)

§. 4. — Une ordonnance du Roi, du 13 juillet 1825, avait reconnu que les usagers dans les bois de l'État n'étaient point assujétis à la contribution foncière, dont ces bois ont été exemptés par la loi du 19 ventôse an 9 ; mais, d'après une autre ordonnance du 6 septembre de la même année, il a été établi au contraire que les droits d'usage participaient de la nature de la propriété dont ils dérivaient, et qu'ainsi les usagers devaient supporter une part proportionnelle de la contribution foncière et des frais de garde.

Cependant, par décision du 4 septembre 1827, le ministre des finances a été d'avis que cette charge ne doit plus avoir lieu. S. E. a considéré que lors de la discussion du Code forestier, il a été démontré que les usagers n'ont aucun droit de propriété dans les bois royaux affectés à leur usage ; qu'ils n'en sont pas non plus usufruitiers, puisqu'ils n'y peuvent couper aucuns bois sans délivrance préalable de la part de l'administration forestière, et qu'aux termes de l'art. 636 du Code civil, l'usage des bois et forêts est réglé par des lois particulières ; qu'aucune de ces lois n'a soumis les usagers dans les bois de l'État au paiement des frais de garde ni à celui de l'impôt foncier ou d'une somme tenant lieu de cet impôt, et que l'art. 2 de la loi du 19 ventôse an 9 ne les a assujétis au paiement d'une somme représentative de la contribution foncière, que dans le cas où ils s'y *seraient obligés par leurs titres.* (Voy. les *Annotations*, §. 10, sur l'art. 58.)

§. 5. — C'est entre les mains des receveurs de l'enregistrement et des domaines que les usagers, *assujétis à la contribution par leurs titres*, doivent acquitter la somme représentative de celle qu'ils auraient à payer si les bois étaient cotisés sur les rôles de la contribution foncière : c'est aussi à la même caisse qu'ils doivent verser le montant des frais de garde à leur charge. (*Art.* 6236 *du journ. de l'enreg.*)

§. 6.—Toutefois la décision du 4 septembre 1827 ne peut servir de règle que pour les bois de l'État. Les particuliers, ainsi que les communes et les établissemens publics, peuvent se prévaloir de l'ordonnance du 6 septembre 1825 et de la jurisprudence de la Cour royale de Nancy, résultant des deux arrêts cités sur l'art. 58, pour obliger les usagers à contribuer, dans la proportion de leurs droits, au paiement de l'impôt foncier et des frais de garde.

L'art 636 du Code civil porte, il est vrai, que les usages dans les forêts sont réglés par des lois particulières; mais il n'existe aucune loi particulière relativement aux contributions que les usagers doivent payer à raison de la part des produits qu'ils prennent dans les forêts. Lors de la discussion du Code forestier aux Chambres, si on a expliqué la nature *des droits d'usage*, on n'a pas parlé des charges naturelles et inhérentes à ces droits, et le Code lui-même ayant gardé le silence à cet égard, il semble qu'on doit faire l'application du principe de justice et d'équité consacré par l'art. 636 du Code civil, ainsi conçu: « Si l'usager absorbe tous les fruits du fonds, ou s'il occupe la totalité de la maison, il est assujéti aux frais de culture, aux réparations d'entretien et au paiement des contributions comme l'usufruitier. S'il ne prend qu'une partie des fruits, ou s'il n'occupe qu'une partie de la maison, il contribue au prorata de ce dont il jouit. »

ART. 84.

L'emploi des bois de construction devra être fait dans un délai de deux ans, lequel néanmoins pourra être prorogé par l'administration forestière. Ce délai expiré, elle pourra disposer des arbres non employés.

ANNOTATIONS.

Voir l'art. 123 de l'ordonnance d'exécution.

Dans le projet, l'article était ainsi rédigé : *l'emploi des bois de construction devra être fait dans le délai de deux ans, à peine d'une amende de 50 fr.* Le changement a été proposé par la commission de la Chambre des députés. (*Rapport de M. Favard de Langlade, pag.* 45.)

ART. 85.

Les défenses prononcées par l'art. 57, sont applicables à tous usagers quelconques, et sous les mêmes peines.

Voir les art. 57, 88, 102 et 112 du Code, et l'ordonnance de 1669, tit. 27, art. 17.

TITRE IV.

Des Bois et Forêts qui font partie du Domaine de la Couronne.

ART. 86.

Les bois et forêts qui font partie du domaine de la Couronne, sont exclusivement régis et administrés par le ministre de la maison du Roi, conformément aux dispositions de la loi du 8 novembre 1814.

Voir l'ordonnance de 1669, tit. 15, art. 1er, et tit. 3, art. 10; la loi du 29 septembre 1791, tit. 1er, art. 1 et 2; la loi du 8 novembre 1814, et l'art. 124 de l'ordonnance d'exécution.

Un député, *M. Casimir Périer*, a reproduit l'amendement qu'il avait proposé lors de la discussion de l'art. 16.

M. de Martignac, commissaire du Roi, a répondu; « Le Code forestier, composé d'un assez grand nombre d'articles, contient des dispositions qui se rattachent à des questions assez graves pour qu'il me soit permis de penser que la Chambre me saura quelque gré de me borner à une discussion qui lui paraîtra déjà assez vaste, et de ne pas chercher ailleurs des moyens d'occuper son attention, qui sera plus utilement portée sur l'objet qui lui est soumis. Le Roi a fait déclarer, par l'organe de M. le président du conseil, qu'il s'en remettait à la sagesse de la Chambre sur le parti qu'elle jugerait convenable de prendre à l'égard de l'amendement proposé par M. Casimir Périer. Je puis dire, sans qu'on puisse employer à mon égard ce mot de courtisan dont on s'est servi, que la Chambre et la France reconnaîtront là le noble caractère et la loyauté de leur Roi.

« Quant à nous, c'est notre propre ouvrage que nous avons à expliquer ou à excuser ici, puisque c'est la matière d'une accusation qu'on a trouvée dans l'article qui nous occupe. Il faut le dire, ce ne sont pas les ministres qui se sont occupés de la rédaction du Code; ils ont eu seulement le besoin de le revoir; ce sont des hommes appartenant de plus loin au Gouvernement qui en ont été chargés, et ils ont l'orgueil de dire qu'ils s'en sont occupés avec quelque soin et quelque prudence. « Ceux qui s'en sont occupés, quels qu'ils soient, ont, nous dit-on, étrangement oublié les droits de l'État, sur la propriété des forêts appartenant à la Couronne ; ils ont oublié que la Couronne n'était qu'usufruitière de ces forêts, et que le droit de disposer des futaies ne pouvait lui appartenir, puisque ce droit est inhérent à la propriété. Aucune mesure n'a été prise par eux pour mettre les forêts dont jouit la Couronne à l'abri des malversations : ils se bornent, dans l'art. 88, à vous proposer de renvoyer aux art. 15 et 16 ce qui est relatif aux bois de la Couronne ; et déjà, par ces art. 15 et 16, que nous avons combattus avec raison, quoique la majorité, qui ne peut jamais avoir raison, ait jugé à propos de les adopter, on s'est borné à une simple insertion au Bulletin des Lois ; ce qui n'est pas suffisant, même pour les bois de l'État. »

« Voyons si nous avons ignoré la législation, ou si ce sont nos adversaires qui l'ignorent. Les art. 15 et 16 sont relatifs aux bois et forêts du domaine de l'État. Là, il s'agissait de bois et forêts appartenant au propriétaire, l'État, et administrés par le propriétaire, l'État ; ainsi, l'usufruit et la propriété étaient réunis sur la même tête. Nous avons dû nous occuper de tout ce qui se rapportait aux droits réunis de l'usufruitier et du propriétaire, et nous avons dit : les bois et forêts de l'État sont assujétis à un aménagement réglé par les ordonnances royales. Nous avons ajouté : il ne pourra être fait de coupes extraordinaires sans une ordonnance spéciale du Roi, à peine de nullité des ventes, sauf le recours des adjudicataires contre les agens qui auraient ordonné ou autorisé ces coupes. Nous avions si bien entendu la publicité de cette ordonnance, que nous avions dit que la nullité des ventes était la conséquence de l'omission des formalités prescrites. Or, je demande comment il serait possible que l'on déclarât que des ventes seront annulées lorsque la publicité ne serait pas exigée.

« Cela posé, nous sommes arrivés aux dispositions relatives aux bois et forêts dépendant du domaine de la Couronne ; et nous avons dit : ces bois et forêts sont régis et administrés par le ministre de la maison du Roi, conformément aux dispositions de la loi du 8 novembre 1814. Nous avons en conséquence inséré dans l'art. 88 que toutes les dispositions de la présente loi qui sont applicables aux bois et forêts qui font partie du domaine de l'État, le sont également aux bois et forêts qui font partie du domaine de la Couronne.

« Maintenant, je le demande, par ces deux dispositions combinées de l'art. 16 et de l'art. 88, avons-nous eu la pensée de détruire l'existence du domaine de la Couronne ; avons-nous voulu faire que la Couronne se trouvât propriétaire au lieu de n'être qu'usufruitière ; avons-nous eu l'intention d'annuler les dispositions de la loi du 8 novembre 1814 dont nous rappelons les termes? Pour arriver à l'accusation contre laquelle je me défends, il faut supposer que tout cela a préexisté ; car si l'on est obligé de reconnaître que le projet de loi n'annule rien de ce qui existe, il faut convenir aussi que l'accusation tombe d'elle-même.

« Les biens de la Couronne, porte l'art. 14 de la loi du 8 novembre 1814, sont régis par le ministre de la maison du Roi. Les domaines productifs affectés à la dotation de la Couronne peuvent être affermés, sans que néanmoins la durée des baux puisse excéder le temps déterminé par le Code civil, à moins qu'un bail emphytéotique n'ait été autorisé par une loi. Les bois et forêts faisant partie de la dotation de la Couronne sont exploités conformément aux lois et réglemens de l'administration forestière. Voilà les droits de la Couronne établis très-positivement; la Couronne est bien considérée comme usufruitière. Cela posé, quels sont les droits qui peuvent appartenir à M. le ministre de la maison du Roi? ce sont ceux qui résultent de la régie et de l'administration des bois et forêts de la Couronne, conformément aux règles sur l'usufruit. Maintenant, quelles sont les règles générales sur l'usufruit? Nous répondrons à cela par la citation du Code civil. L'usufruitier profite toujours des parties de bois de haute futaie qui ont été mises en coupe réglée, soit que ces coupes se fassent périodiquement, etc. Dans tous les autres cas, l'usufruitier ne peut toucher aux arbres de haute futaie, etc.

« Telles sont les règles générales relatives à l'usufruit. La loi du 8 novembre 1814 a dit que les biens de la Couronne seraient régis d'après les règles établies par l'administration forestière; et le projet de loi rappelle cette disposition. Il résulte évidemment de là que le ministre de la maison du Roi n'a pas la possibilité de faire légalement des coupes extraordinaires, attendu que la loi de 1814 ne lui accorde pas cette possibilité, et que le projet de loi actuel ne la lui accorde pas non plus. Il n'est donc pas allé au-delà des attributions qui lui sont assignées par la loi de 1814. Alors nous n'avons eu aucunement besoin de nous occuper des dispositions combinées des art. 16 et 88, parce que c'est ailleurs que dans ce titre que se trouvent réglées les attributions du ministre de la maison du Roi. Ainsi vous voyez que, quoi qu'on en ait dit, nous nous étions souvenus des règles générales de la matière. »

Comme M. *Hyde de Neuville* avait paru trouver de la contradiction dans la manière de s'exprimer de M. le commissaire du Roi et du ministre des finances, M. *de Martignac* a ajouté : « Nos deux opinions sont très-faciles à concevoir. Nous avons dit l'un et l'autre que le domaine de la Couronne étant considéré comme usufruitier, le ministre de la maison du Roi ne pouvait régir les bois de la Couronne qu'en se soumettant aux obligations imposées aux usufruitiers, et que si, *par abus*, il se faisait des coupes extraordinaires, le produit devait rentrer dans les caisses de l'État. »

ART. 87.

Les agens et gardes des forêts de la Couronne sont en tout assimilés aux agens et gardes de l'administration forestière, tant pour l'exercice de leurs fonctions que pour la poursuite des délits et contraventions.

ANNOTATIONS.

Voir les art. 3 à 7 et l'art. 159 du Code.

Les agens et gardes des forêts de la Couronne étant assimilés entièrement à ceux des forêts l'État, il s'en suit qu'ils participent à la garantie résultant de l'art. 75 de l'acte du 22 frimaire an 8 ; on doit donc leur appliquer ce qui a été dit dans les *Annotations* sur l'art. 6. Toutefois, aucune loi n'ayant accordé à l'administration des forêts de la Couronne le droit d'autoriser la mise en jugement de ses agens et de ses gardes, il faut que, dans tous les cas, l'autorisation soit demandée directement au Conseil d'État. Ordonnance du Roi, du 19 décembre 1821. (*Rép. de la nouv. lég.*, tom 3, *pag.* 597.)

ART. 88.

Toutes les dispositions de la présente loi qui sont applicables aux bois et forêts du domaine de l'État, le sont également aux bois et forêts qui font partie du domaine de la Couronne, sauf les exceptions qui résultent de l'art. 86 ci-dessus.

ANNOTATIONS.

Voir les art. 8 à 14, 15, 16, 17 à 28, 29 à 46, 47 à 52 et 86 du Code, et l'art. 124 de l'ordonnance d'exécution.

§. 1. — Sur la proposition de la commission de la Chambre des députés, on a substitué les mots, *sauf les exceptions qui résultent de l'art. 86* à ceux-ci : *sauf les exceptions qui résultent des deux articles précédens.* (Rapport de M. Favard de Langlade.)

§. 2. — L'ordonnance du 12 octobre 1821, qui permet aux hommes infirmes, aux femmes et aux enfans des communes riveraines, de ramasser du bois dans les forêts de la Couronne, ne peut préjudicier aux droits de jouissance qui seraient établis sur des titres. Elle ne fait point obstacle à ce que l'exercice de ces droits soit réclamé devant les tribunaux ordinaires. Ordonnance du Roi, du 2 février 1825. (*Trait. gén., tom.* 3, *pag.* 326.)

§. 3. — Les usagers, quels que soient les titres constitutifs de leurs droits, et ces titres fussent-ils antérieurs à l'ordonnance de 1669, ne peuvent, sans délit, d'après l'art. 67, s'en permettre l'exercice dans des cantons de bois mis en défends par l'administration compétente.

Si les usagers croient devoir réclamer contre les mesures prises par l'administration forestière, qui restreignent l'exercice de leurs droits, c'est la voie du recours administratif qu'ils doivent prendre.

Ces règles s'appliquent aux bois de la Couronne, qui sont régis par les mêmes lois que les bois de l'État. Cassation, arrêt du 10 septembre 1824. (*Idem, tom.* 3, *pag.* 280.)

TITRE V.

Des Bois et Forêts qui sont possédés à titre d'Apanage ou de Majorats réversibles à l'État.

ART. 89.

Les bois et forêts qui sont possédés par les princes à titre d'apanage, ou par des particuliers à titre de majorats réversibles à l'État, sont soumis au régime forestier, quant à la propriété du sol et à l'aménagement des bois. En conséquence, les agens de l'administration forestière y seront chargés de toutes les opérations relatives à la délimitation, au bornage et à l'aménagement, conformément aux dispositions des sections 1re et 2 du titre III de la présente loi. Les articles 60 et 62 sont également applicables à ces bois et forêts.

L'administration forestière y fera faire les visites et opérations qu'elle jugera nécessaires pour s'assurer que l'exploitation est conforme à l'aménagement, et que les autres dispositions du présent titre sont exécutées.

ANNOTATIONS.

Voir l'ordonnance de 1669, tit. 1er, art. 2 ; la loi du 29 septembre 1791, tit. 1er, art. 1er ; la loi du 22 mars 1806, art. 3 ; le sénatus-consulte du 30 janvier 1810 ; le décret du 6 novembre 1813, et les art. 125, 126 et 127 de l'ordonnance d'exécution.

§. 1. — L'article du projet ne contenait pas les mots, *ou par des particuliers à titre de majorats réversibles à l'État ;* ces mots ont été

ajoutés sur l'avis de la commission de la Chambre des députés.
(*Rapport de M. Favard de Langlade.*)

M. Hyde de Neuville s'était opposé à cette addition; il niait l'existence légale des majorats.

M. le Rapporteur lui a répondu : « Les dispositions du Code civil
ne doivent sans doute pas rester étrangères à ce qui se fait dans cette
assemblée. Eh bien, le Code civil (art. 896) parle des majorats; et
la Charte a confirmé toutes les dispositions relatives aux majorats.
Mais un motif plus puissant a dû déterminer la commission à vous
proposer l'amendement que l'on vient de combattre; c'est que ces
majorats sont composés de bois réversibles à l'Etat: il faut donc
alors qu'ils soient administrés d'après les mêmes lois qui régissent
les biens de l'Etat. La commission n'a été que l'écho de plusieurs
bureaux, qui l'ont demandé de la manière la plus expresse; et le
Gouvernement en a tellement senti la nécessité, qu'il y a donné son
approbation. Je suis étonné que le préopinant n'ait pas rendu hommage aux intentions de la commission, qui n'a fait que remplir un
devoir et qui s'est conformée aux véritables principes. »

M. Dudon a prétendu qu'il n'y avait pas de majorats composés
comme ceux que suppose l'amendement de la commission; mais
M. Favard de Langlade et le ministre des finances ont cité la prin-
cesse de Wagram, qui possède des bois de l'État constitués en majorat. Alors M. Hyde de Neuville ne s'est plus opposé à l'amendement.

§. 2. — La commission avait en outre demandé l'addition de
deux dispositions qui étaient ainsi conçues :

« Les agens et gardes des forêts dépendantes des apanages et des
majorats réversibles à l'État, seront assimilés aux agens et gardes de
l'administration forestière, tant pour l'exercice de leurs fonctions
que pour la poursuite des délits et contraventions.

« Ils seront nommés par les princes apanagés ou par les titulaires
des majorats, et ne pourront toutefois entrer en fonctions qu'après
avoir reçu l'institution de l'administration forestière. »

M. Dudon a repoussé cet amendement. Il a dit que ce serait
attribuer aux procès-verbaux de gardes particuliers le même effet
qu'à ceux dressés par les gardes de l'État. « Mais, a-t-il ajouté, ce
n'est pas là le seul privilége que vous accorderiez aux agens et gardes
des forêts dépendantes des apanages et des majorats; il y en aurait
encore beaucoup d'autres. Ainsi, ils auraient en outre le droit de
lancer des mandats d'amener, de procéder à des interrogatoires, de
faire des perquisitions dans les domiciles, de siéger devant le tribunal, à côté du ministère public, de pouvoir conclure sans le ministère
d'un officier ministériel, et d'interjeter appel en leur nom. Une loi

du mois de mars 1806 porte que, dans les délits ou contraventions qui ont eu lieu dans l'intérieur des forêts, si, parmi les coupables ou les prévenus, se trouvent inculpés que'ques agens de l'administration forestière, les conservateurs et les inspecteurs peuvent procéder à tous les actes du juge d'instruction, jusqu'au mandat de dépôt exclusivement. Vous voyez qu'il y a ici une espèce de juge instructeur, d'officier de police judiciaire ; de telle sorte, qu'en suivant les conséquences de l'amendement de la commission, ce serait à la réquisition d'un officier institué par un simple particulier, qu'à l'avenir les actes judiciaires les plus importans pourraient être faits. C'est là un droit exorbitant auquel la Charte s'oppose, lorsqu'elle dit que la justice est administrée par des juges nommés et institués par le Roi. »

M. *le Ministre des finances* a proposé de supprimer le mot *agens*, et de réduire la proposition à ceci : *Les gardes des forêts dépendantes des apanages et des majorats réversibles à l'État, seront assimilés aux gardes de l'administration forestière pour l'exercice de leurs fonctions.*

M. *le Président* a dit : « On a proposé de retrancher de l'amendement de la commission le mot *agens*, et ceux-ci : *pour la poursuite des délits et contraventions.* Je mets aux voix ce sous-amendement. »

La Chambre a adopté ce sous-amendement ; mais elle a rejeté ensuite l'amendement de la commission ainsi sous-amendé.

Elle a donc adopté l'art. 89 du projet de Code, avec la seule addition, proposée d'abord par la commission, des mots : *ou par des particuliers à titre de majorats réversibles à l'État.*

§ 3. — Une ordonnance royale, du 27 février 1822, avait décidé que l'on devait assimiler aux gardes forestiers royaux, quant à la mise en jugement, les gardes des forêts dépendant de l'apanage d'un prince. (*Rép. de la nouv. lég.*, tom. 3, *pag.* 597.)

Mais la Chambre des députés ayant écarté toute assimilation entre les agens et gardes des forêts apanagères et ceux des forêts de l'État et de la Couronne, il en résulte que ces agens et gardes se trouvent dépouillés de la garantie de l'art. 75 de l'acte de l'an 8, ainsi que des autres attributions que cette assimilation leur conférait.

Il en est de même, à plus forte raison, des gardes des forêts constituées en majorats réversibles au domaine de l'État, lesquels sont nommés par les possesseurs des majorats.

Toutefois, les gardes des apanages et ceux des majorats sont, comme ceux de l'État, officiers de police judiciaire, et jouissent des prérogatives attachées à ces fonctions. (*Voy. les Annotations sur les art.* 6 *et* 87.)

§. 4. — Les gardes et agens des princes apanagistes et des possesseurs de majorats doivent, comme ceux des particuliers, faire l'avance des droits de timbre et d'enregistrement de leurs procès-verbaux et des autres actes concernant la poursuite des délits forestiers. (*Voy. les Annotations sur les art.* 5, 6, 87, 89, 99 *et* 170.)

TITRE VI.

Des Bois des Communes et des Établissemens publics.

ART. 90.

Sont soumis au régime forestier, d'après l'art. 1ᵉʳ de la présente loi, les bois taillis ou futaies appartenant aux communes et aux établissemens publics, qui auront été reconnus susceptibles d'aménagement ou d'une exploitation régulière par l'autorité administrative, sur proposition de l'administration forestière, et d'après l'avis des conseils municipaux ou des administrateurs des établissemens publics.

Il sera procédé dans les mêmes formes à tout changement qui pourrait être demandé, soit de l'aménagement, soit du mode d'exploitation.

En conséquence, toutes les dispositions des six premières sections du titre III leur sont applicables, sauf les modifications et exceptions portées au présent titre.

Lorsqu'il s'agira de la conversion en bois et de l'aménagement de terrains en pâturage, la proposition de l'administration forestière sera communiquée au maire ou aux administrateurs des établissemens publics. Le conseil municipal ou ces administrateurs seront appelés à en délibérer : en cas de contestation, il sera statué par le conseil de préfecture, sauf le pourvoi au Conseil d'État.

ANNOTATIONS.

Voir l'ordonnance de 1669, tit. 24 et 25; les lettres-patentes du 31 mai 1790; la loi du 29 septembre 1791, tit. 12 ; l'arrêté du 19 ventôse an 10, art. 1ᵉʳ; les art. 128 à 136 ci-après, et les *Annotations* sur l'art. 64.

§. 1. — C'est la commission de la Chambre des députés qui a proposé d'ajouter à cet article le paragraphe qui le termine. (*Rapport de M. Favard de Langlade.*)

M. *de Ricard* (du Gard) a soumis à la Chambre un amendement tendant à commencer le paragraphe de la commission par ces mots : *Dans le cas prévu par le premier paragraphe du présent article, comme lorsqu'il s'agira de la conversion en bois,* etc. L'honorable député s'est fondé sur ce que les conseils municipaux doivent être consultés sur tout ce qui regarde les communes, et qu'il ne doit pas être laissé à l'arbitraire de l'administration des forêts de fixer *l'aménagement et l'exploitation des biens communaux.*

M. *le Directeur général des forêts* a répondu que jamais, dans le Code forestier, le mot *administration* seul ne signifiait l'administration forestière, mais bien le Gouvernement; et, pour prouver que l'intention des rédacteurs du Code était bien que, dans le cas de l'art. 90, l'administration forestière ne fût pas appelée seule à régler l'aménagement et l'exploitation, il a lu l'article de l'ordonnance d'exécution qui s'y rapporte, et qu'il a dit être ainsi conçu : « Lorsqu'il s'élèvera des contestations sur la question de savoir si un bois est susceptible d'aménagement ou *d'exploitation régulière, la vérification du bois sera faite par les agens forestiers, contradictoirement avec les administrations des communes, et il sera statué par le Gouvernement, après avoir entendu le préfet du département et l'administration des forêts.* »

On voit donc par là, a dit M. le Directeur en finissant, que les rédacteurs du projet, loin de vouloir appeler l'administration forestière à déterminer si les bois sont susceptibles d'aménagement régulier, ont eu pour but de répondre aux plaintes qui ont été portées sur l'arbitraire avec lequel les agens secondaires ont voulu quelquefois faire regarder comme susceptibles d'aménagement des terrains qui ne pouvaient être considérés que comme des pâturages.

M. *de Martignac* a pensé qu'on pouvait, pour éclaircir tous les doutes, ajouter le mot *publique* au mot *administration*, et il a prié la Chambre de faire une remarque importante; il s'est ainsi exprimé : « Il se présente deux cas, qui tous deux ont été prévus. Dans l'un, il n'y a nullement lieu au recours par la voie de la juridiction contentieuse. Il s'agira tout simplement de constater administrativement si tel bois possédé par telle commune est ou non susceptible d'une exploitation régulière. Évidemment, il n'y a pas là de question contentieuse, et par conséquent point de possibilité de recours. C'est donc administrativement que ce point-là doit être réglé. Quand ensuite il s'agit d'un terrain qui, de sa nature, n'est pas susceptible d'être soumis au régime forestier, mais qui peut le devenir au moyen d'une conversion en bois, alors, entre la commune qui soutient là négative et l'administration forestière qui affirme, il y a une question contentieuse qui doit être soumise à l'autorité administrative contentieuse. Ainsi, quand il s'agit d'éclaircir un fait, et de savoir si des bois sont ou non susceptibles d'aménagement, c'est à l'administration à prononcer; mais quant à la conversion en bois, comme il peut naître une question litigieuse, c'est alors seulement que l'administration contentieuse peut être appelée à statuer. »

M. Mestadier a objecté qu'en adoptant l'addition du mot *publique*, il faudrait rédiger ainsi l'amendement de la commission : *Dans le cas prévu par le premier paragraphe du présent article, comme lorsqu'il s'agira de la conversion en bois et de l'aménagement des terrains en pâturage, le conseil municipal*, etc.; l'honorable député s'est fondé sur ce que le conseil municipal devait être appelé à délibérer toutes les fois qu'il s'agissait de l'intérêt d'une commune.

M. le Rapporteur a pris alors la parole, et s'est exprimé en ces termes : « Il faut bien distinguer, dans l'article que nous discutons, deux choses absolument différentes. Il y a¹ dans le premier paragraphe un mot qui a donné lieu à quelque incertitude. On a cru que par *administration* on pouvait entendre l'administration forestière. Je dois déclarer que ce mot *administration* a été entendu par la commission dans le sens d'autorité administrative, ou, si vous voulez, d'administration publique; ainsi la commission ne voit pas d'inconvénient à ce que cela soit expliqué, et qu'on dise, *par l'autorité administrative, sur la demande de l'administration forestière.*

« Vient ensuite une question sur laquelle je réclame toute l'attention de la Chambre, parce qu'il ne s'agit plus seulement d'une discussion de mots : je veux parler de l'amendement de M. de Ricard, qui tend à vous faire considérer comme matière contentieuse un aménagement proposé par l'administration forestière sur des bois de communes. Vous sentez que cet acte, purement administratif, purement de surveillance, ne peut être de la compétence d'un conseil de préfecture, et encore moins du Conseil d'État, qui n'aurait pas les connaissances locales nécessaires pour rendre une décision.

« Cet inconvénient, qui résulte de l'amendement de M. de Ricard, ne se présente nullement dans l'amendement de la commission. On sait qu'il y a une certaine espèce de terrains qu'on appelle prés-bois qui sont de quelque rapport, et qu'ordinairement les communes préfèrent conserver en nature de pacage, parce qu'elles y trouvent plus d'avantage. L'administration, au contraire, qui est bien aise d'augmenter les produits forestiers, propose souvent de mettre en nature de bois ce qui se trouve en nature de pacage. Il y a alors division entre l'administration forestière et la commune. Comme c'est une matière contentieuse, la commission, pour donner aux communes toutes les garanties possibles, a proposé de soumettre cette contestation aux conseils de préfecture, sauf le recours au Conseil d'État. Vous voyez par là la différence qu'il y a entre l'aménagement dont il est parlé au premier paragraphe, et qui est un acte de pure administration, et la conversion en bois ou l'aménagement des terrains qui sont en pacage. Dans le premier cas, il s'agit d'un objet que l'administration seule doit régler; dans le second, il s'agit d'un objet litigieux, à l'égard duquel les communes ont, d'après notre amendement, toutes les garanties qu'elles peuvent désirer.

« D'après ces motifs, je crois que la Chambre doit adopter l'amendement que nous lui avons présenté, sauf à remplacer dans le premier paragraphe le mot, *administration*, par ceux-ci, *l'autorité administrative, sur la proposition de l'administration forestière.* »

La Chambre, après avoir entendu de nouvelles explications contenant de simples développemens, a renvoyé l'article, sur la proposition de M. *Boin*, à la commission, pour qu'elle présentât une nouvelle rédaction.

A la séance suivante, M. *le Rapporteur* a présenté alors l'article tel qu'il a été adopté, et a exposé ainsi les motifs de la commission :
« Messieurs, vous avez renvoyé hier, à l'examen de votre commission, les amendemens proposés sur l'art. 90 par nos honorables collègues MM. de Ricard, Boin et Dudon. Deux de ces amendemens s'appliquent particulièrement au paragraphe Ier de l'article ; ils ont pour objet de remplacer le mot *administration* qui s'y trouve, par ceux-ci, *autorité administrative*, afin qu'il ne puisse pas y avoir d'équivoque, et que l'on sache bien que c'est à l'autorité administrative et non à l'autorité forestière qu'il appartient de reconnaître que les bois taillis ou futaies sont susceptibles d'aménagement ou d'une exploitation régulière ; l'administration forestière ne doit en effet intervenir que pour faire la proposition qu'elle juge convenable pour la meilleure exploitation des bois des communes ou des établissemens publics, qui doivent eux-mêmes donner leur avis sur cette proposition. C'est d'après tous ces éclaircissemens que l'autorité administrative prononcera sur toutes les contestations qui pourront s'élever, soit sur l'aménagement des bois dont il s'agit, soit sur le mode de leur exploitation. Cette marche simple et naturelle garantira tous les intérêts ; elle résultait déjà de la disposition du projet ; mais pour la rendre plus précise, la commission vous propose d'y faire un changement de rédaction qui rentrera dans celle de M. Boin.

« Quant à l'amendement proposé sur le troisième paragraphe de l'article, la commission a pensé que, s'agissant de convertir en bois des terrains que des communes ou des établissemens publics voudraient conserver en pâturages, il fallait leur donner toutes les garanties convenables pour que le parti pris à cet égard ne pût jamais nuire à leurs véritables intérêts. C'est aussi le but que s'est proposé la commission, en soumettant au conseil de préfecture les contestations qui pourront s'élever entre l'administration forestière et les communes ou les établissemens publics.

« L'amendement de M. Dudon tend à faire juger la question par le préfet, sauf le pourvoi au Conseil d'État contre la décision ministérielle qui aurait approuvé son arrêté ; mais il a paru à votre commission qu'il valait mieux donner cette attribution au conseil de préfecture : elle leur est déjà accordée par la loi du 9 ventôse an 12, et par le décret du quatrième jour complémentaire an 13, pour ce qui concerne le partage des communaux. Il s'agit, dans ce cas, comme dans celui qui nous occupe, des intérêts des communes : la compétence du conseil de préfecture doit dès-lors être la même. »

§. 2. — La loi qui soumet les bois des communes et des établissemens publics au régime forestier, comprend, dans l'expression générique *bois*, tous les terrains plantés d'arbres. Cassation, arrêt du 13 décembre 1811. (*Trait. gén., tom.* 2, *pag.* 457.)

§. 3. — Tout terrain compris dans l'aménagement des bois est soumis au même régime que le surplus des bois, et les délits qui s'y commettent sont passibles des peines forestières. Cassation, arrêt du 26 avril 1816. (*Idem, tom.* 2, *pag.* 671.)

ART. 91.

Les communes et établissemens publics ne peuvent faire aucun défrichement de leurs bois sans une autorisation expresse et spéciale du Gouvernement ; ceux qui l'auraient ordonné ou effectué sans cette autorisation seront passibles des peines portées au titre XV contre les particuliers pour les contraventions de même nature.

ANNOTATIONS.

Voir les lettres-patentes du 26 mars 1790, art. 7, et les art. 92 et 219 du Code.

Sur la demande de M. *Méchin*, député, qui trouvait bien vague le mot *Gouvernement*, M. *le ministre des finances* l'a expliqué, en disant qu'il signifiait le ministre, c'est-à-dire qu'il faudrait une *décision ministérielle* à fin d'autorisation.

ART. 92.

La propriété des bois communaux ne peut jamais donner lieu à partage entre les habitans.

Mais lorsque deux ou plusieurs communes possèdent un bois par indivis, chacune conserve le droit d'en provoquer le partage.

ANNOTATIONS.

Voir les art. 1er et 105 du Code; le décret du 10 juin 1793, et l'art. 815 du Code civil.

M. *Gauthier*, député, a cru que ce serait perfectionner la loi, que de supprimer le mot *jamais*, et d'ajouter au premier paragraphe de l'article ces mots, *qu'en vertu d'une ordonnance formelle du Roi;* il s'est fondé sur ce qu'il n'était pas impossible qu'il se présentât en faveur du partage des motifs de nécessité évidente, et qu'on n'eût alors à regretter de s'être placé, par une disposition si impérative, dans l'alternative ou de se refuser à un partage manifestement utile ou de violer la loi. L'honorable député a cité plusieurs cas où le partage lui paraîtrait très-utile.

M. *de Martignac*, *commissaire du Roi*, a répondu que les générations actuelles n'étaient qu'usufruitières des biens communaux; qu'aucune génération n'aurait le droit de dénaturer son titre, ni de se constituer propriétaire de son autorité privée; que l'art. 91 prévoyait le cas où le défrichement serait nécessaire; mais, quant au principe, qu'il était absolu, et qu'il ne croyait même pas que la loi pût faire une pareille concession.

M. *Sébastiani* s'est élevé contre l'opinion de M. le commissaire du Roi; il a pensé que le partage des biens communaux présentait un grand degré d'utilité et que la consécration du principe opposé serait le renversement de toutes les idées d'économie politique.

L'amendement a été rejeté.

ART. 93.

Un quart des bois appartenant aux communes et aux établissemens publics sera toujours mis en réserve, lorsque ces communes ou établissemens posséderont au moins dix hectares de bois réunis ou divisés.

Cette disposition n'est pas applicable aux bois peuplés en arbres résineux.

ANNOTATIONS.

Voir les art. 100 et 102 ci-après; l'ordonnance de 1669, tit. 25, art. 2 et 8; la loi du 29 septembre 1791, tit. 12, art. 6 et 9; la loi du 13 messidor an 2, et le décret du 21 mars 1806.

§. 1.——Ces mots du premier paragraphe: *lorsque ces communes ou établissemens posséderont au moins dix hectares de bois, réunis ou divisés*, n'existaient pas dans le projet: ils ont été ajoutés sur la proposition de la commission de la Chambre des députés. (*Rapport de M. Favard de Langlade.*)

§. 2. — L'art. 93 n'a pas d'effet rétroactif. Dans les lieux où il existait antérieurement des quarts de réserve, ils doivent être conservés. Les communes ne peuvent en disposer qu'en vertu d'ordonnances du Roi. (*Art.* 16 *et* 90.)

§. 3.—D'après un avis du Conseil d'État du 4 juillet 1807, approuvé le 20, le partage doit être fait à raison du nombre de feux par chaque commune, et sans avoir égard à l'étendue du territoire de chacune d'elles ; c'est aussi ce qui résulte d'un autre avis du 26 avril 1808, motivé sur l'art. 542 du Code civil.

ART. 94.

Les communes et établissemens publics entretiendront, pour la conservation de leurs bois, le nombre de gardes particuliers qui sera déterminé par le maire et les administrateurs des établissemens, sauf l'approbation du préfet, sur l'avis de l'administration forestière.

ANNOTATIONS.

Voir l'ordonnance de 1669, tit. 25, art. 14 et 15, et la loi du 29 septembre 1791, tit. 4 et tit. 12, art. 1 à 5.

D'après le projet, le nombre des gardes devait être déterminé par l'administration des forêts ; mais, sur la proposition de la commission de la Chambre des députés, l'article a été modifié tel qu'il existe. (*Rapport de M. Favard de Langlade.*)

ART. 95.

Le choix de ces gardes sera fait, pour les communes, par le maire, sauf l'approbation du conseil municipal, et pour les établissemens publics, par les administrateurs de ces établissemens.

Ces choix doivent être agréés par l'administration forestière, qui délivre aux gardes leurs commissions.

En cas de dissentiment, le préfet prononcera.

ANNOTATIONS.

Voir l'art. 117 ci-après et la loi du 29 septembre 1791, tit. 4 et tit. 12.

Les mots, *en cas de dissentiment, le préfet prononcera*, ont été ajoutés sur la proposition de la commission de la Chambre des députés. (*Rapport de M. Favard de Langlade.*)

ART. 96.

A défaut, par les communes ou établissemens publics, de faire choix d'un garde dans le mois de la vacance de l'emploi, le préfet y pourvoira, sur la demande de l'administration forestière.

ANNOTATIONS.

Voir l'ordonnance de 1669, tit. 25, art. 14, et la loi du 29 septembre 1791, tit. 4 et 12.

Dans la première rédaction, l'administration forestière devait seule pourvoir au choix du garde ; le changement a été proposé par la commission de la Chambre des députés. (*Rapport de M. Favard de Langlade.*)

ART. 97.

Si l'administration forestière et les communes ou établissemens publics jugent convenable de confier à un même individu la garde d'un canton de bois appartenant à des communes ou à des établissemens publics, et d'un canton de bois de l'État, la nomination du garde appartient à cette administration seule. Son salaire sera payé proportionnellement par chacune des parties intéressées.

ANNOTATIONS.

Voir l'art. 4 ci-devant, et l'art. 11 de la loi du 9 floréal an 11.

La première rédaction de l'article était: « Si l'administration forestière juge convenable de confier à un même individu la garde d'un canton de bois appartenant à des communes ou établissemens publics et d'un canton de bois de l'État, la nomination du garde appartient à cette administration seule. » C'est la commission de la Chambre des députés qui a proposé le changement. (*Rapport de M. Favard de Langlade.*)

ART. 98.

L'administration forestière peut suspendre de leurs fonctions les gardes des bois des communes et des établissemens publics : s'il y a lieu à destitution, le préfet la prononcera, après avoir pris l'avis du conseil municipal ou des administrateurs des établissemens propriétaires, ainsi que de l'administration forestière.

Le salaire de ces gardes est réglé par le préfet, sur la proposition du conseil municipal ou des établissemens propriétaires.

ANNOTATIONS.

Voir l'ordonnance de 1669, tit. 3, art. 6 et 7; un arrêt du Conseil du 15 août 1752; la loi du 29 septembre 1791, tit. 12, art. 3, et celle du 9 floréal an 11, art. 14.

§. 1.— Dans le projet, la fin du premier paragraphe de l'article était ainsi conçue : *Elle ne peut les destituer qu'après avoir pris l'avis du conseil municipal ou des administrateurs des établissemens publics.* Sur la proposition de la commission de la Chambre des députés, le droit de destitution a été attribué au préfet, et l'article a été rédigé tel qu'il est ci-dessus. (*Rapport de M. Favard de Langlade.*)

M. de Bouthillier, *Directeur général des forêts*, a combattu cet amendement. Il a demandé comment on voudrait qu'une administration qui est chargée de la gestion des bois communaux, pût maintenir les gardes dans leur devoir, en exiger un bon service, en obtenir l'obéissance et la subordination nécessaires, si elle ne peut ni les nommer, ni les destituer, ni fixer leur salaire.

M. Gillet, député, a appuyé l'amendement qu'il a regardé comme indispensable pour mettre l'art. 98 en harmonie avec l'art. 95. Il a rappelé à cet égard la règle *ejus est destituere cujus est instituere.*

§. 2.—A la Chambre des pairs, *M. le Directeur général des forêts*, sur la demande de M. le comte d'Haubersaet, a annoncé que, dans le cas de suspension, l'ordonnance d'exécution autoriserait l'administration à nommer un garde provisoire.

ART. 99.

Les gardes des bois des communes et des établissemens publics sont en tout assimilés aux gardes des bois de l'État, et soumis à l'autorité des mêmes agens; ils prêtent serment dans les mêmes formes, et leurs procès-verbaux font également foi en justice pour constater les délits et contraventions commis même dans des bois soumis au régime forestier autres que ceux dont la garde leur est confiée.

ANNOTATIONS.

Voir les art. 5, 165, 166, 170, 176, 177 et 178 du Code ; l'ordonnance de 1669, tit. 25, art. 15, et la loi du 29 septembre 1791, tit. 4 et tit. 12, art. 5.

§. 1.—D'après l'assimilation absolue que prononce l'art. 99, les gardes des bois des communes et des établissemens publics sont placés sous la garantie accordée par l'art. 75 de l'acte du 22 frimaire an 8. Ils sont, comme ceux de l'État, officiers de police judiciaire, et ils jouissent des avantages attachés à ces fonctions. Il faut dès-lors leur appliquer ce qui est dit dans les *Annotations* sur les art. 6, 87 et 207.

§. 2. — L'acte de prestation de leur serment est sujet au droit d'enregistrement de trois francs. (*Voy. les Annotations sur l'art. 5*).

§. 3. — Le droit d'enregistrement des procès-verbaux est tarifé à deux francs, outre le décime, par l'art. 44, n° 16, de la loi du 28 avril 1816.

§. 4. — Conformément à une décision du ministre des finances du 8 mai 1810, ces procès-verbaux peuvent être visés pour timbre et enregistrés en débet et sans avance de droits conformément à l'art. 70, §. 1er, n° 4, de la loi du 22 frimaire an 7. (*Voy. l'art.* 170 *ci-après.*)

§. 5. — Les procès-verbaux constatant les opérations des arpenteurs forestiers dans les bois communaux, sont également enregistrés et visés pour timbre en débet, sauf le recouvrement contre les communes (*Circul. de l'adm. forest. du* 3 *juin* 1810, n° 415.)

§. 6. — Suivant les art. 157 et 158 du réglement du 18 juin 1811, les frais des affaires concernant les communes, régies, administrations ou établissemens publics, sont toujours à leur charge, soit que les poursuites aient eu lieu à leur requête, soit même qu'elles aient eu lieu à la requête du ministère public. L'administration de l'enregistrement est chargée d'en poursuivre le recouvrement contre les condamnés, et en cas d'insolvabilité ou de décharge de ceux-ci, contre les communes et établissemens publics. Lettre du garde des sceaux, du 3 avril 1818. (*Trait. gén., tom.* 2, *pag.* 751.)

§. 7. — Mais, en vertu de l'art. 107 ci-après, et conformément à la loi qui y est annotée, le remboursement sur les communes n'aura lieu que jusqu'au 1er janvier 1829.

Art. 100.

Les ventes des coupes, tant ordinaires qu'extraordinaires, seront faites à la diligence des agens forestiers, dans les mêmes formes que pour les bois de l'État, et en présence du maire ou d'un adjoint pour les bois des communes, et d'un des administrateurs pour ceux des établissemens publics; sans toutefois que l'absence des maires ou administrateurs, dûment appelés, entraîne la nullité des opérations.

Toute vente ou coupe effectuée par l'ordre des maires des communes ou des administrateurs des établissemens publics en contravention au présent article donnera lieu contre eux à une amende qui ne pourra être au-dessous de trois cents francs ni excéder six mille francs, sans préjudice des dommages-intérêts qui pourraient être dus aux communes ou établissemens propriétaires.

Les ventes ainsi effectuées seront déclarées nulles.

Annotations.

Voir les art. 15 à 28 du Code; l'ordonnance de 1669, tit. 25, art. 9 à 12; la loi du 29 septembre 1791, tit. 12, art. 9 à 12, et l'arrêté du 8 thermidor an 4.

§. 1.—La Chambre des députés a rejeté un amendement de *M. Devaux* ainsi conçu : « Les ventes des coupes ordinaires et extraordinaires, celles de glandée, panage et paisson, seront arrêtées par les conseils municipaux ou par les administrateurs des établissemens publics, qui délibéreront aussi sur les clauses et conditions d'intérêt local à insérer dans le cahier des charges. Les délibérations des conseils municipaux et des administrateurs seront soumises à l'approbation du préfet, sur l'avis des agens forestiers. Les adjudications seront faites à la diligence des agens forestiers, etc. (comme au reste de l'article). »

La Chambre a pareillement rejeté un autre amendement de *M. Breton*, qui consistait à ajouter à la fin du premier paragraphe de l'article : *lorsqu'ils auront été appelés par un avis dûment signifié au moins quinze jours avant l'adjudication.*

§. 2.—D'après l'art. 15, l'aménagement est réglé par des ordonnances royales, et selon l'art. 16, il ne peut être fait aucune coupe extraordinaire qu'en vertu d'une ordonnance spéciale du Roi, insérée au bulletin des lois : il en résulte que non-seulement les bois en massifs appartenant aux communes, aux hospices, aux fabriques et autres établissemens publics, mais encore les arbres épars sur les terrains communaux, les plantations sur les chemins, de commune à commune, et celles qui se trouvent dans les avenues, fossés, remparts, promenades, cimetières et autres lieux, sont soumis au régime forestier, et qu'il ne peut y être fait aucune coupe sans une autorisation du Gouvernement.

Ces coupes d'arbres épars sont considérées comme des coupes extraordinaires, pour lesquelles les demandes doivent être motivées, de même que pour celles des quarts de réserve, sur les besoins urgens des communes propriétaires, ou sur l'état de dépérissement des arbres.

Les dispositions du nouveau Code à cet égard ne font que reproduire celles des arrêts du conseil des 20 juillet 1762 et 22 mars 1763, qui défendaient aux maires et échevins des villes de disposer des arbres qui étaient sur les remparts et lieux publics desdites villes sans la permission du Roi.

Les agens forestiers continuent d'être chargés de la visite des arbres dont on demande la coupe, et du soin d'en faire connaître l'état et la valeur. Leurs procès-verbaux sont transmis de la même manière que pour les coupes extraordinaires dans les quarts de réserve et les adjudications se font devant les mêmes autorités.

Outre l'obligation imposée aux communes et autres établissemens publics, de demander l'autorisation de disposer des arbres épars qui leur appartiennent, ils doivent se conformer aux art. 122, 123 et suivans du Code, sur l'affectation des bois au service de la marine. Lettre du ministre des finances au préfet des côtes du Nord, du 7 décembre 1811 (*Trait. gén., tom. 2, pag. 964.*)

Nota. Voy. toutefois l'art. 153 de l'ordonnance d'exécution.

§. 3.—D'après l'ordonnance du Roi, du 3 juillet 1816, qui fixe les attributions de la caisse des dépôts et consignations créée par la loi du 28 avril précédent, le prix principal des coupes extraordinaires des bois des communes et des établissemens publics et l'excédant du prix des coupes ordinaires sur les dépenses réglées et prévues par les budgets, doivent être versés à cette caisse qui est substituée à la caisse d'amortissement pour recevoir les dépôts volontaires. (*Art. 7, n° 8, d'une autre ordonnance en date du même jour.*)

Les sommes ainsi déposées porteront intérêt à 3 p. o/o au profit des communes et des établissemens publics, conformément à l'art. 4 de l'arrêté des consuls du 19 ventôse an 10, pourvu que ces sommes soient restées à la caisse plus de 30 jours. (*Art. 5 de la même ordonnance.*)

§. 4. — L'ordonnance du 5 septembre 1821, relative à l'emploi des fonds provenant des coupes extraordinaires des bois des communes et des établissemens publics, est ainsi conçue :

Art. 1er. « Les fonds provenant de coupes extraordinaires des bois des communes, des hôpitaux et des établissemens publics, dont l'adjudication n'excédera pas la somme de mille francs, ne seront plus versés à la caisse des dépôts et consignations.

« Les receveurs généraux des finances en feront le recouvrement à titre de placement en compte courant au trésor royal, pour être tenus, avec les intérêts qui en proviendront, à la disposition des établissemens propriétaires, sur la simple autorisation des préfets.

2. « Les receveurs généraux des finances recevront, sous les mêmes conditions et aux mêmes titres,

« 1°. La somme de mille francs sur les coupes extraordinaires dont la vente n'excédera pas cinq mille francs;

« 2°. Le cinquième du produit des coupes dont l'adjudication excédera cinq mille francs : le surplus continuera d'être versé à la caisse des dépôts et consignations. »

§. 5. — Une autre ordonnance, du 31 mars 1822, porte :

« Les receveurs généraux des finances feront le recouvrement, à titre de placement en compte courant au trésor royal, du quart du produit des coupes extraordinaires des bois des communes et établissemens publics dont l'adjudication excédera cinq mille francs, pour être tenu, avec les intérêts qui en proviendront, à la disposition de ces établissemens, sur la simple autorisation des préfets.

« Le surplus continuera d'être versé à la caisse des dépôts.

« En conséquence, celle des dispositions de l'art. 2 de l'ordonnance du 5 septembre 1821, qui prescrit le versement au trésor du cinquième du produit desdites coupes, est rapportée. »

ART. 101.

Les incapacités et défenses prononcées par l'art. 21 sont applicables aux maires, adjoints et receveurs des communes, ainsi qu'aux administrateurs et receveurs des établissemens publics, pour les ventes des bois des communes et établissemens dont l'administration leur est confiée.

En cas de contravention, ils seront passibles des peines prononcées par le paragraphe premier de l'article précité, sans préjudice des dommages-intérêts, s'il y a lieu; et les ventes seront déclarées nulles.

ART. 102.

Lors des adjudications des coupes ordinaires et extraordinaires des bois des établissemens publics, il sera fait réserve, en faveur de ces établissemens, et suivant les formes qui seront prescrites par l'autorité administrative, de la quantité de bois, tant de chauffage que de construction, nécessaire pour leur propre usage.

Les bois ainsi délivrés ne pourront être employés qu'à la destination pour laquelle ils auront été réservés, et ne pourront être vendus ni échangés sans l'autorisation du préfet. Les administrateurs qui auraient consenti de pareilles ventes ou échanges seront passibles d'une amende égale à la valeur de ces bois, et de la restitution, au profit de l'établissement public, de ces mêmes bois ou de leur valeur. Les ventes ou échanges seront en outre déclarés nuls.

ANNOTATIONS.

Voir l'art. 93 du Code, et les art. 122, 123, 141, 142, 143 et 144 de l'ordonnance d'exécution.

ART. 103.

Les coupes des bois communaux destinées à être partagées en nature pour l'affouage des habitans, ne pourront avoir lieu qu'après que la délivrance en aura été préalablement faite par les agens forestiers, et en suivant les formes prescrites par l'art. 81 pour l'exploitation des coupes affouagères délivrées aux communes dans les bois de l'État; le tout sous les peines portées par ledit article.

Voir l'art. 81 du Code, et l'art. 122 de l'ordonnance d'exécution.

§. 1. — M. *de Courtivron*, député, a proposé la rédaction suivante : « Les coupes des bois communaux destinés à être partagés en nature pour l'affouage des habitans, ne pourront avoir lieu qu'après que la délivrance en aura été préalablement faite par les agens forestiers à *des adjudicataires spéciaux*, et en suivant les formes *actuellement en usage dans chaque localité* pour l'exploitation des coupes affouagères délivrées aux communes dans *leurs bois* ; le tout sous les peines portées par l'art. 81 de la présente loi. »

M. Favard de Langlade, *rapporteur*, a combattu l'amendement : « La commission s'est empressée, a-t-il dit, de faire tout ce qu'elle a cru utile dans l'intérêt des particuliers ou de l'État ; mais elle a dû éviter soigneusement tout ce qui tendrait à autoriser des abus tels que ceux qui résulteraient de l'amendement proposé. Si l'orateur voulait se reporter à l'art. 81, il verrait que ce qu'il demande s'y trouve à peu près énoncé. Il est dit dans cet article que l'exploitation doit être faite par un entrepreneur nommé par les usagers et agréé par l'administration. Cet entrepreneur sera chargé de faire ce que demande notre honorable collègue, et vous aurez une marche régulière sans avoir les abus qui résulteraient de son amendement. »

M. *de Martignac*, *commissaire du Roi*, a aussi combattu le même amendement, qui a été rejeté.

§. 2. — La Chambre a rejeté pareillement un autre amendement de *M. Petit-Perrin*, tendant à ajouter à la fin de l'article la disposition suivante : « sauf la portion de bois coupés et abattus qui sera jugée nécessaire aux besoins locaux de l'agriculture par le préfet, sur la proposition des maires et d'après l'avis de l'agent forestier local ; laquelle portion sera réservée et distraite, pour être distribuée entre tous les habitans, dans toute sa longueur. »

M. Favard de Langlade a repoussé cette proposition en disant : « Si notre honorable collègue veut bien lire l'art. 105, il verra que nous y avons ajouté que le partage des bois se fera comme il le demande. Si vous adoptiez son amendement, il en résulterait que tous les abus qui ont lieu dans les communes seraient conservés. Au surplus, il est facile de voir que le but de sa proposition est rempli par l'art. 105. »

§. 3. — La Chambre a rejeté, enfin, après avoir entendu *M. de*

Martignac, un dernier amendement de *M. Méchin*, tendant à ajouter à l'article : « sauf néanmoins les modifications que les besoins et les usages des localités rendront nécessaires. »

§. 4. — Toute coupe même de broussailles et de genièvres dans les bois des établissemens publics, sans la participation de l'administration des forêts, est un délit. Cassation, arrêts des 13 février et 14 août 1812. (*Trait. gén.*, tom. 2, *pag.* 470 *et* 501.)

§. 5. — Aucune coupe de bois sur les terrains communaux connus sous le nom de prés-bois, ne peut y être faite que d'après l'autorisation de l'Administration. Cassation, arrêt du 9 avril 1813. (*Idem, tom.* 2, *pag.* 559.)

§. 6. — Les commune s ne peuvent faire couper les bois plantés sur les parcours ou pâtis communaux, ni les défricher qu'en vertu d'une autorisation du Gouvernement accordée par suite des procès-verbaux de visite des agens forestiers. Décision du ministre des finances, du 27 avril 1821. (*Idem*, *tom.* 2, *pag.* 914.)

§. 7. — L'ordonnance royale qui prescrit le mode d'exploitation d'une forêt communale, n'est qu'un acte de simple administration, dont la commune intéressée ne peut demander et obtenir la réformation par la voie contentieuse. Ordonnance du Roi, du 14 août 1822. (*Idem*, *tom.* 3, *pag.* 68.)

ART. 104.

Les actes relatifs aux coupes et arbres délivrés en nature, en exécution des deux articles précédens, seront visés pour timbre et enregistrés en débet, et il n'y aura lieu à la perception des droits que dans le cas de poursuites devant les tribunaux.

ANNOTATIONS.

Voir les *Annotations*, § 2 et suivans, sur l'article 99.

ART. 105.

S'il n'y a titre ou usage contraire, le partage des bois d'affouage se fera par feu, c'est-à-dire, par chef de famille ou de maison ayant domicile réel et fixe dans la commune ; s'il n'y a également titre ou usage contraire, la valeur des arbres délivrés pour constructions ou réparations sera estimée à dire d'experts et payée à la commune.

ANNOTATIONS.

Voir les art. 81 et 92 du Code, et l'art. 143 de l'ordonnance d'exécution; le décret du 26 nivôse an 2; l'arrêté du 19 frimaire an 10, et les avis du Conseil d'Etat des 20 juillet 1807 et 26 avril 1808.

§. 1. — La première rédaction était ainsi conçue: *S'il n'y a titre contraire, le partage de biens d'affouage se fera par feu, c'est-à-dire par chef de famille ayant domicile réel et fixe dans la commune, et la valeur des arbres délivrés pour constructions ou réparations, sera estimée à dire d'experts et payée à la commune.* La rédaction adoptée a été proposée par la commission de la Chambre des députés. (*Rapport de M. Favard de Langlade.*)

M. *de Montbel*, député, a proposé à la Chambre un changement de rédaction qui lui a paru nécessaire, et qui consistait à substituer aux mots, *chef de famille*, ceux-ci, *chef de maison.* « En effet, messieurs, a dit l'honorable député, un célibataire, un curé, un desservant, par exemple, n'est pas dans le sens habituel, du moins dans le sens restreint, un chef de *famille*. Je craindrais que cette dernière désignation, maintenue dans l'article que nous discutons, ne pût quelquefois donner lieu, particulièrement dans des communes rurales, à de mauvaises difficultés. »

M. *de Fumeron-d'Ardeuil*. Un arrêt du Conseil, de 1777, a expliqué la chose autant que possible; il a dit qu'on entend par feu les gens mariés ou garçons.

M. *de Berthier.* Le mot employé par l'article semble désigner un domicile constant : ne pourrait-on pas opposer le mot *fixe* aux desservans qui n'ont pas de domicile fixe?

M. *Dudon.* Il a été décidé que les curés et les desservans ne doivent pas compter au nombre des chefs de famille, parce que leurs émolumens peuvent compenser le droit dont il s'agit.

M. *de Berthier.* Cela n'est pas possible.

M. *Dudon.* Vous demandez l'état de la législation : je vous réponds par des arrêts du Conseil.

M. *de Berthier.* Il est d'usage, dans toutes les communes usagères, d'accorder au moins une portion aux desservans; sans doute on ne veut pas leur enlever cette ressource.

M. *Dudon.* Je ne conteste pas l'usage: mais la législation actuelle refuse aux curés toute participation aux bois d'affouage. La question a été décidée dans ce sens par deux arrêts du Conseil, interprétatifs des mots, *famille ayant ménage séparé.*

M. *de Berthier.* Il y a deux systèmes dans la distribution des bois d'affouage: l'un aristocratique, qui existe en Angleterre, et d'après lequel l'affouage est dû en vertu des propriétés qu'on possède; l'autre démocratique, qui est connu en France, et par lequel l'affouage est attribué aux individus, au lieu de l'être à la propriété. Pourquoi des hommes aussi utiles que les desservans seraient-ils exclus d'un droit auquel ils peuvent participer sans être propriétaires?

M. de Berbis. Il est essentiel de modifier la rédaction de l'article : on pourrait, par exemple, mettre les mots *chef de maison,* au lieu de ceux *chef de famille.*

M. Favard de Langlade, rapporteur, étant intervenu dans la discussion, a dit : « La commission a été unanimement d'avis que dans les mots *chef de famille* se trouvaient nécessairement compris les curés et les desservans, parce qu'ils sont, comme on l'a observé, au nombre des chefs de maison. Toutefois, pour trancher la difficulté, on peut ajouter aux mots, *chef de famille,* ceux-ci, *ou de maison.* »

M. de Berthier étant revenu à l'observation qu'il avait déjà faite, a demandé la suppression de l'adjectif *fixe,* les mots *domicile réel* devant suffire.

M. le Rapporteur a répondu : « Nous nous sommes servis de l'expression légale. Tout fonctionnaire public qui habite une commune a bien un domicile réel et fixe. Je ne vois pas pourquoi on supprimerait le mot *fixe,* surtout après l'addition que propose la commission. »

L'addition des mots *ou de maison* a été adoptée.

§. 2.—*M. Terrier de Santans* a demandé qu'on ajoutât : *maintenant, toutefois, dans les pays où elle a lieu, la distribution qui s'en fait par étendue de maison.*

Mais il a retiré sa proposition, sur l'observation de M. Favard de Langlade que tout ce que désirait cet honorable membre se trouvait dans l'article; qu'il y est dit que le partage se fera par feu, à moins d'un usage contraire; qu'il est difficile de s'exprimer plus catégoriquement, et que l'amendement ne pourrait qu'affaiblir cette expression.

§. 3. — Lorsqu'une contestation s'élève entre une commune et les héritiers d'un habitant à qui du bois d'affouage avait été assigné, il semble que c'est aux tribunaux qu'il appartient d'en connaître, parce qu'en supprimant la juridiction spéciale des grandes maîtrises des eaux et forêts, on a fait rentrer cette juridiction dans les attributions des tribunaux ordinaires.

§. 4. — Le partage du bois doit être fait à raison du nombre de feux dans chacune des deux communes copropriétaires d'un bois. Cependant, si, d'après les titres ou la possession, il s'élève des différens sur la quotité des droits respectifs de chaque commune, la connaissance de ces différends appartient aux tribunaux. Décret du 28 novembre 1809. (*Trait. gén.,* tom. 2, *pag.* 317.)

§. 5. — Lorsqu'une commune ne produit aucun titre de propriété à l'appui de ses prétentions dans le partage des bois communaux, sur un bois appartenant à deux communes, le partage doit être fait par feux, conformément aux lois de la matière. Ordonnance du Roi, du 28 décembre 1825. (*Trait. gén.*, tom. 3, *pag.* 397.)

§. 6. — La réunion d'une commune à une autre ne doit pas porter atteinte aux *droits respectifs* de propriété ou d'affouage de ces deux communes. Décret du 17 janvier 1813. (*Idem*, tom. 2, *pag.* 540.)

ART. 106.

Pour indemniser le Gouvernement des frais d'administration des bois des communes ou établissemens publics, il sera ajouté annuellement à la contribution foncière établie sur ces bois, une somme équivalente à ces frais. Le montant de cette somme sera réglé chaque année par la loi des finances; elle sera répartie au marc le franc de ladite contribution, et perçue de la même manière.

ANNOTATIONS.

Voir l'art. 109 du Code, et l'art. 144 de l'ordonnance d'exécution.

§. 1. — Dans le projet, l'article était ainsi conçu : « Pour indemniser le Gouvernement des frais d'administration des bois des communes et des établissemens publics, il sera payé, au profit du trésor, par les adjudicataires des coupes tant ordinaires qu'extraordinaires, un décime par franc en sus du prix principal de leur adjudication.

« Quant aux coupes et portions de coupes qui se délivrent en nature aux communes ou aux établissemens propriétaires, il sera perçu par le trésor un vingtième de la valeur des bois délivrés, laquelle sera fixée par le préfet, sur les propositions respectives du maire ou des administrateurs et des agens forestiers. »

La commission de la Chambre des députés a entièrement changé ce système. (*Rapport de M. Favard de Langlade.*)

§. 2. — L'exécution de l'art. 106, ainsi que de l'art. 107, a été ajournée par la loi du 6 juin 1827, annotée sous le dernier de ces deux articles.

ART. 107.

Moyennant les perceptions ordonnées par l'article précédent, toutes les opérations de conservation et de régie dans les bois des communes et des établissemens publics seront faites par les agens et préposés de l'administration forestière, sans aucuns frais.

Les poursuites, dans l'intérêt des communes et des établissemens publics, pour délits ou contraventions commis dans leurs bois, et la perception des restitutions et dommages-intérêts prononcés en leur faveur, seront effectuées sans frais par les agens du Gouvernement, en même temps que celles qui ont pour objet le recouvrement des amendes dans l'intérêt de l'État.

En conséquence, il n'y aura plus lieu à exiger à l'avenir des communes et établissemens publics, ni aucun droit de vacation, d'arpentage, de réarpentage, de décime, de prélèvement quelconque, pour les agens et préposés de l'administration forestière, ni le remboursement soit des frais des instances dans lesquelles l'administration succomberait, soit de ceux qui tomberaient en non-valeurs par l'insolvabilité des condamnés.

ANNOTATIONS.

§. 1. — Lors de la première rédaction, ces mots : *d'arpentage, de réarpentage, de décime, de prélèvement quelconque*, n'existaient pas dans l'article; ils y ont été ajoutés sur la demande de la commission de la Chambre des députés, pour mettre cet article en harmonie avec l'art. 106. (*Rapport de M. Favard de Langlade.*)

§. 2. — La loi du 6 juin 1827, qui a ajourné l'exécution des art. 106 et 107, est ainsi conçue : « Les perceptions autorisées pour indemniser le Gouvernement des frais d'administration des bois des communes et établissemens publics, sous la dénomination de *droit de vacation, de décime, d'arpentage, de réarpentage*, ainsi que le remboursement des frais d'instances avancés par l'administration des forêts, continueront de s'opérer comme par le passé, jusqu'au 1ᵉʳ janvier 1829.

« En conséquence, les dispositions contenues aux articles 106 et 107 du Code forestier, ne seront exécutoires qu'à partir de ladite époque 1ᵉʳ janvier 1829. » (*Voy. l'art. 99.*)

§. 3. — L'art. 19, tit. 12, de la loi du 29 septembre 1791, porte : « Toutes les opérations des préposés de la conservation générale des forêts dans les bois des communes, seront faites sans frais, sauf les vacations des arpenteurs qui seront employés; mais les adjudicataires des coupes tant *ordinaires* qu'*extraordinaires* seront tenus de payer, entre les mains des préposés de l'enregistrement, les deux sous pour livre du prix de leur adjudication, outre et par-dessus icelui, etc. »

§. 4. — Cette disposition doit recevoir son exécution alors même que le procès-verbal d'adjudication n'en imposerait pas formellement l'obligation aux adjudicataires. (*Inst. de l'adm. des domaines*, n° 51.)

§. 5. — Il résulte d'une décision du ministre des finances, du 24 janvier 1825, conforme à une autre du 12 octobre 1821, et à une première du 26 vendémiaire an 14, que, toutes les fois qu'une commune fait procéder à l'adjudication d'une coupe de bois, alors même qu'elle aurait été délivrée pour l'affouage des habitans, il y a lieu à la perception du décime pour franc. On ne doit réduire la perception en faveur de l'État seulement aux vacations des agens forestiers, que lorsque les coupes sont délivrées aux communes *pour l'affouage des habitans*, et que cette délivrance est suivie d'un partage réel entre ceux-ci, et n'a pas pour but de celer une adjudication. Cette règle ne souffre qu'une exception ; c'est lorsque, aux termes de la loi du 11 frimaire an 7, il est fait distraction d'une portion des coupes ordinaires pour être vendue, et payer le salaire des gardes et les contributions : les communes ne doivent point le décime pour franc du prix de cette vente; elles doivent seulement les vacations pour l'assiette de toute la coupe; mais si par abus il est distrait une portion qui excède un peu trop le montant des frais de garde et des contributions, il y a lieu d'exiger le décime pour franc du prix entier de la vente, qui doit tourner en déduction des vacations dues pour l'assiette de la coupe entière. (*Circul. de l'adm. des forêts, du 15 février 1825, n° 117.*)

§. 6. — Le décime ne doit pas être perçu, 1° pour la vente de l'écorce des arbres-lièges, puisqu'il n'y a point de coupes. (*Délibération du conseil d'administration des domaines du 20 octobre 1819*);

2° Sur le prix des arbres plantés sur les routes, puisqu'ils ne sont pas aménagés en coupe ni soumis au régime forestier. (*Décision du ministre des finances du 10 avril 1813*);

3° Sur le prix des arbres épars qui bordent les promenades ou les remparts des villes, les places publiques, ou qui sont sur les cimetières, et enfin de tous autres arbres épars qui ne sont point aménagés en coupe ordinaire ou extraordinaire. Dans le cas où les communes et les établissemens publics disposent de ces arbres par vente, ils ne doivent tenir compte au trésor que des frais des vacations employées par les agens forestiers, préalablement à la vente (*Décisions du ministre des finances des 25 mai 1809, 20 août, 8 octobre 1823, et 10 avril 1824*);

4° Pour extraction de minerai dans les bois desdits établissemens et des communes. (*Décision du ministre des finances du 10 juin 1824.*)

§. 7. — Selon là loi du 15 août 1792 et celle du 29 floréal an 3,
les vacations doivent être réglées, pour les arbres, à 25 centimes
par pied d'arbre; pour les forêts de pins et sapins et les arbres
épars, et pour le balivage et martelage des coupes ordinaires ou
extraordinaires, à raison de 4 fr. 50 c. par arpent, et de 1 fr. 50 c.
par arpent de récolement de la coupe ou vente usée. Il n'est alloué
aux arpenteurs que le droit de réarpentage à raison de 75 c. par
arpent, quand même ils auraient procédé à l'assiette des coupes.

La somme de 4 fr. 50 c. par arpent doit être perçue pour chacune des opérations qui se font sur le taillis et la futaie sur taillis,
lorsqu'elles ont lieu à des époques éloignées au moins d'un mois
l'une de l'autre. Lorsque les deux opérations sont faites simultanément, il n'est perçu que le droit entier pour l'une d'elles, et la
moitié des droits pour l'autre. Dans tous les cas, il n'est dû qu'un
seul droit pour le récolement. Le montant des vacations est réglé
par une ordonnance du préfet, sur le vu des procès-verbaux d'assiette et de récolement, et le recouvrement s'en fait par le receveur
des domaines au bureau dans l'arrondissement duquel les forêts et
les arbres se trouvent situés. (*Lettre de M. le Directeur-général des
domaines du 7 floréal an 10; Inst. n°s 51, 58 et 151.*)

§. 8. — Un maire avait demandé que ces dispositions fussent
appliquées à une coupe de 6,000 sapins, dont le produit devait
servir à la construction d'un établissement thermal. Son but était
d'obtenir l'affranchissement du décime pour franc, en faisant considérer cette coupe comme *affouagère;* mais les coupes affouagères
sont celles qui, sans qu'il soit besoin d'une autorisation spéciale du
Gouvernement, se font à des époques réglées, et dans l'intention
de distribuer, *en nature*, aux habitans, pour leur usage, le bois de
toute espèce qui en provient, tandis que la coupe des sapins dont
il s'agit, était une coupe *extraordinaire* dont la vente avait été autorisée, pour subvenir aux dépenses de la commune. Le décime
était dû comme pour une vente ordinaire. (*Décision du ministre des
finances du 24 septembre 1823.*)

§. 9. — Si les arbres marqués pour la marine dans une forêt
communale font partie d'une coupe adjugée, le décime n'est pas dû
sur le prix de ces arbres, puisque la valeur en a été comprise dans
le prix de l'adjudication sur lequel l'adjudicataire a payé le décime. Si ces arbres font partie d'une coupe affouagère, le décime
n'est également pas dû; mais s'il s'agit d'arbres marqués dans une
coupe ordinaire ou extraordinaire destinée à être vendue, le décime
est dû. (*Décision du ministre des finances, rappelée dans la circulaire
de l'adm. forestière du 18 octobre 1809.*)

§. 10. — Mais le décime n'est pas dû par le fournisseur sur une estimation rigoureuse d'arbres pris pour le service de la marine dans les bois domaniaux. Décision du ministre des finances du 2 janvier 1810. (*Trait. gén., tom.* 2, *pag.* 322.)

§. 11. — Lorsque la valeur d'une coupe délivrée en nature à une commune dans ses bois n'atteint pas le double des droits de vacations fixés par les lois des 15 août 1792 et 29 floréal an 3, cette coupe est alors affranchie des vacations, et il ne doit être perçu que les droits de timbre et d'enregistrement des procès-verbaux d'arpentage, de balivage, martelage et récolement. Décision du ministre des finances du 5 août 1811, et circulaire du ministre de l'intérieur du 11 juin 1817. (*Idem, tom.* 2, *pag.* 441.)

ART. 108.

Le salaire des gardes particuliers restera à la charge des communes et des établissemens publics.

ANNOTATIONS.

Voir les art. 98 et 115 du Code, et l'arrêté du 17 nivôse an 12.

§. 1. — Dans la première rédaction, on lisait ces mots, *et la rétribution des arpenteurs*; ils ont été retranchés, sur la demande de la commission, par une conséquence de la nouvelle rédaction de l'article précédent. (*Rapport de M. Favard de Langlade.*)

§. 2. — La loi du 22 mars 1806, porte : art. 1ᵉʳ • le montant des salaires des gardes des bois des communes qui n'auront ni revenus ni affouages suffisans pour l'acquitter, sera ajouté aux centimes additionnels des contributions de ces communes. »

§. 3. — Un préfet avait pensé que cette disposition avait été modifiée par l'art. 153 de la loi du 28 avril 1816, qui défend tout prélèvement sur les revenus des communes; mais cet article ne concerne que les prélèvemens appliqués à un usage qui serait étranger aux communes, tandis que la dépense résultant du traitement des gardes employés à la surveillance des bois communaux, est faite du consentement des communes et dans leur intérêt. Par ces motifs, le ministre des finances a décidé, le 10 juillet 1820, « que les communes doivent payer les gages de leurs gardes forestiers, et contribuer, proportionnellement à l'étendue de leurs bois, au paiement des gardes chargés cumulativement de la conservation des forêts domaniales et communales. » (*Art.* 6761 *du journ. de l'enreg.*)

ART. 109.

Les coupes ordinaires et extraordinaires sont principalement

affectées au paiement des frais de garde, de la contribution foncière, et des sommes qui reviennent au trésor en exécution de
l'art. 106.

Si les coupes sont délivrées en nature pour l'affouage, et
que les communes n'aient pas d'autres ressources, il sera distrait une portion suffisante des coupes, pour être vendue aux
enchères avant toute distribution, et le prix en être employé
au paiement desdites charges.

ANNOTATIONS.

Voir les art. 106, 107 et 108 du Code, et l'art. 144 de l'ordonnance d'exécution.

Sur la proposition de la commission de la Chambre des députés,
on a retranché de l'art. du projet, dans le premier paragraphe, les
mots, *et d'arpentage*, qui se trouvaient à la suite de ceux-ci, *frais
de garde*; et dans le second paragraphe, la disposition finale, ainsi
conçue : *Les ventes de cette nature ne seront pas passibles du prélèvement
du décime, au profit du trésor.*

M. *Petit-Perrin*, député, a proposé d'ajouter, après les mots, *au
paiement desdites charges*, la disposition suivante : « Si mieux n'aime
le maire, ou un habitant notable et solvable, se charger personnellement du paiement de toutes les charges auxquelles la coupe est
affectée, sauf à en répartir le montant à raison des stères qui seront
distribués entre les habitans, de tout quoi il sera rendu compte à
M. le préfet. »

Mais l'amendement n'a pas été appuyé.

ART. 110.

Dans aucun cas et sous aucun prétexte, les habitans des
communes et les administrateurs ou employés des établissemens
publics ne peuvent introduire ni faire introduire dans les bois
appartenant à ces communes ou établissemens publics, des
chèvres, brebis ou moutons, sous les peines prononcées par
l'art. 199 contre ceux qui auraient introduit ou permis d'introduire ces animaux, et par l'art. 78 contre les pâtres ou gardiens.

Cette prohibition n'aura son exécution que dans deux
ans, à compter du jour de la publication de la présente loi,
dans les bois où, nonobstant la prohibition de l'ordonnance de
1669, le pâturage des moutons a été toléré jusqu'à présent.

Toutefois, le pacage des brebis ou moutons pourra être
autorisé, dans certaines localités, par des ordonnances spéciales
de Sa Majesté.

ANNOTATIONS.

Voir l'ordonnance de 1669, tit. 19, art. 13.

§. 1. — Discussion à la Chambre des députés.

Dans l'article du projet, le premier paragraphe se terminait par ces mots, *contre les pâtres ou gardiens*, et le second (à présent le troisième) ne parlait point des *brebis*. (*Rapport de M. Favard de Langlade.*)

M. de Courtivron a demandé de réduire le délai à un an, et même d'exclure les chèvres de ce bénéfice.

M. de Martignac commissaire du Roi, s'est exprimé ainsi : « J'ai à présenter, Messieurs, quelques observations à la Chambre sur la généralité de l'amendement de la commission et sur la nécessité d'y faire un changement de rédaction. La Chambre peut se souvenir que toute introduction de moutons, de brebis et de chèvres, dans les bois des communes, est sévèrement défendue par la législation existante. L'ordonnance de 1669 contient même des peines sévères contre la violation de cette prohibition ; mais, malgré cette législation, il est des localités où l'introduction des brebis et des moutons a continué d'avoir lieu. La commission propose d'accorder un délai de deux ans pour la cessation de cet abus. Il paraîtrait assez difficile de faire déclarer par la loi, licite pendant deux ans, ce que la législation prohibe entièrement. Toutefois, nous reconnaissons que les considérations qui ont fait admettre une exception à l'art. 78, paraissent de nature à la faire admettre aussi dans l'art. 110. Mais il ne faut pas que cette exception soit conçue en termes tels, qu'elle entraîne la reconnaissance d'un droit, au lieu de n'être qu'une simple tolérance ; il ne faudrait pas que, pendant deux ans, l'introduction des moutons pût être faite, dans les localités mêmes où elle n'avait pas lieu jusqu'à présent. En conséquence, je crois que l'amendement devrait être ainsi rédigé : « Cette prohibition n'aura son exécution que dans deux ans, à compter du jour de la publication de la présente loi, dans les bois où, nonobstant la prohibition de l'ordonnance de 1669, le pâturage des moutons a été toléré jusqu'à ce jour. »

« Quant à l'amendement de M. de Courtivron, nous ne le combattons pas ; nous laissons à la commission le soin de défendre elle-même sa proposition. »

M. Sébastiani a appuyé les conclusions de la commission quant au délai, et l'opinion de M. de Martignac quant à la rédaction de l'addition proposée.

M. le Rapporteur s'est empressé d'adopter la modification de M. le commissaire du Roi, et a dit que l'intention de la commission n'avait été d'appliquer ce délai qu'aux localités où le pâturage des moutons avait été toléré. Quant au délai, il a persisté à croire qu'il devrait être de deux années.

M. de Courtivron a retiré son amendement, et on a adopté celui de la commission, sous-amendé par M. de Martignac.

M. Boulard, député, a proposé un amendement ainsi conçu : « Les autorisations qui seront accordées, soit en vertu de cet article, soit en vertu de l'art. 78, pourront toujours être révoquées par l'administration, sans indemnité. »

M. le Rapporteur a répondu en ces termes : « Il ne faut pas confondre avec les concessions, des autorisations qui ne sont que temporaires. Je prie la Chambre de se rappeler qu'à l'art. 78 j'ai donné pour principal motif que c'était seulement pour certaines localités et pour certaines circonstances qu'il fallait donner au Gouvernement la faculté d'accorder un délai. Il est impossible de supposer que, quand le Gouvernement aura donné une autorisation qui ne sera que temporaire, qui sera toute de bienveillance, on ait la pensée de demander une indemnité lorsque l'autorisation viendra à être retirée.

L'amendement de M. Boulard n'ayant pas été appuyé, n'a pas été mis aux voix.

§. 2. — La dépaissance des brebis dans les bois des communes et des particuliers est interdite en tout temps, et le certificat d'un maire portant que le lieu de la dépaissance n'a pas été mis en réserve, et qu'il reste destiné au pâturage de la commune, ne peut servir de base au renvoi des prévenus. Cassation, arrêt du 28 janvier 1820. (*Trait. gén.*, tom. 2, *pag.* 823.)

§. 3. — La défense de faire dépaître les chèvres et les moutons dans tous les bois quelconques est générale et absolue. Cette dépaissance dans un bois communal ne peut être autorisée par un acte de l'administration municipale, et l'exception de bonne foi des prévenus ne peut être appréciée que par l'administration forestière. Cassation, arrêt du 24 mai 1821. (*Idem, tom.* 2, *pag.* 917.)

Art. 111.

La faculté accordée au Gouvernement par l'art. 63, d'affranchir les forêts de l'État de tous droits d'usage en bois, est applicable, sous les mêmes conditions, aux communes et aux établissemens publics, pour les bois qui leur appartiennent.

ANNOTATIONS.

Voir l'art. 63 du Code; l'art. 145 de l'ordonnance d'exécution; la loi du 28 août—14 septembre 1792, et le décret du 21 janvier 1813.

Art. 112.

Toutes les dispositions de la huitième section du titre III, sur l'exercice des droits d'usage dans les bois de l'État, sont applicables à la jouissance des communes et des établissemens publics dans leurs propres bois, ainsi qu'aux droits d'usage dont ces mêmes bois pourraient être grevés; sauf les modifications résultant du présent titre, et à l'exception des art. 61, 73, 74, 83 et 84.

ANNOTATIONS.

Voir les art. 62 à 72, 75 à 82 et 85 du Code, et les art. 134, 139, 145 et 146 de l'ordonnance d'exécution.

§. 1. — L'article du projet se terminait par ces mots: *à l'exception de l'article* 61. La commission de la Chambre des députés a proposé le changement. (*Rapport de M. Favard de Langlade.*)

§. 2. — Les communes ne peuvent affermer le pâturage dans leurs bois, et il y a lieu à la résiliation des baux qui en auraient été consentis. Ordonnance du Roi, du 30 octobre 1822. (*Trait. gén.*, tom. 2, pag. 977.)

§. 3. — Un habitant d'une commune propriétaire de bois, ne peut user individuellement et sans remplir les formalités prescrites par la loi, de son droit de co-propriété. Cassation, arrêt du 27 février 1807. (*Idem*, tom. 2, pag. 134.)

TITRE VII.

Des Bois et Forêts indivis qui sont soumis au Régime forestier.

ART. 113.

Toutes les dispositions de la présente loi relatives à la conservation et à la régie des bois qui font partie du domaine de l'État, ainsi qu'à la poursuite des délits et contraventions commis dans ces bois, sont applicables aux bois indivis mentionnés à l'art. 1er, § VI, de la présente loi, sauf les modifications portées par le tit. VI pour les bois des communes et des établissemens publics.

ANNOTATIONS.

Voir les art. 159 à 187 du Code; les art. 147, 148 et 149 de l'ordonnance d'exécution; l'ordonnance de 1669, tit. 23; la loi du 29 septembre 1791, tit. 11, et le décret du 18 juillet 1806.

Dans le projet, on n'avait pas inséré ces mots: *sauf les modifications portées par le titre 5 pour les bois des communes et des établisse-*

mens publics : ils ont été ajoutés sur la demande de la commission de la Chambre des députés. (*Rapport de M. Favard de Langlade.*)

Art. 114.

Aucune coupe ordinaire ou extraordinaire, exploitation ou vente, ne pourra être faite par les possesseurs copropriétaires, sous peine d'une amende égale à la valeur de la totalité des bois abattus ou vendus; toutes ventes ainsi faites seront déclarées nulles.

ANNOTATIONS.

Voir l'ordonnance de 1669, tit. 23, art. 10 à 22 et tit. 26, art. 4, ainsi que l'ordonnance du 28 août 1816, art. 7 et 8.

Art. 115.

Les frais de délimitation, d'arpentage et de garde, seront supportés par le domaine et les copropriétaires, chacun dans la proportion de ses droits.

L'administration forestière nommera les gardes, réglera leur salaire, et aura seule le droit de les révoquer.

ANNOTATIONS.

Voir l'art. 108 du Code, et l'ordonnance de 1669, tit. 23, art. 22.

§. 1. — Les Receveurs des domaines sont chargés de recouvrer sur les particuliers, communes et établissemens publics qui possèdent des bois pas indivis avec l'Etat, la portion des frais de garde qui est à leur charge, suivant la part à laquelle ils ont droit dans les produits. (*Décision du ministre des finances, des 16 mars et 30 juin 1826.*)

§. 2. — L'art. 1. de la loi du 19 ventôse an 9, qui exempte de la contribution foncière les bois appartenant à l'Etat, ne s'applique évidemment pas aux portions de ces bois formant propriété privée pour les particuliers, les communes et les établissemens publics : ceux-ci sont assujétis à la contribution en proportion de leur part afférente dans la propriété de l'immeuble commun, et ils doivent en conséquence être imposés au rôle sur lequel le recouvrement sera suivi; ainsi ce recouvrement appartient aux percepteurs; et les receveurs des domaines n'ont pas à s'en occuper. (*Décision du ministre des finances du 16 mai 1826; Inst. du dir. gén. de l'enregt., n°. 1199, §. 1er*) Voy. les *Annotations* sur l'art. 83 ci-devant.

Art. 116.

Les copropriétaires auront, dans les restitutions et dommages-intérêts, la même part que dans le produit des ventes, chacun dans la proportion de ses droits.

ANNOTATIONS.

§. 1. — L'article du projet portait : « les copropriétaires auront, dans les restitutions et dommages-intérêts, la même part que dans le produit des ventes, *décime compris*, chacun dans la proportion de ses droits. »

Les mots, *décime compris*, ont été retranchés comme une conséquence des changemens qu'a subis l'art. 106. (*Rapport de M. Favard de Langlade.*)

§. 2. — Une délibération du conseil d'administration des domaines, du 9 octobre 1822, a statué que « lors de la vente de la coupe d'un bois indivis entre l'État et un particulier, ce dernier n'avait pas droit au décime pour franc, qui devait être versé intégralement dans la caisse du receveur des domaines. » (*Trait gén.*, tom. 3, pag. 90.)

§. 3. — La question de savoir si le copropriétaire d'un bois indivis avec l'État, a droit à une part proportionnelle du décime par franc, dû en sus du prix par les adjudicataires, est une question de propriété, rentrant dans le droit commun, et susceptible par conséquent des deux degrés de juridiction, lorsque la somme réclamée n'est pas inférieure à 1,000 fr. Il n'y a pas lieu, dans ce cas, d'appliquer les lois sur l'enregistrement qui n'admettent qu'un seul degré de juridiction. Cassation, arrêt du 16 mars 1825. (SIREY, 26-1-32.)

TITRE VIII.

Des Bois des Particuliers.

Art. 117.

Les propriétaires qui voudront avoir, pour la conservation de leurs bois, des gardes particuliers, devront les faire agréer par le sous-préfet de l'arrondissement ; sauf le recours au préfet, en cas de refus.

Ces gardes ne pourront exercer leurs fonctions qu'après avoir prêté serment devant le tribunal de première instance.

ANNOTATIONS.

Voir les art. 5, 95, 188 et 191 du Code; l'art. 150 de l'ordonnance d'exécution; les lois des 20 messidor an 3, 3 brumaire an 4 et 9 floréal an 11 ; l'ordonnance de 1669, tit. 26, et la loi du 29 septembre 1791.

§. 1er. — Discussion à la Chambre des députés.

La discussion s'est engagée sur la proposition faite par *M. Duhamel*, de mettre dans l'article le mot *reconnaître* au lieu du mot *agréer*, « Faire agréer un garde, a dit l'honorable député, par un agent forestier, c'est soumettre la nomination de ce garde, qui est un homme à gages, à la volonté et même à la fantaisie de l'agent forestier. Le propriétaire qui a besoin d'un garde est intéressé à le bien choisir; il me serait pénible de penser que nous pourrions avoir chez nous une suprématie au-dessus de notre propre volonté. Je crois aussi qu'il faudrait supprimer les mots, *en cas de refus*, etc. Ce refus serait de la plus grande inconvenance; j'espère que vous ne laisserez pas passer cela dans la loi. »

M. de Martignac a répondu qu'il en était ainsi des gardes des communes; et *M. le Ministre des finances*, que la société serait sans garantie si la nomination de leurs gardes était entièrement abandonnée à la discrétion des particuliers.

M. Duhamel a répliqué que les particuliers ne devaient pas être assimilés aux communes, qui sont considérées comme des mineurs, et que la société trouvait une assez forte garantie dans le serment prêté par les gardes.

M. le Rapporteur a prié la Chambre de faire attention que les gardes des bois des particuliers seraient, comme les gardes champêtres, soumis à l'agrément de l'administration. C'est le maire qui agrée les gardes champêtres; ce sera l'agent de l'administration forestière, intéressée à la conservation des bois, qui agréera les gardes des bois des particuliers.

M. Sébastiani, qui avait déjà appuyé la proposition de M. Duhamel, a modifié en ces termes l'amendement de son honorable collègue : « M. le président du conseil et M. le rapporteur nous ont dit que les gardes participent aux fonctions d'officiers publics par le droit qu'ils ont de dresser des procès-verbaux, et qu'il faut que l'administration forestière leur confère ce caractère. J'avoue que je me serais attendu à ce qu'on dît au moins l'administration publique, ou du moins les tribunaux. Mais, messieurs, voyez tout ce qu'il y a d'incohérent dans la section que nous discutons; voyez ce qu'il y a de désavantageux pour les propriétaires des bois. Ce n'est pas apparemment le garde forestier qui doit agréer le garde du propriétaire; ce sera un contrôleur, un inspecteur. Ce contrôleur sera établi souvent à trente lieues du bois où le propriétaire veut placer son garde. Il en résultera des déplacemens coûteux et inutiles. Si vous voulez absolument appeler le concours de l'administration publique, donnez aux sous-préfets le droit que vous proposez de mettre entre les mains des agens forestiers; cela sera plus raisonnable et en même temps plus commode pour les propriétaires. Je demande que l'agrément soit donné par les sous-préfets, sauf le recours aux préfets. »

M. de Berthier a demandé que l'agrément fût donné par les préfets, et *M. Méchin* par le sous-préfet. Cet honorable député s'est fondé sur ce qu'autant que cela est possible, on doit, à côté de toute décision administrative, mettre un appel immédiat; que si c'était le préfet qui fût appelé à prononcer en premier ressort, il faudrait, en cas de contestation, recourir au ministre, ce qui présenterait beaucoup d'inconvéniens.

M. de Martignac s'en étant rapporté à la sagesse de la Chambre pour le choix qu'elle aurait à faire entre l'administration publique ou l'administration forestière, MM. Duhamel et de Berthier ont retiré leurs amendemens, et celui de M. Sébastiani a été adopté.

Dans le projet, il existait cette phrase: « En cas de refus, (*des agens forestiers*), le propriétaire pourra se pourvoir devant le préfet, qui statuera. »

M. de Martignac a proposé de retrancher ces derniers mots, qui, selon lui, devenaient inutiles depuis l'adoption de l'amendement de M. Sébastiani.

La Chambre a adopté cette proposition; mais quelques membres pensant que le recours au préfet pourrait alors paraître douteux, on a ajouté la disposition spéciale qui se trouve dans l'article, et qui accorde ce recours.

M. Hyde de Neuville avait proposé d'ajouter ces mots, *sauf l'approbation du préfet*; mais *M. le Garde des sceaux* a fait observer qu'on ne pouvait pas admettre cette rédaction, parce que l'agrément du sous-préfet resterait sans exécution jusqu'à l'approbation du préfet.

§. 2. — L'ordonnance de 1669 et les lois des 20 messidor an 3, 3 brumaire an 4 et 9 floréal an 11, autorisaient également les particuliers à avoir des gardes pour la conservation de leurs bois. Ils devaient être agréés par le conservateur forestier, sauf, en cas de refus, le recours au préfet, qui statuait; ils devaient aussi prêter serment devant le tribunal de première instance.

L'art. 117 du Code reproduit les mêmes dispositions, à cette seule différence qu'il a substitué le sous-préfet au conservateur des eaux et forêts pour agréer les gardes particuliers nommés par les propriétaires.

§. 3. — On avait décidé que, pour que le garde champêtre d'un particulier pût, en cette qualité, rapporter procès-verbal des délits qui se commettent sur les *propriétés rurales* confiées à sa garde, il devait avoir été *agréé par le conseil municipal de la commune*, conformément à l'art. 4 de la loi du 20 messidor an 3, et confirmé par le sous-préfet, lors même qu'il serait agréé comme garde forestier. Cassation, arrêt du 21 août 1823. (*Trait. gén., tom.* 3, *pag.* 162.)

§. 4. — Mais un autre arrêt de la même cour, rendu le 8 avril 1826, a reconnu au contraire que les gardes champêtres nommés par les particuliers ont qualité d'officiers de police judiciaire, lorsqu'ils ont été agréés par le sous-préfet: qu'il n'est pas nécessaire qu'ils aient l'agrément du conseil municipal de la commune; que cet agrément n'est exigé que pour les gardes champêtres des communes nommés par les maires, d'après l'art. 4 de la loi du 20 messidor an 3; attendu que, pour les particuliers, l'attribution faite, par cette loi, aux administrations municipales, a été transférée par l'art. 9 de la loi du 17 février 1800, comme elle l'est par l'art. 117 du Code, aux sous-préfets. (SIREY, 27-1-28.) Voy., dans la 3ᵉ partie, pag. 149, l'ordonnance du 29 novembre 1820.

§. 5. — L'art. 218 du Code ayant compris, dans l'abrogation qu'il prononce, l'art. 14 de la loi du 9 floréal an 11, il s'en suit que les gardes de bois des particuliers se trouvent soustraits à la surveillance de l'administration forestière. Ils sont, comme officiers de police judiciaire, sous celle du procureur du Roi, d'après les art. 17 et 20 du Code d'instruction criminelle, et, en cette qualité, ils jouissent des prérogatives énoncées dans les *Annotations* sous les art. 6, 87, 89 et 99 ci-devant. Mais ils ne sont pas agens du Gouvernement; ils ne peuvent en conséquence invoquer la garantie établie par l'art. 75 de l'acte du 22 frimaire an 8.

§. 6. — Du principe que ces gardes sont agens de la force publique, il suit que les violences commises sur eux doivent être jugées par les cours d'assises, et punies des peines portées aux art. 230 et 231 du Code pénal. Cassation, arrêt du 19 juin 1818. (*Trait. gén., tom.* 2, *pag.* 756.)

§. 7. — Les gardes des bois des particuliers étant, d'après l'art. 20 précité du Code d'instruction criminelle, comme les gardes champêtres et forestiers, officiers de police judiciaire, c'est aux procureurs du Roi *à requérir leur admission au serment*, et non à un avoué. Cassation, arrêt du 20 septembre 1823. (*Voy. les Annotations*, §. 9, *sur l'art.* 5.)

§. 8. — Les actes de nomination des gardes des particuliers doivent être en papier timbré et enregistrés au droit fixe de 1 fr. , ayant d'en faire usage pour la prestation de serment.

§. 9. — La commission donnée par plusieurs personnes non co-propriétaires, à un particulier, pour garder leurs propriétés, doit 1 fr. fixe par chaque propriétaire, comme ayant chacun des intérêts distincts et séparés. (*Loi du 22 frimaire an 7, art.* 11 *et* 68, §. 1er, n° 51.)

§. 10. — L'acte du sous-préfet qui agrée, ou la décision du préfet qui admet le garde proposé, peut être rédigé à la suite de la commission, et il est exempt de l'enregistrement (*loi du 15 mai 1818, art.* 80); mais s'il en était délivré une expédition séparée, elle devrait être sur papier timbré.

§. 11. — L'acte de prestation de serment est sujet au droit d'enregistrement de 3 francs. (*Loi du 22 frimaire an 7, art.* 68, §. 3 , no 3; *décision du ministre des finances, du 31 juillet* 1820.) Voy. les *Annotations* sur l'art. 5.

ART. 118.

Les particuliers jouiront, de la même manière que le Gouvernement, et sous les conditions déterminées par l'art. 63, de la faculté d'affranchir leurs forêts de tous droits d'usage en bois.

ANNOTATIONS.

Voir la loi du 6 octobre 1791, art. 8; celle du 28 août—14 septembre 1792, art. 5 et 6 ; le décret du 21 janvier 1813; l'art. 63 ci-devant, et les art. 626 et 701 du Code civil.

ART. 119.

Les droits de pâturage, parcours, panage et glandée dans les bois des particuliers, ne pourront être exercés que dans les parties de bois déclarées défensables par l'administration forestière, et suivant l'état et la possibilité des forêts, reconnus et constatés par la même administration.

Les chemins par lesquels les bestiaux devront passer pour aller au pâturage et pour en revenir, seront désignés par le propriétaire.

ANNOTATIONS.

Voir les art. 67 à 73 et l'art. 120 du Code ; le décret du 17 nivôse an 13, et l'avis du Conseil d'État du 18 brumaire an 14.

§. 1. — Discussion à la Chambre des députés.

Ces mots, *et glandée*, n'existaient pas dans le projet; ils ont été
ajoutés sur la proposition de la commission. (*Rapport de M. Favard
de Langlade.*)

M. *de Berthier.* « Je crois qu'après le premier paragraphe, il
conviendrait d'ajouter ce que la commission avait proposé d'ajouter
à l'art. 67, qui correspond à celui-ci, et qui est placé sous la rubrique des bois de l'État. La commission avait dit : *sauf les peines
prononcées par l'art.* 199. Si vous n'ajoutez pas cette disposition
dans l'article que nous discutons, cet article restera sans sanction. Je
suppose que c'est oubli de la part de la commission. »

M. *de Martignac.* « C'était par erreur, ainsi que la Chambre l'a
reconnu, que la commission avait ajouté aux dispositions prohibitives de l'art. 67, celle-ci, *sauf les peines portées par l'art.* 199. La
commission avait établi cette pénalité, parce qu'elle pensait, comme
le préopinant, que l'article n'avait pas de sanction. Mais la Chambre
s'est aperçue qu'une disposition pénale s'appliquait à ceux dont les
troupeaux étaient trouvés hors des cantons défensables et des chemins désignés. En conséquence, on a effacé de l'art. 67 les mots
que la commission proposait d'ajouter.

Quant à l'art. 119, que nous discutons, il est, à l'égard des bois
des particuliers, ce que l'article 67 était à l'égard des bois de
l'État. Les pénalités sont rappelées dans l'art. 120.

§. 2. — Discussion à la Chambre des pairs.

M. *le duc de Praslin* a renouvelé une observation qu'il avait déjà
présentée sur l'art. 67, au sujet des bois exploités par furetage,
qui, dans l'opinion du noble pair, ne devraient jamais être déclarés
défensables.

M. *le Directeur général des forêts, commissaire du Roi,* a déclaré
que jamais l'administration n'avait considéré comme défensables, à
aucune époque, les bois qui s'exploitent de cette manière, et
si l'exercice du pâturage y avait quelquefois été toléré, c'était un
abus qui devra être réprimé.

M. *le comte de La Villegonthier* a fait observer que, indépendamment des droits de pâturage, parcours, panage et glandée, dont
l'art. 119 interdit l'exercice dans les bois défensables, il était encore
d'autres usages, tels, par exemple, que celui d'enlever les feuilles
pour faire la litière, qui sont également préjudiciables pour les
jeunes bois. Il serait donc à désirer que l'article portât une disposition générale, telle que celle de l'art. 64, qui traite du rachat des
usages, et qui, tout en spécifiant certains droits plus généralement
répandus, comprend ceux qu'il ne spécifie pas dans cette locution
générale, *les autres droits d'usage quelconques.*

M. *le Rapporteur de la commission* a estimé que la disposition de
l'art. 119 devait en effet s'appliquer à tous les droits dont l'exercice préjudicierait à la pousse des bois. Mais il suffit, a-t-il dit, que
le principe soit pesé, et son application à toutes sortes d'usages
analogues ne saurait être douteuse, alors même qu'il ne se trouverait pas compris dans la disposition littérale de l'article.

Aucune proposition n'étant faite, l'article a été adopté.

§. 3. — Les usagers dans les bois des particuliers ne peuvent y
introduire leurs bestiaux, avant que ces bois aient été déclarés défensables. La contravention à cette défense ne peut être couverte
par la preuve que le propriétaire des bois y aurait lui-même introduit
ses bestiaux, ou qu'il y aurait précédemment affermé le droit de
pacage, ni enfin par l'allégation que les bestiaux des usagers n'y
auraient point commis de dommages. Cassation, arrêt du 25 mai
1810. (*Trait. gén.*, tom. 2, *pag.* 347.)

§. 4. — Les habitans d'une commune qui prétendent à des droits
d'usage dans les bois d'un particulier, ne peuvent, quand même
leur titre limiterait un temps après lequel leur droit d'usage pourrait être exercé, et que ce temps serait écoulé, y envoyer paître
leurs bestiaux, avant que ces bois aient été déclarés défensables par
l'administration forestière. Cassation, arrêt du 26 janvier 1824.
(*Idem*, tom. 3, *pag.* 200.)

§. 5. — Les art. 78 et 110 défendent, sous les peines y portées,
d'introduire dans les bois et forêts des chèvres, brebis ou moutons.
Ainsi, deux propriétaires qui ont un droit réciproque de parcours
sur leurs bois, ne peuvent y introduire ces animaux, ni aucuns autres
bestiaux, avant que les bois aient été déclarés défensables, puisque
cette introduction blesserait directement les intérêts du propriétaire,
qui a soumis ses bois au parcours quand ils ne peuvent en être dé-
gradés, et non pas avant qu'ils soient en état de le souffrir ; cette
introduction est donc interdite. Toutefois, la répression de la contravention n'appartient point par action principale à l'administration des forêts.

Mais un particulier ne peut être empêché d'introduire ses bestiaux dans ses propres bois avant qu'ils soient défensables par ce
qu'il n'exerce ni un usage ni une servitude ; il use de sa chose. La
propriété consiste dans le droit d'user et d'abuser, sauf les intérêts
des tiers : ce droit doit être respecté, à moins qu'il n'en résulte de
graves abus. Quelque soit l'intérêt de l'État à la conservation des
bois, on peut s'en remettre à celui des particuliers de ne pas dégrader les bois qui leur appartiennent. Avis du Conseil d'État du
18 brumaire an 14. (*Idem*, tom. 2, *pag.* 42.) Voyez les art. 67 et
199 du Code.

§. 6. — Les dispositions de l'art. 78 du Code, qui prohibent l'envoi des bêtes à laine dans les forêts, surtout lorsquelles ne sont pas déclarées défensables. (art. 67), sont d'ordre public, soit qu'il s'agisse de bois domaniaux, soit qu'il s'agisse de bois particuliers ; elles ne peuvent être éludées par le porteur de conventions particulières contre la volonté des propriétaires du bois : de telles conventions sont essentiellement nulles et sans effet. Cassation, arrêt du 22 juin 1826. (SIREY, 27—1—62.)

§. 7. — Après que l'acquéreur d'un bois de l'État a confirmé sa propriété par le paiement, il a la faculté d'user et d'abuser, aux termes de l'avis du Conseil d'État du 18 brumaire—16 frimaire an 14, et par conséquent d'introduire ses bestiaux dans le bois sans qu'il ait été déclaré défensable, formalité qui n'est nécessaire que pour les usagers. Ordonnance du Roi, du 30 octobre 1817. (*Trait. gén.*, tom. 2, pag. 736.)

§. 8. — L'art. 68 du Code, d'après lequel le nombre des bestiaux que peuvent envoyer pacager les usagers doit être fixé par l'administration, ne s'applique pas au pacage dans les forêts particulières. En tous cas, la disposition ne pourrait avoir d'effet sur une convention antérieure qui donne à l'usager le droit d'envoyer pacager tous ses bestiaux, sans restriction ni limitation quelconque. Le propriétaire d'une forêt assujétie au droit d'usage et de pacage le plus étendu, ne peut envoyer pacager ses bestiaux dans les portions de la forêt non déclarées défensables. Cour royale de Poitiers, arrêt du 14 janvier 1825. (SIREY, 25—2—385.) Voy. les *Annotations*, § 6, sur l'art. 120.

§. 9. — Une décision du ministre des finances, du 5 novembre 1823, a établi que l'administration forestière n'avait pas le droit de fixer le nombre des bestiaux à mettre en pâturage dans les cantons des bois des particuliers qu'elle a déclarés défensables ; il doit en être de même aujourd'hui parce que l'art. 120 n'a pas déclaré l'art. 69 applicable aux bois des particuliers. En cas de contestation à cet égard, il doit être statué par les tribunaux conformément à l'art. 121. (*Trait. gén.*, tom. 3, pag. 154.)

§. 10. — Lorsque l'administration des forêts a constaté dans les bois des particuliers quelles sont les parties défensables, elle a consommé son ministère ; en sorte que s'il s'élève ensuite, entre les propriétaires et les usagers, des contestations sur le nombre des animaux que ceux-ci peuvent envoyer dans la forêt, c'est aux tribunaux à statuer. Ordonnance du Roi, du 4 février 1824. (*Idem*, tom. 3, pag. 201.)

§. 11. — Les essartemens doivent avoir 60 pieds de largeur, c'est-à-dire 30 pieds de chaque côté au delà du bord de la route qui doit avoir 72 pieds, *y compris les fossés* ; ainsi, le bois doit laisser une distance de 132 pieds de libre, dont 72 pour la route, et 60 pour l'essartement à faire au-delà.

Ces essartemens ne peuvent être faits dans les bois du domaine que par les agens forestiers, et ils doivent, dans les bois des particuliers, être dirigés par les ingénieurs des ponts et chaussées. Lettre du ministre des finances à M. le préfet de la Lozère, du 31 juillet 1821, motivée sur l'art. 3, tit. 28, de l'ordonnance de 1669, et sur l'arrêt du Conseil du 3 mai 1720. (*Trait. gén.*, *tom.* 2, *pag.* 942.)

ART. 120.

Toutes les dispositions contenues dans les art. 64, 66, § 1er; 70, 72, 73, 75, 76, 78, §§ 1er et 2; 79, 80, 83 et 85 de la présente loi, sont applicables à l'exercice des droits d'usage dans les bois des particuliers, lesquels y exercent, à cet effet, les mêmes droits et la même surveillance que les agens du Gouvernement dans les forêts soumises au régime forestier.

ANNOTATIONS.

Voir les art. 150 et 151 de l'ordonnance d'exécution, et les art. 682, 683, 684, 701 et 702 du Code civil.

§. 1. — Discussion à la Chambre des députés.

Deux amendemens sont proposés, l'un par M. Mestadier, l'autre par M. de Ricard. Ils consistent, le premier dans la suppression du chiffre 64, le second dans le retranchement du chiffre 78.

M. Mestadier motive le sien sur ce qu'il résulterait de l'insertion de l'art. 64, que les droits de pâturage, de panage et de glandée pourraient être rachetés entre particuliers, moyennant une indemnité en argent, ce qu'il ne croit pas qu'on doive admettre.

M. Favard de Langlade, *rapporteur*, répond : « Si notre honorable collègue avait fait ces observations sur l'art. 64, je les concevrais. Mais il doit se rappeler que cet article a été discuté avec beaucoup de soin, et que la Chambre a pris toutes les précautions convenables pour réserver aux communes la faculté de garder leurs pacages lorsqu'ils seront jugés nécessaires. L'article a été rédigé de manière à donner sur ce point toutes les garanties possibles aux communes, puisque les contestations qui peuvent s'élever doivent être jugées par les conseils de préfecture. Ainsi tout a été prévu. La Chambre a adopté cet article à la presque unanimité. J'avoue que je ne puis concevoir comment le préopinant a pu présenter ces observations sur l'article 120. Il a crié beaucoup contre la violation de la propriété et des contrats. Je pourrais lui citer l'article 8 de la loi du mois de novembre 1791 qui autorise les particuliers à faire ce rachat. Il est vrai que les communes ne s'y trouvent pas comprises ; mais le principe du rachat est consacré d'une manière formelle entre particuliers. Ainsi il n'y a pas eu changement de la législation existante. Aujourd'hui vous admettez l'État à jouir de la faculté accordée aux particuliers, parce que vous avez pensé que toutes les propriétés devaient être régies par le droit commun. Il y aurait incohérence d'accorder à l'État ce que vous auriez refusé aux particuliers. »

L'amendement de M. Mestadier est rejeté.

La discussion s'établit sur celui de M. de Ricard.

M. de Berthier demande que le renvoi à l'art. 78 ne rappelle que les deux premiers paragraphes de cet article, le troisième ne lui paraissant pas applicables aux bois des particuliers.

M. le Rapporteur répond que la commission y consent, et la Chambre adopte le sous-amendement, qui consiste dans le seul maintien des mots : *art. 78, paragraphes 1 et 2.*

M. de Ricard persiste à demander le retranchement de l'article entier; son amendement est rejeté.

L'article amendé par M. de Berthier est adopté.

§. 2. — Les usagers ne peuvent, sans délit, envoyer leurs bestiaux dans les bois des particuliers *à garde separée* et sans clochettes, et sous la conduite de leurs femmes, enfans ou domestiques. Cassation, arrêt du 24 août 1820. (*Trait. gén.*, tom. 2, pag. 365.) Voy. les *Annotations*, § 3, sur l'art. 72.

§. 3. — En matière correctionnelle et de police, il n'y a de question préjudicielle que celle qui naît d'une exception dont la preuve fait disparaître le délit ou la contravention : dès-lors l'exception d'un droit d'usage ne peut faire suspendre l'action correctionnelle pour fait de pâturage à garde séparée. Cassation, arrêt du 18 février 1820. (*Idem*, tom. 2, pag. 827.)

§. 4. — La concession d'un droit de pâturage pour un certain nombre de bêtes à cornes avec cette condition : *pourvu que les bêtes appartiennent à un tel ou à son fermier*, est une constitution d'un droit réel dont l'exercice n'est attaché ni à la personne de l'individu désigné, ni à la possession *entière* du domaine dont cet individu était propriétaire; il suffit d'avoir acquis les bâtimens, par exemple, de cette propriété et le droit de pâturage lui-même, pour être habile à exercer ce droit. Cassation, arrêt du 20 juin 1827. (SIRRY, 27-1-354.)

§. 5. — Il a été décidé, sous l'ancienne législation, que la coupe d'un bois taillis, faite par l'adjudicataire, après le 15 avril, était un délit passible d'amende, et que cette amende devait être prononcée pour les bois des particuliers, de la même manière que pour les forêts domaniales. (Cassation, arrêt du 23 janvier 1813.)

Dans ce cas, y a-t-il aujourd'hui lieu de prononcer l'amende d'après l'art. 40? Oui, sans doute; il s'agit ici d'un délit qui est à la fois public et privé. Il est un délit public, en ce qu'une coupe tardive peut faire périr le plant et priver la société d'un produit auquel elle est intéressée toute entière. Cette coupe est aussi une contravention à l'art. 219 du Code qui défend les défrichemens. Il est délit privé par ce qu'il fait tort au propriétaire du bois; d'où il suit que l'adjudicataire doit satisfaire à la vindicte publique comme au tort qu'il a fait à autrui, et que sous ce rapport le ministère public peut poursuivre d'office lorsque le particulier lésé a fait sa plainte, quand même ce particulier la retirerait. C'est la disposition formelle de l'art. 4 du Code d'instruction criminelle.

§. 6. — L'art. 68 du Code, conforme à l'art. 5, tit 19, de l'ordonnance de 1669, et d'après lequel le nombre des bestiaux que les usagers peuvent envoyer pacager, doit être fixé par l'administration forestière, ne s'applique pas au pacage dans les forêts particulières. En tous cas, sa disposition ne peut avoir d'effet sur une *convention antérieure* qui donne à l'usager le droit d'envoyer pacager *tous ses bestiaux* sans limitation du nombre. Cassation, arrêt du 8 novembre 1826. (SIREY, 27-1-39.) Voy. les *Annotations*, § 8, sur l'art. 119.

§. 7. — D'après l'art. 78, l'introduction des moutons, chèvres et brebis ne peut jamais avoir lieu dans les bois. Le seul fait de cette introduction constitue un délit. Le droit de faire dépaître ces animaux dans un bois de particulier, qui aurait été accordé à des usagers par une transaction, ne peut continuer aujourd'hui de recevoir son exécution, lors même que l'exercice de ce droit serait approuvé par l'autorité administrative. Cassation, arrêt du 20 juillet 1810. (*Trait. gén.*, tom. 2, *pag.* 354.)

§. 8. — Aux termes de l'art. 79 du Code, les usagers dans les bois des particuliers ne peuvent exercer leurs droits qu'après avoir fait connaître leurs besoins, et qu'après qu'il leur a été fait marque et délivrance des bois qui leur sont nécessaires. Cassation, arrêt du 21 novembre 1812. (*Idem*, tom. 2, *pag.* 527.)

§. 9. — Les usagers dans les bois des particuliers ne peuvent, d'après l'art. 79, y prendre des bois sans délivrance préalable. Leurs demandes peuvent être restreintes et même refusées suivant la possibilité des forêts. Ils ne peuvent couper ni ébrancher les arbres sans permission. Cassation, arrêt du 24 août 1820. (*Idem*, tom. 2, *pag.* 865.)

§. 10. — Les usagers dans un bois de particulier ne peuvent,

quelles que soient l'étendue de leurs droits et la manière abusive
dont ils en auraient joui précédemment, s'affranchir des règles
conservatrices prescrites par les lois, pour la déclaration de défensabilité et la prohibition du pâturage des bêtes à laine, attendu que
l'étendue d'un droit d'usage ne peut lui imprimer le caractère ni les
attributs de la propriété. Cassation, arrêt du 18 octobre 1821.
(*Trait. gén.*, tom. 2 ; *pag.* 959.)

§. 11. — Un habitant d'une commune usagère ou prétendue
usagère dans un bois de particulier ne peut seul et sans l'intervention de la commune, revendiquer les droits de cette commune, et
il ne peut y avoir lieu de surseoir au jugement du délit dont il serait
prévenu, malgré l'exception du droit à l'usage, si la commune
n'intervient point. Cassation, arrêt du 16 août 1822. (*Idem, tom.* 3,
pag. 73.)

§. 12. — Les dommages à prononcer pour délits commis dans
les bois des particuliers doivent être estimés de gré à gré, ou à
dire d'experts. Cassation, arrêt du 20 prairial an 11. (*Idem, tom.* 1er,
pag. 643.)

ART. 121.

En cas de contestation entre le propriétaire et l'usager, il
sera statué par les tribunaux.

ANNOTATIONS.

Voir l'art. 64 et les *Annotations.*

§. 1. — *M. de Kergariou*, député, avait proposé d'ajouter à l'article : *sauf le cas prévu par le deuxième paragraphe de l'art.* 64.
Cet amendement, combattu par M. Sébastiani, a été rejeté.

§. 2. — Lorsqu'entre une commune et un particulier, il s'élève
une question de droit d'usage et pacage à exercer sur un bois privé,
c'est aux tribunaux seuls qu'il appartient de prononcer sur les
titres dont la commune appuie sa réclamation. Ordonnance du Roi,
du 4 septembre 1822. (*Trait. gén.*, tom. 3 , *pag.* 84.)

§. 3. — La question de savoir quelle doit être l'étendue d'un
droit d'usage ou de dépaissance au profit d'une commune, dans un
bois particulier, est essentiellement du ressort des tribunaux. Vaine-
ment l'administration forestière aurait décidé le contraire. De telles
décisions ou résolutions ne lient aucunement les tribunaux : il n'est
pas même nécessaire, dans ce cas, d'en demander la réformation.
Cassation, arrêt du 8 novembre 1826. (SIREY, 27-1-39.)

§. 4. — S'il s'élève une contestation entre deux acquéreurs de

biens nationaux sur le fait et l'étendue de la possession d'un droit
d'usage faisant partie de leur acquisition, les tribunaux ordinaires
peuvent, sans excéder leur compétence, ordonner la preuve par
témoins de la possession annale des droits d'usage réclamés. Il ne
peut y avoir lieu d'élever le conflit. Ordonnance du Roi, du 31
juillet 1822. (*Trait. gén.*, tom. 3, *pag.* 62.)

§. 5.—Lorsque le ministre des finances s'est borné à reconnaître,
au nom du domaine, les droits d'usage acquis aux habitans d'une
commune sur les bois d'un particulier, tels qu'ils sont énoncés dans
un ancien terrier et dans les limites qui y sont déterminées, sa décision ne fait point obstacle à ce que le propriétaire du bois, réin-
tégré, se pourvoie devant les tribunaux pour y faire statuer sur
l'étendue de ces droits. Ordonnance du 22 décembre 1824. (*Idem*,
tom. 3, *pag.* 303.)

TITRE IX.

Affectations spéciales des Bois à des Services publics.

SECTION Iʳᵉ.

Des Bois destinés au Service de la Marine.

ART. 122.

Dans tous les bois soumis au régime forestier, lorsque des
coupes devront y avoir lieu, le département de la marine
pourra faire choisir et marteler par ses agens les arbres propres aux constructions navales, parmi ceux qui n'auront pas été
marqués en réserve par les agens forestiers.

ANNOTATIONS.

Voir l'art. 33 du Code; les art. 152, 153 et 158 de l'ordonnance d'exécution; la loi du 19 janvier 1791; les décrets des 27
juillet et 4 octobre 1793; la loi du 9 floréal an 11; les arrêtés des
29 vendémiaire, 28 floréal et 24 messidor an 11, et les ordonnances des 28 août 1816 et 22 septembre 1819, ainsi que le titre 21
de l'ordonnance de 1669.

§. 1.— A la Chambre des députés, *M. de Charencey* avait proposé trois articles qui présentaient un nouveau système de martélage, et qui ont été rejetés. Ils étaient ainsi conçus:

Art. 122. « Le ministre de la marine s'approvisionnera désormais
de bois de construction par la voie du commerce, et toutes les lois

ou ordonnances qui ordonnaient le martelage, tant dans les forêts
royales que dans les bois des établissemens publics, des communes
et des particuliers, sont abolies.

Art. 123. « Cependant les personnes qui traiteront de l'approvisionnement des bois de marine auront le droit de faire marquer,
dans tous les bois ci-dessus désignés, les arbres qu'ils jugeront propres à cet approvisionnement. Ce droit est accordé dans le but d'indiquer aux adjudicataires et aux propriétaires un placement qu'ils
pourraient ignorer.

Art. 124. « A cet effet, les propriétaires ne pourront abattre que
six mois après en avoir fait la déclaration au sous-préfet de l'arrondissement de la situation des bois; mais à l'expiration de ces six
mois, les propriétaires seront libres de disposer des arbres marqués,
si avant ils n'ont pu parvenir à en traiter à l'amiable avec les fournisseurs de la marine. »

§. 2. — M. *Héricart de Thury* avait aussi présenté une série d'articles qu'il avait intitulée: *Institution de l'aménagement perpétuel de
haute futaie pour l'approvisionnement de la marine royale;* mais la
Chambre ayant décidé que cette proposition ne pouvait être considérée comme un amendement à la proposition royale, l'a déclarée
inadmissible.

ART. 123.

Les arbres ainsi marqués seront compris dans les adjudications, et livrés par les adjudicataires à la marine, aux conditions qui seront indiquées ci-après.

ANNOTATIONS.

Voir l'art. 127 du Code, et les art. 152 et 158 de l'ordonnance
d'exécution.

§. 1. — M. *Révélière*, député, a proposé de substituer à ces mots:
aux conditions qui seront indiquées ci-après, la disposition suivante:
*il sera pourvu par des ordonnances royales au mode de livraison et de
paiement de ces bois.*

M. le *Directeur général des forêts* a combattu cet amendement qui
a été mis aux voix et rejeté.

La Chambre a rejeté pareillement un amendement de *M. Bonnet
de Lescure*, qui proposait une nouvelle rédaction ainsi conçue: « Les
arbres ainsi marqués dans les bois soumis au régime forestier, autres que les bois des établissemens publics, et des forêts des apanagistes, seront compris dans les adjudications, etc. »

§. 2. — Les arbres marqués pour le service de la marine dans
une coupe, ne peuvent être détournés de leur destination par l'adju-

dicataire, sous prétexte que la réserve n'en a pas été faite lors de l'adjudication. Cassation, arrêt du 22 janvier 1808. (*Trait. gén.*, *tom.* 2, *pag.* 184.)

ART. 124.

Pendant dix ans, à compter de la promulgation de la présente loi, le département de la marine exercera le droit de choix et de martelage sur les bois des particuliers, futaies, arbres de réserve, avenues, lisières et arbres épars.

Ce droit ne pourra être exercé que sur les arbres en essence de chêne, qui seront destinés à être coupés, et dont la circonférence mesurée à un mètre du sol, sera de quinze décimètres au moins.

Les arbres qui existeront dans les lieux clos, attenant aux habitations, et qui ne sont point aménagés en coupes réglées, ne seront point assujétis au martelage.

ANNOTATIONS.

Voir l'art. 33 du Code, et l'art. 153 de l'ordonnance d'exécution.

§. 1. — Discussion à la Chambre des députés.

Dans le projet, l'article était ainsi rédigé : « Le département de la marine exercera le même droit de choix et de martelage sur les bois des particuliers, futaies, arbres de réserve, avenues, lisières et arbres épars, qui seront destinés à être coupés.

« Ce droit ne pourra néanmoins être exercé sur les arbres qui existeront dans les lieux clos attenant aux habitations, et qui ne sont point aménagés en coupes réglées. »

C'est sur la proposition de la commission de la Chambre des députés que la rédaction définitive a été adoptée. (*Rapport de M. Favard de Langlade.*)

M. Leclerc de Beaulieu, député, a proposé de substituer, dans le second paragraphe, au mot, *vendus*, celui-ci, *coupés*. L'honorable député s'est fondé sur ce que la loi qui forcerait un propriétaire à aller expliquer au maire de sa commune ses plans de bâtisse, serait tyrannique et ridicule; il a déclaré qu'en qualité de maire de son village, il signera sans lire toutes les déclarations qui lui seront faites à ce sujet, et que la loi ne sera alors qu'une vaine formalité, si, comme il le pense, tous les maires font comme lui. Cependant cet amendement a été rejeté.

M. de Montbel, a demandé qu'on ajoutât à ces mots du troisième paragraphe, *attenant aux habitations*, ceux-ci, *de maîtres*. « Plus la servitude du martelage, a dit l'honorable député, peut paraître onéreuse, plus il est juste, plus il est nécessaire que toutes les dispositions de l'article que nous discutons soient claires et précises. Il importe qu'il ne manque à la loi rien de ce qui peut prévenir de fausses interprétations, source trop féconde de litige. Dans quelques pays de petite culture, il existe des paturages clos de haies et de fossés attenant à des habitations *de colons*, et où se trouvent de très-beaux chênes. Les auteurs du projet de loi que nous discutons ont-ils eu, dans la rédaction de l'art. 124, l'intention d'excepter ces *lieux clos* de la servitude du martelage? Il est bon que l'article ne laisse à cet égard aucun doute.

« J'espère que ce peu de mots suffira pour faire sentir à la Chambre qu'il pourrait y avoir utilité à adopter l'amendement que j'ai l'honneur de lui proposer. Sans cet amendement, il serait à craindre que des propriétaires de bonne foi fussent exposés à des procès qu'ils n'auraient pu prévoir, n'ayant pas aperçu dans la lettre de la loi la nécessité de déclarations dont on prétendrait cependant que la législation aurait voulu leur imposer l'obligation. »

L'amendement a été rejeté.

§. 2. — Discussion à la Chambre des Pairs.

M. le duc du Praslin s'est étonné de ce que le projet, qui semblait destiné à l'exercice du droit de martelage, l'étendait néanmoins aux clos dans lesquels les bois seraient régulièrement aménagés; et a pensé que c'est une innovation toute onéreuse aux propriétaires.

M. le Ministre de la marine lui a répondu : « Il est vrai que, dans l'usage actuellement suivi, la marine n'exerce pas le martelage dans les parcs même sujets à un aménagement régulier. Mais le droit qu'elle aurait de le faire n'en résulte pas moins d'une manière certaine de l'art. 7 de la loi du 9 floréal an xi, qui range formellement les parcs parmi les lieux où le martelage peut-être exercé; et la seule différence qui existe à cet égard entre la loi de l'an xi, et le projet actuel est toute favorable au propriétaire, puisque le projet restreint ce droit aux parcs aménagés, tandis que la loi de l'an xi ne fait aucune distinction à cet égard. Cet article n'a jamais reçu d'exécution, et ce n'est pas apparemment aujourd'hui que la marine reviendra à des procédés plus rigoureux. »

§. 3. — Le martelage de la marine, fait en exécution de l'art. 122, place sous la main de l'autorité publique les arbres qui en sont frappés, et il n'est pas permis au propriétaire de disposer de ces arbres, quand même il prétendrait que la marque aurait été faite induement dans un lieu clos. Cassation., arrêt du 22 février 1822. (*Trait. gén.*, tom. 2, pag. 20.) Voy. l'art. 224 ci-après.

ART. 125.

Tous les propriétaires seront tenus, sauf l'exception énoncée en l'article précédent, et hors le cas de besoins personnels pour réparations et constructions, de faire, six mois d'avance, à la sous-préfecture, la déclaration des arbres qu'ils ont l'intention d'abattre, et des lieux où ils sont situés.

Le défaut de déclaration sera puni d'une amende de dix-huit francs par mètre de tour pour chaque arbre susceptible d'être déclaré.

ANNOTATIONS.

Voir les art. 126 et 131 du Code ; les art. 153 et 154 de l'ordonnance d'exécution ; la loi du 9 floréal an 11, et le décret du 15 avril 1811.

§. 1. — La première rédaction de l'article portait: « Tous les propriétaires seront tenus, sauf l'exception énoncée en l'article précédent et hors le cas d'urgente nécessité, de faire, six mois d'avance, la déclaration des coupes qu'ils auront l'intention d'effectuer, et des lieux où sont situés les bois ou arbres qu'ils veulent abattre.

« Quant aux arbres épars, les propriétaires ne seront assujétis à faire la déclaration prescrite que pour les chênes ayant au moins treize décimètres de tour mesurés à un mètre du sol.

« Le défaut de déclaration sera puni d'une amende de quarante-cinq francs par mètre de tour pour chaque arbre susceptible d'être déclaré. »

Le changement a eu lieu sur la proposition de la commission de la Chambre des Députés. (*Rapport de M. Favard de Langlade.*)

La Chambre a écarté deux propositions de MM. *Fouquerand* et *de Berthier* tendant à fixer à trois mois ou à quatre mois le délai pour la déclaration.

§. 2. — Les sous-préfets transmettent ces déclarations aux officiers du génie maritime, et en donnent connaissance à l'agent forestier supérieur. Décision du ministre des finances, du 17 décembre 1823. (*Trait. gén.*, tom. 3, *pag.* 180.) Voy. l'art. 154 de l'ordonnance d'exécution.

§. 3.— Le propriétaire qui a vendu verbalement un arbre dont la coupe, sans déclaration préalable, était prohibée, et qui s'est ensuite verbalement opposé à la coupe de cet arbre, est de droit passible de l'amende encourue pour la coupe illégale de l'arbre, quoique faite au mépris de son opposition. Cassation, arrêt du 23 janvier 1813. (*Idem*, tom. 2, *pag.* 541.)

ART. 126.

Les particuliers pourront disposer librement des arbres déclarés, si la marine ne les a pas fait marquer pour son service dans les six mois à compter du jour de l'enregistrement de la déclaration à la sous-préfecture.

Les agens de la marine seront tenus, à peine de nullité de leur opération, de dresser des procès-verbaux de martelage des arbres dans les bois de l'État, des communes, des établissemens publics et des particuliers, de faire viser ces procès-verbaux par le maire dans la huitaine, et d'en déposer immédiatement une expédition à la mairie de la commune où le martelage aura eu lieu.

Aussitôt après ce dépôt, les adjudicataires, communes, établissemens ou propriétaires, pourront disposer des bois qui n'auront pas été marqués.

ANNOTATIONS.

Voir les art. 128 et 133 du Code, et l'art. 155 de l'ordonnance d'exécution, ainsi que le décret du 15 avril 1811, et l'ordonnance du 28 août 1816, art. 9.

§. 1. — Discussion à la Chambre des députés.

L'article du projet était ainsi conçu: « Les particuliers pourront disposer librement des arbres déclarés par eux, si la marine ne les a pas fait marquer pour son service dans les six mois, à compter du jour de la déclaration. »

La rédaction définitive de l'article a été adoptée sur la proposition de la commission de la Chambre des députés. (*Rapport de M. Favard de Langlade.*)

§. 2. — Discussion à la Chambre des pairs.

Un membre a pensé que l'art. 126 présentait une lacune à laquelle il serait peut-être difficile de remédier dans ce moment, mais qu'il croit devoir signaler, afin qu'à une autre époque il puisse y être pourvu. L'art. 125, en obligeant les propriétaires de bois à faire leur déclaration six mois avant l'abattage, prononce une amende pour le cas où la déclaration n'aurait pas été faite; d'un autre côté, l'art. 133 prononce également une amende pour le cas où, après le martelage, les arbres marqués pour la marine seraient distraits de leur destination; mais aucune disposition pénale ne s'applique précisément au cas où le propriétaire, après avoir fait sa déclaration, disposerait des arbres sans attendre le martelage. Or, comme en matière pénale tout est de droit strict, les tribunaux se trouveront dans l'impossibilité de prononcer aucune peine.

M. le Ministre de la marine a fait observer que celui qui disposerait des arbres déclarés, avant le martelage, c'est-à-dire avant les six mois, puisqu'il ne peut être régulièrement exercé que dans ce délai, se trouverait par là même n'avoir pas fait sa déclaration en temps utile. Il serait donc passible de l'amende portée par l'art. 125, pour défaut de déclaration six mois d'avance. La contravention indiquée par le noble pair est donc réprimée, et la lacune qu'il a cru remarquer n'existe pas.

§. 3. — Un fermier autorisé par son bail à couper les arbres nécessaires à l'exploitation de sa ferme, commet un délit à raison duquel il peut être personnellement poursuivi; sauf son recours, en coupant un chêne de plus de 15 décimètres de tour, sans en avoir fait la déclaration prescrite par l'art. 126, et sans avoir fait constater le besoin, conformément aux art. 125 et 131, attendu que, par des conventions entre particuliers, on ne peut déroger aux lois d'intérêt public. Cassation, arrêt du 17 mai 1816. (*Art.* 5832 *du journ. de l'enreg.*)

ART. 127.

Les adjudicataires des bois soumis au régime forestier, les maires des communes, ainsi que les administrateurs des établissemens publics, pour les exploitations faites sans adjudication, et les particuliers, traiteront de gré à gré du prix de leurs bois avec la marine.

En cas de contestation, le prix sera réglé par experts nommés contradictoirement, et, s'il y a partage entre les experts, il en sera nommé un d'office par le président du tribunal de première instance, à la requête de la partie la plus diligente; les frais de l'expertise seront supportés en commun.

ANNOTATIONS.

Voir l'ordonnance d'exécution, art. 158, et les ordonnances des 28 août 1816 et 22 septembre 1819.

Dans le projet, le prix devait être réglé par deux experts; mais, sur la demande de la commission de la Chambre des députés, le mot *deux* a été retranché. (*Rapport de M. Favard de Langlade.*)

Trois amendemens ont été présentés à cette Chambre : le premier, par *M. Révélière*, qui a proposé d'ajouter, après ces mots du premier paragraphe, *régime forestier*, ceux-ci, *autres que ceux de l'État*.

M. Bonnet de Lescure, qui a soutenu cet amendement en l'absence de son honorable collègue, s'est appuyé sur des considérations générales, et a pensé que toutes les expertises devant tourner au détriment de l'État, ne devaient pas être admises, au moins dans les bois soumis au régime forestier.

M. le Ministre des finances ayant fait sentir que l'État ne pouvant exploiter ses bois par lui-même, est obligé de se servir d'un intermédiaire, et qu'alors cet adjudicataire doit rentrer dans le droit commun dans ses rapports avec les fournisseurs de la marine, l'amendement a été rejeté.

Le second amendement a été proposé par M. de Burosse, qui a demandé que le second paragraphe de l'article ne s'appliquât qu'aux bois de l'État, et qu'on ajoutât un paragraphe ainsi conçu: « mais lorsque cette contestation sera relative aux bois des communes, des établissemens publics et des particuliers, le prix sera déterminé par la concurrence, et les agens de la marine n'auront droit qu'à la préférence à prix égal. »

L'honorable député s'est fondé sur les inconvéniens du martelage, et a soutenu que son amendement était de nature à concilier les intérêts de la marine avec les droits trop long-temps méconnus de la propriété.

M. le Rapporteur ayant fait observer à la Chambre que l'amendement proposé détruirait entièrement le martelage déjà adopté, et que d'ailleurs ce serait faire une différence entre les bois de l'État, ceux des communes et ceux des particuliers, tandis que tous doivent être régis par le droit commun, parce que l'État n'est qu'un simple particulier, chaque fois qu'il s'agit de l'application de la loi, cet amendement a été rejeté.

Le troisième amendement a été proposé par M. de Fussy, qui voulait qu'au lieu de ces derniers mots, les frais de l'expertise seront supportés en commun, on dît, les frais seront supportés par la partie condamnée. L'honorable député s'est appuyé sur ce que l'article mettait le propriétaire dans une position très-fâcheuse, parce que, lors même qu'il aurait raison, il ne voudrait pas élever des contestations, car le paiement de la moitié des frais lui ferait perdre la moitié de sa chose.

M. de Martignac a répondu qu'il devait en être de l'estimation des arbres comme du bornage, des fossés et des clôtures, qui doivent avoir lieu à frais communs, et que, d'ailleurs, il ne s'agissait pas d'une condamnation à prononcer contre l'une ou l'autre partie, mais d'un réglement à faire entre elles.

Ce dernier amendement a aussi été rejeté.

ART. 128.

Les adjudicataires des bois soumis au régime forestier, les maires des communes, ainsi que les administrateurs des établissemens publics, pour les exploitations faites sans adjudication, et les particuliers, pourront disposer librement des arbres marqués pour la marine, si, dans les trois mois après qu'ils en auront fait notifier à la sous-préfecture l'abattage, la marine n'a pas pris livraison de la totalité des arbres marqués appartenant au même propriétaire, et n'en a pas acquitté le prix.

ANNOTATIONS.

Voir l'art. 133 du Code, et les art. 156 et 157 de l'ordonnance d'exécution ; le décret du 15 avril 1811, et les ordon. des 28 août 1816 et 22 septembre 1819.

§. 1.— Discussion à la Chambre des députés.

Dans le projet, on lisait, après ces mots : *marqués pour la marine*, ceux-ci : *Si, dans les six mois après qu'ils en auront fait notifier à ses agens l'abattage*, la marine n'en a pas pris livraison et acquitté le prix.

Le changement a été adopté sur la proposition de la commission. (*Rapport de M. Favard de Langlade.*)

M. *Hyde de Neuville* a proposé un amendement ainsi conçu : « La marine aura la faculté d'annuler le martelage, tant que les arbres seront sur pied ; mais une fois abattus, elle ne pourra, si le propriétaire l'exige, refuser d'acquérir la totalité des arbres marqués. Elle sera tenue d'en prendre livraison et d'en acquitter le prix dans les trois mois qui suivront la notification de l'abattage. »

L'honorable député a fait valoir le préjudice très-grave qu'un propriétaire pouvait éprouver de voir ses arbres, abattus, refusés par l'administration forestière, parce qu'alors le propriétaire trouvera difficilement à les vendre, attendu la défaveur dont ils seront frappés.

M. *le Rapporteur* a pensé que cet amendement devait être rejeté, parce qu'il tendrait nécessairement à annuler le droit de martelage.

M. *Sébastiani* a soutenu l'amendement de M. Hyde de Neuville, et a dit que les ingénieurs ne pourraient pas juger les arbres avec plus de connaissance de cause, *abattus* que *sur pied*, puisque la commission n'a pas voulu que ces arbres fussent équarris ni sondés.

M. *Bonnet de Lescure* a répondu que, lorsque l'arbre est abattu, on juge de l'état de son cœur, et que le vice le plus léger, une simple piqûre de ver, suffisent pour qu'un arbre qui peut être employé avec sûreté dans les constructions civiles, ne soit nullement propre aux constructions navales.

M. *de Martignac* a clos la discussion par une définition du martelage que nous croyons devoir conserver textuellement : « La proposition qui vous est faite, a dit M. le commissaire du Roi, ne tend à rien moins qu'à dénaturer entièrement l'opération du martelage, qu'à en faire une sorte de contrat obligatoire pour les deux parties. Or, rien n'est plus contraire que cela à l'exercice du martelage. Voici en quoi consiste cet exercice.

« Quand un propriétaire de bois a la volonté d'abattre des arbres qui ont la dimension déterminée par les dispositions précédentes, c'est-à-dire au moins 15 décimètres de tour, vous avez reconnu nécessaire au service de la marine de l'obliger d'en faire la déclaration dans un délai déterminé. Averti par cette déclaration, le département de la marine a sur ces bois le droit de martelage. Mais l'exercice de ce droit constitue-t-il entre les parties un contrat, une obligation réciproque? De ce que le ministre de la marine l'aura exercé, en résulte-t-il qu'il aura le droit d'obliger le propriétaire à couper ces arbres? Non. Le propriétaire a fait sa déclaration dans la supposition de sa volonté. Si cette volonté change, le département de la marine n'a nullement le droit d'obliger le propriétaire à faire la coupe ; ce propriétaire reste entièrement libre et maître de sa volonté. Si donc il n'y a pas d'obligation de la part du propriétaire, il n'y en a pas non plus de la part de la marine : il n'y a qu'un simple avertissement ; il n'y a qu'une marque qui veut dire que quand l'arbre sera abattu, la marine aura le droit de l'examiner pour voir s'il est propre à son service.

« Ce n'est pas comme contrat que le martelage peut être entendu. Après que le droit en a été exercé, chacune des deux parties, reste maîtresse d'user de son droit comme elle l'entend ; le propriétaire de ne pas couper l'arbre, et la marine de n'en pas prendre livraison lorsqu'il est coupé, si l'examen de cet arbre lui prouve qu'il n'est pas propre aux constructions navales. »

L'amendement de M. Hyde de Neuville a été rejeté.

M. Bonnet de Lescure avait proposé d'étendre à six mois le délai, quant aux adjudicataires des bois soumis au régime forestier ; mais, après un renvoi de cet amendement à la commission, il a été rejeté par ce motif qu'a donné M. le Rapporteur, qu'il ne faut pas perdre de vue que c'est envers les adjudicataires des bois de l'État que s'exerce le martelage, et qu'ils doivent alors être traités comme les simples particuliers ou tous autres adjudicataires.

§. 2. — Discussion à la Chambre des pairs.

M. le duc d'Escars a reproduit l'observation de M. Hyde de Neuville, en se fondant sur ce qu'il y avait contrat ; mais M. le commissaire du Roi a répondu comme il l'avait fait à l'autre Chambre.

M. le baron Pasquier a pensé que l'obligation pour la marine de prendre la totalité des bois marqués devait naître nécessairement de l'existence d'un contrat ; mais le noble pair n'a pas attaqué cette disposition qui lui a semblé toute favorable à la propriété, et qui, à en envisager les conséquences, ne tend à rien moins qu'à la destruction entière du martelage.

Un Pair, tout en reconnaissant combien cette disposition améliore la condition des propriétaires, croit utile de faire remarquer que, dans aucun cas, la marine n'a le droit de vérifier autrement que par une inspection extérieure, la qualité des arbres abattus; ce droit aurait pu s'induire des expressions du commissaire du Roi, et il était nécessaire de prévenir toute erreur à cet égard.

M. le Ministre d'État, commissaire du Roi, a déclaré qu'il n'avait jamais entendu soutenir que la marine eût le droit de sonder l'arbre abattu ou de le faire équarrir pour s'assurer de sa qualité. « L'article 133, a-t-il dit, est positif à cet égard, et lui interdit tout moyen de vérification qui pourrait détériorer l'arbre. Il ne saurait donc s'élever aucun doute sur les limites du droit de la marine. »

§. 3. — Les propriétaires qui veulent abattre des bois ont six mois pour faire leur déclaration à la sous-préfecture, et trois mois ensuite pour traiter avec les agens de la marine, ce qui fait neuf mois: il en résulte, 1° que les arbres doivent rester sur pied pendant les six mois qui suivent l'enregistrement de la déclaration à la sous-préfecture, et que ce n'est qu'à l'expiration de ce délai que le propriétaire peut les abattre, qu'ils soient marqués ou non; 2° que s'ils n'ont pas été marqués dans le délai de six mois, il peut alors en disposer à son gré, sans remplir aucune autre formalité; 3° mais que s'ils ont été marqués, il est obligé de les laisser sur place pendant le temps de trois mois à compter de la notification de l'abattage à la sous-préfecture; 4° que, dans ce cas, ce n'est qu'après qu'ils *sont restés trois mois sur place*, sans que l'administration de la marine en ait pris livraison, ni en ait payé le prix, que le propriétaire peut en disposer; mais il ne le pourrait pas, si, quoiqu'ayant fait la déclaration d'abattage des arbres *marqués*, il ne les avait pas laissés sur place *abattus* pendant le délai. (*Avis du conseil d'État du* 12 *septembre* 1807, *approuvé le* 18.)

§. 4. — Le droit d'enregistrement des procès-verbaux de délivrance faite à un entrepreneur de la marine, est dû par l'entrepreneur, et non par le propriétaire du bois, à raison de 2 p. o/o, conformément à l'art. 69, § 5, n° 1er, de la loi du 22 frimaire an 7. Cassation, arrêt du 8 novembre 1807 (*Trait. gén., tom.* 2, *pag.* 177.)

ART. 129.

La marine aura, jusqu'à l'abattage des arbres, la faculté d'annuler les martelages opérés pour son service; mais, conformément à l'article précédent, elle devra prendre tous les arbres marqués qui auront été abattus, ou les abandonner en totalité.

ANNOTATIONS.

Voir les art. 156 et 157 de l'ordonnance d'exécution.

L'article du projet portait : « La marine aura, jusqu'à l'abattage des arbres, la faculté d'annuler les martelages opérés pour son service. Elle aura aussi celle d'abandonner les bois abattus, tant qu'ils n'auront pas été équarris et travaillés suivant les découpes et lignages de ses agens ; mais elle ne pourra refuser d'acquérir les bois qui auront été ainsi équarris et travaillés. »

Par suite des considérations exposées sur l'art. 138, la commission a proposé de supprimer, dans l'art. 129, la phrase qui suit les mots : *pour son service,* et de la remplacer par celle-ci : *mais, conformément à l'article précédent, elle devra prendre tous les arbres marqués qui auront été abattus, ou les abandonner en totalité.* (Rapport de M. Favard de Langlade.)

L'article ainsi amendé a été adopté.

Art. 130.

Lorsque les propriétaires de bois n'auront pas fait abattre les arbres déclarés, dans le délai d'un an, à dater du jour de leur déclaration, elle sera considérée comme non avenue, et ils seront tenus d'en faire une nouvelle.

ANNOTATIONS.

Voir les art. 155, 156 et 157 de l'ordonnance d'exécution, le décret du 15 avril 1811, art. 14, et le réglement du 28 août 1816, art. 50.

Art. 131.

Ceux qui, dans les cas de besoins personnels pour réparations ou constructions, voudront faire abattre des arbres sujets à déclaration, ne pourront procéder à l'abattage qu'après avoir fait préalablement constater ces besoins par le maire de la commune.

Tout propriétaire convaincu d'avoir, sans motifs valables, donné, en tout ou en partie, à ses arbres, une destination autre que celle qui aura été énoncée dans le procès-verbal constatant les besoins personnels, sera passible de l'amende portée par l'art. 125, pour défaut de déclaration.

ANNOTATIONS.

Voir l'art. 125 du Code ; l'art. 159 de l'ordonnance d'exécution ; la loi du 9 floréal an 11, et le décret du 15 avril 1811.

Dans le projet, les mots, *urgente nécessité,* tenaient la place de ceux-ci : *de besoins personnels pour réparations ou constructions,* et on n'avait pas désigné l'autorité chargée de constater les besoins. Les changemens ont été proposés par la commission de la Chambre des députés. (*Rapport de M. Favard de Langlade.*)

ART. 132.

Le Gouvernement déterminera les formalités à remplir, tant pour les déclarations de volonté d'abattre, que pour constater, soit les besoins, dans le cas prévu par l'article précédent, soit les martelages et les abattages. Ces formalités seront remplies sans frais.

ANNOTATIONS.

Voir les art. 152 à 161 de l'ordonnance d'exécution, ainsi que l'ordonnance de 1669, tit. 26, art. 3 et 4.

La commission de la Chambre des députés a proposé de remplacer le mot, *l'urgence*, qui était dans le projet, par ceux-ci: *soit les besoins*. (*Rapport de M. Favard de Langlade.*)

ART. 133.

Les arbres qui auront été marqués pour le service de la marine, dans les bois soumis au régime forestier, comme sur toute propriété privée, ne pourront être distraits de leur destination, sous peine d'une amende de quarante-cinq francs par mètre de tour de chaque arbre, sauf néanmoins les cas prévus par les articles 126 et 128.

Les arbres marqués pour le service de la marine ne pourront être équarris avant la livraison, ni détériorés par ses agens avec des haches, scies, sondes ou autres instrumens, à peine de la même amende.

ANNOTATIONS.

Voir les art. 15, 33, 126 et 128 du Code, et l'art. 158 de l'ordonnance d'exécution, ainsi que les ordonnances des 28 août 1816 et 22 septembre 1819.

§. 1. — Dans le projet, l'amende était portée à 90 francs, et le second paragraphe de l'article n'existait pas. La commission de la Chambre des députés a proposé la rédaction qui a été adoptée par les Chambres. (*Rapport de M. Favard de Langlade.*)

§. 2. — M. *Bonnet de Lescure*, député, a proposé une disposition additionnelle, ainsi conçue: *L'aménagement prescrit par l'art 15, pour les bois et forêts du domaine de l'État, aura essentiellement pour objet de procurer à la marine royale son approvisionnement en bois de chêne propre aux constructions navales.* Mais, sur l'observation de M. le ministre des finances, que l'aménagement devant être réglé par l'ordonnance, le Gouvernement pourrait mieux juger que personne de l'intérêt dans lequel il devrait être dirigé, cet amendement n'a pas été appuyé ni mis aux voix.

Art. 134.

Les délits et contraventions concernant le service de la marine seront constatés, dans tous les bois, par procès-verbaux, soit des agens et gardes forestiers, soit des maîtres, contre-maîtres et aides-contre-maîtres assermentés de la marine : en conséquence, les procès-verbaux de ces maîtres, contre-maîtres et aides-contre-maîtres feront foi en justice comme ceux des gardes forestiers, pourvu qu'ils soient dressés et affirmés dans les mêmes formes et dans les mêmes délais.

ANNOTATIONS.

Voir l'art. 159 ci-après, et l'art. 160 de l'ordonnance d'exécution, ainsi que le décret du 15 avril 1811, art. 10, 11 et 13.

§. 1. — Les ouvriers employés dans les forêts par la marine ne peuvent se permettre de travailler d'autre bois, même des chablis, que ceux qui leur sont indiqués, à peine de délit et d'amende. Cassation, arrêt du 6 février 1807. (*Trait. gén.*, tom. 2, *pag.* 119.)

§. 2. — Les procès-verbaux qui constatent que des chênes ont été coupés sur une propriété particulière sans déclaration préalable, ne sont point nuls, parce que les mesures qu'ils mentionnent ne seraient pas déterminées conformément au système métrique. Cassation, arrêt du 11 décembre 1812. (*Idem, tom.* 2, *pag.* 535.)

§. 3. — Les poursuites relatives aux coupes de bois de futaie, faites sans déclaration, sont soumises à la prescription prononcée par l'art. 185 du Code. Cassation, arrêt du 3 septembre 1807. (*Idem, tom.* 2, *pag.* 165.)

Art. 135.

Les dispositions du présent titre ne sont applicables qu'aux localités où le droit de martelage sera jugé indispensable pour le service de la marine, et pourra être utilement exercé par elle.

Le Gouvernement fera dresser et publier l'état des départemens, arrondissemens et cantons qui ne seront pas soumis à l'exercice de ce droit.

La même publicité sera donnée au rétablissement de cet exercice dans les localités exceptées, lorsque le Gouvernement jugera ce rétablissement nécessaire.

ANNOTATIONS.

L'état des localités non soumises à l'exercice du droit de martelage a été publié au n° 183 du Bulletin des lois. Il est inséré dans les *Annotations* sur l'art. 161 de l'ordonnance d'exécution.

SECTION II.

Des Bois destinés au Service des ponts et chaussées pour les Travaux du Rhin.

ART. 136.

Dans tous les cas où les travaux d'endigage ou de fascinage sur le Rhin exigeront une prompte fourniture de bois ou oseraies, le préfet, en constatant l'urgence, pourra en requérir la délivrance, d'abord dans les bois de l'État ; en cas d'insuffisance de ces bois, dans ceux des communes et des établissemens publics, et subsidiairement enfin dans ceux des particuliers : le tout à la distance de cinq kilomètres des bords du fleuve.

ANNOTATIONS.

Voir l'ordonnance d'exécution, art. 162 ; l'arrêté du 27 messidor an 10, art. 4 ; la loi du 16 septembre 1807, et le décret du 6 novembre 1813.

§. 1. — L'article du projet était terminé par cette phrase : « Le tout dans le rayon de quinze kilomètres du point où le danger se manifestera. » Le changement a eu lieu sur la proposition de la commission de la Chambre des députés. (*Rapport de M. Favard de Langlade.*)

§. 2. — Les anciens réglemens, le décret du 6 novembre 1813 et une ordonnance du Roi du 2 avril 1819, avaient étendu la zône soumise à cette servitude à 15 kilomètres.

Le cours variable et impétueux du Rhin menace constamment ses rives. Les crues extraordinaires de ce fleuve exigent une grande vigilance, et l'on ne peut préserver le territoire que par des travaux rapidement exécutés qui exigent l'emploi d'une quantité considérable de fascines. Dans les 10 années qui ont précédé 1827, on a employé pour chaque année 750,000 fascines, qui ont donné lieu annuellement à l'exploitation de 4,000 hectares d'îles et forêts. (*Renseignemens donnés à la Chambre des députés par M. le Directeur-général des ponts et chaussées.*)

§. 3. — *M. Duperreux*, député, avait défini l'urgence dans un article additionnel que la Chambre n'a pas cru devoir insérer dans la loi. Voici les termes de cet article : » *L'on entend par urgence les invasions du fleuve sur un ou plusieurs points et les accidens imprévus qui menaceraient d'envahissement subit le territoire ; dans toutes les autres circonstances, et pour l'exécution des travaux ordinaires et annuels, toute réquisition ou délivrance de bois est interdite. »*

ART. 137.

En conséquence, tous particuliers, propriétaires de bois taillis ou autres, dans les îles, sur les rives et à une distance de cinq kilomètres des bords du fleuve, seront tenus de faire, trois mois d'avance, à la sous-préfecture, une déclaration des coupes qu'ils se proposeront d'exploiter.

Si, dans le délai de trois mois, les bois ne sont pas requis, le propriétaire pourra en disposer librement.

ANNOTATIONS.

Voir l'art. 163 de l'ordonnance d'exécution, et le décret du 6 novembre 1813, art. 1 et 5.

La commission de la Chambre des députés a proposé deux modifications à l'article du projet : par la première, on a substitué aux mots, *quinze kilomètres du cours du Rhin*, ceux-ci, *cinq kilomètres des bords du fleuve ;* par la seconde, on a remplacé les mots, *devant l'agent forestier local*, par ceux-ci, *à la sous-préfecture.* (Rapport de M. Favard de Langlade.)

ART. 138.

Tout propriétaire qui, hors le cas d'urgence, effectuerait la coupe de ses bois sans avoir fait la déclaration prescrite par l'article précédent, sera condamné à une amende d'un franc par are de bois ainsi exploité.

L'amende sera de quatre francs par are contre tout propriétaire qui, après que la réquisition de ses bois lui aura été notifiée, les détournerait de la destination pour laquelle ils auraient été requis.

ANNOTATIONS.

Voir les art. 164 et 167 de l'ordonnance d'exécution, ainsi que le décret du 6 novembre 1813, art. 3 et 4.

Dans le projet, le premier paragraphe de l'article prononçait une amende de *quatre francs* par are de bois, etc.; la commission de la Chambre des députés a proposé de la réduire à *un franc.*

Le second paragraphe portait une amende *du double* pour tout propriétaire, etc.; la commission a également proposé de la fixer à *quatre francs* par are contre tout propriétaire, etc., ce qui a été adopté. (*Rapport de M. Favard de Langlade.*)

ART. 139.

Dans les bois soumis au régime forestier, l'exploitation des bois requis sera faite par les entrepreneurs des travaux des ponts et chaussées, d'après les indications et sous la surveillance des agens forestiers. Ces entrepreneurs seront, dans ce cas, soumis aux mêmes obligations et à la même responsabilité que les adjudicataires des coupes de bois de l'État.

ANNOTATIONS.

Voir l'art. 165 de l'ordonnance d'exécution, et le décret du 6 novembre 1813.

ART. 140.

Dans les bois des particuliers, l'exploitation des bois requis sera faite également, et sous la même responsabilité, par les entrepreneurs des travaux, si mieux n'aime le propriétaire faire exploiter lui-même ; ce qu'il devra déclarer aussitôt que la réquisition lui aura été notifiée.

A défaut par le propriétaire d'effectuer l'exploitation dans le délai fixé par la réquisition, il y sera procédé à ses frais, sur l'autorisation du préfet.

ANNOTATIONS.

Voir l'art. 166 de l'ordonnance d'exécution, et le décret du 6 novembre 1813.

ART. 141.

Le prix des bois et oseraies requis en exécution de l'art. 136, sera payé par les entrepreneurs des travaux à l'État et aux communes ou établissemens publics, comme aux particuliers, dans le délai de trois mois après l'abattage constaté, et d'après le même mode d'expertise déterminé par l'art. 127 de la présente loi pour les arbres marqués par la marine.

Les communes et les particuliers seront indemnisés, de gré à gré, ou à dire d'experts, du tort qui pourrait être résulté pour eux de coupes exécutées hors des saisons convenables.

ANNOTATIONS.

Voir l'art. 136 du Code, et l'art. 168 de l'ordonnance d'exécution, ainsi que le décret du 6 novembre 1813.

Le dernier paragraphe de l'article a été ajouté sur la proposition de la commission de la Chambre des députés. (*Rapport de M. Favard de Langlade.*)

M. Humann, député, a présenté sur cette addition les observations suivantes : « Cet amendement a été dicté à la commission par l'esprit de justice qui caractérise son travail. Néanmoins je crois qu'il présente une équivoque qui ne serait pas sans inconvénient. Si je comprends bien le système de la loi, il me semble que l'administration n'a le droit de prendre des fascines que dans les bois des propriétaires qui font des coupes. Cependant, d'après le paragraphe additionnel que propose la commission, on pourrait penser que l'administration a le droit de couper, quand il y a urgence, dans les bois mêmes des propriétaires qui n'ont fait aucune déclaration. Si l'intention de la loi était réellement de ne réclamer des fascines par voie de réquisition que dans les bois où s'effectuent des coupes, il faudrait retrancher l'amendement de la commission. Si au contraire l'intention de l'administration était de porter la hache dans les forêts indistinctement, lorsqu'elle le jugera nécessaire, je demanderais à la Chambre de me permettre de lui présenter de plus longs développemens. »

M. Bécquey, Directeur général des ponts et chaussées, a répondu : « Il n'y a point à hésiter sur l'interprétation qu'il faut donner au projet de loi. Sans doute les bois placés dans le rayon soumis à la servitude, pourront toujours être requis, soit que le propriétaire ait fait ou n'ait pas fait la déclaration qu'il se propose de les couper. Sans cela la réserve serait illusoire, et je ne conçois pas comment on voudrait s'exposer aux funestes conséquences qui en seraient le résultat inévitable. Que demande donc l'administration? Elle demande les moyens reconnus indispensables de préserver votre territoire de l'invasion d'un fleuve qui toujours le menace : c'est pour vous garantir des plus effrayans désastres, pour sauver vos belles plaines d'Alsace, que les ingénieurs réunissent tous leurs soins, et que l'État dépense chaque année 500,000 fr. Et vous voudriez priver l'administration des seuls moyens par lesquels elle peut vous rendre de si importans services! La Chambre n'accueillera pas une proposition qui annulerait par le fait les dispositions qu'elle a déjà votées, et qui surtout enlèverait au Gouvernement la faculté de vous protéger contre les plus grandes calamités. »

La Chambre a adopté l'article du projet avec l'amendement de la commission.

ART. 142.

Le Gouvernement déterminera les formalités qui devront être observées pour la réquisition des bois, les déclarations et notifications, en conséquence de ce qui est prescrit par les articles précédens.

Voir les art. 162 à 168 de l'ordonnance d'exécution, et le décret du 6 novembre 1813.

ART. 143.

Les contraventions et délits en cette matière seront constatés par procès-verbaux des agens et gardes forestiers, des conducteurs des ponts et chaussées et des officiers de police assermentés, qui devront observer à cet égard les formalités et délais prescrits au titre XI, section 1re, pour les procès-verbaux dressés par les gardes de l'administration forestière.

Voir l'art. 159 ci-après, ainsi que le décret du 6 novembre 1813.

L'ancienne législation et les arrêtés du Gouvernement des 25 fructidor an 11 et 16 floréal an 13 donnaient à l'administration des poudres le droit de prendre le bois de bourdaine, pour la fabrication de la poudre, dans un rayon de quinze myriamètres (30 lieues) autour des poudreries, et au prix de 25 centimes par botte. Le Code forestier gardant le silence à cet égard, on doit, d'après l'art. 218, considérer ce droit comme abrogé.

Il en est de mêmes des affectations auxquelles avait droit le service du train d'artillerie, et qui se trouvent également supprimées par le Code.

Ces deux propositions résultent des explications données à la Chambre des pairs tant par M. le directeur général des forêts que par M. de Martignac, sur la demande de M. le comte d'Haubesart.

TITRE X.

Police et Conservation des Bois et Forêts.

SECTION Ire.

Dispositions applicables à tous les Bois et Forêts en général.

ART. 144.

Toute extraction ou enlèvement non autorisé de pierres, sable, minerai, terre ou gazon, tourbe, bruyères, genêts, herbages, feuilles vertes ou mortes, engrais existant sur le sol des forêts, glands, faînes, et autres fruits ou semences des bois et forêts, donnera lieu à des amendes qui seront fixées ainsi qu'il suit :

Par charretée ou tombereau, de dix à trente francs, pour chaque bête attelée;

Par chaque charge de bête de somme, de cinq à quinze francs;

Par chaque charge d'homme de deux à six francs.

ANNOTATIONS.

Voir les art. 169, 172, 174 et 175 de l'ordonnance d'exécution; l'ordonnance de 1669, tit. 3, art. 18, tit. 27, art. 11, et tit. 32, art. 12 et 13; les lois des 12 et 28 fructidor an 2, et le décret du 19 juillet 1810.

§. 1. — Sur la proposition de la commission de la Chambre des Députés, on a ajouté le mot *tourbe* qui n'était pas dans le projet. (*Rapport de M. Favard de Langlade.*)

M. Humann a proposé un article ainsi conçu : « Les préfets, après avoir pris l'avis du conservateur des forêts, pourront homologuer les délibérations des conseils municipaux, portant consentement à l'extraction et enlèvement du minerai de fer d'alluvion dans leurs forêts communales. En cas d'opposition de la part des communes ou des préfets, aux demandes en permission d'extraire, le ministre de l'intérieur statuera sur les demandes. Les exploitans seront tenus au paiement de toutes les indemnités de droit, et à se conformer aux lois et reglemens sur la matière. »

L'honorable député s'est fondé sur ce que, d'après les lois existantes, cette autorisation n'est accordée qu'après des lenteurs désespérantes.

M. le Directeur général des forêts a répondu que la loi du 21 avril 1810 avait réglé toutes les formalités qui devaient être suivies pour l'extraction du minerai, et qu'on ne pouvait abroger cette loi dans le Code forestier.

M. de Martignac a fait observer qu'il ne s'agissait dans la loi que de ce qui était relatif à la police et à la conservation des forêts. « L'auteur de l'amendement n'a pas fait attention, a-t-il dit en terminant, qu'il ne s'agit dans le projet que de l'exploitation non autorisée, et que nous ne nous expliquons nullement sur le mode d'autorisation, parce que ce n'est pas dans le Code forestier que ce mode doit être réglé. Nous n'aurions pu régler ce mode sans tomber dans des dispositions étrangères au sujet que nous traitons. Si quelques vices existent dans la loi du 21 avril 1810, ils ne peuvent être corrigés par une disposition insérée au Code forestier, sans qu'on s'expose à mêler ensemble deux législations qui ne doivent pas être confondues. »

M. le Rapporteur a pensé que la disposition de M. Humann ne pouvait être introduite dans le Code forestier qui traite d'objets tout-à-fait étrangers à cette matière, et que la proposition devait venir du Gouvernement.

L'amendement de M. Humann a été rejeté.

M. de Montbel a proposé d'ajouter à l'art. 144 la sanction des dommages-intérêts dont parlent les articles 147 et 148 ; mais cet amendement a été rejeté, comme inutile, d'après la disposition générale de l'art. 202.

§. 2. — *M. le duc de Praslin* a dit à la Chambre des pairs : « l'enlèvement de la bruyère est fort utile aux forêts, parce que la bruyère épuise plus le sol par les sucs qu'elle en retire, qu'elle ne le fertilise par les feuilles qu'elle lui rend, même dans les bois déjà plantés depuis long-temps ; il y a avantage à la faire disparaître, et son extraction est de nécessité absolue pour les semis et pour les jeunes plantes; quant aux feuilles, il faut reconnaître aussi que, dans certains pays pauvres en fourrages, les feuilles vertes sont d'un emploi indispensable pour la nourriture des bestiaux, et les feuilles mortes pour leur fournir de la litière. »

Cette observation n'a pas eu de suite.

§. 3. — Des termes mêmes de l'art. 144 résulte, en faveur de l'administration forestière, le droit d'autoriser des extractions. Il est en effet des localités où l'enlèvement des feuilles mortes est tellement nécessaire pour l'engrais des terres labourables, qu'en le refusant, on s'exposerait à rendre la culture impossible, et à compromettre même l'existence de la population, notamment dans le département du Bas-Rhin. Il est d'autres localités où la bruyère est tellement abondante, et en même tems si nécessaire aux besoins du pays, que l'administration en permet l'arrachis et en fait quelquefois l'objet de ventes particulières.

§. 4. — Celui qui a le droit d'enlever du gazon dans une forêt domaniale et communale, ne peut l'exercer qu'après avoir obtenu une désignation du lieu par l'agent forestier. Cassation, arrêt du 24 janvier 1812. (*Trait. gén.*, tom. 2, *pag.* 467.)

§. 5. — Le ramassis de feuilles mortes, herbages et autres produits des forêts est un délit même dans les bois des particuliers, nonobstant les usages contraires aux dispositions de l'art. 144. Cassation, arrêt du 15 octobre 1824. (*Idem*, *tom.* 3, *pag.* 284.)

§. 6. — On ne peut condamner les personnes trouvées coupant des herbes qu'à une amende proportionnée à la quantité d'herbe coupée, et non à la quantité qu'elles se disposaient à couper. Mais chacune des personnes participant au même délit doit être condamnée individuellement à l'amende, outre les dommages-intérêts, s'il y a lieu. Cassation, arrêt du 21 octobre 1824. (*Trait gén.*, *tom.* 3, *pag.* 284.)

§. 7.— Il doit être prononcé autant d'amendes qu'il y a de personnes trouvées amassant des glands en délit. Cassation, arrêt du 18 octobre 1822. (*Idem*, *tom.* 3, *pag.* 94.)

§. 8. — De même, les tribunaux doivent prononcer autant d'amendes qu'il y a en de personnes trouvées chargées ou arrachant des herbes ou autres choses prohibées des forêts. Cassation, arrêt du 7 janvier 1814. (*Idem*, *tom.* 2, *pag.* 609.)

§. 9.—Avant le Code, le dédommagement égal à l'amende devait toujours être prononcé, pour le cas d'enlèvement de chaux, de sable ou de marne, comme pour le cas d'enlèvement de bois. Cassation, arrêt du 20 février 1809. (*Idem*, *tom.* 2, *pag.* 254.) Il en était de même pour les délits de pâturage. Aujourd'hui le dédommagement ne devrait être prononcé que s'il y avait dommage pour le propriétaire. (*Art.* 198, 199 *et* 202.)

ART. 145.

Il n'est point dérogé au droit conféré à l'administration des ponts et chaussées d'indiquer les lieux où doivent être faites les extractions de matériaux pour les travaux publics; néanmoins, les entrepreneurs seront tenus envers l'État, les communes et établissemens publics, comme envers les particuliers, de payer toutes les indemnités de droit, et d'observer toutes les formes prescrites par les lois et règlemens en cette matière.

ANNOTATIONS.

Voir les art. 170 à 175 de l'ordonnance d'exécution, et la loi du 16 septembre 1807, art. 55.

A la Chambre des pairs, *M. le marquis d'Orvilliers* a désiré qu'il fût bien entendu que l'article dont il s'agit ne confirme en rien la législation actuelle sur l'extraction des matériaux nécessaires au service des ponts et chaussées.

M de Martignac, commissaire du Roi, a déclaré « qu'en effet l'article 145 n'a pour objet ni de changer ni de consacrer d'une manière irrévocable la législation existante sur ce point. Les rédacteurs du Code ont pensé que cet objet était par lui-même assez important pour qu'une loi spéciale fixât à cet égard les droits de l'administration et les règles qu'elle aurait à suivre. Il leur a paru que ce n'était pas incidemment et dans un code auquel elles ne se rattachaient pas d'une manière spéciale, que de pareilles questions pouvaient être traitées. Ils se sont donc bornés à s'en référer aux lois existantes, sans y déroger actuellement, mais sans exclure en aucune façon la faculté de les modifier et de les améliorer, en ce qu'elles peuvent avoir d'imparfait. »

ART. 146.

Quiconque sera trouvé dans les bois et forêts, hors des routes et chemins ordinaires, avec serpes, cognées, haches, scies et autres instrumens de même nature, sera condamné à une amende de dix francs et à la confiscation desdits instrumens.

ANNOTATIONS.

Voir les art. 71 et 147 du Code, et l'ordonnance de 1669, tit. 27, art. 34.

L'ordonnance ne prononçait la prohibition que pour l'introduction pendant la nuit. Cassation, arrêt du 29 mai 1813. (*Bullet. offic.*) Cette distinction ne subsiste plus. Voy. les art. 71 et 147.

ART. 147.

Ceux dont les voitures, bestiaux, animaux de charge ou de monture, seront trouvés dans les forêts, hors des routes et chemins ordinaires, seront condamnés, savoir :

Par chaque voiture, à une amende de dix francs pour les bois de dix ans et au-dessus, et de vingt francs pour les bois au-dessous de cet âge ;

Par chaque tête ou espèce de bestiaux non attelés, aux amendes fixées pour délit de pâturage par l'art. 199 :

Le tout sans préjudice des dommages-intérêts.

ANNOTATIONS.

Voir les art. 199 et 202 du Code, et l'ordonnance de 1669, tit. 32, art. 10 et 11.

§. 1. — L'article du projet a été adopté avec une modification proposée par la commission de la Chambre des députés, et consistant à dire dans le second paragraphe, *pour les bois de dix ans et au-dessus*, au lieu de, *pour les bois au-dessus de dix ans*, comme l'énonçait la première rédaction.

§. 2. — L'introduction de chevaux attelés dans un canton de bois est un délit, et la peine est indépendante du dommage causé. Cassation, arrêt du 26 décembre 1806. (*Trait. gén., tom. 2, pag.* 106.)

§. 3. — Il est défendu d'user du droit de passage qu'on pourrait avoir dans un bois, si on n'a préalablement demandé et obtenu la désignation d'un chemin. Cassation, arrêt du 7 décembre 1810. (*Idem, tom. 2, pag.* 377.) Voy. les art. 71 et 146.

§. 4. — Avant le Code, un arrêt de la Cour de cassation, du 31 décembre 1824, avait reconnu que la simple introduction de bestiaux ou animaux de trait, de charge ou de monture, dans un bois taillis appartenant à une commune, constituait la contravention prévue par l'art. 475, n° 10, du Code pénal, encore qu'il ne fût résulté de cette introduction aucun dégât ou dommage ; mais aujourd'hui cette introduction ne devrait plus être punie d'après le Code pénal, mais d'après l'art. 147 du Code forestier, puisque cet article a prévu le cas.

§. 5. — La confiscation prononcée par l'art. 9 du tit. 32 de l'ordonnance de 1669, n'a plus lieu. (*Voy. l'art.* 218 *ci-après.*)

Art. 148.

Il est défendu de porter ou allumer du feu dans l'intérieur et à la distance de deux cents mètres des bois et forêts, sous peine d'une amende de vingt à cent francs ; sans préjudice, en cas d'incendie, des peines portées par le Code pénal, et de tous dommages-intérêts, s'il y a lieu.

ANNOTATIONS.

Voir l'ordonnance de 1669, tit. 3, art. 18, et tit. 27, art. 32 ; l'arrêté du 25 pluviôse an 6, et les art. 434 à 438 et 458 du Code pénal.

§. 1. — Il résulte de deux arrêts de la Cour de cassation, des 6 décembre 1810 et 5 avril 1816, que l'amende doit être prononcée contre celui qui a allumé du feu dans une forêt, bien qu'il n'y ait causé aucun dommage, et que même il n'en soit résulté aucun danger pour le bois. (*Trait. gén., tom.* 2, *pag.* 375 *et* 671.)

§. 2. — Un autre arrêt, rendu le 26 août 1809, a jugé qu'il y avait délit de la part d'un particulier surpris allumant du feu dans un chêne creux d'une forêt, pour en chasser, par la fumée, un essaim d'abeilles qui, de son jardin, avaient pris leur essor vers la forêt. (*Idem, tom.* 2, *pag.* 297.) Cette décision serait encore applicable aujourd'hui.

Art. 149.

Tous usagers qui, en cas d'incendie, refuseront de porter des secours dans les bois soumis à leur droit d'usage, seront traduits en police correctionnelle, privés de ce droit pendant un an au moins et cinq ans au plus, et condamnés en outre aux peines portées par l'art. 475 du Code pénal.

ANNOTATIONS.

Voir l'arrêté du 25 pluviôse an 6.

L'art. 475 du Code pénal prononce une amende de six francs jusqu'à dix francs inclusivement.

ART. 150.

Les propriétaires riverains des bois et forêts ne peuvent se prévaloir de l'art. 672 du Code civil pour l'élagage des lisières desdits bois et forêts, si ces arbres de lisière ont plus de trente ans.

Tout élagage qui serait exécuté sans l'autorisation des propriétaires des bois et forêts, donnera lieu à l'application des peines portées par l'article 196.

ANNOTATIONS.

Voir l'art. 176 de l'ordonnance d'exécution, et l'ordonnance de 1669, tit. 27, art. 11, et tit. 32, art. 2 et 13.

§. 1. — Discussion à la Chambre des députés.

Sur la proposition de la commission de la Chambre des députés, on a ajouté ces mots, *si ces arbres de lisière ont plus de trente ans*, qui terminent le premier paragraphe de l'article. (*Rapport de M. Favard de Langlade.*)

M. *de Martainville* a demandé le rejet du premier paragraphe de l'article; l'honorable député a invoqué les droits sacrés de la propriété, que, selon lui, l'article sacrifie en faveur de la conservation des forêts.

M. *Labbey de Pompières* a dit que l'article 150 établissait par prescription une servitude foncière au profit des propriétaires des bois et forêts. Il a développé les théories du célèbre professeur de Dijon, M. Proudhon, auteur d'un Traité sur l'usufruit; et il a conclu en proposant de rédiger ainsi l'amendement de la commission : *si les arbres de lisière font saillie depuis plus de trente ans.* L'honorable député, pour soutenir ce sous-amendement, s'est fondé sur ce que la prescription ne peut avoir lieu que là où la possession est fixe et certaine, parce que l'on ne peut admettre un effet sans être sûr que la cause existe; qu'il est impossible de dire quelle était il y a trente ans la longueur des branches qui croissent et s'allongent annuellement, et d'assurer qu'alors elles étaient déjà saillantes sur le fonds voisin; que toutes les marques de vétusté qu'elles pourraient offrir, ne permettraient pas d'assurer le terme précis de la projection que la nature leur aurait fait faire pendant plus de trente ans. « En fait, a-t-il ajouté, on ne peut reconnaître quel était l'effet de la possession il y a trente ans; il y a donc impossibilité légale d'admettre la prescription. On doit donc admettre mon sous-amendement, si mieux n'aime la Chambre rejeter le premier paragraphe du projet et l'amendement de la commission, ce qui laisserait toutes choses dans le droit commun. »

M. Simoneau a pensé que l'article devait être adopté, mais qu'il fallait accorder aux propriétaires voisins des forêts l'action en dommages-intérêts.

M. Mestadier, tout en s'élevant contre l'article, a aussi combattu cette dernière proposition, parce que, selon lui, elle donnerait lieu aux procès les plus dispendieux. « L'expertise même, a-t-il dit, ne serait pas possible; car telle branche qui avance aujourd'hui de trente pieds, avancera bien davantage dans cinquante ans, et bien plus encore dans cent ans; le mieux est donc de s'en tenir au droit commun. »

M. le Rapporteur a pris la parole en ces termes : « La question qui nous occupe en ce moment a fixé particulièrement l'attention de la commission. M. Labbey de Pompières, en prétendant qu'il fallait rentrer dans le droit commun, est entré dans une savante dissertation dans laquelle je ne le suivrai pas. Je me bornerai à vous dire que la proposition de la commission a pour objet de concilier tous les intérêts. L'ordonnance de 1669 définissait toute espèce d'élagage. Nous avons vécu cent cinquante ans sous cette législation, et les tribunaux ont constamment défendu l'élagage des arbres de la part des propriétaires voisins des bois de l'État. A la vérité, le Code civil, par son article 672, établit un principe qui semblerait contraire, en disant que chaque propriétaire a droit de couper les racines qui sont dans son héritage, comme de faire élaguer les branches qui peuvent nuire à sa propriété. Mais à côté de cet article se trouve une exception en faveur des fruits, qui doivent être régis par des lois particulières. C'est précisément par suite de cette disposition, que l'on a constamment jugé que l'élagage des arbres ne pouvait avoir lieu, tant que cette partie ne serait pas réformée.

Maintenant, doit-on rentrer dans le droit commun, doit-on appliquer aux forêts la disposition de l'article 672? La Chambre en a certainement le droit. Mais il s'agit de savoir s'il convient de rentrer pleinement dans la disposition du Code civil, et si la disposition apportée à cet article par la commission n'est pas plus dans l'esprit de justice qui caractérise la Chambre. A cet égard, je la prie de remarquer que les propriétaires qui ont des propriétés voisines des forêts où il y a des arbres qui ont jusqu'à cent et cent cinquante ans, savaient bien, quand ils ont acheté leur propriété qu'il y avait à la lisière des arbres qui leur portaient préjudice; aussi ont-ils acheté leur propriété bien moins cher que s'ils n'avaient pas été soumis à la servitude dont il s'agit. Que si aujourd'hui vous les affranchissez de cette servitude, vous leur conférez un bénéfice sur lequel ils n'avaient pas dû compter, tandis que vous imposez aux propriétaires de bois le sacrifice de leurs arbres.

C'est d'après ces considérations, que la commission a pensé qu'il fallait prendre un terme moyen qui concilierait tous les intérêts, c'est-à-dire que les arbres qui existent de temps immémorial sur la lisière des forêts, devaient continuer d'y rester sans que le propriétaire voisin pût les élaguer de manière à les détruire. Mais aussi elle a voulu rentrer dans le droit commun pour les plantations nouvelles ou pour celles qui seraient faites par la suite. La commission persiste dans son amendement.

M. *Méchin* a parlé contre l'art. 150, en se fondant sur ce que, s'il y avait dommage pour le propriétaire de bois dans l'élagage, il fallait aussi calculer le tort immense que faisait à l'agriculture une masse considérable d'ombres qui se projette sur son héritage.

M. *Pardessus* s'est élevé contre l'abrogation de l'art. 672. « Il résulte de là, a dit l'honorable député, que les propriétaires voisins des forêts n'auront pas le droit de couper les racines qui s'avanceront sur leur héritage. » (*M. le président a répondu à cette observation, en lisant le projet, et M. Pardessus alors a reconnu que l'article ne s'opposait pas à ce que l'on pût couper les racines.*) « Si les propriétaires des terrains voisins des forêts, a-t-il dit, en terminant, étaient obligés de souffrir la projection des branches des arbres qui s'élèvent dans les lisières des bois des particuliers, il en résulterait pour eux une servitude nouvelle; ce serait une atteinte portée à la propriété, sans aucune utilité publique. »

M. *le Ministre des finances* a dit qu'un arbre parvenu à un certain âge périt, s'il est élagué, et que si l'on n'adoptait pas l'art. 150, on augmenterait ainsi la pénurie des bois nécessaires à la marine; que la question de droit relative à l'art. 672 doit être écartée, parce que cet article ne s'appliquait qu'aux bois de clôture, et non pas aux lisières des masses de bois ou des forêts, et que, quant aux droits de propriété, on y porterait bien plus atteinte en faisant périr presque simultanément les arbres de lisière, par un élagage forcé, qu'en laissant les branches s'étendre sur les terrains voisins.

M. *le général Sébastiani* a pensé qu'adopter l'article 150, ce serait consacrer une monstruosité, ce serait forcer les propriétaires voisins des forêts, de n'approcher de leur propriété que le front courbé, ce serait troubler tous les propriétaires particuliers, ce serait enfin renverser tous les principes protecteurs de la propriété et de la possession.

M. *Méchin* a adopté les principes de l'honorable préopinant, et a dit, en terminant: « Quand la protection que vous devez à la propriété devrait occasioner quelque dommage aux forêts, il me semble qu'il n'y aurait pas à balancer sur le parti qui vous reste à prendre; car quel plus grand dommage peut recevoir la société, que celui qui résulterait de l'atteinte portée à la propriété qui est la base de l'édifice social. »

M. *de Martignac*, *commissaire du Roi*, ayant demandé à être entendu, s'est ainsi exprimé :

« Nous avons à discuter une question de droit assez sérieuse pour mériter qu'on s'en occupe. Ce n'est pas une question qui doive provoquer l'amertume dans la discussion et presque l'indignation dans le langage. C'est une question sur laquelle j'appelle l'attention de la Chambre, et, qui, en vérité, n'est pas de nature à parler aux passions.

« Nous avons à examiner si, dans le projet du Code forestier, on a procédé avec sagesse et prudence en vous proposant la disposition qui est combattue avec tant de force. Il est nécessaire de rappeler quels sont les motifs qui ont déterminé les rédacteurs du Code.

« L'ordonnance de 1669, tit. 32, art. 2, porte : « Ceux qui auront choupé, ébranché, déshonoré les arbres, paieront la même amende, etc. » Devons-nous croire que la disposition de l'art. 672 du Code civil soit tellement absolue, qu'il en résulte nécessairement l'abrogation de l'article 32 de l'ordonnance de 1669 ? Nous ne l'avons pas pensé, et voici nos motifs :

« Il est de principe que les lois générales ne dérogent pas aux lois spéciales, à moins que la dérogation n'en soit exprimée dans la loi générale. Le Code civil est ici la loi générale ; le Code forestier la loi spéciale. Or, je le demande, y a-t-il dans le Code civil un texte précis et absolu qui déroge à la règle spéciale, relativement aux forêts ? L'art. 672 ne s'étend pas d'une manière positive à ce qui touche les bois et forêts. En effet, cet article est compris dans la section première, intitulée : *du mur et du fossé mitoyen.* L'art. 672 s'exprime ainsi : « Le voisin peut exiger que les arbres et haies plantés à une moindre distance soient arrachés. Celui sur la propriété duquel avancent les branches des arbres du voisin, peut contraindre celui-ci à couper ces branches. » Vous voyez qu'ici il ne s'agit que des arbres qui ont été plantés dans des haies qui servent de séparation à deux héritages. Certes, il n'y a aucune application rigoureuse à faire de cet article aux lisières des bois et forêts.

« On a déjà expliqué devant la Chambre les considérations graves qui ont déterminé le Gouvernement à vous proposer l'article qui est en discussion. Ces considérations tiennent à la nécessité de veiller à la conservation de la portion des bois et forêts, sur laquelle peut s'exercer utilement le droit de martelage que vous avez reconnu nécessaire pour le service de la marine. Or, il est incontestable que c'est dans la lisière des bois qu'on trouve ordinairement les arbres propres aux constructions navales. Si vous déclarez que tous les propriétaires riverains auront le droit de réclamer l'élagage des arbres de lisière, vous consacrerez une disposition qui entraînerait la destruction de ces arbres.

« L'article que nous discutons s'applique aux bois des particuliers comme aux forêts de l'État. On nous en a fait une sorte de reproche. Cependant si nous n'avions demandé ce privilége que pour les forêts de l'État, on n'aurait pas manqué de remarquer que l'État, en ce qui touche la possession de ses forêts, est un propriétaire comme tout autre, et qu'il n'y a pas de raison pour établir en sa faveur un privilége qu'on refuserait aux propriétaires des bois des particuliers. Ce raisonnement serait fondé; car vous avez reconnu que les bois soumis au régime forestier ne suffisaient pas pour les besoins de votre marine, et qu'il fallait étendre le martelage aux bois des particuliers. Ainsi, pour être conséquens avec nous-mêmes, nous devions rendre l'article applicable aux uns comme aux autres. »

Un amendement de *M. Mestadier,* qui consistait à ajouter à l'article ces mots, *des bois et forêts dont l'étendue superficielle sera de plus de* 50 *hectares,* a été rejeté.

Il en a été de même de celui de *M. Labbey de Pompières,* ainsi conçu : *si les arbres de lisière font saillie depuis plus de trente ans.*

M. Simoneau avait proposé une disposition ainsi conçue : « Néanmoins les propriétaires riverains auront action en dommages-intérêts contre les propriétaires des bois et forêts, à raison du préjudice que le défaut d'élagage aura pu leur causer; mais cet amendement a été rejeté. »

M. Labbey de Pompières, après l'adoption de l'amendement de la commission, a demandé qu'au moins on retranchât de l'article le mot *bois,* duquel il résulterait que le propriétaire d'un bouquet de bois, d'une remise pour le gibier, par exemple, pourrait s'arroger le droit d'empêcher l'élagage; mais cette proposition n'a pas eu de suite.

§. 2. — Discussion à la Chambre des pairs.

M. le comte d'Haubersart s'est exprimé en ces termes : « Tel qu'il avait été rédigé dans le projet primitif du Gouvernement, l'art. 150 avait un but nettement indiqué : il fondait une dérogation perpétuelle à l'art. 672 du Code civil, qui permet aux riverains de contraindre le propriétaire du fonds voisin à couper les branches de ses arbres, lorsqu'elles avancent sur leur héritage. Un amendement a été fait à cet article par l'autre Chambre; et si, pour apprécier l'intention de cet amendement, on ne s'attachait qu'à la discussion qu'il a fait naître et aux explications données au nom de la commission qui l'a proposé, on serait porté à croire qu'il a eu pour but de substituer une disposition temporaire à la disposition perpétuelle du projet, en préservant, par une exception transitoire, les arbres de lisière qui ont actuellement plus de trente ans, des dégradations que leur fait éprouver l'application subite du droit commun sur l'élagage, en sorte que le droit commun reprendrait sur les lisières de bois toute sa puissance, à mesure que ces arbres disparaîtraient. Exécuté en ce sens, l'art. 150 paraîtrait exempt de reproche; car on ne pourrait y voir qu'une concession faite à la nécessité de sauver d'un élagage tardif et forcé des arbres déjà vieux dont cet élagage entraînerait la perte; mais les termes dans lesquels l'article est conçu sont loin de se prêter à cette explication. »

M. *le comte d'Argout* a parlé dans le même sens.

M. *le vicomte de Martignac, commissaire du Roi*, a dit : « L'art. 150, qui interdit aux riverains la faculté de demander l'élagage des arbres de lisière ayant plus de trente ans, doit être aussi l'objet de quelques explications. L'ordonnance de 1669 défendait de dégrader les arbres de lisière, et portait des peines contre la dégradation opérée par voie de fait; mais elle ne décidait pas en principe la question relative au droit du propriétaire voisin de requérir l'élagage. Toutefois, une jurisprudence constante le lui avait refusé. Cette jurisprudence n'était plus l'objet d'aucune controverse, lorsqu'est intervenu l'art. 672 du Code civil, qui établit comme règle générale le droit de réclamer l'élagage. Alors la question s'est élevée de savoir si cette disposition générale dérogeait à la règle spéciale suivie jusqu'à la promulgation du Code civil, et la jurisprudence ne paraît pas s'être fixée sur cette question d'une manière bien positive. Dans cet état, les rédacteurs du projet ont pensé que la disposition générale du Code civil ne devait pas être considérée comme dérogatoire aux usages particuliers suivis à l'égard des forêts; ils ont cru aussi que l'art. 672 se trouvant placé sous la rubrique *du mur et du fossé mitoyen*, n'avait pas une application nécessaire aux arbres de lisière des forêts, et se rapportait surtout aux arbres plantés dans les haies ou sur le bord des fossés servant de clôture. Il leur a paru d'ailleurs que le maintien de l'usage ancien pouvait être utile pour la conservation des bois nécessaires à la marine, qui se trouvent plutôt sur les lisières que dans l'intérieur des forêts. Ils se sont donc déterminés à proposer d'une manière générale, non-seulement pour les bois de l'État, mais aussi pour ceux des particuliers, l'interdiction aux riverains de réclamer l'élagage; c'était évidemment une exception au droit commun, une atteinte à la propriété; mais on avait cru qu'elle était indispensable dans l'intérêt public. La Chambre des députés a pensé qu'on avait été trop loin; elle a considéré qu'il y avait en effet préjudice causé, et à la marine, en diminuant ses ressources, et au propriétaire des bois lui-même, si l'on permettait au riverain de détruire par l'élagage des arbres déjà parvenus à l'âge où ils acquièrent une valeur considérable, et où ils deviennent propres aux grandes constructions; mais qu'au-dessous de cet âge, l'arbre n'ayant encore aucune valeur comme bois de construction, il n'y avait aucun intérêt à en empêcher l'élagage dans les termes de droit; elle a fixé à trente ans la limite au-delà de laquelle l'élagage ne pourrait avoir lieu. Mais a-t-elle voulu faire de cette prohibition une règle perpétuelle? Non, sans doute, et tout annonce au contraire qu'il ne faut y voir qu'une disposition transitoire. C'est en effet conformément à la raison que les lois doivent s'interpréter. Or, serait-il raisonnable de supposer qu'on a voulu d'une manière absolue autoriser l'élagage à l'époque où la faiblesse de l'arbre l'empêche de porter préjudice au riverain, et de l'interdire précisément lorsqu'il peut y avoir dommage? Ce qui est raisonnable, au contraire, c'est de maintenir pour les arbres déjà âgés de trente ans, au moment de la publication du Code, l'espèce de droit acquis résultant de la possession, et d'avertir en même temps les propriétaires et l'État lui-même que, à cette exception près, tous les arbres seront sujets à l'élagage, et qu'ils doivent par conséquent choisir à une plus grande distance de la limite ceux qu'ils voudraient laisser monter en futaie. C'est dans ce sens que le Gouvernement a entendu la disposition et qu'il la fera exécuter. »

L'article a été adopté sans modification.

§. 3. — D'un arrêt de la Cour de cassation, du 9 juin 1823, il résulte, 1° que les arbres plantés à une distance du voisin moindre que la distance prescrite par l'art. 671 du Code civil, ne sont pas atteints par la prohibition du Code, si, à l'époque de la réclamation, ces arbres se trouvent avoir 30 ans d'existence : ils sont protégés par la prescription trentenaire. (M. PARDESSUS, *Trait. des servitudes*, n° 194, et M. TOULLIER, tom. 3, pag. 514); 2° que les servitudes qui n'ont trait qu'à des intérêts privés, qui ne sont pas établies pour le maintien de l'ordre public, ont cela de particulier, qu'on peut s'en affranchir par une possession libre de 30 ans. (*Code civil, art.* 649 *et* 706); 3° que, sous la coutume d'Orléans (art. 136) et celle de Paris (art. 186), la défense de planter des arbres à une distance plus rapprochée du fonds voisin, que celle que fixait la coutume, était une servitude, dont la possession pouvait s'acquérir par la possession trentenaire. (SIREY, 26—1—176 et 177.)

§. 4. — Les agens forestiers peuvent ordonner ou autoriser l'élagage des arbres qui ont moins de 30 ans, comme ils autorisent l'enlèvement des harts, perches, etc., dans les forêts; et la vente des branches doit avoir lieu dans les mêmes formes que celle des chablis. L'administration forestière fait ordinairement autoriser par le ministre des finances l'élagage des arbres qui ont moins de 30 ans, lorsque la demande lui en est faite par les propriétaires riverains.

C'est au préfet qu'il faut s'adresser si les agens forestiers refusent de proposer la coupe des branches. Le mémoire devra être répondu dans le mois par ce magistrat, conformément à l'art. 15, tit. 3, de la loi du 5 novembre 1790, rapportée sur l'art. 61, et les parties pourront se pourvoir ensuite soit par appel au ministre, soit devant les tribunaux : dans tous les cas, cette dernière voie leur est ouverte.

§. 5.—Ainsi, dans l'état actuel de la jurisprudence, le propriétaire riverain peut, 1° exiger que les arbres qui ont moins de 30 ans soient arrachés lorsqu'ils sont plantés plus près de deux mètres de la ligne séparative ; 2° forcer l'Etat, d'après les règles ci-dessus, ou le propriétaire des bois et forêts, à couper les branches des arbres de 30 ans et au-dessous qui s'étendent sur son terrain : 3° couper lui-même les racines qui s'avancent sur son terrain. (*Voy*. l'art. 14, qui reconnaît implicitement ce droit, ainsi que M. le ministre des finances l'a dit à la Chambre des députés.)

§. 6. — Le maire d'une commune ne peut valablement autoriser à ébrancher les arbres d'un bois de cette commune; les habitans usagers ne peuvent exciper d'une pareille autorisation pour se soustraire à la condamnation qu'ils ont encourue comme délinquans. L'administration des bois et forêts des communes n'appartient pas au maire, mais à l'administration des eaux et forêts. Cassation, arrêt du 27 octobre 1815. (*Trait. gén.*, tom. 2, *pag.* 664.)

§. 7.—Il y a délit, de la part de celui qui, sans être propriétaire d'un bois, se permet d'en ébrancher les arbres qui ombragent sa propriété alors même qu'ils ont moins de 30 ans, parce que, dans ce cas, l'art. 672 du Code civil ne donne pas au propriétaire voisin, du sol où sont plantés les arbres, le droit de les ébrancher lui-même. Cassation, arrêt du 15 février 1811. (*Idem, tom.* 2, *pag.* 406.)

§. 8. — Cependant un arrêt de la Cour royale de Paris, du 16 février 1824, a jugé qu'on ne peut acquérir par prescription le droit de conserver les branches d'arbres qui avancent sur la propriété du voisin, et que l'art. 672 du Code civil est applicable aux bois domaniaux comme aux bois des particuliers. (SIREY, 25—2—25.) Cet arrêt a été confirmé par la Cour de cassation, le 31 juillet 1827; mais, aux termes de l'art. 150, cette jurisprudence n'est plus applicable aux arbres d'une forêt domaniale ni particulière.

SECTION II.

Dispositions spéciales applicables seulement aux Bois et Forêts soumis au régime forestier.

ART. 151.

Aucun four à chaux ou à plâtre, soit temporaire, soit permnaent, aucune briqueterie et tuilerie, ne pourront être établis dans l'intérieur et à moins d'un kilomètre des forêts, sans l'autorisation du Gouvernement, à peine d'une amende de cent à cinq cents francs, et de démolition des établissemens.

ANNOTATIONS.

Voir les art. 177 et 179 de l'ordonnance d'exécution, et l'ordonnance de 1669, tit. 3, art. 18, et tit. 27, art. 12 à 23.

§. 1. — A la Chambre des députés, MM. *Sébastiani*, *Méchin* et *Petou* se sont élevés contre cet article, et ont demandé qu'au moins la *zone* ou rayon dans lequel on ne pourrait pas construire, fût restreint à un demi-kilomètre; mais leur amendement a été rejeté.

Dans la discussion qui a eu lieu à ce sujet, M. *Méchin* a fait observer qu'autrefois les prohibitions contenues dans l'article 151 ne s'appliquaient qu'aux forêts royales, c'est-à-dire à 1,500,000 hectares, et qu'on allait les étendre *à la totalité des forêts*, c'est-à-dire à 6,500,000 hectares. M. *de Martignac* a interrompu l'orateur, en lui disant : *Lisez le titre de la section que nous discutons.*

§. 2. — Aux termes de l'article 18, titre 27, de l'ordonnance de 1669, et d'après l'avis du Conseil d'État du 22 brumaire an 14, un préfet était compétent pour s'opposer à des constructions nouvelles près des bois de l'État, et pour en ordonner la suppression (*Ordonnance du Roi, du 11 juin 1817*); mais, aujourd'hui, ce magistrat, comme chargé de défendre à toutes les actions de propriété concernant le domaine, ne pourrait plus s'y opposer que devant les tribunaux.

ART. 152.

Il ne pourra être établi, sans l'autorisation du Gouvernement, sous quelque prétexte que ce soit, aucune maison sur perches, loge, baraque ou hangar, dans l'enceinte et à moins d'un kilomètre des bois et forêts, sous peine de cinquante francs d'amende, et de la démolition dans le mois, à dater du jour du jugement qui l'aura ordonnée.

ANNOTATIONS.

Voir les art. 177 et 179 de l'ordonnance d'exécution ; l'ordonnance de 1669, tit. 27, art. 17 et 18, et l'avis du Conseil d'État du 22 brumaire an 14.

§. 1. — La Chambre des députés a rejeté la proposition déjà faite par MM. *Méchin* et *Sébastiani* sur l'article précédent, et reproduite sur celui-ci, de réduire la distance à un demi-kilomètre.

§. 2. — Les tribunaux ne peuvent se dispenser d'ordonner la démolition des maisons bâties sur perches à distance prohibée des forêts. Cassation, arrêt du 23 janvier 1813. (*Trait gén.*, tom. 2, *pag.* 542.)

§. 3. — Il y a lieu d'ordonner la démolition des loges en bois et sur pêches, construites à la distance prohibée des forêts. La circonstance que la loge d'un sabotier serait construite près d'une ancienne habitation, ne peut être un motif pour laisser subsister cette loge. Cassation, arrêt du 17 août 1822. (*Idem, tom.* 3, *pag.* 74.)

§. 4. — Sous la précédente législation, un arrêt de la cour royale de Paris, du 15 octobre 1825, avait établi que les art. 17 et 18 du titre 27 de l'ordonnance de 1669, interprétés par l'avis du Conseil d'État du 22 brumaire an 14, ne prescrivaient aucunement la destruction d'*une maison*, qui, n'étant *pas bâtie sur perches*, ne saurait être qualifiée *baraque*, cette maison d'ailleurs n'étant pas de *construction nouvelle*, et n'ayant reçu, depuis cet avis, que des améliorations, par forme de simples réparations et à cause d'un incendie. (SIREY, 26—2—161.) Cette jurisprudence est confirmée par le §. 3 de l'art. 153.

§. 5.—Mais un arrêt de la Cour de cassation, du 14 août 1825, avait reconnu que les art. 17 et 18 précités, tombés en désuétude avant 1789, avaient été remis en vigueur par l'avis du Conseil d'État du 22 brumaire an 14, et qu'ils devaient recevoir leur exécution, au détriment des propriétaires voisins des forêts, nonobstant l'art. 9 de la Charte, du moins relativement à des délinquans d'habitude. (SIREY, 26—1—17.)

ART. 153.

Aucune construction de maisons ou fermes ne pourra être effectuée, sans l'autorisation du Gouvernement, à la distance de cinq cents mètres des bois et forêts soumis au régime forestier, sous peine de démolition.

Il sera statué dans le délai de six mois sur les demandes en autorisation; passé ce délai, la construction pourra être effectuée.

Il n'y aura point lieu à ordonner la démolition des maisons ou fermes actuellement existantes. Ces maisons ou fermes pourront être réparées, reconstruites et augmentées sans autorisation.

Sont exceptés des dispositions du paragraphe premier du présent article, les bois et forêts appartenant aux communes, et qui sont d'une contenance au-dessous de deux cent cinquante hectares.

Voir les art. 177 et 178 de l'ordonnance d'exécution ; l'ordonnance de 1669, tit. 27, art. 17 et 18 ; l'avis du Conseil d'État du 25 vendémiaire-22 brumaire an 14, et l'ordonnance du 11 juin 1817, ainsi que l'ordonnance de François Ier, de 1517, et l'ordonnance de Henri IV, de 1597.

§. 1. — Discussion à la Chambre des députés.

L'article du projet était ainsi rédigé : « *Aucune construction de maisons ou fermes, dans le même rayon, ne pourra être effectuée sans l'autorisation du Gouvernement, sous peine de démolition.*

« *Il n'y aura point lieu à ordonner la démolition des maisons ou fermes actuellement existantes.* » (*Rapport de M. Favard de Langlade.*)

M. *Martin de Villers* a parlé contre les amendemens de la commission et contre l'article lui-même, en invoquant des considérations d'intérêt général qu'il est inutile de reproduire.

« Qui ne sait, a dit M. *de Chantereyne*, en lui répondant, qu'il n'y a rien d'arbitraire dans les délais que sont obligées de subir les demandes en autorisations, ni dans les cas où ces autorisations elles-mêmes sont accordées, et que *le Gouvernement d'ailleurs ne les refusera jamais à une famille honnête, mais seulement aux délinquans d'habitude ?...* » Et l'honorable député a proposé, par voie d'amendement, d'ajouter à l'article ces mots, *néanmoins, la démolition desdites maisons et fermes pourra être ordonnée dans le cas où le propriétaire, habitant, fermier ou locataire, aurait été condamné pour récidive en matière de délit forestier.* »

Cette disposition a été rejetée.

M. *Hyde de Neuville* a proposé d'ajouter au troisième paragraphe de l'article le mot *augmentées.*

« Il me semble, messieurs, a-t-il dit, qu'en adoptant cet amendement, nous établirions une servitude nouvelle sur un grand nombre de propriétés. Je conçois qu'on empêche de construire de nouvelles maisons dans la position dont il s'agit ; mais il existe d'anciennes habitations, des châteaux et des fermes qui se trouvent dans cette position. D'après la proposition de la commission, le propriétaire de ces maisons pourra bien les réparer ou les reconstruire ; mais il ne pourra pas y ajouter une étable ou une grange. J'avoue que je suis personnellement intéressé dans cette affaire ; mais ce n'est pas ce qui me fait prendre la parole : je ne m'élève contre une exigence que parce que je la trouve injuste. Il y a en France une foule d'habitations de campagne dans la catégorie de l'article en discussion ;

on aura besoin d'y ajouter quelques petites constructions pour les besoins de l'exploitation; ce sont des établissemens qui existent depuis des siècles; il me semble qu'on ne peut leur imposer la servitude qui résulterait de l'amendement de la commission. »

M. Favard de Langlade, rapporteur. « Les observations de l'honorable préopinant ne peuvent porter sur l'amendement de la commission, car cet amendement a eu pour objet précisément de rentrer dans ce qu'il demande. La commission, loin d'étendre l'article du Gouvernement, ne fait que donner à ceux qui ont des bâtimens la faculté de les réparer ou de les reconstruire, sans être assujétis à la formalité de l'autorisation, Au surplus, tout ce qu'on a dit à ce sujet porte à faux; il ne s'agit pas d'empêcher les propriétaires de bâtir, il ne s'agit que d'empêcher les vols qui se commettent dans les forêts: jamais l'autorisation n'est refusée à des hommes connus. »

M. Hyde de Neuville. « J'aimerais bien mieux la proposition du Gouvernement, qui laisse subsister les choses dans l'état où elles sont. La commission, en se bornant à parler des reconstructions et réparations, exclut par cela seul les additions et les agrandissemens; c'est une servitude nouvelle établie sur un genre de propriété très-multiplié. D'après l'amendement de la commission, on ne pourra vous empêcher de reconstruire votre grange quand elle tombera en ruines; mais vous n'aurez pas le droit d'ajouter une étable à une étable; il vous faudra une autorisation pour la plus petite construction que vous aurez à faire. La proposition du Gouvernement me semblait beaucoup plus simple, parce qu'elle laissait les choses dans l'état où elles sont. Par ces motifs, je crois qu'il faut rejeter l'amendement de la commission, ou bien le rédiger ainsi : « Ces maisons ou fermes pourront être réparées, *augmentées* ou reconstruites, sans autorisation. »

L'addition du mot *augmentées* a été adoptée.

M. Duhamel a proposé, par voie d'amendement, le quatrième paragraphe de l'article, et l'honorable député s'est fondé sur ce qu'il n'était pas dans l'intention de la Chambre de frapper de servitude toutes les habitations voisines des bois de peu d'importance dans le régime forestier.

M. de Martignac, commissaire du Roi, s'est expliqué en ces termes sur cet amendement : « Il est indispensable que nous nous fixions d'une manière positive sur la question qui s'agite en ce moment, soit sur l'ensemble de l'article, soit sur l'amendement que vient de proposer le préopinant. La question est assez grave pour mériter quelque attention. De nombreux reproches ont été adressés aux rédacteurs du projet de loi : on les accuse d'ajouter des aggravations à ce qui existe, de multiplier les entraves imposées par les lois actuelles à la propriété. Messieurs, l'ordonnance de 1669 contenait diverses dispositions relatives aux prohibitions qui s'étendaient à la zone environnant les forêts. Un article fixait cette zone à deux lieues pour les maisons construites sur perches. Un autre article disposait ainsi : « Il est défendu de construire à l'avenir aucuns châteaux, fermes ou maisons dans l'enclos à demi-lieue des forêts, sous peine d'amende et de confiscation des fonds et des bâtimens. »

« Voilà la législation de 1669. Cette législation a continué d'exister jusqu'à la révolution; alors se sont élevées quelques difficultés prenant leur source dans les circonstances nouvelles que la révolution avait fait naître. Ainsi, les bois et forêts appartenant aux établissemens religieux ont été frappés de séquestre et de confiscation, et réunis au domaine de l'État; il en a été de même, dans un grand nombre de localités, des bois des communes. Alors s'est élevée la question assez grave de savoir si les prohibitions portées par l'ordonnance devaient s'étendre aux maisons construites dans le rayon donné autour des forêts des communes ou des forêts des établissemens religieux, devenues, par suite du séquestre et de la confiscation, partie du domaine de l'État. Des dispositions furent prises et des arrêts furent rendus, qui déclarèrent qu'il suffisait que les bois des communes et des établissemens religieux fussent administrés par l'État, pour que la prohibition dans la zone dût en être la conséquence.

« On avait ordonné la démolition des maisons construites sur ces terrains. Cette question assez sérieuse fut portée au Conseil d'État; et le chef du Gouvernement d'alors, après avoir entendu son Conseil d'État, rendit un décret qui eut force de loi (1).

« C'était la législation sur la matière. Vous voyez ainsi combien sont justes et fondés les reproches qui viennent de nous être adressés, de nous rendre coupables d'une aggravation énorme au préjudice de la propriété privée. Cependant, voilà que nous venons, avec la preuve fondée sur la législation constante, sur une législation qui est rigoureusement exécutée depuis vingt années, que nous ne vous proposons absolument rien de nouveau. Je conviens, toutefois, que dans la disposition qui vous est soumise, nous n'avons pas inséré la restriction de n'appliquer la règle qu'aux forêts de 250 hectares. Un honorable député vient d'en faire la proposition. Si la Chambre veut l'adopter, nous n'y ferons aucune opposition; et dans ce cas nous resterons sous l'empire de la législation actuelle, telle qu'elle a été réglée par le décret du 25 vendémiaire an 14, approuvé le 22 brumaire de la même année.

(1) Ce décret est du 22 brumaire an 14. (*Bulletin des lois*, n°. 1139).

« Mais, messieurs, ne confondons pas, comme on a paru le faire, ce qui est relatif aux bois des particuliers, avec ce qui concerne les bois et forêts soumis au régime forestier, dont nous nous occupons en ce moment. Déjà la Chambre, dans la section précédente, a statué sur les bois et forêts en général, c'est-à-dire à la fois sur les bois soumis au régime forestier et sur ceux qui composent la propriété privée. Cette section s'est terminée à l'article 150. Nous discutons en ce moment la section deuxième du titre ; et elle est intitulée : *Dispositions spéciales, applicables seulement aux bois et forêts soumis au régime forestier*. L'unique question est donc de savoir si vous devez adopter la proposition qui vous est faite, soit par le Gouvernement, soit par la commission, soit même par le sous-amendement de M. Duhamel, et en même-temps restreindre, comme l'a demandé un orateur, les prohibitions dans des limites beaucoup plus étroites.

« Lorsque les dispositions qu'on attaque aujourd'hui si violemment ont été soumises aux cours royales, et à la cour de cassation, qui se connaît aussi en droit commun, cette cour n'a élevé sur ce point aucune difficulté, elle a adopté sans observation les deux articles précédens ; et quant à l'article que nous discutons en ce moment, elle a pensé que nous n'avions pas été assez loin, et elle a demandé qu'il fût fait deux additions. Nous avions omis dans l'article, de mentionner les fermes ; elle a demandé que ce mot fût ajouté. Elle avait été plus loin ; elle s'était plainte de ce qu'on n'avait pas eu soin d'établir que les maisons pourraient être détruites, lorsque le propriétaire qui les habiterait aurait été condamné par récidive pour des délits forestiers.

« Voilà dans quel état la question est maintenant soumise à la décision de la Chambre. On se plaint beaucoup de la tyrannie par laquelle l'obligation est imposée d'obtenir des autorisations. Il semblerait résulter de ces plaintes que ces autorisations ne sont accordées qu'avec beaucoup de difficultés. Eh bien, messieurs, voici l'état des choses en ce qui concerne les demandes d'autorisation pour construire à proximité des forêts. Il y a eu en 1825 et 1826, 1402 demandes, sur lesquelles 1333 autorisations ont été données. Vous voyez avec quelle rigueur le principe est appliqué ; on ne s'en sert que lorsque l'autorisation est demandée par des gens dont le voisinage serait dangereux ; mais on accorde l'autorisation sans difficulté, chaque fois que celui qui la demande présente une garantie suffisante. »

L'amendement de M. Duhamel a été adopté.

On a rejeté une disposition additionnelle proposée par *M. Sébastiani*, ainsi conçue. « *Les deux articles précédens ne sont pas applicables aux forêts autour desquelles le rayon qui est déterminé n'a pas été jusqu'à présent exigé.* »

§. 2. — Discussion à la Chambre des pairs.

M. *le marquis de Mortemart* voudrait qu'il pût être fourni quelques explications sur un doute que fait naître dans son esprit la disposition de l'article 153, combinée avec celle de l'article 156. L'article 153 prohibe toute construction dans un rayon de 500 mètres à partir des forêts; mais l'article 156 exempte de cette prohibition les maisons qui seraient destinées à faire partie d'un hameau, d'un village, ou d'une ville déjà existante. Or, comment distinguer d'une manière précise dans les campagnes, où les maisons des villages sont souvent éparses et assez éloignées les unes des autres, si une maison nouvellement construite doit être considérée comme faisant partie du village ou comme maison isolée : peut-être eût-il été à désirer que la rédaction des deux articles fût plus précise à cet égard.

M. *le marquis de Pange* a estimé qu'une seconde observation était nécessaire, relativement au même article. La prohibition consignée dans le premier paragraphe est sagement établie ; mais il est à craindre que les restrictions apportées à cette prohibition par le troisième paragraphe ne donnent lieu à des fraudes dangereuses pour la conservation et la police des forêts. Ce paragraphe permet en effet au propriétaire d'une maison déjà existante de l'augmenter sans autorisation : sans doute, on n'a voulu entendre par là que le droit d'ajouter quelques dépendances à une habitation ; mais on peut en induire le droit de construire des bâtimens nouveaux et de créer ainsi des habitations nouvelles, ce qui peut donner lieu à de graves abus.

M. *le Ministre d'État, commissaire du Roi*, a obtenu la parole, et a dit : « Deux observations ont été faites, et il faut y répondre dans l'ordre où elles ont été présentées. On a demandé d'abord comment s'établira la distinction entre les maisons isolées et celles qui font partie d'un village ou d'un hameau; et à cet égard il était difficile de trouver des expressions plus précises que celles dont la loi s'est servie. Il est bien peu de cas où l'on ne puisse discerner sans controverse possible si la maison nouvellement construite fait ou non partie d'une agglomération de maisons, qualifiée de village ou de hameau ; mais enfin si quelque difficulté sur ce point venait à s'élever, elle serait nécessairement soumise aux tribunaux, qui jugeraient d'après les circonstances. On a craint, en second lieu, qu'il ne résultât quelque fraude de la permission donnée par le troisième paragraphe d'augmenter sans autorisation les maisons déjà existantes. Sans doute il peut en résulter quelques abus ; mais il a paru à la Chambre des députés qu'il serait trop rigoureux de prohiber toute augmentation légitime et de bonne foi pour prévenir une fraude qu'il ne fallait pas supposer. C'est à l'administration qu'il appartiendra de veiller à ce que l'exercice de cette faculté ne devienne pas une cause d'abus et de préjudice pour les forêts de l'État. »

L'article a été adopté.

§. 3.—Les tribunaux ne peuvent rejeter les demandes de l'administration des forêts tendant à la démolition des maisons construites sans autorisation, à une distance prohibée des forêts de l'État. Cassation, arrêt du 22 septembre 1820. (*Trait. gén., tom. 2, pag. 874.*)

§. 4. — Sous l'ancienne législation, un arrêt de la cour de Cassation, du 13 août 1825, a prononcé que les tribunaux devaient ordonner, contre les délinquans d'habitude, la démolition des maisons construites, depuis l'ordonnance de 1669, dans le voisinage et à la distance prohibée des forêts, ou reconstruites après un événement quelconque qui les avait rendues inhabitables. (*Idem, tom. 3, pag.* 377.) Cette jurisprudence est abolie par le §. 3 de l'art. 153. (*Voy. les Annotations, §. 4, sur l'art.* 152.)

§. 5. — Lorsque, par suite de la défense du prévenu, il s'élève des doutes sur le fait de la contravention au Code, relativement à la prohibition de construire il est nécessaire de la faire constater contradictoirement, avant de prononcer la condamnation requise. Cassation, arrêt du 2 juin 1809. (*Trait. gén., tom. 2, pag.* 279.)

ART. 154.

Nul individu habitant les maisons ou fermes actuellement existantes dans le rayon ci-dessus fixé, ou dont la construction y aura été autorisée en vertu de l'article précédent, ne pourra établir dans lesdites maisons ou fermes aucun atelier à façonner le bois, aucun chantier ou magasin pour faire le commerce de bois, sans la permission spéciale du Gouvernement, sous peine de cinquante francs d'amende et de la confiscation des bois.

Lorsque les individus qui auront obtenu cette permission auront subi une condamnation pour délits forestiers, le Gouvernement pourra leur retirer ladite permission.

ANNOTATIONS.

Voir les art. 23 et 30, tit. 27, de l'ordonnance de 1669; l'art. 157 ci-après, et l'art. 177 de l'ordonnance d'exécution.

§. 1. — M. *Terrier de Santans*, député, avait proposé de substituer à ces mots, *sans la permission spéciale du Gouvernement*, ceux-ci, *sans l'autorisation spéciale du préfet et du sous-préfet*. Il se fondait sur ce que tous les habitans des montagnes passent l'hiver à façonner du bois, et qu'ainsi il serait trop long pour eux d'obtenir l'autorisation du Gouvernement.

Cet amendement a été rejeté.

§. 2. — La prohibition portée par l'art. 154 s'étend à un atelier de sabots. Cassation, arrêt du 9 avril 1813. (*Trait. gén.*, *tom.* 2, *pag.* 559.)

§. 3. — Un adjudicataire de coupe ne peut, pas plus que tout autre individu, former d'atelier de bois aux rives des forêts de l'État, et à la distance prohibée par la loi. Cassation, arrêt du 1er juillet 1825. (*Idem*, *tom.* 3, *pag.* 368.)

§. 4. — Même décision pour un atelier de douelles établi par l'adjudicataire, dans une maison qu'il tient à bail à la distance prohibée. Arrêt du 22 juin 1826. (*Bullet. offic.*)

§. 5. — Les agens forestiers doivent reconnaître l'état des constructions commencées à distance prohibée, en dresser procès-verbal, notifier copie de ce procès-verbal au constructeur, avec injonction de cesser les travaux. (*Circul. de l'adm. des forêts*, *du* 11 *décembre* 1824, *n°* 110.)

ART. 155.

Aucune usine à scier le bois ne pourra être établie dans l'enceinte et à moins de deux kilomètres de distance des bois et forêts qu'avec l'autorisation du Gouvernement, sous peine d'une amende de cent à cinq cents francs, et de la démolition dans le mois, à dater du jugement qui l'aura ordonnée.

ANNOTATIONS.

Voir l'art. 158 ci-après; les art. 177, 179 et 180 de l'ordonnance d'exécution, et les art. 18, 23 et 30, tit 27, de l'ordonnance de 1669.

Un décret du 23 prairial an 12 portait également que les contraventions aux lois qui défendaient l'établissement des moulins à scie dans les forêts, étaient de la compétence des tribunaux, et non de l'autorité administrative. (*Trait. gén.*, *tom.* 1er, *pag.* 683.)

ART. 156.

Sont exceptées des dispositions des trois articles précédens, les maisons et usines qui font partie des villes, villages ou hameaux formant une population agglomérée, bien qu'elles se trouvent dans les distances ci-dessus fixées des bois et forêts.

ANNOTATIONS.

Voir l'art. 179 de l'ordonnance d'exécution.

§. 1. — Sur la proposition de la commission de la Chambre des députés, on a ajouté à l'article du projet, ces mots : *ou hameaux.* (*Rapport de M. Favard de Langlade.*)

§. 2. — Il est bien peu de cas où l'on ne puisse discerner

si la maison nouvellement construite fait partie ou non d'une agglomération de maisons, qualifiée de village ou de hameau; mais, enfin, si quelque difficulté sur ce point venait à s'élever, elle serait nécessairement soumise aux tribunaux qui jugeraient d'après les circonstances. (*Explication donnée à la Chambre des pairs, par M. de Martignac, Ministre d'Etat.*) Voyez l'art. 153.

Art. 157.

Les usines, hangars et autres établissemens autorisés en vertu des art. 151, 152, 153, 154 et 155, seront soumis aux visites des agens et gardes forestiers, qui pourront y faire toutes perquisitions, sans l'assistance d'un officier public, pourvu qu'ils se présentent au nombre de deux au moins, ou que l'agent ou garde forestier soit accompagné de deux témoins domiciliés dans la commune.

ANNOTATIONS.

Voir l'ordonnance de 1669, tit. 27, art. 24, et les art. 155, 158 et 161 du Code.

D'après la proposition de la commission de la Chambre des députés, on a exigé *deux témoins*, tandis que le projet ne parlait que d'un seul. (*Rapport de M. Favard de Langlade.*)

Art. 158.

Aucun arbre, bille ou tronce (1) ne pourra être reçu dans les scieries dont il est fait mention en l'art. 155, sans avoir été préalablement reconnu par le garde forestier du canton et marqué de son marteau; ce qui devra avoir lieu dans les cinq jours de la déclaration qui en aura été faite, sous peine, contre les exploitans desdites scieries, d'une amende de cinquante à trois cents francs. En cas de récidive, l'amende sera double, et la suppression de l'usine pourra être ordonnée par le tribunal.

---

(1) On emploie ce mot dans la ci-devant Lorraine, ainsi que ceux de *panne, chevron, perche* et *demi-perche,* pour désigner la grosseur relative des pins et sapins que l'on délivre aux usagers, fermiers des scieries, etc.

Ici le mot *tronce* signifie une pièce de bois prise dans la longueur d'un arbre.

Voir l'ordonnance de 1669, tit. 27, art. 24, et les art. 155 et 157 du Code.

§. 1. — L'article du projet était ainsi conçu :

« Aucun arbre, bille ou *tranche* ne pourra être reçu dans les scieries dont il est fait mention en l'art. 155, sans avoir été préalablement reconnu par le garde forestier du canton et marqué de son marteau ; sous peine, contre les exploitans desdites scieries, d'une amende de cinquante à trois cents francs, et, en cas de récidive, de la suppression de l'usine. »

La commission de la Chambre des députés a proposé d'ajouter après les mots : *marqué de son marteau*, ceux-ci : *ce qui devra avoir lieu dans les cinq jours de la déclaration qui en aura été faite.*

Après les mots : *en cas de récidive*, la commission a proposé de dire : *l'amende sera double, et la suppression de l'usine pourra être ordonnée par le tribunal.* (Rapport de M. Favard de Langlade.)

L'article a été adopté avec ces amendemens.

§. 2. — Les possesseurs de scieries sont tenus de faire marquer les arbres qu'ils destinent à être débités en planches, sous les peines prononcées par la loi. Le défaut de préjudice causé à l'État ne peut être un motif d'excuse, et il n'appartient qu'au Gouvernement d'accorder les remises ou réductions d'amendes que l'équité peut réclamer. Cassation, arrêt du 20 juin 1823. (*Trait. gén., tom.* 3, *pag.* 152.)

TITRE XI.

Des Poursuites en réparations de délits et contraventions.

SECTION Ire.

Des Poursuites exercées au nom de l'Administration forestière.

ART. 159.

L'administration forestière est chargée, tant dans l'intérêt de l'État que dans celui des autres propriétaires de bois et forêts soumis au régime forestier, des poursuites en réparation de tous délits et contraventions commis dans ces bois et forêts, sauf l'exception mentionnée en l'article 87.

Elle est également chargée de la poursuite en réparation des délits et contraventions spécifiés aux articles 134, 143 et 219.

Les actions et poursuites seront exercées par les agens forestiers au nom de l'administration forestière, sans préjudice du
droit qui appartient au ministère public.

ANNOTATIONS.

Voir les art. 1 à 9, 181 et 187 de l'ordonnance d'exécution,
ainsi que les *Annotations* sur les art. 61 et 64 du Code; les lois
des 7-11 septembre et 25 décembre 1790, et celle du 29 septembre
1791, tit. 9, 10, 11, 12 et 13.

Les actions en réparation de délits doivent être suivies à la diligence des agens forestiers; mais elles ne peuvent être intentées en leur
nom; c'est à la requête de l'administration elle-même qu'elles doivent être faites. Deux arrêts de la cour de cassation l'ont ainsi décidé le 29 octobre 1824. (*Trait. gén.*, *tom.* 3, *pag.* 291.)

-ART. 160.

Les agens, arpenteurs et gardes forestiers recherchent et
constatent, par procès-verbaux, les délits et contraventions,
savoir : les agens et arpenteurs, dans toute l'étendue du territoire pour lequel ils sont commissionnés; et les gardes, dans
l'arrondissement du tribunal près duquel ils sont assermentés,

ANNOTATIONS.

Voir les art. 19 à 23, 26, 27 et 181 de l'ordonnance d'exécution; l'ordonnance de 1669, tit. 10, art. 6; la loi du 25 décembre
1790; le Code d'instruction criminelle, art. 16; le Code pénal,
art. 41; la loi du 22 mars 1806, et le décret du 15 avril 1811, art. 13.

§. 1. — L'article 160 contient une disposition conforme à l'art.
16 du Code d'instruction criminelle; cependant elle étend pour les
gardes le droit de constater les délits et contraventions au delà de
l'étendue du triage pour lequel ils sont assermentés; ils peuvent
maintenant verbaliser dans l'étendue de l'arrondissement du tribunal
qui a reçu leur serment.

§. 2. — Un arrêt de la cour de cassation, du 19 février 1825,
avait établi que les préposés supérieurs de l'administration forestière, dûment commissionnés et assermentés, au nombre desquels
sont les gardes généraux, avaient un caractère public qui n'était
restreint par aucune limite territoriale; que l'article 16 du Code
d'instruction criminelle n'était applicable qu'aux simples gardes
forestiers; qu'ainsi, lorsque les gardes généraux passaient dans une
autre résidence, ils n'étaient point tenus de prêter un nouveau serment devant le tribunal de leur nouvelle résidence, ni d'y faire
enregistrer de nouveau leur commission. Il n'en est plus de
même aujourd'hui : les agens peuvent bien constater les délits et
contraventions au delà de l'arrondissement du tribunal près duquel

ils sont assermentés; mais leur droit est restreint au territoire pour lequel ils sont commissionnés. Ainsi, ce sont les termes de leur commission qui fixent les limites de leur ressort. Lorsqu'ils changent de résidence, ils ne sont pas tenus de renouveler leur serment; l'art. 5 du Code forestier les en dispense également.

§. 3.— Selon l'art. 5 précité, un garde qui ne fait que changer de résidence n'est pas tenu à un nouveau serment. L'enregistrement au greffe du tribunal dans l'arrondissement duquel il a transféré sa résidence, tant de sa commission que de sa prestation de serment, n'est pas nécessaire pour lui donner le caractère légal qu'il tient de la seule prestation de son serment. Ainsi, le procès-verbal par lui rédigé sans avoir requis cet enregistrement est valable. Cassation, arrêt du 15 avril 1808. (*Trait. gén., tom.* 2, *pag.* 199.)

§. 4. — Cette décision est en harmonie avec le nouveau Code, puisque ne prescrivant pas l'enregistrement dont il s'agit, et annullant, par l'article 218, les anciennes lois, cette formalité qui y était requise peut n'être pas observée aujourd'hui.

§. 5. — Les gardes champêtres et forestiers sont sans qualité pour constater, par des procès-verbaux, des contraventions étrangères à la police rurale et forestière. Cassation, arrêt du 13 février 1819. (*Bullet. offic.*, 1819, *pag.* 73.)

§. 6. — Cependant les agens et gardes forestiers doivent coopérer à la répression du colportage du tabac et à la recherche des cultures clandestines dans les forêts et montagnes. Ils ont un droit de partage dans toutes les saisies et confiscations auxquelles ils contribuent, outre des gratifications extraordinaires. (*Circul. de l'adm. des forêts, du* 15 *mars* 1825, *n°* 119.)

§. 7. — Aucune loi n'oblige le garde rédacteur d'un procès-verbal d'énoncer qu'il est revêtu de ses marques distinctives, et l'on ne peut annuler son procès-verbal pour défaut de cette énonciation. Cassation, arrêt du 11 octobre 1821. (*Trait. gén., tom.* 2, *pag.* 957.) Le garde n'est pas tenu non plus de faire mention de la date de sa réception. Arrêt du 18 février 1820. (*Idem, tom.* 2, *pag.* 828); ni d'énoncer en marge du procès-verbal le numéro du registre d'ordre tenu en vertu de l'art. 15, tit. 5, de la loi du 29 septembre 1791. Arrêts des 26 fructidor an 11 et 8 avril 1808. (*Idem, tom.* 1er, *pag.* 653, *et tom.* 2, *pag.* 197.)

ART. 161.

Les gardes sont autorisés à saisir les bestiaux trouvés en délit, et les instrumens, voitures et attelages des délinquans, et à les mettre en séquestre. Ils suivront les objets enlevés par les délinquans jusque dans les lieux où ils auront été transportés, et les mettront également en séquestre.

Ils ne pourront néanmoins s'introduire dans les maisons, bâtimens, cours adjacentes et enclos, si ce n'est en présence, soit du juge de paix ou de son suppléant, soit du maire du lieu ou de son adjoint, soit du commissaire de police.

Voir les art. 70, 78, 110, 147, 157, 189 et 207 du Code; l'art. 182 de l'ordonnance d'exécution; les arrêtés des 4 et 26 nivôse an 5, et l'art. 16 du Code d'instruction criminelle.

§. 1. — En règle générale, les gardes ne peuvent tuer les bestiaux trouvés en délit; ils doivent les saisir et les mettre en séquestre; autrement, et s'il était prouvé qu'ils les ont tués de dessein prémédité, méchamment, dans l'intention de nuire à autrui, et sur le terrain d'autrui, trois circonstances exigées par l'art. 30 de la loi du 28 septembre 1791, sur la police rurale, ils seraient dans le cas d'être poursuivis correctionnellement. Cassation, arrêt du 14 germinal an 13. (*Trait. gén., tom. 2, pag.* 13.)

§. 2. — La mort causée volontairement à des bestiaux appartenant à autrui, est un délit prévu par l'art. 453 du Code pénal, et les blessures faites involontairement à ces animaux sont prévues par les §§. 2, 3 et 4 de l'art. 479.

Mais les blessures faites *volontairement et méchamment* ne sont point prévues par ce Code; d'où il suit qu'elles doivent être punies conformément à l'art. 30, titre 11, de la loi du 28 septembre 1791. Cassation, arrêt du 5 février 1818. (*Idem, tom. 2, pag.* 744.)

§. 3. — Aucune loi n'impose l'obligation de confronter les bois trouvés chez les particuliers, avec les souches de ceux qui ont été coupés en délit, lorsque l'essence et la grosseur des uns et des autres se trouvent absolument pareilles. Cassation, arrêt du 19 mars 1813. (*Idem, tom. 2, pag.* 553.)

§. 4. — Lorsque des gardes ont constaté un délit de coupe de bois en forêt, et indiqué tous les caractères propres à faire reconnaître le bois et son identité avec celui qu'ils trouvent ensuite au domicile du prévenu, aucune loi ne les oblige à retourner sur le terrain pour y procéder à une nouvelle confrontation. Les tribunaux ne peuvent faire prévaloir des dépositions de témoins sur le procès-verbal qui contient ces constatations, lorsqu'il est régulier, non argué de faux, et qu'il n'a été proposé aucune cause valable de récusation. Cassation, arrêt du 17 juin 1824. (*Idem, tom.* 3, *pag.* 239.)

§. 5. — Les procès-verbaux de reconnaissance de bois de délit ne font preuve qu'autant qu'ils démontrent par des énonciations **suffisantes**, l'identité de ces bois avec ceux qui ont été coupés dans la forêt. Cassation, arrêt du 9 février 1811. (*Trait. gén., tom.* 2, *pag.* 405.)

§. 6. — Un procès-verbal de reconnaissance de bois de délit trouvé chez un individu, ne fait foi en justice qu'autant qu'il constate l'identité du bois pris en délit, avec celui gisant dans la maison du prévenu. Cassation, arrêt du 12 octobre 1809. (*Idem, tom.* 2, *pag.* 304.)

§. 7. — Mais lorsque le garde a constaté le délit en forêt et a reconnu l'identité, en comparant l'échantillon pris sur le tronc avec les pièces trouvées au domicile du prévenu, son procès-verbal fait foi jusqu'à inscription de faux. Cassation, arrêt du 29 février 1812. (*Idem, tom.* 2, *pag.* 476.)

§. 8. — Il n'est pas nécessaire que les gardes déclarent dans leurs procès-verbaux, qu'ils ont vu commettre le délit ; il suffit, au contraire, qu'ils en aient suivi la trace et constaté l'existence. Cassation, arrêt du 20 juillet 1815. (*Idem, tom.* 2, *pag.* 84.)

§. 9. — Il n'est pas non plus nécessaire que les délinquans soient nommément désignés dans les procès-verbaux des gardes ; il suffit qu'il y soient indiqués de manière à être fixé sur leur identité. Ainsi, la désignation de fils de la veuve Roger, fils de la veuve Thiery, etc., est suffisante. Cassation, arrêt du 26 janvier 1816. (*Art.* 6784 *du journ. de l'enreg.*)

§. 10. — Mais les noms et demeure des délinquans doivent être indiqués dans les citations. Décision du ministre des finances du 29 mars 1820. (*Trait. gén,.tom.* 2, *pag.* 840.)

§. 11. — Un procès-verbal qui constate que des bestiaux ont été trouvés paissant dans une forêt, sans indiquer d'une manière expresse et positive la partie de la forêt où étaient ces bestiaux, peut, par cela seul être considéré comme étant de nul effet. Cassation, arrêt du 16 août 1817. (*Idem, tom.* 2, *pag.* 728.)

§. 12. — Un procès-verbal de perquisition de bois de délit n'est pas nul, quoique cette perquisition ait été faite sans l'assistance d'un officier municipal. Cassation, arrêt du 3 novembre 1809. (*Idem, tom.* 2, *pag.* 315.) Ni lorsque l'officier municipal qui a assisté les gardes n'est pas celui du lieu. Arrêt du 21 mars 1807.(*Idem, tom.* 2, *pag.* 137.) Ces deux propositions sont très-controversées. (*Voy.* les ouvrages de MM. Legraverend, Bourguignon et Carnot, sur le Code d'instruction criminelle.)

§. 13. — Les procès-verbaux des gardes, dûment formalisés, ne peuvent être annulés sous prétexte d'invraisemblance dans les faits qu'ils constatent. Le défaut d'assistance des officiers publics aux perquisitions et visites domiciliaires faites par les gardes, ne rend point nuls leurs procès-verbaux, et il n'y a point abus d'autorité,

si leur introduction dans une maison n'a éprouvé aucune contradiction de la part du propriétaire. Cassation, arrêt du 1ᵉʳ février
1822. (*Trait. gén.*, *tom.* 3, *pag.* 9.)

§. 14.— Les agens forestiers ne sont pas tenus de se faire assister
d'un officier municipal pour faire perquisition dans les loges ou autres établissemens temporaires, formés à l'intérieur des forêts, pour
la mise en œuvre des bois exploités (art. 154 du Code); ni pour
les visites dans les scieries établies seulement pour le temps de l'exploitation (*Art.* 155.)

§. 15. — D'après l'art. 184 du Code pénal, la contravention par
les gardes à l'art. 161 ci-dessus, est punie d'une amende de seize
francs au moins et de deux cents francs au plus.

Art. 162.

Les fonctionnaires dénommés en l'article précédent, ne
pourront se refuser à accompagner sur-le-champ les gardes,
lorsqu'ils en seront requis par eux pour assister à des perquisitions.

Ils seront tenus, en outre, de signer le procès-verbal du
séquestre ou de la perquisition faite en leur présence; sauf au
garde, en cas de refus de leur part, à en faire mention au
procès-verbal.

ANNOTATIONS.

Voir l'art. 189 ci-après; la loi du 29 septembre 1791, tit. 4,
art. 8, et tit. 8, art. 2; l'arrêté du 4 nivôse an 5, et l'art. 16 du
Code d'instruction criminelle, ainsi que l'art. 182 de l'ordonnance
d'exécution.

§. 1. — Un procès-verbal, régulier d'ailleurs, ne serait pas nul
quand bien même il ne serait pas signé par le fonctionnaire qui a
dû assister le garde dans son opération. Un arrêt de la cour de Cassation l'a ainsi décidé le 5 mars 1807. (*Art.* 5581 *du Journ.
de l'enreg.*) Mais le garde devrait alors expliquer pourquoi son
procès-verbal n'aurait pas été signé par le fonctionnaire assistant.

§. 2. — Il n'est dû aucune rétribution aux officiers publics
pour leur assistance dans les visites qui ont pour objet la décou-
verte des délits forestiers, puisqu'ils exercent une simple fonction
de leur charge dont l'objet est de protéger la sureté individuelle
et domiciliaire. Décisions des ministres de la justice et des finances
des 5 et 20 août 1823. (*Trait. gén.*, *tom.* 3, *pag.* 162.)

Art. 163.

Les gardes arrêteront et conduiront devant le juge de paix

ou devant le maire tout inconnu qu'ils auront surpris en flagrant délit. .

Voir l'art. 16 du Code d'instruction criminelle, et les art. 209 à 221, 313 et 314 du Code pénal.

§. 1. — Les gardes sont réellement dans l'exercice de leurs fonctions, lorsqu'ils s'y rendent ou qu'ils en reviennent ; les violences et voies de fait exercées envers eux dans ces circonstances constituent le crime de rébellion. Cassation, arrêt du 17 mai 1806. (*Trait. gén.*, tom. 2, *pag.* 78.)

§. 2. — Les gardes champêtres et forestiers sont, par l'art. 7 du Code d'instruction criminelle, rangés parmi les agens de la police judiciaire; d'où il suit que le meurtre commis volontairement sur leur personne est passible de la peine capitale, prononcée par l'art. 231 du Code pénal. Cassation, arrêt du 9 septembre 1819. (*Idem* , *tom.* 2 , *pag.* 811.)

§. 3. — Il ne peut être sursis à la poursuite des injures et outrages faits à un fonctionnaire public dans l'exercice de ses fonctions, sous le prétexte de vérifier les faits imputés. Le sursis ordonné par l'art. 372 du Code pénal n'est relatif qu'à la poursuite des injures faites à des individus comme particuliers. Cassation, arrêt du 27 mars 1811. (*Idem*, *tom.* 2 , *pag.* 419.)

ART. 164.

Les agens et les gardes de l'administration des forêts ont le droit de requérir directement la force publique pour la répression des délits et contraventions en matière forestière, ainsi que pour la recherche et la saisie des bois coupés en délit, vendus ou achetés en fraude.

Voir l'art. 189 ci-après, et l'art. 16 du Code d'instruction criminelle.

§. 1. — L'art. 133 de la loi du 28 germinal an 6, sur le service de la gendarmerie, porte : « les brigades de la gendarmerie prêteront main-forte, lorsqu'elle leur sera légalement demandée par les administrateurs et agens forestiers, pour la répression des délits relatifs à la police et à l'administration forestière , et que les gardes forestiers ne seront pas en force suffisante pour arrêter les délinquans. »

§. 2. — La loi du 3 août 1791 prescrit la formule de réquisition suivante : « Nous requérons, en vertu de la loi, N.... commandant,

de prêter secours de troupes de ligne, ou de la gendarmerie nationale, ou de la garde nationale, nécessaire pour procurer l'exécution
de telle loi ou telle ordonnance de police ou tel jugement, et pour
garantie dudit commandant, nous apposons notre signature. Fait
à...... etc. »

§. 3.—L'arrêté du Gouvernement, du 13 floréal an 7, après
avoir rapporté cette formule, ajoute que la loi du 28 germinal an 6
exige une formalité de plus dans les réquisitions à la gendarmerie :
elle veut l'énonciation de la loi ou de l'arrêté qui l'ordonne. Les agens
et les gardes rempliront cette formalité en citant dans leurs réquisitions l'art. 164 du présent Code.

ART. 165.

Les gardes écriront eux-mêmes leurs procès-verbaux ; ils les
signeront, et les affirmeront, au plus tard le lendemain de la
clôture desdits procès-verbaux, pardevant le juge de paix du
canton ou l'un de ses suppléans, ou pardevant le maire ou
l'adjoint, soit de la commune de leur résidence, soit de celle
où le délit a été commis ou constaté ; le tout sous peine de
nullité.

Toutefois, si, par suite d'un empêchement quelconque, le
procès-verbal est seulement signé par le garde, mais non écrit
en entier de sa main, l'officier public qui en recevra l'affirmation devra lui en donner préalablement lecture, et faire ensuite
mention de cette formalité ; le tout sous peine de nullité du
procès-verbal.

ANNOTATIONS.

Voir l'art. 189 ci-après, et l'art 182 de l'ordonnance d'exécution ; la loi du 29 septembre 1791, tit. 4, art. 7, et la loi du 28
floréal an 10.

§. 1.—L'art. 7, tit. 4, de la loi du 29 septembre 1791 portait :
« Les gardes signeront leurs procès-verbaux, et les affirmeront,
dans les vingt-quatre heures, pardevant le juge de paix du canton
de leur domicile, et, à son défaut, pardevant l'un de ses assesseurs. »
L'article 218 du Code abrogeant les lois précédentes, il s'en suit que
les gardes ne sont pas obligés de faire écrire leurs procès-verbaux,
en cas d'empêchement, par les fonctionnaires autorisés à en recevoir l'affirmation, ou par le greffier du juge de paix : ils pourront
les faire écrire désormais, dans le cas prévu, par toute personne
investie de leur confiance, pourvu que le fonctionnaire qui recevra
l'affirmation leur en donne ecture et qu'il asse mention de cette
lecture.

§. 2. — Le délai de l'affirmation, autrefois de vingt-quatre heures, est maintenant fixé à *toute la journée du lendemain* ; d'où il suit que la jurisprudence établie par les arrêts de la cour de cassation, des 20, 29 mai, 31 juillet 1818 et 7 mars 1823, sur la nécessité d'indiquer l'heure de la clôture du procès-verbal et celle de l'affirmation, ne doit plus servir de règle.

§. 3. — On ne peut arguer de nullité le procès-verbal rédigé le samedi et qui n'a été affirmé que le lundi suivant, parce que les dimanches sont des jours consacrés au repos des fonctionnaires, d'après l'article 57 de la loi du 18 germinal an 10, et qu'ils ne comptent pas dans les délais relativement aux formalités à donner aux actes quand ils se trouvent le dernier jour. (*Voy. l'art.* 1037 *du Code de procédure civile.*)

§. 4. — Mais on peut, un jour de dimanche ou de fête, même hors le cas d'urgence, dresser un procès-verbal, puisque c'est un acte d'instruction en matière criminelle, correctionnelle ou de police. Cassation, arrêt du 27 août 1807. (*Répert. de Jurisp.*, tom. 5, *au mot Fête*).

§. 5. — Les maires ou adjoints qui reçoivent l'affirmation des procès-verbaux sont censés, de droit, l'avoir reçue dans la commune où ils ont qualité à cet effet. Il n'est pas nécessaire que l'acte qui en est dressé énonce le lieu où l'affirmation a été faite. Cassation, arrêt du 11 janvier 1817. (*Art.* 5861 *du journ. de l'enreg.*)

§. 6. — Il n'est pas requis, à peine de nullité, d'énoncer dans un procès-verbal de délit, la commune où ce délit a été commis, lorsque le lieu de la forêt est énoncé, ce qui détermine suffisamment la commune. Cassation, arrêts des 22 germinal an 13 et 18 juillet 1811. (*Trait. gén.*, tom. 2, *pag.* 15 et 435.)

§. 7. — Le manque du millésime à l'affirmation ne peut entraîner la nullité du rapport, dès que l'année se trouve relatée, tant dans le rapport que dans l'enregistrement. Cassation, arrêt du 30 novembre 1811. (*Idem*, tom. 2, *pag.* 455.)

§. 8. — L'affirmation reçue par l'adjoint est valable, bien qu'il n'ait pas énoncé dans l'acte que le maire était absent ou empêché. Cassation, arrêt du 1er septembre 1809. (*Idem*, tom. 2, *pag.* 298.)

§. 9. — La simple déclaration de l'officier que l'acte lui a été présenté, ne peut tenir lieu de l'affirmation, qui doit toujours être textuellement exprimée. Cassation, arrêt du 2 juin 1809. (*Idem*, tom. 2, *pag.* 280.)

§ 10. — Un procès-verbal de garde qui a été simplement déclaré sincère et véritable, sans serment, n'est point affirmé conformément à la loi, pour faire foi en justice jusqu'à inscription de faux. Cassation, arrêt du 16 avril 1811. (*Trait. gén., tom.* 2, *pag.* 424.)

§. 11. — Ainsi qu'il est établi sur l'art. 175, on peut suppléer au défaut d'affirmation d'un procès-verbal de délit forestier, en faisant entendre à l'audience les personnes qui ont été témoins du délit, et on peut les faire entendre en cause d'appel, bien qu'on n'ait pas requis leur audition en première instance. Cassation, arrêt du 19 octobre 1809. (*Idem, tom.* 2, *pag.* 306.)

§. 12. — Lorsqu'un garde se présente devant le maire pour y faire sa déclaration d'une contravention qu'il a reconnue, et que le maire dresse procès-verbal de cette déclaration et reçoit en même temps l'affirmation du garde, il n'est pas nécessaire, pour la validité du procès-verbal, que le maire appose deux fois sa signature, l'une au bas du rapport, l'autre au bas de l'affirmation : il lui suffit de signer l'acte d'affirmation. Cassation, arrêt du 5 février 1825. (*Idem, tom.* 3, *pag.* 332.)

§. 13. — Il n'est pas prescrit, à peine de nullité, aux gardes forestiers et aux officiers qui reçoivent l'affirmation de leurs procès-verbaux, de signer les renvois que présentent ces actes : en principe général, et sauf les cas particuliers pour lesquels la législation a établi des règles spéciales, il suffit que, dans les actes, les renvois soient simplement paraphés. Cassation, arrêt du 23 juillet 1824. (*Idem, tom.* 3, *pag.* 270.)

§. 14. — Un procès-verbal de contravention aux lois est valable, quoique celui qui l'a dressé ne l'ait point signé de son véritable nom, mais bien d'un surnom, si c'est ainsi qu'il fait sa signature ordinaire et habituelle. Cassation, arrêt du 30 janvier 1824. (*Idem, tom.* 3, *pag.* 201.)

§. 15. — Deux procès-verbaux peuvent être mis ensemble sur la même feuille de papier. Cassation, arrêt du 19 février 1808. (*Idem, tom.* 2, *pag.* 189.)

§. 16. — Un suppléant de justice de paix peut, lorsqu'il agit pour le juge de paix empêché, recevoir l'affirmation dans la commune même habitée par le juge. Cassation, arrêt du 25 octobre 1824. (*Idem, tom.* 3, *pag.* 285.)

§. 17. — D'après l'article 2 du titre 14 de la loi du 29 septembre 1791, les gardes étaient obligés de payer les frais du procès-verbal qu'ils avaient affirmé tardivement, sauf l'indemnité des tiers. Décision du ministre des finances du 21 avril 1823. (*Idem, tom.* 3, *pag.* 132.)

ART. 166.

Les procès-verbaux que les agens forestiers, les gardes généraux et les gardes à cheval dresseront, soit isolément, soit
avec le concours d'un garde, ne seront point soumis à l'affirmation.

ANNOTATIONS.

L'art. 15, tit. 8, de la loi du 15-29 septembre 1791, portait:«Les
procès-verbaux des inspecteurs et des autres préposés de la conservation générale ne seront pas soumis à l'affirmation.»

Un arrêt de la Cour de cassation, du 29 octobre 1824, avait prononcé, d'après l'ancienne législation, qu'il n'était pas nécessaire pour
que le procès-verbal dressé par un garde général des forêts avec un
garde forestier fit foi en justice jusqu'à inscription de faux, que ce
procès-verbal fût affirmé par le simple garde qui l'avait signé avec
le garde général. (*Trait. gén.*, *tom.* 3, *pag.* 288.) Le même principe est consacré par l'art. 166.

ART. 167.

Dans le cas où le procès-verbal portera saisie, il en sera fait,
aussitôt après l'affirmation, une expédition qui sera déposée
dans les vingt-quatre heures au greffe de la justice de paix,
pour qu'il en puisse être donné communication à ceux qui ré-
clameraient les objets saisis.

ANNOTATIONS.

Voir les art. 162 et 189 du Code, et l'art. 183 de l'ordonnance
d'exécution, ainsi que l'art. 9, tit. 4, de la loi du 29 septembre
1791, dont la disposition est reproduite par le Code.

ART. 168.

Les juges de paix pourront donner main-levée provisoire
des objets saisis, à la charge du paiement des frais de séquestre, et moyennant une bonne et valable caution.

En cas de contestation sur la solvabilité de la caution, il sera
statué par le juge de paix.

ANNOTATIONS.

L'art. 3, titre 9, de la loi du 29 septembre 1791 portait:

« Les Juges de paix pourront donner main-levée provisoire des
bestiaux, instrumens, voitures et attelages séquestrés par les gardes dans leurs territoires, en exigeant bonne et suffisante cau-

tion, jusqu'à concurrence de la valeur des objets saisis, et en faisant satisfaire aux frais de séquestre. »

Voy. l'art. 189 du Code, et l'art. 184 de l'ordonnance d'exécution.

ART. 169.

Si les bestiaux saisis ne sont pas réclamés dans les cinq jours qui suivront le séquestre, ou s'il n'est pas fourni bonne et valable caution, le juge de paix en ordonnera la vente à l'enchère, au marché le plus voisin. Il y sera procédé à la diligence du receveur des domaines, qui la fera publier vingt-quatre heures d'avance.

Les frais de séquestre et de vente seront taxés par le juge de paix et prélevés sur le produit de la vente; le surplus restera déposé entre les mains du receveur des domaines, jusqu'à ce qu'il ait été statué en dernier ressort sur le procès-verbal.

Si la réclamation n'a lieu qu'après la vente des bestiaux saisis, le propriétaire n'aura droit qu'à la restitution du produit net de la vente, tous frais déduits, dans le cas où cette restitution serait ordonnée par le jugement.

ANNOTATIONS.

Voir l'art. 189 du Code, et les art. 3 et 4, titre 9, de la loi du 29 septembre 1791.

§. 1. — M. *de Fussy*, député, a proposé, par amendement, d'accorder un délai de dix jours aux propriétaires des bestiaux pour les retrouver; mais M. *de Martignac* ayant fait observer que ce délai serait par sa longueur contraire aux intérêts du propriétaire lui-même, l'amendement a été rejeté.

§. 2. — Le Code, en disant que la vente sera faite à la diligence du receveur des domaines et que le produit en sera versé dans sa caisse laisse sous-entendre que cette vente ne doit pas être faite par ce receveur; il doit seulement veiller à ce que les ventes aient lieu, et que le produit en soit versé dans sa caisse; mais l'officier qui doit y procéder paraît devoir être le greffier du magistrat appelé à prononcer sur le délit, excepté dans les lieux où le droit de procéder aux ventes mobilières est exclusivement attribué aux commissaires-priseurs.

ART. 170.

Les procès-verbaux seront, sous peine de nullité, enregistrés dans les quatre jours qui suivront celui de l'affirmation ou celui de la clôture du procès-verbal, s'il n'est pas sujet à l'affirmation.

L'enregistrement s'en fera en débet, lorsque les délits et contraventions intéresseront l'État, le domaine de la Couronne, ou les communes et les établissemens publics.

ANNOTATIONS.

Voir les art. 47, 99 et 189 du Code.

§. 1. — Les procès-verbaux des gardes étant, d'après l'art. 165, sujets à l'affirmation, le délai de quatre jours pour l'enregistrement ne court que du jour de cette affirmation.

§. 2. — Ceux des gardes à cheval et des autres agens supérieurs étant, selon l'art. 166, dispensés de l'affirmation, le délai court, à l'égard de ces procès-verbaux, du jour de la clôture de chaque procès-verbal.

§. 3. — Un procès-verbal affirmé ou clos, selon l'un des deux cas ci-dessus, sous la date du 9 septembre, par exemple, serait nul s'il n'était enregistré que le 14 du même mois. (*Cassation, arrêt du 23 floréal an 9.*) Quant aux procès-verbaux de récolement, *Voy.* l'art. 47.

§. 4. — Les gardes et agens des forêts peuvent faire enregistrer leurs procès-verbaux au bureau le plus voisin de leur résidence ou de leur commune, lors même que ce bureau ne serait pas celui de leur arrondissement. Décisions du Ministre des finances, des 28 novembre 1809 et 23 août 1823. (*Inst. du Dir. gén. de l'enreg.*, n°s 458 et 1090.)

Un arrêt de la Cour de cassation, du 5 mai 1809, a également décidé que l'enregistrement requis dans un autre bureau que celui de l'officier qui a rédigé le procès-verbal, ne le rend point nul. (*Trait. gén.*, tom. 2, pag. 273.)

§. 5. — Les gardes et agens, indépendamment de la responsabilité à laquelle ils s'exposeraient vis-à-vis de leur administration, en négligeant de faire enregistrer leurs procès-verbaux dans le délai, encourraient pour chaque procès-verbal la peine d'une amende de cinq francs, et, de plus, une somme égale au montant du droit de l'acte non enregistré. (*Art. 34 de la loi du 22 frimaire an 7, et 10 de celle du 16 juin 1824.*)

§. 6. — Suivant l'art. 70, §. 1er, n° 5, de la loi du 22 frimaire an 7, « il y a lieu de suivre la rentrée des droits d'enregistrement de ces procès-verbaux contre les parties condamnées, d'après les extraits des jugemens qui sont fournis aux préposés de la régie de l'enregistrement par les greffiers. »

23

§. 7. — Le droit d'enregistrément de chaque procès-verbal est de deux francs, quel que soit le nombre des délits et des délinquans qui en fassent l'objet. (*Art.* 43 , *n°* 16, *de la loi du 28 avril* 1816.)

§. 8. — L'art. 170 ne parle que de l'enregistrement en débet; mais, d'après l'art. 74 de la loi du 25 mars 1817, le procès-verbal peut être écrit sur *papier libre*, et soumis au *visa* pour timbre, en même temps que la formalité de l'enregistrement est requise aussi en débet.

§. 9. — Le *visa* pour timbre sur un procès-verbal est une formalité extrinsèque à sa validité. Cassation, arrêt du 16 janvier 1806. (*Trait. gén.* , *tom.* 2 , *pag.* 58.)

§. 10. — Le Code ne parlant pas des procès-verbaux des gardes des princes apanagés et des possesseurs de majorats, ces procès-verbaux doivent être écrits sur papier timbré et enregistrés au comptant.

§. 11. — La relation de l'enregistrement du procès-verbal, quoique placée au bas de l'acte d'affirmation, n'est relative qu'au procès-verbal , et ne peut-être censée applicable à l'affirmation, qui est exempte d'enregistrement, d'après le n.° 12; §. 3, de l'art. 70 de la loi du 22 frimaire an 7. Cassation, arrêt du 28 avril 1809. (*Trait. gén.* tom. 2 , *pag.* 272.)

§. 12. — Les tribunaux ne peuvent prononcer d'office de condamnation contre les gardes qui auraient omis de faire enregistrer leurs procès-verbaux; ils doivent se borner à statuer sur la validité ou l'invalidité de ces actes, sauf à l'administration à poursuivre cette omission. Cassation, arrêt du 4 ventôse an 12. (*Idem*, *tom.* 1ᵉʳ, *pag.* 673.)

§. 13. — Les procès-verbaux qui constatent des chablis, étant considérés comme des actes administratifs, ne sont point sujets à l'enregistrement, aux termes de l'art. 80 de la loi du 15 mai 1818. (*Décision du Ministre de finances, du 28 juin* 1822.)

ART. 171.

Toutes les actions et poursuites exercées au nom de l'administration générale des forêts , et à la requête de ses agens , en réparation de délits ou contraventions en matière forestière, sont portées devant les tribunaux correctionnels, lesquels sont seuls compétens pour en connaître.

ANNOTATIONS.

Voir les art. 40 et 190 du Code, les *Annotations* sur l'art. 61 , ainsi que les art. 19 et 179 du Code d'instruction criminelle.

§. 1. — D'après l'art. 76 de la loi du 3 brumaire an 4, le domicile du délinquant fixe la compétence des tribunaux, aussi bien que le lieu du délit. Cassation, arrêt du 16 janvier 1806. (*Trait. gén.*, *tom.* 2, *pag.* 58.)

§. 2. — Lorsque la compétence du tribunal se trouve légalement déterminée, et que le délit est suffisamment caractérisé par la loi, les juges doivent appliquer la peine qu'elle prononce, quoique différente de celle qui est demandée. Cassation, arrêt du 22 mars 1810. (*Idem.*, *tom.* 2, *pag.* 335.)

§. 3. — Un tribunal saisi d'une action en réparation de délit ne peut surseoir à prononcer, par ce motif que le prévenu prétendrait que le bois ne ferait point partie du département de la juridiction du tribunal, si d'ailleurs ce bois se trouve situé dans un arrondissement forestier compris dans ce département, et si la limite du lieu n'a été changée par une décision légale. Cassation, arrêt du 31 octobre 1816. (*Idem.*, *tom.* 2, *pag.* 696.)

§. 4. — De ce que le prévenu d'un délit forestier a été acquitté en police correctionnelle, il ne s'ensuit pas qu'un juge de paix soit compétent pour condamner le garde forestier à des réparations civiles envers le prévenu acquitté, surtout s'il n'existe pas d'autorisation du Gouvernement pour actionner le garde. Il y a incompétence sous le premier rapport, et excès de pouvoir sous le second. (*Voy. les Annotations* sur l'art. 6.)

Lorsqu'un jugement est vicié tout à la fois d'incompétence et *d'excès de pouvoir*, le jugement peut être annulé *de plano* par la chambre des requêtes de la Cour de cassation, sur la dénonciation du Gouvernement.

Si, à raison de *l'incompétence*, le jugement n'aurait pu être cassé que par la chambre civile, il peut, à raison de *l'excès de pouvoir*, être annulé par la chambre des requêtes. (Loi du 27 ventôse an 8, art. 80.) Cassation, arrêt du 10 janvier 1827. (SIREY, 27-1-61.)

§. 5. — En matière criminelle, correctionnelle et de police, le ministère public ne peut être condamné aux dépens, d'après les art. 162, 194 et 368 du Code d'instruction criminelle. Cassation, arrêt du 19 mars 1818. (*Trait. gén.*, *tom.* 2, *pag.* 750.)

§. 6. — La partie civile ne peut être passible que des mêmes frais qui auraient été à la charge de l'État, si la poursuite avait été faite au nom de celui-ci: ainsi, elle n'est point tenue du paiement des honoraires des conseils ou défenseurs et des avoués des accusés ou prévenus. Cassation, arrêt du 29 octobre 1824. (*Idem.*, *tom.* 3, *pag.* 290.)

§. 7. — Lorsque l'administration des forêts succombe dans une instance, pour défrichement de bois, qu'elle a soutenue *en défendant*, le trésor ne peut être tenu de rembourser les honoraires des conseils ou des avoués employés par les demandeurs; l'art. 3, nombre 1ᵉʳ, du décret du 18 juin 1811, sur les frais de justice, s'y oppose. Cassation, arrêt du 12 avril 1821. (*Trait. gén.*, tom. 2, *pag.* 913.)

§. 8. — Aucune disposition de ce décret, la seule règle applicable à l'espèce, n'autorise non plus ceux-ci à répéter le droit d'appel de cause accordé aux huissiers audienciers. (*Lettre du Garde des sceaux, du 11 novembre* 1823.) Ainsi l'administration des domaines ne doit payer, pour le compte de celle des forêts, que les dépens proprement dits, c'est-à-dire les frais des actes signifiés à la requête des parties pendant l'instance, et le coût du jugement. (*Décision du Ministre des finances, du* 31 *décembre* 1823.)

ART 172.

L'acte de citation doit, à peine de nullité, contenir la copie du procès-verbal et de l'acte d'affirmation.

ANNOTATIONS.

§. 1. — Cette disposition ajoute à l'article 9, tit. 9, de la loi du 29 septembre 1791, l'obligation de donner copie de l'acte d'affirmation.

§. 2. — Le défaut de signature du garde au bas des copies d'exploits signifiés, est un vice radical qui entraîne la nullité de l'assignation, et ce vice ne peut-être couvert par la signature apposée en marge de l'acte au-dessous d'un renvoi qui y est porté. (*Décision du Ministre des finances, du* 13 *août* 1818.)

§. 3. — La nullité de l'exploit de citation n'entraîne la déchéance de l'action, que lorsque cette nullité a été proposée avant tout débat sur le fond. Cassation, arrêt du 24 mai 1811. (*Trait. gén.*, tom. 2, *pag.* 428.) Autre arrêt du 5 mai 1809. (*Idem*, tom. 2, *pag.* 273.)

§. 4. — Les dispositions du Code de procédure civile relatives aux formalités des exploits en matière civile, ne sont point applicables en matière correctionnelle, et par conséquent en matière forestière. Cassation, arrêt du 2 avril 1819. (*Idem*, tom. 2, *pag.* 794.) Voy. le §. ci-après.

§. 5. — Les dispositions du *Code de procédure civile*, qui déterminent les formalités des exploits en matière civile, ne sont point applicables aux citations en matière criminelle.

Une citation en matière criminelle n'est pas nulle lorsque la copie n'indique pas la personne à qui elle a été remise.

La comparution du prévenu au jour indiqué par la citation établit la présomption légale qu'il a reçu cette citation le jour désigné par sa date. Cassation, arrêt du 30 décembre 1825. (*Trait. gén., tom.* 3, *pag.* 397.)

§. 6. — Pour qu'un exploit d'ajournement remis au maire de la commune, d'après l'art. 68 du Code de procédure civile, soit valable, il faut, 1° que la personne ajournée soit réellement absente de son domicile, et qu'il ne s'y trouve aucun de ses parens ou serviteurs; 2° qu'à défaut de ces personnes, il ne se trouve aucun voisin qui veuille recevoir et signer l'exploit; 3° que toutes ces circonstances soient constatées par l'huissier, tant sur l'original que sur la copie, qui est alors remise au maire ou à son adjoint. Cassation, arrêt du 12 novembre 1822. (*Idem, tom.* 3, *pag.* 173.)

§. 7. — La comparution volontaire et sans citation d'un prévenu de délit devant le tribunal correctionnel peut valablement saisir le tribunal, attendu que l'art. 182 du Code d'instruction criminelle, n'est point restrictif; et qu'aucun autre article du même Code ne défend aux parties de se présenter volontairement devant les tribunaux sans citation préalable ou ordonnance de renvoi. Cassation, arrêt du 18 avril 1822. (*Idem, tom.* 2, *pag.* 31.)

§. 8. — Un exploit signifié un jour férié, sans permission du juge, ne peut, aux termes de l'art. 1030 du Code de procédure civile, être déclaré nul par cette seule raison. Cassation, arrêt du 23 février 1825. (*Idem, tom.* 3, *pag.* 338.)

§. 9. — Cependant, un arrêt de la cour royale de Bordeaux, du 10 février 1827, a décidé qu'un exploit, tel que celui de signification d'un jugement, fait un jour férié, hors le cas d'urgence et sans permission du juge, était nul. (Dalloz, 1827, *pag.* 75, 2ᵉ *part.*)

§. 10. — Les citations devant les tribunaux de police simple et de police correctionnelle, et devant les cours royales en police correctionnelle, n'opèrent, ainsi que les significations des jugemens et arrêts, que 1 franc fixe d'enregistrement, conformément à l'art. 68 de la loi du 22 frimaire an 7, et à l'art. 42 de celle du 28 avril 1816: mais les délits étant personnels et les poursuites individuelles, quoique dirigées collectivement contre tous les complices d'un même fait, il doit être perçu un droit pour chaque délinquant, l'exception faite par l'art. 68, §. 1ᵉʳ, n° 30, de la première de ces lois, n'étant pas applicable aux individus qui peuvent être condamnés solidairement pour un délit, aux termes de l'art. 55 du Code pénal. (*Décision du Ministre des finances, du* 19 *avril* 1814.)

§. 11. — Il n'en est pas de même pour les procès-verbaux qui ne donnent jamais lieu à la pluralité des droits, quel que soit le nombre des délinquans. (*Voy. les Annotations sur l'art.* 170.)

ART. 173.

Les gardes de l'administration forestière pourront, dans les actions et poursuites exercées en son nom, faire toutes citations et significations d'exploits, sans pouvoir procéder aux saisies-exécutions.

Leurs rétributions, pour les actes de ce genre, seront taxées comme pour les actes faits par les huissiers des juges de paix.

ANNOTATIONS.

Voir les art. 10, 207 et 209 du Code; l'art. 186 de l'ordonnance d'exécution; l'ordonnance de 1669, tit. 10, art. 4 et 15; la loi du 29 septembre 1791, tit. 15, art. 4; l'avis du Conseil d'État du 16 mai 1807, et le décret du 1ᵉʳ avril 1808.

§. 1.—A la Chambre des députés, *M. Terrier de Santans* a proposé que les gardes forestiers ne pussent percevoir que la moitié des rétributions accordées aux huissiers de justice de paix; l'honorable député s'est fondé sur ce qu'ils ont un traitement fixe, et qu'ils ne fournissent pas de cautionnement; mais l'amendement a été rejeté.

§. 2.—D'après les dispositions de l'ordonnance de 1669, et de l'avis du Conseil d'État du 16 mai 1807, la Cour de cassation, par un arrêt du 26 juillet 1822, avait décidé que les gardes forestiers étaient autorisés à faire toutes les significations en matière d'eaux et forêts, même à la requête du ministère public: mais ces dispositions étant abrogées par l'art. 218 du Code, les gardes ne peuvent plus aujourd'hui faire de citations et significations que lorsque *les poursuites et actions sont exercées au nom de l'administration.*

§. 3.—L'article 173 n'autorisant les gardes à faire des citations et significations que dans les actions et poursuites exercées au nom de l'administration des forêts, il en résulte qu'ils ne peuvent faire les exploits en matière civile et pour les questions de propriété poursuivies au nom des préfets. Décision du Ministre de finances, du 17 mars 1824. (*Trait, gén., tom.* 3, *pag,* 215.)

§. 4. — Le salaire des gardes doit être réglé d'après les décrets des 18 juin 1811 et 7 avril 1813, et non d'après le tarif des frais et dépens en matière civile: c'est du moins dans ce sens que M. le Directeur général des forêts a répondu aux conservateurs qui l'ont consulté.

§. 5. — Sur les frais dus aux gardes forestiers pour les citations et significations, le Ministre des finances a pris, le 5 juillet 1822, un arrêté portant : art. 1er, etc.

Art. 2. « La rétribution accordée aux gardes forestiers ne comprendra aucune indemnité pour frais de voyage, si ce n'est dans les cas prévus par l'art. 84 du décret du 18 juin 1811. » (Le Ministre avait déjà consacré ce principe, par une lettre du 15 février 1822, en appliquant le décret du 1er avril 1808, dont les dispositions sont reproduites dans l'art. 173 du Code.)

Art. 3. « L'agent forestier de l'arrondissement correctionnel dressera, au commencement de chaque trimestre, un mémoire en triple expédition des diligences et actes faits par les gardes dudit arrondissement ; il le certifiera, le fera revêtir de l'exécutoire du président du tribunal, en présence du procureur du Roi, et ordonnancer par le préfet. Cet état ainsi régularisé, et émargé de chaque partie prenante, sera présenté par ledit agent dans l'année au plus tard au receveur du même arrondissement, qui lui en comptera le montant, lorsque les formalités prescrites par le décret du 13 pluviôse an 13, auront été remplies. (Ces formalités consistent dans le *visa* du directeur des domaines, constatant qu'il n'a pas été formé d'opposition.)

Art. 4. « Le garde citateur recevra sur le montant de la taxe allouée autant de 30 centimes qu'il aura fait de citations, et le surplus sera partagé par moitié entre le garde général, qui aura dressé les actes, et l'agent qui aura dirigé les poursuites.

Art. 5. « Les conservateurs et inspecteurs principaux veilleront à ce qu'il ne s'introduise aucun abus soit dans la quotité de la taxe soit dans la répartition, et ils en assureront leur administration à l'expiration de chaque trimestre. » (*Inst. du Dir. gén. de l'enreg.*, n° 1050.)

§. 6. — Ils n'est alloué que 50 centimes pour les copies des significations et citations ; les 30 centimes accordés par le §. 10 de l'art. 71 du décret du 18 juin 1811, pour les copies d'actes qui précèdent ces significations et citations, ne sont dus que dans le cas où elles forment, à elles seules, deux rôles d'écriture. Lettre du Ministre des finances, du 29 août 1823. (*Trait. gén.*, tom 3, pag. 164.)

§. 7. — Aux termes de l'art. 149 du même décret, les exécutoires de citations et significations qui n'ont pas été présentés au *visa* dans le délai d'une année à compter du jour où elles ont été faites, ou dont le paiement n'a pas été réclamé dans les 6 mois de la date *du visa*, ne peuvent être acquittés qu'autant qu'il est justifié que les retards ne sont point imputables à la partie dénommée dans l'exécutoire. Décision du Ministre de finances, du 13 mars 1824. (*Idem*, tom. 3, pag. 214.)

ART. 174.

Les agens forestiers ont le droit d'exposer l'affaire devant le tribunal, et sont entendus à l'appui de leurs conclusions.

ANNOTATIONS.

Voir l'art. 187 ci-après, et l'art. 190 du Code d'instruction criminelle.

§. 1.—Le décret du 18 juin 1809 porte : art. 1ᵉʳ « Dans les audiences publiques tenues par nos tribunaux correctionnels pour les jugemens des délits de bois poursuivis à la requête de l'administration des eaux et forêts, les conservateurs, inspecteurs et sous-inspecteurs et les gardes-généraux chargés de poursuivre au nom de leur administration, auront une place particulière à la suite du parquet du procureur du Roi et de ses substituts. Ils se tiendront découverts. »

L'art. 185 de l'ordonnance d'exécution a reproduit cette disposition.

§. 2. — Les agens forestiers qui sont obligés de procéder au balivage, martelage, récolement et autres opérations de leur ministère, ne peuvent pas toujours assister aux audiences; le législateur n'a entendu les astreindre à ce service particulier, qu'autant qu'il peut se concilier avec l'exercice de leurs fonctions administratives, et qu'il ne les oblige pas à de trop grands déplacemens. La loi ne dit pas que l'administration forestière sera déchue de son action faute d'avoir été représentée par un de ses agens; elle charge au contraire le procureur général de la recherche et de la poursuite de tous les délits dont la connaissance appartient au tribunal correctionnel. L'art. 182 du Code porte expressément qu'à l'égard des délits forestiers, le tribunal est saisi par le conservateur, inspecteur, sous-inspecteur, ou par les gardes généraux, et dans tous les cas par le procureur général; cette disposition indique assez que le ministère public doit suppléer d'office à tous les actes de procédure et d'instruction qui n'auraient pas été faits par les agens de l'administration.

L'agent forestier qui a défendu en première instance peut se faire représenter à la cour d'appel par l'agent forestier le plus voisin, qui a sa place à la suite du ministère public comme à l'audience de police correctionnelle. (*Décision du Grand-juge, énoncée dans la circulaire de l'administration forestière du 31 août 1811, nº 453.*)

ART. 175.

Les délits ou contraventions en matière forestière seront

prouvés soit par procès-verbaux, soit par témoins à défaut de procès-verbaux, ou en cas d'insuffisance de ces actes.

ANNOTATIONS.

Voir les art. 187 et 189 ci-après, et l'ordonnance de 1669, tit. 10, art. 8.

§. 1. — La disposition de l'art. 175 ci-dessus, est conforme aux articles 154, 189 et 211 du Code d'instruction criminelle.

§. 2. — Un délit peut être poursuivi, quoiqu'il n'existe pas de procès-verbal qui l'ait constaté. (*Arrêts de la Cour de cassation, des* 26 novembre 1806, 7 avril 1809, 12 novembre 1812, 29 janvier et 6 mai 1813.)

§. 3. — On ne peut exiger des prévenus la preuve contraire au fait constaté par un procès-verbal de garde forestier, lorsque ce procès-verbal est par lui-même insuffisant. C'est à l'administration forestière ou au ministère public à faire la preuve testimoniale à l'appui du procès-verbal. Cassation, arrêt du 22 février 1811. (*Trait. gén., tom. 2, pag. 410.*)

§. 4. — Un procès-verbal rédigé par plusieurs gardes dans les cas voulus par la loi n'est pas nul, parce qu'il n'aurait été affirmé que par l'un des rédacteurs, pourvu que les autres soient entendus comme témoins. Arrêt du 9 mars 1807. (*Idem, tom. 2, pag. 135.*)

§. 5. — Lorsque des faits sont avérés par l'instruction d'une affaire, ils doivent être pris pour constans, même quand le procès-verbal présenterait quelque vice de forme. Cassation, arrêt du 4 décembre 1806. (*Idem, tom. 2, pag. 104.*)

§. 6. — On ne peut annuler le procès-verbal d'un garde forestier sur le seul motif de la parenté plus ou moins rapprochée de ce garde avec le prévenu. Cassation, arrêt du 18 octobre 1822. (*Idem, tom. 3, pag. 95.*)

§. 7. — Ainsi, lorsqu'un procès-verbal, par son irrégularité, ne peut servir pour constater le délit, il est du devoir des juges d'ordonner l'audition des témoins, offerte par l'administration, et le tribunal ne peut renvoyer le prévenu sous le prétexte que le délit n'est pas suffisamment constaté. Cassation, arrêts des 31 décembre 1811 et 21 juin 1821. (*Idem, tom. 2, pag. 463 et 932.*) Voy. les *Annotations* sur l'art. 161.

§. 8. — On peut suppléer à la nullité ou au défaut d'affirmation d'un procès-verbal, en faisant entendre à l'audience les gardes qui ont été témoins du délit; on le peut même en cause d'appel. Ces gardes ne peuvent être récusés, sous prétexte qu'ils déposeraient dans leur propre fait. Cassation, arrêts des 9 mai 1807, 24 février 1820 et 1er mars 1822. (*Trait. gén.*, *tom.* 2, *pag.* 149 *et* 831, *et tom.* 3, *pag.* 24.)

§. 9. — Mais, dans ce cas, l'administration forestière doit demander à faire entendre, soit les gardes, comme témoins, soit d'autres témoins, les juges n'étant pas tenus d'ordonner d'office la preuve testimoniale pour suppléer à l'insuffisance des procès-verbaux. Cassation, arrêts des 18 novembre 1808 et 5 janvier 1809. (*Idem*, *tom.* 2, *pag.* 238 *et* 248.)

§. 10. — Aucune loi n'a exclu les gardes rédacteurs d'un procès-verbal, d'être entendus comme témoins sur les faits qui n'y sont pas suffisamment désignés. Cassation, arrêt du 21 juillet 1820. (*Idem*, *tom.* 2, *pag.* 859.)

§. 11. — Le tribunal saisi de la poursuite d'un délit est tenu d'admettre la preuve testimoniale qui lui est offerte à l'appui du procès-verbal, lors même qu'elle ne lui serait présentée que subsidiairement et sur appel. Cassation, arrêt du 27 décembre 1823. (*Idem*, *tom.* 3, *pag.* 180.)

§. 12. — D'après l'art. 211 du Code d'instruction criminelle, de nouvelles preuves peuvent être suppléées en appel, lorsqu'elles ne portent point sur une demande principale, et qu'elles ne tendent qu'à établir la demande primitive : il n'est pas nécessaire que les conclusions tendant à les faire admettre, aient été rédigées par écrit ni déposées sur le bureau du président. Cassation, arrêt du 14 août 1823. (*Bull. crim.*, n° 116.)

§. 13. — Des conseillers municipaux, cités comme témoins dans un procès intéressant la commune, ne peuvent être reprochés par cela seul qu'ils ont pris part à une délibération tendant à faire autoriser cette commune à plaider. Leur concours à la délibération ne peut être assimilé à un certificat par eux donné sur les faits relatifs au procès.

L'énumération que fait l'art. 283, Cod. de proc., des causes de reproches des témoins, est limitative, et ne peut être étendue d'un cas à un autre. Cassation, arrêt du 25 juillet 1826. (SIREY, 27 — 1 — 59.)

§. 14. — Les tribunaux de police ne peuvent prononcer l'acquittement des contrevenans sans entendre les témoins produits par les parties civiles. Cassation, arrêt du 24 novembre 1808. (*Bullet. crim.*)

§. 15. — Ils ne peuvent se dispenser d'entendre les témoins amenés volontairement par les parties, sur le fondement qu'ils n'auraient pas été cités. Cassation, arrêt du 15 février 1811. (*Bullet. crim.*)

§. 16. — On ne doit pas regarder comme une instruction orale devant les tribunaux de police, celle dans laquelle on se borne a lire les dépositions des témoins sans les entendre verbalement. Cassation, arrêts des 8 janvier, 10 avril 1807 et 24 mai 1811. (*Idem.*)

§. 17. — L'art. 155 du Code d'instruction criminelle, ne porte la peine de nullité que pour le défaut de serment de dire toute la vérité, rien que la vérité; mais il y aurait lieu de casser un jugement qui ne ferait que constater que les témoins ont fait seulement la promesse de dire la vérité, sans l'avoir appuyée du serment prescrit à peine de nullité. Cassation, arrêts des 26 décembre 1811, 3 et 16 janvier, 18 avril, 4 et 12 juin 1812, 23 avril et 8 juillet 1813. (*Idem.*)

§. 18. — Le serment prêté par des témoins de dire la vérité et rien que la vérité, ne satisfait pas à la loi qui ordonne le serment de dire toute la vérité; en promettant de dire la vérité, rien que la vérité, on ne promet pas en effet de ne pas faire de réticences et de dire toute la vérité. Cassation, arrêt du 29 mai 1813. (*Idem.*)

§. 19. — Deux autres arrêts de la même cour, en date des 4 juin et 23 juillet 1813, ont jugé que les termes employés dans les art. 155 et 317 du Code d'instr. crim., pour fixer la formule du serment à prêter par les témoins, sont tellement essentiels, que la moindre omission ou altération emporte la nullité du serment et de tout ce qui l'a suivi.

ART. 176.

Les procès-verbaux revêtus de toutes les formalités prescrites par les art. 165 et 170, et qui sont dressés et signés par deux agens ou gardes forestiers, font preuve, jusqu'à inscription de faux, des faits matériels relatifs aux délits et contraventions qu'ils constatent, quelles que soient les condamnations auxquelles ces délits et contraventions peuvent donner lieu.

Il ne sera, en conséquence, admis aucune preuve outre ou contre le contenu de ces procès-verbaux, à moins qu'il n'existe une cause légale de récusation contre l'un des signataires.

ANNOTATIONS.

Voir les art. 178 et 188 ci-après; l'ordonnance de 1669, tit. 10, art. 8, et la loi du 29 septembre 1791, tit. 9, art. 13 et 14.

§. 1. — Le mot, *matériels*, a été ajouté sur la proposition de la commission de la Chambre des députés. (*Rapport de M. Favard de Langlade.*)

§. 2. — Lorsqu'un procès-verbal qui a servi de base à la décision d'un jugement ou d'un arrêt, n'a point été attaqué par l'inscription de faux devant les juges ordinaires, la voie de l'inscription contre le même acte n'est plus admissible devant la Cour de cassation. Arrêt de cette cour, du 31 décembre 1812. (*Bullet. crim.*)

§. 3. — Un jugement qui ordonne la preuve de faits non contraires au contenu d'un procès-verbal, n'est pas susceptible d'être réformé. Cassation, arrêts des 17 et 22 mars 1810. (*Trait. gén., tom.* 2, *pag.* 334 et 335.)

§. 4. — Lorsque, sans dénier le fait contenu au procès-verbal, le prévenu offre d'établir que ce fait n'est pas un délit, le tribunal peut l'admettre à fournir cette preuve, sans violer la loi. Cassation, arrêt du 23 mars 1810. (*Idem, tom.* 2, *pag.* 337.)

§. 5. — Un procès-verbal non argué de faux, constatant que des bois trouvés dans une perquisition sont les mêmes, que ceux qui ont été coupés en délit, et que cette identité résulte de l'écorce, de la mensuration et du rapatronnage, doit faire foi pleine et entière. Cassation, arrêt du 4 mai 1820. (*Idem, tom.* 2, *pag.* 849.)

§. 6. — Les procès-verbaux ne font foi que des faits matériels qui ont frappé les sens des préposés rédacteurs, et qui sont les élémens constitutifs des délits à constater.

Toutefois, leur force légale s'étend à toutes les conséquences qui résultent nécessairement de ces faits matériels. Ainsi, lorsqu'un procès-verbal constate que des arbres frappés du marteau royal ont été trouvés à demi-abattus; que, sur des copeaux étendus au pied de ces arbres, on remarquait l'empreinte du marteau royal; que l'étendue d'abattage était plus large du côté où cette empreinte était apposée que du côté opposé, il résulte nécessairement de ces faits matériels que les arbres en question étaient des arbres de réserve qu'on ne pouvait tenter d'abattre sans délit. Cassation, arrêt du 8 octobre 1825. (*Idem, tom.* 3, *pag.* 389.)

§. 7. — Un tribunal ne peut, sous prétexte du silence d'un procès-verbal sur le plus ou moins de fraîcheur de la coupe de bois enlevés en délit, ordonner la vérification de ce fait, lorsque l'identité de ces bois est suffisamment établie par la désignation de leur essence et de leur grosseur, et que le procès-verbal est d'ailleurs régulier et non attaqué par les voies légales. Cassation, arrêt du 15 octobre 1824. (*Idem, tom.* 3, *pag.* 283.)

§. 8. — Un tribunal ne peut non plus considérer comme erronées les énonciations d'un procès-verbal de garde forestier non attaqué par les voies légales. Cassation, arrêt du 29 octobre 1824. (*Trait. gén.*, *tom.* 3, *pag.* 290.)

§. 9. — Un tribunal ne peut encore ordonner la répétition d'un garde forestier, et enjoindre de le faire citer à son audience, lorsque le procès-verbal explique suffisamment les faits, et n'est pas attaqué par les voies légales. Cassation, arrêt du 28 août 1824. (*Idem*, *tom.* 3, *pag.* 278.)

§. 10. — Lorsque des gardes ont constaté une coupe de bois de délit, et que, dans leurs recherches, ils ont trouvé, au domicile d'un particulier, des morceaux de bois de même essence et de pareille grosseur que ceux enlevés de la forêt, ce dernier n'a que la voie de l'inscription de faux pour attaquer leur procès-verbal. Cassation, arrêt du 25 octobre 1811. (*Idem*, *tom.* 2, *pag.* 451.)

§. 11. — Un procès-verbal signé et affirmé par deux gardes, dont l'un forestier et l'autre champêtre, fait foi jusqu'à inscription de faux; les tribunaux ne peuvent faire entendre des témoins contre un pareil procès-verbal. Cassation, arrêt du 1er mars 1811. (*Idem*, *tom.* 2, *pag.* 413.)

§. 12. — On ne peut, sans le secours de l'inscription de faux, être admis à prouver l'*alibi* des gardes forestiers, à l'époque indiquée par leurs procès-verbaux. Cassation, arrêt du 10 avril 1806. (*Idem*, *tom.* 2, *pag.* 75.)

§. 13. — Les allégations et dénégations d'un prévenu ne peuvent prévaloir contre un procès-verbal en bonne forme et non argué de faux. Cassation, arrêt du 24 octobre 1806. (*Idem*, *tom.* 2, *pag.* 95.)

§. 14. — Les procès-verbaux des gardes ne peuvent être attaqués par la preuve contraire, que lorsqu'elle est admissible, et, dans le cas où elle ne l'est pas, par l'inscription de faux. Cassation, arrêts des 24 et 31 octobre 1806, et 17 avril 1812. (*Idem*, *tom.* 2, *pag.* 97, 99 et 483.)

§. 15. — L'aveu du prévenu, consigné au procès-verbal, constatant que des bois trouvés dans sa maison proviennent de délit, n'ajoute rien au plus ou moins de foi qui peut être dû à cet acte. Cassation, arrêt du 26 juillet 1808. (*Idem*, *tom.* 2, *pag.* 218.)

§. 16. — Les gardes n'ont point caractère pour constater les déclarations du prétendu délinquant, ou des témoins du délit, puisque c'est aux magistrats seuls qu'est réservé le droit de faire des procès-verbaux d'interrogatoires et d'enquêtes Toutefois, les gardes doivent faire mention des déclarations des délinquans et des témoins, sauf aux tribunaux à arbitrer la déclaration des premiers, et à entendre les témoins si le procès-verbal est insuffisant.

Cependant un arrêt de la cour de cassation, du 25 octobre 1811, décide que la foi accordée par la loi aux procès-verbaux des gardes forestiers leur est due relativement aux aveux des délinquans, comme elle est due relativement aux autres faits matériels qu'ils constatent, et que ces procès-verbaux doivent, sous l'un et l'autre rapports, être crus jusqu'à inscription de faux.

Mais il faut remarquer que, dans l'espèce où cet arrêt a été rendu, les aveux du prévenu n'étaient point isolés, et qu'ils étaient au contraire en concordance avec les faits rapportés par le procès-verbal. (*Trait. gén.*, tom. 2, pag. 452.)

§. 17. — On peut admettre un prévenu de délit à faire preuve contre un procès-verbal qui ne contient qu'une déclaration de témoins, et non celle du garde rédacteur, sur le fait imputé au prévenu. Cassation, arrêt du 17 juillet 1806. (*Idem, tom.* 2, *pag.* 86.)

§. 18. — Les procès-verbaux des gardes ne font pas foi jusqu'à inscription de faux, des injures, voies de fait et violences commises envers eux; ils ne font pas foi non plus des dires et aveux des prévenus, lorsqu'au lieu de suivre sur ces procès-verbaux, l'administration forestière autorise la mise en jugement des gardes. Cassation, arrêt du 18 octobre 1807. (*Idem, tom.* 2, *pag.* 172.)

§. 19. — Les antidates et fausses déclarations contenues dans le procès-verbal d'un préposé forestier, suffisent pour constituer le crime de faux. La forme matérielle d'un procès-verbal argué de faux ne peut avoir aucune influence sur le mérite de ses énonciations. Le défaut d'affirmation même d'un procès-verbal ne peut en pallier le faux à l'égard de celui qui en est l'auteur. Cassation, arrêt du 24 novembre 1807. (*Idem, tom.* 2, *pag.* 178.)

§. 20. — De l'obligation imposée aux agens forestiers de poursuivre les délinquans, il résulte que ces agens ne peuvent neutraliser l'effet des procès-verbaux qui servent de base aux poursuites; que, par conséquent, ils ne peuvent en aucun cas, comme le pourraient de simples particuliers, renoncer à faire usage de ces procès-verbaux; et que dès-lors il est inutile de les sommer de déclarer s'ils entendent s'en servir, d'après l'art. 216 du Code de procédure civile. Cassation, arrêt du 14 mai 1813. (*Idem, tom.* 2, *pag.* 564.)

Art. 177.

Les procès-verbaux revêtus de toutes les formalités prescrites, mais qui ne seront dressés et signés que par un seul agent ou garde, feront de même preuve suffisante jusqu'à inscription de faux, mais seulement lorsque le délit ou la contravention n'entraînera pas une condamnation de plus de cent francs, tant pour amende que pour dommages-intérêts.

Lorsqu'un de ces procès-verbaux constatera à-la-fois contre divers individus des délits ou contraventions distincts et séparés, il n'en fera pas moins foi, aux termes du présent article, pour chaque délit ou contravention qui n'entraînerait pas une condamnation de plus de cent francs, tant pour amende que pour dommages-intérêts, quelle que soit la quotité à laquelle pourraient s'élever toutes les condamnations réunies.

ANNOTATIONS.

Voir l'art. 188 ci-après, et la loi du 29 septembre 1791, tit. 9, art. 13 et 14.

§. 1. — Les procès-verbaux des gardes constatant des délits qui donnent lieu à *l'emprisonnement*, doivent être rapportés, signés et affirmés par deux de ces gardes, même lorsque l'amende et les dommages-intérets résultant du délit n'excéderaient pas 100 francs. Il y a lieu de considérer l'emprisonnement comme une peine dont l'importance est, à elle seule, au-dessus de la valeur de 100 francs, ce qui rend deux témoignages nécessaires pour chaque procès-verbal. Toutefois, si un procès-verbal de l'espèce avait été dressé par un garde, l'agent poursuivant pourrait suppléer, par un second témoignage, à l'insuffisance de ce procès-verbal. Cassation, arrêt du 31 décembre 1819. (*Trait. gén.*, *tom.* 2, *pag.* 818.)

§. 2. — Lorsque deux gardes ont concouru à la rédaction d'un procès-verbal tendant à une condamnation au-dessus de 100 francs, il est nécessaire qu'ils l'affirment tous deux ou du moins que celui qui ne l'aurait pas affirmé, soit entendu comme témoin pour compléter la preuve. Cassation, arrêt du 6 février 1806. (*Idem*, *tom.* 2, *pag.* 62.)

ART. 178.

Les procès-verbaux qui, d'après les dispositions qui précèdent, ne font pas foi et preuve suffisante jusqu'à inscription de faux, peuvent être corroborés et combattus par toutes les preuves légales, conformément à l'art. 154 du Code d'instruction criminelle.

ANNOTATIONS.

Voir les art. 31, 175 et 188 du Code, ainsi que la loi du 29 septembre 1791, tit. 9, art. 14.

1re PART.

§. 1. — L'art. 154 du Code d'instruction criminelle est ainsi conçu : « Les contraventions seront prouvées, soit par procès-verbaux ou rapports, soit par témoins à défaut de rapports et procès-verbaux, ou à leur appui.

« Nul ne sera admis, à peine de nullité, à faire preuve par témoins outre ou contre le contenu aux procès-verbaux ou rapports des officiers de police ayant reçu de la loi le pouvoir de constater les délits ou les contraventions jusqu'à inscription de faux. Quant aux procès-verbaux et rapports faits par des agens, préposés ou officiers auxquels la loi n'a pas accordé le droit d'en être crus jusqu'à inscription des faux, ils pourront être débattus par des preuves contraires, soit écrites, soit testimoniales, si le tribunal juge à propos de les admettre. »

§. 2. — Il résulte de l'ensemble des dispositions des articles 177 et 178 du Code et de l'art. 154 du Code d'instruction criminelle, que le procès-verbal dressé par un seul garde ou agent, pour un délit ou contravention entraînant une condamnation de plus de 100 francs, *fait foi en justice jusqu'à preuve contraire.*

§. 3. — Un procès-verbal dressé par un seul garde pour un délit emportant peine d'emprisonnement ou une condamnation au-dessus de 100 francs pour l'amende et la restitution, doit faire foi en justice, sinon jusqu'à inscription de faux, d'après l'art. 176, du moins jusqu'à preuve contraire, et un tribunal ne peut, si cette preuve ne lui est pas administrée, renvoyer le prévenu. Cassation, arrêt du 28 octobre 1824. (*Trait. gén.*, tom. 3, *pag.* 287.)

§. 4. — On ne peut exiger des prévenus la preuve contraire au fait constaté par un procès-verbal de garde forestier, lorsque ce procès-verbal est par lui-même nul ou insuffisant. Cassation, arrêt du 22 février 1811. (*Idem*, tom. 2, *pag.* 410.)

ART. 179.

Le prévenu qui voudra s'inscrire en faux contre le procès-verbal, sera tenu d'en faire, par écrit et en personne, ou par un fondé de pouvoirs spécial par acte notarié, la déclaration au greffe du tribunal, avant l'audience indiquée par la citation.

Cette déclaration sera reçue par le greffier du tribunal : elle sera signée par le prévenu ou son fondé de pouvoirs ; et dans le cas où il ne saurait ou ne pourrait signer, il en sera fait mention expresse.

Au jour indiqué pour l'audience, le tribunal donnera acte de la déclaration, et fixera un délai de trois jours au moins, et de huit jours au plus, pendant lequel le prévenu sera tenu de faire au greffe le dépôt des moyens de faux, et des noms, qualités et demeures des témoins qu'il voudra faire entendre.

A l'expiration de ce délai, et sans qu'il soit besoin d'une citation nouvelle, le tribunal admettra les moyens de faux, s'ils sont de nature à détruire l'effet du procès-verbal, et il sera procédé sur le faux conformément aux lois.

Dans le cas contraire, ou faute par le prévenu d'avoir rempli les formalités ci-dessus prescrites, le tribunal déclarera qu'il n'y a lieu à admettre les moyens de faux, et ordonnera qu'il soit passé outre au jugement.

ANNOTATIONS.

Voir l'art. 177 ci-devant; les art. 448 à 464 du Code d'instruction criminelle, et les art. 216 et suivans du Code de procédure civile.

§. 1. — En matière correctionnelle, les moyens de faux doivent être préalablement examinés par le tribunal. Si, en supposant les moyens de faux vrais, la preuve du délit se trouve anéantie, et si elle ne peut être établie par d'autres voies légales et que le fait du délit se trouve détruit, le tribunal doit surseoir aux termes de l'art. 460, n° 3, du Code d'instruction criminelle, et renvoyer devant les juges compétens la connaissance du faux. Il y aurait infraction à ce dernier article, si ce tribunal se réservait de faire procéder à la preuve du faux, attendu qu'alors la prévention qui pèse sur le garde rédacteur du procès-verbal, serait jugée d'après les règles du faux incident, tandis qu'en pareil cas on doit observer le mode établi pour la poursuite des crimes. (*Cassation*, *arrêts des 28 février et 26 mars* 1818.)

§. 2. — Si les moyens de faux sont jugés pertinens et pouvant détruire l'effet du procès-verbal, le tribunal doit surseoir au jugement du délit et renvoyer devant les juges compétens: dans le cas contraire, il y a lieu de passer outre, et de statuer sur le fait mentionné au procès-verbal. (*Cassation*, *arrêt du 2 février* 1818.)

§. 3. — Mais le renvoi devant les juges compétens ne doit être prononcé qu'après la pertinence et l'admissibilité des moyens de faux, parce que la cour, compétente pour juger ces moyens, ne peut s'attribuer la connaissance de la pertinence et de l'admissibilité du faux. (*Cassation*, *arrêt du* 31 *août* 1810.) Voy. le §. 9 ci-après.

§. 4. — Il résulte de cette jurisprudence, que l'inscription de faux contre les procès-verbaux des gardes forestiers étant une exception contre l'action qui a ces procès-verbaux pour base, c'est au juge de l'action principale à apprécier la nature des moyens sur lesquels repose l'inscription, et ce n'est qu'après l'admission formelle

24.

de sa part de ces moyens qu'il peut être sursis à l'instruction du délit, jusqu'à ce qu'il ait été prononcé sur le faux par la cour compétente: dans le cas où le tribunal saisi de l'exception a légalement admis les moyens de faux et qu'il n'a pas été appelé de cette décision, la cour n'a rien à juger sur la qualité de ces moyens; elle n'a à juger que le fond de l'inscription de faux.

§. 5. — La déclaration faite par un individu à l'audience, qu'il s'inscrit en faux contre un procès-verbal, n'est pas suffisante; il faut qu'il y ait inscription proprement dite dans la forme voulue par la loi, ensuite jugement d'admission. Cassation, arrêt du 24 mars 1809. (*Trait. gén.*, tom. 2, pag. 266.)

§. 6. — En matière forestière, la voie de l'inscription de faux n'est plus admissible après l'audience indiquée par la citation, à moins que le prévenu n'ait été condamné par défaut; dans ce cas, il pourra se pourvoir par l'inscription de faux dans le délai de cinq jours fixé par l'art. 187 du Code d'instruction criminelle, à partir de la signification du jugement pour se pourvoir par opposition. (*V. l'art.* 180.)

§. 7. — Les tribunaux correctionnels ne peuvent suspendre le jugement d'une demande en matière de délits forestiers, sous le prétexte que le prévenu est dans l'intention de s'inscrire en faux. Cassation, arrêt du 28 février 1818. (*Idem*, tom. 2, pag. 746.)

§. 8. — Par un arrêt du 2 mai 1827, la cour de Toulouse a décidé que l'art. 218 du Code de procédure civile, qui veut que, dans le cas où le demandeur en inscription de faux fait faire sa déclaration par un fondé de pouvoir, celui-ci ait un pouvoir spécial authentique, n'est pas prescrit à peine de nullité.....; et, à supposer qu'il le fût, un avoué n'aurait pas besoin d'un tel pouvoir pour signer la déclaration d'inscription de faux. (Dalloz, 2ᵉ part., pag. 87, an. 1827.)

§. 9. — Lorsque, sur l'appel d'un jugement, une cour royale a reconnu que les moyens de faux employés contre un procès-verbal de délit sont pertinens, cette cour doit surseoir à l'instruction et au jugement du délit, jusqu'à ce qu'il ait été statué, d'après l'art. 460 du Code d'instruction criminelle, sur les préventions de faux. Cassation, arrêt du 9 août 1822. (*Trait. gén.*, tom. 3, pag. 66.) Voy. le §. 3.

§. 10. — Il résulte évidemment de l'art. 179, que l'inscription de faux ne peut être admise qu'autant que les moyens de l'inscrivant peuvent tendre à détruire la contravention constatée. Le tribunal correctionnel devant lequel est faite une inscription de faux, doit prononcer sur la pertinence et l'admissibilité des moyens de faux, avant de renvoyer la connaissance du faux à la cour compétente pour en juger. La cour à laquelle une inscription de faux serait renvoyée, avant que l'admissibilité des moyens eût été prononcée par le tribunal correctionnel, ne pourrait s'attribuer la connaissance de la pertinence et de l'admissibilité du faux; elle devrait en renvoyer la décision aux premiers juges. Cassation, arrêt du 31 août 1810. (*Trait. gén.*, tom. 2, *pag.* 361.)

§. 11. — L'inscription de faux n'est pas admissible contre un procès-verbal qui ne contient que l'opinion des gardes et une induction de la culpabilité du prévenu, attendu que ce procès-verbal peut être contredit par le prévenu, sans employer la voie extraordinaire de l'inscription de faux. Cassation, arrêt du 15 décembre 1808. (*Idem*, tom. 2, *pag.* 239.)

ART. 180.

Le prévenu contre lequel aura été rendu un jugement par défaut, sera encore admissible à faire sa déclaration d'inscription de faux pendant le délai qui lui est accordé par la loi pour se présenter à l'audience sur l'opposition par lui formée.

ANNOTATIONS.

Voir l'art. 176 et les *Annotations*; la loi du 29 septembre 1791, tit. 9, art. 16, et le Code d'instruction criminelle, art. 151 et 187.

Un condamné par défaut, qui veut s'inscrire en faux, procède régulièrement, lorsqu'il fait au greffe sa déclaration d'inscription de faux et le dépôt de ses moyens, avec indication des témoins, dans les cinq jours de la signification du jugement rendu par défaut contre lui, et auquel il a formé opposition. Cassation, arrêt du 12 février 1825. (*Trait. gén.*, tom. 3, *pag.* 335.) Voy. les *Annotations*, §. 6, sur l'art. 179.

ART. 181.

Lorsqu'un procès-verbal sera rédigé contre plusieurs prévenus, et qu'un ou quelques-uns d'entr'eux seulement s'inscriront en faux, le procès-verbal continuera de faire foi à l'égard des autres; à moins que le fait sur lequel portera l'inscription de faux ne soit indivisible et commun aux autres prévenus.

ANNOTATIONS.

Le principe résultant de cet article est puisé dans les dispositions du Code d'instruction criminelle; il avait été établi par M. Legraverend, tom. 1er, pag. 600 et 601.

ART. 182.

Si, dans une instance en réparation de délit ou contraven-tion, le prévenu excipe d'un droit de propriété ou autre droit réel, le tribunal saisi de la plainte statuera sur l'incident en se conformant aux règles suivantes :

L'exception préjudicielle ne sera admise qu'autant qu'elle sera fondée, soit sur un titre apparent, soit sur des faits de possession équivalens, personnels au prévenu et par lui arti-culés avec précision, et si le titre produit ou les faits articulés sont de nature, dans le cas où ils seraient reconnus par l'au-torité compétente, à ôter au fait qui sert de base aux pour-suites tout caractère de délit ou de contravention.

Dans le cas de renvoi à fins civiles, le jugement fixera un bref délai dans lequel la partie qui aura élevé la question préjudi-cielle devra saisir les juges compétens de la connaissance du litige et justifier de ses diligences; sinon il sera passé outre. Toutefois, en cas de condamnation, il sera sursis à l'exécution du jugement, sous le rapport de l'emprisonnement, s'il était prononcé, et le montant des amendes, restitutions et dom-mages-intérêts sera versé à la caisse des dépôts et consignations, pour être remis à qui il sera ordonné par le tribunal qui sta-tuera sur le fond du droit.

ANNOTATIONS.

Voir l'art. 189 ci-après, et les *Annotations* sur l'art. 20 ; la loi du 29 septembre 1791, tit. 9, art. 11 et 12, et le décret du 24 mars 1810.

§. 1.—Le second et le troisième paragraphes de cet article sont la rédaction textuelle qu'avait proposée la Cour de cassation dans ses observations sur le premier projet de Code. En l'adoptant, elle a voulu que la simple allégation de propriété ne fût pas suffi-sante pour motiver le renvoi devant la juridiction civile, et entra-ver ainsi la poursuite des délits et des contraventions.

§. 2.—Celui qui tient à titre d'engagement un bois du domaine de l'État, ne peut exciper de son titre, ni du mode de jouissance qu'il avait antérieurement, lorsqu'il a fait des coupes et des élagages sans avoir obtenu préalablement l'autorisation de l'administration forestière. Cassation, arrêts des 2 ventôse an 13, 7 avril 1809 et 2 août 1821. (*Trait. gén.*, tom. 2, *pag.* 9, 269 *et* 944.)

§. 3.—D'après l'art. 67 du Code, les bestiaux des usagers mêmes ne peuvent, sans délit, être introduits dans les bois communaux, sans que ces bois aient été déclarés défensables. Un tribunal saisi d'un délit de l'espèce, ne peut donc renvoyer le procès au civil, pour prononcer sur l'exception du droit de parcours prétendu par le prévenu. Cassation, arrêt du 7 janvier 1820. (*Trait. gén.*, *tom.* 2, *pag.* 819.)

§. 4.—Les défrichemens de bois sans autorisation étant une contravention, même pour les propriétaires, l'exception de propriété ne peut former une question préjudicielle. Cassation, arrêt du 9 juillet 1807. (*Idem, tom.* 2, *pag.* 158.)

§. 5.—L'allégation d'un droit d'usage de la part d'un prévenu de pâturage dans un taillis non défensable, ne peut donner lieu de surseoir à l'action correctionnelle, puisqu'il y a contravention à l'art. 67 du Code. Cassation, arrêts des 7 floréal an 12 et 15 février 1822. (*Trait. gén.*, *tom.* 1er, *pag.* 676, *et tom.* 3, *pag.* 15.)

§. 6.—Il ne peut y avoir de question préjudicielle dans une action en réparation de délit, lorsque le délinquant n'excipe pas de son droit personnel. (*Cassation, arrêt du* 30 *octobre* 1807.)

§. 7.—Ainsi, lorsqu'il ne fait qu'alléguer, 1° que le délit qui lui est imputé a été commis dans un bois appartenant à une commune dont il est habitant, il y a eu lieu de passer outre au jugement. (*Cassation, arrêts des* 12 *juillet* 1816 *et* 22 *juillet* 1819);

2°. Que le bois où il a été trouvé appartient à un particulier qui lui a donné la permission d'y couper du bois, on ne peut surseoir au jugement, si le prétendu propriétaire n'est pas mis en cause pour fournir lui-même l'exception. (*Cassation, arrêt du* 24 *octobre* 1817.)

§. 8. — Par suite, le tribunal qui reconnaît constant un délit de pâturage, ne peut surseoir à prononcer sur les dommages et intérêts réclamés par le propriétaire, sous prétexte que le délinquant prétendrait que le bois n'appartient pas à ce propriétaire. (*Cassation, arrêt du* 22 *juillet* 1819.)

§. 9. —Il n'y a pas lieu à renvoyer devant l'autorité compétente l'explication d'un acte d'adjudication, lorsque la prétention d'un adjudicataire que tel objet fait partie de la vente, est clairement démentie par l'acte d'adjudication, l'affiche, etc. Cassation, arrêt du 15 avril 1808. (*Trait. gén., tom.* 2, *pag.* 200.)

§. 10. — C'est au tribunal de police correctionnelle, saisi de la connaissance des délits, à apprécier les exceptions de l'adjudicataire prévenu, qui prétend ne pas avoir dépassé les limites indiquées au procès-verbal d'adjudication et avoir droit aux arbres que l'administration prétend avoir été coupés en délit par lui. Cassation, arrêt du 3 novembre 1810. (*Idem, tom.* 2, *pag.* 369.)

§. 11.— Lorsque, dans une action en réparation de malversations commises dans une coupe de bois, il s'élève une difficulté sur l'interprétation du cahier des charges, et qu'il en doit résulter une question préjudicielle, l'examen du cahier des charges doit être renvoyé devant l'autorité civile. Cassation, arrêt du 28 mars 1806. (Trait. gén. , tom. 2, pag. 69.)

§. 12.— Dans ce cas, le tribunal correctionnel ou la cour qui à prononcé le renvoi, doit attendre la décision sur la question du fond, avant de statuer sur celle du délit. Cassation, arrêt du 23 mai 1806. (Idem , tom. 2, pag. 80.)

§. 13.— Il n'y a pas lieu à renvoi au civil, quoique le prévenu excipe d'un droit de propriété, lorsque ce droit est reconnu par le préfet, le seul qui ait qualité pour le contester; le tribunal peut alors passer outre au jugement du prétendu délit, et condamner l'administration des forêts aux dépens. Cassation, arrêt du 16 juin 1809. (Idem, tom. 2, pag. 284.)

§. 14.— Une exception de propriété incidente à une action en réparation de délit, forme une véritable question préjudicielle. Cassation, arrêt du 13 août 1807. (Idem, tom. 2, pag. 163.)

§. 15.— Une coupe d'arbres dans un bois dont on se croit propriétaire, ne peut, lors même que la prétention serait mal fondée, être considérée comme délit, et ne doit donner lieu qu'à une action civile, à fin de restitution des fruits et de dommages-intérêts. Cassation, arrêt du 9 octobre 1806. (Idem, tom. 2, pag. 93.)

ART. 183.

Les agens de l'administration des forêts peuvent, en son nom, interjeter appel des jugemens, et se pourvoir contre les arrêts et jugemens en dernier ressort; mais ils ne peuvent se désister de leurs appels sans autorisation spéciale.

ANNOTATIONS.

Voir la loi du 29 septembre 1791, tit. 9, art. 17, 18 et 19, ainsi que l'art. 202 du Code d'instruction criminelle.

§. 1.— La disposition des art. 183 et 184 du Code, qui autorise les agens forestiers et le ministère public à se pourvoir par appel, ne s'applique qu'aux jugemens en matière correctionnelle et de police, et non aux instances sur les droits d'usage et les questions de propriété, lesquelles doivent être suivies par les préfets. (Voy. les Annotations sur l'art. 61.)

§. 2.— Par cinq arrêts en date des 18 juin, 18 décembre 1807,

13 mai 1809, 7 septembre 1810 et 20 mars 1812, la Cour de cassation a jugé que « les préposés de l'administration forestière peuvent interjeter appel des jugemens rendus en police correctionnelle qu'ils croient léser les intérêts de l'administration, sans être obligés, avant d'agir en son nom, de solliciter et d'attendre une autorisation formelle, sauf à lui rendre compte de leurs motifs. »

§. 3. — L'administration forestière a le droit d'appeler d'une manière indéfinie des jugemens rendus en police correctionnelle, attendu que, d'après l'art. 202 du Code d'instruction criminelle le droit d'appeler des jugemens rendus en police correctionnelle, peut être exercé par l'administration forestière, d'une manière indéfinie et sans restriction, à la différence des parties civiles, qui peuvent aussi l'exercer d'après le même article, mais seulement quant à leurs intérêts civils. Cassation, arrêt du 31 janvier 1817. (*Trait. gén., tom. 2, pag. 704.*)

§. 4. — Mais, d'un autre côté, l'appel régulièrement émis par un procureur du Roi ne peut être déclaré non recevable, sous prétexte que l'administration forestière, par elle-même ou par un de ses agens, ne s'en serait pas rendue appelante, puisque la loi impose au ministère public l'obligation de poursuivre tous les délits quelconques. (*Cassation, arrêts des 4 avril 1806 et 9 mars 1807.*) Voy. l'art. 184 ci-après, et les *Annotations* sur l'art. 209.

ART. 184.

Le droit attribué à l'administration des forêts et à ses agens de se pourvoir contre les jugemens et arrêts par appel ou par recours en cassation, est indépendant de la même faculté qui est accordée par la loi au ministère public, lequel peut toujours en user, même lorsque l'administration ou ses agens auraient acquiescé aux jugemens et arrêts.

ANNOTATIONS

Voir la loi du 29 septembre 1791, tit. 19, art. 20, ainsi que les art. 202 et 413 du Code d'instruction criminelle.

§. 1. — D'après les art. 202, 441 et 442 du Code d'instruction criminelle, et l'art. 45 de la loi du 20 avril 1810, les procureurs généraux des cours peuvent appeler des jugemens des tribunaux correctionnels qui ressortissent à d'autres tribunaux correctionnels. Cassation, arrêt du 1er juillet 1813. (*Trait. gén., tom. 2, pag. 572.*)

§. 2. — Les procureurs généraux peuvent même dans le délai qui leur est accordé par l'art. 205 du Code d'instruction criminelle, appeler des jugemens des tribunaux correctionnels, après que les condamnations prononcées par ces jugemens ont été exécutées à la diligence et du consentement du procureur du Roi. Cassation, arrêt du 15 décembre 1814. (*Trait. gén.*, tom. 2 , pag. 573.)

§. 3. — Cette jurisprudence est sans contredit applicable aux jugemens qui seraient rendus conformément aux conclusions de l'administration forestière: il y a même motif de décider. Cassation, arrêt des 18 ventôse an 12 et 18 avril 1806. (*Bullet. crim.*)

§. 4. — L'adhésion du procureur du Roi à un acte d'appel d'un agent forestier, doit être considérée comme une véritable appellation de la part du ministère public. Cassation, arrêt du 23 nivôse an 11. (*Trait. gén.*, tom. 1ᵉʳ, pag. 625.)

§. 5. — Les juges d'appel, lorsqu'ils annulent pour vices de forme un jugement de 1ʳᵉ instance, rendu en matière de police correctionnelle, doivent statuer eux-mêmes sur le fond du procès, aux termes de l'art. 215 du Code d'instruction criminelle; ils ne peuvent renvoyer à cet effet le procès et les parties devant un tribunal de 1ʳᵉ instance. Cassation, arrêt du 5 mars 1820. (*Bull. crim.*)

§. 6. — Le recours en cassation est recevable, quoiqu'il n'ait pas été notifié au défenseur dans le délai de trois jours, fixé par l'art. 418 du Code d'instruction criminelle, attendu que l'observance de ce délai n'est point prescrite à peine de nullité.

Le pourvoi en cassation est recevable contre un arrêt préparatoire et d'instruction, lorsque cet arrêt préjuge une question de droit, de laquelle dépend la décision définitive du procès. Cassation, arrêt du 5 octobre 1819. (*Idem.*)

Art. 185.

Les actions en réparation de délits et contraventions en matière forestière se prescrivent par trois mois, à compter du jour où les délits et contraventions ont été constatés, lorsque les prévenus sont désignés dans les procès-verbaux. Dans le cas contraire, le délai de prescription est de six mois, à compter du même jour.

Sans préjudice, à l'égard des adjudicataires et entrepreneurs des coupes, des dispositions contenues aux art. 45, 47, 50, 51 et 82 de la présente loi.

ANNOTATIONS.

Voir les art. 187, 189 et 224 ci-après; la loi du 29 septembre 1791, tit. 9, art. 8, et l'art. 40 du Code pénal.

§. 1. — A la Chambre des députés, M. *de Chantereyne*, tout en avouant que les dispositions de cet article sont parfaitement justes, s'est exprimé ainsi : « Je suppose que l'action en réparation d'un délit forestier, commencée dans le délai prescrit, ait été interrompue : je demande, dans ce cas, quel sera le délai de la nouvelle prescription. Je pense qu'elle doit être du même délai que la prescription originaire, c'est-à-dire de trois ou de six mois. Ce n'est pas sans raison que j'appelle sur ce point l'attention de la Chambre. La Cour de cassation a jugé que, lorsque la prescription d'un délit correctionnel a été interrompue par une action intentée, et qu'il y a eu cessation de poursuites, la nouvelle prescription devait être la même que celle établie primitivement. Je demande qu'il en soit de même pour le cas de l'article en discussion. »

M. *de Martignac, commissaire du Roi*, a dit que la réponse à cette observation était dans l'art. 187 du projet de loi.

M. *de Chantereyne* a répliqué que, sans doute, cela était bien dans l'esprit de la loi, mais que cela ne résultait pas de la lettre ; aussi, a-t-il ajouté, la Cour de cassation a-t-elle éprouvé quelque embarras dans l'application des principes de la prescription.

L'observation n'a eu aucune suite. (*Voy. les §§. 3 et 14.*)

§. 2. — Un arrêt de la Cour de cassation, en date du 30 août 1822, a posé en principe que les dispositions de la loi du 30 avril 1790, (art. 1, 2 et 12), sur la chasse, sont générales, et qu'elles s'étendent conséquemment à tous les délits de chasse commis tant sur les propriétés de l'État et du domaine public, que sur les propriétés appartenant aux communautés et aux particuliers ; qu'ainsi, toute action pour délit de chasse commis dans les bois domaniaux, autres que ceux réservés aux plaisirs de chasse du Roi, est prescrite par le laps d'un mois. (*Trait. gén.*, tom. 3, *pag.* 83.) Voy. la troisième partie de cet ouvrage.

§. 3. — Toutes les fois que l'action en réparation des délits forestiers a été intentée régulièrement dans les 3 mois ou dans les six mois de la *reconnaissance* de ces délits, selon que les délinquans sont ou ne sont pas désignés par les procès-verbaux, il ne peut être opposé de prescription, quelle que soit l'époque où les délits ont été commis ; le tribunal qui, dans ce cas, admettrait les prévenus à prouver que, lorsque les délits ont été reconnus et constatés, il y avait plus de trois mois ou plus de six mois qu'ils avaient été commis, contreviendrait à l'art. 185 du Code. Cassation, arrêt du 19 mars 1818. (*Art.* 6621 *du Journ. de l'enreg.*)

§. 4. — Le délai ne se compte que de quantième à quantième, sans égard au nombre de jours dont chaque mois est composé ; en sorte qu'une action intentée le 17 août, par exemple, pour un délit constaté le 18 mai précédent, le serait dans le délai. Cassation, arrêt du 27 décembre 1811. (*Trait. gén.*, tom. 2, *pag.* 463.)

§. 5. — Un autre arrêt de la même cour, en date du 28 mai 1819, a décidé que, si, à raison d'un procès-verbal constatant qu'un délit, dont l'auteur serait dénommé, a été reconnu le 1ᵉʳ février, l'assignation n'avait été donnée que le 1ᵉʳ mai suivant, la prescription pourrait être opposée. (*Trait. gén.*, tom. 2, pag. 801.)

§. 6. — Le délinquant n'étant point connu ni désigné au procès-verbal, ne peut, en se faisant connaître dans les trois mois par des actes extérieurs, mais non signifiés à l'administration forestière, invoquer la prescription de trois mois : dans ce cas, l'action ne se prescrit que par six mois. Cassation, arrêt du 8 avril 1808. (*Idem*, tom. 2, pag. 196)

§. 7. — Ce n'est qu'à partir du procès-verbal qui constate définitivement le délit, et qui sert de base à l'action, que les trois mois doivent être comptés pour la prescription, quoique le délit et le délinquant aient été connus à une époque antérieure. Cassation, arrêt du 9 juin 1808. (*Idem*, tom. 2, pag. 209.)

§. 8. — La prescription établie pour les délits commis dans les bois de l'État, est applicable aux délits commis dans les bois des communes. Cassation, arrêt du 9 janvier 1807. (*Idem*, tom. 2, pag. 113.)

§. 9. — Un autre arrêt, du 10 juin 1808, avait décidé le contraire ; mais cette question ne peut plus être controversée aujourd'hui, l'art. 189 rendant l'art. 185 applicable aux bois des particuliers.

§. 10. — La prescription ne commence à courir, à l'égard des délits commis par des maires ou adjoints dans les bois *communaux*, qu'à compter du jour où l'agent forestier a eu une connaissance officielle de l'autorisation donnée par le Gouvernement, conformément à l'art. 75 de l'acte constitutionnel de l'an 8 (*Voy. les Annotations sur l'art.* 6), et que lorsque cette autorisation a été demandée par l'administration forestière dans les trois mois de la date du procès-verbal. Cassation, arrêt du 13 avril 1810. (*Idem*, tom. 2, pag. 343.)

§. 11. — La prescription établie par l'art. 185 est restreinte aux vols de bois commis dans les taillis, futaies ou autres plantations ; mais l'action en réparation d'un vol d'arbre sur tout autre terrain est soumise à la prescription établie par les art. 637 et 638 du Code d'instruction criminelle. Cassation, arrêt du 8 juin 1820. (*Idem*, tom. 2, pag. 855.)

§. 12. — La prescription des actions résultant des délits est interrompue par tout acte de poursuite et d'instruction fait avant l'accomplissement du temps fixé pour la prescription, quand même aucune citation n'aurait été donnée au prévenu.

La prescription des actions résultant des contraventions de police n'est point interrompue par les poursuites. Cassation, arrêt du 11 novembre 1825. (*Trait. gén.*, *tom.* 3, *pag.* 391.)

§. 13. — Le Code, en fixant un délai très-court pour intenter les actions forestières, n'a point statué que ces actions, une fois intentées dans le délai de trois mois, seraient prescrites par le seul fait de l'interruption des poursuites pendant le même délai. Dans le silence de la loi spéciale sur ce point, il faut se reporter aux règles générales établies par le Code d'instruction criminelle, dont l'art. 203 porte que l'action n'est prescrite que par trois années. On ne peut donc rejeter les poursuites de l'administration, sous le prétexte que depuis l'appel interjeté en son nom, il y a eu interruption de trois mois. Cassation, arrêt du 6 février 1824. (*Idem*, *tom.* 3, *pag.* 206.)

§. 14. — Lorsque, dans une instance, il y a plusieurs assignations données à la partie, en conséquence d'un procès-verbal, la première, si elle est régulière, arrête le délai de la prescription. Cassation, arrêt du 30 avril 1807, (*Idem*, *tom.* 2, *pag.* 148.)

§. 15. — La règle établie par l'art. 185 reçoit une exception pour le cas où il s'agit de délits successifs, c'est-à-dire ceux qui se perpétuent et qui se renouvellent à chaque instant ; ceux qui mettent celui qui s'en rend coupable dans un état de crime ou délit permanent. Voy. l'excellent ouvrage de M. Carnot, conseiller à la Cour de cassation, sur le Code d'instruction criminelle.

§. 16. — L'ordonnance de 1669, tit. 32, art. 25, avait admis la prescription de dix ans pour les amendes forestières adjugées par jugement ou arrêt. L'art. 643 du Code d'instruction criminelle avait laissé ces dispositions en vigueur ; mais l'art. 187 ci-après, établissant que les dispositions du Code d'intruction sur les délais sont applicables à la poursuite des délits et contraventions en matière forestière, et l'art. 218 abrogeant l'ordonnance de 1669, il en résulte, qu'une fois l'action intentée dans le délai fixé par l'art. 185, le jugement ou l'arrêt de condamnation se prescrit aujourd'hui par cinq ans révolus, à compter de la date de l'arrêt ou du jugement rendu en dernier ressort; et, à l'égard des peines prononcées par les tribunaux de première instance, à partir du jour où ils ne pourront plus être attaqués par la voie de l'appel, aux termes de l'art. 636 du Code d'instruction criminelle.

Cet article ne faisant aucune distinction entre les arrêts et jugemens contradictoires, et ceux qui sont rendus par défaut, il en résulte que la prescription commence à courir pendant le délai de l'opposition. (*Voy. les Annotations sur l'art.* 218.)

§. 17. — L'art. 156 du Code de procédure civile, portant que les jugemens rendus par défaut contre une partie qui n'a pas d'avoué, seront considérés comme non avenus s'ils ne sont exécutés dans les six mois de leur obtention, n'est pas applicable aux jugemens en matière forestière, puisque le Code de procédure civile n'a rapport qu'aux procédures civiles, tandis que les instances pour délits et contraventions sur le régime forestier sont poursuivies devant les tribunaux correctionnels, dont les jugemens sont réglés par le Code d'instruction criminelle qui ne prononce à cet égard que la prescription quinquennale.

§. 18. — Une pétition présentée par un délinquant en remise ou modération des amendes qu'il a encourues, n'est point un acte judiciaire de nature à interrompre la prescription. (*Inst. du dir. gén: de l'enreg.*, n° 509.)

ART. 186.

Les dispositions de l'article précédent ne sont point applicables aux contraventions, délits et malversations commis par des agens, préposés ou gardes de l'administration forestière dans l'exercice de leurs fonctions; les délais de prescription à l'égard de ces préposés et de leurs complices, seront les mêmes que ceux qui sont déterminés par le Code d'instruction criminelle.

ANNOTATIONS.

Voir l'ordonnance de 1669, tit. 32, art. 5 et 6, et l'art. 207 ci-après.

On a indiqué, dans les *Annotations* sur l'art. 207, les cas où les agens, gardes forestiers, etc., doivent être poursuivis criminellement, et les cas où ils doivent être poursuivis correctionnellement pour cause de malversations.

Dans le premier cas, l'action se prescrit par dix ans et le jugement de condamnation par vingt ans. (*Art.* 635 *et* 637 *du Code d'instruction criminelle.*)

Dans le deuxième cas, l'action en répression se prescrit par trois années révolues, et le jugement de condamnation par cinq ans, qu'il soit contradictoire ou par défaut. (*Art.* 636 *et* 638 *du même Code.*)

Art. 187.

Les dispositions du Code d'instruction criminelle sur la poursuite des délits et contraventions, sur les citations et délais, sur les défauts, oppositions, jugemens, appels et recours en cassation, sont et demeurent applicables à la poursuite des délits et contraventions spécifiés par la présente loi, sauf les modifications qui résultent du présent titre.

ANNOTATIONS.

Voir les art. 185 et 189 ci-après, ainsi que le Code d'instruction criminelle, art. 145 à 165, 179 à 216, et 407 à 442.

§. 1. — L'article 171 ayant maintenu la disposition de l'art. 182 du Code d'instruction criminelle, qui attribue aux tribunaux correctionnels seuls la connaissance de tous les délits et contraventions commis dans les bois et forêts soumis au régime forestier, il s'en suit que ce sont les dispositions de ce Code, que l'on doit continuer de suivre pour la poursuite des délits et contraventions dont il s'agit.

§. 2. — Il est sans doute inutile de transcrire ici toutes ces dispositions; ce serait, pour ainsi dire, un hors-d'œuvre; mais on va rappeler un assez grand nombre de décisions qui sont intervenues depuis, et dont l'application se fait naturellement à l'article ci-dessus.

§. 3. — En matière de police, la compétence pour la *juridiction*, et la compétence pour la décision en *dernier ressort*, ne se déterminent pas tout-à-fait par les mêmes règles; c'est l'étendue de la peine applicable qui détermine la juridiction (*Cod. d'inst. crim.*, art. 172); mais c'est l'étendue de la peine appliquée qui détermine le dernier ressort. Cassation, arrêt du 5 septembre 1811. (SIREY, 27—2—144.)

§. 4. — Une citation en police correctionnelle, donnée à trop bref délai, n'est pas nulle; le prévenu, s'il ne comparaît pas, peut seulement demander l'annulation de la condamnation par défaut; et, s'il comparaît, le renvoi de la cause pour préparer ses moyens de défense. Cassation, arrêt du 15 février 1821. (*Trait. gén., tom. 2, pag. 891.*)

§. 5. — Un jugement a le caractère de jugement *par défaut* lors même qu'il a été rendu contre un individu qui s'est présenté sur la citation qui lui a été notifiée, si cet individu n'a proposé aucune défense, ni pris aucunes *conclusions* sur ce qui a été jugé. Ainsi, lorsque l'individu cité prend des conclusions préjudicielles et refuse de défendre au fond, la cause n'est liée contradictoirement que sur les conclusions préjudicielles, objet unique de la comparution. Cassation, arrêt du 13 mars 1824. (*Trait. gén., tom.* 3, *pag.* 214.)

§. 6. — L'opposition à un jugement par défaut est toujours recevable, du moment où l'administration forestière ne rapporte pas au tribunal l'original de la signification du jugement par défaut dont l'existence est méconnue. Cassation, arrêt du 3 novembre 1809. (*Idem, tom.* 2, *pag.* 315.)

§. 7. — Le délai de l'opposition contre un jugement par défaut en matière correctionnelle, court du jour de la signification qui en a été faite au défaillant, qu'elle l'ait été par la partie civile, ou par la partie publique. Cassation, arrêt du 21 septembre 1820. (*Bull. crim.*)

§. 8. — Celui qui n'a pas été partie en première instance n'est pas recevable en cause d'appel. Cassation, arrêt du 7 février 1806. (*Trait. gén., tom.* 2, *pag.* 62.)

§. 9. — La partie qui n'a point appelé d'un jugement de première instance, est non-recevable, sur l'appel de la partie adverse, à prendre de nouvelles conclusions en aggravement de peine devant la cour d'appel. Cassation, arrêt du 21 février 1806, (*Idem, tom.* 2, *pag.* 64.)

§. 10. — Un jugement en matière correctionnelle a été rendu le 15 avril; le condamné n'a pas valablement fait appel le 26 du même mois, parce que, de ces expressions de la loi, *dix jours au plus tard*, il résulte que le onzième jour est exclu du délai fixé par la loi. Cassation, arrêt du 18 juillet 1817. (*Idem, tom.* 2, *pag.* 725.)

§. 11. — Aux termes de l'article 203 du Code d'instruction criminelle, sauf l'exception portée par l'article 205, en faveur du ministère public près la cour ou le tribunal qui doit connaître de l'appel, (*lequel a un délai de deux mois*), la déchéance de l'appel doit être prononcée toutes les fois que la déclaration d'appeler n'a pas été faite au greffe qui a rendu le jugement, dix jours au plus tard après celui où il a été prononcé, ou bien qu'il n'a pas été suppléé à cette déclaration par la remise au greffe du même tribunal, dans le même délai, de la requête dont parle l'article 204. La déchéance de l'appel peut être opposée en tout état de cause; elle ne peut être couverte par la contestation volontaire des parties, ni par acte de procédure. Cassation, arrêts des 12 et 20 mars 1812. (*Bull. crim.*)

§. 12. — L'appel d'un jugement de police correctionnelle devant être fait dans les dix jours, il s'ensuit qu'un certificat donné, après ce délai, par le greffier, n'est pas suffisant pour constater que l'appel a été formé dans le temps utile. Cassation, arrêt du 22 janvier 1813. (*Trait. gén., tom.* 2, *pag.* 539.)

§. 13. — L'exécution consentie ou même ordonnée d'un jugement d'un tribunal correctionnel par le procureur du Roi près ce tribunal, n'est point un obstacle à l'appel de ce même jugement, interjeté dans les délais par le ministère public près la cour ou le tribunal qui doit en connaître. Cassation, arrêt du 16 janvier 1824. (*Idem, tom.* 3, *pag.* 193.)

§. 14. — Le versement fait par un délinquant ès-mains d'un receveur de l'enregistrement, conformément à l'article 210, à l'insu et sans la participation de l'administration des forêts, de l'amende à laquelle il aurait été condamné, ne peut être opposé à cette administration comme un acquiescement de sa part au jugement dont elle a auparavant interjeté appel. Cassation, arrêts des 29 octobre et 31 décembre 1824. (*Idem, tom.* 3, *pag.* 289 *et* 306.)

§. 15. — La renonciation au bénéfice d'un appel régulièrement émis doit être formellement exprimée, ou résulter au moins d'un fait personnel de l'appelant, qui ne laisse aucun doute sur sa volonté d'acquiescer au jugement qu'il avait attaqué : l'exécution donnée au jugement par le condamné, à l'insu et sans la participation de la partie civile, qui se plaint de l'insuffisance de la condamnation, ne peut pas opérer une fin de non recevoir contre son appel. Cassation, arrêt du 4 juin 1824. (*Idem, tom.* 3, *pag.* 235.)

§. 16. — Il n'est pas nécessaire, à peine de déchéance, de joindre aux pièces d'un procès en matière de délits forestiers, expédition de la déclaration d'appel, puisque la loi ne prononce cette déchéance que lorsque la déclaration d'appeler n'a pas été faite au greffe et dans les délais qu'elle détermine ; que, d'après l'art. 207 du Code d'instruction criminelle, ce n'est point par la partie appelante, mais par le procureur royal près le tribunal de première instance, que les pièces doivent être renvoyées à la cour ou au tribunal auquel l'appel est porté ; d'où il suit que, lorsque la partie a déclaré son appel au greffe et dans les délais voulus par la loi, elle a fait, en ce qui la concerne, tout ce qu'il lui est prescrit de faire pour éviter la déchéance, et l'on ne peut, sans ajouter à la rigueur de la loi, et sans contrevenir à ses dispositions, déclarer cette partie déchue faute par elle d'avoir produit une expédition qu'elle n'est pas chargée de produire. Cassation, arrêt du 11 janvier 1817. (*Art.* 5862 *du Journ. de l'enreg.*)

§. 17. — Le défaut de présentation ou de remise de la requête contenant les moyens d'appel ne peut pas entraîner la déchéance, pourvu que la déclaration d'appel ait été faite dans le délai fixé par l'article 203 du Code d'instruction criminelle. Cassation, arrêts des 22 août 1811 et 29 juin 1815. (*Trait. gén.*, tom. 2, *pag.* 444 *et* 658.)

§. 18. — L'opposition est admissible contre un arrêt rendu sur appel, en matière correctionnelle, en l'absence de l'appelant; la remise qu'il aurait faite d'une requête ne saurait rendre cet arrêt contradictoire. Cassation, arrêt du 22 août 1811. (DENEVERS, 1811.)

§. 19. — L'appel pour *aggravement* de peine ne peut être admis contre le garant de la condamnation, qu'autant que le principal condamné a été intimé sur cet appel. Cour royale de Dijon, arrêts des 26 décembre 1809 et .... décembre 1810. (*Trait. gén.*, tom. 2, *pag.* 321 *et* 386.)

§. 20. — Un exploit d'appel est nul si, dans l'original, la mention *du parlant à* ne concorde pas parfaitement avec celle de la copie, tellement qu'il reste incertain à quelle personne a parlé l'huissier, en lui laissant copie de son exploit. Cassation, arrêt du 9 novembre 1826. (SIREY, 27—1—27.)

§. 21. — En matière correctionnelle, de même qu'en matière civile, l'appel d'un jugement préparatoire ou d'instruction, ne peut être interjeté avant le jugement définitif; tel le jugement qui ordonne l'apport d'une pièce. (Cod. de proc., art. 451; Cod. d'inst. crim., art. 199.)—En l'absence de dispositions spéciales, le Code de procédure sert de règle pour les matières correctionnelles. Cassation, arrêt du 11 août 1826. (SIREY, 27—1—112.) Autre arrêt du 29 janvier 1812. (*Trait. gén.*, tom. 2, *pag.* 468.)

§. 22. — Le rapport fait à l'audience par l'un des juges d'appel en matière de police correctionnelle, est un acte auquel doivent avoir assisté, sous peine de nullité, tous les juges qui concourent au jugement, aux termes de la loi du 20 avril 1810. Cassation, arrêt du 29 septembre 1820. (*Bullet. crim.*)

§. 23. — Un jugement rendu en matière correctionnelle ne peut être annulé, sur le fondement qu'il n'énonce point la loi ni les motifs qui l'ont déterminé, s'il est rendu sur opposition, et qu'il contienne un extrait du jugement par défaut qui l'a précédé, et qui renferme l'énonciation de la loi appliquée et les motifs.

Un jugement qui condamne à une peine correctionnelle, nul s'il ne cite pas la loi d'après laquelle la peine est prononcée, est vatable, quoique cette loi n'y ait pas été transcrite : la transcription de la loi n'est ordonnée, à peine de nullité, que dans les matières de simple police. Cassation, arrêt du 6 mai 1823. (*Trait. gén.*, tom. 3, *pag.* 137.) Voy. les *Annotations*, §. 11, sur l'art. 190.

§. 24. — La déclaration de recours en cassation doit être faite au greffe, et notifiée à la partie adverse dans le délai de trois jours, augmenté d'un jour par chaque distance de trois myriamètres, à peine de déchéance. Cassation, arrêt du 16 juillet 1824. (*Idem*, tom. 3, *pag.* 168.)

§. 25. — En matière correctionnelle, le recours en cassation est ouvert contre un arrêt qui annule l'instruction faite en première instance, et ordonne qu'il en sera fait une nouvelle. Un pareil jugement n'est pas simplement préparatoire, mais définitif, puisqu'il tend à porter un préjudice irréparable à la partie plaignante, en la privant du bénéfice de l'instruction faite en première instance qui lui était acquis. Cassation, arrêt du 5 novembre 1807. (MERLIN, *Rép.*, au mot *Interlocutoire*.)

§. 26. — S'il a été omis de prononcer expressément sur un réquisitoire du ministère public, ou sur une demande du prévenu ou de l'accusé, il y a ouverture à cassation, lors même que, dans les motifs du jugement ou de l'arrêt, les juges auraient manifesté l'intention de rejeter cette réquisition. Cassation, arrêts des 16 août 1811, 31 janvier, 12 juin 1812, 26 mars et 1er juillet 1813. (*Bullet. crim.*)

§. 27. — La quotité de l'amende à consigner pour se pourvoir en cassation, à peine de déchéance, est de 150 francs, ou de la moitié de cette somme, si l'arrêt est rendu par contumace ou par défaut. (*Art.* 419 *du Code d'instr. crim.*)

§. 28. — Le défaut de consignation d'amende ou de représentation d'un certificat d'indigence, rend celui qui se pourvoit en cassation, non recevable dans son pourvoi. Cassation, arrêt du 19 février 1807. (*Trait. gén., tom.* 2, *pag.* 120.)

§. 29. — Le certificat d'indigence nécessaire pour se dispenser de consigner l'amende sur un pourvoi en cassation, d'après les art. 419 et 420 du Code d'instruction criminelle, doit non-seulement être visé, mais approuvé par le préfet. (*Cassation, arrêts des 17 nivôse an 13, 11 mai 1808, 30 novembre et 26 décembre 1811.*)

§. 30. — La partie civile qui se désiste de son recours en cassation, ne doit pas être considérée comme ayant *succombé* dans ce recours, ni condamnée conséquemment à une indemnité et aux frais envers la partie acquittée, absoute ou renvoyée. Cassation, arrêt du 31 décembre 1824. (*Trait. gén.*, *tom.* 3, *pag.* 305.)

§. 31. — L'administration forestière, lorsqu'elle succombe, ne peut être condamnée aux frais de la plaidoirie et de correspondance envers les prévenus : les honoraires de leurs conseils ou défenseurs ne sont pas non plus au nombre des frais de justice criminelle, mis à la charge de l'État par le décret du 18 juin 1811. Cassation, arrêts des 12 avril 1821 et 29 octobre 1824. (*Bullet. offic.*)

SECTION II.

Des Poursuites exercées au nom et dans l'intérêt des Particuliers.

ART. 188.

Les procès-verbaux dressés par les gardes des bois et forêts des particuliers, feront foi jusqu'à preuve contraire.

ANNOTATIONS.

Voir les art. 99, 117, 176, 177 et 178 du Code, ainsi que l'art. 154 du Code d'instruction criminelle.

§. 1. — A la Chambre des députés, M. *Sallier* avait proposé une autre rédaction, qui donnait la force jusqu'à inscription de faux aux procès-verbaux rédigés collectivement par plusieurs gardes des bois et forêts des particuliers; mais son amendement n'a pas été mis aux voix, parce qu'il était absent le jour de l'adoption de l'art. 188.

§. 2. — On ne peut s'inscrire en faux contre ces procès-verbaux; c'est une voie extraordinaire qui n'a pas lieu, tant que la voie ordinaire se trouve ouverte. (M. BOURGUIGNON, *sur l'art.* 16 *du Code d'inst. crim.*)

§. 3. — D'après l'art. 12 de la loi du 9 floréal an 11, les procès-verbaux de délit, dressés par des préposés forestiers de l'État ou des communes, lorsqu'ils en étaient requis par les propriétaires, faisaient foi jusqu'à l'inscription de faux; il n'en est plus de même aujourd'hui, d'après l'art. 188 ci-dessus, et d'après les art. 154 et 189 du Cod. d'inst. crim.

§. 4. — La responsabilité à laquelle sont soumis les gardes des bois de l'État pour cause de négligence dans la constatation des délits, n'est point applicable aux gardes des bois des particuliers. Cassation, arrêt du 6 septembre 1806. (*Trait. gén., tom. 2, pag. 91.*) Voy. l'art. 6.

ART. 189.

Les dispositions contenues aux art. 161, 162, 163, 165, 167,

168, 169, 170, §. 1ᵉʳ, 172, 175, 182, 185 et 187 ci-dessus, sont applicables aux poursuites exercées au nom et dans l'intérêt des particuliers, pour délits et contraventions commis dans les bois et forêts qui leur appartiennent.

Toutefois, dans les cas prévus par l'art. 169, lorsqu'il y aura lieu à effectuer la vente des bestiaux saisis, le produit net de la vente sera versé à la caisse des dépôts et consignations.

ANNOTATIONS.

Voir l'ordonnance de 1669, tit. 26, art. 5, et tit. 32, art. 28; la loi du 29 septembre 1791, tit. 1ᵉʳ, art. 6; la loi du 9 floréal an 11, et le Code d'instruction criminelle, art. 16.

§. 1. — Discussion à la Chambre des députés.

Sur la proposition de la commission, on a ajouté les art. 163 et 165, à la nomenclature de ceux qui sont désignés dans le texte ci-dessus. (*Rapport de M. Favard de Langlade.*)

§. 2. — Discussion à la Chambre des pairs.

M. *le duc de Praslin* a demandé pourquoi l'on n'a pas compris dans la nomenclature des dispositions que l'art. 189 rend communes aux particuliers, celle de l'art. 164, qui donne aux gardes forestiers le droit de requérir la force publique pour la répression des délits et la recherche des bois de délit. Ce droit de réquisition n'est pas moins nécessaire aux gardes des particuliers qu'aux gardes de l'administration forestière, et il semble que les propriétés privées ne doivent pas trouver dans le Code une protection moindre que les propriétés publiques.

M. *le ministre d'État, commissaire du Roi,* a fait observer que le droit de requérir la force publique appartient, sans contestation possible, aux gardes particuliers comme aux gardes de l'État, en leur qualité d'officiers de police judiciaire, et en vertu de l'art. 16 du Code d'instruction criminelle. Si donc il y avait un reproche à faire aux rédacteurs du projet, ce ne serait pas d'avoir omis ici une disposition nécessaire, mais d'avoir inséré dans l'art. 164 une disposition inutile.

L'article a été mis aux voix et adopté.

§. 3. — Les art. 169 et 189, concernant les bestiaux saisis en délit, ne dérogent à l'art. 12 de la loi du 6 octobre 1791, sur la police rurale, que relativement aux bois. Cette loi reste en vigueur en ce qui concerne les dégâts que les bestiaux de toute espèce, laissés à l'abandon, feront sur les propriétés particulières de toute autre nature, qu'elles soient closes ou en champs ouverts. Ainsi, dans ces dernières propriétés, le propriétaire qui éprouvera le dommage, aura le droit de saisir les bestiaux, sous l'obligation de les faire conduire, dans les 24 heures, au lieu du dépôt qui sera désigné à cet effet par l'autorité locale. Il sera satisfait aux dégâts par la vente des bestiaux, s'ils ne sont pas réclamés, ou si le dommage n'a point été payé dans la huitaine du jour du délit.

§. 4. — L'administration des forêts est incompétente pour la poursuite des délits commis dans les bois des particuliers, lorsqu'il ne s'agit point de défrichement prohibé par la loi, ou de coupe, sans déclaration, d'arbres de l'essence et de la dimension spécifiées par l'art. 124 du Code. Cassation, arrêt du 27 août 1812. (*Trait. gén.*, tom. 2, *pag.* 507.)

§. 5. — Mais le délit de dépaissance des moutons dans les bois d'un particulier contre son gré, peut être poursuivi, sur sa demande, par l'administration forestière. Cassation, arrêt du 3 septembre 1808. (*Idem*, tom. 2, *pag.* 230.)

§. 6. — Un arrêt de la Cour de cassation, du 22 février 1821, avait établi en principe que la coupe et l'enlèvement de fagots dans les bois des particuliers était un délit de maraudage et de vol de bois, dont l'action se prescrivait dans le délai d'un mois aux termes de l'art. 8, section 7, de la loi du 6 octobre 1791, sur la police rurale ; mais que la coupe de jeunes pieds d'arbres dans les mêmes bois présentait les caractères d'un délit forestier qui ne se prescrivait que par trois mois. (*Idem*, tom. 2, *pag.* 893.)

Cette distinction entre les fagots et les arbres était spécieuse ; mais elle ne pourrait plus être admise aujourd'hui que l'art. 189 déclare l'art. 185 applicable à tous les délits commis dans *les bois* et forêts des particuliers. Il n'y a donc plus d'autres prescriptions à invoquer pour l'action en réparation d'un délit dans les *bois* et forêts des particuliers de la nature de ceux qui sont spécifiés au Code, que celle qui est prononcée par l'art. 185.

§. 7. — Une coupe de bois faite par un particulier non en possession du terrain, est un trouble apporté à la jouissance du possesseur ; mais celui-ci doit intenter son action en complainte dans l'année, à partir de la constatation de la coupe, aux termes de l'art. 23 du Code de procédure civile. L'action correctionnelle qu'il aurait intentée à raison de cette coupe, ne peut interrompre la prescription de l'action en complainte. L'exception de propriété opposée par le défendeur à l'action en répression du délit, ne peut non plus être considérée comme un nouveau fait de trouble, et prolonger le temps de prescription. Cassation, arrêt du 20 janvier 1824. (*Idem*, tom. 3, *pag.* 193.)

ART. 190.

Il n'est rien changé aux dispositions du Code d'instruction criminelle relativement à la compétence des tribunaux, pour statuer sur les délits et contraventions commis dans les bois et forêts qui appartiennent aux particuliers.

ANNOTATIONS.

Voir les art. 171 et 191 du Code; les art. 20 et 137 à 179 du Code d'instruction criminelle, et l'art. 466 du Code pénal.

§. 1. — Les art. 138 et 139 du Code d'instruction criminelle, combinés avec l'art. 137 du même Code, attribuent aux juges de paix la connaissance des *contraventions* forestières, poursuivies à la requête des particuliers, qui ne comportent dans leur *maximum* qu'une amende de 15 francs et au-dessous, ou un emprisonnement de cinq jours au plus.

§. 2. — Lorsqu'il y a lieu à une condamnation supérieure à 15 francs d'amende et à cinq jours de prison, il ne s'agit plus d'une contravention, mais d'un délit qui, d'après l'art. 179 du même Code, est de la compétence des tribunaux de police correctionnelle; en sorte que la compétence se détermine par le maximum de la condamnation. Cassation, arrêt du 25 juin 1813. (*Trait. gén.*, tom. 2, *pag.* 570.) Voy. le §. 9 ci-après.

§. 3.—Le Code d'instruction criminelle n'attribue aux tribunaux de police correctionnelle la connaissance des délits forestiers, que lorsqu'ils emportent une amende au-dessus de 15 francs. (*Cassation, arrêts des* 27 *juin* 1811 *et* 17 *janvier* 1812); mais dans le cas où un délit forestier de la compétence d'un tribunal de police est déféré à un tribunal correctionnel qui y statue, faute de demande en renvoi de la part du ministère public ou de la partie civile, le jugement ne peut, sur l'appel, être déclaré incompétemment rendu, et il ne peut être annulé dans l'intérêt de la loi, par le tribunal d'appel. Cassation, arrêt du 16 août 1811. (*Idem, tom* 2, *pag.* 433, 441 *et* 467.)

§. 4. — Dans le cas où la loi permet de prononcer une amende, comme en cas de dégradations faites aux champs, les tribunaux peuvent la prononcer d'office, nonobstant le silence de la partie civile ou du ministère public. Cassation, arrêt du 17 avril 1827. (DALLOZ, 1827, *pag.* 200, 1ʳᵉ *partie.*)

§. 5. — Lorsqu'un juge de paix a été saisi comme tribunal civil, il ne peut dépouiller ultérieurement sa qualité de *juge civil*, pour se transformer en tribunal de police, et prononcer une peine. Cassation, arrêt du Iᵉʳ avril 1813. (*Trait. gén.*, tom. 2, *pag.* 557.)

§. 6. — La répression de la négligence ou de la prévarication d'officiers de police judiciaire dans l'exercice de leurs fonctions, excède, en tout cas, la compétence des tribunaux de police. Cassation, arrêt du 10 juin 1824. (*Idem*, tom. 3, *pag.* 237.)

§. 7. — Le même principe avait déjà été consacré par deux autres arrêts de la même cour, en date des 4 octobre 1811 et 26 juin 1812. (*Bullet. offic.*)

§. 8. — La disposition de l'art. 190 est applicable à la répression des délits et contraventions commis dans les bois possédés à titre d'apanage ou de majorats réversibles à l'État. (*Voy. les Annotations sur l'art.* 89.) L'exception introduite à la règle générale par l'art. 171, qui attribue aux tribunaux de police correctionnelle la connaissance de tous les délits et contraventions, ne s'applique qu'aux délits et contraventions dont la répression est poursuivie au nom de l'administration forestière, ainsi que cela est indiqué à la section première du titre XI du Code.

§. 9. — Le fait de dépaissance, sur le terrain d'autrui, étant punissable d'une amende qui peut excéder 15 francs, (art. 199 et 202 du Code), il est, de sa nature, de la compétence des tribunaux correctionnels. Si donc la demande en indemnité est-elle indéterminée, le tribunal de police est incompétent. Peu importe que la peine prononcée soit en deçà de la valeur de 15 francs. L'affaire a dû être portée au tribunal correctionnel. (*Cassation, arrêt du* 14 *octobre* 1826.) Voy. l'art. 187 ci-devant, et le §. 2 ci-dessus.

§. 10. — L'action en revendication de baliveaux ou de taillis vendus par le propriétaire du sol, est une action purement personnelle ou mobilière dans les mains de l'acquéreur, encore même qu'il s'agisse de taillis et de baliveaux non coupés : en conséquence, l'action doit être portée devant les juges du domicile du défendeur, plutôt que devant les juges de la situation des biens. Cassation, arrêt du 5 octobre 1813. (*Trait. gén.*, tom. 2, *pag.* 597.)

§. 11. — D'après l'art. 163 du Code d'instruction criminelle, dont les dispositions sont prescrites à peine de *nullité*, les jugemens des tribunaux de simple police, dans lesquels ne sont point insérés les termes de la loi pénale appliquée, doivent être annulés. Cassation, arrêts des 14 janvier et 25 février 1819. (*Bullet. offic.*) Voy. les *Annotations*, §. 23, sur l'art. 187.

§. 12. — L'appel, en matière de simple police, peut être interjeté par exploit signifié au ministère public, avec citation devant le tribunal de police correctionnelle ; il n'est pas nécessaire que l'appel soit formé par une déclaration faite au greffe du tribunal qui a rendu le jugement. Cassation, arrêt du 1ᵉʳ juillet 1826. (SIRBY, 27 — 1 — 154.)

En matière de simple police, le ministère public n'a pas la faculté d'interjer appel ; cette faculté n'appartient qu'aux parties condamnées. Cassation, arrêt du 24 février 1827. (*Idem*, 27 — 1 — 360.)

ART. 191.

Les procès-verbaux dressés par les gardes des bois des particuliers, seront, dans le délai d'un mois, à dater de l'affirmation, remis au procureur du Roi, ou au juge de paix, suivant leur compétence respective.

ANNOTATIONS.

Voir les art. 117 et 190 du Code.

Les art. 15 et 20 du Code d'instruction criminelle avaient fixé le délai à trois jours. Ce délai n'étant pas prorogé à l'égard des gardes forestiers de l'administration des forêts, communes et établissemens publics, il en résulte que ces gardes doivent, aux termes de l'art. 18 du même Code, remettre leurs procès-verbaux au conservateur, inspecteur ou sous-inspecteur forestier, dans le délai de trois jours.

TITRE XII.

Des Peines et Condamnations pour tous les Bois et Forêts en général.

ART. 192.

La coupe ou l'enlèvement d'arbres ayant deux décimètres de tour et au-dessus, donnera lieu à des amendes qui seront déterminées dans les proportions suivantes, d'après l'essence et la circonférence de ces arbres.

Les arbres sont divisés en deux classes.

La première comprend les chênes, hêtres, charmes, ormes, frênes, érables, platanes, pins, sapins, mélèzes, châtaigniers, noyers, aliziers, sorbiers, cormiers, merisiers et autres arbres fruitiers.

La seconde se compose des aulnes, tilleuls, bouleaux, trembles, peupliers, saules, et de toutes les espèces non comprises dans la première classe.

Si les arbres de la première classe ont deux décimètres de tour, l'amende sera d'un franc par chacun de ces deux décimètres, et s'accroîtra ensuite progressivement de dix centimes par chacun des autres décimètres;

Si les arbres de la seconde classe ont deux décimètres de tour, l'amende sera de cinquante centimes par chacun de ces deux décimètres, et s'accroîtra ensuite progressivement de cinq centimes par chacun des autres décimètres :

Le tout conformément au tableau (1) annexé à la présente loi. La circonférence sera mesurée à un mètre du sol.

ANNOTATIONS.

Voir les art. 34, 200, 201, 202 et 203 du Code; l'ordonnance de 1669, tit. 32, art. 1 et 8; les lois des 20 messidor an 3 et 23 thermidor an 4, et le décret du 15 avril 1811.

§. 1. — Discussion à la Chambre des députés.

Les quatre premiers paragraphes de l'article du projet ont été admis dans le Code tels qu'ils étaient rédigés. Le reste de l'article était ainsi conçu : « Si les arbres coupés ou enlevés ont deux décimètres de tour, l'amende sera d'un franc cinquante centimes pour ceux de la première classe, et d'un franc pour ceux de la deuxième. Au-dessus de deux décimètres de tour, cette amende s'accroîtra, par chaque décimètre, dans la proportion de vingt centimes pour les arbres de la première classe, et de dix centimes pour ceux de la seconde. La circonférence sera mesurée à cinq décimètres de terre. » (Rapport de M. Favard de Langlade.)

M. le Directeur général des forêts a parlé contre cet amendement; il a analysé toute l'ancienne législation, à l'aide de laquelle il a démontré que toujours on avait pris pour base des amendes la qualité et l'essence des arbres; puis il a ajouté : « Les arbres, tels que ceux qui forment la première classe dans le projet de Code, sont propres aux constructions, aux ouvrages d'arts, et à ce qu'on appelle en général la boissellerie; ils se vendent infiniment plus cher que ceux qui forment la seconde classe, et qui ne sont propres qu'au chauffage ou à des ouvrages de peu d'importance.

« On pourra peut-être observer que l'amende étant une peine, il n'y a point une absolue nécessité qu'elle soit précisément basée sur la valeur de l'objet volé; et que le projet de loi ordonnant, par son art. 198, qu'il y aura toujours lieu à la restitution des objets volés ou de leur valeur, et de plus, selon les circonstances, à des dommages-intérêts, la réparation civile sera assurée, et que dès lors il y aura satisfaction pour la vindicte publique et pour les intérêts privés.

(1) Ce tableau est à la fin du Code.

« Ce raisonnement ne serait que spécieux, et l'expérience en prouverait bientôt l'erreur.

« On sait, et c'est un fait qui ne sera démenti par personne, que les juges, en présence des hommes qu'ils ont à condamner, sont disposés à l'indulgence, et que ce sentiment honorable les porte souvent à n'appliquer que le *minimum* des condamnations.

« Or, d'après l'art. 202, les dommages-intérêts ne pourront être inférieurs à l'amende, mais ils pourront aussi n'être pas supérieurs à cette amende. Les tribunaux auront donc la faculté, lorsqu'il s'agira d'un chêne de 30 décimètres de tour, de ne prononcer que 114 fr. de dommages-intérêts. L'art. 198 ordonne bien la restitution des objets enlevés ou le paiement de leur valeur, mais, relativement à la valeur des arbres qui auront disparu, comme c'est le cas le plus fréquent, on n'aura pas de moyens d'évaluation, et alors le tribunal arbitrera lui-même l'indemnité d'après les documens du procès, et se laissant toujours diriger par le taux de l'amende, il fixera cette indemnité à 114 fr.; de telle sorte que le propriétaire d'un arbre qui pouvait valoir 300, 400 et même 600 fr., ne recevra que la somme de 228 fr., à titre de restitution et de dommages-intérêts; et si le tribunal n'adjuge pas de dommages-intérêts, le propriétaire ne recevra que 114 fr. Il résultera de cette pénalité une prime d'encouragement pour les délits.

« Plusieurs cours royales, et notamment celle de Rouen, avaient trouvé que le tarif des amendes, tel qu'il était proposé par le Gouvernement, n'était pas en rapport avec la valeur actuelle des bois; et cependant le taux de l'amende pour un chêne de 30 décimètres de tour était de 213 fr., au lieu de celle de 114 fr., qui est dans le tarif de la commission.

« Il est donc de toute nécessité d'établir deux classes d'arbres, et de maintenir le taux qui est proposé par le projet du Gouvernement.

« La rédaction de l'art. 192, telle qu'elle a été proposée par la commission, paraissant devoir être préférée à celle du projet du Gouvernement, le changement que nous proposons consisterait, après le mot *amende*, du second paragraphe, à ajouter:

« *Sera de 1 fr. 50 cent. pour la première classe, et de 1 fr. pour la* « *seconde.*

MM. *le marquis de Foucault*, *baron de Saladin et Chifflet*, membres de la commission, ont combattu l'opinion de M. le commissaire du Roi.

M. *de Foucault* a dit: « Messieurs, l'amendement que votre commission vous propose sur l'art. 192, contient deux dispositions qu'il est essentiel de distinguer, car elles ne sont pas liées de manière à ce qu'on ne puisse les adopter séparément.

« La première consiste à ne faire qu'un seul tarif des amendes relatives à la coupe ou à l'enlèvement de toute espèce d'arbres.

« La seconde concerne la réduction des prix du tarif de ces amendes. Je vais traiter chaque partie séparément.

« Par le projet du Gouvernement, il vous a été proposé de faire deux classes des arbres, suivant la qualité des bois. L'ancienne ordonnance allait plus loin, elle en avait créé trois. Ce n'est qu'après en avoir mûrement délibéré que la commission vous fait la proposition de n'en plus établir qu'une seule. Il nous a paru bien plus juste et d'une bien plus facile exécution, de n'imposer que la même amende, quelle que soit l'espèce d'arbre qui ait été cause du délit.

« Vous concevrez aisément, messieurs, que du temps de l'ordonnance de 1669, on ait jugé qu'il fallait faire plusieurs classes ; car alors les bois de qualités supérieures étant beaucoup plus communs qu'ils ne le sont maintenant, il était naturel qu'on attachât peu de prix au bois blanc, qu'on fît peu d'attention à des arbres tels que nos sapins indigènes, et qu'on en regardât l'enlèvement comme un délit peu important.

« Aujourd'hui il n'en est plus ainsi ; on apprécie mieux tous les bois ; l'état des choses est tel, qu'il y a des parties de la France où la valeur des bois blancs est supérieure à ce que valent dans une autre province les chênes de la même grosseur.

« Pareillement, dans les pays où l'on fait du charbon, le bouleau est estimé à peu près autant que le chêne, et les bouleaux qui portent graine sont extrêmement précieux pour la reproduction des bois. L'aulne se vend en beaucoup de pays autant et plus que les bois durs ; ailleurs, on tire un très grand parti des bois et de l'écorce du tilleul ; un sapin a une valeur importante selon sa longueur.

« Je conclus en affirmant qu'en général les bois ont une valeur relative aux localités ; car on ne peut comparer le prix d'un chêne planté sur les Pyrénées ou dans les Vosges avec celui d'un de ces arbres élevés à quelques lieues de Paris sur les bords de la Seine. Toute base prise d'une évaluation particulière serait fautive, et une fixation moyenne, quelque inexacte encore qu'elle soit, est de beaucoup préférable.

« Elle simplifiera le texte de la loi ; et, quant à l'exécution, elle évitera les difficultés qui pourraient s'élever au sujet de l'essence des arbres soustraits après avoir été coupés.

« Nous avons vu plus de régularité, de grands avantages et point d'inconvéniens à adopter cette partie de l'amendement.

« Il me reste à examiner qu'elle doit être la fixation du tarif des amendes.

« La première idée qui se présente, celle qui paraît avoir dominé dans le projet, est de proportionner l'amende à la grosseur des arbres, objets des délits.

« Au premier coup d'œil, vous apercevrez, messieurs, l'irrégularité de cette fixation, car la valeur des arbres dépend, non-seulement de leur grosseur, mais aussi de leur longueur.

« La commission a différé d'opinion avec le projet du Gouvernement, en ceci particulièrement, que nous avons jugé que les amendes ne devaient pas être excessives dans les cas que nous prévoyons par cet article.

« L'ordonnance de 1669 avait établi une base différente de celle que nous discutons. L'amende de la première classe, c'est-à-dire pour les chênes, était de 4 fr. par pied de tour, mais quand l'arbre était plus gros, l'amende n'allait pas en progression croissante; à 2 pieds de tour, c'était 8 francs; à 4 pieds, 16 francs; à 9 pieds, 36 francs.

« Dans la nouvelle loi, le calcul est établi tout autrement : l'amende relative à chaque décimètre augmente plus l'arbre est gros. Ainsi, par le tarif de la commission, le prix de l'amende pour 4 décimètres, ce qui revient à peu près à un pied, ancienne mesure, est de 4 fr. 80 c., à peu près autant qu'autrefois; mais si l'arbre est plus gros, l'amende qui eût été de 16 fr. est portée à 30, et un délit qui eût occasioné une condamnation de 36 fr. est passible de 107 francs.

« Vous voyez, messieurs, que nous avons déjà consenti à une augmentation considérable des peines de la plus forte classe, imposées par l'ordonnance de 1669. Vous remarquerez que le projet vous proposait de porter les amendes à un taux encore plus élevé, souvent double de celui de la commission.

« Le but que l'on veut atteindre en fixant les amendes à un taux élevé, n'a pu être de dédommager le propriétaire de la perte qu'il aura éprouvée par l'abattage de ses arbres; car l'amende est au profit du Gouvernement. Il y a, pour le particulier, d'abord restitution, ensuite des dommages-intérêts qui ne peuvent être moindres que l'amende. Le condamné paiera aussi les frais. Lorsque ce seront des arbres appartenant à l'État, il sera indemnisé par ces quatre moyens réunis.

« Et considérez, je vous prie, messieurs, que si l'on élève trop les amendes que l'État perçoit par préférence, souvent il ne restera pas au malheureux délinquant de quoi payer le dommage à la réparation duquel il serait condamné.

« Enfin, d'après la jurisprudence qui est la base de notre Code, la pénalité n'est pas graduée, pour le vol, d'après la valeur des objets enlevés: dans le projet de la commission, nous nous écartons déjà assez de ce principe en élevant les amendes suivant les grosseurs des bois. Ce serait aller beaucoup trop loin que de les augmenter en prenant pour base les prix les plus élevés des bois, et les augmentant encore suivant leurs qualités ou essences. Je vote pour l'amendement. »

MM. *le comte de Montbel et baron Duteil* ont soutenu l'article du

projet, et ont pensé que les esprits devaient être frappés par cette
double idée que la peine doit être porportionnée au délit, et qu'un
chêne vaut mieux qu'un saule.

M. *Hersart de la Villemarqué* a voté dans le même sens; cependant
il a fait remarquer, relativement à la classification, que l'*alizier* et
le *sorbier*, qui ne peuvent être assimilés sous aucun rapport au *chêne*
et à l'*orme*, figureraient mieux au second rang qu'au premier, et il
a pensé que l'on devrait établir un *maximun* et un *minimum* des amendes dans chaque classe, pour que l'on punît davantage celui qui aurait coupé, soit un pin de Russie, arbre qui doit un jour rendre de
si grands services à la marine, soit le *laricio* ou le *mélèse*, que celui
qui aurait détruit un coudrier. Il s'est fondé aussi, pour établir sa
proposition, sur ce qu'on ne saurait comparer pour les suites le
dommage qui résulte de la coupe des *chênes*, *châtaigniers*, etc., à
celui qui résulte de la destruction d'un *arbre résineux*, parce que sur
la souche des premiers, il poussera des rejetons, mais que les résineux une fois coupés, c'est une perte sans compensation. L'honorable
député a terminé en demandant le renvoi de l'article à la commission.

M. *le président de la Chambre* a pris la parole et a dit : « Je dois
faire remarquer que l'article a deux dispositions : l'une qui détermine les élémens d'après lesquels on combinera la quotité de l'a-
mende, et l'autre qui détermine cette quotité à raison de deux
classes d'arbres établies par l'article. Dans la position où nous nous
trouvons, nous ne discutons que la première question, et non
celle de la quotité de l'amende. Ce sera une question ultérieure sur
laquelle la Chambre aura à délibérer. Nous discutons sur le point
de savoir si, conformément au projet du Gouvernement, on fera
entrer dans l'amende l'essence et la circonférence des arbres. La
commission propose de retrancher l'essence, en sorte qu'il ne resterait que la circonférence pour déterminer la quotité. De quelque
manière que la chambre résolve cette question, elle aura à s'occuper encore de la quotité des amendes, soit d'après les deux élémens
présentés par le Gouvernement, soit d'après l'élément unique que
propose la commission. »

M. *le Rapporteur* ayant demandé à être entendu, s'est exprimé en
ces termes : « Il semble aux orateurs qui combattent la commission,
que plus un arbre est considérable, plus l'amende doit être élevée;
mais ce n'est pas ainsi qu'il faut raisonner. Ce sont les dommages-
intérêts dus aux propriétaires qui doivent être plus considérables
en raison du dommage qu'il éprouve. Quant à l'amende, c'est une
peine qui ne doit pas se graduer suivant le tort fait au propriétaire :
c'est une peine prononcée pour la vindicte publique; et moins cette
peine sera forte, plus le propriétaire aura le moyen de se faire
payer les dommages-intérêts qui lui seront dus. Or, je crois que cette

question, ainsi envisagée, pourra se résoudre dans ce sens, que la grosseur de l'arbre devra augmenter, non pas l'amende, mais les dommages-intérêts; car la société est suffisamment vengée par une amende aussi forte que celle qui vous est proposée; amende double, triple, et quelquefois quadruple de celle qui était prononcée par l'ordonnance de 1669. Ainsi la commission a cru faire une chose juste et convenable dans l'intérêt des propriétaires, en ne haussant pas l'amende autant qu'on le proposait, afin de conserver aux propriétaires une garantie suffisante pour les dommages-intérêts et pour les frais auxquels peuvent donner lieu les délits forestiers.

« Je vous prie, messieurs, de vous placer sur le siége d'un tribunal appelé à sévir contre ces délits; croyez-vous que lorsqu'il y aura une amende énorme prononcée contre un délinquant, le tribunal sera disposé à hausser convenablement les dommages-intérêts en faveur du propriétaire? Non. Il sera d'autant moins sévère à cet égard, que l'amende sera plus forte. L'amende ne va pas dans la poche du propriétaire; je crois par conséquent qu'il faut mettre les juges à même d'être sévères pour les dommages-intérêts, afin que les propriétaires reçoivent la réparation qui leur est due pour le dommage qu'ils ont éprouvé. La différence qui existe entre le prix d'un chêne et celui d'un peuplier a pu frapper quelques personnes; mais pour l'amende cette différence n'existe pas : elle existera dans les dommages-intérêts que le juge prononcera plus ou moins forts, suivant la valeur de l'arbre. La commission a été dominée par la pensée que c'est l'intérêt des propriétaires qu'il faut considérer. La Chambre jugera dans sa sagesse ce qu'elle doit faire. »

M. *de Martignac* a répondu à M. le rapporteur, et a terminé par une observation fort importante que nous allons rapporter textuellement : « Nous n'examinerons pas la deuxième question : nous voulons seulement faire remarquer l'erreur dans laquelle les préopinans sont tombés. Ils ont dit que, dans l'intérêt des propriétaires, il fallait réduire le taux de l'amende autant que possible, attendu que plus l'amende serait élevée, moins il y aurait de chances pour l'obtention des dommages-intérêts. C'est là une erreur en droit, attendu qu'aux termes du droit commun, quand il y a concurrence sur les biens des condamnés, les dommages-intérêts ont la préférence sur l'amende, et que par conséquent le danger qu'on a supposé n'a aucun fondement. »

L'amendement de la commission, consistant à retrancher le mot *essence*, a été rejeté.

M. *Duteil* a proposé d'ajouter le mot *brins* dans la disposition suivante de l'article : *la coupe ou l'enlèvement d'arbres et* brins *ayant deux décimètres de tour;* mais cette addition n'étant pas appuyée, n'a pas été mise aux voix.

M. *Hersart de la Villemarqué* a proposé de retrancher de la première classe le mot *sorbiers*, qui, selon lui, est un arbre d'agrément, et de le placer dans la seconde; mais son amendement n'a pas été appuyé.

On a renvoyé le tarif des amendes à la commission, qui, à la séance suivante, a proposé celui qui a été adopté et qui avait été concerté avec M. le commissaire du Roi et M. le Ministre des finances. (Ce tarif *est transféré à la fin du Code.*)

§. 2. — Discussion à la Chambre des pairs.

M. *le duc de Praslin* a fait observer que la progression de 5 ou de 10 centimes, établie dans le tarif des amendes pour chaque décimètre de tour excédant les deux premiers décimètres, n'offre une répression suffisante que jusqu'au moment où l'arbre a atteint une certaine dimension, celle de 15 décimètres de tour, par exemple; mais, à partir de ce moment, la valeur de l'arbre augmente suivant une progression bien plus rapide, et telle que certains arbres n'ont pas, à proprement parler, de valeur assignable.

Le noble pair a présenté en outre une observation sur l'art. 216. « Cet article, a-t-il dit, oblige les particuliers qui voudraient poursuivre par corps l'exécution des condamnations prononcées à leur profit, à pourvoir aux alimens du condamné pendant sa détention; il suit de là que les condamnations prononcées au profit du fisc seront exécutées préférablement à celles que les particuliers auraient obtenues, parce que les premières seront exécutées par voie de contrainte par corps, sans consignation préalable d'alimens, tandis que cette consignation sera exigée pour les autres. Il semble cependant que ce sont surtout les réparations accordées au propriétaire, dont la loi devrait avoir pour but d'assurer le paiement. »

M. *le Ministre d'État, commissaire du Roi*, a obtenu la parole. A la première observation, il a répondu que déjà, dans la discussion à l'autre Chambre, il a été proposé de calculer les amendes de manière à les mettre plus exactement en proportion avec la véritable valeur de l'arbre, quelles que fussent ses dimensions; mais la Chambre des députés a pensé que les amendes de l'art. 192 suffisaient, et qu'en les portant à un taux plus élevé, on s'exposait à les voir moins exactement appliquer, ainsi qu'il arrive presque toujours pour les peines excessives. Elle a considéré d'ailleurs que les réparations accordées au propriétaire pourraient toujours être calculées sur le préjudice causé, puisque la loi fixe seulement un minimum qui est égal au taux de l'amende, et que les tribunaux ont toute latitude pour augmenter les dommages-intérêts en proportion de la valeur réelle de l'arbre abattu. La répression pourra donc toujours être suffisante. Quant au mode d'exécution des condamnations, qui à fait l'objet de la seconde observation, la loi a toujours distingué, et avec juste raison, entre les condamnations pénales et les réparations civiles. L'amende étant toujours considérée comme une peine, l'État, au profit de qui elle est prononcée, doit en obtenir le paiement par corps, et il ne saurait être astreint à une consignation d'alimens qui serait illusoire, puisque, dans tous les cas où il exerce la contrainte par corps, c'est lui-même qui est chargé de pourvoir à la nourriture du détenu. Quant aux réparations civiles, elles rentrent nécessairement dans la classe des autres dettes, emportant contrainte par corps; il dépend du créancier d'user ou de ne pas user de la voie rigoureuse que la loi lui donne : mais s'il en use, il ne peut s'affranchir des conditions que la loi met à ce mode de poursuite, et par conséquent de la consignation des alimens, qui est toujours la première de ces conditions. La disposition du projet est donc conforme en ce point aux vrais principes de la matière.

L'observation du noble pair n'a pas eu de suite.

§. 3. — Il n'est pas absolument nécessaire que le procès-verbal qui constate la coupe en délit de plusieurs arbres, énonce la grosseur métrique de chaque arbre, si d'ailleurs il est établi par le procès-verbal que le mesurage de tous les arbres a été fait, *et si ce procès-verbal en présente le résultat.* Cassation, arrêt du 5 octobre 1822. (*Trait. gén.*, tom. 3, pag. 86.)

§. 4. — La quotité de l'amende par mètre de tour, ne doit pas se déterminer seulement par les mètres entiers; il faut joindre aussi les fractions de mètre. Cassation, arrêt du 2 février 1816. (SIREY, 17 — 1 — 39.)

§. 5. — De ce qu'un procès-verbal ne spécifie pas, d'une manière suffisante, les quotités de chaque essence de bois coupés en délit dans le même moment et par la même personne, pour déterminer l'indemnité, et par suite l'amende encourue, il ne s'ensuit pas que le délit doive rester impuni. Cassation, arrêt du 17 août 1822. (*Trait. gén.*, tom. 3, pag. 74.) Dans ce cas, il semble qu'on doit prendre pour base les arbres de la deuxième classe.

§. 6. — Les art. 445 et 455 du Code pénal ne sont point applicables aux cas d'arbres abattus ou mutilés dans les forêts domaniales, communales ou des établissemens publics; ces délits sont régis par le Code forestier. Il en est de même pour les délits de cette nature commis dans les bois des particuliers. Mais lorsqu'ils ont été commis sur des héritages ruraux qui ne sont point aménagés en bois, ces délits doivent être punis conformément aux articles 445 et 455 précités, et ils ne sont plus soumis qu'à la prescription établie par l'art. 643 du Code d'instruction criminelle.

Cassation, arrêts des 9 mai et 23 octobre 1812. (*Trait. gén.*, tom. 2, *pag.* 486 *et* 519.)

§. 7. — Le vol de planches exposées sur la foi publique dans les champs et non dans une vente, ne constitue qu'un vol simple, qui doit être poursuivi par voie de police correctionnelle, et puni conformément à l'art. 401 du Code pénal. Cassation, arrêt du 5 mars 1818. (*Idem*, tom. 2, *pag.* 748.)

§. 8. — On ne doit pas considérer non plus comme un délit forestier, le vol d'arbres coupés, façonnés et exposés dans une vente de bois à la foi publique; c'est un crime prévu aujourd'hui par l'art. 388, §. 2, du Code pénal. Cassation, arrêt du 27 ventôse an 12. (*Bullet. offic.*)

§. 9. — Il en est de même d'un vol de fagots exposés dans une vente. Cassation, arrêt du 26 décembre 1806. (*Idem.*)

Art. 193.

Si les arbres auxquels s'applique le tarif établi par l'article précédent, ont été enlevés et façonnés, le tour en sera mesuré sur la souche; et si la souche a été également enlevée, le tour sera calculé dans la proportion d'un cinquième en sus de la dimension totale des quatre faces de l'arbre équarri.

Lorsque l'arbre et la souche auront disparu, l'amende sera calculée suivant la grosseur de l'arbre arbitrée par le tribunal d'après les documens du procès.

ANNOTATIONS.

Voir l'art. 34 ci-devant, et l'ordonnance de 1669, tit. 32, art. 1 et 8.

De la circonférence de la souche, résulte la présomption de droit que l'arbre dont elle a fait partie était de la même circonférence; cette présomption ne peut être détruite que par la représentation de l'arbre, et c'est au prévenu à offrir cette preuve. Cassation, arrêt du 12 juin 1812. (*Bullet. offic.*)

Art. 194.

L'amende, pour coupe ou enlèvement de bois qui n'auront pas deux décimètres de tour, sera, pour chaque charretée, de dix francs par bête attelée, de cinq francs par chaque charge de bête de somme, et de deux francs par fagot, fouée ou charge d'homme.

S'il s'agit d'arbres semés ou plantés dans les forêts depuis moins de cinq ans, la peine sera d'une amende de trois francs par chaque arbre, quelle qu'en soit la grosseur, et, en outre, d'un emprisonnement de six à quinze jours.

ANNOTATIONS.

Voir l'ordonnance de 1669, tit. 32, art. 1 et 3, ainsi que les art. 445 à 448 et 463 du Code pénal.

§. 1.—A la Chambre des Pairs, M. le duc de Praslin a demandé si la peine d'emprisonnement portée par le second paragraphe de cet article était également applicable aux délits prévus par le paragraphe premier.

M. le Ministre d'état, commissaire du Roi, a donné l'explication que voici: « Il ne saurait en être ainsi. Le paragraphe premier a, en effet, pour objet de punir des délits commis dans un bois déjà parvenu à un degré de croissance où le délit ne compromet plus l'existence de l'arbre, mais seulement le produit de la pousse, tandis que le second paragraphe est destiné, au contraire, à réprimer un délit beaucoup plus grand, parce qu'il ne tend à rien moins qu'à détruire l'arbre lui-même, délit contre lequel le Code pénal avait déjà prononcé une peine d'emprisonnement. »

§. 2. — Le droit de réduire la peine des délits correctionnels que l'art. 463 du Code d'instruction criminelle confère aux tribunaux dans les cas qu'il exprime, ne s'applique qu'aux délits déterminés dans ce Code; il est étranger aux délits prévus et punis par des lois spéciales, comme le Code forestier, etc. Cassation, arrêts des 10 septembre 1812 et 12 mars 1813. (Bullet. offic.) Voy. l'art. 207 ci-après.

§. 3. — Un particulier surpris conduisant deux ânes chargés de bois fraîchement coupé et qui vient d'être volé, est passible de la peine attachée à ce délit, bien qu'on ignore à qui appartient le canton de bois dans lequel l'abattage a été fait. Cassation, arrêt du 11 juillet 1809. (Trait. gén., tom. 2, pag. 291.)

§. 4. — Il doit être prononcé autant d'amendes qu'il y a de bêtes de sommes chargées ou disposées à être chargées. Cassation, arrêt du 7 janvier 1814. (Bullet. offic.)

§. 5.—L'individu surpris dans la forêt coupant du bois désigné dans l'art. 194, pour le charger sur une bête de somme, ou sur une charrette attelée de bestiaux, doit être condamné à deux amendes; l'une, en vertu de l'article précité, et l'autre en vertu de l'art. 147. Cassation, arrêt du 14 octobre 1826. (Idem.)

§. 6. — Aujourd'hui la circonférence des arbres coupés ne forme la base de l'amende que lorsqu'ils ont deux décimètres de tour ou au-dessus; les autres arbres plus minces ne sont comptés que pour fagots, fouées ou charges d'homme, à moins qu'il ne s'agisse d'arbres existant dans un bois depuis moins de cinq ans; dans ce dernier cas , le second §. de l'art. 194 prononce une peine spéciale pour chaque arbre.

§. 7. — Aujourd'hui, encore, l'amende se réglant par fagot ou charge, ou par le nombre des arbres, il s'en suit que le procès-verbal peut ne pas spécifier les diverses espèces de bois dont les prévenus feraient des fagots.

ART. 195.

Quiconque arrachera des plants dans les bois et forêts sera puni d'une amende qui ne pourra être moindre de dix francs, ni excéder trois cents francs ; et si le délit a été commis dans un semis ou plantation exécutés de main d'homme, il sera prononcé, en outre, un emprisonnement de quinze jours à un mois.

ANNOTATIONS.

Voir l'art. 57 ci-devant, et l'ordonnance de 1669, tit. 3, art. 18, tit. 27, art. 11, et tit. 32, art. 3 et 13.

§. 1. — L'art. 195, d'accord sur ce point avec l'ordonnance de 1669, prononce une amende *in globo*, indépendamment du nombre et de la dimension des plants arrachés.

§. 2. — L'art. 13 de la loi du 16 juin 1824, qui ordonne l'application de l'art. 401 du Code pénal contre les auteurs de vols et tentatives de vols de récoltes et autres productions utiles de la terre, lorsqu'ils ont été commis, soit avec paniers ou sacs, soit à l'aide de voitures ou d'animaux de charge, soit de nuit par plusieurs personnes, ne s'applique pas aux faits énoncés aux art. 144 et 195 du Code forestier, parcequ'ils sont prévus par une législation spéciale.

§. 3. — L'ordonnance de 1669, tit. 27, art. 11, prononçait pour le délit d'arrachis de plants, commis par un adjudicataire de bois, une peine différente de celle qui était applicable aux autres délinquans, conformément à l'art. 13 du tit. 32. Cassation, arrêt du 25 juin 1825. (SIREY, 26-1-169.) Cette distinction ne subsiste plus.

ART. 196.

Ceux qui, dans les bois et forêts, auront éhouppé, écorcé ou mutilé des arbres, ou qui en auront coupé les principales branches, seront punis comme s'ils les avaient abattus par le pied.

ANNOTATIONS.

Voir l'art 150 ci-devant, et l'ordonnance de 1669, tit. 32, art. 2, 3 et 4.

§. 1. — L'ébranchage fait dans un bois communal est un délit, s'il n'est autorisé par l'administration forestière, malgré qu'il y ait autorisation du maire. Cassation, arrêt du 27 octobre 1815. (*Trait. gén.*, tom. 2, *pag.* 664.) Voy. l'art. 150.

§. 2. — L'écorcement d'un arbre ayant un effet indéterminé, ce délit doit être puni comme la coupe de l'arbre même. Cassation, arrêt du 18 mai 1808. (*Bullet. offic.*)

ART. 197.

Quiconque enlèvera des chablis et bois de délit, sera condamné aux mêmes amendes et restitutions que s'il les avait abattus sur pied.

ANNOTATIONS.

Voir les art. 26, 101, 102, 103 et 104 de l'ordonnance d'exécution ; l'art. 2, tit. 17, de l'ordonnance de 1669, et la loi du 29 septembre 1791, tit. 12, art. 15.

§. 1. — L'enlèvement de bois sec et de chicots sur des charrettes par des particuliers non adjudicataires ou usagers, est un délit. Cassation, arrêt du 2 octobre 1807. (*Trait. gén.*, tom. 2, *pag.* 168.)

§. 2. — Le droit d'amasser du bois sec dans les forêts ne donne pas celui de le couper. Cassation, arrêt du 15 fructidor an 10. (*Idem*, tom. 1, *pag.* 595.) Voy. l'art. 80 ci-devant.

§. 3. — Il est permis aux hommes infirmes, aux femmes et enfans des communes riveraines, de ramasser du bois dans les forêts de la Couronne. Ordonnance du 12 octobre 1821. (*Voy. l'art.* 88 ci-devant.)

§. 4. — M. Proudhon soutient que les habitans des communes peuvent ramasser et emporter les bois secs et gisans par terre dans les forêts de leurs communes, puisque ces forêts sont soumises au même régime que celles de l'État, dans lesquelles un pareil exercice n'est pas prohibé. (*Trait. de l'usuf.*, n° 3434.)

§. 5. — Les chablis et bois de délit dans les forêts communales doivent être vendus au profit des communes ; mais ils ne peuvent accroître leur affouage, qu'autant qu'ils se trouvent compris dans les coupes affouagères. Décision du Ministre des finances, du 21 juin 1820. (*Trait. gén.*, tom. 2, *pag.* 856.)

ART. 198.

Dans le cas d'enlèvement frauduleux de bois et d'autres

productions du sol des forêts, il y aura toujours lieu, outre les amendes, à la restitution des objets enlevés ou de leur valeur, et de plus, selon les circonstances, à des dommages-intérêts.

Les scies, haches, serpes, cognées et autres instrumens de même nature dont les délinquans et leurs complices seront trouvés munis, seront confisqués.

ANNOTATIONS.

Voir l'ordonnance de 1669, tit. 32, art. 8 et 9, et la loi du 20 messidor an 3, art. 10.

§. 1. — Sous l'ordonnance de 1669, le délinquant ne pouvait être condamné, outre l'amende, à la fois à la restitution pécuniaire et à celle du bois trouvé en sa possession: cette ordonnance ne prononçait pas la confiscation ou la restitution du bois coupé en délit; la restitution pécuniaire, égale à l'amende, tenait lieu de la restitution en nature, Cassation, arrêt du 15 frimaire an 14. (SIREY, 6-2-712.) Il doit en être de même sous le Code.

§. 2. — Suivant l'art. 8, tit. 32, de la même ordonnance, les délinquans devaient être condamnés, à titre de restitution et de dommages-intérêts, à une somme au moins égale à l'amende, et, d'après l'art. 50 de l'édit du mois de mai 1716, la restitution devait toujours être égale à l'amende. Ainsi la Cour de cassation avait décidé, le 22 thermidor an 12, que, pour un délit consistant en 20 baliveaux coupés par un adjudicataire dans sa coupe, dont l'amende n'était pas réglée au pied de tour de l'arbre, il était dû une restitution, outre l'amende, (Art. 1898 du Journ. de l'enreg.)

§. 3. — Cette disposition s'appliquait également au cas où l'amende était prononcée pour l'introduction de bestiaux dans une forêt, Cassation, arrêt du 18 ventôse an 8. (Trait. gén., tom. 1, pag. 541.)

§. 4. — La restitution égale à l'amende était encore due lorsqu'il s'agissait de la défense de faire de la chaux dans les forêts, ou d'en enlever du sable, de la marne ou d'autres terres quelconques. Cassation, arrêt du 24 février 1809. (SIREY, 9-1-228.)

§. 5. — D'après l'art. 198, il faut aujourd'hui prononcer alternativement la restitution en nature des objets enlevés ou le paiement de leur valeur: de plus, les tribunaux ont la faculté d'adjuger des dommages-intérêts, et s'ils font usage de cette faculté, la condamnation aux dommages-intérêts ne peut, aux termes de l'art. 202 ci-après, être inférieure à l'amende simple.

§. 6. — Lorsqu'en première instance le délinquant n'a été condamné qu'à l'amende, qu'il n'y a eu d'appel que de la part de l'administration des forêts, et qu'elle n'a pas pris de conclusions sur la non condamnation du délinquant à une restitution égale à l'amende prononcée, le juge d'appel n'en doit pas moins, soit d'office, soit sur les conclusions du ministère public non appelant, prononcer la restitution. Cassation, arrêt du 28 janvier 1808. (*Trait. gén.*, *tom.* 2, *pag.* 186.)

§. 7. — La confiscation ne peut être prononcée que lorsque l'objet confisqué a été saisi, sauf le cas d'obstacles apportés à la saisie par le contrevenant, lorsque les obstacles sont constatés. Cassation, arrêt du 14 mai 1812. (*M.* CARNOT, *sur l'art.* 137 *du Cod. d'inst. crim.*)

§. 8.—Les dommages-intérêts sont la suite et l'effet d'un délit; les tribunaux ne peuvent se dispenser de prononcer les peines que la loi a établies contre les délits; il ne peut donc jamais être prononcé une condamnation en dommages-intérêts lorsqu'il n'y a pas condamnation à une peine. Cassation, arrêts des 12 février 1808 et 31 août 1810. (*Bullet. offic.*)

ART. 199.

Les propriétaires d'animaux trouvés de jour en délit dans les bois de dix ans et au-dessus, seront condamnés à une amende de

Un franc pour un cochon,

Deux francs pour une bête à laine,

Trois francs pour un cheval ou autre bête de somme,

Quatre francs pour une chèvre,

Cinq francs pour un bœuf, une vache ou un veau.

L'amende sera double si les bois ont moins de dix ans; sans préjudice, s'il y a lieu, des dommages-intérêts.

ANNOTATIONS.

Voir les art. 54, 56, 70, 77, 78, 110, 147 et 202 du Code; l'ordonnance de 1669, tit. 32, art. 9 et 10; la loi du 28 septembre-6 octobre 1791, tit. 2, art. 36, 37 et 38, et l'avis du Conseil d'État du 18 brumaire an 14.

§. 1 — A la Chambre des députés, M. Fouquerand a pensé que les amendes étaient excessives dans cet article; il a fait observer que la loi de 1791 contenait une disposition très juste sur les délits commis à *garde faite* ou *par échappée*, qui ne se rencontrait plus dans le Code forestier. « Je ne sais, a-t-il ajouté, si c'est une circonstance qui a échappé à la sagacité des auteurs du projet et

aux membres de la commission ; si c'est une omission, je ne doute
pas que vous ne vous empressiez de la réparer : j'attendrai que
M. le rapporteur veuille bien m'éclairer à cet égard, avant de proposer un amendement.

M. de Fussy avait proposé de réduire de moitié l'amende pour
les bêtes à laine, parce que, disait-il, les propriétaires des troupeaux du Berry pourraient être ruinés, l'amende pouvant s'élever
à 3 et 400 fr. ; mais cet amendement a été rejeté, et l'observation
de M. Fouquerand n'a pas eu de suite.

§. 2. — Avant le Code, un arrêt de la cour de cassation, du
2 avril 1812, a décidé que l'ordonnance de 1669 était la seule
loi applicable, et non le Code pénal, au délit résultant de porcs
trouvés en glandée dans *une forêt de l'État*, et que, d'après l'art. 179
du Code d'instruction criminelle, la connaissance de ce délit appartenait exclusivement aux tribunaux correctionnels. (*Trait. gén.*,
tom. 2, pag. 481.)

Il en est encore de même aujourd'hui. C'est le Code forestier
seul qui est applicable à ce genre de délit, et, s'il a été commis dans
une forêt de l'État, il sera, d'après l'art. 171 du Code, de la compétence des tribunaux correctionnels : il le sera aussi lorsqu'il aura été
commis dans les bois des particuliers, mais seulement lorsqu'il
donnera lieu à une amende excédant 15 fr. ; car si l'amende était
inférieure, la connaissance du délit appartiendrait au tribunal de
simple police. (*Voy. l'art.* 190 *et les Annotations.*)

§. 3. — Sous l'empire de l'ordonnance de 1669 et de l'édit du
mois de mai 1716, la cour suprême a encore décidé, le 23 octobre
1817, (*Trait. gén.*, tom. 2, pag. 734), qu'un délit de pâturage
donnait lieu à une condamnation à titre de restitution, indépendamment de l'amende ; mais cette jurisprudence est modifiée par le
Code, puisque la condamnation aux dommages-intérêts est laissée
à l'arbitrage du juge. Le Code a également abrogé la confiscation
des bestiaux que l'ordonnance de 1669 prononçait comme répression principale du délit.

§. 4. — L'amende portée par l'art. 199 s'applique uniformément
à tous les bestiaux trouvés en délit, soit qu'ils appartiennent ou
non aux usagers, à la seule exception des trois cas énoncés aux
articles 54, 70 et 78. Il en était autrement avant le Code, ainsi
que la Cour de cassation l'avait décidé, le 14 brumaire an 11, par
un arrêt rapporté dans le *Bulletin officiel*, n° 52.

§. 5. — Une plantation est réputée taillis dès qu'elle a cette destination. Les délits de pâturage qui s'y commettent doivent être
punis des peines prononcées par l'art. 199 du Code. Cassation, arrêt
du 13 juin 1823. (*Trait. gén.*, tom. 3, pag. 148.)

§. 6. — Le dépeuplement d'un canton de bois n'empêche pas que ce canton ne soit, quant aux règles du pâturage, considéré comme faisant toujours partie intégrante de la forêt, lorsqu'il produit encore du bois d'une essence quelconque, et qu'il continue d'être compris dans l'aménagement. Cassation, arrêt du 26 avril 1816. (*Bullet. offic.*)

§. 7. — Le seul fait que les bestiaux sont trouvés dans un lieu où l'on n'a pas dû les mettre en pâturage, constitue un délit, quoique, à ce fait, ne soit pas jointe la preuve qu'ils y ont effectivement pâtu é ou causé du dommage. Cassation, arrêt du 15 février 1810. (*Trait. gén.* , tom. 2 , *pag.* 407.) Voy. les *Annotations* sur l'art. 76.

§. 8. —La défense de faire paître les chèvres et les brebis dans les forêts étant d'ordre public et de police générale, cette infraction ne saurait être couverte dans les bois des particuliers par le silence des propriétaires. Cassation, arrêts des 16 octobre et 5 novembre 1807. (*Idem* , tom. 2 , *pag.* 171 *et* 176.)

§. 9. — Cependant, d'après le décret du 18 brumaire an 14, rapporté sous l'art. 120 ci-devant, la cour suprême a décidé qu'il n'y avait point de délit lorsque des chèvres avaient été introduites, du consentement du propriétaire dans un de ses bois. Arrêt du 26 juillet 1811. (*Idem*, tom. 2 , *pag.* 436.)

§. 10.—Ainsi, le propriétaire d'un bois peut y exercer telle dépaissance et pour telle quantité et qualité de bêtes qu'il juge à propos. Cassation, arrêt du 18 octobre 1811. (*Idem* , tom. 2 , *pag.* 448.)

§. 11. — Les délits de pâturage commis dans le quart en réserve des bois des communes destinés à croître en futaie doivent, comme ceux commis dans les futaies elles-mêmes, être punis d'après le Code forestier. Cassation, arrêt du 23 août 1822. (*Idem* , tom. 3 , *pag.* 78.)

§. 12. — Un procès-verbal qui constate que des bestiaux ont été trouvés paissans dans une forêt, sans indiquer *d'une manière expresse et positive* la partie de la forêt où étaient ces bestiaux, peut, par cela seul être considéré comme étant de nul effet. Cassation, arrêt du 16 août 1817. (*Art.* 378 *du Préc. chronol.*) Voy. les *Annotations* sur l'art. 67.

ART. 200.

Dans le cas de récidive, la peine sera toujours doublée.

Il y a récidive, lorsque, dans les douze mois précédens, il a été rendu contre le délinquant ou contrevenant un premier jugement pour délit ou contravention en matière forestière.

ANNOTATIONS.

Voir l'art. 213 ci-après; l'ordonnance de 1669, tit. 32, art. 6 et 10, et l'art. 483 du Code pénal.

§. 1.—La disposition de l'article 200 est générale et absolue. Elle s'étend à toutes condamnations pour délits ou contraventions dans quelque temps et par quelques tribunaux qu'elles aient été prononcées; elle s'applique aux condamnations dont la peine a été subie, comme à celles dont la peine ne serait pas encore expirée, ou à laquelle le condamné se serait soustrait; ainsi, les tribunaux ne peuvent se dispenser de prononcer la peine établie par ledit article contre un individu pour délit ou contravention avant la mise en activité du Code forestier, sur le motif que les faits de la première condamnation étaient antérieurs à la publication de ce Code, et que l'accusé aurait subi la peine prononcée. Argument tiré des arrêts de la Cour de cassation des 20 juin, 5 et 13 novembre 1812. (Bullet. offic.)

§. 2. — Pour qu'il y ait récidive, il faut qu'une première condamnation ait précédé le second délit ou la seconde condamnation : l'habitude du délit sans condamnation ne suffirait pas pour constituer l'état de récidive. Cassation, arrêt du 27 février 1818. (SIREY, 18—1—185.)

§. 3. — Ainsi, lorsque deux délits de même nature, commis à plusieurs jours d'intervalle, et constatés par deux procès-verbaux de date différente, ont été réprimés par deux jugemens rendus le même jour, il n'y a point récidive : jusqu'à l'époque où le second délit a été commis, il n'y avait point de condamnation prononcée pour le premier.

§. 4. — Pour qu'un prévenu ou accusé soit considéré comme en état de récidive par suite d'une première condamnation prononcée contre lui, il faut, lorsqu'elle est par défaut, qu'elle lui ait été notifiée, et qu'il ait été mis en demeure de la faire annuler; en d'autres termes, il faut que la condamnation première soit définitive, et ait acquis l'autorité de la chose jugée. Cassation, arrêt du 6 mai 1826. (SIREY, 27—1—160.).

§. 5. — L'article 360 du Code d'instruction criminelle porte : « Toute personne acquittée légalement ne pourra être reprise ni accusée à raison du même fait. » Il semble que les prévenus en matière correctionnelle et de police peuvent réclamer l'application de cet article, comme une conséquence de l'article 1351 du Code civil, et d'après la règle non bis in idem. Cassation, arrêt du 1ᵉʳ avril 1813. (MERLIN, Répert., verb. non bis in idem.)

§. 6. — L'amnistie pleine et entière porte avec elle l'abolition des délits qui en sont l'objet, tellement que ces délits et les condamnations qui en ont été la suite ne peuvent plus donner lieu aux peines de la récidive contre les individus amnistiés qui se sont rendus coupables d'un nouveau délit. — Il n'en est pas de même de la grâce. Cassation, arrêt du 17 juin 1825. (*Trait. gén.*, tom. 3, *pag.* 361.)

ART. 201.

Les peines seront également doublées, lorsque les délits ou contraventions auront été commis la nuit, ou que les délinquans auront fait usage de la scie pour couper les arbres sur pied.

ANNOTATIONS.

Voir l'ordonnance de 1669, tit. 32, art. 5.

§. 1. — Il suffit que le délit ait été accompagné d'une des circonstances aggravantes, c'est-à-dire, qu'il ait été commis ou la nuit, ou avec une scie, pour que les peines soient doubles. Cassation, arrêt du 28 mai 1812. (*Bullet. offic.*)

§. 2. — Il était aussi de principe que tout délit commis, soit de nuit, soit par le feu ou par la scie, soit par des agens ou autres personnes ayant qualité d'usagers ou d'exploitans dans les forêts, donnait lieu à une double peine, sans qu'il fût nécessaire que le délit réunît deux ou plusieurs de ces circonstances. Cassation, arrêt du 7 février 1824. (SIREY, 25—1—41.)

ART. 202.

Dans tous les cas où il y aura lieu à adjuger des dommages-intérêts, ils ne pourront être inférieurs à l'amende simple prononcée par le jugement.

ANNOTATIONS.

Voir l'ordonnance de 1669, tit. 18, art. 4, et tit. 32, art. 8 et 10, et la loi du 20 messidor an 3.

§. 1. — D'après les dispositions de l'art. 8, tit. 32, de l'ordonnance de 1669, portant que les restitutions seront adjugées au moins à pareille somme que l'amende, tous les délits forestiers, tels que vols, dégradations, malversations dans les coupes, introduction illégale de bestiaux dans les forêts, etc., donnaient lieu à des restitutions. Cassation, arrêt du 31 décembre 1824. (*Trait. gén.*, tom. 3, *pag.* 307.)

§. 2. — Mais il n'y avait pas lieu d'adjuger une restitution égale à l'amende, dès que les bestiaux avaient été saisis et confisqués. Cassation, arrêt du 12 août 1813. (*Trait. gén.*, tom. 2, *pag.* 579.)

§. 3. — Aujourd'hui la confiscation se trouve abolie par le silence des art. 199 et 202. (*Voy. les Annotations sur l'art.* 199.)

ART. 203.

Les tribunaux ne pourront appliquer aux matières réglées par le présent Code les dispositions de l'art. 463 du Code pénal.

ANNOTATIONS.

Voir l'ordonnance de 1669, tit. 32, art. 14 et 15, et l'avis du Conseil d'État du 18 brumaire-16 frimaire an 14.

§. 1. — L'article 463 du Code pénal est ainsi conçu : « Dans tous les cas où la peine d'emprisonnement est portée par le présent Code, si le préjudice causé n'excède pas 25 francs, et si les circonstances paraissent atténuantes, les tribunaux sont autorisés à réduire l'emprisonnement, même au-dessous de six jours, et l'amende, même au-dessous de 15 francs. Ils pourront aussi prononcer séparément l'une ou l'autre de ces peines, sans qu'en aucun cas, elle puisse être au-dessous des peines de simple police. »

Il résulte de cet article, ainsi que de l'art. 203 ci-dessus, que les tribunaux ne peuvent réduire ni la peine de l'emprisonnement, ni même les amendes portées par le Code forestier. C'est ce qui avait déjà été établi auparavant par une lettre du Ministre de la justice du 11 prairial an 8, par l'arrêt rapporté sur l'art. 194, et par deux autres arrêts de la Cour de cassation en date des 15 brumaire an 11 et 11 juillet 1817. (*Trait. gén.*, tom. 1, *pag.* 604, *et tom.* 2, *pag.* 724.)

§. 2. — Sauf l'exécution de l'article 182, les tribunaux ne peuvent se dispenser, sous quelque prétexte que ce soit, de prononcer les peines portées par la loi. Cassation, arrêts des 24 octobre 1806 et 7 janvier 1820. (*Idem, tom.* 2, *pag.* 96 *et* 819.)

§. 3. — L'exception de bonne foi, opposée par le prévenu, ne peut autoriser les tribunaux à modérer les amendes; l'autorité administrative supérieure a seule le droit d'apprécier cette exception. Cassation, arrêts des 6 et 11 juillet 1817 et 24 mai 1821. (*Bullet. offic.*)

§. 4. — Le même principe a été consacré par deux autres arrêts de la cour suprême, des 9 vendémiaire an 7 et 18 mai 1809. (*Trait. gén., tom.* 1, *pag.* 532, *et tom.* 2, *pag.* 274.)

§. 5. — Les tribunaux ne peuvent également prendre en consi-dération l'âge et le défaut de discernement des délinquans. Cassa-tion, arrêt du 2 juin 1813. (DUPIN, *Lois forestières*, pag. 805.)

§. 6. — La réduction des amendes ne peut non plus être motivée sur ce que la coupe du bois accordé aux habitans d'une commune pour réparer leurs maisons incendiées, a eu lieu, par des causes locales, après le délai fixé. Cassation, arrêt du 4 mai 1820. (*Bullet. offic.*)

§. 7. — L'avis du Conseil d'État du 18 brumaire an 14, qui avait maintenu les réglemens particuliers et locaux portant modé-ration des amendes, ne s'entendait que de ceux qui n'été ent pas alors spécialement révoqués. Cassation, arrêt du 26 décembre 1806. (*Bullet. offic.*) Mais ces réglemens sont aujourd'hui abolis par l'art. 218 ci-après.

§. 8. — Il ne peut jamais être fait de transactions sur délits constatés par les gardes champêtres et forestiers, et les peines en-courues pour ces sortes de délits doivent être prononcées par juge-ment. Circulaire du Ministre de la justice, aux procureurs-géné-raux, en date du 15 décembre 1806. (*Art.* 2490 *du Journ. de l'enreg.*)

§. 9. — Une transaction passée entre un ci-devant seigneur et une commune pour modérer les amendes forestières qui se pronon-çaient au profit du seigneur et sur la demande de son procureur fiscal, n'a pu déroger aux règles établies par la loi. Cassation, arrêt du 26 décembre 1806. (*Trait. gén., tom.* 2, *pag.* 110.)

§. 10. — Lorsqu'après s'être pourvu devant le Ministre des fi-nances à l'effet d'obtenir une modération, un particulier condamné pour délit forestier a été contraint à payer la totalité de la condam-nation avant qu'il ait été statué sur son pourvoi, et que, postérieu-rement au paiement, il est intervenu une décision portant remise d'une partie de cette condamnation, il y a lieu de restituer ce qui se trouve avoir été payé de trop, puisqu'autrement on encouragerait l'inexécution des jugemens : mais le paiement ayant été fait régu-lièrement et les sommes étant entrées dans les caisses du trésor, cette restitution ne peut s'effectuer qu'en vertu d'une nouvelle décision qui l'ordonne. Décision du Ministre des finances, du 15 février 1826. (*Art.* 8306 *et* 8363 *du Journ. de l'enreg.*)

ART. 204.

Les restitutions et dommages-intérêts appartiennent au propriétaire; les amendes et confiscations appartiennent toujours à l'État.

Voir l'article 211 ci-après; l'ordonnance de 1669, tit. 24, art. 11, tit. 25, art. 21, tit. 26, art. 5, et tit. 32, art. 17; la loi du 29 septembre 1791, tit. 12, art. 18; l'arrêté et la loi des 17 nivôse et 2 ventôse an 12, et le Code d'instruction criminelle, art. 165 et 197.

§. 1.—L'amende encourue pour l'inobservation des délais de coupe et vidange dans un bois particulier appartient toujours à l'État; elle doit être prononcée, même lorsqu'après la poursuite commencée, le propriétaire aurait renoncé à son action. Cassation, arrêt du 23 janvier 1813. (*Bullet. offic.*)

§. 2. — La confiscation dans les bois des particuliers ne peut être prononcée à leur profit ni par les tribunaux civils. C'est une peine correctionnelle qui ne doit être prononcée qu'au profit de l'État, par le tribunal de police correctionnelle, et sur les conclusions du ministère public. Cassation, arrêt du 16 janvier 1811. (*Trait. gén.*, tom. 2, pag. 397.)

§. 3. — La poursuite d'un délit forestier commis sur des bois de l'État peut être continuée, même après que l'État a cessé d'être propriétaire; mais les dommages-intérêts ne peuvent être revendiqués par le nouveau possesseur. Cassation, arrêt du 15 fructidor an 11. (SIREY, 20—1—483.)

§. 4. — La confiscation au profit de l'État, des arbres coupés en délit, ne peut être légalement prononcée que contre les auteurs de ces délits; mais quand un délit a été commis dans un bois communal, par un inconnu contre lequel les tribunaux ne peuvent adjuger les dommages-intérêts dûs à la commune, la confiscation des bois coupés en délit n'appartient point à l'État. Cassation, arrêt du 28 décembre 1821. (*Trait. gén.*, tom. 2, pag. 966.)

ART. 205.

Dans tous les cas où les ventes et adjudications seront déclarées nulles pour cause de fraude ou collusion, l'acquéreur ou adjudicataire, indépendamment des amendes et dommages-intérêts prononcés contre lui, sera condamné à restituer les bois déjà exploités, ou à en payer la valeur sur le pied du prix d'adjudication ou de vente.

Voir les art. 18, 19 et 21 du Code; l'ordonnance de 1669, tit.

15, art. 22 et 23, et tit. 32, art. 18, et l'arrêté du 8 thermidor an 4.

Les Chambres ont adopté l'article du projet, avec l'addition des mots : *pour cause de fraude ou collusion*, qui ne s'y trouvaient pas. Cette addition a été proposée par la commission de la Chambre des députés, et justifiée en ces termes par M. Favard de Langlade, rapporteur : « Il serait en effet trop rigoureux qu'un adjudicataire à qui l'on ne pourrait reprocher ni fraude, ni mauvaise foi, subit la même peine que celui qui aurait encouru ce reproche. »

ART. 206.

Les maris, pères, mères et tuteurs, et en général tous maîtres et commettans, seront civilement responsables des délits et contraventions commis par leurs femmes, enfans mineurs et pupilles, demeurant avec eux et non mariés, ouvriers, voituriers et autres subordonnés, sauf tout recours de droit.

Cette responsabilité sera réglée conformément au paragraphe dernier de l'article 384 du Code civil, et s'étendra aux restitutions, dommages-intérêts et frais; sans pouvoir toutefois donner lieu à la contrainte par corps, si ce n'est dans le cas prévu par l'article 46.

ANNOTATIONS.

Voir les art. 46, 72 et 76 ci-devant; les art. 1383, 1384, 1385 et 1735 du Code civil; l'art. 2 du Code d'instruction criminelle; les art. 55 et 74 du Code pénal; les art. 27 et 28 du Code de commerce, et l'ordonnance de 1669, tit. 19, art. 13, et tit. 32, art. 7 et 10.

§. 1. — Discussion à la Chambre des députés.

Le projet étendait aux *amendes* la responsabilité civile établie par cet article; mais ce mot a été retranché sur la proposition de la commission. (*Rapport de M. Favard de Langlade.*)

M. de Martignac, commissaire du Roi, a combattu cet amendement. « Il est très-vrai, a-t-il dit, qu'en règle générale, pour les délits ordinaires, l'amende doit être considérée comme une peine qui ne peut être appliquée qu'à celui qui a commis le délit. Mais il n'en est pas de même en matière spéciale. Dans les délits spéciaux, l'amende est considérée comme une sorte de dédommagement accordé à l'État par suite du préjudice qu'il a éprouvé. Ainsi, en matière de douanes et de droits réunis, les dispositions de la loi du 22 août 1791 et du décret du 1er germinal an 13, établissent la responsabilité civile, par rapport aux confiscations et amendes. L'ordonnance de 1669, tit. 19, art. 13, déclare les maîtres, pères, chefs de famille, civilement responsables des condamnations prononcées par les tribunaux, pour les délits commis dans les bois de l'État.

« Examinons maintenant quel motif il pourrait y avoir pour faire une innovation à cette règle, si généralement établie en matières spéciales. M. Merlin, qui a examiné avec beaucoup d'attention ces questions diverses, et notamment celle qui est soumise à votre délibération, l'a résolue dans le sens de l'opinion que je soutiens. Indépendamment de cette autorité, je puis me présenter avec quelque confiance, quand je vois cette même question examinée avec la plus sérieuse attention par la Cour de cassation, précisément à l'occasion du Code forestier qui lui a été soumis. En effet, la discussion s'établit d'abord sur l'article 73 (72 *du projet actuel*): un membre de la Cour de cassation rappela, avec une très-grande logique, toutes les objections faites par la commission; il soutînt que les mots, *responsabilité civile*, excluaient de plein droit l'application de la peine qui ne devait être encourue que par le délinquant. La Cour de cassation a jugé que la responsabilité civile pouvait s'appliquer aussi aux amendes. Il me paraît difficile d'invoquer une autorité plus respectable que celle de la Cour de cassation. La question a été deux fois jugée par elle, et par rapport à la responsabilité des communes, et par rapport à la responsabilité déterminée par l'art. 1384 du Code civil; et dans l'un comme dans l'autre cas, elle a reconnu qu'il y aurait danger à sortir de la route qui a toujours été suivie jusqu'à présent. Aux principes de droit que je viens de rappeler, je pourrais joindre des considérations d'une très-grande gravité. Dans la plupart des délits de cette nature, ce n'est jamais à celui qui le commet que le délit profite. Ainsi, par exemple, un pâtre introduit les troupeaux d'un propriétaire dans un endroit prohibé : c'est évidemment le propriétaire des troupeaux qui profite de la fraude ; et cependant c'est contre le pâtre que l'on prononce la peine de l'amende et des dommages-intérêts. Vous avez adopté un article par lequel l'amende encourue par le pâtre peut être convertie en quelques jours de prison. Eh bien ! il arriverait que celui au profit duquel le délit aura été commis, en sera quitte pour abandonner dans la prison le pâtre, qui souvent n'aura fait qu'exécuter ses ordres ; car le pâtre étant dans l'impossibilité de payer l'amende, devra subir plusieurs jours de prison. Ainsi par là vous aurez favorisé le véritable auteur du délit. Nous pensons qu'il est beaucoup plus juste, plus convenable, plus naturel de venir au secours des malheureux qui auraient encouru une peine pour un délit commis dans l'intérêt des autres. J'espère, messieurs, que vous resterez dans la règle, et que vous persévérerez dans la résolution qu'a prise la Cour de cassation. »

M. Favard de Langlade, rapporteur, a soutenu l'amendement ; il s'est appuyé notamment sur l'art. 1384 du Code civil, et a dit, en terminant : « Nous pensons donc que, pour les délits commis dans les bois de l'État, il faut, comme cela existe déjà pour les délits commis dans les bois des particuliers, ainsi que la Cour de cassation l'a jugé par un arrêt du 20 février 1820, conserver à l'amende son caractère *de peine*, et restreindre, comme le fait le droit commun, la responsabilité civile à l'indemnité des dommages-intérêts et des frais : en conséquence, la commission persiste dans les amendemens qu'elle a proposés sur les articles 72 et 206 du projet. »

M. de Martignac a répliqué : « On m'oppose les dispositions de l'article 1384 du Code civil, qui règle les cas de responsabilité du dommage causé, non-seulement par son fait, mais encore par sa négligence ou par son imprudence. Je répondrai qu'il n'y a aucune sorte d'analogie. Il s'agit, dans le Code civil, des délits et quasi-délits. Le Code civil n'a pas prévu le cas de responsabilité de l'amende pour les condamnations correctionnelles ; il traite de tous les dommages qui peuvent être occasionés involontairement par celui auquel on les impute, c'est-à-dire des quasi-délits. On repousse l'application que j'avais faite des dispositions de lois relatives aux douanes et aux contributions indirectes, parce que, dit-on, dans ces sortes de contraventions, il y a possibilité de transactions, et qu'on ne peut transiger en matière de délit. J'avais invoqué aussi les dispositions positives de l'ordonnance de 1669. Les dispositions de cette ordonnance ne peuvent être révoquées en doute. A-t-on jamais prétendu que les dispositions de l'art. 13, tit. 19, ne fussent pas applicables à la responsabilité civile, en ce qui touche l'amende ?

« Voyons maintenant si l'amende a été considérée d'une manière absolue par la commission, comme une peine, à tel point qu'elle ne pourrait être prononcée que contre ceux qui se seraient rendus coupables du délit. La Chambre a voté deux articles dans lesquels elle a reconnu que l'amende peut être étendue à d'autres qu'à ceux qui sont condamnés pour un délit quelconque. Le raisonnement de la commission consistait à dire : L'amende est une peine prononcée par suite d'un délit, et elle ne peut être appliquée qu'à celui qui s'en est rendu coupable. Cependant les articles 28 et 46, qui ont été adoptés du consentement de la commission, portent que les cautions peuvent être solidairement contraintes au paiement des dommages, restitutions et amendes qu'aurait encourus l'adjudicataire. Ainsi le principe de la responsabilité civile n'est pas tellement absolu qu'il n'y ait, comme vous le voyez, des exceptions. Vous avez été révoltés de l'injustice criante qu'il y aurait à faire subir un emprisonnement à un pâtre qui ne pourrait payer l'amende qu'il aurait encourue pour un délit qui n'aurait pas tourné à son profit. On n'a pas répondu à cette objection. J'insiste pour le rejet de l'amendement. »

L'amendement, mis aux voix, a été adopté, ainsi que l'article.

§. 2. — Le dernier paragraphe de l'art. 1384 du Code civil porte: « la responsabilité a lieu, à moins que les père et mère, instituteurs et artisans, ne prouvent qu'ils n'ont pu empêcher le fait qui donne lieu à cette responsabilité. »

§. 3. — Il a toujours été de règle, dit M. Paillet, que les pères et mères sont responsables des faits de leurs enfans mineurs ; les maîtres, de ceux de leurs domestiques, *dans les fonctions* pour lesquelles ils les emploient.

§. 4. — Les pères et mères, les instituteurs, sont responsables des faits de leurs enfans mineurs ou de leurs élèves, à peu-près dans tous les cas, par ce qu'ils doivent toujours les surveiller et s'imputer de les avoir abandonnés à eux-mêmes, si l'événement est arrivé hors de leur présence.

§. 5. — En appliquant ces principes aux délits commis par les enfans dans les forêts, les pères et les instituteurs doivent toujours en être responsables, puisqu'ils peuvent empêcher ces enfans d'aller dans les forêts.

§. 6. — « Remarquez, ajoute M. Paillet, à l'égard des domestiques, des préposés et des apprentis, que la loi dit que les maîtres et artisans sont responsables de leurs faits dans les fonctions pour lesquelles ils les emploient; il s'ensuit que, hors de ces fonctions, cette responsabilité n'existe plus. Mon domestique, mon commis, ou mon apprenti, va se promener le jour que je ne l'emploie pas; s'il cause alors quelque dommage dans les forêts, je n'en suis point responsable, *il n'est plus sous ma surveillance.* »

§. 7. — Ce principe s'applique à tous subordonnés, mais non aux femmes; les maris en sont toujours responsables comme de leurs enfans, puisque, d'après l'art. 213 du Code civil, les femmes doivent toujours obéissance à leurs maris. Cassation, arrêt du 23 décembre 1818. (*Bullet. offic.*) La Cour avait décidé le contraire par trois arrêts des 9 juillet 1807, 6 juin et 16 août 1811. (Sirey, 21-1-212 et 214.)

§. 8. — Par une conséquence nécessaire, les femmes ne peuvent être responsables de leurs maris: aussi, d'après un arrêt du 26 juin 1806, la cour de cassation a-t-elle jugé qu'on ne peut sous prétexte qu'une femme n'a pas empêché son mari de commettre un délit, la punir elle même comme si elle était coupable de ce délit, lors même que son mari était en démence, et qu'elle n'avait pas provoqué alors l'interdiction.

§. 9.— La Cour de cassation a encore rendu un arrêt, le 8 mars 1811, portant qu'un chef d'atelier est responsable des délits de maraudage de bois commis dans une forêt par ses ouvriers, et que les ustensiles des délinquans sont affectés au paiement des condamnations prononcées contre les ouvriers.

§. 10. — Un père n'est pas civilement responsable du délit de maraudage de bois commis dans une forêt par son enfant majeur demeurant avec lui, mais non préposé par lui, attendu que l'enfant n'est plus soumis à l'autorité de son père, et que n'ayant pas été préposé par lui, il ne peut être assimilé aux subordonnés désignés par la loi. Cassation, arrêt du 23 juin 1826. (SIREY, 27-1-56.)

§. 11. — Si un maître donne l'ordre à son domestique ou à son fermier de commettre un délit, ce n'est point comme civilement responsable que le maître doit être cité au tribunal, c'est comme auteur du délit.
La responsabilité des maîtres est principale, et non subsidiaire. Cassation, arrêt du 11 juin 1808. (*Trait. gén.*, tom. 2, *pag.* 212.)

§. 12. — Lorsqu'un domestique a été condamné pour un fait dommageable, et que son maître a été également condamné, comme civilement responsable, s'il arrive que le domestique interjette appel, sans que le maître exprime un acquiescement au jugement, les frais de l'appel encourus par le domestique peuvent être mis à la charge du maître, soit par extension de responsabilité, soit par imputation du fait d'appel. Cour de Nîmes, arrêt du 16 juin 1826. (SIREY, 27-2-34.)

§. 13. — La responsabilité des maîtres ou supérieurs peut être exercée directement contre eux, et sans discussion préalable des délinquans. Cassation, arrêt du 18 juin 1808. (*Trait gén.*, tom. 2, *pag.* 212.)

§. 14. — La personne chez laquelle on trouve une partie des arbres coupés en délit, et qui ne veut pas déclarer ses complices, est responsable des peines encourues pour le tout. Cassation, arrêt du 23 octobre 1812. (*Idem, tom.* 2, *pag.* 318.) Voy. le §. 15.

§. 14 bis. — Les communes sont responsables des peines encourues par le pâtre du troupeau communal, sauf à être fait administrativement, et conformément à la loi du 11 frimaire an 7, une répartition ultérieure des condamnations pécuniaires entre les propriétaires des bestiaux trouvés en délit. Cassation, arrêt du 22 février 1811. (SIREY; 17-1-90.) Voy. l'art. 72.

§. 15.—Celui dans la maison de qui l'on a trouvé du bois de délit, encore qu'il ne soit pas le délinquant, doit être puni de la même peine, attendu la complicité entre eux. Cassation, arrêt du 28 juillet 1809. (*Trait. gén.*, tom. 2, *pag.* 293.) Voy. le §. 14.

§. 16.—La réception et le recélement de bois coupés ou d'écorces faites en délit, constituent la prévention de complicité du recéleur avec le principal auteur du délit. Cassation, arrêt du 6 septembre 1811. (*Idem*, *tom.* 2, *pag.* 447.)

§. 17. — D'après les art. 182 et 190 du Code d'instruction criminelle, la partie civilement responsable des délits doit être citée et entendue à l'audience ; d'où il suit qu'on ne peut exercer de poursuites pour le recouvrement des condamnations contre les maris, pères, mères et tuteurs, maîtres et commettans des délinquans, lorsque la responsabilité n'est pas prononcée par le tribunal : il faut donc toujours faire citer et mettre en cause les personnes que la loi déclare civilement responsables pour faire prononcer cette responsabilité. Décision concertée entre le Ministre des finances et celui de la justice, du 21 avril 1813. (*Art.* 4665 *du Journ. de l'enreg.*) Voy. les *Annotations*, §. 3, sur l'art. 82.

§. 18. — Pour contraindre la femme au paiement des amendes prononcées contr'elle, le trésor peut provoquer la vente par saisie immobilière de la nue propriété des immeubles qui lui appartiennent personnellement ; mais il ne peut exercer de poursuites sur les biens de la communauté, tant qu'elle dure. Après sa dissolution, le recouvrement peut être poursuivi sur la part revenant à la femme.

§. 19. — Il n'en est pas de même lorsque l'amende est prononcée contre le mari : d'après l'art. 1424 du Code civil, le recouvrement peut en être opéré sur les biens de la communauté, comme étant ses biens personnels.

§. 20. — Les amendes ne peuvent être exigées des héritiers des condamnés : elles sont une peine personnelle et non une charge des biens, et cette peine s'éteint par le décès des contrevenans. Cassation, arrêt du 28 messidor an 8. (DENEVERS, *tom.* 1er, *pag.* 263.)

§. 21. — Mais il n'en est pas de même des dommages-intérêts, restitutions et frais : ils sont une charge réelle, et non une peine personnelle : donc les héritiers peuvent être condamnés ou contraints à en payer le montant. Cassation, arrêt du 5 avril 1811. (*Idem*, tom. 9, *pag.* 199.)

§. 22. — Le principe qui veut que l'action correctionnelle soit éteinte par le décès du délinquant, ne peut jamais s'appliquer aux cautions d'un adjudicataire prévenu d'abus et de malversation. Cassation, arrêt du 5 avril 1811. (*Trait. gén.*, *tom.* 2, *pag.* 422.)

§. 23. — L'art. 55 du Code pénal porte: « tous les individus condamnés pour un même délit, sont tenus solidairement des amendes, des restitutions, des dommages-intérêts et des frais. »

§. 24. — La condamnation aux peines prononcées contre les auteurs du même délit doit être solidaire, soit qu'ils se soient ou non concertés pour le commettre, soit qu'il y ait entr'eux divers degrés de culpabilité, soit enfin que les peines prononcées ne soient pas les mêmes contre tous. Cassation, arrêt du 2 mars 1814. (SIREY, 14-1-224.)

§. 25. — L'art. 156 du décret du 18 juin 1811, veut que la condamnation aux frais soit prononcée, dans toutes les procédures, solidairement contre tous les auteurs et complices du même fait, et contre les personnes civilement responsables du délit.

§. 26. — Les dépens ne sont point des peines; ils ne sont que l'indemnité des frais avancés pour la poursuite du délit; la responsabilité peut en être prononcée contre des tiers. Cassation, arrêt du 14 juillet 1814. (*Bullet. offic.*)

ART. 207.

Les peines que la présente loi prononce, dans certains cas spéciaux, contre des fonctionnaires ou contre des agens et préposés de l'administration forestière, sont indépendantes des poursuites et peines dont ces fonctionnaires, agens ou préposés seraient passibles d'ailleurs pour malversation, concussion ou abus de pouvoir.

Il en est de même quant aux poursuites qui pourraient être dirigées aux termes des art. 179 et 180 du Code pénal, contre tous délinquans ou contrevenans, pour fait de tentative de corruption envers des fonctionnaires publics, et des agens et préposés de l'administration forestière.

ANNOTATIONS.

Voir les art. 6, 52, 186 et 194 du Code, les art. 11, 35 et 39 de l'ordonnance d'exécution; l'acte constitutionnel du 22 frimaire an 8, art. 75; l'arrêté du 28 pluviôse an 11; la loi du 22 mars 1806, et le décret du 9 août suivant.

Les articles du Code pénal qui prononcent des peines contre des fonctionnaires publics pour malversation, concussion ou abus de pouvoir, sont les art. 169 à 175, 177, 178, 183 à 186, 188 à 191, 196 à 198.

§. 1. —Un délit commis par un garde et qui ne serait puni que d'une amende simple, s'il était commis par une personne privée, ne doit pas être réprimé, à son égard, d'une manière plus sévère, ni devenir le sujet, soit d'une condamnation à une double amende, soit même d'une poursuite extraordinaire. Cassation, arrêt du 12 janvier 1809. (*Trait. gén., tom.* 2, *pag.* 249.)

§. 2. —Les gardes qui font le commerce de bois commettent un délit, et les particuliers qui en achètent des gardes, connaissant leur qualité, ou qui enlèvent, de leur consentement, des bois dans les haies ou tranchées, favorisent l'exécution des délits que commettent les gardes : ils sont conséquemment leurs complices, et à ce titre ils doivent être punis des mêmes peines qu'eux. Cassation, arrêt du 9 février 1811. (*Bullet. offic.*) Voy. sur la complicité les articles 59, 60, 62 et 63 du Code pénal.

§. 3. — Le trafic que les gardes peuvent faire de l'exercice du pouvoir qui leur est confié, en recevant du bois de chauffage provenant d'arbres abattus en délit, etc., constitue un crime dont la connaissance appartient aux cours d'assises. Cassation, arrêt du 12 novembre 1812. (*Trait. gén., tom.* 2, *pag.* 525.)

§. 4. — La Cour de cassation a jugé, le 15 juillet 1808, qu'un huissier qui reçoit plus qui ne lui est dû, ou qui refuse de donner un reçu de ce qui lui est payé, peut être poursuivi et condamné comme concussionnaire. Cet arrêt est applicable aux gardes, lorsqu'en vertu de l'art. 173, ils remplissent les fonctions d'huissier.

§. 5. — Il y a concussion de la part d'un garde qui agrée des dons ou promesses, soit pour permettre un délit, soit pour supprimer un procès-verbal. Cassation, arrêts des 16 janvier 1812 et 16 septembre 1820. (*Trait. gén., tom.* 2, *pag.* 465 *et* 871.)

§. 6 — Un garde forestier qui reçoit de l'argent d'un délinquant sous la promesse de ne pas dresser procès-verbal contre lui, ou qui en reçoit d'un individu pour lui permettre de couper du bois en contravention aux lois forestières, commet le crime de concussion prévu par l'art. 174 du Code pénal. Cassation, arrêt du 23 avril 1820. (*Dict. de Laporte, verb. Concussion.*)

§. 7. — Le garde qui a reçu d'un individu une somme d'argent pour s'abstenir de faire un procès-verbal *qu'il a faussement et sciemment supposé rentrer dans l'ordre de ses devoirs et de ses attributions,* ne doit point être rangé dans la catégorie des fonctionnaires ou agens qui se laissent corrompre: n'ayant pas surpris l'individu en délit dans un lieu où il pouvait verbaliser, ce fait constitue seulement le délit d'escroquerie au moyen d'un pouvoir imaginaire. Cassation, arrêt du 31 mars 1827. (DALLOZ, 1827, 1ʳᵉ part., pag. 188.)

§. 8.—Lorsque, sur l'imputation portée contre un agent forestier, son administration déclare qu'il n'a agi que d'après les ordres de ses supérieurs, l'agent est dès lors déchargé de toute responsabilité pour le fait inculpé. Ordonnance du Roi, du 7 mai 1823. (*Trait. gén.*, tom. 3, pag. 187.)

§. 9.—Un adjoint de commune, qui a autorisé des particuliers à couper des arbres dans une forêt domaniale pour faire des signaux nécessaires aux arpenteurs employés au cadastre, doit être poursuivi pour ce délit. Cassation, arrêt du 13 octobre 1807. (*Idem*, tom. 2, pag. 174.)

§. 10.—Les gardes champêtres et les gardes forestiers des particuliers, ainsi que ceux des communes et de l'État, sont rangés dans la classe des officiers de police judiciaire par les art. 9, 16 et 20 du Code d'instruction criminelle, et ils doivent à raison des délits qu'ils commettent dans l'exercice de leurs fonctions, être traduits devant les cours royales et jugés par elles sans appel, conformément aux art. 479 et 483 du même Code. Cassation, arrêt du 16 février 1821. (*Idem*, tom. 2, pag. 892.)

§. 11.—Dans ce cas, c'est au premier président de la cour royale et au procureur général près cette cour à remplir, pour la mise en accusation, les fonctions qui sont ordinairement dévolues au juge d'instruction et au procureur du Roi. Cassation, arrêt du 10 mai 1822. (*Idem*, tom. 3, pag. 41.)

§. 12.—Les délits qu'un garde commet dans les bois confiés à sa surveillance sont toujours considérés comme étant commis dans l'exercice de ses fonctions, et il doit être procédé à son égard comme à l'égard des officiers de police judiciaire prévenus de délits dans leurs fonctions. Cassation, arrêt du 19 juillet 1822. (*Idem*, tom. 3, pag. 59.) Voy. le §. 7 ci-dessus.

§. 13.—En ce qui concerne la responsabilité des gardes de bois de l'État, de la Couronne, des apanagistes et des titulaires de majorats, des communes et autres établissemens publics, et des particuliers, il faut se reporter aux *Annotations* sur les articles 6, 87, 89, 99 et 117.

ART. 208.

Il y aura lieu à l'application des dispositions du même Code, dans tous les cas non spécifiés par la présente loi.

Dans ses observations sur le projet de Code, la Cour de cassation avait proposé de rédiger ainsi l'art. 208 : « Il y aura lieu à l'application des dispositions de l'art. 55 du même Code, (le Code pénal), sur la solidarité, et toutes ses autres dispositions, dans les cas non spécifiés par la présente loi. » Ce vœu se trouve rempli au moyen des termes généraux de l'art. 208 ci-dessus.

TITRE XIII.

De l'Exécution des jugemens.

⁋ CIIIʳᵉ.

De l'Exécution des jugemens rendus à la requête de l'Administration forestière ou du Ministère public.

ART. 209.

Les jugemens rendus à la requête de l'administration forestière, ou sur la poursuite du ministère public, seront signifiés par simple extrait qui contiendra le nom des parties et le dispositif du jugement.

Cette signification fera courir les délais de l'opposition et de l'appel des jugemens par défaut.

Voir l'art. 215 ci-après; les art. 188 et 189 de l'ordonnance d'exécution, et la loi du 29 septembre 1791, tit. 9, art. 10, et art. 16 à 23.

§. 1. — A la Chambre des députés, *M. Fouquerand* a fait une observation. « En s'arrêtant aux expressions qui terminent l'art 209, a dit l'honorable député, il semble que l'intention de la loi soit que les significations des jugemens ne devraient faire courir les délais de l'appel que relativement aux jugemens par défaut; d'où l'on pourrait conclure que, lorsqu'un jugement aura été rendu contradictoirement, le ministère public aura d'autres formalités à remplir pour faire courir les délais. Je ne puis présumer que tel soit l'esprit dans lequel le projet a été rédigé. Je demande en conséquence que, pour lever toute incertitude, on dise : « Cette signification fera courir les délais de l'opposition et de l'appel, tant des jugemens contradictoires, que des jugemens par défaut » ; ou bien tout simplement, si on l'aime mieux : « Cette signification fera courir les délais de l'opposition et de l'appel. »

Cet amendement n'ayant pas été appuyé, n'a pas été mis aux voix.

§. 2. — L'art. 164 du décret du 18 juin 1811, contenant le règlement des frais en matière criminelle, correctionnelle et de police, oblige les greffiers à remettre dans le plus court délai, aux préposés de l'administration chargée du recouvrement, un extrait du jugement de condamnation : ce délai est fixé à trois jours par l'art. 189 de l'ordonnance d'exécution.

§. 3. — Cette obligation leur était déjà imposée par la loi du 16 nivôse an 5, énoncée dans l'art. 62 du décret précité, et par l'art. 70, §. 1er, n° 5, de la loi du 22 frimaire an 7.

§. 4. — Les greffiers doivent indiquer séparément dans ces extraits, 1° le montant des droits de timbre en débet ; 2° le montant des droits d'enregistrement aussi en débet ; 3° et le montant des autres frais de justice compris dans la liquidation des dépens, afin que, lors du recouvrement, les receveurs de l'enregistrement puissent faire les distinctions convenables. Décision du Ministre des finances du 26 août 1820. (*Inst. du Direct. gén. de l'enreg. n° 951.*)

§. 5. — Lorsqu'ils délivrent les extraits des jugemens contradictoires dont il n'y a point appel, ils doivent faire mention de cette circonstance. (*Voy.* les art. 187 et 203 du Code d'instruction criminelle.)

§. 6. — Chaque extrait est payé à raison de 25 centimes aux greffiers. (*Art. 50 du décret du 18 juin 1811, et art. 7 du décret du 7 avril 1813.*)

§. 7. — Les frais des extraits sont payés aux greffiers par les receveurs de l'enregistrement sur états rendus exécutoires par le président, en présence du procureur du Roi, qui signe avec lui, et visés par le préfet, après avoir été préalablement vérifiés par les agens qui ont reçu les extraits. Lettre du Ministre de la justice au préfet de Seine-et-Oise, du 19 juin 1807. (*Inst. du Direct. gén. de l'enreg. n° 911.*)

§. 8. — D'après l'art. 100 de l'instruction de l'administration des forêts du 23 mars 1821, les agens forestiers ne doivent pas signifier les jugemens par défaut lorsque les condamnés se sont libérés, puisque les frais ne pourraient que retomber à la charge du trésor, s'ils ne sont laissés au compte des préposés qui y ont donné lieu. (*Circul. de l'adm. des forêts, du 24 mai 1825, n° 127.*)

Aʀt. 210.

Le recouvrement de toutes les amendes forestières est confié aux receveurs de l'enregistrement et des domaines.

Ces receveurs sont également chargés du recouvrement des restitutions, frais et dommages-intérêts résultant des jugemens rendus pour délits et contraventions dans les bois soumis au régime forestier.

ANNOTATIONS.

Voir l'art. 190 de l'ordonnance d'exécution, et le décret du 2 février 1811.

§. 1. — Déjà, avant le Code, ce décret n'était plus en vigueur : une décision du Ministre des finances, du 24 novembre 1817, avait confié aux receveurs de l'enregistrement et des domaines le recouvrement des amendes. (*Inst. du Direct. génér. de l'enreg. n°* 813.)

§. 2. — Aux termes de la loi du 6 prairial an 7, dont les dispositions ont été renouvelées par les budjets de chaque année, il est perçu un décime en sus de toutes les amendes; mais les dommages-intérêts ou restitutions n'y sont point sujets. Décision du Ministre des finances, du 16 thermidor an 7. (*Circul. de l'adm. de l'enreg. n°* 1643.)

§. 3. — La poursuite pour le recouvrement des amendes en matière correctionnelle doit être faite, conformément à l'art. 197 du Code d'instruction criminelle, à la requête de la direction générale de l'enregistrement et des domaines, agissant au nom du procureur du Roi près le tribunal civil de.... Cassation, arrêt du 30 janvier 1826. (SIBEY, 26—1—336.)

§. 4. — Lorsque, dans une instance pour recouvrement des produits forestiers, notamment du prix des sur-mesures, il y a opposition motivée sur les actes des agens forestiers, le directeur des domaines doit communiquer l'opposition au conservateur ou à l'agent supérieur des forêts, qui est tenu de faire faire les vérifications nécessaires et de fournir ses observations par écrit. (*Décision du Ministre des finances, rappelée dans la circul. de l'adm. forest., du 8 avril 1824, n° 94.*)

§. 5. — Les receveurs des domaines ne peuvent recevoir, à titre de dépôt, le montant des soumissions souscrites par les délinquans forestiers, pour prévenir les condamnations; ils doivent attendre que ces soumissions aient été approuvées par le Ministre des finan-

ces, avant de se charger en recette des sommes qui y sont exprimées. Décision de S. E., du 23 août 1822. (*Trait. gén.*, tom. 3,
pag. 77.)

§. 6.— Les soumissions sur contraventions aux réglemens forestiers doivent, lorsqu'elles concernent des bois communaux, être
présentées à l'adhésion des maires, comme seuls chargés d'administrer et de défendre les intérêts des communes ; et, en cas de refus
d'adhésion, l'administration forestière n'en doit pas moins soumettre ces propositions au ministre pour ce qui concerne l'amende,
en faisant réserve des droits des communes aux dommages et intérêts. Décision du Ministre des finances, du 11 juin 1823. (*Idem*,
tom. 3, *pag.* 148.)

§. 7. — D'après la loi du 2 ventôse an 12, les amendes en
matière forestière devaient être réparties chaque année, à titre de
gratification, entre les agens forestiers ; mais cette gratification a
depuis été convertie en une gratification fixe, qui est portée tous
les ans dans le budjet.

§. 8. — Ces amendes ne sont pas au nombre des amendes de
police correctionnelle et de police simple que l'ordonnance du 30
décembre 1823 attribue aux communes. Décision du Ministre
des finances, du 9 août 1827. (*Art.* 8771 *et* 8796 *du Journ. de
l'enreg.*)

ART. 211.

Les jugemens portant condamnation à des amendes, restitutions, dommages-intérêts et frais, sont exécutoires par la voie
de la contrainte par corps, et l'exécution pourra en être poursuivie cinq jours après un simple commandement fait aux
condamnés.

En conséquence, et sur la demande du receveur de l'enregistrement et des domaines, le procureur du Roi adressera les
réquisitions nécessaires aux agens de la force publique chargés
de l'exécution des mandemens de justice.

ANNOTATIONS.

Voir les art. 204, 213 et 215 du Code ; l'ordonnance de 1669,
tit. 32, art. 18 ; les art. 52, 53, 467 et 469 du Code pénal, et le
décret du 20 septembre 1809.

§. 1. — D'après les dispositions des art. 2066 et 2070 du Code
civil, combinées avec l'art. 211 du Code forestier, il est hors de
doute que les septuagénaires, les femmes et les filles peuvent être
poursuivis par la voie de la contrainte par corps.

§. 2.—Le Grand juge, ministre de la justice, dans une lettre écrite, le 18 mars 1808, au Ministre des finances, a déclaré que le privilége accordé au trésor public par la loi du 5 septembre 1807, pour frais de justice en matière criminelle et correctionnelle ne s'étend point aux amendes ; mais que le privilége pour les frais doit primer l'indemnité due à la partie civile, ces frais ayant été faits dans l'intérêt de cette partie.

Art. 212.

Les individus contre lesquels la contrainte par corps aura été prononcée pour raison des amendes et autres condamnations et réparations pécuniaires, subiront l'effet de cette contrainte, jusqu'à ce qu'ils aient payé le montant desdites condamnations, ou fourni une caution admise par le receveur des domaines, ou, en cas de contestation de sa part, déclarée bonne et valable par le tribunal de l'arrondissement.

ANNOTATIONS.

Voir les art. 215, 216 et 217 ci-après.

Il est hors de doute qu'il n'est pas nécessaire que le jugement de condamnation exprime la contrainte par corps, pour qu'elle puisse être exercée, attendu que c'est la loi elle-même qui la prononce, et que dès lors l'omission contenue dans le jugement ne peut être un motif de ne point exécuter la loi.

Art. 213.

Néanmoins, les condamnés qui justifieraient de leur insolvabilité, suivant le mode prescrit par l'art. 420 du Code d'instruction criminelle, seront mis en liberté après avoir subi quinze jours de détention, lorsque l'amende et les autres condamnations pécuniaires n'excéderont pas quinze francs.

La détention ne cessera qu'au bout d'un mois, lorsque ces condamnations s'élèveront ensemble de quinze à cinquante francs.

Elle ne durera que deux mois, quelle que soit la quotité des dites condamnations.

En cas de récidive, la durée de la détention sera double de ce qu'elle eût été sans cette circonstance.

ANNOTATIONS.

Voir les art. 200, 204, 211 et 215 du Code, et l'art. 191 de l'ordonnance d'exécution.

§. 1. — L'article 213 modifie l'art. 53 du Code pénal quant à la durée de l'emprisonnement en cas d'insolvabilité, mais non quant à la faculté de reprendre la contrainte par corps s'il survient au condamné quelque moyen de solvabilité. (*Voy.* l'Exposé des motifs, pag. 26.)

§. 2. — D'après l'art. 420 du Code d'instruction criminelle, l'insolvabilité du condamné se prouve, 1° par un extrait du rôle des contributions, constatant qu'il paie moins de six francs, ou un certificat du percepteur de sa commune, portant qu'il n'est point imposé ; 2.° un certificat d'indigence à lui délivré par le maire de la commune de son domicile ou par l'adjoint, visé par le sous-préfet, et approuvé par le préfet du département.

ART. 214.

Dans tous les cas, la détention employée comme moyen de contrainte, est indépendante de la peine d'emprisonnement prononcée contre les condamnés pour tous les cas où la loi l'inflige.

ANNOTATIONS.

Il résulte de cet article que les condamnés insolvables ne pourront précompter en déduction du temps d'emprisonnement fixé par l'art. 213, celui qui sera prononcé comme *peine*, indépendamment des condamnations pécuniaires.

SECTION II.

De l'Exécution des jugemens rendus dans l'intérêt des particuliers.

ART. 215.

Les jugemens contenant des condamnations en faveur des particuliers, pour réparation des délits ou contraventions commis dans leurs bois, seront, à leur diligence, signifiés et exécutés suivant les mêmes formes et voies de contrainte que les jugemens rendus à la requête de l'administration forestière.

Le recouvrement des amendes prononcées par les mêmes jugemens, sera opéré par les receveurs de l'enregistrement et des domaines.

ANNOTATIONS.

Voir les art. 173, 209, 211, 212, 213 et 214 du Code; l'ordonnance de 1669, tit. 32, art. 28, et l'ordonnance du 11 octobre 1820, art. 9.

La loi n'a mis aucune différence entre le mode d'exécution prescrit pour les jugemens qui intéressent l'État et ceux qui intéressent les particuliers ; seulement l'exécution de ces derniers, en ce qui concerne les réparations civiles, doit avoir lieu à la diligence des particuliers.

ART. 216.

Toutefois, les propriétaires seront tenus de pourvoir à la consignation d'alimens prescrite par le Code de procédure civile, lorsque la détention aura lieu à leur requête et dans leur intérêt.

ANNOTATIONS.

Voir l'art. 217 ci-après ; la loi du 15 germinal an 6, art. 14, et les art. 789 et 791 à 805 du Code de procédure civile.

A la Chambre des pairs, *M. le duc de Praslin* a dit : « Cet article oblige les particuliers qui voudraient poursuivre par corps l'exécution des condamnations prononcées à leur profit, à pourvoir aux alimens du condamné pendant sa détention ; il suit de là que les condamnations prononcées au profit du fisc seront exécutées préférablement à celles que les particuliers auraient obtenues, parce que les premières seront exécutées par voie de contrainte par corps, sans consignation préalable d'alimens, tandis que cette consignation sera exigée pour les autres. Il semble cependant que ce sont surtout les réparations accordées au propriétaire, dont la loi devrait avoir pour but d'assurer le paiement. »

M. de Martignac, commissaire du Roi, a répondu : « La loi a toujours distingué, et avec juste raison, entre les condamnations pénales et les réparations civiles. L'amende étant toujours considérée comme une peine, l'Etat, au profit de qui elle est prononcée, doit en obtenir le paiement par corps, et il ne saurait être astreint à une consignation d'alimens qui serait illusoire, puisque, dans tous les cas où il exerce la contrainte par corps, c'est lui-même qui est chargé de pourvoir à la nourriture du détenu. Quant aux réparations civiles, elles rentrent nécessairement dans la classe des autres dettes emportant contrainte par corps ; il dépend du créancier d'user ou de ne pas user de la voie rigoureuse que la loi lui donne ; mais s'il en use, il ne peut s'affranchir des conditions que la loi met à ce mode de poursuite, et, par conséquent, de la consignation des alimens, qui est toujours la première de ces conditions. La disposition du projet est donc conforme en ce point aux vrais principes de la matière. »

ART. 217.

La mise en liberté des condamnés ainsi détenus à la requête et dans l'intérêt des particuliers, ne pourra être accordée, en vertu des art. 212 et 213, qu'autant que la validité des cautions ou l'insolvabilité des condamnés aura été, en cas de contestation de la part desdits propriétaires, jugée contradictoirement entr'eux.

ANNOTATIONS.

Voir les art. 211, 212 et 213 ci-devant.

TITRE XIV.

Disposition générale.

ART. 218.

Sont et demeurent abrogés, pour l'avenir, toutes lois, ordonnances, édits et déclarations, arrêts du conseil, arrêtés et décrets, et tous réglemens intervenus, à quelque époque que ce soit, sur les matières réglées par le présent Code, en tout ce qui concerne les forêts.

Mais les droits acquis antérieurement au présent Code seront jugés, en cas de contestation, d'après les lois, ordonnances, édits et déclarations, arrêts du conseil, arrêtés, décrets et réglemens ci-dessus mentionnés.

ANNOTATIONS.

Voir l'art. 179 de l'ordonnance d'exécution, et les *Annotations* sur l'art. 143 du Code.

§. 1. — Discussion à la Chambre des députés.

Le second paragraphe de l'article n'existait pas dans le projet; il a été ajouté sur la proposition de la commission de la Chambre des députés. (*Rapport de M. Favard de Langlade.*)

M. *de Charencey* a demandé qu'on insérât dans l'article 218, une disposition portant: « Il n'est pas dérogé par la présente loi aux articles 113 et 116 de la loi du 23 novembre 1798 (3 frimaire an VII), qui, au contraire, et sous les conditions exprimées dans cette loi, continueront à recevoir leur pleine et entière exécution. »

Il a donné lecture de ces deux articles, lesquels sont ainsi conçus: Art. 113. « La cotisation des terres en friche depuis dix ans qui seront plantées ou semées en bois ne pourra être augmentée pendant les trente premières années du semis ou de la plantation.

Art. 116. « Le revenu imposable des terrains maintenant en valeur, qui seront plantés ou semés en bois, ne sera évalué, pendant les trente premières années de la plantation ou du semis, qu'au quart de celui des terres d'égale valeur non plantées. »

M. le Rapporteur a répondu : « Je prie la Chambre de remarquer que le Code forestier est absolument étranger à la loi dont notre collègue vient de parler. Le Code n'a nullement pour objet de détruire les moyens d'encouragement qui pourront être donnés aux plantations. Loin de là, notre collègue peut voir, dans le rapport, que la commission a émis le vœu qu'on emploie tous les moyens possibles pour faciliter les plantations. Mais la commission n'a pas dû demander qu'on réservât la loi de l'an VII, parce que c'est une loi financière, absolument étrangère à celle qui nous occupe, et qui demeure conservée de plein droit. Je crois que cette explication doit tranquilliser notre honorable collègue, et le faire renoncer à son amendement. »

M. de Martignac, commissaire du Roi, a ajouté : « La disposition de l'article 218 ne peut laisser aucun doute sur le point dont il s'agit. Cet article abroge les diverses dispositions intervenues sur les matières réglées par le présent Code. Or, dans le présent Code, il n'y a rien qui se rattache à la législation financière invoquée par M. de Charencey. L'amendement est donc tout-à-fait inutile. »

D'après ces explications, M. de Charencey a retiré son amendement.

La Chambre a adopté l'article 218 tel qu'il était amendé par la commission.

§. 2. — En ce qui concerne les instances antérieures ou postérieures au Code, on ne peut que se référer aux *Annotations* sur les art. 61 et 64.

§. 3. — Il a été établi dans les *Annotations*, §. 16, sur l'art. 185, que les amendes forestières étaient à présent soumises aux règles générales de prescription déterminées par les art. 636 et 639 du Code d'instruction criminelle, c'est-à-dire aux prescriptions de cinq ans ou deux ans, selon qu'il s'agit d'un délit ou d'une contravention ; mais les frais de justice dont la condamnation est prononcée au profit de l'État, ne sont point une peine ; ils ne se prescrivent que par trente ans, conformément à la loi du 5 septembre 1807, qui n'a été abrogée par aucune loi postérieure. L'art. 642 du Code d'inst. crim. ne peut s'entendre que des condamnations pécuniaires prononcées au profit de la partie civile ou contre elle. (M. Legraverend, *tom.* 1ᵉʳ, *pag.* 774.)

TITRE XV.

Dispositions transitoires.

Aʀᴛ. 219.

Pendant vingt ans, à dater de la promulgation de la présente loi, aucun particulier ne pourra arracher ni défricher ses bois qu'après en avoir fait préalablement la déclaration à la sous-préfecture, au moins six mois d'avance, durant lesquels l'administration pourra faire signifier au propriétaire son opposition au défrichement. Dans les six mois à dater de cette signification, il sera statué sur l'opposition par le préfet, sauf le recours au ministre des finances.

Si, dans les six mois après la signification de l'opposition, la décision du ministre n'a pas été rendue et signifiée au propriétaire des bois, le défrichement pourra être effectué.

ANNOTATIONS.

Voir les art. 91, 159 et 223 du Code ; les art. 192 à 195 de l'ordonnance d'exécution ; l'ordonnance de 1669, tit. 24, art. 4, tit. 25, art. 8, et tit. 26, art. 1, et la loi du 9 floréal an 11, ainsi que l'arrêt du Conseil du 12 octobre 1756.

§. 1. — Discussion à la Chambre des députés.

D'après le projet, la déclaration devait avoir lieu *devant l'agent forestier local ;* mais la commission de la Chambre des députés a proposé de substituer à ces mots, ceux-ci : *à la sous-préfecture.* (Rapport de M. Favard de Langlade, pag. 73.)

La commission avait proposé un autre changement au premier paragraphe de l'article ; elle voulait que les mots, *le conseil de préfecture, sauf le recours au Conseil d'État,* fussent substitués à ceux-ci: *le préfet, sauf le recours au Ministre des finances.*

M. Favard de Langlade, rapporteur, a dit : « Le premier amendement de la commission consiste à substituer *la sous-préfecture* à *l'agent forestier local,* devant lequel la déclaration devait être faite. Le motif de ce changement est que le sous-préfet se trouve être le fonctionnaire public naturellement appelé à recevoir cette déclaration, qui constate le jour à partir duquel doit courir le délai de six mois, laissé à l'administration forestière pour faire signifier au propriétaire son opposition au défrichement. Je ne crois pas que le Gouvernement s'oppose à ce changement. Mais il en est un autre plus important ; c'est la substitution *du conseil de préfecture, sauf le recours au Conseil d'État*, pour statuer sur l'opposition, au lieu *du préfet, sauf le recours au Ministre des finances*. La commission provoque toute l'attention de la Chambre sur cette disposition importante; elle a cru que dans cette circonstance importante, comme dans quelques autres articles du projet, ce n'était pas aux préfets à prononcer sur cette question, qui intéresse à fois l'intérêt privé et l'intérêt général. La commission, en demandant que le conseil de préfecture statue sur cette opposition, s'est dirigée par un principe que vous avez déjà consacré, lorsqu'il a été question, à l'article 64, de savoir si le pâturage était ou non nécessaire aux communes. Vous avez renvoyé devant le conseil de préfecture pour constater cette nécessité. De même nous avons cru que, lorsque l'administration s'opposait au défrichement, il y aurait plus de garantie pour le propriétaire de soumettre aux conseils de préfecture la connaissance du fait de savoir si le défrichement serait ou non nuisible à l'intérêt général. La commission regardant cette question comme appartenant au contentieux, a voulu que la décision du conseil de préfecture pût être attaquée devant le Conseil d'État. Jusqu'à présent c'était au Ministre des finances à accorder ou à refuser les autorisations du défrichement; c'est encore ce que propose le projet de loi, avec une modification; car le préfet statue en première instance sur l'opposition. La commission vous propose de soumettre cette importante question, qui tient à l'exercice du droit de propriété, au conseil de préfecture, qui pourra se procurer tous les renseignemens nécessaires pour prononcer en connaissance de cause; et le Conseil d'État, saisi de l'affaire soit par l'administration, soit par les particuliers, statuera en dernier ressort. »

M. *le Ministre des finances* a combattu l'amendement de la commission. Il a dit : « C'est aux considérations qui viennent de vous déterminer à rejeter l'amendement de M. de Charencey (art. 218) que j'en appelle, pour la solution de la question qui résulte de l'amendement de la commission. Des considérations d'intérêt général vous ont déterminés à reconnaître que la faculté de défricher ne peut être laissée, sans restriction, à tous les particuliers. M. le commissaire du Roi, combattant les opinions émises en faveur du défrichement, vous a fait sentir combien vous aviez intérêt à ne pas livrer cette question au libre arbitre des propriétaires de bois. S'il est reconnu que le défrichement est une question d'intérêt général, où doit-elle être portée? par qui doit-elle être résolue? serait-ce par les autorités locales, comme l'indique la commission? Je ne le pense pas ; car là elle rencontrerait des intérêts de localités, et c'est sous le rapport des intérêts généraux qu'elle doit être envisagée. On sent que les autorités locales ne pourront pas être entièrement dégagées de ces influences contre lesquelles nous devons nous prémunir.

« Mais nous avons une objection bien plus forte à opposer. On a parlé du contentieux. Je demande ce qu'il peut y avoir de contentieux dans la question de savoir si on pourra ou non défricher, suivant que l'intérêt général le permettra. On a comparé cette question à celle qui s'est présentée à l'art. 64, et qui tenait réellement à la propriété. Comment voulez-vous que la nécessité d'un défrichement soit établie devant le Conseil d'État ? Je comprendrais qu'au lieu du ministre des finances, on mît le ministre de l'intérieur, et qu'au lieu de demander l'avis de l'administration forestière, on demandât l'avis de l'administration du département, parce que je verrais là une décision rendue par un ministre responsable, en matière d'intérêt général ; mais je ne puis apercevoir dans ce qu'on vous propose une question contentieuse.

« Il faut bien se fixer sur cette question du défrichement. L'intérêt général veut qu'il en soit fait le moins possible. L'intérêt particulier, au contraire, et surtout celui des petits propriétaires de bois, comme nous en avons beaucoup, réclame sans cesse des défrichemens. Ces propriétaires sont soumis à un impôt foncier direct très-lourd, et il n'est pas étonnant qu'ils aient un intérêt réel au défrichement ; on sait que les terrains nouvellement défrichés produisent, pendant quelques années seulement, des récoltes abondantes. Nous pensons que l'intérêt général se trouverait compromis, si, pour décider s'il y a lieu au défrichement, vous restiez à la discrétion des intérêts particuliers.

« Pourquoi demandez-vous, nous dit-on, pour vingt ans, la faculté d'accorder l'autorisation de défricher ; espérez-vous que d'ici à vingt ans les choses soient dans une autre situation ? Messieurs, dans vingt ans la question sera soumise encore aux Chambres, et on verra s'il s'est opéré des changemens qui puissent permettre d'accorder la jouissance libre et entière d'une propriété telle que celle des bois. Dans vingt ans, il peut arriver ce qu'indiquait un des orateurs qui a parlé contre la mesure, et qui vous disait avec raison que les bois sont la propriété des grands propriétaires ; mais il faut avouer que dans ce moment les bois ne sont pas possédés par de grands propriétaires, et que le morcellement qui a eu lieu dans toutes les propriétés, s'est étendu à cette portion du sol de la France. On convient que, pour les petits propriétaires, les défrichemens sont ordinairement avantageux. Il est possible que dans vingt ans il s'opère des réunions dans ces sortes de propriétés, et que les bois se trouvent en grandes masses dans les mains de riches propriétaires. Alors peut-être il y aura moins d'intérêt à prendre des dispositions aussi sévères contre le défrichement. Alors on verra ce qu'il y aura de mieux à faire dans l'intérêt général ; mais dans le moment actuel, lorsque les intérêts particuliers luttent contre l'intérêt général pour obtenir des défrichemens, ce n'est pas à des juges placés sous les influences locales que vous devez donner la décision d'une question qui entraîne nécessairement pour le Gouvernement une sorte de responsabilité, et qui, par ce motif, doit plutôt être soumise à un ministre responsable.

« Vous remarquerez, Messieurs, que, si je réclame contre la proposition de la commission, ce n'est pas dans l'intérêt des attributions du ministre des finances ; car il n'y a rien de plus pénible que d'avoir à prononcer sur des demandes de défrichement, auxquelles on met souvent d'autant plus d'insistance, qu'il y a plus de motifs pour les repousser. Ces défrichemens sont demandés par des hommes puissans qui ont un accès facile auprès du ministre pour faire valoir leurs considérations. C'est à ceux-là qu'on est en général obligé de refuser l'autorisation de défricher. Si la Chambre considérait le grand nombre des demandes qui ont été soumises depuis quelques années à l'administration, et le grand nombre de celles qui ont été refusées, elle verrait que, pour réclamer une telle attribution, il faut être mû par l'intérêt général, et avoir la force de l'opposer aux sollicitations particulières. Si le ministre ne consultait que ces convenances, il ne chercherait pas à garder une pareille attribution. Il a été fait en 1821, 8,051 demandes de défrichement, il en a été refusé 4,055. En 1822, 6,489 demandes ont été faites, 5,668 ont été refusées. En 1823, 3,900 ont été faites, et 2,468 ont été refusées. En 1824, 2,846 ont été faites, et 1,907 ont été refusées. En 1825, 2,968 ont été faites, et 1,970 ont été refusées. En 1826, 2,441 ont été faites, et 1,086 ont été refusées.

« Nous nous entourons, pour la décision de ces questions, de toutes les lumières que nous pouvons nous procurer. L'administration forestière donne son avis ; il peut tendre à trop conserver les bois, qui sont pour ainsi dire un domaine avec lequel elle s'identifie : aussi nous ne nous en rapportons pas à elle : nous demandons l'avis de l'autorité locale, du préfet ; et c'est après avoir pris cet avis que nous prononçons dans l'intérêt général, c'est-à-dire dans l'intérêt de la conservation de tous les bois qui peuvent être utiles, et nous permettons le défrichement de terrains qui, plantés en bois, ne produisent presque rien, mais qui, défrichés, peuvent être cultivés avec avantage. Vous reconnaîtrez que la faculté discrétionnaire donnée au ministre, et elle ne peut être autre, est entourée de toutes les précautions qui doivent accompagner la décision d'une question si délicate. Je ne réclame pas cette attribution, je le répète, dans l'intérêt du ministre qui l'a eue jusqu'à présent ; mais dans l'intérêt général, qu'il ne doit jamais perdre de vue, et qui s'oppose à ce qu'on détruise en peu d'années le sol forestier de la France. »

M. *Méchin* a soutenu, au contraire, l'avis de la commission.

La Chambre, consultée, a adopté le premier amendement de la commission, qui veut que la déclaration préalable de défrichement soit faite à la *sous-préfecture*, au lieu de l'être, comme le proposait le projet, *par-devant l'agent forestier local.*

Mais elle a rejeté le second qui tendait à substituer : *le conseil de préfecture, sauf le recours au Conseil d'État,* aux mots: *le préfet, sauf le recours au ministre des finances.*

L'article a donc été adopté avec le seul changement des mots *par-devant l'agent forestier local*, remplacés par ceux-ci : *à la sous-préfecture.*

M. *de Charencey* avait aussi proposé une nouvelle rédaction de l'article, en ces termes : « dans les pays de montagnes où la conservation des bois sera reconnue par le Gouvernement être d'utilité publique, aucun particulier ne pourra arracher ni défricher les bois qu'après y avoir été autorisé par le préfet, délibérant en conseil de préfecture et sans recours au Conseil d'État.

« A cet effet, il sera dressé par le ministre de l'intérieur, dans les six mois de la promulgation de la présente loi, un état de tous les arrondissemens où cette disposition sera susceptible d'application. »

L'honorable député s'est fondé sur des considérations tirées des intérêts de la propriété qu'il ne faut pas restreindre sans nécessité. « Si nous voulons être conséquens, a-t-il ajouté, faisons-nous donc toujours un devoir de poser la liberté comme principe, et les restrictions seulement comme exception. »

Cependant cet amendement, soutenu par M. Sébastiani, et combattu par M. de Martignac, a été rejeté.

§. 2. — Discussion à la Chambre des pairs.

M. *le comte de Tournon* a fait observer qu'il pouvait convenir à un propriétaire de bois d'exploiter une forêt par éclaircies, ou d'ouvrir des routes dans son taillis. « Devra-t-on, dans ce cas, a-t-il dit, soumettre à la mesure de l'autorisation préalable les défrichemens partiels qui en résulteront, et ne serait-ce pas imposer une gêne inutile au propriétaire, que de donner à la loi une interprétation aussi rigoureuse ? »

M. *le Directeur général des forêts, commissaire du Roi,* a déclaré que jamais l'administration n'avait considéré comme un défrichement soumis à l'autorisation, ce qui est fait, soit pour l'amélioration ou l'embellissement de la propriété, soit pour son exploitation régulière, soit pour changer le mode d'exploitation établi. « Ce que la loi a pour but d'empêcher, a ajouté l'orateur, c'est uniquement le défrichement dont il résulterait une diminution du sol forestier ; c'est donc pour celui-là seul que l'autorisation est nécessaire. »

§. 3. — On ne peut caractériser de défrichement le fait d'un particulier qui coupe ses bois sans y laisser aucune réserve. Cassation, arrêt du 6 décembre 1810. (*Trait. gén.*, tom: 2, *pag.* 376.)

§. 4. — Le propriétaire qui a défriché son propre bois sans déclaration, ne peut être déchargé de l'action formée contre lui, sous prétexte que le terrain défriché était aquatique et que le bois ne pouvait y prospérer. La loi du 9 floréal an 11 exige une déclaration préalable, qui mette l'administration en mesure de faire vérifier si le défrichement peut ou non avoir lieu. Cassation, arrêt du 29 mars 1811. (*Bullet. offic.*)

§. 5. — La défense portée par l'arrêt du Conseil, du 12 octobre 1756, de défricher les bois, n'a jamais été révoquée quant aux bois communaux; ce n'était que pour les bois des particuliers que la loi du 29 septembre 1791, tit. 1, art. 6, avait implicitement permis les défrichemens. Cette permission a ensuite été révoquée par la loi du 9 floréal an 11. Cassation, arrêt du 9 juillet 1807. (SIREY, 7-2-153.)

§. 6. — Le Gouvernement peut, en vertu de l'art. 219, comme il le pouvait en vertu de la loi du 9 floréal an 11, empêcher, mais pendant 20 ans seulement, que les bois ne soient défrichés par les propriétaires. Les actes par lesquels le ministre des finances exerce cette faculté, au nom du Gouvernement, sont des mesures d'ordre public, qui, sous aucun rapport, ne peuvent être attaquées par la voie contentieuse au Conseil d'État, sans préjudice du recours au Roi par toute autre voie si les parties s'y croient fondées. Ordonnances des 20 février 1822 et 23 juillet 1823. (*Trait. gén.*, tom 3, *pag.* 15 et 188.)

ART. 220.

En cas de contravention à l'article précédent, le propriétaire sera condamné à une amende calculée à raison de cinq cents francs au moins et de quinze cents francs au plus par hectare de bois défriché, et, en outre, à rétablir les lieux en nature de bois dans le délai qui sera fixé par le jugement, et qui ne pourra excéder trois années.

ANNOTATIONS.

Voir l'art. 196 de l'ordonnance d'exécution; la loi du 29 septembre 1791, art. 7, et la loi du 9 floréal an 11, art. 3.

§. 1. — A la Chambre des députés, M. *Duhamel* avait demandé l'addition suivante : « Lorsque la contravention aux dispositions de l'art. 219 aura eu lieu sur le sommet ou la pente des montagnes, l'amende sera double. »

Mais cet amendement n'étant point appuyé, n'a pas été mis aux voix.

§. 2. — Avant le Code, les tribunaux pouvaient obliger le propriétaire à remettre en nature de bois, soit le même terrain par lui indûment défriché, soit une autre espèce de terrain. Cassation, arrêt du 22 juin 1826. (*Bullet. offic.*) Aujourd'hui ils ne pourraient prononcer que la première condamnation. (*Voy. les Annotations sur l'art.* 224.)

ART. 221.

Faute par le propriétaire d'effectuer la plantation ou le semis dans le délai prescrit par le jugement, il y sera pourvu à ses frais par l'administration forestière, sur l'autorisation préalable du préfet, qui arrêtera le mémoire des travaux faits, et le rendra exécutoire contre le propriétaire

ANNOTATIONS.

Cette disposition a été puisée dans l'art. 4 de la loi du 9 floréal an 11 (19 avril 1803).

ART. 222.

Les dispositions des trois articles qui précèdent sont applicables aux semis et plantations exécutés, par suite de jugemens, en remplacement des bois défrichés.

ART. 223.

Seront exceptés des dispositions de l'art. 219,

1° Les jeunes bois, pendant les vingt premières années après leur semis ou plantation, sauf le cas prévu en l'article précédent;

2° Les parcs ou jardins clos et attenant aux habitations;

3° Les bois non clos, d'une étendue au-dessous de quatre hectares, lorsqu'ils ne feront point partie d'un autre bois qui compléterait une contenance de quatre hectares, ou qu'ils ne seront pas situés sur le sommet ou la pente d'une montagne.

ANNOTATIONS.

Voir la loi du 9 floréal an 11, art. 5 et 6.

§. 1. — Discussion à la Chambre des députés.

Le projet portait, dans le troisième paragraphe de l'article, *deux hectares*; mais sur la proposition de la commission, la quantité d'hectares a été augmentée. (*Rapport de M. Favard de Langlade.*)

M. de Caumont a proposé de l'augmenter encore plus, et de la porter à six hectares. L'honorable député s'est fondé sur ce qu'un bois au-dessous de six hectares, qui est souvent au milieu des plaines et loin des habitations, coûte plus de frais de garde qu'il ne produit, et que, malgré les fossés dont on peut l'entourer, il est souvent ravagé par les bestiaux qui pâturent aux environs; mais cet amendement a été rejeté.

§. 2. — Discussion à la Chambre des pairs.

M. le comte de Tournon a demandé si, par les mots, *parcs ou jardins clos*, dont on s'est servi dans le n° 2 de l'article, on a entendu ceux qui sont fermés de fossés, de haies, ou généralement par l'un des moyens indiqués dans l'art. 391 du Code pénal, ou si l'on n'a entendu que les parcs ou jardins clos de murs. « Sans doute, a dit le noble pair, c'est l'interprétation la plus générale qui doit prévaloir; mais peut-être une explication positive serait-elle nécessaire pour lever toute incertitude à cet égard. »

M. le Ministre d'État, *commissaire du Roi*, a fait observer que, par cela seul que la loi ne s'expliquait pas sur le mode de clôture, l'exception devait s'étendre à tous les genres de clôture sans distinction.

§. 3. — La disposition du n° 3 de l'article, portant que l'exception ne peut être invoquée qu'autant que le bois à défricher ne fait point partie d'un bois plus considérable, est conforme à un arrêt de la Cour de cassation du 29 germinal an 13, rendu sous la loi du 9 floréal an 11. (DUPIN, *lois forestières*, *pag.* 796.)

§. 4. — L'étendue des bois que la loi permet de défricher sans déclaration préalable, est indépendante des bois contigus dont ils ne font pas partie: ainsi un bois contenant moins de 4 hectares peut être défriché quoiqu'il soit contigu à un autre bois dont il ne fait pas partie. Décision du Ministre des finances, du 12 avril 1820. (*Trait. gén.*, *tom.* 2, *pag.* 842.)

§. 5. — Quant à l'exception énoncée au n° 2, elle ne peut être invoquée que dans le cas où l'habitation existe actuellement; elle ne s'applique pas au parc d'un ancien château démoli long-temps avant le défrichement. Cassation, arrêt du 22 juin 1826. (*Bullet. offic.*)

ART. 224.

Les actions ayant pour objet des défrichemens commis en

contravention à l'art. 219, se prescriront par deux ans, à dater de l'époque où le défrichement aura été consommé.

Voir l'art. 8, tit. 9, de la loi du 29 septembre 1791, ainsi que l'art. 185 ci-devant.

Avant le Code, un arrêt de la Cour de cassation, du 8 janvier 1808, avait reconnu que la prescription prononcée en matière de délits forestiers ne s'étendait pas à l'obligation de replanter, imposée au propriétaire qui avait indûment opéré un défrichement de bois. (*Trait. gén., tom.* 2, *pag.* 183.)

ART. 225.

Les semis et plantations de bois sur le sommet et le penchant des montagnes et sur les dunes, seront exempts de tout impôt pendant vingt ans.

La présente loi, discutée, délibérée et adoptée par la Chambre des pairs et celle des députés, et sanctionnée par nous aujourd'hui, sera exécutée comme loi de l'État; voulons, en conséquence, qu'elle soit gardée et observée dans tout notre royaume, terres et pays de notre obéissance.

Si donnons en mandement, etc.

Donné au château des Tuileries, le 21 mai 1827, etc.

Signé CHARLES.

(*Cette loi a été promulguée le* 31 *juillet* 1827.)

Voir l'ordonnance de 1669, tit. 27, art. 6; la loi du 3 frimaire an 7, art. 113; l'arrêté du 13 messidor an 9, et le décret du 14 décembre 1810.

§. 1. — Discussion à la Chambre des députés.

L'article 225 n'existait pas dans le projet, qui s'arrêtait au 224e article.

Deux propositions additionnelles ont été faites, l'une par M *Chevalier-Lemore* et l'autre par M. *Duhamel.*

La première était ainsi conçue :

« Les propriétaires de montagnes *défrichées* qui sèmeront ou planteront le sommet et la pente desdites montagnes seront affranchis, pendant les trente premières années, de toute imposition foncière, en raison de la contenance des terrains semés ou plantés. »

L'autre portait :

« Les semis et plantations de bois sur le sommet et le penchant des montagnes, seront exempts de tout impôt pendant vingt ans. »

M. Chevalier-Lemore s'est réuni à l'amendement de M. Duhamel.

M. Duhamel. « Je n'ai pas besoin de développer cet amendement. Vous êtes convaincus, comme moi, que nous devons de tout notre pouvoir encourager les plantations sur les montagnes. »

M. Méchin a demandé qu'on ajoutât, *et sur les dunes.*

M. de Martignac. « Une disposition d'une nature à peu près semblable se retrouve dans la loi de frimaire an 7 ; mais elle n'est nullement forestière ; elle est relative à l'assiette et à la répartition de l'impôt. L'amendement ne peut donc trouver sa place dans un Code forestier, mais bien dans une loi financière. »

M. Chevalier-Lemore. « Je prie la Chambre de me permettre de répondre à cette espèce de fin de non-recevoir. On dit que c'est une disposition qui se rattache à une loi financière. Je ne puis partager cette opinion. L'amendement de M. Duhamel, auquel j'ai réuni le mien, a pour objet d'encourager les semis et plantations de bois sur le sommet et le penchant des montagnes. Nous demandons ensuite le dégrèvement de la contribution, à titre d'encouragement, et comme conséquence de la proposition principale. On nous renvoie à la loi de finances : mais, quand nous y serons, on nous dira que c'est un amendement qui appartient essentiellement au Code forestier. »

M. Cornet-d'Incourt. « Cela existe. L'art. 113 de la loi de l'an 7 porte : « Les contributions des terres en friches depuis dix ans, qui seront plantées et semées en bois, ne pourront être augmentées pendant les trente premières années du semis ou de la plantation. »

M. Chevalier-Lemore. « Il y a une grande différence entre la disposition de cet article et celle de l'amendement. L'article cité affranchit seulement de l'augmentation des contributions, et nous demandons, par l'amendement, l'affranchissement de toute contribution. D'ailleurs, les contributions sont assez élevées ; il y a plutôt lieu à les diminuer qu'à les augmenter, de sorte que l'article de la loi de l'an 7 ne pourrait recevoir son exécution, et vous ne trouveriez pas dans une telle disposition de quoi encourager les propriétaires à faire des semis et plantations sur le sommet des montagnes. »

L'amendement a été mis aux voix, et adopté en ces termes : *Les semis et plantations de bois sur le sommet et le penchant des montagnes et sur les dunes, seront exempts de tout impôt pendant vingt ans.*

M. Hay a proposé d'exempter de toutes contributions les futaies de trente-cinq ans, parce qu'a dit l'honorable député, les contributions et les frais de garde absorbent leur produit ; mais M. le Ministre des finances a demandé le renvoi de cette proposition à la commission du budget, et l'amendement n'a pas été appuyé.

§. 2. — Le décret du 14 décembre 1810, qui prescrit les mesures à prendre pour l'ensemencement, la plantation et la culture des végétaux les plus favorables à la fixation des dunes, est cité au *Tableau chronologique*, pag. 113 de la 2ᵉ partie de cet ouvrage.

Tarif des amendes à prononcer par arbre, d'après sa grosseur et son essence. (Art. 192.)

ARBRES DE 1ʳᵉ CLASSE.			ARBRES DE 2ᵉ CLASSE.		
Circonférence.	Amende par décimètre.	Amende par arbre.	Circonférence.	Amende par décimètre.	Amende par arbre.
décimètres.	fr. c.	fr. c.	décimètres.	fr. c.	fr. c.
1	» »	» »	1	» »	» »
2	1 00	2 00	2	0 50	1 00
3	1 10	3 30	3	0 55	1 65
4	1 20	4 80	4	0 60	2 40
5	1 30	6 50	5	0 65	3 25
6	1 40	8 40	6	0 70	4 20
7	1 50	10 50	7	0 75	5 25
8	1 60	12 80	8	0 80	6 40
9	1 70	15 30	9	0 85	7 65
10	1 80	18 00	10	0 90	9 00
11	1 90	20 90	11	0 95	10 45
12	2 00	24 00	12	1 00	12 00
13	2 10	27 30	13	1 05	13 65
14	2 20	30 80	14	1 10	15 40
15	2 30	34 50	15	1 15	17 25
16	2 40	38 40	16	1 20	19 20
17	2 50	42 50	17	1 25	21 25
18	2 60	46 80	18	1 30	23 40
19	2 70	51 30	19	1 35	25 65
20	2 80	56 00	20	1 40	28 00
21	2 90	60 90	21	1 45	30 45
22	3 00	66 00	22	1 50	33 50
23	3 10	71 30	23	1 55	35 65
24	3 20	76 80	24	1 60	38 40
25	3 30	82 50	25	1 65	41 25
26	3 40	88 40	26	1 70	44 20
27	3 50	94 50	27	1 75	47 25
28	3 60	100 80	28	1 80	50 40
29	3 70	107 30	29	1 85	53 65
30	3 80	114 00	30	1 90	57 50
31	3 90	120 90	31	1 95	60 45
32	4 00	128 00	32	2 00	64 00

TABLE

DES TITRES DU CODE FORESTIER.

———

ERRATA.

Pag. 222, lig. 6 et 7, au lieu de pâturages panage, *lisez* pâturage, panage.

FIN DU TOME PREMIER.

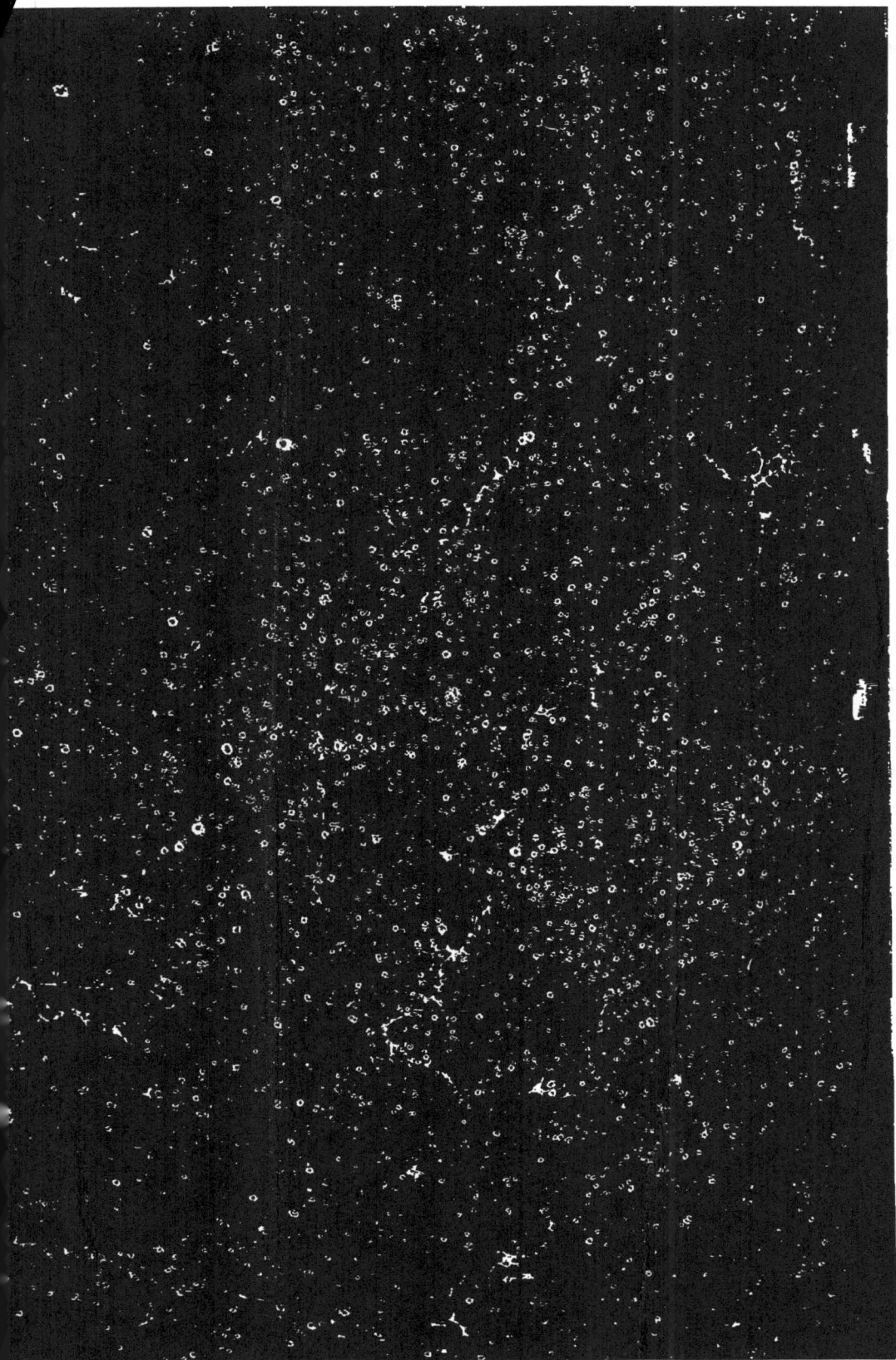